《世界各国刑事诉讼法》分解资料丛书

刑事强制措施

外国刑事诉讼法有关规定

孙　谦/主编

中国检察出版社

《世界各国刑事诉讼法》分解资料丛书

主　　编　孙　谦　卞建林　陈卫东

执行编委　（按姓氏笔画为序）

王贞会　朱建华　刘计划　安　斌

侯宇翔　常　艳　程　雷　潘　灯

出版说明

　　为进一步推进我国法治建设，助力司法体制改革，促进学术研究，中国检察出版社与中国刑事诉讼法学研究会联合组织编译了《世界各国刑事诉讼法》，并由中国检察出版社于 2016 年 8 月出版。《世界各国刑事诉讼法》收录了世界五大洲 61 个国家的现行刑事诉讼法文本，全书按照地域分为五卷，分别为亚洲卷、欧洲卷、非洲卷、美洲卷、大洋洲卷。出版一年来，受到法学界、法律实务界的欢迎。由于《世界各国刑事诉讼法》长达一千余万字，卷帙浩繁，给研究和阅读带来不便。为此，编者对《世界各国刑事诉讼法》收录的外国刑事诉讼法所规定的刑事诉讼原则、刑事证据制度、刑事强制措施、刑事辩护与代理制度、刑事立案与侦查、刑事起诉制度、刑事审判制度、刑事执行程序、未成年人刑事司法程序、涉外程序和刑事司法协助等十个方面的内容进行分类梳理、编辑，出版这套《世界各国刑事诉讼法》分解资料丛书，以方便读者研读和查阅。本套丛书分别由孙谦教授、卞建林教授、陈卫东教授主持编写，丛书编委会审定。

　　受时间和能力所限，本丛书编辑的过程中可能存在不够妥当或错漏之处，敬请读者批评指正。

编　者

2017 年 8 月

目　录

非　洲

美　洲

大 洋 洲

亚　洲

朝　鲜

朝鲜民主主义人民共和国刑事诉讼法*

第三章　侦　查

第 142 条　（无检察院许可逮捕、搜查、扣押的事由）

侦查局可以不经检察院许可，逮捕嫌疑人、搜查身体或住所、扣押证据的事由如下：

1. 嫌疑人预备犯罪、实行犯罪、犯罪后即时被发觉的；
2. 嫌疑人被被害人或者犯罪时在场亲眼看见的人抓捕或指认的；
3. 在嫌疑人身边或住所发现有犯罪证据的；
4. 嫌疑人犯罪后企图自杀、逃跑或在逃的；
5. 嫌疑人住所不明的。

第 143 条　（处理被逮捕的犯罪嫌疑人、罪犯）

侦查局依据本法第 142 条将先行逮捕的嫌疑人拘禁的，应当从逮捕之时起 48 小时内制作拘禁决定书，并取得检察院的认可；应当自逮捕之日起 10 日内进行调查并移送预审院。未取得检察院认可或自逮捕之日起 10 日内没有证据认定嫌疑人实施犯罪时，应当立即释放嫌疑人。

被拘禁的人有本法第 96 条事由的，应当中止拘禁；有本法第 105 条事由的，应当解除或撤销先前的中止拘禁，并告知检察院。

第 144 条　（处理没有被拘禁的罪犯）

侦查局未将先行逮捕的嫌疑人拘禁的，应当自拘禁之时起 48 小时内将拘

---

* 本法于 1992 年 1 月 15 日由朝鲜最高人民会议批准并实施。先后于 1995 年、1996 年、1997 年、1999 年、2004 年、2011 年、2012 年颁布了 7 个修正案。本译本根据朝鲜最高人民会议官网提供的朝鲜语文本翻译。

禁日期、事由等告知检察院。

第四章 预 审

第三节 对嫌疑人的审问

第 163 条 （嫌疑人的传唤与拘传）
审问未被拘禁的嫌疑人，应当送达传唤令。

无正当理由经传唤不到场时，可以拘传嫌疑人。

预审院应当作出拘传决定书，并执行拘传。

第 165 条 （委托逮捕嫌疑人）
被审嫌疑人逃跑或住所不明时，预审院应当作出委托逮捕决定。

委托逮捕决定书应当载明缉拿嫌疑人所需的材料，预审院应当将其与逮捕令一同移送侦查机关。

接受委托逮捕的侦查机关应当逮捕嫌疑人并汇报逮捕情况。

第四节 逮捕与拘禁处分

第 175 条 （逮捕、拘禁处分的目的）
预审院可以对回避预审或裁判、妨害案件调查的嫌疑人，进行逮捕或拘禁。

第 176 条 （禁止非法逮捕、拘禁）
未经法律规定或法定程序，不得实施逮捕、拘禁。

检察官发现被非法逮捕、拘禁的人，应当立即将其释放。

第 177 条 （逮捕、拘禁处分的期间）
逮捕、拘禁处分应当在作出追究刑事责任决定后实施。

侦查局、预审院在必要时，可以在作出追究刑事责任决定前，经检察官许可后，作出逮捕、拘禁处分；在该情形下，应当在 10 日内作出追究刑事责任决定，否则应当撤销逮捕、拘禁处分。

第 178 条 （逮捕、拘禁处分的事由）
逮捕、拘禁处分的对象限于可能被判处有期徒刑、无期徒刑、死刑的嫌疑人逃避预审及裁判，或者认为其可能妨害刑事案件调查的情形。

对于可以适用劳动教养处分的嫌疑人，限于特别必要的情形，可以作出逮捕拘禁处分。

对于怀孕的嫌疑人，在其生产前 3 个月至生产后 7 个月的期间内，不得对其作出逮捕、拘禁处分。

第 179 条　（逮捕的执行）

逮捕由侦查局、预审院执行。

无逮捕令，不得进行逮捕。

第 180 条　（申请签发逮捕令与逮捕令的签发）

预审院需要拘禁未被羁押的嫌疑人的，应当向检察官送达逮捕令签发申请书。

检察官许可时，应当签发逮捕令。

第 181 条　（逮捕、拘禁处分的程序）

逮捕罪犯并实施拘禁处分时，应当向其出示工作证件和逮捕令，将拘禁处分决定书副本送执行羁押嫌疑人的机关。

对被拘禁的罪犯处以拘禁处分的，应当向其出示经检察官许可的拘禁处分决定书，并将拘禁处分决定书副本送达执行羁押罪犯的机关。

第 182 条　（逮捕、拘禁的通知）

作出逮捕、拘禁处分决定的，应当立即告知嫌疑人，并在逮捕、拘禁之时起 48 小时内将逮捕、拘禁事由及拘禁地点告知其家属或所属团体。

第 183 条　（拘禁处分的种类）

拘禁处分有以下几种：

1. 拘留处分；

2. 监视居住处分；

3. 管制处分。

第 184 条　（拘禁处分决定书的制作）

对嫌疑人作出拘禁处分时，预审院应当制作载明嫌疑人适用刑法条款和拘禁处分理由的决定书。

第 185 条　（拘禁处分决定的认可）

拘禁处分决定应当经检察官许可后执行。

检察官可以书面指示预审院撤销或更改拘禁处分决定。

第 186 条　（拘禁的期间）

为了进行普通刑事案件的预审，拘禁嫌疑人的期间，不得超过 2 个月。

对可能适用劳动教养处分的刑事案件预审，拘禁嫌疑人的期间不得超过 10 日。

被检察院、审判庭退回的刑事案件预审，拘禁嫌疑人的期间不得超过 20 日。为了进行可能判处劳动教养处分被审判庭退回的刑事案件预审，拘禁嫌疑人的期间不得超过 7 日。

第 187 条 （拘禁期间的延长）

对于在本法第 150 条第 1 款规定的期间内，不能预审完毕的复杂案件，市（区域）、郡预审院与道（直辖市）预审院经道（直辖市）检察院许可，中央预审院经中央检察院许可后，可将嫌疑人的拘禁期间延长至 1 个月。

对于需要延长拘留期间的特别复杂的犯罪案件，可以经中央检察院检察长的许可后，将嫌疑人的拘禁期间延长至 2 个月。

对于可能适用劳动教养处分的案件，在本法第 150 条第 2 款规定的期间内不能预审完毕时，经检察官许可后可以将拘禁期间延长至 5 日。

第 188 条 （监视居住处分）

认为对有疾病、怀孕等情形的嫌疑人处以拘留处分不适当时，可以对其处以监视居住处分。此时，应向嫌疑人出示经检察官许可后作出的监视居住处分决定书，并指定两名以上的保证人，保证人应当确保嫌疑人随时能够到达预审院或审判庭指定的地方。

第 189 条 （管制处分）

预审院或审判庭为了随时传唤可能判处有期徒刑、劳动教养的嫌疑人，可以对其处以管制处分。在该情形下，应当向嫌疑人出示经检察官许可后作出的管制处分决定书，并取得嫌疑人随时经传唤到场的承诺书。

第 190 条 （对拘禁处分决定的解除与变更）

经检察官许可的预审院，在预审过程中可以随时以载明正当理由的决定书，解除或变更对嫌疑人的拘禁处分。

哈萨克斯坦

哈萨克斯坦共和国刑事诉讼法典[*]

总　则

第二编　参与刑事诉讼程序的国家机关与人员

第十三章　对实施刑事案件诉讼程序的国家机关与公职人员行为（不作为）与判决提出申请与申诉

第 101 条　被羁押人员或被拘留人员递交上诉的程序

1. 预审拘留地的行政管理部门，应当立即向刑事诉讼程序主导机关移交下述人员向其递交的上诉，由涉嫌实施刑事违法行为被羁押，亦或被适用拘留作为强制性处罚措施的行为人提起的。

2. 被羁押或者被拘留的人员，针对遭受酷刑与其他残酷的、不人道的或者有损人格尊严等处遇的事项，以及对侦查官、调查官、调查机关负责人的行为或者判决提出的上诉，拘留地的行政管理部门应当立即递交检察官。而对检察官行为或者判决提起的上诉——应当递交上级检察官。其他上诉，自拘留地行政管理部门递交之时起，应当在不晚于 1 日的期限内递交给受理该案的人员或者机关。

＊ 本译本根据哈萨克斯坦共和国司法部官方网站提供的哈萨克斯坦语与俄语文本翻译。2014 年 7 月 4 日颁布，2015 年 11 月 24 日修订与补充文本，2016 年 1 月 1 日，2017 年 1 月 1 日生效文本。

第四编　强制性诉讼措施

第十七章　对犯罪嫌疑人进行羁押

第 128 条　对犯罪嫌疑人进行羁押的根据

1. 对实施刑事违法行为的犯罪嫌疑人适用的羁押，是指由刑事追诉机关对犯罪嫌疑人采用强制性诉讼措施，旨在惩治犯罪并处理有关是否对其适用拘留类别强制性处罚措施，亦或为保障对刑事不法行为的处理问题，根据该不法行为可以有理由推断，行为人可能隐瞒亦或实施更为严重的行为。

2. 当行为人所涉嫌实施的犯罪可能被裁处剥夺自由刑类别的刑罚时，具有下述根据之一的，刑事追诉机关的公职人员有权对该行为人进行羁押：

（1）当行为人实施犯罪时亦或实施犯罪后被当场发现的；

（2）当目击者（证人），其中包括刑事被害人直接指证该行为人为犯罪实施者，亦或依据本法典第 130 条规定的根据对其进行羁押的；

（3）当该行为人身上或者衣物上，随身或者住所内发现明显的犯罪痕迹；

（4）当在获取的资料上，依据法律规定对行为人采取侦缉活动与（或者）秘密侦查行为获取的，包含有关他们实施或者预备实施犯罪的确切资料的。

3. 对涉嫌实施犯罪的行为人适用的羁押，在实施紧急侦查行为之后实行。但是，本条第 2 款第 1 项规定的根据除外。

4. 在具有其他资料，能够确定行为人涉嫌实施刑事违法行为的根据时，仅在下述情况下可以对该行为人进行羁押，即如果该人企图逃匿，亦或该人没有长久居住地，亦或无法确定犯罪嫌疑人的身份时，亦或法院收到有关核准适用拘留类别强制性处罚措施时。

5. 对于涉嫌实施刑事违法行为的行为人，其羁押期限自实际羁押之时起开始计算，且不能超过 72 小时。

第 129 条　送审

1. 送审，即指为查明行为人是否与刑事违法行为有牵连而适用的，时限不超过 3 小时的强制性诉讼措施。

2. 在确定行为人与刑事违法行为有牵连的情况下，刑事追诉机关有权依据本法典第 131 条规定的程序进行羁押。这种情况下，送审期限计入本法典第 131 条第 4 款规定的羁押总期限之内。

3. 在送审期限结束后，应当立即向行为人递交送审令。但是，对行为人继续诉讼拘留的情况除外。

第 130 条　公民对实施刑事违法行为的人员行使非诉讼拘留的权利

1. 刑事被害人，以及其他任何公民，有权对实施刑事违法行为的行为人进行拘留，并限制其活动自由，以便将其移交或者扭送到刑事追诉机关亦或其他国家权力机关，旨在制止该行为人实施其他危害行为的可能性。

2. 在本条第 1 款规定情况下，被拘留人员反抗的，可以在《哈萨克斯坦共和国刑事法典》第 33 条规定的限度之内，对其采取身体强制亦或其他手段。如果有根据确定，被拘留行为人随身携带武器或者其他危险物品，对于刑事案件审理具有意义的，对其进行拘留的公民可以检查被拘留人的衣物，并可以没收随身物品以便向执法机关或者其他国家权力机关移交。

第 131 条　对涉嫌实施刑事违法行为的人员适用的诉讼拘留程序

1. 对涉嫌实施刑事违法行为的人员进行羁押时，刑事追诉机关的公职人员应当口头向其说明，因为涉嫌实施何种行为受到羁押，并向其告知有权聘请辩护人并享有保持沉默的权利，以及其所表达的言语有可能在法庭上作为对其予以反驳的内容适用。

如果被羁押人不知晓哈萨克斯坦共和国国家语言与（或者）俄语，亦或在被羁押时鉴于酒精瘾癖、麻醉剂瘾癖、嗜毒瘾癖，亦或病态的心理与生理状况导致不能充分领会对其权利作出的说明，有关犯罪嫌疑人的权利，在翻译（在需要翻译的情况下）与（或者）辩护人出席的情况下，并且在将其作为犯罪嫌疑人进行讯问前对其进行说明。有关此事项，应当在讯问笔录中进行记录。

（本条第 1 款规定依据哈萨克斯坦共和国 2014 年 11 月 7 日第 248 - V 号法令变更。）

2. 调查机关公职人员、调查官、侦查官，应当在本法典第 129 条第 1 款规定的期限内制作羁押笔录。在犯罪嫌疑人递交相应申请时，可由医生进行检验以便确定其健康的基本状况以及是否具有身体损伤。

在羁押笔录中应当指明下述信息：

（1）犯罪嫌疑人的姓、名、父称（在有父称的情况下）；

（2）对犯罪嫌疑人实施羁押的人员，羁押的根据、动机、地点，以及被送交羁押与实际羁押的时间（指出具体时分）；

（3）有关向犯罪嫌疑人说明应当享有何种权利的信息；

（4）实施人身搜查的结果；

（5）有关犯罪嫌疑人身体健康状况的信息；

（6）该笔录制作的时间与地点。

笔录，应当由公职人员、笔录制作人、犯罪嫌疑人与辩护人（在辩护人参与的情况下）签字确认。

在进行医疗检验的情况下，应当在笔录中随附医疗检验结论。

3. 有关实施羁押的问题，履行审前调查的人员应当在羁押笔录制作之时起的 12 小时内以书面形式通知检察官。

4. 犯罪嫌疑人，在法院没有核准的情况下，羁押的期限不超过 72 小时。

第 132 条　对被羁押人进行人身搜查

实施羁押的人员，有权在遵守本法典第 255 条规定规则的条件下，立即对被羁押人进行人身搜查。如果有理由认定，被羁押人随身携带武器亦或可以当作武器使用的物品，亦或禁止流通的物品，以及其他可能被用于作为证据使用的物品，亦或被羁押人企图处理的、能够作为揭露其实施刑事违法行为证据的物品。在其他必要的情况下，也可以进行人身搜查。

第 133 条　对涉嫌实施刑事违法行为的被羁押人予以释放的根据

1. 因涉嫌实施刑事违法行为被羁押的行为人，在具有下述根据之一的情况下，根据审前调查人员的裁决或者检察官的裁决予以释放：

（1）涉嫌实施刑事违法行为的事实未能得到确证；

（2）缺乏相应根据适用拘留类别的强制性关押措施，亦或拘役类别的刑罚，亦或从哈萨克斯坦共和国驱逐出境；

（3）严重违反本法典第 131 条规定的要求进行羁押；

（4）缺乏羁押的法定根据。

2. 如果自实际羁押开始后，在 72 小时内，被羁押人关押地点的负责人没有收到法院有关核准对犯罪嫌疑人予以拘留的裁决，被羁押人关押地点的负责人应当自行下达裁决立即释放被羁押人，并向受理相关案件的人员以及检察官通知该事项。

3. 在不执行本条第 2 款规定的要求时，被羁押人关押地点的行政部门负责人应当承担法律规定的责任。

4. 在释放被羁押人时，应当向其签发证明。证明中应当指出：何人对其实施的羁押，被送交羁押以及羁押的地点与时间，被释放的时间。

5. 在本条第 1 款第 3 项与第 4 项规定的情况下，因被羁押人在非法羁押阶段或者非法羁押之后参与实施侦查行为而获取的资料，应当认定为是无效的、不予采信的证据。

第 134 条　对涉嫌实施刑事违法行为的被羁押人进行拘留的程序

涉嫌实施刑事违法行为的被羁押人，应当在临时拘留所内关押。因涉嫌实施刑事违法行为被羁押的现役军人或者应当被判处剥夺自由刑刑罚的人员，同样可以关押于相应的禁闭室或者执行剥夺自由类别刑罚的刑事执行机构。在

本法典第 61 条第 2 款与第 3 款第 9 项规定的条件下，因涉嫌实施刑事违法行
为被羁押的人员，由调查机关负责人确定在专门配置的房间内关押。在紧急状
态下，涉嫌实施刑事违法行为的被羁押人，由地方长官确定关押于专门用于羁
押的房间之内。对涉嫌实施刑事违法行为的被羁押人进行拘留的程序与条件，
由哈萨克斯坦共和国立法予以确定。

第 135 条　向犯罪嫌疑人亲属告知有关羁押的事宜

有关对犯罪嫌疑人进行羁押及该人所处地点的事项，审前调查人员应当立
即通知其家庭中的成年成员。如果被羁押人家庭中没有成年成员的，通知该人
的其他亲属或者密切关系人，亦或尽可能将该通知告知犯罪嫌疑人本人。对于
外籍人员的羁押，应当立即进行告知，在不能告知的情况下，应当在 24 小时
内通知领事馆、大使馆，或者依据哈萨克斯坦共和国外交部与哈萨克斯坦共和
国总检察长联合命令规定的程序，通过哈萨克斯坦共和国外交部通知该国的其
他代表机构。

第十八章　强制性处罚措施

第 136 条　适用强制性处罚措施的根据

1. 在具有足够的理由认定，犯罪嫌疑人、刑事被告人逃避刑事追诉机关
或者法院的传唤，亦或阻碍案件客观调查或法庭审理的，亦或继续实施犯罪
的，以及为保障刑事案判决的执行，刑事诉讼程序主导机关，有权在自己的职
权范围内对上述行为人适用本法典第 137 条规定的强制性处罚措施之一。

2. 行为人，涉嫌实施亦或被指控实施《哈萨克斯坦共和国刑事法典》第
99 条（第 2 款第 15 项）、第 170 条（第 4 款）、第 175 条、第 177 条、第 178
条、第 184 条、第 255 条（第 4 款）、第 263 条（第 5 款）、第 286 条（第 4
款）、第 297 条（第 4 款）、第 298 条（第 4 款）、第 299 条（第 4 款）规定犯
罪的，仅可以根据该犯罪的严重程度对其适用拘留类别的强制性处罚措施。

第 137 条　强制性处罚措施与限制性附加措施

1. 强制性处罚措施是指：

（1）具结不外出与实施恰当行为；

（2）个人担保；

（3）移送现役军人到军事部队指挥部门进行监督；

（4）移交未成年行为人接受监管；

（5）缴纳保证金（物）；

（6）监视居住；

（7）拘留。

2. 对于适用强制性处罚措施的行为人，在必要的情况下，除被移送到部队指挥机关进行监督与拘留的现役军人，可以责令佩戴电子跟踪器。

有关佩戴电子跟踪器的事项，应当向犯罪嫌疑人、刑事被告人解释其意义，并在有关适用强制性处罚措施的裁决中加以注明。

3. 佩戴电子跟踪器的事项，在相应人员逃避监视而对其采取措施的情况下，应当参考犯罪嫌疑人、刑事被告人的所处地点、安置方式，以及该人员的年龄、健康状况、家庭条件与生活方式等情节实行。

4. 佩戴电子跟踪器的程序、条件与根据，由哈萨克斯坦共和国政府确定。

第 138 条　选择强制性处罚措施与确定限制性附加措施时应予考虑的情节

1. 在处理有关必须适用强制性处罚措施以及具体适用何种强制性处罚措施的问题时，除本法典第 136 条规定的根据，以及本法典第 137 条第 2 款规定的补充性限制措施以外，还应当考虑犯罪的严重程度、犯罪嫌疑人与刑事被告人的身份特性、年龄、健康状况、家庭状况、从事职业、财产状况，以及上述人员是否具有常久居住地点或其他情况。

2. 在缺少本法典第 136 条规定根据时，犯罪的严重程度不是选择拘留类别强制性处罚措施的惟一根据。

第 139 条　在有关对犯罪嫌疑人行为进行认定的裁决下达之前适用的强制性处罚措施

1. 在特殊情况下，当具有本法典第 136 条规定的根据时，参考本法典第 138 条规定的情节，可以在下达有关对犯罪嫌疑人行为进行认定的裁决前对其适用强制性处罚措施。这种情况下，有关对犯罪嫌疑人行为进行认定的裁决，应当在不晚于 10 日的期限内公布。即使实施的是《哈萨克斯坦共和国刑事法典》第 173 条、第 179 条、第 181 条、第 184 条、第 255 条至第 268 条、第 272 条规定犯罪中的任一起犯罪，自采取强制性处罚措施之时起，应当在不晚于 30 日的期限内公布。如果犯罪嫌疑人曾经被羁押，其后被监禁的，则自羁押之时起在相同期限内。如果在该期限内，有关对犯罪嫌疑人行为进行认定的裁决并未下达且尚未公布的，强制性处罚措施应当立即撤销。

2. 在向犯罪嫌疑人宣布有关对其行为进行认定的裁决时，有关对其适用拘留作为强制性处罚措施的问题，由法院依据本法典第 147 条规定的程序重新审理。如果在本条第 1 款规定期限届满前 24 小时内，拘留地点的负责人没有收到法院有关对犯罪嫌疑人核准适用拘留的裁决，则拘留地点的负责人应当将该事项告知受理该刑事案件的机关或者人员，以及检察官。如果在本条第 1 款规定期限届满之后，没有收到有关撤销强制性处罚措施或者有关法院核准对刑事被告人适用拘留的相应判决，则拘留地点的负责人自行下达裁决释放刑事被告人，该裁决的副本应当在 24 小时内送交受理该刑事案件的机关或者人员，以及检察官。

3. 在未予执行本条第 2 款规定的要求时，拘留地点行政管理部门的负责人，应当承担法律规定的责任。

第 140 条　强制性处罚措施的适用程序

1. 不得对犯罪嫌疑人、刑事被告人同时适用两种或者多种强制性处罚措施。

2. 有关适用强制性处罚措施的事项，刑事诉讼程序主导机关应当作出裁决，其中应当指明行为人涉嫌实施亦或被控实施的刑事违法行为，以及适用该强制性处罚措施的根据。该裁决副本应当交付对其下达该裁决的人员，有关适用本法典规定的强制性处罚措施的，同时向其说明对上述裁决提起申诉的程序。

对犯罪嫌疑人适用强制性处罚措施的事项，仅在有关对其行为进行认定的裁决下达之后可以实行。但是，本法典第 139 条规定的情况除外。

3. 对犯罪嫌疑人、刑事被告人、刑事受审人适用非拘留类别的强制性处罚措施时，为保障实施适当行为，可以责令上述人员履行下述规定中的 1 项或者多项责任：

（1）在法律规定期限内向审前调查人员、检察官，亦或法院报到；

（2）未经刑事诉讼程序主导机关核准，不得离开常住地或者暂住地；

（3）向刑事诉讼程序主导机关的人员、检察官告知有关变更居住地、工作地的事项；

（4）不同某些人员接触，不前往某些地点；

（5）参加对麻醉剂瘾癖或者酒精瘾癖的疗程治疗；

（6）佩戴电子跟踪器。

4. 犯罪嫌疑人、刑事被告人实施了违反本法典第 141 条、第 142 条、第 143 条、第 144 条、第 145 条与第 146 条规定的措施时，对其适用更加严厉的强制性处罚措施。有关此事项，在交付相应裁决副本时应当向犯罪嫌疑人、刑事被告人说明。在违反了本法典第 156 条、第 165 条规定的强制性诉讼措施时，对于犯罪嫌疑人、刑事被告人应当选择强制性处罚措施。

第 141 条　具结不外出与实施适当行为

具结不外出与实施适当行为，是指刑事诉讼程序主导机关要求犯罪嫌疑人、刑事被告人作出书面保证，不经调查官、侦查官或者法院的核准不得离开常住地或者暂住地（居民点），不得妨碍案件的审查与法庭审理，在指定时间内遵守刑事诉讼程序主导机关的传唤到案。

第 142 条 个人担保

1. 个人担保是指可靠人员以书面申请的形式担保犯罪嫌疑人、刑事被告人实施恰当行为,保证在刑事诉讼程序主导机关传唤时报到。担保人不得超过2名。

2. 选择个人担保作为强制性处罚措施的事项,仅允许根据担保人的书面申请,并在被担保人同意的情况下适用。

3. 担保人具结进行个人担保。在具结担保中应当证明已向其说明被担保人涉嫌行为的实质,以及在犯罪嫌疑人、刑事被告人实施相应行为时,对其适用强制性处罚措施予以警告的,担保人应当承当缴纳罚金的责任。

4. 担保人在刑事案件审理的任何阶段,有权拒绝担保。在拒绝犯罪嫌疑人、刑事被告人之时起 8 小时内,应当参考本法典第 136 条第 1 款规定的要求选择其他强制性处罚措施。

5. 犯罪嫌疑人、刑事被告人在实施对其适用个人担保予以禁止的行为时,法院可以依据本法典第 160 条规定的程序对每名担保人科处罚金。

第 143 条 军事部队指挥部门对现役军人的监督

1. 军事部队指挥部门对下述犯罪嫌疑人、刑事被告人的监督,身为现役军人或者应召参与军事集训活动的预备役军人的,是指军事部队指挥部门适用哈萨克斯坦共和国武装力量、其他部队与军事组织的军事条例所规定的措施保障该行为人实施适当行为,在刑事诉讼程序主导机关传唤时报到。

2. 应当向军事部队指挥部门告知有关行为人涉嫌行为的实质,该行为人鉴于实施该行为而被选择适用强制性处罚措施的。选择该强制性处罚措施的机关,应当书面告知军事部队指挥部门有关确定监督的事宜。

3. 在犯罪嫌疑人、刑事被告人实施了相应行为,对其选择适用强制性处罚措施以示警戒的,军事部队指挥部门应当立即将此事项告知选择强制性处罚措施的机关。

4. 行为人在不履行应当履行的监督责任中具有过错的,应当承担立法规定的纪律处分。

5. 在强制性处罚措施有效期间,不得遣派犯罪嫌疑人、刑事被告人参加作战、履行战斗或是警戒职责,以及卫戍勤务与昼夜值班勤务。

第 144 条 移交未成年行为人接受监管

1. 将未成年行为人移交给其父母、监护人、监管人或者其他可靠人员,以及依据法律规定对儿童权利履行保护职能的、未成年人所在组织与机关的行政管理部门进行监管的事宜,是指上述人员以书面承诺的形式保障未成年人实施适当行为，在刑事诉讼程序主导机关传唤时报到，其中包括在没有刑事诉讼程序主导机关的许可时限制未成年行为人离开住处，不得前往其他地点。

2. 将未成年行为人移交给其父母与其他人员监管的事宜，仅在上述人员提出书面申请的情况下允许实行。

3. 在未成年行为人的父母、监管人、监护人、依据法律规定对儿童权利履行保护职能的、未成年人所在组织与机关的行政管理部门具结保证对未成年人进行监管时，应当告知有关未成年行为人涉嫌实施的刑事违法行为性质，以及在违反监管责任时应当承担的责任。

4. 对未成年行为人进行监管的人员，在未履行承诺的情况下，可以依据本法典第 160 条规定的程序对其处以罚金。

第 145 条　保证金（物）

1. 保证金（物）是指犯罪嫌疑人、刑事被告人亦或其他人员亲自向法院交存押金，以保障犯罪嫌疑人、刑事被告人履行相应义务。在被传唤时，向审前调查人员、检察官报到，或在法院传唤时到庭。作为保证金（物）交存的，可以是被扣押的其他贵重物品、动产与不动产。对保证金（物）价值进行证明以及无担保的责任由担保人承担。对于涉嫌实施极其重度犯罪的行为人，以及在本法典第 148 条第 9 款规定的情况下，不得适用缴纳保证金（物）措施。

（本条第 1 款规定依据哈萨克斯坦共和国 2014 年 11 月 7 日第 248 - V 号法令修订。）

2. 缴纳保证金（物）仅在检察官核准亦或法院、预审法官作出裁决的情况下适用。

3. 保证金（物）数额的标准，应当参考涉嫌犯罪的严重程度、犯罪嫌疑人与刑事被告人的身份特性、犯罪行为的性质、担保人的财产状况进行确定。在涉嫌实施轻度犯罪时，缴纳数额不得少于 50 倍月核算指数；在涉嫌实施中度过失犯罪时，缴纳数额不得少于 150 倍月核算指数；在涉嫌实施中度故意犯罪时，缴纳数额不得少于 250 倍月核算指数；在涉嫌实施重度犯罪时，缴纳数额不得少于 500 倍月核算指数。

在特殊情况下，对于下述人员缴纳的保证金（物）数额可以低于上述标准，亦或等同于该数额的财产：

（1）尚有需要抚养的未成年子女，需要赡养的年暮父母，需要助养的残障亲属，以及受其监护或者看护的人员；

（2）没有固定的收入来源；

（3）属于社会弱势群体，以及从预算基金账户中获得各种社会救助的人员；

（4）未成年人与退休者。

4. 未被拘留的犯罪嫌疑人、刑事被告人、刑事受审人，亦或其他人员，自被选择适用缴纳保证金（物）类别的强制性处罚措施之日起，在5日内应当向相应账户缴纳保证金（物），并向审前调查人员、检察官、法院提供相应的证明文件。

5. 在将其他贵重物、动产与不动产作为缴纳保证金（物）缴纳时，担保人应于相同期限向刑事诉讼程序主导机关缴纳上述财物，并随附这些财物的所有权文件。

在对犯罪嫌疑人、刑事被告人依据本法典第128条规定的程序选择缴纳保证金（物）作为强制性处罚措施时，在实际缴纳保证金（物）之前，预审法官应当依据本法典第148条第7款规定的程序处以拘留亦或监视居住类别的强制性处罚措施。

在变更此前选择的拘留或者监视居住为缴纳保证金（物）类别的强制性处罚措施时，犯罪嫌疑人、刑事被告人仅在实际缴纳保证金（物）之后才可以释放。如果在此之间，本法典规定的拘留期限已过，则拘留期限在缴纳保证金（物）之前应当延长。

6. 在对犯罪嫌疑人、刑事被告人适用缴纳保证金（物）类别的强制性处罚时，应当向其说明应当承担何种义务以及不执行该处罚的后果。对于不是刑事被告人、犯罪嫌疑人的担保人，应当向其说明，对于涉嫌实施亦或控诉实施刑事违法行为的人员，法律对其实行行为所裁定的刑罚，保证犯罪嫌疑人、刑事被告人实施适当行为并在传唤时报到的责任，以及不执行这些责任的后果。

7. 有关采取缴纳保证金（物）的事项应当制作笔录。在笔录中应当注明，已向犯罪嫌疑人、刑事被告人说明在传唤时应当报到的责任。对于担保人，应当提醒有关在传唤时犯罪嫌疑人、刑事被告人逃避报到的，保证金（物）归入国家收入。相应的笔录应当由选择适用该强制性处罚措施的公职人员、犯罪嫌疑人、刑事被告人，以及担保人签字确认，前提是担保人是其他人员。有关保证金（物）已经缴纳到法院指定账户的笔录与文件，应当随附到案件材料当中，而担保人应当向其交付笔录副本。

8. 根据预审法官依据本法典第148条第8款规定的程序作出的裁决，对适用拘留类别强制性处罚措施的行为人缴纳保证金（物）时，向犯罪嫌疑人、刑事被告人说明有关在缴纳保证金（物）时的责任，以及不执行该责任的后果等事项，由拘留地点的负责人实行。

9. 如果犯罪嫌疑人、刑事被告人未违反应当承担的义务，保证金（物）客体应当立即返还担保人。但是，对于犯罪嫌疑人、刑事被告人，应当适用更为严厉的强制性处罚措施，亦或下达刑事案判决或有关终止刑事案件审理的裁决。

如果担保人本人是犯罪嫌疑人、刑事被告人的，法院在审理有关对保证金（物）如何处理的问题时，在具有刑事附带民事诉讼请求、诉讼费用缴纳以及其他必要的财产性赔偿时，有权根据检察官的申请作出有关将全部亦或部分保证金（物）客体用于赔偿的判决。

将不是犯罪嫌疑人、刑事被告人的担保人缴纳的保证金（物）客体用于支付赔偿时，仅在该担保人同意的情况下可以实行。

10. 当替犯罪嫌疑人、刑事被告人缴纳保证金（物）的人员书面致函，提出本人无法继续为犯罪嫌疑人、刑事被告人履行在刑事诉讼程序主导机关传唤时报到的义务进行担保的，保证金（物）客体应当立即返还，前提是如果犯罪嫌疑人、刑事被告人没有违反上述义务。

在结束刑事案件审理，作出刑事案判决或者裁决时，法院或者刑事追诉机关同时应对保证金（物）如何处置的问题进行处理。

11. 犯罪嫌疑人、刑事被告人没有正当理由不履行保证金（物）保证的义务时，检察官应当向预审法官递交有关将保证金（物）纳入国家收入的申请。

法院应当对此作出相应判决，担保人可以依据本法典第107条规定的程序向上级法院提起申诉。

12. 在向担保人返还保证金（物）时，应当向担保人收缴为保障对保证金（物）进行保管而花费的相应的数额。

参见：《有关组织对刑事诉讼审前阶段活动是否具有合法性进行检察监督的指令》。

13. 保证金（物）的接收、保管、销售与归入国家收入的程序，应当由哈萨克斯坦共和国政府确定。

第146条　监视居住

1. 监视居住，是指对犯罪嫌疑人、刑事被告人不进行拘留，而是在与社会隔离的条件下对其进行关押，由法官依据本法典第147条规定的根据与程序对其确定应当适用的各种限制措施。

2. 在适用监视居住时，可以对犯罪嫌疑人、刑事被告人、刑事受审人采取下述一种或者几种限制措施：

（1）完全禁止离开居住处所亦或在确定时间内离开居住处所；

（2）禁止电话通话、邮寄信件，以及使用通信设备。但是，本款第5项规定的情形除外；

（3）禁止同某些人员联系，禁止接触其他人员；

（4）使用电子监控设备，负有携带这些设备的义务；

（5）对监控电话或者其他监控警告负有回应的义务，在规定时间通过电话亦或本人亲自向调查机关或者其他对犯罪嫌疑人、刑事被告人或刑事受审人行为进行监督的机关报到；

（6）对犯罪嫌疑人、刑事被告人或者他们的住宅进行监视，对上述人员的住宅或者作为住宅使用的处所进行保护；

（7）其他保障犯罪嫌疑人、刑事被告人实施恰当行为以及与社会隔离的措施。

在必要的情况下，对犯罪嫌疑人、刑事被告人的行为进行监督。

在对被逮捕者是否遵守离开住宅的法定限制进行监督时，刑事诉讼程序主导机关有权在每日的任何时间核查该人是否处于居住地点。核查活动白天不得超过2次，夜间不得超过1次。公职人员，仅在被逮捕者亦或与其共同生活的人员同意的情况下，允许进入被逮捕者的住所。但是，时间不得超过30分钟。

3. 在法院有关适用监视居住的裁决中，应当确定对犯罪嫌疑人、刑事被告人适用的具体限制，并应指明实施监视的机关或者公职人员。

4. 监视居住的期限以及该期限的延长程序，由本法典第151条与第547条至第551条规定的原则确定。

5. 监视居住类别的强制性处罚措施，其执行程序由负责进行审前调查的国家机关共同发布命令予以确定。

第147条　拘留

1. 作为强制性处罚措施的拘留，仅在法院核准之后，并且仅可以对实施下述犯罪行为的，依据法律规定对其裁处的刑罚为5年以上剥夺自由刑的犯罪嫌疑人、刑事被告人、刑事受审人适用。在特殊的情况下，该强制性处罚措施可以对实施下述犯罪行为的，依据法律规定对其裁处的刑罚为5年以下剥夺自由刑的犯罪嫌疑人、刑事被告人、刑事受审人适用，如果：

（1）这些人员在哈萨克斯坦共和国境内没有长久居住地；

（2）不能确定这些人员的身份；

（3）这些人员此前违反了对其选择的强制性处罚措施亦或强制性诉讼措施；

（4）这些人员企图逃匿亦或曾经逃匿刑事追诉机关或者法院的传唤；

（5）这些人员涉嫌参与由组织犯罪团伙或者犯罪集团（犯罪组织）实施的犯罪；

（6）这些人员鉴于此前实施重度或者极其重度犯罪而负有前科；

（7）具有证明其持续实施犯罪活动的材料。

2. 在必须选择拘留作为强制性处罚措施的情况下，审前调查人员应当依据本法典第140条的规定作出有关向法院提起申请要求核准适用该措施的裁决。在该裁决中应当随附能够证明该申请合理性的、已经核证的刑事案件副本。

有关选择该强制性处罚措施的裁决，有关要求法院核准适用该措施的申请，应当随附所有案件的附件并在羁押期限届满前的18小时内递交给检察官。

3. 在处理有关支持审前调查人员的申请、核准对犯罪嫌疑人适用拘留的问题时，检察官应当对所有包含拘留适用根据的案件材料进行阅卷，并有权对犯罪嫌疑人、刑事被告人进行讯问。检察官在对所有提交的材料进行审查之后，可以作出下述判决之一：

（1）有关支持申请并将案件材料递交法院以便对有关核准强制性处罚措施的问题进行处理的；

（2）有关鉴于缺乏适用拘留类别强制性处罚措施的根据而拒绝支持申请并将犯罪嫌疑人释放的；

（3）有关鉴于实施犯罪的嫌疑未经证实而拒绝支持申请并将犯罪嫌疑人释放的。

在支持有关要求核准适用拘留类别强制性处罚措施的申请时，检察官应当同意刑事追诉机关作出的裁决。检察官有权向预审法官递交有关要求核准适用其他强制性处罚措施的申请。

有关拒绝下述申请的裁决，要求支持有关核准适用拘留并释放犯罪嫌疑人的申请的，应当递送给与此有关的利害关系人。上述裁决，可以由审前调查人员向上级检察官提起申诉，亦或由为保障本人或其所代理的权利与利益而参与刑事诉讼程序的人员依据本法典第106条规定的程序提起申诉。

4. 经检察官同意，由审前调查人员作出的，有关提起要求核准适用拘留申请的裁决，以及确证该裁决具有合理性的材料，应当在羁押期限届满前不晚于12小时内递交给预审法官。有关该事项，应当告知与此有关的利害关系人。

（本条第4款规定依据哈萨克斯坦共和国2014年11月7日第248－Ｖ号法令修订。）

参见：《有关组织对刑事诉讼审前阶段活动是否具有合法性进行检察监督的指令》。

第148条　预审法官对有关核准拘留类别强制性处罚措施申请的审理

1. 对拘留予以核准的权利，由区法院或者同级别法院的预审法官行使。在本法典第107条第7款第2项与第3项规定的条件下，由州法院或者同级别法院的法官行使。

2. 预审法官，应当遵守本法典第56条规定程序，自案件材料递交法院之时起，在不晚于7小时内在检察官、犯罪嫌疑人、刑事被告人、其辩护人参与的情况下，对有关要求核准采取拘留类别强制性处罚措施的申请进行审理。

预审法官应当允许辩护人对递交的案件材料进行阅卷。

在审判庭案件审理阶段，在法院及时告知有关审判庭开庭地点与时间的情况下未出庭的法定代理人与代理人，同样有权参与审判庭案件审理。这些人员不出庭的，不会阻碍审判庭的诉讼程序。

在审判庭案件审理阶段，应当进行笔录记录。

［本条第2款规定依据哈萨克斯坦共和国2015年10月31日第378－Ⅴ号法令变更（自2016年1月1日生效）。］

3. 在处理有关核准拘留的问题时，预审法官应当限制对下述案件进行审查，在选择上述强制性处罚措施时与应当考量的情节有关的。

在必要的情况下，预审法官有权要求提取刑事案件。

4. 在犯罪嫌疑人、刑事被告人缺席时对有关核准适用拘留类别强制性处罚措施的申请进行审查的预审法官，仅允许在对上述人员发布通缉命令亦或这些人员处于哈萨克斯坦共和国境外，亦或逃避传唤到刑事诉讼程序主导机关的情况下进行。这种情况下，应当告知审判庭开庭的时间与地点。在被羁押的情况下，应当将犯罪嫌疑人、刑事被告人移送到预审法官处以便审核对其适用强制性处罚措施的合理性。

5. 在开庭之时，预审法官应当宣布，将要审理何种申请，向出席审判庭的人员告知其所享有的权利与义务。此后，检察官论证对犯罪嫌疑人选择拘留作为强制性处罚措施的必要性，之后，犯罪嫌疑人、刑事被告人与其他出席审判庭案件审理的人员进行听证。

犯罪嫌疑人、刑事被告人，以及为其利益进行辩护的人员，在检察官对该申请进行审理的阶段，有权提出有关适用监视居住亦或缴纳保证金（物）类别强制性处罚措施的申请。

6. 在预审法官作出有关拒绝核准适用监视居住、缴纳保证金（物）的裁决时，检察官有权根据本法典第107条规定的规则对其提起抗诉。

7. 有关要求对犯罪嫌疑人、刑事被告人适用拘留类别强制性处罚措施的申请，在对其进行审理之后，预审法官应当下达有关核准亦或拒绝核准适用拘留的裁决。预审法官，当认定核准2个月的拘留期限没有足够的根据时，有权核准10日以下的拘留或是监视居住，亦或缴纳保证金（物）类别的强制性处罚措施。

8. 预审法官，在作出有关核准适用拘留类别强制性处罚措施的裁决时，除极其重度的犯罪之外，应当确定保证金（物）的数额，以便足够保障犯罪嫌疑人、刑事被告人履行本法典第140条第3款规定的义务。本条第9款规定的情节除外。

在预审法官、法院的裁决中应当指明，犯罪嫌疑人、刑事被告人在缴纳保证金（物）的情况下，应当承担本法典第140条规定的何种义务，不执行这些义务的后果，选择缴纳的保证金（物）数额是否合理，以及适用的可能性。

犯罪嫌疑人、刑事被告人亦或其他人员，有权在任何时间交付在预审法官裁决、法院有关核准适用拘留类别强制性处罚措施的裁决中规定的保证金（物）数额。

9. 在预审法官、法院作出有关核准适用拘留类别的强制性处罚措施时，在下述情况下不得裁定适用缴纳保证金（物）：

（1）行为人涉嫌实施亦或被控诉实施的犯罪行为导致刑事被害人死亡的；

（2）行为人涉嫌实施亦或被控诉实施的犯罪是团伙犯罪，以及其他恐怖主义与（或者）极端主义犯罪的；

（3）具有充足根据认定，犯罪嫌疑人、刑事被告人将会妨碍司法诉讼程序，亦或逃避调查与审理的；

（4）犯罪嫌疑人、刑事被告人此前违反过对其选择的缴纳保证金（物）类别强制性处罚措施的。

10. 预审法官的裁决，应当立即交给对其作出裁决的人员，并应递交审前调查人员、检察官、刑事被害人，以及犯罪嫌疑人、刑事被告人所处拘留地点相应机构的负责人，并应立即付诸执行。

11. 有关核准对犯罪嫌疑人、刑事被告人进行拘留的裁决，或者拒绝对上述人员进行拘留的裁决，可以依据本法典第107条规定的程序提起申诉、抗诉。

12. 在撤销区法院或者同级别法院有关拒绝核准适用拘留的裁决时，由州法院或者同级别法院依据本法典第107条规定的程序对有关核准拘留犯罪嫌疑人、刑事被告人的问题进行审理。

13. 在预审法官、法院作出裁决，拒绝核准适用拘留类别的强制性处罚措施之后，再次向法院提起申请，要求核准对同一刑事案件的同一行为人适用拘留类别强制性处罚措施的事项，仅在产生新的情节而必须适用拘留的情况下可以提起。

14. 有关适用拘留作为强制性处罚措施的事项，履行审前调查的人员，应当依据本法典第135条规定的程序告知犯罪嫌疑人的亲属。

第149条　对依据强制性处罚措施程序适用拘留的犯罪嫌疑人进行关押

对犯罪嫌疑人适用拘留类别的强制性处罚措施的，应当关押于拘留所。对于犯罪嫌疑人进行关押的程序与条件由立法确定。

第 150 条　对适用拘留作为强制性处罚措施的犯罪嫌疑人、刑事被告人与刑事受审人在拘留被羁押人的地点关押

1. 对作为强制性处罚措施适用拘留的犯罪嫌疑人、刑事被告人、刑事受审人，在将其遣送到拘留场所时，因为路途遥远或者没有适当的交通工具，亦或必须实施侦查行为，亦或鉴于法院审理案件而不能遣送的，对于上述人员，依据审前调查人员经检察官或者预审法官，亦或法院确认作出的裁决，可以在 30 日内暂时关押于临时拘留所，对于现役军人，应当关押在禁闭室。

对上述人员进行拘留的程序与条件应当由立法确定。

2. 对犯罪嫌疑人、刑事被告人与刑事受审人适用拘留作为强制性处罚措施的，从一处拘留场所移送到其他拘留场所以便实施侦查行为的事项，根据检察官的裁决，亦或经检察官核准由审前调查人员作出的裁决实行。

第 151 条　拘留期限与拘留期限的延长程序

1. 在审前调查阶段，拘留期限不得超过 2 个月。但是，本法典规定的特殊情况除外。

2. 对于经法官核准适用的，为期 2 个月以下的短期拘留，在必须延长适用的情况下，检察官应当在该期限届满前 1 日内向预审法官递交有关要求收集补充材料的申请。在不能于 2 个月内结束审查，并且缺少根据变更或者撤销规定该期限的强制性处罚措施时，可以根据审前调查人员经区（市）检察官与同级别检察官同意递交的合理申请予以延长，该期限可以由预审法官延长到 3 个月。在不能于 3 个月内完成案件审查的情况下，以及不需要继续拘留犯罪嫌疑人、刑事被告人的，根据审前调查人员经州检察长与同级别检察长，以及他们的副检察长同意后递交的合理申请，可以由预审法官延长到 9 个月。

3. 拘留期限延长 9 个月以上 12 个月以下的，仅在案件极其复杂的情况下，对于涉嫌实施极其重度犯罪的行为人，根据受理刑事案件的侦查部门负责人亦或检察官，亦或侦查小组、侦缉小组负责人经州检察长及同级别检察长同意作出的合理申请，可以由区法院及同级别法院的预审法官决定。

4. 拘留期限延长 12 个月以上不满 18 个月的，允许在特殊的情况下对涉嫌实施极其重度犯罪、团伙犯罪，以及实施其他恐怖主义与（或者）极端主义犯罪的行为人适用。该期限应当由区法院及同级别法院的预审法官，依据实施刑事追诉的中央机关侦查部门负责人亦或受理刑事案件的检察官、侦查小组与侦缉小组负责人，经州检察长与同级别检察长确认，并经哈萨克斯坦共和国总检察长及副总检察长核准作出的合理申请予以确定。

5. 除上述情况之外，不得继续延长拘留期限。被拘留的犯罪嫌疑人、刑事被告人应当立即释放。

6. 有关将拘留期限延长至 3 个月的申请，应当在拘留期限届满前不晚于 10 日内递交区（市）检察官以及同级别的检察官以便批准。自收到该申请之时起，检察官应当在不超过 3 日内进行审理。

7. 有关延长拘留期限超过 3 个月的申请，应当在拘留期限届满前不晚于 15 日内递交检察官以便核准。自收到该申请之时起，检察官应当在不超过 5 日内对其进行审理。

8. 有关延长拘留期限超过 12 个月的申请，应当在拘留期限届满前不晚于 20 日内递交检察官以便核准。检察官自该申请递交之时起 5 日内对其进行审理。

9. 对有关延长拘留期限的申请审理之后，检察官应当对审前调查人员的裁决予以核准，并应立即随附确证延长拘留期限合理性的刑事案件材料递交相应法院，亦或拒绝核准并说明理由。在检察官不支持有关延长拘留期限的申请时，在拘留期限届满之前应当立即释放犯罪嫌疑人、刑事被告人。

10. 有关延长拘留期限不超过 3 个月的申请，应当在拘留期限届满前不晚于 7 日内递交法院。有关延长拘留期限超过 3 个月的申请，应当在拘留期限届满前不晚于 10 日内递交法院。有关延长拘留期限超过 12 个月的申请，应当在拘留期限届满前不晚于 15 日内递交法院。

11. 有关要求核准对犯罪嫌疑人在与辩护人对刑事案件材料进行阅卷时进行拘留的期限的申请，应当在拘留期限届满前不晚于 5 日内递交检察官以便核准。检察官在收到该申请之后，应当在不晚于 1 日内对其进行审理。

在对有关核准犯罪嫌疑人在刑事案件材料阅卷期间拘留期限的申请进行审核之后，对于审前调查人员作出的裁决，经检察官核准后立即将其随附确证必须核准拘留期限的刑事案件材料递交审前调查结束地的区法院与同级别法院的预审法官。在检察官不支持有关要求核准对犯罪嫌疑人在与辩护人对刑事案件材料进行阅卷时进行拘留的期限的申请时，犯罪嫌疑人应当立即释放。

12. 有关要求核准对犯罪嫌疑人在与辩护人对刑事案件材料进行阅卷时进行拘留的期限的申请，应当在拘留期限届满前不晚于 3 日内递交给预审法官。

第 152 条　预审法官对有关延长拘留期限的申请进行审理以及拘留期限的计算

1. 有关延长拘留期限的申请由预审法官独任审理。检察官应当参与审判庭对申请的审理。犯罪嫌疑人的辩护人、法定代理人、刑事被害人、其法定代理人与代理人，同样可以参与审判庭的审理。上述人员，被及时告知有关对申请进行审理的时间时不出席审判庭审理的，不妨碍法庭对该申请进行审理。

对于被提出申请的行为人，法院有权认定该行为人必须参与对有关延长其拘留期限问题的审理，并应责令审查机关将其送达审判庭。

检察官申请对其延长拘留期限的行为人，有权参与审判庭审理。法院有权责令审查机关将行为人送达审判庭。

2. 在开始对申请进行审理时，预审法官应当说明将要审理何种申请，对出庭人员解释应当享有的权利与义务。就提起的申请听取控辩双方有关必须留置拘留类别强制性处罚措施的理由后作出下述裁决之一：

（1）有关受理延长犯罪嫌疑人、刑事被告人拘留期限的申请的；

（2）有关拒绝受理延长犯罪嫌疑人、刑事被告人拘留期限的申请，撤销或者变更为较轻类别强制性处罚措施，亦或释放上述人员的。

3. 有关延长拘留期限的申请，应当自申请接受之日起不超过 3 日内审理。

4. 拘留地点行政管理部门的负责人，在犯罪嫌疑人、刑事被告人拘留期限届满前不晚于 24 小时内，应当向受理该刑事案件的机关或人员，以及检察官告知该事项。如果在法定的拘留期限届满后，有关释放犯罪嫌疑人、刑事被告人的判决，亦或延长拘留期限的判决没有下达，拘留地点行政管理部门的负责人应当自行作出裁决释放上述人员，该裁决的副本应当在 24 小时内递交给受理刑事案件的机关或人员，以及检察官。

5. 在未执行本条第 4 款规定要求的情况下，拘留地的行政管理部门负责人应当承担法律规定的责任。

6. 拘留期限自犯罪嫌疑人被监禁之时开始计算，直至向其告知有关侦查行为终止并对其说明有权对刑事案件材料进行阅卷时为止。根据法院判决将作为犯罪嫌疑人的行为人强制安置于精神病院亦或其他医疗机构的时间，应当计入拘留期限。

对犯罪嫌疑人的拘留，在犯罪嫌疑人与辩护人对刑事案件材料进行阅卷的期间内适用的，由预审法官依据本法典第 148 条、第 151 条规定的程序予以核准与延长。

犯罪嫌疑人被拘留的时间，在与辩护人对刑事案件材料进行阅卷期间的，不计入本法典第 151 条第 1 款至第 4 款规定的期限。但是，法院在裁定刑罚时应当考量。

7. 有关要求核准对犯罪嫌疑人在与辩护人对刑事案件材料进行阅卷时进行拘留的期限的申请，应当依据本条规定的程序与期限审理。

对犯罪嫌疑人在刑事案件材料阅卷时拘留的期限，由预审法官考量刑事案件的数量、参与案件的人数，以及其他影响案件阅卷时间的情节确定。

8. 在将刑事案件退回检察官以便进行补充侦查的情况下，拘留犯罪嫌疑人的法定期限尚未届满，也不具有变更强制性处罚措施的根据的，根据检察官的合理裁决，相应的拘留期限可以由区法院与同级别法院预审法官延长1个月。

法院在根据本法典规定将刑事案件退回检察官时，如果拘留犯罪嫌疑人的法定期限尚未届满，也不具有变更强制性处罚措施的根据的，自检察官收取案件之后，法院同样可以将拘留期限延长1个月。

9. 在犯罪嫌疑人、刑事被告人因同一起案件再次被拘留的情况下，以及因案件合并审理，亦或从该案中拆分案件另案审理而再次拘留的，拘留期限自开始对其进行关押之时起开始计算。

10. 其他国家向哈萨克斯坦共和国移交（引渡）被通缉的行为人时，拘留期限自该行为人到达哈萨克斯坦共和国境内之日起开始计算。行为人依据引渡拘留程序而在其他国家境内被拘留的时间，在裁定刑罚时应当计入总的拘留期限。

11. 本条规定对犯罪嫌疑人、刑事被告人拘留期限进行计算与延长的程序，同样可以适用于下述情况，即在鉴于第二上诉审审级法院审理亦或根据新发现情节而对履行剥夺自由刑刑罚的人员撤销刑事案判决时。

［本条第11款规定依据哈萨克斯坦共和国2015年10月31日第378-Ⅴ号法令变更（自2016年1月1日生效）。］

第153条 强制性处罚措施的撤销或变更

1. 当不再具有适用的必要性时，强制性处罚措施应当撤销。当本法典第136条与第138条规定的根据与情节作出变更的，亦或变更为较轻或者较重的强制性处罚措施。

2. 撤销或者变更强制性处罚措施的事项，根据刑事诉讼程序主导机关的合理裁决进行。

3. 强制性处罚措施，根据相应检察官在刑事案件审前诉讼阶段的指令选择、核准、适用的，仅在该检察官同意的情况下可以撤销或者变更。

4. 对刑事追诉机关有关撤销或者变更强制性处罚措施的裁决提起申诉、抗诉的，应当依据本法典第100条至第106条规定的程序实行。

5. 对预审法官核准对犯罪嫌疑人、刑事被告人适用的拘留、监视居住类别的强制性处罚措施予以撤销或者变更的，在检察官同意的情况下，根据刑事追诉机关的合理裁决进行。但是，本法典第145条规定情况除外。

6. 对有关撤销缴纳保证金（物）、拘留或者监视居住类别强制性处罚措施的裁决提起的申诉，依据本法典第106条规定的程序办理。

第154条 对财产进行保管与监管的权利

1. 未成年人及无劳动能力人，鉴于父母或者赡养人被拘留，以及刑事诉讼程序主导机关的其他行为导致被遗留而无人监护、护理及生活的，有权得到监管，上述机关必须保障通过预算基金对这些人员进行监管。上述机关有关委托组织监护、护理以及暂时将无劳动能力人安置到国家的社会救助机关或者医疗机构的指令，对监护与监管机关以及上述组织的负责人具有强制效力。在下述人员亲属同意的情况下，刑事诉讼程序主导机关同样有权确认对未成年人与无劳动能力人进行监管。

2. 由于本人被拘留，以及刑事诉讼程序主导机关的其他行为导致行为人的财产无人监管的，行为人有权提出请求，要求在本人承担监管费用的情况下对其财产与拥有的牲畜进行监管，上述机关的公职人员应当对该行为人作出监管保障。刑事诉讼程序主导机关的委托，有关组织对行为人的财产与拥有的牲畜进行监管的，对于相应国家机关与组织具有强制性。

3. 刑事诉讼程序主导机关，应当立即告知相应的行为人，对其选择拘留作为强制性处罚措施适用，亦或告知其他利害关系人有关依据本条规定采取的措施。

第十九章　其他强制性诉讼措施

第 155 条　其他强制性诉讼措施的适用根据

1. 以保障本法典规定刑事案件审查程序、法庭审理、应当执行的刑事案判决为目的，刑事诉讼程序主导机关有权对犯罪嫌疑人、刑事被告人、刑事受审人适用本法典第十八章规定的强制性处罚措施，亦或附加适用其他强制性诉讼措施：保证到案、拘传、暂停职务、扣押财物，禁止接触令。

2. 在本法典规定的条件下，刑事诉讼程序主导机关有权对犯罪嫌疑人、证人与其他参与案件审理的人员适用以下强制性诉讼措施：保证到案、拘传、罚金。

第 156 条　向审前调查人员及法院具结保证到案

1. 在没有必要适用强制性处罚措施的情况下，如果具有足够理由认定，不对犯罪嫌疑人、刑事被告人适用强制性处罚措施，上述人员可能逃避参与侦查行为或者法庭审理的，亦或被传唤人员在传唤时没有正当理由不出庭的，可以对其选择适用书面保证到案，保证在刑事追诉机关或者法院传唤时按时到案。在变更居住地的情况下，应当立即报告此事项。在选择适用具结保证到案时，同样应当向犯罪嫌疑人或者刑事被告人进行提示，不执行本法典第 140 条第 4 款规定时应当承担的后果。

2. 向刑事追诉机关亦或法院书面保证到案的强制性诉讼措施，可以对刑事被害人与证人适用。

3. 在不履行保证到案类别强制性诉讼措施的情况下，对于本条第 1 款规定人员，可以依据本法典第 160 条规定的程序科处罚金，以及适用强制性处罚措施。

4. 在不履行保证到案类别强制性诉讼措施的情况下，对于本条第 2 款规定的人员，可以依据本法典第 160 条规定的程序科处罚金。

第 157 条　拘传

1. 在传唤时没有正当理由不到案的，对于犯罪嫌疑人、刑事被告人、刑事受审人，以及证人、刑事被害人，可以根据审前调查人员、法院的合理裁决进行拘传（强制解送）。

2. 应当传唤到案的人员，下述事项应认定为无法到案的正当理由：罹患疾病不能到案，以及近亲属死亡、自然灾害、其他剥夺行为人可能在指定期限到案的原因。有关具有正当理由阻碍在指定期限内接受传唤到案的事宜，犯罪嫌疑人、刑事被告人、刑事受审人、证人与刑事被害人应当告知对其进行传唤的机关。

3. 有关拘传的裁决，在执行前应向犯罪嫌疑人、刑事被告人、证人与刑事被害人作出说明，并由上述人员在裁决上签字确认。

4. 拘传不得在夜间进行。

5. 对未满 14 岁的未成年人不得进行拘传。在不告知其法定代理人的情况下，不得对不满 18 岁的未成年人进行拘传。对怀孕的女性与罹患疾病的人员进行拘传时，鉴于其健康状况不能或者不应当离开所处地点的问题，应当由医生出具证明。

6. 法院有关拘传的裁决，由司法警察、内务机关执行；检察官、调查官、侦查官的裁决，由实施案件调查及预先侦查的机关，亦或内务机关执行。

第 158 条　暂停职务

1. 审前调查阶段的预审法官，亦或法庭审理阶段的法院，有权停止刑事被告人、刑事受审人的职务。以及在作出有关认定犯罪嫌疑人行为的裁决后停止该人的职务，如果具有足够理由认定，继续保留该人职务将会阻碍案件调查与法庭审理，妨碍对犯罪行为所致损害进行赔偿，或者该行为人会持续实施与所任职务有关的犯罪活动，且缺乏根据对其选择拘留类别强制性处罚措施的。

2. 在具有本条第 1 款规定的情节时，审前调查人员应当作出有关提起申请的裁决，向法院申请暂时停止该行为人的职务并将该行为人递交给检察官。

上述裁决中应当随附证明已经核证的，必须停止该人职务的刑事案件材料副本。

3. 对提交的材料进行审查之后，检察官亦或支持申请，亦或作出合理裁决拒绝支持该申请。在支持该申请的情况下，检察官将申请与案件材料副本发送给法院。

4. 有关核准暂停职务的申请，预审法官在控辩双方不参与的情况下，自申请递交法院后 3 日内独任审理。

5. 对递交的申请与案件材料进行审查之后，预审法官应当作出有关核准亦或拒绝核准暂停职务的裁决。对于有关核准或者拒绝核准暂停职务的裁决，可以依据本法典第 107 条规定的程序提起申诉。

6. 有关暂停犯罪嫌疑人、刑事被告人、刑事受审人职务的裁决，应当递交其工作地点相应组织的负责人，该负责人在收到裁决后于 3 日内必须执行该裁决，并将此事项告知提出有关暂停职务申请的人员。

7. 如果被暂停职务的犯罪嫌疑人、刑事被告人、刑事受审人非本人原因导致不能担任其他职务或者从事其他工作的，有权按月领取一份不少于最低工资标准的国家补助金。

8. 当不必适用暂停职务的措施时，有关撤销该措施的事宜，应当根据刑事追诉机关经检察官许可作出的合理裁决，亦或由法院在刑事案件的审前调查阶段作出的决定进行。

第 159 条 罚金

鉴于不执行本法典第 71 条、第 78 条、第 80 条、第 81 条、第 82 条、第 142 条、第 144 条、第 156 条与第 165 条规定的诉讼义务，以及违反审判庭诉讼程序的，可以依据本法典第 160 条规定的程序与数额，对刑事被害人、证人、专家、翻译，以及律师、检察官与刑事受审人之外的其他人员科处罚金。

第 160 条 收缴罚金的程序

1. 在本法典第 159 条规定的条件下，由法院科处罚金。

2. 如果在法庭的案件审理阶段发生相应的违法行为，由法院在发生违法行为的审判庭上科处罚金。有关此事项，法院应当作出裁决。

3. 如果相应的违法行为发生在审前诉讼阶段，审前调查人员或者检察官，应当制作有关违法行为的笔录并将其递送给预审法官，预审法官在笔录递交法院后 1 日内对其进行审理。可能被科处罚金的人员应当传唤到审判庭。违法者，在没有正当理由的情况下不到庭的，不妨碍对违法笔录的审理。

4. 根据对违法笔录进行审理的结果，法官应当作出有关科处月核算指数 50 倍罚金亦或拒绝科处罚金的裁决。裁决副本应当递交制作笔录的人员以及对其科处罚金的人员。

5. 在科处罚金的情况下，法院有权决定延期或者分期在 3 个月执行该裁决。

第161条 扣押财产

1. 为保障刑事案判决中附带的民事诉讼请求、其他财产性处罚或者可能被没收的财产部分得以执行,审前调查人员应当采取措施对财产进行扣押。

如果在法庭调查阶段,产生应当保障刑事附带民事诉讼请求的根据时,法院有权在刑事案判决产生法律效力之前采取措施对其予以保全。

在紧急情况下,审前调查人员有权经检察官同意在不超过10日内临时限制对财产的管理。

2. 扣押财产是指禁止财产的所有者或者持有者处置财产。在必要的情况下使用这些财产,亦或提取财产,亦或将该财产移交保管。

3. 对于应当没收的财产,进行勘验与保管的程序由本法典第221条的规定确定。

4. 在哈萨克斯坦共和国有关调整金融组织活动的法律作出规定的情况下,对于犯罪嫌疑人、刑事被告人亦或根据法律规定应当对本人行为所致损害承担物质责任下述人员,身为按其债务应当进行重组的金融机构债权人的,不得采取措施保障执行刑事案判决中有关对其财产进行扣押的民事诉讼请求部分。

5. 为保障刑事附带民事诉讼原告人或者检察官提出的刑事附带民事诉讼请求,被扣押的财产在价值上不得超过该诉讼请求提出的额度。

6. 在对数名犯罪嫌疑人、刑事被告人或者必须对本人行为承担责任的人员确定应当扣押的财产时,应当参考每名犯罪嫌疑人、刑事被告人在参与实施的刑事违法行为中具有的过错程度。但是,在其他人员没有可以扣押的财产时,为保障刑事附带民事诉讼请求的执行只对其中1名人员扣押全部财产的情况除外。

7. 不得对生活必需物品,以及在立法确定的物品清单中载列的其他物品进行扣押。

8. 对于其他人员管理之下的财产,可以进行扣押。如果有根据认定,该财产是通过犯罪嫌疑人、刑事被告人的犯罪行为取得的,亦或用于或指定用于作为刑事违法行为的实施工具亦或用于极端主义、恐怖主义、有组织团伙、非法军事部队、犯罪集团资金的。

根据法律的规定应当对犯罪嫌疑人、刑事被告人、刑事受审人的致害行为承担物质责任时,可以对其他人员的财产进行扣押。

9. 当具有根据认定应当扣押的财产有可能被藏匿或者销毁的,审前调查人员有权作出裁决,终止与该财产有关的交易与其他业务,亦或在得到法官的核准之前予以没收,并在24小时内告知检察官与法院。

第162条　扣押财产的程序

1. 在必须扣押财产的情况下，审前调查人员应当作出裁决，向法院提起有关对犯罪嫌疑人或者根据法律规定对其行为承担物质责任的人员适用扣押财产的申请。

在裁决中应当随附已经核证的、证明申请合理性的刑事案件材料副本。

裁决中应当包含对刑事违法行为的简短叙述与对刑事违法行为的认定，以及有关下述人员的资料，犯罪嫌疑人、刑事被告人或者对刑事违法行为所致损害承担责任的人员，亦或应当对《哈萨克斯坦共和国刑事法典》规定禁止无刑事责任能力人实施的行为承担责任的人员的。提起刑事附带民事诉讼请求的，请求中应当包含要求扣押的财产价值、该财产所处地点及必须对该财产进行扣押的根据。

2. 审前调查人员作出的有关对扣押财产提起申请的裁决及随附于裁决中的材料，自确定应当对财产进行扣押之时起，在不晚于8小时内递交给检察官。

3. 在审理有关要求扣押财产的申请时，检察官应当对所有包含扣押财产根据的案件材料进行阅卷。在申请送达后6小时内，检察官应当作出有关支持扣押财产申请的裁决，并将该裁决与相应材料递交法院，亦或拒绝支持该申请。

4. 在支持有关核准扣押财产的申请时，检察官应当同审前调查人员进行协商。而在拒绝该申请时，检察官应当作出合理裁决。

5. 对于检察官有关支持扣押财产申请的裁决，审前调查人员可以向上级检察官提起申诉，亦或由为保障本人或其所代理的权利与利益而参与刑事诉讼程序的人员，依据本法典第105条规定的程序提起申诉。

第163条　核准扣押财产的程序

1. 对扣押财产予以核准的权利，由区法院与同级别法院的预审法官履行。在本法典第107条第7款第2项与第3项规定的情况下，由州法院与同级别法院的法官履行。

2. 审前调查人员作出的，有关提起扣押财产申请的裁决，在检察官批准支持该申请之后，区法院或同级别法院的预审法官，在案件材料递交法院之时起于24小时内在审判庭上独任审理。审前调查地的检察官亦或犯罪嫌疑人、刑事被告人财产地的检察官应当出席审判庭。犯罪嫌疑人、刑事被告人的辩护人，以及对财产价值进行评估的专家同样有权参与审判庭的审理。刑事诉讼程序参与人在法院及时告知审判庭开庭时间及地点的情况下不出席审判庭的，不妨碍审理活动的进行。

在审判庭审理阶段应当制作笔录。

3. 在审判庭开庭时，预审法官应当说明需要审理何种申请，并向出席审判庭的人员说明应当享有的权利与义务。其后，检察官论证核准扣押财产的必要性，此后，听取其他参与审判庭审理人员的意见。

4. 对有关要求核准扣押财产的申请审理之后，预审法官作出核准亦或拒绝核准扣押财产的裁决。

在处理有关扣押财产的问题时，为保障可予没收的财产，预审法官应当指明下述事实情节，即能够证明财产属于犯罪嫌疑人、刑事被告人的，以及在实施刑事违法行为时使用了该财产，亦或该财产是通过实施刑事违法行为的途径获得的。

在具有可靠材料证明财产是通过犯罪途径获得的，但确定无法对该财产进行扣押时，预审法官有权裁定扣押价值等同的其他财产。

5. 在有关扣押财产的裁决中，必须指明在审前诉讼程序阶段确定应当被扣押的财产数额，以及被扣押的财产价值是否足够保障刑事附带民事诉讼请求，还应指明在就案件作出最终判决前有关财产保管地点的信息。

在必要的情况下，有关扣押财产的裁决可以递交给相应的职能机关以便执行。

6. 预审法官有关扣押财产的裁决，应当立即递交审前调查人员、犯罪嫌疑人或者应当对刑事违法行为导致的损害承担责任的人员，亦或对《哈萨克斯坦共和国刑事法典》规定禁止无刑事责任人实施的行为承担责任的人员，以及检察官、刑事附带民事诉讼原告人、刑事被害人。

7. 法官有关扣押财产的裁决，应当由司法执行官执行。

8. 在执行有关扣押财产的裁决时，司法执行官应当核查是否具有可予扣押的财产，制作财产清单，以书面形式警告知晓财产的人员不得盗用或者对财产实施其他行为，亦或制作有关没有可以扣押的财产报告。

9. 在扣押财产时，估定财产价值的专家可以参与。

10. 财产所有人或持有人，有权提议先对哪些物品进行扣押。

11. 被扣押的财产，可由预审法官酌情处理。或是没收，或是移送地方行政管理机关或者房管机构代表、该财产持有人或者其他人员保管。并应提醒有关对财产的保管责任以及对此应当具结保证。

12. 在扣押的财产为银行与信贷机构账户与储户中的款项与其他贵重物品时，该账户中被扣押的部分财产，其往来业务应当冻结。

13. 如果不再具有适用该措施的必要时，扣押财产的裁决应当撤销。对扣押财产撤销的事宜，应当由预审法官核准。在审前调查阶段，对扣押财产的裁决予以撤销的事宜经检察官同意，根据刑事追诉机关的合理裁决实行。

第 164 条　对预审法官有关核准亦或拒绝核准扣押财产的裁决提起抗诉与申诉

1. 预审法官有关核准对犯罪嫌疑人、刑事被告人、根据法律规定对本人行为承担物质责任的人员适用扣押财产的裁决，或者拒绝对此核准的裁决，可以依据本法典第 107 条规定的程序提起申诉与抗诉。

2. 在撤销区法院或者同级别法院预审法官有关拒绝核准扣押财产的裁决时，州法院或者同级别法院依据本法典第 107 条规定的程序对有关核准扣押财产的问题进行审理。

第 165 条　禁止接触令

1. 禁止接触令是指限制犯罪嫌疑人、刑事被告人、刑事受审人通过寻找、跟踪、看望、电话通话以及采取其他联系方式同刑事被害人或者其他为对上述人员进行辩护而参与案件审理的人员进行联系。

禁止接触令由预审法官核准，或者由法院直接适用。

2. 在具有实际危险或者犯罪嫌疑人、刑事被告人实施刑事违法行为的情况下，有关对家庭成员与未成年人使用暴力或者威胁使用暴力的，审前调查人员根据刑事被害人或者其他应予保护的人员提出的书面申请，作出有关向法院提起要求核准禁止接触申请的裁决，并将该裁决递送给检察官。

在裁决中应当随附已经核证的，证明必须适用禁止接触令的刑事案件材料副本。

3. 在对递送的材料审理之后，检察官应当作出支持申请亦或下达合理裁决拒绝支持申请的决定。在支持申请的情况下，检察官应当将申请与案件材料的副本递交给法院。

4. 有关核准禁止接触令的申请，预审法官应当自申请递交法院之时起 3 日内审理。检察官、犯罪嫌疑人、刑事被告人、其辩护人、刑事被害人或者其他应当受到保护的人员应当参与。

上述刑事诉讼程序参与人在及时接到有关审判庭开庭时间与地点的通知后不到庭的，不妨碍审判庭对申请的审理。

5. 在对提起的申请与案件材料进行审理之后，预审法官作出有关核准亦或拒绝核准禁止接触令的裁决。有关核准禁止接触令的裁决或者拒绝核准的裁决可以依据本法典第 107 条规定的程序提起申诉、抗诉。

6. 在有关禁止接触令的裁决中，应当指明适用该强制性诉讼措施的根据以及禁止接触的类别，以及对禁止接触令的遵守情况进行监督的机关。有关禁止接触令的裁决副本，应当交付检察官、犯罪嫌疑人、刑事被告人、辩护人、被保护人与实施监督的机关。

7. 在犯罪嫌疑人、刑事被告人违反禁止接触令的情况下，可以依据本法典第 160 条规定的程序对其科处罚金，并可以适用强制性处罚措施。

8. 撤销禁止接触令的事宜，当不再具有适用该措施的必要性时，应当根据刑事追诉机关经检察官同意后作出合理的裁决，亦或由刑事案件审理阶段的法院予以实行。

分　则

第六编　刑事案件的审前程序

第三十九章　检察官对随附起诉意见书递交的刑事案件作出判决

第 303 条　检察官有关采取强制性处罚措施的判决

1. 在对本法典第 302 条第 1 款规定载列的文件进行处理时，检察官有权作出合理裁决撤销或者变更此前对犯罪嫌疑人适用的强制性处罚措施，亦或对其选择适用强制性处罚措施，前提是如果此前没有适用过该种措施的。

2. 如果检察官认为具有撤销、变更亦或选择拘留或者监视居住类别强制性处罚措施的必要，应当依据本法典第 146 条、第 147 条与第 153 条的规定进行。

第四十二章　法庭主体审理程序的基本条件

第 342 条　对有关强制性处罚措施问题的处理

1. 在法庭主体审理程序期间，法院有权选择、变更、撤销或者延长对刑事受审人采取的强制性处罚措施。

2. 作为强制性处罚措施对刑事受审人适用的拘留，其期限自刑事案件递交法院之日起，至法院下达刑事案判决之日止，不得超过 6 个月。

3. 对于涉及重度犯罪的刑事案件，在本条第 2 款规定期限届满之时，法院有权自行下达裁决延长拘留期限到 12 个月。

4. 在本条第 2 款与第 3 款规定的拘留期限届满之后，法院应当变更对刑事受审人适用的强制性处罚措施为监视居住亦或其他类别的强制性处罚措施。

5. 本条第 2 款与第 4 款规定的限制，不及于下述案件，即该案件中即使只有 1 名刑事受审人被控实施极其重度犯罪的。

第四十六章　刑事案判决的裁定

第 403 条　对被拘留的刑事受审人予以释放

在宣告刑事受审人无罪，亦或对其作出有罪刑事案判决但是不裁定刑罚或者免除履行刑罚的情况下，以及对其裁定与剥夺自由刑无关的刑罚，亦或附条件履行剥夺自由刑的，被拘留的刑事受审人应当立即在审判庭大厅当庭释放。

第十二编　在刑事诉讼程序领域内的国际合作

第六十章　行为人引渡（移交）

第 584 条　拘留期限的计算

1. 对被引渡（移交）人适用拘留类别强制性处罚措施的，拘留期限自该人进入哈萨克斯坦共和国境内开始计算。

2. 被引渡到哈萨克斯坦共和国的人员，在其他国家境内被羁押与拘留的时间，应当计入到该人在裁定刑罚时的总拘留期限。

3. 在暂时引渡（移交）期间，被引渡（移交）人于哈萨克斯坦共和国境内的拘留时间，不计入该人根据哈萨克斯坦共和国法院刑事案判决裁定的刑罚履行期限。

第 585 条　在过境引渡或者暂时引渡（移交）时的拘留

其他国家管辖机关有关拘留行为人的判决或者有关对其裁定剥夺自由刑类别刑罚的判决，是在哈萨克斯坦共和国境内对下述人员予以拘留的根据：

（1）从哈萨克斯坦共和国境内过境移送的人员；

（2）暂时引渡（移交）到哈萨克斯坦共和国的人员。

第 587 条　对在哈萨克斯坦共和国境外实施刑事违法行为的人员进行羁押的特点

1. 因实施犯罪被其他国家通缉的行为人，在哈萨克斯坦共和国羁押的问题，由刑事追诉机关的公职人员依据本法典第 131 条规定的程序执行。

2. 应当在 72 小时内确定被羁押人的身份、国籍，向发布通缉令的倡议者要求提供有关实行行为的情节，据此认定该行为为犯罪的条文内容，管辖机关对该人作出拘留、发布通缉的判决，以及有关必须采取拘留的证明。

3. 其他国家管辖机关有关对行为人进行拘留的申请，在提出对其引渡（移交）的请求之前，可以通过邮政、电报、电传、传真与其他通讯方式递交。

4. 在具有下述情节之一时，被羁押人应当立即释放：

（1）自羁押之时起在 72 小时内，未被移送给预审法官以便审理有关对其进行暂时拘留或者引渡拘留的申请；

（2）确定有不予引渡（移交）的情节。

第 588 条　对行为人进行暂时拘留

1. 在对递交的材料进行审查并具有足够根据认定被羁押人为被通缉人之后，在不具有本法典第 590 条规定根据的情况下，检察官在该行为人于区法院或者同级别法院羁押 72 小时的时效期限届满前 12 小时内提交有关在引渡（移交）请求递交之前适用暂时拘留的申请，自羁押之时起 40 日内亦或在哈萨克斯坦共和国国际条约规定期限内暂时拘留。

2. 申请中应当随附下述材料：

（1）羁押该行为人的笔录；

（2）相应文件，包含有关行为人在其他国家境内实施犯罪的信息的，以及其他国家管辖机关对其适用的强制性处罚措施；

（3）证明被羁押人身份的文件。

3. 区法院或者同级别法院的预审法官，自行为人被羁押之时起 72 小时内立即审理申请，并应作出有关暂时拘留亦或拒绝暂时拘留的裁决。

4. 在作出有关拒绝暂时拘留的裁决时，预审法官同时应当作出判决，在对该裁决进行抗诉以及在州法院或同级别法院案件审理期间拘留被通缉人。

5. 对预审法官的裁决提起申诉、抗诉，以及对其合法性及合理性的审查应当依据本法典第 107 条规定的程序进行。

6. 有关对行为人进行暂时拘留的事宜，检察官应当立即告知其他国家递交或者可能递交有关引渡（移交）请求、引渡拘留申请的机构，以及建议引渡（移交）的时间与地点。

7. 拘留地的行政管理部门，应当在该行为人拘留期限届满前 10 日内将此事项告知检察官。

8. 如果具有下述情节之一的，检察官对适用暂时拘留的行为人予以释放：

（1）在 40 日内请求方没有递交有关要求引渡（移交）的请求；

（2）在 40 日内没有适用引渡拘留；

（3）确定具有排除可能引渡（移交）的情节。

9. 如果有关引渡（移交）行为人的请求较晚递交的，释放行为人不会妨碍再次向法院提起有关依据本法典规定的程序对其予以拘留与引渡（移交）的申请。

10. 在暂时拘留的期限届满前递交有关引渡（移交）行为人的请求的，预审法官有关暂时拘留的裁决，自其作出有关对该行为人适用暂时拘留的裁决时丧失法律效力。

第 589 条　引渡拘留

1. 在收到请求方通过邮政、电报、电传、传真与其他通讯方式递交的有关引渡（移交）被通缉人的请求后，检察官应当向行为人拘留地的区法院或者同级别法院递交有关对行为人适用引渡拘留以便进行执行引渡（移交）的申请。

2. 下述材料应当随附申请递交预审法官以便审查：

（1）由哈萨克斯坦共和国中央机关受理的、其他国家管辖机关递交的有关引渡（移交）行为人的请求副本；

（2）有关行为人国籍的文件；

（3）现有的引渡审查材料。

3. 区法院或者同级别法院的预审法官，负责对申请进行审理并作出有关适用引渡拘留或者拒绝适用引渡拘留的裁决。

4. 在审理该申请时，预审法官不对是否具有过错的问题进行研究，不对其他国家管辖机关就案件对被请求引渡（移交）人适用诉讼行为的合法性进行审查，仅负责审查被通缉人的国籍，以及相应行为是否属于法律规定的刑罚为剥夺自由刑的犯罪，行为人基于该行为而被请求引渡（移交）的。

5. 对预审法官裁决中提起的申诉与抗诉，依据本法典第 107 条规定的程序递交州法院或同级别法院，由该法院依据本条第 4 款的规定对合法性与合理性进行审查。

6. 在作出有关拒绝适用引渡拘留的裁决时，预审法官同时应当作出判决，在对该裁决进行抗诉以及在州法院或同级别法院案件审理期间拘留被通缉人。

7. 对应当被引渡（移交）的行为人适用的引渡拘留期限，自其被羁押之时起 12 个月。对于被请求执行法院刑事案判决的人员，不超过其在请求方应当履行刑罚的期限。

8. 拘留地的行政管理部门，在对其适用引渡拘留的人员拘留期限届满前 10 日内，应当向检察官告知该事项。

9. 在作出有关引渡（移交）行为人的判决后，在引渡拘留的 12 个月期限届满时，对被引渡人在实际将其移送其他国家之前的拘留期限，如果为确定下述事项需要补充一定时间的，可以由区法院或者同级别法院的预审法官根据检察官的申请延长，在其他国家刑事立法对该行为人因为实施并被控诉（涉嫌）的犯罪裁定执行剥夺自由刑的最高刑期幅度内：

（1）组织移交被引渡人到请求引渡的国家；

（2）审核被引渡人的上诉，对哈萨克斯坦共和国总检察长或者副总检察长有关对其进行引渡的裁决提起。

10. 对适用引渡拘留的人员予以释放的事宜，根据检察官的裁决进行。其中包括在本条规定的期限届满后予以释放的事宜，如果在该期限内没有对该人进行引渡（移交）的，有关该事项应当立即通知哈萨克斯坦共和国的总检察机关。

11. 释放被引渡拘留的行为人，不会妨碍再次对其适用引渡拘留。如果哈萨克斯坦共和国国际条约没有作出其他规定，在执行有关引渡（移交）判决的情况下，为将行为人事实移送到其他国家执行机关的。

韩　国

韩国刑事诉讼法*

第一章　总　则

第九节　被告人的拘传、羁押

第 68 条　（拘传）

法院可以拘传被告人。

第 69 条　（羁押的定义）

本法所称羁押包括拘传和拘禁。

第 70 条　（羁押的事由）

①法院有足够的理由认为被告人有犯罪行为，且被告人有以下各项事由之一的，可以羁押被告人：［修订 95.12.29］

1. 被告人无固定住所的；

2. 被告人可能毁灭证据的；

---

* 本法于 1954 年 5 月 30 日由大韩民国国会批准，1954 年 9 月 23 日实施。最近一次修正时间是 2016 年 1 月 6 日。本译本根据大韩民国法制处官网提供的韩语文本翻译。

3. 被告人已逃跑或可能逃跑的。

②法院审查第 1 款的羁押事由时，应考虑犯罪严重程度、再犯可能性、被害人及重要证人安全保障等因素。［新设 2007.6.1］［［实行日 2008.1.1］］

③对于可能判处刑罚为最高金额 50 万韩元以下罚款、拘留或者罚金的案件，除第 1 款第 1 项的规定情形外，不得羁押被告人。 ［修订 73.1.25，95.12.29，2007.6.1］［［实行日 2008.1.1］］

第 71 条　（拘传的效力）

法院在被拘传的被告人拘传至法院后，经审查无拘留必要时，应当从拘传之时起计算 24 小时内释放。

第 71 条之二　（拘传后的拘留）

法院经审查认为被拘传的被告人有必要拘留时，可将被告人拘留于监狱、拘留所或者警察局等地，此情形下拘留时间不得超过 24 小时。

［本条新设 2007.6.1］［［实行日 2008.1.1］］

第 72 条　（逮捕和其理由的告知）

逮捕时应告知被告人犯罪事实的要旨、逮捕的理由和委托律师的权利，并给予被告人陈述申辩的机会，否则逮捕将因违反法定程序而无效，但是被告人正在逃跑的除外。

［修订 87.11.28，2007.6.1］［实行日 2008.1.1］］

第 72 条之二　（受命法官）

法院可以让合议庭履行第 72 条的程序。

［本条新设 2014.10.15］

第 73 条　（令状的签发）

传唤被告人应当签发传唤令，拘传或者羁押应当签发逮捕令。

第 74 条　（传唤令的方式）

传唤令应当记载被告人的姓名、住所、涉嫌罪名、传唤时间和地点，及无正当理由不到场接受传唤时，可视为有逃跑可能，继而签发逮捕令，并由裁判长或者受命法官签名盖章。

［修订 95.12.29］

第 75 条　（逮捕令的方式）

①逮捕令应记载被告人的姓名、住所、涉嫌罪名、公诉主要事实、羁押场所、签发年月日、有效期，并载明有效期间经过后不得执行而应当缴回逮捕令的宗旨，并由裁判长或者受命法官签字盖章。

②被告人的姓名不明确时，可以用其人像、体格、其他足以区别被告人的方式，标记被告人。

③被告人的住所不明确时，可省略其住所的记载。

第76条 （传唤令的送达）

①传唤令应当送达。

②被告人提交届时到场的书面文件，或向到场的被告人告知下次到场时间、命令其到场的，产生与送达传唤令同等的效力。

③如有前款中的命令到场情形时，应将其要旨记载于笔录中。

④对于被拘禁的被告人应告知监狱官并由其传唤。　〔修订 63.12.13，2007.6.1〕〔〔实行日 2008.1.1〕〕

⑤被告人从监狱官处接受的传唤通知，与传唤令的送达具有同等的效力。〔修订 63.12.13，2007.6.1〕〔〔实行日 2008.1.1〕〕

第77条 （逮捕的异地执行）

①法院可以委托被告人现在所在地的地方法院法官逮捕被告人。

②被告人不在受托法官所辖区域时，受托法官可以转委托被告人现在所在地的地方法院法官逮捕。

③接受委托的法官应签发逮捕令。

④第 75 条的规定适用于前款的逮捕令。

第78条 （受委托法官实施逮捕的程序）

①前条规定中受委托签发逮捕令的法官，应当从逮捕时起 24 小时内调查确认被逮捕人是否为被告人。

②确认是被告人无误时，应当立即将被告人送达确定的羁押场所。

第79条 （出席、同行命令）

法院在必要时可命令被告人出席或同行至确定场所。

第80条 （紧急处分）

紧急情况下裁判长可以作出第 68 条至第 71 条、第 71 条之 2、第 73 条、第 76 条、第 77 条和第 79 条中规定的处分，也可命令合议庭实施处分。

第81条 （逮捕令的执行）

①逮捕令在检察官的指挥下由司法警察官吏执行。但是，情况紧急时可由裁判长、受命法官或者接受委托的法官指挥逮捕令的执行。

②前款但书规定情况，可以命令法院书记员等执行。此时，法院书记员等认为必要时可以请求司法警察官吏、监狱官吏、法院警卫提供帮助，也可以在管辖区域外执行。〔修订 2007.6.1〕〔〔实行日 2008.1.1〕〕

③对监狱或者拘留所的被告人发布逮捕令，应在检察官的指挥下由监狱官吏执行。〔修订 63.12.13，2007.6.1〕〔〔实行日 2008.1.1〕〕

第 82 条　（数个逮捕令的制作）

①逮捕令可以制作多份，并交给多名司法警察官吏。

②前款情形下，应将其事由载于逮捕令。

第 83 条　（管辖区域外的逮捕令的执行与委托）

①检察官必要时可以在管辖区域外指挥逮捕令的执行，或委托相关管辖区域的检察官执行逮捕令。

②司法警察官吏必要时可以在管辖区域外执行逮捕令，或委托相关管辖区域的司法警察官吏执行逮捕令。

第 84 条　（向高等检察厅检察长或者地方检察厅检察长申请委托调查）

被告人的现住所地不明确时，裁判长可以向高等检察厅检察长或者地方检察厅检察长申请委托调查和执行逮捕令。

［修订 2004.1.20］

第 85 条　（逮捕令执行的程序）

①执行逮捕令时应告知被告人，并迅速拘提被告人至确定法院或其他场所。

②对于第 77 条第 3 款的逮捕令，应拘提至签发此令的法官。

③未携带逮捕令但情况紧急时，应向被告人告知主要公诉事实和已签发逮捕令的事实后，执行逮捕。

④前款执行完毕后，应迅速出示逮捕令。

第 86 条　（护送中的临时羁押）

在护送已执行逮捕令的被告人时，必要情形下可将被告人临时羁押于附近的监狱或拘留所。

［修订 63.12.13］

第 87 条　（逮捕后的通知）

①逮捕被告人后，如已委托辩护人的应向辩护人、未委托辩护人的应向第 30 条第 2 款中的被告人确定的人，通知被告人案件名称、逮捕时间、地点、犯罪事实的内容、逮捕的理由以及可以委托律师等事项。［修订 87.11.28，95.12.29］

②第 1 款中的通知必须采用书面形式。［修订 87.11.28］

第 88 条　（逮捕和公诉案件等的告知）

逮捕被告人时应告知被告人公诉案件的内容和有权委托律师等事项。

第 89 条　（与被羁押被告人的会见、受诊）

被羁押的被告人可在法律允许的范围之内与他人会见、接受文书或物品、接受医生的诊疗。

第 90 条 （委托辩护人）

①被羁押的被告人可向法院、监狱长、拘留所所长或者其代理人告知并由其转告确定律师担任辩护人的意愿。[修订 63.12.13]

②接受前款告知的法院、监狱长、拘留所所长或者其代理人，应及时通知被告人确定的律师。[修订 63.12.13]

第 91 条 （与非辩护人的会见、交流）

法院认为被告人可能逃跑或者毁灭证据时，可以依职权或依检察官的申请，决定禁止被羁押的被告人与第 34 条规定之外的人会见，可以对被告人接受的文书或物品进行检查或禁止收受或扣押接受的文书或物品，但不得禁止或扣押衣服、食品、医疗用品。

第 92 条 （羁押期间和变更）

①羁押期间一般情况下为 2 个月。 ［修订 2007.6.1］ ［［实行日 2008.1.1］］

②有特殊情况需要延长羁押期间的，每一审级法院可以决定延长 2 个月，延长次数不得超过 2 次，但是上诉案件中被告人或辩护人申请调查证据、提出补充上诉理由的书面申请等情形时，延长次数不得超过 3 次。 ［修订 2007.6.1］［［实行日 2008.1.1］］

③依照第 22 条、第 298 条第 4 款、第 306 条第 1 款和第 2 款的规定，公审程序中止审理的期间和起诉前逮捕、羁押、监视居住的期间不计算在第 1 款和第 2 款的期间内。 ［新设 61.9.1，95.12.29，2007.6.1］ ［［实行日 2008.1.1］］

第 93 条 （羁押的撤销）

不存在羁押事由或者羁押事由消灭时，法院依职权或依检察官、被告人、辩护人以及第 30 条第 2 款规定人员的申请，应决定撤销羁押。

第 94 条 （保释的申请）

被告人、辩护人、法定代理人、配偶、直系亲属、兄弟姐妹、近亲属、同居人或者雇主等，可以向法院申请保释被告人。

［专门修订 2007.6.1］［［实行日 2008.1.1］］

［本条条旨修订 2007.6.1］［［实行日 2008.1.1］］

第 95 条 （必要的保释）

有申请保释请求时，除有下列情形外，应当准许保释：［修订 73.12.20，95.12.29］

1. 被告人涉嫌之犯罪事实可能判处死刑、无期徒刑或者 10 年以上有期徒刑的；

2. 被告人是累犯的；

3. 有充分的理由相信被告人毁灭罪证或有毁灭罪证可能的；

4. 有充分的理由相信被告人逃跑或有逃跑可能的；

5. 被告人的住所不明的；

6. 有充分的理由相信被告人对被害人、知道对裁判必要的案件事实的人或其近亲属的生命、健康、财产有损害或损害可能的。

［专门修订 73.1.25］

第 96 条　（任意的保释）

法院在必要时可以依职权或依第 94 条规定主体之申请，决定准许保释。

［修订 95.12.29］

第 97 条　（保释、羁押的撤销和检察官的意见）

①裁判长在作出关于保释的决定前，应听取检察官的意见。　［修订 2007.6.1］［［实行日 2008.1.1］］

②在作出撤销羁押的决定前，除检察官申请或紧急情况外，准用前项规定。［修订 95.12.29］

③在前 2 款规定的听取意见时，检察官应如实地表明意见。　［新设 2007.6.1］［［实行日 2008.1.1］］

④对于取消羁押的决定，检察官可以提出即时抗告。　［修订 95.12.29，2007.6.1］［［实行日 2008.1.1］］

［专门修订 73.1.25］

第 98 条　（保释的条件）

法院在许可保释时，可在一定范围内同时附加以下条件的一项或多项：

1. 提交承诺于法院确定的时间、地点到案且不毁灭证据的保证书；

2. 提交缴纳法院确定保证金的约定书；

3. 不离开法院确定的居住地，且变更时经过法院的许可，接受法院的防止逃跑措施；

4. 绝对不损害被害人、知道案件经过的人或其近亲属的生命、健康、财产，不接近其居住地、工作地等；

5. 提交被告人之外的人制作的出席保证书；

6. 约定未经法院准许不离开大韩民国；

7. 按照法院确定方式承担被害人恢复权利所需的费用或提供相应的担保；

8. 由被告人或者法院确定的人缴纳保证金或者提供担保；

9. 履行其他法院为保证被告人到案而采取的适当措施。

［专门修订 2007.6.1］［［实行日 2008.1.1］］

[本条条旨修订 2007.6.1]［［实行日 2008.1.1]]

第 99 条　（作出保释决定时的考虑事项）

①法院在附加第 98 条的条件时，应考虑下列各项因素：

1. 犯罪性质和罪状；

2. 证明被告人实施犯罪事实之证据的证明力；

3. 被告人的前科、性格、生活环境、经济情况；

4. 对被害人的赔偿等悔罪情况。

②法院不得附加被告人的智力或财产情况所无法履行的条件。

[专门修订 2007.6.1]［［实行日 2008.1.1]]

[本条条旨修订 2007.6.1]［［实行日 2008.1.1]]

第 100 条　（保释执行程序）

①被告人未履行第 98 条第 1 项、第 2 项、第 5 项、第 7 项和第 8 项规定的条件，不予执行准许保释决定，法院可规定在必要的情形下被告人不履行其他几项条件，不予执行准许保释决定。　［修订 2007.6.1]　［［实行日 2008.1.1]]

②法院可以准许保释申请者之外的人缴纳保证金。

③法院可以准许以有价证券或者被告人以外之人提出保证书来代替保证金。[修订 2007.6.1]［［实行日 2008.1.1]]

④前款的保证书应当记载可以随时缴纳保证金的内容。

⑤法院可依据保释准许决定，在被告人遵守保释条件必要的范围之内，可要求其他机关或团体采取必要的措施。　［新设 2007.6.1]　［［实行日 2008.1.1]]

[本条条旨修订 2007.6.1]［［实行日 2008.1.1]]

第 100 条之二　（对于出席保证人的罚款）

①依据第 98 条第 5 项条件准许保释的被告人，在保释期间无正当事由不到案的，法院可以决定对保证人处以 500 万韩元以下的罚款。

②检察官对于第 1 款的决定可以提出即时抗告。

[本条新设 2007.6.1]［［实行日 2008.1.1]]

第 101 条　（羁押的停止执行）

①法院认为必要时，可以决定将被羁押的被告人托付给其近亲属、保护团体或其他适当人员，也可以限制被告人的居所居住，从而停止执行羁押。

②法院在作出前款决定时，应听取检察官的意见，但是情况紧急时除外。

③（删除）[2015.7.31]

④根据《宪法》第 44 条的规定，被羁押的国会议员申请释放的，应当停

止执行逮捕令。［修订80.12.18，87.11.28］

⑤接受前款申请的检察总长应当指挥立即释放并将其事由通知受诉法院。

［2015.7.31 宪法裁判所依照第13454号法律删除了在2012.6.27作出违宪决定的第101条第3款。］

第102条　（保释条件的变更和取消）

①法院可依职权或依第94条规定主体的申请，决定变更被告人的保释条件或在一定期间内暂缓执行保释。

②被告人有下列情形之一的，法院可依职权或依检察官的请求决定撤销保释或停止羁押执行的决定，但是第101条第4款规定的停止执行羁押令例外：

1. 被告人逃跑的；

2. 可能逃跑或毁灭证据的；

3. 接到传票后无正当理由不到案的；

4. 加害或可能加害被害人、知道对裁判必要的案件事实的人或其近亲属的生命、健康、财产；

5. 违反法院规定的条件。

③如果被告人无正当理由违反保释条件时，法院可以决定对被告人处以1000万韩元以下的罚款或20日以下的拘留。

④检察官对于第3款的规定可以提出即时抗告。

［专门修订2007.6.1］［［实行日2008.1.1］］

［本条条旨修订2007.6.1］［［实行日2008.1.1］］

第103条　（保证金等的没收）

①法院撤销保释时，可以依职权或依检察官的请求决定没收保证金和担保的全部或部分。

②因保证金的缴纳或提供担保为条件被保释的被告人，在判决宣告后因执行传唤，无正当理由不到案或逃跑的，法院可依职权或依检察官的请求决定没收保证金和担保的全部或部分。

［专门修订2007.6.1］［［实行日2008.1.1］］

［本条条旨修订2007.6.1］［［实行日2008.1.1］］

第104条　（保证金等的归还）

撤销羁押或保释，或者逮捕令失效后，应当于7日内将保证金或担保未被没收的部分发还。

［修订2007.6.1］［［实行日2008.1.1］］

［本条条旨修订2007.6.1］［［实行日2008.1.1］］

第 104 条之二　　（附加保释条件的效力丧失等）

①逮捕令失效时，附加的保释条件随即失效。

②撤销保释时准用第 1 款，但是第 98 条第 8 项的附加条件除外。

［本条新设 2007.6.1］［［实行日 2008.1.1］］

第 105 条　　（关于上诉和羁押的决定）

上诉期间内或二审中的案件，羁押期间的延长、羁押的撤销、保释、羁押停止执行及其停止的撤销等决定，如其诉讼案卷在原审法院，则由原审法院作出决定。

第二章　第一审

第一节　侦　查

第 198 条之二　　（检察官对逮捕、羁押场所的监察）

①地方检察厅检察长或支厅长为了调查有无非法逮捕、羁押的情况，应当令检察官每月 1 次以上监察辖区内侦查机关逮捕、羁押犯罪嫌疑人的场所。监察检察官应当审问被逮捕、羁押的人，调查相关文件。［修订 95.12.29］

②检察官有充分的理由怀疑逮捕或羁押违反法定程序时，应当命令侦查机关立即释放被逮捕、羁押的犯罪嫌疑人，或者将案件移送检察厅。［修订 95.12.29］

［本条新设 61.9.1］

第 200 条之二　　（依据令状的逮捕）

①有足以怀疑犯罪嫌疑人犯罪的理由，对第 200 条规定的到场要求，无正当理由不到场或有不到场可能时，检察官可以请求有管辖权的地方法院法官，签发逮捕令并逮捕嫌疑人；司法警察官吏可以向检察官申请，取得有管辖权的地方法院法官签发的逮捕令，逮捕犯罪嫌疑人。但是对于可能判处最高 50 万韩元以下的罚金、拘留或罚款的案件，仅限于犯罪嫌疑人无固定居所的情形或者无正当理由未按照第 200 条规定到场要求的情形。

②接受第 1 款请求的地方法院法官认为适当时，签发逮捕令，但是明显无逮捕必要时，不得签发逮捕令。

③接受第 1 款请求的地方法院法官不签发逮捕令时，应当在请求书中载明其主旨和理由并签字后，交付提出请求的检察官。

④检察官在进行第 1 款中的请求时，对同一犯罪事实的犯罪嫌疑人曾请求过签发逮捕令或已签发过逮捕令的，应当记载再次请求签发逮捕令的主旨和

理由。

⑤有必要对逮捕的犯罪嫌疑人羁押时，应当自逮捕时起 48 小时内，依照第 201 条的规定请求羁押令；逾期未请求的，应当立即释放犯罪嫌疑人。

［本条新设 95.12.29］

［本条条旨修订 2007.6.1］［［实行日 2008.1.1］］

第 200 条之三 　（紧急逮捕）

①检察官或者司法警察官吏有理由足以怀疑犯罪嫌疑人可能被判处死刑、无期徒刑、3 年以上有期徒刑或拘役的，符合下列情形之一，因情况紧急不能取得地方法院法官的逮捕令时，可以告知事由后无令状逮捕犯罪嫌疑人。所谓情况紧急是指与偶然发现犯罪嫌疑人相当的情形，且没有取得逮捕令时间可能的情况：［修订 2007.6.1］［［实行日 2008.1.1］］

1. 犯罪嫌疑人可能毁灭证据的；

2. 犯罪嫌疑人逃跑或有逃跑可能的。

②司法警察官吏按照第 1 款规定逮捕犯罪嫌疑人时，应当立即取得检察官的承认。

③检察官或者司法警察官吏依照第 1 款规定逮捕犯罪嫌疑人时，应当立即制作紧急逮捕令。

④第 3 款中的紧急逮捕令应记载犯罪事实的要旨、紧急逮捕的事由等。

［本条新设 95.12.29］

第 200 条之四 　（紧急逮捕和令状请求期间）

①检察官或者司法警察官吏按照第 200 条之 3 的规定逮捕犯罪嫌疑人，有必要羁押犯罪嫌疑人时，检察官应当于逮捕之时起 48 小时内，向有管辖权的地方法院法官申请羁押令；司法警察官吏应当向检察官请求，由其向有管辖权的地方法院申请羁押令。申请羁押令时，应当附上第 200 条之 3 第 3 款的紧急逮捕令。［修订 2007.6.1］［［实行日 2008.1.1］］

②逾期未根据第 1 款的规定申请羁押令或申请未被批准时，应当立即释放犯罪嫌疑人。

③根据第 2 款规定释放的人，不能因同一事实再次被无令状逮捕。

④检察官未依照第 1 款规定申请羁押令并释放犯罪嫌疑人时，应当自释放之日起 30 日内以书面形式通知法院下列各项事项，并附上紧急逮捕令的复印件：［新设 2007.6.1］［［实行日 2008.1.1］］

1. 紧急逮捕后被释放者的人事档案；

2. 紧急逮捕的时间、地点和事由；

3. 释放的时间、地点和事由；

4. 紧急逮捕、释放的检察官、司法警察官吏的签名。

⑤紧急逮捕后被释放的人或其辩护人、法定代理人、配偶、直系亲属、兄弟姐妹，可以查阅、复制通知书和其他相关文件。[新设 2007.6.1][[实行日 2008.1.1]]

⑥司法警察官吏不申请羁押令而释放紧急逮捕的犯罪嫌疑人时，应当立即报告检察官。[新设 2007.6.1][[实行日 2008.1.1]]

[本条新设 95.12.29]

第 200 条之五 **（逮捕和嫌疑事项的告知）**

检察官或者司法警察官吏在逮捕犯罪嫌疑人时，应告知嫌疑事项的内容、逮捕的理由、可以委托辩护人等事项，并应给予辩解的机会。

[本条新设 2007.6.1][[实行日 2008.1.1]]

第 200 条之六 **（准用规定）**

第 75 条、第 81 条第 1 款及第 3 款、第 82 条、第 83 条、第 85 条第 1 款、第 3 款和第 4 款、第 86 条、第 87 条、第 89 条至第 91 条、第 93 条、第 101 条第 4 款和第 102 条第 2 款中但书的规定，准用于检察官或司法警察官吏逮捕犯罪嫌疑人的情况。此时"羁押"视作"逮捕"，"羁押令"视作"逮捕令"。

[修订 2007.6.1][[实行日 2008.1.1]]

[本条新设 95.12.29，2007.6.1 从第 200 条之 5 移动] [[实行日 2008.1.1]]

第 212 条 **（对现行犯的逮捕）**

任何人均可无令状逮捕现行犯。

第 213 条 **（移送被逮捕的现行犯）**

①非检察官或者非司法警察官吏逮捕现行犯时，应立即交付检察官或司法警察官吏。

②司法警察官吏接收现行犯时，应当询问逮捕者的姓名、住所、逮捕事由，必要时还可以要求逮捕者同行至警察官署。

③（删除）[87.11.28]

第 214 条 **（轻微案件现行犯的逮捕）**

对可能被判处最高 50 万韩元以下罚金、拘留、罚款之罪的现行犯，仅限于犯罪嫌疑人住所不明时，准用第 212 条至第 213 条的规定。[修订 73.1.25，80.12.18，95.12.29]

第 214 条之二 **（逮捕和羁押的适当性审查）**

①被逮捕或被羁押的犯罪嫌疑人或其辩护人、法定代理人、配偶、直系亲属、兄弟姐妹、家人、同居者或雇主可以向管辖法院提出审查逮捕或羁押适当

性的请求。〔修订 87.11.28，95.12.29，2005.3.31 法律第 7427 项（民法），2007.6.1〕〔〔实行日 2008.1.1〕〕

②逮捕或羁押犯罪嫌疑人的检察官或者司法警察官吏，应当告知被逮捕人、被羁押人或其确定的人（第 1 款规定中的人）享有请求适当性审查的权利。〔新设 2007.6.1〕〔〔实行日 2008.1.1〕〕

③第 1 款中的请求符合下列情形之一时，法院可以不经第 4 款的审问，直接决定驳回请求：〔修订 87.11.28，95.12.29，2007.6.1〕〔〔实行日 2008.1.1〕〕

1. 非请求权人请求，或对同一逮捕令、羁押令的签发再次请求的；

2. 有证据证明共犯或共同犯罪嫌疑人的依次请求，明显是以妨碍侦查为目的的。

④接受第 1 款请求的法院，应当在接受申请书的 48 小时内审问犯罪嫌疑人，调查侦查相关的材料和证物，认为申请无正当理由时，应当驳回申请；认为申请有理由时，应当决定命令释放被逮捕或羁押的犯罪嫌疑人。请求审查后对犯罪嫌疑人提起公诉的情况也准用本条。〔修订 95.12.29，2004.10.16，2007.6.1〕〔〔实行日 2008.1.1〕〕

⑤对于被羁押的犯罪嫌疑人，法院以缴纳能够确保犯罪嫌疑人（包括请求审查后被提起公诉的人）到场的保证金为条件，可以决定第 4 款的命令释放，但是有下列情况的除外：〔新设 95.12.29，2004.10.16，2007.6.1〕〔〔实行日 2008.1.1〕〕

1. 有充分理由相信有毁灭证据可能的；

2. 有充分理由相信有伤害或加害被害人、知晓裁判必要事实的人或其亲属的生命、健康及财产可能的。

⑥作出第 5 款的释放决定时，可以附加限制居所、于法院或检察官确定的时间、地点到场的义务等适当的条件。〔新设 95.12.29，2007.6.1〕〔〔实行日 2008.1.1〕〕

⑦第 99 条和第 100 条准用于第 5 款规定的以缴纳保证金为条件释放的情形。〔新设 95.12.29，2007.6.1〕〔〔实行日 2008.1.1〕〕

⑧对于第 3 款和第 4 款的决定不得抗告。〔修订 2007.6.1〕〔〔实行日 2008.1.1〕〕

⑨检察官、辩护人、申请人，可以在第 4 款规定的审问日到场并陈述意见。〔修订 2007.6.1〕〔〔实行日 2008.1.1〕〕

⑩被逮捕或被羁押的犯罪嫌疑人无辩护人时，准用第 33 条规定。〔修订 95.12.29，2007.6.1〕〔〔实行日 2008.1.1〕〕

⑪法院根据第 4 款进行审问时，应当采取共犯分开审问等为侦查保密的适当措施。[修订 2007. 6. 1] [[实行日 2008. 1. 1]]

⑫签发逮捕令或羁押令的法官，不得参与第 4 款至第 6 款的审问、调查、决定。但是，除签发逮捕令或羁押令的法官外，没有可以进行审问、调查、决定的法官的情形，不受此限。[修订 95. 12. 29，2007. 6. 1]   [[实行日 2008. 1. 1]]

⑬准用第 200 条之 2 第 5 款（包括依照第 213 条之 2 规定准用的情形）和第 200 条之 4 第 1 款的规定时，从法院接受与侦查相关的材料和证物时起，至决定作出后返还给检察官时止的期间，不计入限制期间内；适用第 202 条、第 203 条和第 205 条的规定时不计算在羁押期间内。[修订 2007. 6. 1] [[实行日 2008. 1. 1]]

⑭第 201 条之 2 第 6 款的规定准用于依照第 4 款规定审问犯罪嫌疑人的情形。[新设 2007. 6. 1] [[实行日 2008. 1. 1]]

[本条新设 80. 12. 18]

第 214 条之三　（再次逮捕和再次羁押的限制）

①对于依据第 214 条之 2 第 4 款规定，通过审查逮捕或羁押适当性来决定是否释放犯罪嫌疑人的，除了犯罪嫌疑人逃跑或毁灭证据的情形外，不得以同一犯罪事实再次逮捕或羁押犯罪嫌疑人。[修订 95. 12. 29，2007. 6. 1][[实行日 2008. 1. 1]]

②对于依照第 214 条之 2 第 5 款规定释放犯罪嫌疑人的，除有下列事由外，不得以同一犯罪事实再次逮捕或羁押犯罪嫌疑人：[新设 95. 12. 29，2007. 6. 1] [[实行日 2008. 1. 1]]

1. 正在逃跑的；

2. 有充分理由相信可能逃跑或毁灭证据的；

3. 收到到场要求后无正当理由不到场的；

4. 违反限制居所等其他法院规定条件的。

[本条新设 80. 12. 18]

马来西亚

马来西亚刑事诉讼法典[*]

第三编 概括规定

第四章 逮捕、逃跑以及追捕

第 15 条 逮捕的实施

（1）警察和其他人在执行逮捕过程中可以触碰或者控制被逮捕人的身体，被逮捕人口头或者以行动表示自愿接受控制的除外。

（2）如果被逮捕人暴力拒捕或者试图逃脱，警官和其他执行者可以使用必要的手段实施逮捕。

（3）被逮捕人使用了达到致死程度暴力的权利，如果被逮捕人没有实施可以判处死刑或者无期监禁的犯罪行为。

第 16 条 对于被逮捕人住所的搜查

（1）如果逮捕令的执行者或者有权力执行逮捕的警察、村长有理由相信被逮捕人已经进入或者正在其居所内或者控制的区域内，那么经合理要求，被逮捕人应当允许他们进入并且提供所有合理搜查其住所需要的帮助。

（2）如果根据第 1 款逮捕人未能进入住所，那么在任何情况下，逮捕令的执行者，或者，在被逮捕者存在逃脱逮捕的机会而可能签发逮捕令的情况下的警察和村长，进入其住所进行搜查是合法的，并且，在告知被逮捕者或者其他任何人其有权搜查、搜查的目的以及合理进入的要求后，如果仍然不能够进入，可以破开任何外门、内门或者窗户，以保障能够顺利进入。

第 17 条 根据搜查当地的令状搜查在该地的人

无论在何时何地合法搜查或将要搜查与犯罪行为有关的任何物品时，（搜

---

* 本法典于 1935 年由马来西亚海峡殖民地立法议会批准并实施。最近一次修正时间是 1999 年 4 月 4 日。本译本根据马来西亚议会官网提供的英语文本翻译。

查人）可以合法扣押在该地发现的任何人直到搜查结束，并且如果搜查的物品可能隐藏在人身上时，地方法官、治安法官或者督察以上的警官可以搜查或者在他们在场的情况下搜查被扣押人。

第 18 条　为脱困而有打开任何地方的权力

为使自己或者其他因执行逮捕而被困的人获得自由，任何警察或者被授权执行逮捕的人可以打开任何地方。

第 19 条　适度的限制和搜查女性的方式

（1）对被逮捕人采取的限制，以能够阻止其逃脱为限度。

（2）需要对女性进行搜查时，由另一名女性进行，并要严格维护其人格尊严。

第 20 条　对被逮捕人的搜查

无论何时公民被——

（a）警察根据没有规定保释的逮捕令进行逮捕或者虽然逮捕令提供了保释但是被逮捕者没有能力缴纳保释金；或者

（b）没有逮捕令或者公民个人根据逮捕令进行了逮捕，并且被逮捕者根据法律不能够被保释或者没有能力缴纳保释金，

执行逮捕的警察或者公民个人逮捕后将被逮捕者移交给的警察，可以对被逮捕者进行搜查，除了被逮捕者的衣服以外，还可以对安全控制下的其住所内的所有物品进行搜查，如果有理由相信有物品是犯罪的工具、所得物或者证据，那么可以将这些物品扣押，直到被逮捕者被释放或者被判无罪。

第 21 条　扣押具有攻击性武器的权力

警察或者根据此法典执行逮捕的其他人可以扣押被逮捕人的任何具有攻击性的武器，之后必须将这些扣押的武器交给被逮捕人将在其面前出庭的法官或其他官员。

第 22 条　为确定姓名及住址进行的搜查

由于醉酒、疾病、精神错乱或者年幼而不能够理性陈述个人情况时，（扣押人）可以对合法扣押的公民进行搜查以确定其姓名和住址。

第 23 条　警察或者村长何时可以实施无证逮捕

（1）以下情况下，警察或者村长可以在没有地方法官的命令或者逮捕令的情况下实施逮捕——

（a）任何公民被怀疑在马来西亚的任何地方实施了根据正在生效的马来西亚法律构成可被羁押的犯罪，并且针对此犯罪已经提起了合理的起诉或者存在大量的情报或者合理的怀疑是其实施了此犯罪；

（b）任何公民在没有合法理由（证明合法理由存在的责任在公民一方）

的情况下，持有可能侵入住宅的工具；

（c）根据第 44 条的规定经公告的任何公民；

（d）任何公民所有的物品被合理怀疑是偷盗或者欺骗而来的，或者存在合理的怀疑其实施了与这些物品相关的犯罪；

（e）任何妨害警察执行公务的公民或者从合法的羁押中逃脱或者试图逃脱的公民；

（f）任何被合理怀疑为马来西亚武装部队逃兵的公民；

（g）任何被发现采取事先措施隐藏其在场证据的公民，并且有理由相信其隐匿在场证据是为了实施达到可逮捕程度的犯罪；

（h）任何明显没有维持其生存方式的公民，或者不能够提供令人信服的对自身情况陈述的公民；

（i）任何邻里间传为抢劫、入室、偷盗或者知道是偷盗物品而收受的惯犯，或者经常实施敲诈勒索或者为实施敲诈勒索而恐吓或者试图恐吓其他人的惯犯；

（j）任何其在场实施破坏社会秩序行为的公民；

（k）任何受到警察监视并且违反了第 296 条应当遵守的规定的公民。

（2）本条规定没有限制或者修改其他法律赋予警察或者村长实施无证逮捕的操作规定。

（3）如果公民在马来西亚的任一领土组成部分［该款中的称谓与 1965 年令状和传票（特别规定）法案（1965 年第 6 号法案）中的规定具有相同含义］因被指控在另一领土组成部分实施了犯罪而被无证逮捕，如同其在另一领土组成部分内因地方法官签发的令状被逮捕一样，只要是适合的或者经过必要的修改的 1965 年令状和传票（特别规定）法案中的规定，适用于该领土组成部分内监禁、转移、保释释放和在适当法庭上出庭。

第 24 条　拒绝提供姓名和住址

（1）当公民在警察或者村长在场的情况下实施或者被指控实施了未达到羁押程度的犯罪，并且拒绝提供警察或者村长要求其提供的姓名和住址或者提供了警察认为是虚假的姓名和住址，警察或者村长为确定其姓名或者住址可以逮捕该公民，并且在 24 小时以内，不包括在路途上必需的时间，将该公民带到最近的地方法官面前，除非在此之前他的真实姓名和住址已经确定，并且根据地方法官的需要签订保证书保证其出庭后被立即释放。

（2）当任何公民以前款规定的方式带到地方法官面前，地方法官可以要求其签订提供或者不提供担保的保证书，保证其在需要时随时出庭，也可以对其进行羁押直至其接受审判。

（3）当公民在警察或者村长在场的情况下实施或者被指控实施了未达到羁押程度的犯罪，并且应警察或者村长的要求提供的住所不在马来西亚境内，警察或者村长可以逮捕该公民并且立即将其带到最近的地方法官面前，要求其签订提供或者不提供担保的保证书，保证其在需要时随时出庭，或者可以对其进行羁押直至其接受审判，或者带到一个督察以上的警官面前，要求其签订提供或者不提供担保的保证书，保证其在需要时随时出庭。

第 25 条　对村长执行逮捕的处理

村长在实施无证逮捕后，应当不迟延地将被逮捕人移交给最近的警察，或者在没有警察在场情况下将其押解到最近的警察局，警察将会对被逮捕人重新进行逮捕。

第 26 条　犯罪人的追捕

警察可以在马来西亚境内任何地方追捕其有权力实施无证逮捕的公民。

第 27 条　普通公民实施的逮捕及程序

（1）普通公民可以逮捕其认为实施了不能假释的可逮捕犯罪的公民或者经第 44 条公告的公民，之后应当不迟延地将其移交给最近的警察，或者在没有警察在场情况下将其押解到最近的警察局。

（2）如果有理由相信该公民是因为第 23 条的规定而被逮捕，警察应当对其进行重新逮捕。

（3）如果有理由相信该公民实施了不可逮捕的犯罪并且其拒绝根据警察的要求提供他的姓名和住所，或者警察认为其提供的姓名和住所是虚假的，或者提供的住所不在马来西亚境内，依据第 24 条规定对该公民进行处理。

（4）如果没有合理理由相信该公民实施了犯罪，应当立即将其释放。

（5）任何公民实施了针对他人财产或者与财产相关的犯罪，如果其姓名和地址未知，被侵害人或者所侵害财产的使用人，或者他们的佣人或者任何被他们授权协助的人，可以将该公民逮捕，并且可以将其扣押，直至其提供了使人相信是真实的姓名和住所，或者直至将其移交给警察进行羁押。

（6）如果根据第 5 款规定被合法逮捕的公民袭击或者暴力抵抗逮捕他的公民或者公民的助手，那么该公民要缴纳 100 令吉的罚款。

第 28 条　逮捕后的处理及羁押不超过 24 小时

（1）实施无证逮捕的警察应当不迟延地并且受到保释和预先释放规定的限制，将被逮捕人押解或者移交给地方法院。

（2）警察羁押无证逮捕的公民，综合案件的整体情况，不得超过合理需要的时间。

（3）在不存在根据第 117 条规定地方法官作出的特殊命令或者该命令已

经终结时，除去逮捕后押解到法院的在途时间，羁押时间不得超过 24 小时。

第 29 条　被逮捕人的释放

犯罪嫌疑人被警察逮捕后，在签订保证书、保释或者根据地方法官或者督察以上的警官出具书面命令后，可以被释放。

第 30 条　法官在场时实施的犯罪

如果（犯罪嫌疑人）在地方法官或者地方法官的司法管辖范围内并且其在场的情况下实施犯罪，地方法官可以逮捕或者授权其他人逮捕犯罪嫌疑人，并且可以羁押犯罪嫌疑人，但是关于保释规定的限制同样适用。

第 31 条　法官在场时实施的逮捕或者授权逮捕

法官在其司法管辖区内可以在任何时间逮捕或者当场授权逮捕其当时认为需要逮捕并且根据情况签发了令状的任何人。

第 32 条　逃跑后追捕以及缉拿归案的权力

如果在合法羁押状态下的犯罪嫌疑人逃跑或者被他人协助逃脱，羁押人可以立即在该人被羁押的司法管辖区之内或者之外的任何地方展开追捕并且将其缉拿归案，之后按照其初次羁押的程序重新对其处理。

第 33 条　第 16 条和第 18 条的规定适用于根据第 32 条规定的逮捕

虽然执行逮捕者没有逮捕令或者并非是有权力实施逮捕的警察，第 16 条和第 18 条的规定同样适用于根据第 32 条规定实施的逮捕。

第五章　强制出庭程序

逮捕令

第 38 条　逮捕令的格式

（1）根据此法典，每张法院签发的逮捕令必须是书面的，根据 1964 年司法法院法案或者 1948 年附属法院法案签发，并且应当盖有法院印章。

（2）每张逮捕令的有效期持续到签发法院将其取消或者其被执行。

第 39 条　法院可以通过在逮捕令后背书的形式采取保释

（1）法院基于自由裁量权，在签发逮捕令时，可以在逮捕令后背书或者脚注，指示被逮捕人签订保证书并提供足够的担保，保证其在某一特定的时间出庭，除非之后法院有其他指示，执行逮捕令的官员可以采纳担保并释放被逮捕人。

（2）背书或者脚注应当规定——

（a）保释金的数额；

（b）接受保释的官员以及被逮捕人分别有义务遵守的各项规定；

（c）被保释人出庭的时间。

（3）无论何时执行逮捕令的官员根据本条规定接受保释的申请后，应当将保释的保证书送交给法院。

第 40 条　逮捕令的执行者

（1）通常情况下，逮捕令应当交由警察监察总长和所有其他马来西亚的警察执行，任何警察可以在马来西亚境内的任何地点执行逮捕令。

（2）法院签发逮捕令后，可以将其交由并非警察的任一公民或者多个公民，并且这些公民可以执行逮捕令。

第 41 条　逮捕令主要内容的告知

警察或者其他公民执行逮捕令时，应当告知被逮捕人令状的内容，经要求还应当向被逮捕人出示逮捕令或者盖有签发法院印章的逮捕令的复印件。

第 42 条　应当不迟延地将被逮捕人带到法院

除受到第 39 条关于保释规定的限制外，警察或者其他执行逮捕令的人应当不迟延地将被逮捕人带到法律规定的其应当出庭的法院。

第 43 条　根据逮捕令逮捕被逮捕人后的程序

（1）如果执行逮捕是在签发逮捕令法院的司法管辖区域之外，那么除非根据第 39 条规定被保释，被逮捕人应当被带到最近的地方法官面前。

（2）如果被逮捕人是签发逮捕令的法院想要抓捕的人，地方法官应当命令将被逮捕人移交给签发逮捕令的法院：

如果犯罪行为是可以保释的，并且被逮捕人愿意向其被带到的法院提供保释金，或者根据第 39 条逮捕令后背书了自由裁量的规定，并且被逮捕人愿意提供规定要求的担保，那么上面提到的地方法官可以根据案件情况接受保释金或者保证，并且将保释金、保证书移交给签发逮捕令的法院。

（3）本条规定没有禁止警察根据第 39 条规定采纳保证。

出庭传票和逮捕令的其他规定

第 47 条　签发逮捕令代替传票或者同时签发

刑事法院可以在法律授权的范围内对任何人签发除了关于陪审员或者鉴定人问题的出庭传票，并且如果出现以下情况，在书面记录原因后可以签发对此公民的逮捕令——

（a）如果在签发传票之前或者签发传票之后、确定的出庭时间之前，法院有合理理由相信该公民已经潜逃或者不会遵守传票；或者

（b）如果该公民在法庭开庭时没有出庭，且传票已经被证明及时送达，该公民应当根据传票出庭并且没有提供不能出庭的合理理由。

第 48 条　出庭传票和逮捕令可以在马来西亚境内任何地方执行

（1）所有的地方法院签发的出庭传票和逮捕令可以根据案件情况在马来西亚境内的任何地方送达或者执行：

除非法院在传票后面背书"可以在司法管辖区外送达"，传票不能超出法院司法管辖区的范围送达。

（2）除非签发传票的法院认为存在特殊的原因有必要背书，并且在背书前对此进行记录，否则不应在传票后背书"可以在司法管辖区外送达"。

第 49 条　签订出庭保证书的权利

当法院有权对公民签发传票或者逮捕令要求其出庭或者对其进行逮捕，如果该公民在法院时，法院可以与其签订保证书并让其提供或者不提供保释金，以保证其出庭。

第 50 条　违反出庭保证书的逮捕

当根据此法典的规定签订了出庭保证书并有义务出庭的公民没有按照保证书出庭，法院可以签发逮捕令逮捕该公民并且强制其出庭。

第四编　犯罪预防

第七章　维护治安和行为良好的保证

第 70 条　必要时签发传票或者逮捕令

（1）当地方法官根据第 67 条、第 68 条或者第 69 条规定认为有必要要求某人说明理由，如果该人没有被无证逮捕并且为了以下询问而将其带到法庭，法官可以签发传票要求其出庭并且说明原因，或者当该人被羁押但是不在法院时，法官可以签发令状指令羁押人将该人带至法庭。

（2）当地方法官收到警察的报告或者其他信息，在记录报告和信息的主要内容后，有合理理由担心某人即将实施破坏社会治安的行为，并且除非立即逮捕该人否则不能阻止其破坏社会治安，那么法官可以在任何时间对该人签发逮捕令。

第 71 条　传票或者逮捕令的格式

根据第 70 条规定签发的传票或者逮捕令应当包含简短陈述签发传票或者逮捕令所基于的信息的主要内容，并且说明要执行的保释金的数量、保证的期限以及必要的情况下担保人的数量、性格以及社会地位。

第十二章　警察的预防性措施

第 103 条　警察阻止可逮捕的犯罪

警察出于阻止犯罪的目的均可以并且应当尽全力使用所有合法手段干预、阻止任何可以逮捕的犯罪的实施。

第 104 条　关于谋划实施可逮捕犯罪的情报

警察收到谋划实施任何可逮捕犯罪的情报后均应当将此情报传递给其上级警官和其他有义务阻止或者对此类犯罪有管辖权的警察。

第 105 条　对将要实施犯罪的人的逮捕

警察知道某人正在谋划实施可逮捕的犯罪，如果其认为在没有法官签发的命令或者搜查令的情况下不实施逮捕不能立即阻止该犯罪行为的实施，其可以采取无证逮捕。

第五编　警察收到的情报及侦查权

第十三章①

第 108 条　在不可逮捕犯罪案件中的程序

（1）当前述情报是关于实施了不可逮捕的犯罪，警察将会把情报人移交给地方法官。

（2）在不可逮捕的犯罪案件中，除非根据检察官的命令，警察不得行使本章规定的特殊的侦查权力。

（3）队长以上的警察或者警察局负责人在接受检察官命令后可以履行除无证逮捕权以外的侦查权力，该权力与在可逮捕案件中警察在没有检察官命令时履行的侦查权力相同。

第 109 条　在可逮捕犯罪中的侦查

（1）在可逮捕犯罪案件中，队长以上的警察或者警察局负责人可以在没有检察官命令的情形下实施本章规定的所有特殊的侦查权力。

（2）在此类案件中，警察在任何阶段进行的侦查程序，不会因为其未被赋予实施本章规定的特殊的侦查权力而受到质疑。

---

① 无标题，原文如此。——译者注

第110条　怀疑实施了可逮捕犯罪的程序

（1）如果队长以上的警察或者警察局负责人基于收到的情报或者从其他途径得到的信息，有合理理由怀疑实施了可逮捕的犯罪，除非检察官基于案件性质作出无须报告的指令，警察需要立即向检察官提交报告，并且亲自或者委派下属到事发地点调查案件事实和情况，为调查证据可以采用必要的侦查措施，如果适当可以对犯罪行为人实施逮捕：

规定如下——

（a）如果警察收到提供了某人姓名并举报其实施了此类犯罪，如果该案件不是严重犯罪，其不需要亲自或者委派下属到现场进行侦查；

（b）如果收到情报的警察认为没有合理根据需要针对此事采取进一步行动，其不需要亲自或者委派下属到现场进行侦查。

（2）在第（a）项和第（b）项提到的情形下，收到情报的警察应当在其报告中说明其不完全遵守第1款规定的理由。

（3）当警察根据第1款规定委派其下属时，被委派的警察不享有行使第111条、第112条、第116条和第117条规定的权力。

第九编　补充规定

第三十八章　保　释

第387条　保释的适用条件

（1）除非犯有不得保释的罪行，犯罪嫌疑人、被告人被警察无证逮捕、拘留，自行到庭或者被带至法庭并且在法庭准予保释前的任何诉讼程序中被羁押候审的，均应当被警察局负责人、职务不低于队长的警察或者法庭予以保释。

（2）除了保释，警察或者法庭在认为合适的时候，可以责令犯罪嫌疑人、被告人提供无财产担保的保证而将其释放，以保证其能到案。

第388条　特别保释

（1）被告人因犯有不得保释的罪行被警察无证逮捕、拘留，自行到庭或者被带至法庭的，也可能被警区负责人或法庭释放。但有证据证明涉嫌犯罪可能被判处死刑或终身监禁的除外。

涉嫌前述罪行的被告人为不满16岁的人、妇女、疾病或者身体衰弱的人，法庭可以责令将其保释。

（2）在侦查、调查询问或审判的任何阶段，没有证据证明被告人涉嫌罪行不得保释，但有足够理由表明对其是否实施犯罪需要进一步调查询问的，在对其调查之前，也应当进行保释，或者，警察或法庭在认为合适的时候，可以责令被告人提供担保后将其释放，以保证其能到案。

（3）依照本条第 1 款与第 2 款规定将被告人保释的，警察或法庭应当作书面记录。

（4）就不可保释的罪行作出判定后，送达裁判文书前，法庭认为有理由相信被告人未犯被指控的罪行的，应当将其释放。被告人被羁押的，应当责令其具结释放，以保证其能到案听候判决。

（5）本法所规定的后续诉讼程序中，法庭可以责令逮捕并羁押依照本条规定被释放的被告人。

第 389 条　保释金

本章所规定的保释金的数额应当根据案件情况确定，以足够保证被逮捕的被告人到案为准，不得处以过重的保释金；不管就有罪宣告有无上诉，法官可以责令被告人获准保释，也可以减少或增加警察或法庭所批准的保释金。

第 390 条　担保的执行

（1）保释或者担保释放前，被告人应当交纳经由警察或法庭确定的足够的保证金。

（2）如有需要，该担保可用作保证被告人经传唤出席高等法院或其他法院以进行答辩。

第 391 条　应当被释放的被告人

（1）保释金一经交纳，被告人应当被释放。被告人被羁押的，准许保释的法庭应当向羁押场所负责人签发释放令。收到释放令的，应当立即释放被告人。

（2）除非被告人交纳了保释金，不得因本条、第 387 条或第 388 条的规定将本应羁押的被告人予以释放。

第 392 条　对被保释人签发逮捕令

出于错误、欺诈等原因没有提供足够的担保，或者担保事后不足的，准予保释的法庭可以签发逮捕令将被保释者带至法庭，也可以责令其提供足够的担保，并在其不能提供时将其羁押。

第 393 条　担保可抵销保释金

（1）被告人可以随时向地方法官提供担保以在申请范围内全部或部分地免除保释金。

（2）经申请，地方法官应当签发逮捕令，责令将释放的被告人带至法庭。

（3）被告人自行到庭或依照令状被带至法庭后，地方法官应当责令全部或在申请范围内免除保证金，并要求被告人提供足够的担保。被告人不能提供足够的担保的，法庭可以决定羁押。

（4）保证人可以随时逮捕被告人并立即将其带至地方法官处。地方法官应当免除该保证人的保证金，并要求被告人提供其他足额担保，如果不能提供，地方法官可以决定羁押被告人。

第 394 条　上诉

被告人的合法权利受到下级法院依照本章规定作出的命令或驳回申请决定的侵害的，被告人有权向高等法院提出上诉，高等法院可以确认、变更或者推翻下级法院的命令。

第四十章　保释金条款

第 403 条　以存款替代保释金

被法庭或任何公职人员要求履行保释金时，除非是为了保证良好的行为而履行保释金，法庭或公职人员可以准予被告人存入一定数量的存款以代替保释金的履行。

第 404 条　保释金没收程序

（1）当出现以下情况——

（*a*）有证据使法庭相信已经决定收取保释金；或者

（*b*）为保证被告人出席法庭而决定收取的保释金未交纳的，法庭应当记录上述证据，并要求保证人支付因此而产生的罚款或者说明不交纳保释金的理由。

（2）没有提供足够的理由或者不支付罚款的，法院可以通过签发扣押令并变卖其财产以实现上述目的。

（3）扣押令可以在签发令状的法院辖区内执行。经财产发现地的地方法官背书同意，可以不受上述限制。

（4）拒不支付罚款，且无法通过扣押和变卖实现的，签发令状的法院可以责令保证人承受不超过 6 个月的民事监禁。

（5）法庭可裁量减免上述罚款并仅执行其中一部分。

（6）民事诉讼中的有关规定不得被认为全部或部分地阻止了保释金罚则的适用。

第 405 条　对地方法官命令的上诉

地方法官依据第 404 条规定签发的命令均可上诉至高等法院。

第 406 条　保释金征收数额的指导权

法官可以指导地方法官征收旨在保证参加高等法院审理的保释金的数额。

第四十四章　其他规定

第 436 条　被保释人告知送达地址

（1）被保释或者具结释放的被告人应当告知法庭或负责保释的公职人员送达地址。

（2）无法找到被保释或具结释放的被告人，或者基于其他原因导致送达无效的，任何被留置于上述地址的通知应当被视为已经合理送达。

日　　本

刑事诉讼法[*]

第一编　总　　则

第八章　被告人的传唤、拘传及羁押

第 57 条　传唤

法院可以留有法院规则规定的自送达传唤证至被告人到场之间的适当期间，而传唤被告人。

第 58 条　拘传

法院在下列场合，可以拘传被告人：

一、被告人没有一定的住居时；

二、被告人没有正当理由而不接受传唤或者有可能不接受传唤时。

第 59 条　拘传的效力

已经拘传的被告人，应当自带到法院之时起 24 小时以内释放。但在该时间内已经签发羁押证时，不在此限。

＊ 本法于 1948 年（昭和 23 年）7 月 10 日由日本国会批准，1949 年（昭和 24 年）1 月 1 日实施。最近一次修正时间是 2014 年（平成 26 年）6 月 25 日。本译本根据日本法务省官网（http://www.moj.go.jp/）提供的日语文本翻译。

第 60 条　羁押

法院有相当的理由足以怀疑被告人有犯罪行为并符合下列各项规定的情形之一时，可以羁押被告人：

一、被告人没有一定的住居时；

二、有相当的理由足以怀疑被告人将隐灭罪证时；

三、被告人有逃亡行为或者有相当的理由足以怀疑被告人有逃亡可能时。

羁押期间，是自提起公诉之日起 2 个月。特别有必要继续羁押时，可以以附有具体理由的裁定，每隔一个月延长一次。但除符合于第 89 条第 1 项、第 3 项、第 4 项或者第 6 项规定的情形以外，延长以一次为限。

相当于 30 万元［刑法、关于处罚暴力行为等的法律（大正 15 年法律第 60 号）及关于调整经济关系罚则的法律（昭和 19 年法律第 4 号）规定之罪以外的罪，为 2 万元］以下罚金、拘留或者罚款的案件，以被告人没有一定的住居时为限，适用第 1 款的规定。

第 61 条　羁押质问

羁押被告人，应当在告知被告人被告案件并听取其有关案件的陈述后进行。但被告人已经逃亡的，不在此限。

第 62 条　令状

传唤、拘传或者羁押被告人，应当在签发传唤证、拘传证或者羁押证后进行。

第 63 条　传唤证的程式

传唤证，应当记载被告人的姓名及住居，罪名，应到场的年、月、日、时和场所，以及没有正当理由而不到场时可签发拘传证的意旨和法院规则规定的其他事项，由审判长或者受命法官记名①、盖章。

第 64 条　拘传证、羁押证的程式

拘传证或者羁押证，应当记载被告人的姓名及住居、罪名、公诉事实的要旨、应带到的场所或者应羁押的监狱、有效期间及该期间经过后不得着手执行并应当将令状退回的意旨，以及签发的年月日和法院规则规定的其他事项，由审判长或者受命法官记名、盖章。

被告人的姓名不明时，可以记载相貌、体格或其他足以识别被告人的事项，以指明被告人。

---

①　在日本法中，记名是指以自己签名以外的方法，如使用橡皮章、印刷、打字等记上自己的姓名。原则上，审判长等应当亲笔签名，但法律等有规定时，可以以记名代替亲笔签名。记名也可以由本人授权他人进行。——译者注

被告人的住居不明时，不需要记载住居。

第 65 条　传唤的程序

传唤证，应当送达。

被告人已经提出记有在期日到场的书面文件，或者对到场的被告人已经以口头命令其下次到场时，与已经送达传唤证具有同等的效力。在以口头命令被告人到场的场合，应当将该项意旨记入笔录。

对押在法院附近的监狱的被告人，可以通知监狱官吏执行传唤。在此场合，被告人收到监狱官吏的通知时，视为传唤证已经送达。

第 66 条　委托拘传

法院可以委托被告人现在地的地方法院、家庭法院或者简易法院的法官拘传被告人。

受托法官可以转委托有受托权限的其他地方法院、家庭法院或者简易法院的法官。

受托法官对受托事项没有权限时，可以将委托移送有受托权限的其他地方法院、家庭法院或者简易法院的法官。

受委托或者受移送的法官，应当签发拘传证。

第 64 条的规定，准用于前款的拘传证。在此场合，拘传证应当记载依据委托而签发的意旨。

第 67 条　委托拘传的程序

在前条的场合，依据委托而签发拘传证的法官，应当自被告人被带到之时起 24 小时以内，查验该人是否有被错认的情况。

在被告人没有被错认时，应当迅速并直接将他带到指定的法院。在此场合，依据委托而签发拘传证的法官，应当规定被告人应到达指定法院的期间。

在前款的场合，第 59 条规定的期间，自被告人被带到指定法院之时起算。

第 68 条　命令到场、命令同行

法院在必要时，可以命令被告人到指定的场所或者同行到指定的场所。被告人没有正当理由而不接受时，可以将他拘传到该场所。在此场合，第 59 条规定的期间，自被告人被带到该场所之时起算。

第 69 条　情况紧急时的处分

审判长在情况紧急时，可以作出第 57 条至第 62 条、第 65 条、第 66 条及前条规定的处分，或者使合议庭的组成人员作出该项处分。

第 70 条　拘传证、羁押证的执行人

拘传证或者羁押证，根据检察官的指挥，由检察事务官或者司法警察职员执行。但情况紧急时，审判长、受命法官或者地方法院、家庭法院或简易法院的法官，可以指挥执行。

对押在监狱的被告人发出的羁押证，根据检察官的指挥，由监狱官吏执行。

第 71 条　在管辖区域外执行拘传证、羁押证

检察事务官或者司法警察职员在必要时，可以在管辖区域外执行拘传证或羁押证，或者请求该地的检察事务官或司法警察职员执行。

第 72 条　嘱托侦查被告人和执行拘传证、羁押证

被告人的现在地不明时，审判长可以嘱托高等检察厅厅长侦查被告人和执行拘传证或者羁押证。

受嘱托的高等检察厅厅长，应当使其管辖内的检察官进行侦查和实施执行拘传证或者羁押证的程序。

第 73 条　执行拘传证、羁押证的程序

执行拘传证时，在向被告人出示拘传证后，应当尽可能迅速且直接地将被告人带到指定的法院或其他场所。执行第 66 条第 4 款的拘传证时，应当将被告人带到签发该令状的法官处。

执行羁押证时，在向被告人出示羁押证后，应当尽可能迅速且直接地将被告人带到指定的监狱。

在没有持有拘传证或者羁押证以致不能向被告人出示而情况紧急时，可以不受前两款规定的限制，在告知被告人公诉事实的要旨和令状已经签发的意旨后执行。但应当尽可能迅速地向被告人出示该令状。

第 74 条　解送中的暂时留置

在解送受到拘传证或者羁押证执行的被告人的场合有必要时，可以将被告人暂时留置于最近的监狱。

第 75 条　对受拘传的被告人的留置

在已经将受到拘传证执行的被告人带到的场合有必要时，可以将被告人留置于监狱。

第 76 条　对被拘传的被告人的告知

在拘传被告人后，应当立即告知被告人公诉事实的要旨和可以选任辩护人及由于贫困或其他事由不能自行选任辩护人时可以请求选任辩护人的意旨。但被告人有辩护人时，告知公诉事实的要旨即可。

前款的告知，可以由合议庭的组成人员或者法院书记官进行。

依照第 66 条第 4 款的规定而签发拘传证时，第 1 款的告知应当由签发该拘传证的法官进行。但可以使法院书记官告知。

第 77 条　羁押时的告知

除在逮捕或者拘传后即行羁押的以外，羁押被告人时，应当告知被告人可以选任辩护人及由于贫困或其他事由不能自行选任辩护人时可以请求选任辩护人的意旨。但被告人有辩护人时，不在此限。

在第 61 条但书的场合，应当在羁押被告人后立即告知被告人前款规定的事项及公诉事实的要旨。但被告人有辩护人时，告知公诉事实的要旨即可。

前条第 2 款的规定，准用于前两款的告知。

第 78 条　申请选任辩护人

收到拘传或者羁押的被告人，可以向法院或者监狱长或其代理人，申请选任所指定的律师或者律师协会为辩护人。但被告人有辩护人时，不在此限。

接受前款申请的法院或者监狱长或其代理人，应当立即将其意旨通知被告人指定的律师或者律师协会。被告人指定律师为 2 人以上或者指定律师协会为 2 个以上而提出前款的申请时，通知其中一名律师或者一个律师协会即可。

第 79 条　羁押与通知辩护人等

已经羁押被告人时，应当立即通知他的辩护人。在被告人没有辩护人时，应当通知被告人在其法定代理人、保佐人、配偶、直系亲属及兄弟姐妹中所指定的一人。

第 80 条　羁押与会见、授受

正在羁押中的被告人，在法令许可的范围内，可以与第 39 条第 1 款规定的人以外的人会见，或者授受文书或物品。根据拘传证而被留置于监狱的被告人，亦同。

第 81 条　会见、授受的限制

法院在有相当的理由足以怀疑被告人将有逃亡或者隐灭罪证的情形时，可以依据检察官的请求，或者依职权，禁止正在羁押中的被告人与第 39 条第 1 款规定的人以外的人会见，或者检查与上述人授受的文书或其他物品，禁止其授受或扣留授受物。但不得禁止授受或者扣留食粮。

第 82 条　请求告知羁押的理由

被羁押的被告人，可以请求法院告知羁押的理由。

被羁押的被告人的辩护人、法定代理人、保佐人、配偶、直系亲属、兄弟姐妹或其他利害关系人，也可以提出前款的请求。

前两款的请求，在保释、停止执行羁押或撤销羁押时，或者羁押证的效力消失时，丧失效力。

第 83 条　告知羁押理由的程序

告知羁押的理由，应当在公开的法庭上进行。

法庭，在法官和法院书记官出席下开庭。

被告人及其辩护人不到场时，不得开庭。但被告人由于患病或其他不得已的事由而不能到场且被告人本人没有异议时，或者被告人对辩护人不到场没有异议时，不在此限。

第 84 条　告知羁押理由的方式

在法庭上，审判长应当告知羁押的理由。

检察官或者被告人、辩护人及其他请求人，可以陈述意见。但审判长认为适当时，可以命令上述人提出书面记载意见，以代替陈述意见。

第 85 条　受命法官告知羁押理由

告知羁押的理由，可以由合议庭的组成人员进行。

第 86 条　告知羁押理由请求的竞合

对同一羁押有两个以上的第 82 条的请求时，告知羁押的理由，应当对最先提出的请求进行。其他的请求，应当在告知羁押的理由完毕后，以裁定驳回。

第 87 条　撤销羁押

羁押的理由或者羁押的必要性消失后，法院应当依据检察官、被羁押的被告人或其辩护人、法定代理人、保佐人、配偶、直系亲属或兄弟姐妹的请求，或者依职权，以裁定撤销羁押。

第 82 条第 3 款的规定，准用于前款的请求。

第 88 条　请求保释

被羁押的被告人或者其辩护人、法定代理人、保佐人、配偶、直系亲属或兄弟姐妹，可以请求保释。

第 82 条第 3 款的规定，准用于前款的请求。

第 89 条　必要的保释

经请求保释时，除下列情形以外，应当准许：

一、被告人所犯系相当于死刑、无期惩役或无期监禁以及最低刑期为 1 年以上的惩役或监禁的罪时；

二、被告人曾因犯有相当于死刑、无期惩役或无期监禁以及最高刑期超过 10 年的惩役或监禁的罪而受到过有罪宣告时；

三、被告人为惯犯而犯有相当于最高刑期为 3 年以上的惩役或监禁的罪时；

四、有相当的理由足以怀疑被告人将隐灭罪证时；

五、有相当的理由足以怀疑被告人将加害于被害人，或其他被认为有助于案件审理的知情人，或上述人的亲属的人身或财产，或者对上述人实施威吓行为时；

六、被告人的姓名或者住居不明时。

第90条　依职权准许的保释

法院认为适当时，可以依职权准许保释。

第91条　不适当延长的羁押的撤销和保释

由于羁押而拘禁的时间不适当地延长时，法院应当依据第88条规定的人的请求，或者依职权，以裁定撤销羁押，或者准许保释。

第82条第3款的规定，准用于前款的请求。

第92条　听取检察官的意见

法院在作出准许保释的裁定或者驳回保释请求的裁定时，应当听取检察官的意见。

除依据检察官的请求作出裁定的场合外，在作出撤销羁押的裁定时，亦与前款相同。但情况紧急下，不在此限。

第93条　保证金、保释的条件

在准许保释时，应当规定保证金额。

保证金额应当考虑犯罪的性质和情节、证据的证明力、被告人的性格及财产，规定足以保证被告人到场的相当的金额。

在准许保释时，可以限制被告人的住居或附以其他认为适当的条件。

第94条　保释的程序

准许保释的裁定，应当在交纳保证金后执行。

法院可以准许保释请求人以外的人交纳保证金。

法院可以准许以有价证券或者法院认为适当的被告人以外的人提出的保证书代替保证金。

第95条　停止执行羁押

法院认为适当时，可以裁定将被羁押的被告人委托于其亲属、保护团体或其他的人，或者限制被告人的住居，而停止执行羁押。

第96条　撤销保释、撤销羁押的停止执行

法院在遇有下列各项规定的情形之一时，可以依据检察官的请求，或者依职权，以裁定撤销保释或者撤销羁押的停止执行：

一、被告人经传唤无正当理由而不到场时；

二、被告人逃亡或者有相当的理由足以怀疑被告人将逃亡时；

三、被告人隐灭罪证或者有相当的理由足以怀疑被告人将隐灭罪证时；

四、被告人对被害人或其他被认为于审理案件有必要知识的人或上述人的亲属的人身或财产，有加害的行为或意图加害的行为，或者对上述人有威吓的行为时；

五、被告人违反对住居的限制或法院规定的其他条件时。

在撤销保释的场合，法院可以裁定没收保证金的全部或者一部分。

被保释的人，在宣告刑罚的判决确定后，因执行判决受到传唤无正当理由而不到场时，或者逃亡时，法院依据检察官的请求，应当裁定没收保证金的全部或者一部分。

第97条　上诉与有关羁押的处分

对于上诉期限内尚未提起上诉的案件，在更新羁押期间、撤销羁押、保释、停止执行羁押或撤销保释及羁押的停止执行时，原审法院应当作出裁定。

对于已经提起上诉而诉讼记录尚未到达上诉法院的案件，应作出前款裁定的法院，应当依照法院规则的规定办理。

前两款的规定，准用于应当告知羁押理由的场合。

第98条　撤销保释及羁押停止执行时的收监程序

在已经作出撤销保释或撤销羁押停止执行的裁定时，或者停止执行羁押的期间已经届满时，检察事务官、司法警察职员或者监狱官吏，应当根据检察官的指挥，在向被告人出示羁押证副本及撤销保释或撤销停止执行羁押的裁定的副本后，或者出示羁押证副本及指定期间的停止执行羁押的裁定的副本后，将其收监。

在由于没有持有前款的文书不能向被告人出示而情况紧急时，可以不受前款规定的限制，根据检察官的指挥，向被告人告知撤销保释或撤销停止执行羁押的意旨后，或者告知停止执行羁押的期间已经届满的意旨后，将其收监。但应当尽快向被告人出示该文书。

第71条的规定，准用于依照前两款的规定进行的收监。

第二编　第一审

第一章　侦　查

第199条　依据逮捕证进行的逮捕

检察官、检察事务官或者司法警察职员，在有相当的理由足以怀疑被疑人已经犯罪时，依据法官预先签发的逮捕证，可以逮捕被疑人。但对相当于30万元（刑法、关于处罚暴力行为等的法律及关于调整经济关系罚则的法律规定之罪以外的罪，为2万元）以下罚金、拘留或者罚款的罪，以被疑人没有固定的住居，或者没有正当理由而不接受前条规定的到场要求时为限。

法官认为有相当的理由足以怀疑被疑人已经犯罪时，依据检察官或者司法警察员（身为警察官的司法警察员，以国家公安委员会或者都道府县公安委员会指定的警部以上的人员为限。本条下同）的请求，应当签发前款的逮捕证。但认为显然没有逮捕必要时，不在此限。

检察官或者司法警察员在请求第 2 款规定的逮捕证的场合，如果同一犯罪事实，对该被疑人以前曾经提出过逮捕证的请求，或者曾经签发逮捕证时，应当将该意旨通知法院。

第 200 条　逮捕证的程式

逮捕证应当记载被疑人的姓名及住居、罪名、被疑事实的要旨、应带到的官署或其他场所、有效期间及该期间经过后不得逮捕并应当将令状退回的意旨，以及签发的年月日和法院规则规定的其他事项，由法官记名、盖章。

第 64 条第 2 款及第 3 款的规定，准用于逮捕证。

第 201 条　依据逮捕证逮捕的程序

依据逮捕证逮捕被疑人时，应当向被疑人出示逮捕证。

第 73 条第 3 款的规定，准用于依据逮捕证逮捕被疑人。

第 202 条　将被疑人带交检察官或司法警察员

检察事务官或者司法巡查依据逮捕证逮捕被疑人后，如果是由检察事务官逮捕的，应当立即将被疑人带交检察官，如果是由司法巡查逮捕的，应当立即将被疑人带交司法警察员。

第 203 条　司法警察员办理的逮捕手续和带交检察官的时间限制

司法警察员依据逮捕证逮捕被疑人后，或者收到依据逮捕证逮捕的被疑人后，应当立即告知犯罪事实的要旨和可以选任辩护人的意旨，并给予辩解的机会，如果认为没有留置的必要时，应当立即释放；认为有留置的必要时，应当在被疑人身体受到拘束后的 48 小时以内，办理将被疑人连同文书及证物一并移送检察官的手续。

在前款的场合，应当询问被疑人有无辩护人，在有辩护人时，不需要告知可以选任辩护人的意旨。

司法警察员对于第 37 条之 2 第 1 款规定的案件，当依照第 1 款的规定告知可以选任辩护人时，在请求继续羁押被疑人的场合，应当提醒被疑人由于贫困或其他事由不能自行选任辩护人时可以向法官请求选任辩护人的意旨，以及向法官请求选任辩护人时应当提出资力申告书的意旨，以及资力在基准额以上时应当预先向律师协会（是指依照第 37 条之 3 第 2 款的规定受理第 31 条之 2 第 1 款申请的律师协会）提出选任辩护人申请的意旨。

在第 1 款的限制时间内没有办理移送手续时，应当立即释放被疑人。

第 204 条　检察官办理的逮捕手续和请求羁押的时间限制

检察官依据逮捕证逮捕被疑人后，或者收到依据逮捕证逮捕的被疑人

（依照前条规定移送的被疑人除外）后，应当立即告知犯罪事实的要旨和可以选任辩护人的意旨，并给予辩解的机会，如果认为没有留置的必要时，应当立即释放；认为有留置的必要时，应当在被疑人身体受到拘束后的48小时以内请求法院羁押被疑人。但在限制时间内已经提起公诉时，不需要请求羁押。

检察官对于第37条之2第1款规定的案件，依照前款的规定告知可以选任辩护人的，在请求继续羁押被疑人的场合，应当提醒被疑人由于贫困或其他事由不能自行选任辩护人时可以向法官请求选任辩护人的意旨，以及向法官请求选任辩护人时应当提出资力申告书的意旨，以及资力在基准额以上时应当预先向律师协会（是指依照第37条之3第2款的规定受理第31条之2第1款申请的律师协会）提出选任辩护人申请的意旨。

在第1款的限制时间内没有请求羁押，或者没有提起公诉时，应当立即释放被疑人。

前条第2款的规定，准用于第1款的场合。

第 209 条　依据逮捕证逮捕的准用规定

第74条、第75条及第78条的规定，准用于依据逮捕证进行的逮捕。

第 210 条　紧急逮捕

检察官、检察事务官或者司法警察职员，在有充分理由足以怀疑被疑人已犯有相当于死刑、无期惩役或无期监禁以及最高刑期为3年以上的惩役或监禁之罪的场合，由于情况紧急而来不及请求法官签发逮捕证时，可以在告知理由后逮捕被疑人。在此场合，应当立即办理请求法官签发逮捕证的手续。在不能签发逮捕证时，应当立即释放被疑人。

第200条的规定，准用于前款的逮捕证。

第 211 条　紧急逮捕的准用规定

在依照前条的规定逮捕被疑人的场合，准用依照第199条规定逮捕被疑人的有关规定。

第 213 条　逮捕现行犯

任何人都可以没有逮捕证而逮捕现行犯。

第 214 条　由私人实施的逮捕现行犯

检察官、检察事务官及司法警察职员以外的人在逮捕现行犯后，应当立即送交地方检察厅或区检察厅的检察官，或者送交司法警察职员。

第 215 条　司法巡查接受现行犯后办理的手续

司法巡查在收到现行犯后，应当迅速将他送交司法警察员。

司法巡查在接受犯人的场合，应当听取逮捕人的姓名、住居及逮捕的事由。在必要时，可以要求逮捕人一同到官署。

第 216 条　逮捕现行犯的准用规定

在现行犯已经被逮捕的场合，准用依照第 199 条规定逮捕被疑人的有关规定。

第 217 条　轻微案件与逮捕现行犯

对所犯系相当于 30 万元（刑法、关于处罚暴力行为等的法律及关于调整经济关系罚则的法律规定之罪以外的罪，为 2 万元）以下罚金、拘留或者罚款之罪的现行犯，以犯人的住居或姓名不明或者犯人可能逃亡的情形为限，适用第 213 条至前条的规定。

第三章　公　审

第五节　公审的裁判

第 343 条　监禁以上的刑罚的宣告与保释等的失效

在已经宣告判处监禁以上刑罚的判决时，保释或者停止执行羁押即丧失其效力。在此场合，以没有重新作出保释或者停止执行羁押的裁定为限，准用第 98 条的规定。

第 344 条　在宣告监禁以上的刑罚后不适用必要的保释

在已经宣告判处监禁以上刑罚的判决后，即不适用第 60 条第 2 款但书及第 89 条的规定。

刑事诉讼规则[*]

第一编　总　则

第八章　被告人的传唤、拘传及羁押

第 67 条　自传唤至到场之间的间隔期间·法第 57 条

在向被告人送达传唤证与被告人到场之间，应当至少给予 12 个小时的期

＊ 本规则于 1948 年（昭和 23 年）12 月 1 日由日本最高法院公布，1949 年（昭和 24 年）1 月 1 日实施。最近一次修正时间是 2012 年（平成 24 年）2 月 20 日。本译本根据日本法院官网（http：//www.courts.go.jp/）提供的日语文本翻译。

间。但有特别规定时，不在此限。

被告人没有异议时，可以不给予前款规定的期间。

第 68 条　实施拘传、羁押对身体、名誉的保护

拘传或者羁押被告人，应当注意保护其身体及名誉。

第 69 条　法院书记官的在场·法第 61 条

依照法第 61 条的规定对被告人告知被告案件并听取有关陈述时，应当有法院书记官在场。

（昭和 24 年最高法院规则第 12 号·部分修正）

第 70 条　羁押证的记载要件·法第 64 条

羁押证，除记载法第 64 条规定的事项以外，还应当记载法第 60 条第 1 款各项规定的事由。

第 71 条　审判长签发的令状的记载要件·法第 69 条

审判长依照法第 69 条的规定签发传唤证、拘传证或者羁押证时，应当在令状中记载其意旨。

第 72 条　送交拘传证、羁押证的原件·法第 70 条

由检察官指挥执行拘传证或者羁押证时，签发拘传证或者羁押证的法院或者法官，应当将拘传证或者羁押证的原件送交检察官。

第 73 条　交付数份拘传证

拘传证，可以制作数份，交付给数名检察事务官或者司法警察职员。

第 74 条　请求交付拘传证、羁押证的副本

被执行拘传证或者羁押证的被告人，可以请求交付拘传证或者羁押证的副本。

第 75 条　执行拘传证、羁押证后的处分

已经执行拘传证或者羁押证时，应当在拘传证或者羁押证上记载执行的场所及年月日时并记名、盖章，在未能执行时，应当在拘传证或者羁押证上记载其事由并记名、盖章。

关于执行拘传证或者羁押证的文书，应当经由指挥执行的检察官或者法官，提交签发拘传证或者羁押证的法院或者法官。

收到有关执行拘传证的文书的法院或者法官，应当使法院书记官在拘传证上记载被告人被带到的年月日时。

（昭和 24 年最高法院规则第 12 号·部分修正）

第 76 条　根据嘱托签发的拘传证·法第 67 条

根据嘱托签发拘传证的法官，在收到关于执行拘传证的文书时，应当使法院书记官在拘传证上记载被告人被带到的年月日时。

根据嘱托签发拘传证的法官，将被告人送至指定的法院时，应当在拘传证上记载被告人应到达指定法院的期间，并记名、盖章。

作出嘱托拘传的法院或者法官，在收到有关执行拘传证的文书时，应当使法院书记官在拘传证上记载被告人到达的年月日时。

（昭和 24 年最高法院规则第 12 号·部分修正）

第 77 条　法院书记官的在场·法第 76 条等

法院或者法官在作出法第 76 条或者第 77 条规定的处分时，应当使法院书记官在场。

（昭和 24 年最高法院规则第 12 号·部分修正）

第 78 条　制作笔录·法第 76 条等

关于法第 76 条或者第 77 条规定的处分，应当制作笔录。

第 79 条　关于羁押的通知·法第 79 条

在已经羁押被告人的场合，被告人没有辩护人、法定代理人、保佐人、配偶、直系亲属及兄弟姊妹时，应当根据被告人的呈报，将羁押的意旨通知其指定的一人。

第 80 条　被告人移监

检察官经审判长同意，可以将正在羁押中的被告人移送到其他刑事设施。

检察官在将被告人移送到其他刑事设施后，应当立即将其意旨及该刑事设施通知法院及辩护人。被告人没有辩护人时，应当将其意旨及该刑事设施通知被告人指定的其法定代理人、保佐人、配偶、直系亲属及兄弟姊妹中的一人。

在前款的场合，准用前条的规定。

（平成 18 年最高法院规则第 6 号·部分修正）

第 81 条　请求告知羁押理由的方式·法第 82 条

告知羁押理由的请求，应当由提出请求的人分别书面提出。

法第 82 条第 2 款所列的人提出前款的请求，应当书面具体说明其与被告人的关系。

（昭和 25 年最高法院规则第 28 号·全部修正）

第 81 条之 2　告知请求的驳回

违反前条的规定而提出的告知羁押理由的请求，应当裁定驳回。

（昭和 25 年最高法院规则第 28 号·追加）

第 82 条　告知羁押理由的程序·法第 83 条

经提出告知羁押理由的请求时，审判长应当确定告知期日。

告知期日，应当传唤被告人到场。

告知期日，应当通知检察官、辩护人、辅佐人及请求人。

第 83 条　在公审期日告知羁押理由·法第 83 条

告知羁押理由，也可以在公审期日进行。

在公审期日告知羁押理由，应当预先将其意旨及应予告知的公审期日通知检察官、被告人、辩护人、辅佐人及请求人。

第 84 条　请求告知与告知期日

告知羁押理由的期日与提出请求之日的间隔，不得超过 5 日。但有不得已的情形时，不在此限。

第 85 条　变更告知期日

在遇有不得已的情形时，法院可以变更告知期日。

第 85 条之 2　在被告人、辩护人退庭的情况下进行的告知·法第 83 条

在告知期日，被告人或者辩护人未经许可而退庭时，或者审判长为维护秩序而令其退庭时，可以在该人不在场的情况下告知羁押理由。

（昭和 28 年最高法院规则第 21 号·追加）

第 85 条之 3　告知期日陈述意见的时间限制等·法第 84 条

法第 84 条第 2 款正文所列的人在告知期日陈述意见的时间，每人不得超过 10 分钟。

前款的人，可以提出书面意见，以代替陈述或者作为对陈述的补充。

（昭和 25 年最高法院规则第 28 号·追加、昭和 28 年最高法院规则第 21 号·旧最高法院规则第 85 条之 2 序号顺延、部分修正）

第 86 条　告知期日的笔录

告知期日的程序，应当制作笔录，由法院书记官签名、盖章，审判长盖章确认。

（昭和 26 年最高法院规则第 15 号·全部修正）

第 86 条之 2　驳回告知请求的裁定的送达

驳回告知羁押理由的请求的裁定，不需要送达。

（昭和 25 年最高法院规则第 28 号·追加）

第 87 条　保释保证书的记载事项·法第 94 条

保释的保证书，应当记载保证金额及可以随时交纳保证金的意旨。

第 88 条　听取对停止执行羁押的意见·法第 95 条

停止执行羁押，应当听取检察官的意见。但情况紧急时，不在此限。

第 89 条　（依照昭和 26 年最高法院规则第 15 号删除）

第 90 条　因委托而停止执行·法第 95 条

将受羁押的被告人委托给亲属、保护团体或其他的人而停止执行羁押时，受委托的人应当提交使被告人随时接受传唤到场的意旨的书面。

第 91 条　退还保证金·法第 96 条、法第 343 条等

在下列场合，没有没收的保证金，应当退还：

一、羁押被撤销或者羁押证丧失效力时；

二、由于保释被撤销或者丧失效力，被告人被收容于刑事设施时；

三、在保释被撤销或者丧失效力的场合，被告人被收容于刑事设施以前又作出新的保释裁定，使其已交纳保证金，或者停止执行羁押时。

已经作出前款第 3 项的保释裁定之前交纳的保证金，视为新的保证金的全部或者一部分。

（昭和 26 年最高法院规则第 15 号·全部修正、平成 18 年最高法院规则第 6 号·部分修正）

第 92 条　上诉案件等的羁押处分·法第 97 条

对于在上诉期限内尚未提起上诉的案件变更羁押期间时，原审法院应当作出裁定。

对于诉讼记录尚未到达上诉法院的上诉案件，在变更羁押期间、撤销羁押、决定保释或停止执行羁押，或者撤销保释或停止执行羁押的裁定时，亦与前款同。

在告知羁押理由的场合，准用前款的规定。

对于被告人正在羁押中的案件，上诉法院收到诉讼记录时，应当立即将其意旨通知原审法院。

第 92 条之 2　对被判处监禁以上刑罚的被告人的收监程序·法第 98 条

依照法第 343 条中准用的法第 98 条的规定将被告人收容于刑事设施时，向被告人出示记载宣告的刑罚、宣告判决的年月日及法院，且由审判长或者法官附记证明无误的意旨并盖章确认的羁押证的副本即可。

（昭和 26 年最高法院规则第 15 号·追加、平成 18 年最高法院规则第 6 号·部分修正）

第二编　第一审

第一章　侦　查

第 141 条之 2　指定或者变更逮捕证请求权人的通知

依照法第 199 条第 2 款的规定指定可以请求逮捕证的司法警察员时，国家公安委员会应当向最高法院通知其意旨，都道府县公安委员会应当向其所在地的管辖地方法院通知其意旨。变更该项通知的内容时，亦同。

（昭和 28 年最高法院规则第 21 号·追加、昭和 32 年最高法院规则第 1 号·部分修正）

第 142 条　逮捕证请求书的记载要件

逮捕证请求书，应当记载下列事项和逮捕证需要记载的其他事项，以及作为签发逮捕证要件的事项：

一、被疑人的姓名、年龄、职业及住居；

二、罪名及被疑事实的要旨；

三、有必要逮捕被疑人的事由；

四、请求人的职务及姓名；

五、请求人是作为警察官的司法警察员时，依照法第 199 条第 2 款的规定受到指定的意旨；

六、有效期间有必要超过 7 日时，其意旨及事由；

七、需要数份逮捕证时，其意旨及事由；

八、对被疑人的同一犯罪事实或者正在侦查中的其他犯罪事实，以前曾经提出过逮捕证的请求，或者曾经签发逮捕证时，其意旨及该犯罪事实。

被疑人的姓名不明时，应当指出其相貌、身体及其他足以确定被疑人的事项。

被疑人的年龄、职业或者住居不明时，记载其意旨即可。

（昭和 28 年最高法院规则第 21 号·追加、昭和 32 年最高法院规则第 1 号·部分修正）

第 143 条　提供材料

请求逮捕证，应当提供认为有逮捕理由（即逮捕必要以外的签发逮捕证的要件。下同）及逮捕必要的材料。

（昭和 28 年最高法院规则第 21 号·部分修正）

第 143 条之 2　听取逮捕证请求人的陈述等

收到逮捕证请求的法官，认为必要时，可以要求提出逮捕证请求的人到场并听取其陈述，或者要求他交出文书或其他物品。

（昭和 28 年最高法院规则第 21 号·追加）

第 143 条之 3　明显没有逮捕必要的场合

收到逮捕证请求的法官，即使在认为有逮捕理由的场合，根据被疑人的年龄及境遇、犯罪的轻重及情状以及其他各种情况，认为被疑人没有逃跑及隐灭罪证等危险性而显然没有逮捕必要时，也应当驳回逮捕证的请求。

（昭和 28 年最高法院规则第 21 号·追加、昭和 32 年最高法院规则第 1 号·部分修正）

第 144 条　逮捕证的记载要件

逮捕证，还应当记载请求人的职务及姓名。

第 145 条　逮捕证的制作

制作逮捕证，可以利用逮捕证请求书及其记载的内容。

第 146 条　数份逮捕证

逮捕证，依据请求可以签发数份。

第 157 条之 2　关于退还逮捕证等的记载

逮捕证或者法第 218 条第 1 款规定的令状，应当记载即使在有效期间内没有必要的，也应当立即将其退还的意旨。

（昭和 28 年最高法院规则第 21 号·追加）

沙特阿拉伯

沙特阿拉伯刑事诉讼法[*]

第三章　调查程序

第三节　逮捕犯罪嫌疑人

第 33 条　在现行犯案件中，有足够的证据证明犯罪嫌疑人有罪时，刑事侦查人员有权逮捕犯罪嫌疑人。刑事侦查人员须将上述内容记入笔录，并立刻告知侦查和公诉机关。如果没有侦查法官的书面裁定，在任何情况下，拘留犯罪嫌疑人的期限不得超过 24 小时。

如果不是当场发现犯罪嫌疑人，刑事侦查人员须立即发布逮捕令，并制作笔录。

第 34 条　如果陈述中有足够证据证明犯罪嫌疑人有罪，刑事侦查人员须立即听取犯罪嫌疑人陈述，且须在 24 小时内制作笔录并将犯罪嫌疑人移交侦

---

* 本法于 2013 年 11 月 12 日（伊历 1435 年 1 月 8 日）由沙特阿拉伯内阁批准，2013 年 11 月 26 日（伊历 1435 年 1 月 22 日）通过皇家法令颁布。本译本根据沙特阿拉伯内阁官网提供的阿拉伯语文本翻译。

查法官。侦查法官须在 24 小时内讯问嫌疑人并下令拘留或释放犯罪嫌疑人。

第 35 条　无犯罪罪行时，不可逮捕或拘留任何人员，除非特殊部门发布指令。

第 36 条　1. 拘禁时，应当维护犯罪嫌疑人的尊严，不得对其造成精神或肉体的伤害，并告知本人被拘缘由。犯罪嫌疑人有权与外界保持通信。

2. 侦查法官发布继续拘留的指令后，立即告知有关部门。

3. 在听取妇女陈述、讯问或搜查妇女时须确保其一名近亲属在场；如果上述条件无法实现，应当选择公开场合作为会见地点。

第 37 条　依据本法，应当将犯罪嫌疑人拘留或羁押在监狱或特定的拘留所中。指令已下达、拘留或羁押期限已确定且相关部门已签字时，可以对犯罪嫌疑人进行拘留或羁押。拘留或羁押期限结束后，应当将其释放。

第 38 条　侦查和公诉机关相关人员有权在任意时间走访监狱和相关拘留所，以确认不存在非法羁押或拘留的情形。相关人员须查阅监狱和拘留所的记录簿，会见被羁押者、被拘留者，听取其意见，了解其生活状况。监狱狱长和拘留所所长须向侦查和公诉机关的人员提供一切需要的信息。

第 39 条　被羁押者或被拘留者有权在任意时间以书面或口头的方式向监狱狱长或拘留所所长递交投诉，并要求其将投诉内容告知侦查和公诉机关相关人员。监狱狱长和拘留所所长在制作记录后须立刻告知侦查和公诉机关并提供证明。监狱和拘留所应当设立监督监禁、拘留执行情况的独立办公部门。

第 40 条　任意知悉非法羁押、非法拘留情况的人应当告知侦查和公诉机关。该机关的专职人员应当立刻前往实施非法羁押或拘留的监狱或拘留所进行调查。如果羁押或拘留行为非法，专职人员应当发布释放犯罪嫌疑人的指令、制作记录并上交相关部门，以执行有关保障犯罪嫌疑人权利的法律规定。

第四章　侦查程序

第七节　出庭通知、逮捕令及传票

第 103 条　不论任何案件，侦查法官可以根据情况需要要求被侦查的人员出庭，若有必要进行侦查可签发逮捕令。

第 104 条　所有要求出席诉讼活动的命令应当包括被要求出庭者四代的姓名、国籍、职业或职位、居住地、命令签发日期、出庭时间和日期，侦查法官姓名及签字、印章。逮捕令及传票应写明——除上述信息外——若其拒绝自愿出席，此情况下侦查法官应当委托公共权力人员逮捕犯罪嫌疑人。拘留命令应当写明——除以上内容外——拘留所所长接受犯罪嫌疑人在拘留所的委托及犯罪嫌疑人犯罪罪行声明及案卷。

第 107 条　经有关当局通知出庭，犯罪嫌疑人无正当理由未出庭，或逃跑，或逃跑后当即被抓获，即使证明其犯罪事实的证据尚不充分，侦查法官也可下令逮捕犯罪嫌疑人。

第 108 条　若犯罪嫌疑人住所不明，侦查法官应当确定其住所，不能确定其住所时，侦查法官可以命令拘留犯罪嫌疑人。

第 109 条　侦查法官应当立即审问被逮捕的犯罪嫌疑人，若其申辩，则将其移至拘留所审问，审问期限不得超过 24 小时，若超过此期限未审问，拘留所所长应当通知预审机关的负责人，由其查明情况，如不满足羁押的条件则应当下令释放犯罪嫌疑人。

第 110 条　若犯罪嫌疑人在侦查机关管辖范围外的地区被逮捕，则逮捕地的侦查机关应当核实犯罪嫌疑人的信息、告知其犯罪行为，并记录其陈述，若有必要，应移送给有管辖权的侦查机关。

泰　　国

泰国刑事诉讼法典[*]

第一编　通　则

第一章　一般规定

第 7/1 条　被监管下释放或者羁押的犯罪嫌疑人、被告人有权在第一时间通知或者要求主管机关通知其亲属被拘留人或犯罪嫌疑人已经被拘留的事实或者被拘留的地点，被拘留人或者犯罪嫌疑人有如下权利：

（1）与律师会见并交谈；

（2）律师或者其信任的人在讯问时在场；

---

　*　本法典于 1934 年由泰国政府公布，先后经 22 次修正，最近一次修正案为 2008 年公布。本译本根据泰国最高法院官网提供的英语文本翻译。

（3）在合理时间内接受亲属探视或与亲属联络；

（4）生病时及时就医。

负责管理被拘留人或者犯罪嫌疑人的政府官员或者警官应当第一时间告知被拘留人或者犯罪嫌疑人上述权利。

第四编　传讯与刑事令状

第二章　刑事令状

第一节　总　则

第57条　根据本法典第78条、第79条、第80条、第92条、第94条的规定，只有依据相应的刑事令状，才可逮捕、拘禁或羁押他人，或搜索人身或私人处所的财物。

根据法院的刑事令状被拘禁或被羁押的人，只有获得法庭释放令状才可以被释放。

第59条　签发逮捕令、搜索令、拘禁令的警官或法院有权强制或在有申请人的情况下，发布此类令状。

在有申请人的情况下，签发令状的警官或法院必须先行调查，根据申请人的宣誓或其他条件，确保拘传及时有效。

在紧急情况下，如果抗辩人出于正当理由不能出庭，可以通过电话、传真、电子媒体信息技术或其他方式，向法院申请发布逮捕令或搜查令。在这种情况下，法庭调查证实，根据第59/1条，有合理理由可签发逮捕或搜查令，并且决定签发令状，根据最高法院院长指定的规则和程序，决定副本应通过传真、电子媒体、信息技术或其他方式寄送至抗辩人。

如第3款所述，如果该令状已签发，法院将立即让令状申请人出庭宣誓，通过记录申请人笔录并在法庭签发的令状上签名，或通过录音设备转写成文字并在法庭签发的令状上签名。如果之后调查显示，该令状违反法律规定，法院应下令取消或更正之前的传讯，让抗辩人做出改正以降低对相关人员的损失。

第60条①　逮捕令、搜查令、拘留令、羁押令或释放令需按照以下说明给予书面指令：

（1）令状签发地点；

---

①　第60条由刑事诉讼法典修正案（第22号）（B. E. 2547）第9条修正。

（2）令状签发日期、月份、年份；

（3）令状签发原因；

（4）（A）签发逮捕令，被逮捕人员的名字或基本情况须指明；

（B）签发拘留令、羁押令或释放令，被拘禁、羁押或释放人员的名字须指明；

（C）签发搜查令，搜索地点须指明，相关人员的名字或基本情况须指明，居所地外貌也须指明。搜索时间、日期、搜索人员及其职位须指明，

（5）（A）签发逮捕令、拘留令或搜查令，为安全考虑，具体犯罪行为和过程须指明；

（B）签发羁押令，具体犯罪行为和可能的刑罚须指明；

（C）签发拘留令或羁押令，具体被拘留或羁押的地点须指明；

（D）签发释放令，释放原因须指明；

（6）法院签字盖章。

第二节　逮捕令

第 66 条① 具有下列情形之一的，可以签发逮捕令：

（1）有证据表明该犯罪行为可能导致 3 年以上有期徒刑的；

（2）有证据表明有犯罪事实，且被告人或犯罪嫌疑人可能逃匿或有现实危险的。

如果该人员无固定居住地或没有正当理由拒绝传讯的，该人员可被视为逃匿。

第 67 条 如果逮捕令的对象名字不详，对其描述应该尽可能地具体详细。

第 68 条② 在逮捕之前，逮捕令持续有效，除非逮捕令所述犯罪行为已过追诉期，或发布该令的警官或法院已经撤销该逮捕令。

第四节　拘禁令、羁押令、释放令

第 71 条③ 在核查、预审、审判的任何阶段抓获犯罪嫌疑人或被告人，法庭将根据第 87 条、第 88 条向犯罪嫌疑人或被告人签发拘禁令。

---

① 第 66 条由刑事诉讼法典修正案（第 22 号）（B. E. 2547）第 11 条修正。

② 第 68 条由刑事诉讼法典修正案（第 22 号）（B. E. 2547）第 12 条修正。

③ 第 71 条由刑事诉讼法典修正案（第 22 号）（B. E. 2547）第 13 条修正。

拘禁令将持续生效，直至法院签发释放令或羁押令，拘禁令失效。

如果犯罪嫌疑人或被告人未满 18 岁，或为孕妇，或分娩未满 3 个月，或拘留会危及生命，法院将不能签发拘留令，或向应被拘留的犯罪嫌疑人或被告人签发释放令。法院须有权发布指令：让愿意接收犯罪嫌疑人或被告人的有关当局或人员看管；或采取措施，防止犯罪人员逃跑或受到危害。如果在侦查阶段，法院发布上述指令，须在发布日期 6 个月内执行。如果在初审或审判阶段，须在审判结束前执行。如果在法院发布指令后，犯罪嫌疑人或被告人不服从命令，或情况发生改变，法院有权改变指令，发布拘禁令。

第 72 条　有下列情形之一的，可以向被拘禁的犯罪嫌疑人或被告人发布释放令：

（1）法院同意假释的；

（2）检察官或侦查人员认为拘禁对侦查不必要而申请释放的；

（3）检察官通知法院，下令不起诉犯罪嫌疑人，结束侦查的；

（4）检察官在法院规定时间内，未对犯罪嫌疑人起诉的；

（5）除法院根据检察官申请在尚未判决前而拘禁被告人以外，法院初审认为无须起诉而不予受理的；

（6）除法院尚未审理而拘留被告人以外，检察官撤诉的、自诉案件达成和解的，法院审结或不予受理的；

（7）法院判决被告人，除死刑、有期徒刑或居住地限制之外的其他刑罚的；如判有罚金刑，当罚金已交付或法院同意释放被告人使其在规定时间内有能力支付罚金的。

第 73 条　等候上诉的案件，如果被告人羁押的期限等于或长于法院对其判处的刑期期限的，除检察官申请加重刑罚以外，法院应当签发释放令。

第 74 条　根据第 73 条和第 185 条，任何被判处有期徒刑、死刑的，法院应发布羁押令。

第 75 条　处以终身无期徒刑的服刑人员或被有条件赦免、假释、特赦或其他原因而免除徒刑的，法院应签发释放令。

第 76 条　拘禁令、羁押令或释放令须立即执行。

第五编　逮捕、拘禁、羁押、搜查和临时释放

第一章　逮捕、拘禁和羁押

第 77 条　逮捕令在全国范围内有效。

逮捕令的管理当局应参照以下文件或证据：

（1）已被授权的逮捕令状副本；

（2）已发布的逮捕令通告；

（3）根据最高法院院长指定的规则和程序，逮捕令状副本通过传真、电子媒介或其他通信技术送达。

根据第（1）项和第（3）项，被授权的逮捕令及其副本须立即送达管理当局。

第 78 条[①]　有下列情形之一，未获得法院逮捕令的行政官员或警官也有权逮捕：

（1）根据第 80 条的规定，属现行犯的；

（2）持有工具、武器或其他可能用于犯罪的材料，而对他人生命或财产有现实危险的；

（3）根据第 66 条第 1 款第（2）项，应当签发逮捕令，但由于紧急原因，法院不能签发逮捕令的；

（4）根据第 117 条，被逮捕的犯罪嫌疑人或被告人曾经逃跑或在羁押期间有逃跑可能的。

第 79 条　除了第 82 条规定的，或犯在本法典附件中有具体规定的现行犯以外，公民个人不能逮捕他人。

第 80 条　正在实行犯罪被发现或确定为犯罪嫌疑人所为的，该犯罪视为现行犯。

但是，本法典附件具体列举的犯罪，有以下列情形之一的，也视为现行犯：

（1）某人被作为犯罪人被公开追捕的；

（2）犯罪后及时被发觉在犯罪现场附近，且持有犯罪物品：工具、武器或其他可能在犯罪过程中使用的物品，或衣服、身体留有明显的犯罪痕迹的人。

第 81 条[②]　无论是否有逮捕令，禁止在私人处所进行逮捕，除非依本法典规定对私人处所有搜查权。

第 81/1 条[③]　无论是否有逮捕令，禁止在大皇宫、王宫，皇位继承人或

---

① 第 77 条和第 78 条分别由刑事诉讼法典修正案（第 22 号）（B. E. 2547）第 14 条和第 15 条修正。

② 第 81 条由刑事诉讼法典修正案（第 22 号）（B. E. 2547）第 16 条修正。

③ 第 81/1 条由刑事诉讼法典修正案（第 22 号）（B. E. 2547）第 16 条修正。

公主以上皇室人员的宫殿，或国王、王后、皇位继承人、公主以上皇室人员的居所处或总督居住处进行逮捕，除非有下列情形之一：

（1）总理委托授权总理或大臣，且已经通知宫殿总督或国王的侍从武官的；

（2）根据保护国王人身安全的法律，或主管安全的法律、法规，正式申请人或保护国王、王后、皇位继承人、公主以上皇室人员或总督的人员被逮捕的。

第 82 条　行使逮捕令的官员有权要求附近人员协助逮捕，但在有可能危及附近人员安全的情况下，不能强制要求其他人员协助。

第 83 条①　警方或个人作为逮捕人员的，应该告知被逮捕人将被逮捕并将其押送至负责侦查案件的机关，如果不能及时送至案件侦办机关，应当将其就近送至当地的侦查机关临时关押。警察逮捕时，逮捕令必须向被逮捕人出示，被逮捕人有权选择是否做出陈述，其陈述将作为案件审判的证据；被逮捕人有权会见律师。如果被逮捕人要求通知亲属或委托人，在不影响逮捕、限制被逮捕人人身自由、危及他人安全的情况下，警方应同意其会见要求。在这种情况下，逮捕机构应按上述要求通知逮捕。

如果将被逮捕人干扰逮捕的执行或者有干扰的可能、逃跑可能的，逮捕人有权根据具体条件做出必要防卫措施。

第 84 条②　根据第 83 条，警方或个人作为逮捕人的，必须立即带被逮捕人到侦查机关。到达后，按照以下程序，将被逮捕人交由行政官员或警官：

（1）逮捕人是警方的，逮捕官员应该通知被逮捕人关于逮捕的具体情况和原因。如果有逮捕令，逮捕官员应该向被逮捕人宣读逮捕令，并和被逮捕人在逮捕令副本上联合署名；

（2）逮捕人是个人的，行政官员或警官接管逮捕的，必须告知逮捕人的姓名、地址，包括逮捕令内容和具体情况，逮捕人应连署签字作为流程材料，通告冤情申诉和其他逮捕具体事项。被逮捕人有权选择是否做出陈述，其陈述可能作为案件审判的证据。

根据第 1 款的进程，行政官员或警官接收被逮捕人的，应通知被逮捕人第 7/1 条规定的权利，使被逮捕人有权与亲属或委托人联系，通知他们逮捕事实及首次逮捕地，并按照第 1 款规定到达侦查处。如果被逮捕人向行政官员或警官申请联系，该申请应立即处理，在此情况下的费用由被逮捕人承担。

---

①　第 83 条由刑事诉讼法典修正案（第 22 号）（B. E. 2547）第 18 条修正。

②　第 84 条由刑事诉讼法典修正案（第 22 号）（B. E. 2547）第 19 条修正。

根据本条，行政官员或个人进行逮捕的，在有必要的情况下，急救措施应该在逮捕前进行。

在逮捕阶段或签字阶段，被逮捕人向逮捕人员、行政官员或警官所做任何陈述，如果被逮捕人否认其犯罪行为，该陈述不予受理；对于其他陈述，根据第 1 款或第 83 条第 2 款已告知被逮捕人权利的，可作为证据使用。

第 84/1 条① 接管被逮捕人的行政官员或警官，可暂时释放或监管被逮捕人。如果是由法院签发逮捕令，需根据第 64 条立即执行；如果被逮捕人必须送达法院，但由于法院关门或临近关门而不能即时送达的，接管被逮捕人的行政官员或警官有权暂时释放或监管被逮捕人，直至法院开门受理。

第 85 条 逮捕官员或接收被逮捕人的官员，可以进行人身搜查，没收所有可作为证据的物品。

该搜查须正当合理，对女性的搜查，应该由其他女性进行。

任何没收的物品由该官员保管，直至结案。结案时，除上缴法院的物品以外，应归还犯罪嫌疑人或其他相关人员。

第 85/1 条② 侦查期间，官员没收的且不属于法律规定的非法持有的物品，在司法程序中不作为证物的，物品所有者或其他主张权利的人，可以向侦查人员或检察官提出申请，在无须担保或者提供担保的情形下为保养或者使用的目的而取回有关物品。

物品的退还，不能影响该物品其后作为证明事实的证据，侦查人员或检察官应立即决定，要求申请人提供担保，或提出任何条件。如果申请人不遵从上述条件，或在物品归还指令下达后不退还物品，根据案件情况，侦查人员或检察官有权没收物品。申请程序参照相关行政管理规定。

侦查人员或检察官不同意申请的，申请人有权在 30 日内向一审法院上诉，法院应在接收上诉的 30 日内审结。如果法院同意该申请，法院可要求担保或提出其他合适的条件。法院的裁判具有终局性。

第 86 条 禁止使用任何超越防止被逮捕人逃跑限度的羁押手段。

第 87 条③ 根据案件的不同情况，被逮捕人的监管不能超过必要限度。

因轻罪被逮捕的人的监管，以其作出答辩或者查清身份及地点为限度。

被逮捕人暂时不能释放，须被侦查或采取其他行动的；根据第 83 条，在被逮捕人送达侦查处所 48 小时内，对其进行聆讯。

---

① 第 84/1 条由刑事诉讼法典修正案（第 22 号）（B. E. 2547）第 20 条修正。

② 第 85/1 条由刑事诉讼法典修正案（第 27 号）（B. E. 2551）第 3 条增加。

③ 第 87 条由刑事诉讼法典修正案（第 22 号）（B. E. 2547）第 21 条修正。

除不可抗力或其他不可避免的因素外，侦查人员或检察官应向法院提出申请签发拘禁犯罪嫌疑人的令状。法院应当讯问犯罪嫌疑人是否有任何申诉，并在必要时传讯侦查人员或检察官，或传讯证人，协助审判。

徒刑不超过 6 个月或罚金不超过 500 泰铢（含 500 泰铢）的犯罪，法院有权决定不超过 7 日的继续羁押。

可能判处 10 年以上有期徒刑的，无论是否被判处罚金，法院有权决定持续关押，但一次羁押不得超过 12 日，总羁押期间不得超过 48 日。

可能判处 10 年以上有期徒刑的，无论是否被判处罚金，法院有权决定持续关押，每次羁押不得超过 12 日，总羁押期间不得超越 84 日。

根据第 6 款，羁押已满 48 日的，如果检察官或侦查人员申请继续羁押的，法院可根据检察官或侦查人员所述必要性和提供的足以达到法院调查标准的证据决定关押。

根据第 3 款和第 7 款，在讯问期间，犯罪嫌疑人有权委托律师为其辩护并询问证人。如果不符合第 134/1 条，没有委托律师的犯罪嫌疑人可以提出申请，法院应当为其指定律师，律师可准用第 134/1 条，收取酬劳。

如果侦查人员需在犯罪嫌疑人羁押辖区外进行侦查，侦查人员可向法院申请将羁押场所转移到侦查区域；在法院准许的情况下，可以转移。

第 87/1 条① 在检察官或控方律师申请且被告人不反对的情况下，如果法院认为申请合理的，法院可准许带被告人或证人至政府机关或法院认为合宜的其他地方进行讯问，或通过视频会议、播放相关图片或音频询问（证人）。以上程序需在审判长的主持下进行，获得法院的同意，并发布至政府公报。此外，侦查和询问证人的方式必须有具体规定。

根据第 1 款所进行的询问视为在法院的审判大厅进行。

第 88 条② 个人起诉的案件，法院接受指控并要求被告人出庭的，或检察官起诉，要求出庭前指控的，法院决定暂时关押或释放。

第 89 条 拘留令或羁押令应在发布该令状的司法管辖区内执行，除非本法典或其他法律另有规定。

第 89/1 条③ 在侦查期间，应侦查人员、检察官、监狱长或执行拘留令的权力机关要求，或法院认为在合适的情况下，法院可以决定将犯罪嫌疑人或

---

① 第 87/1 条由刑事诉讼法典修正案（第 28 号）（B. E. 2551）第 5 条增加。

② 第 88 条由刑事诉讼法典修正案（第 22 号）（B. E. 2547）第 22 条修正。

③ 第 89 条和第 89/1 条分别由刑事诉讼法典修正案（第 25 号）（B. E. 2550）第 3 条和第 4 条增加。

被告人羁押在看守所或其他地方。根据上述人员要求或出于法院考虑，应由上述申请人或法院指令的机关监管；法院可指定合理的期限。

根据第 1 款，在签发刑事令状前，法院应进行侦查或让被害人或执行拘留令相关机构提出异议。

根据第 1 款，其他地方不包括警察局或侦查人员控制犯罪嫌疑人的地方，根据行政规定，为避免逃跑或其他危险，控制手段和方式应予明确。

法院根据第 1 款签发的刑事令状，若犯罪嫌疑人、被告人不遵守第 3 款所述刑事令状或执行措施的，或情况发生变化的，法院有权变更刑事令状或执行拘留令。

第 89/2 条[①]　在有必要的情况下，检察官、监狱长或有管理职责的有关机构根据拘留令要求，或法院认为在合适的情况下，法院可根据终审判决签发令状，监禁被判刑且已服刑期达 1/3 以上的人员；对于被判 30 年以上有期徒刑或无期徒刑，且已服刑 10 年以上的罪犯，按下列程序执行：

（1）按上述人员要求或出于法院考虑，在看守所或羁押令指定地点之外的地点羁押的，该地点应符合行政规定，为避免逃跑或其他危险，控制手段和方式应予明确；

（2）在看守所或羁押令指定地点或第（1）项所述地点羁押的，羁押时间和程序应符合行政规定；

（3）根据行政规定，通过其他方式的监禁，限制该人员的活动及相关区域。

法院应该考虑被羁押人的犯罪情况、犯罪行为和人身安全，和被害人及社会的安全。因此，法院应当根据羁押令，调查或侦查犯罪嫌疑人，有关当局、行政官员、当地警官或法院认为相关的人员。

根据第 1 款的法院的决定，法院应当授予有权执行令状的有关机构相应的权力和职责，如有必要，适用第 89/1 条规定予以变更。

第 90 条[②]　如果刑事案件中或任何其他案件中的人员可能被非法拘禁，被非法拘禁人员有权向当地法院申诉，申请释放，这些人员包括：

（1）被拘禁人员；

（2）检察官；

（3）侦查人员；

（4）总警监或官员；

---

① 第 89/2 条由刑事诉讼法典修正案（第 25 号）（B. E. 2550）第 4 条增加。

② 第 90 条由刑事诉讼法典修正案（第 22 号）（B. E. 2547）第 23 条修正。

（5）被拘禁人员的配偶或亲属或任何有利害关系的人员。

法院接收申请后，须立即提交问讯处。如果法院认为该上诉有合理根据，法院有权和总警监一起，立即将被拘禁人员带上法庭。如果总警监不能向法院证实拘禁的合法性，法院应当立即释放被拘禁人员。

第三章　临时释放

第 110 条[①]　对于案件最高有期徒刑刑期超过 3 年的，申请人必须有保释或保证（人、金）。

其他情形，申请临时释放可以没有保释，但有保证（人、金）。

上述两款中的保释或保释政策的请求不能对案件超额请求，但依据案件情形符合部级规定的规则、程序和情形或者最高法院院长的规定的除外。

第 111 条　若犯罪嫌疑人或被告人被准予无保释的临时释放，在其被释放前，应当宣誓或确认会按约定或根据传唤到案。

第 112 条　若犯罪嫌疑人或被告人被准予有保释或有保释和保证的临时释放，在其被释放前，保释人或保证人应当提交保证金。

除了其他可采信的陈述，保证金应当阐明以下事项：

（1）根据个案情况，被临时释放者或保释人应当遵守准予临时释放的官员或法院的约定或传唤；

（2）若有违反保证金事由，被特指为保证金的金额应当被扣除。

在安全监管协议中，当即临时释放者或保释人根据案情承担责任和义务或条件，但以不超过案件必要性为限度。[②]

第 113 条[③]　若临时释放由侦查人员或检察官准予，不论其是否有保释，或保释和保证，则此项临时释放仅在审讯期间，或直到法院在审讯期间裁定拘留犯罪嫌疑人，或者直到法院收到罚金，但不超过侦查人员或检察官的临时释放第一日起 3 个月内有效。若基于正当理由审讯不能在 3 个月内结束，临时释放的期限可超过 3 个月，但不超过 6 个月。

前一款所规定的临时释放结束后，如果有正当理由继续拘留犯罪嫌疑人，该犯罪嫌疑人应当被送往法庭并依据第 87 条第 4 款到第 9 款的规定适用。

---

① 第 110 条由刑事诉讼法典修正案（第 22 号）（B. E. 2547）第 29 条修正。

② 第 112 条第 3 款由刑事诉讼法典修正案（第 22 号）（B. E. 2547）第 30 条修正。

③ 第 113 条由刑事诉讼法典修正案（第 17 号）（B. E. 2532）第 3 条修改。

第113/1条①　若有临时释放的犯罪嫌疑人在审讯阶段储备现金或其他保证金作为在侦查人员或检察官面前做出的担保，而且该现金未退还，且犯罪嫌疑人或被告人想申请临时释放更长的时间，犯罪嫌疑人、被告人或利益相关人可以向检察官或法院提出请求将上述资金在此后阶段继续用于担保。如果检察官或法院认为，上述现金或保证金在检察官或法院审理阶段仍可作为担保并发布当即临时释放令的做法可行，检察官或法院应当根据案情通知侦查人员或法院，此类保证金在检察官或法院认为合适的期间内转交检察官或法院。

若当即临时释放者向侦查人员或检察官做的保证或担保是保证人，该保证人继续申请上述担保，检察官或法院可以继续在下一阶段的临时释放中让该保证人作为担保或保证。上述情形中，检察官或法院应当通知侦查人员或检察官在被认为可行的期间内移交保释相关的文件。

第114条　在有保释和保证的临时释放中，释放前申请保释人应当做出如下三类保证：

（1）现金存储的保证金；

（2）其他形式存储的保证金；

（3）保证人。

第115条②　若再犯或基于欺诈或隐匿，导致原有指定的保证金或保证或要件不足或过低，政府官员或法院有权命令改变保证金紧缩的现状，即为更适合的情形提高保证金数额或对保释增加更多的数额或变更为更适当的要件。

在发布即时释放令之后，若案情有变化，政府官员或法院有权命令按照其认为适合的程度减少保证金。

若已经存在法院临时释放令，该案件已转到最高法院，最高法院有权在必要时根据保释合同或情形改变初审法院指定的保证金金额。

第116条　解除保释或保证的要件是保释人将犯罪嫌疑人或被告人送交负责官员或法院。

第117条③　若犯罪嫌疑人或被告人逃匿或可能潜逃，政府官员或警察发现上述行为的有权逮捕该犯罪嫌疑人或被告人。但若保释人或保证人发现上述行为，应当让案发当场最近地点的行政官员或警察逮捕该犯罪嫌疑人或被告人。若其无法在当下最佳时间内获取政府官员的帮助，该人有权自行逮捕该犯罪嫌疑人或被告人并旋即押送至距离最近的行政官员或警察，该政府官员应当

---

① 第113/1条由刑事诉讼法典修正案（第22号）（B. E. 2547）第31条修正。

② 第115条由刑事诉讼法典修正案（第22号）（B. E. 2547）第32条修正。

③ 第117条由刑事诉讼法典修正案（第22号）（B. E. 2547）第33条修正。

将犯罪嫌疑人或被告人转至政府公诉人（控方）或法院，由保释人或保证人支付旅费。

第 119 条① 若出现对法院保释的违反情形，法院可不经由法庭上的主张而在适当的情况下裁决执行全额保证金或保证。被指令支付保证金的个人或检察官可以对法院的裁决提出上诉。上诉法院的裁决为最终裁决。

为获取执行的信息，初审法院审理作出裁决后，有权参照对债务人的判决向保证金义务人发布执行令。法院院长应被视为上述与债务判决的债权人同等地位的保证金权利人。②

土库曼斯坦

土库曼斯坦刑事诉讼法典*

总　则

第四编　强制性诉讼措施

第十七章　羁　押

第 139 条　羁押的概念

1. 羁押，作为强制性诉讼措施，是指为将涉嫌实施犯罪的人员、被控诉实施犯罪的人员以及刑事受审人递交刑事诉讼程序主导机关而适用的，将其在法定的地点与条件下进行短期拘留的措施。羁押是强制性诉讼措施之中的一个类别，其目的在于消除犯罪嫌疑人、刑事被告人与刑事受审人躲避刑事追诉机关与法院的可能性，亦或藏匿或者销毁证据、阻碍确定刑事案件的事实或者继续实施犯罪的可能性，以及保障刑事案判决的执行。

---

① 第 119 条由刑事诉讼法典修正案（第 17 号）（B. E. 2532）第 4 条修改。

② 第 119 条第 2 款由刑事诉讼法典修正案（第 22 号）（B. E. 2547）第 34 条修正。

* 本法典于 2009 年 4 月 18 日由土库曼斯坦议会核准颁布，最近一次修正时间是 2014 年 5 月 3 日。本译本根据土库曼斯坦议会官方网站提供的土库曼斯坦语与俄语文本翻译。

2. 羁押，仅在下述情况下可以适用：

（1）对于涉嫌实施犯罪的人员、被控诉实施犯罪的人员以及刑事受审人，法律对其实施的犯罪行为规定的刑罚为剥夺自由刑的；

（2）对于刑事被告人，违反对其适用的强制性处罚措施中规定的条件的。

第 140 条　对犯罪嫌疑人羁押

1. 只在具有下述根据的情况下，刑事追诉机关有权对涉嫌实施犯罪，可能对其裁定剥夺自由刑的人员适用羁押：

（1）当该行为人在犯罪实施时被现场抓获亦或在犯罪实施后直接被抓获；

（2）当事实确定无疑，其中包括刑事被害人直接指证该行为人实施了犯罪；

（3）当犯罪嫌疑人身上、所穿衣物、在其随身或者居住处所使用的物品、在其所有的交通工具上发现了明显的犯罪痕迹；

（4）在具有其他材料，构成行为人涉嫌实施犯罪的根据时，如果该行为人企图逃匿或者没有长久居住地，亦或无法确定其身份时，可以对其适用羁押。

2. 仅在特殊情况下可以对未成年行为人适用羁押，即在具有本条上述根据的情况下，引发严重罪行的。

3. 每次对犯罪嫌疑人进行羁押时，刑事追诉机关都应当制作笔录，其中指明羁押的根据、理由、日期、时分、年份、月份与地点、笔录的制作时间等事项，以及对犯罪嫌疑人进行声明。羁押笔录由制作者与被羁押人签名确认。被羁押人不同意在笔录上签名确认的，应当将该事项在笔录中注明。

第 141 条　有关羁押的通知

1. 有关对涉嫌实施犯罪的人员进行羁押以及其所处地点的事项，刑事追诉机关应当在不晚于 24 小时内立即通知其家属或者近亲属。

2. 有关对未成年行为人进行羁押的事项，应当立即通知其父母或者代表其父母的人员，亦或监护人。

3. 有关对其他国家公民进行羁押的事项，刑事追诉机关应当告知土库曼斯坦外交部，以便立即将该事项通知相应国家的使馆、领事处或者其他代表机构。

4. 羁押笔录的副本应当递交到被羁押人的拘留地。

第 142 条　对涉嫌实施犯罪的人员采取短期羁押的程序

对涉嫌实施犯罪的人员采取短期羁押的程序，应当由《对犯罪嫌疑人进行短期羁押的程序规则》予以确定。

第 143 条　对犯罪嫌疑人的传唤与讯问

1. 对犯罪嫌疑人的传唤与讯问，应当遵循本法典第 246 条、第 250 条、第 252 条与第 257 条规定的原则实行。

2. 在向犯罪嫌疑人讯问之前，应当对其告知享有本法典第 79 条规定的权利。并应对其告知涉嫌何种具体犯罪。有关此事项，应当在对其进行讯问的笔录中注明。

3. 如果犯罪嫌疑人被羁押或者对其适用监禁类的强制性处罚措施的，应当立即对其进行讯问。但是，在不能立即讯问的情况下，对犯罪嫌疑人的讯问应当自该嫌疑人被羁押之时起，最迟在不超过 24 小时之内进行。

第 144 条　对犯罪嫌疑人羁押的期限

1. 自犯罪嫌疑人羁押后，刑事追诉机关应当在 24 小时之内将该消息通知检察官。

2. 检察官在收到有关进行羁押的通知后，应当在 8 小时之内下达予以监禁或者免除羁押的命令。

3. 对于犯罪嫌疑人进行羁押的总期限，任何情况下，自羁押之时起不得超过 72 小时。在收到检察官有关进行监禁的命令之前，犯罪嫌疑人被羁押的理由撤销的，刑事追诉机关应当立即释放被羁押人并将该事项通知检察官。

第 145 条　根据调查官、侦查官、检察官、法官的裁决，或者根据法院的裁定适用羁押

1. 根据调查官、侦查官、检察官、法官或者法院有关对犯罪嫌疑人予以羁押的裁决或者裁定，刑事追诉机关的工作人员，应当遵守本法典第 140 条规定的要求立即将被羁押人遣送到就近的内务机关或者其他的刑事追诉机关。有关对犯罪嫌疑人进行羁押与拘传的事项，应当立即通知下达羁押裁决或者裁定的主管人员，或者法院。

2. 被侦缉的刑事被告人，在被羁押的情况下，如果对其没有下达有关适用监禁类强制性处罚措施的裁决，羁押地的区辖检察官、区辖市检察官，有权遵守本法典第 140 条规定的要求，下达有关对刑事被告人进行羁押的必要期限以便将被羁押人移递送到侦查实施地的裁决，但是，该期限不得超过 10 日。

3. 对犯罪嫌疑人进行实际羁押的时间，应当包括在法院裁定刑罚措施时根据《土库曼斯坦刑事法典》第 66 条规定的原则对刑事被告人适用的拘留期限，该期限应当计入被裁量的、总的刑罚措施期限之内。

4. 如果在法定的羁押期限届满时，调查官、侦查官、检察官或者法官未下达有关裁决，亦或法院未下达有关裁定，判处释放被羁押人或者对其适用监禁类别强制性处罚措施的，则该被羁押人拘留地行政管理部门的负责人应当释放被羁押人，并将此事项通知调查官、侦查官、检察官、法官或者法院。

第十八章　强制性处罚措施

第 146 条　适用强制性处罚措施的根据

在具有足够根据认为，处于自由状态的犯罪嫌疑人、刑事被告人、刑事受审人躲避侦查或者审判的，亦或阻碍查明刑事案件的真相，亦或继续从事犯罪活动的，调查官、侦查官、检察官、法官或者法院，在参考犯罪的严重性与危害性，以及为保障刑事案判决得以执行的情况下，有权依据本法典规定的程序对犯罪嫌疑人、刑事被告人、刑事受审人适用本法典第 147 条规定的强制性处罚措施。

第 147 条　强制性处罚措施的类别

1. 强制性处罚措施分为下述几类：

（1）具结不外出；

（2）个人担保；

（3）组织担保；

（4）抵押；

（5）监禁。

2. 对于未成年行为人，可以对其适用交由父母或者替代父母的人员，亦或监护人进行监管作为强制性处罚措施，而对身处儿童教导机构的未成年行为人——可以对其适用交由该机构行政管理部门监督作为强制性处罚措施。

3. 对于现役军人，可以对其适用在服役部队指挥部接受监察作为强制性处罚措施。

第 148 条　在适用强制性处罚措施时应当考量的情节

在处理有关必须适用强制性处罚措施以及有关选择适用何种强制性处罚措施的问题时，调查官、侦查官、检察官、法官与法院，除参考本法典第 146 条规定情节之外，还应当考虑罪行的严重性，犯罪嫌疑人、刑事被告人、刑事受审人的身份特性、职业、年龄、健康状态、家庭状况以及其他情节。

第 149 条　对犯罪嫌疑人适用强制性处罚措施

在特殊情况下，如果具有本法典第 146 条规定的根据，参考本法典第 148 条规定的情节，可以对涉嫌实施犯罪但是尚未对其提起控诉的人员适用强制性处罚措施。这种情况下，对其提起的诉讼应当自对其适用强制性处罚措施之时起不晚于 10 日内提起。如果犯罪嫌疑人先被羁押，其后被监禁的——应当在其羁押之时起。如果在该期限内未提起控诉的，则强制性处罚措施应当立即撤销。

第 150 条　具结不外出

1. 具结不外出, 是指犯罪嫌疑人、刑事被告人或者刑事受审人以书面形式保证, 在没有获得调查官、侦查官、检察官、法官或者法院许可的情况下不离开自己的居住地或者暂时到其他地点, 不阻碍刑事案件在法院的审查与审理, 在指定期限内接受刑事诉讼程序主导机关的传唤出席。

2. 犯罪嫌疑人、刑事被告人或者刑事受审人在违反具结不外出的保证时, 可以对其适用更为严厉的强制性处罚措施。有关此事项, 应当在其具结保证之时予以警告。

第 151 条　个人担保

1. 个人担保, 是指由可信赖的人员以书面的形式保证犯罪嫌疑人、刑事被告人或者刑事受审人实施适度行为并保证在调查官、侦查官、检察官与法院传唤时随时报到。担保人的人数不得少于 2 人。

2. 选择个人担保作为强制性处罚措施的, 仅允许在担保人提出书面请求以及对其适用担保措施的人员予以同意的情况下可以适用。

3. 在选择进行个人担保具结时, 对担保人应当告知刑事案件的实质, 根据该案件适用相应的强制性处罚措施的, 并应告知犯罪嫌疑人、刑事被告人或者刑事受审人在逃避侦查与审理的情况下应当为其行为承担相应责任的事宜。

4. 担保人在刑事案件诉讼程序的任何阶段均有权拒绝担保。

5. 在犯罪嫌疑人、刑事被告人或者刑事受审人逃避侦查与审理的情况下, 每名担保人应当承担行政责任。

6. 对于向担保人追究行政管理责任的事宜, 应当依据本法典第 205 条规定的程序实行。

第 152 条　组织担保

1. 组织担保, 是指相应组织递交书面保证, 担保犯罪嫌疑人、刑事被告人、刑事受审人实施适度行为, 并保证在调查官、侦查官、检察官与法院传唤时报到。

2. 递交担保的组织, 应当向其告知适用该强制性处罚措施的刑事案件具有何种实质。在犯罪嫌疑人、刑事被告人、刑事受审人逃避审查与审理时, 作为担保人的组织可能依据本法典第 205 条规定的程序, 在《土库曼斯坦行政违法法典》基础之上追究行政责任。

第 153 条　抵押

1. 抵押——是指通过暂时收缴钱款或者其他贵重物品到相应侦查机关或者法院的存款账户以确保犯罪嫌疑人、刑事被告人或者刑事受审人在负责刑事案件审理的公职人员传唤时到庭的一种强制性处罚措施。适用抵押时应当考虑被适用抵押人的身份、实施犯罪的重度与性质。

2. 抵押，作为强制性处罚措施，可以在检察官同意的情况下，由调查官、侦查官适用。

3. 抵押，可以由犯罪嫌疑人、刑事被告人，或者刑事受审人本人或者其他人员以及非国家性质的法人缴付。有关采取抵押措施的事项，应当制作相关笔录并将该笔录的副本递送给抵押人。

4. 抵押的数额，应当考虑对其适用抵押措施的人员所具有的现实状况，以及犯罪实施情节予以确定。但是，抵押数额不得少于最低劳动报酬的 50 倍。

5. 抵押人，有权向对其适用抵押措施的人员了解抵押行为的实质。

6. 法官或者法院，在下达有关终止刑事案件的刑事案判决、裁决亦或裁定时，应当对有关向抵押人返还被抵押款物的问题予以处理。在刑事案件在预先侦查阶段终止的情况下，被抵押的款物，根据侦查官或者调查机关下达的裁决向抵押人返还。

7. 被适用抵押措施的人员，在对其下达有罪的刑事案判决时，被抵押的款物，其价值的 1/20 部分应当划归国家收入，其余部分——向抵押人返还。

8. 对于适用抵押措施的人员，在违反该强制性处罚措施的条件时，对其适用监禁类别的强制性处罚措施。在违反抵押条件的情况下，根据法院的裁定，可以将被抵押的款物全部计入国家收入。

第 154 条　监禁

1. 作为强制性处罚措施适用的监禁，是指在检察官核准的基础上，针对涉及法律对相应犯罪规定有超过 2 年剥夺自由刑的刑事案件适用的一种强制性处罚措施类别。但是，在以下特殊情况下，该强制性处罚措施可以对法律规定超过 2 年剥夺自由刑的刑事案件适用。

（1）当犯罪嫌疑人或者刑事被告人在土库曼斯坦没有确定居住地的；

（2）如果无法确定该行为人身份的；

（3）违反此前对其选择适用的强制性处罚措施的；

（4）如果行为人躲避刑事追诉机关或者法院的调查，亦或在得知有关该行为人具有躲避意图的信息时。

2. 对于被控诉实施《土库曼斯坦刑事法典》分则规定的中度犯罪、重度犯罪与极其重度犯罪的刑事被告人，作为强制性处罚措施适用的监禁仅可根据犯罪行为的严重性与危害性的程度适用。

3. 作为强制性处罚措施适用的监禁，仅在特殊情况下可以对未成年行为人适用，即指在具有本法典第 146 条规定的根据并参考第 148 条规定的情节的情况下，对罪行严重的未成年行为人适用。

4. 在处理有关是否应当核准适用监禁措施的问题时，检察官应当对所有包含判处监禁根据的刑事案件材料进行阅卷，同被监禁人会面。在必要的情况下，亲自讯问犯罪嫌疑人或者刑事被告人，而对于未成年犯罪嫌疑人或者刑事被告人，可以在任何情况下亲自讯问。

5. 批准逮捕的权力由土库曼斯坦总检察长、州辖检察长、州辖市检察长、区辖检察长、市检察长、军事与专门检察长，以及他们的副职行使。

第155条 移送未成年行为人进行监管

1. 移送未成年犯罪嫌疑人、刑事被告人或者刑事受审人到其父母或者其他人之处进行监管，亦或移送到监护人、儿童福利机构的行政管理部门处进行监管的，上述接收的人员应当出具书面担保，保证未成年行为人在侦查官与法院传唤时出庭，并应保证未成年行为人实施适度行为。

2. 移送未成年行为人到其父母或者其他人员之处进行监管的事项，仅可以根据他们的书面申请进行。

3. 在选择进行监管的具结担保时，作出该项具结担保的人员，有权对选择该项强制性处罚措施的刑事案件进行实质了解。对于作出担保的人员，在违反自己应当承担的责任时，应当追究行政责任。有关于该事项，在其具结进行监管的时候应当予以提醒。

第156条 部队指挥机关的监察

1. 部队指挥机关的监察，是指部队指挥机关旨在针对身为现役军人的犯罪嫌疑人、刑事被告人或者刑事受审人，通过采取土库曼斯坦军事力量条例中规定的措施，保障上述的犯罪嫌疑人、刑事被告人或者刑事受审人实施适当行为并在调查官、侦查官、检察官、法院传唤时报到。

2. 应向部队指挥机关告知适用该项强制性处罚措施的刑事案件具有何种实质。有关确定适用部队指挥机关监督措施的事项，应当以书面形式立即通知采取该强制性处罚措施的调查官、侦查官、检察官或者法院。

第157条 在监禁犯罪嫌疑人、刑事被告人或者刑事受审人时没收其勋章与奖章

在对犯罪嫌疑人、刑事被告人或者刑事受审人进行监禁的情况下，调查官、侦查官、检察官、法官或者法院，有权对上述人员的勋章或者奖章以及文件予以没收，在刑事案件审理期间进行保管，直到刑事案件审结之后。

第158条 拘留的期限

1. 在对刑事案件所涉及的犯罪行为进行审查时，拘留的期限不得持续超过2个月。

2. 在缺乏变更或者撤销强制性处罚措施的根据时，上述期限可以由州辖检察长、州辖市检察长及相应的副检察长予以延长——自开始拘留之日起延长到 6 个月。如果对该期限继续延长的，仅在鉴于刑事案件具有特别复杂的性质时，由土库曼斯坦总检察长与副总检察长决定，自开始拘留之日起延长至 1 年。

3. 延长拘留期限超过 1 年的情况，仅允许在特殊的情况下进行，仅可以对控诉实施重度犯罪或者极其重度犯罪的刑事被告人适用。该情况下的期限延长，可以由土库曼斯坦总检察长作出决定——延长期限至 1 年半。

4. 除上述情况外，不得继续延长期限，且被拘留的刑事被告人应当立即释放。有关刑事案件的审结材料，应当自本条第 3 款规定的拘留措施在期限届满后不晚于 1 个月之内，向刑事被告人与其律师提供，以便这些人员进行阅卷。

5. 当法院退回刑事案件进行新的审查而该案件中被拘留的刑事被告人拘留期限届满时，且根据刑事案件的相应情节，不得变更对其适用拘留类别的强制性处罚措施的，有关该拘留期限的延长问题，应当由对侦查活动履行监督职能的检察官在该案件递交之后起在 1 个月的期限内作出处理。上述期限继续延长的问题，应当依据本条第 2 款、第 3 款与第 4 款规定的程序与界限，并参考刑事被告人在刑事案件递交法院之前已拘留的期限进行处理。

第 159 条　有关适用强制性处罚措施的裁决与裁定

1. 对于有关适用强制性处罚措施的问题，调查官、侦查官、检察官、法官应当下达具有合理根据的裁决，而法院应当下达相应的裁定。在裁决（裁定）中应当指出：对于实施犯罪的刑事被告人，该行为人的姓、名与父称、出生年份与地点、民族、国籍、教育程度、兵役状况、犯罪前科、工作与居住地点，以及对该行为人提起控诉时所依据的刑事法律条文，选择强制性处罚措施的根据与所选择的强制性处罚措施类别。

2. 在有关适用监禁的裁决（裁定）中，除上述事项之外，还应当指明对其适用该项强制性处罚措施根据的特别情节。裁决（裁定）的副本应当递交监禁地，以便该措施的执行。

3. 有关适用强制性处罚措施的裁决或者裁定，应当通知对其下达裁决与裁定的人员。

第 160 条　有关对犯罪嫌疑人、刑事被告人与刑事受审人予以监禁的通知

1. 有关适用监禁作为强制性处罚措施的事宜，调查官、侦查官、检察官、法官、法院应当立即通知犯罪嫌疑人、刑事被告人与刑事受审人的家庭、工作地或者学习地。

2. 有关适用监禁的裁决（裁定），其副本应当交付监禁执行地。如果犯罪嫌疑人、刑事被告人或者刑事受审人是其他国家公民亦或无国籍的，则应当将该事项告知土库曼斯坦外交部。

（本条规定依据土库曼斯坦法令 2012 年 12 月 22 日第 359 号《关于对〈土库曼斯坦刑事诉讼法典〉予以变更与补充的法令》予以修订）

第 161 条　对青少年、无劳动能力者的监护措施以及对被监禁人财产予以保管的保障措施

1. 调查机关、侦查官、检察官、法官或者法院，在下述情况下有责任采取相应的措施：

（1）在被监禁人尚有应当由其赡养的未成年幼子、无劳动能力的家庭成员无人看护的情况下，应当将这些人员移送给其他亲属照顾，或者由其他人员或机构监护；

（2）在被监禁人拥有无人看管的财产、住房亦或大型、小型牲畜的情况下，根据被监禁人的请求，应当由其支付费用对上述财物的保管采取相应措施。

2. 有关调查机关采取措施的事宜，侦查官、法官与法院应当通知被监禁人。

第 162 条　撤销或者变更强制性处罚措施

1. 对刑事被告人采取强制性处罚措施后，应当在下述情况下予以撤销，如果该项强制性处罚措施继续适用的必要性已经消除，或者因刑事案件情节引发而变更为更加严厉或者较为轻缓的强制性处罚措施的。撤销或者变更强制性处罚措施的实行应当以调查官、侦查官或者检察官下达的合理裁决为根据，而当刑事案件移送法院之后，则应当根据法官或者法院下达的合理裁决或裁判实行。

2. 调查官、侦查官仅在检察官同意的情况下，可以根据检察官的书面指令或者受其授权撤销或者变更已选择的强制性处罚措施。

第 163 条　检察官对强制性处罚措施的适用进行监督

1. 检察官，对调查机关与侦查机关在适用强制性处罚措施时对是否有合法性与合理性进行监督。检察官有权以书面形式建议上述机关，对犯罪嫌疑人或者刑事被告人已经选择的强制性处罚措施进行再次选择、撤销或者变更。

2. 检察官的书面指令对于调查机关与预先侦查机关具有强制力。

第十九章　其他类别的强制性诉讼措施

第 164 条　其他强制性诉讼措施的适用

1. 为保障本法典规定的刑事案件审查程序与法庭审理程序，以及恰当地执行刑事案判决，刑事诉讼程序主导机关有权对犯罪嫌疑人、刑事被告人、刑事受审人适用本法典第十八章规定的强制性处罚措施，或者替代适用其他强制性诉讼措施，即出庭义务、拘传、暂停公职与扣押财产。对于根据本法典第十七章的规定被羁押的人员，可以适用财产收缴类的强制性诉讼措施。

（本款规定依据土库曼斯坦法令 2012 年 12 月 22 日第 359 号《关于对〈土库曼斯坦刑事诉讼法典〉予以变更与补充的法令》予以修订）

2. 在本法典规定的情况下，刑事诉讼程序主导机关也可以对刑事被害人、证人或者其他参与刑事案件审理的人员适用出庭义务、拘传、罚金等类别的强制性诉讼措施。

（本条规定依据土库曼斯坦法令 2012 年 12 月 22 日第 359 号《关于对〈土库曼斯坦刑事诉讼法典〉予以变更与补充的法令》予以修订）

第 165 条 在调查官、侦查官、检察官或者法院传唤时必须到庭

在具有充分理由断定，犯罪嫌疑人、刑事被告人、刑事受审人，未被羁押或者尚未对其采取强制性处罚措施的，以及证人或者刑事被害人，可能逃避参与侦查行为或者法庭审理，亦或列入出庭名单的人员无正当理由在传唤时未实际出庭的，可以责其书面担保接受调查官、侦查官、检察官或者法院传唤及时出庭，而在变更居住地点的情况下——应当立即向相应机关告知变更的事宜。

第 166 条 拘传

1. 犯罪嫌疑人、刑事被告人或者刑事受审人以及证人与刑事被害人，在受到传唤时没有正当理由不出庭的，可以根据调查官、侦查官、法官下达的合理裁决或者法院的相应裁定对其进行强制性拘传。

2. 具有正当理由不出庭的情况为：因罹患疾病而导致行为人不能出庭、近亲属死亡、自然灾害、未收到传票，以及其他出于该行为人意愿之外的原因导致不能在指定时间出庭的。犯罪嫌疑人、刑事被告人或者刑事受审人以及证人与刑事被害人，应当通知对其进行传唤的机关，鉴于具有上述正当理由而不能在指定时间出庭的事宜。

3. 有关进行拘传的裁决或者裁定在其执行之前，应当向犯罪嫌疑人、刑事被告人或者刑事受审人，以及证人与刑事被害人作出解释，以便上述人员在该裁决（裁定）上签名确认。

4. 拘传不得在夜间进行。

5. 对于未满 14 岁的未成年行为人、怀孕的女性，以及罹患疾病的人员，如果医生依据相应程序对患病情况予以确认的，不得对其进行拘传。对于 14 岁以上的未成年行为人，如果未通知其法定代理人的，也不得进行拘传。

6. 法官或者法院下达的拘传裁决或裁定，由内务机关执行；调查官、侦查官、检察官法官下达的拘传裁决——由调查机关或者内务机关执行。

第 167 条　暂停公职

1. 调查官、侦查官、检察官、法官通过下达合理裁决或者法院下达合理裁定，有权对刑事被告人、刑事受审人暂停公职。如果具有足够的根据认定，继续保留该职务将会阻碍刑事案件的审查与法庭审理、对犯罪所致损害的赔偿或者继续进行与担任该职务有关的犯罪活动。

2. 调查官、侦查官有关对刑事被告人暂停职务的裁决应当由检察官予以核准。

3. 有关对刑事被告人、刑事受审人暂停职务的裁决或裁定，应当递交其工作机关的负责人。负责人应当在 3 日内执行该裁决或裁定，并将此事项通知下达有关暂停公职判决的调查官、侦查官、检察官、法官或者法院。

4. 在不需要继续适用该措施的情况下，调查官、侦查官、检察官、法官或者法院应当下达裁决或者裁定撤销暂停公职的判决。

第 168 条　罚金

有关对刑事被害人、证人、专家、翻译以及其他人员在本法典规定情况下不履行诉讼义务或者违反审判庭程序，以罚金形式追究刑事责任的问题，应当根据法官或者法院依据本法典与行政立法的规定对该案件下达的裁决与裁定处理。

第 169 条　扣押财产

1. 为了保障执行刑事案判决中的刑事附带民事诉讼请求部分、其他财产性处分或者对可能没收财产的收缴，调查官、侦查官、检察官、法官、法院有权扣押犯罪嫌疑人、刑事被告人、刑事受审人，亦或依据土库曼斯坦立法应当对其行为承担物质责任的人员所拥有的财产。

2. 扣押财产，包括向其所有人或者持有人告知禁止处分财产，在必要的情况下可以使用这些财产，亦或临时查封财产或者将其移交予以保管。

3. 有关扣押财产的事宜应当下达具有充分理由的裁决（裁定）。在裁决（裁定）中应当指明被扣押的财产足以保障刑事附带民事诉讼请求的要求。

4. 扣押财产的事宜，由司法执行官根据法官或者法院对正在受理的刑事案件作出的判决执行。在扣押财产时，为确定其价值，可以邀请专家参与。调查官与侦查官对于有关扣押财产的事项应当制作笔录，而司法执行官则应当制作财产清单。

5. 负责刑事案件审理的机关与人员，在扣押财产的必要性已经消除的情况下，不得自行下达裁决（裁定）予以撤销。

第二十章　审前监禁

第 170 条　审前监禁的程序

1. 审前监禁的程序应当由本法典以及土库曼斯坦的其他立法命令予以确定。

2. 审前监禁的程序，同样及于对其下达的刑事案判决尚未产生法律效力，且身处拘留之中的罪犯。

第 171 条　审前监禁的立法任务

有关审前监禁的立法，依据本法典第 146 条与第 154 条的规定，具有下述任务：确定在预先监禁地对被选择监禁作为强制性处罚措施适用的人员如何进行拘留的规则，以消除他们躲避刑事案件侦查与法院审理，阻碍确定刑事案件的真相或者从事犯罪活动的可能性，以及保障刑事案判决的执行。

第 172 条　审前监禁的根据

审前监禁的根据，是指依据土库曼斯坦相应的刑事立法与刑事诉讼立法，调查官、侦查官经检察官核准后下达的裁决、检察官下达的裁决、刑事案判决、法官或者法院下达的有关选择监禁作为强制性处罚措施适用的裁决或者裁定。

第 173 条　审前监禁的地点

1. 拘留所是对被适用监禁类别强制性处罚措施的行为人进行拘留的审前监禁地。在个别情况下，上述人员可以在监狱、临时拘留所，以及禁闭室内拘留。

2. 在临时拘留所被关押的被监禁人，拘留期限不得超过 3 日。如果地处偏远或者缺乏适当的交通道路而导致不能将被监禁人遣送到拘留所的，则可以在较长时间内将被监禁人继续关押在临时拘留所里，拘留时间不得超过 20 日。在这种情况下，以及在监狱中拘留的情况下，对其选择监禁作为强制性处罚措施的被监禁人，相应的拘留程序依据本法典的规定确定。

3. 对被监禁人采取拘留的程序，在临时拘留所的期限不得超过 3 日，在禁闭室内的拘留期限由土库曼斯坦立法确定。

4. 如果在剥夺自由刑地点履行刑罚的人员，因实施其他犯罪被追究刑事责任并对其选择适用监禁作为强制性处罚措施的，根据受理该案件的机关或者人员作出的裁决，可以将该人员拘留于矫正机构的处罚所，亦或教导机构的惩戒所。

第 174 条　对审前监禁地的拘留程序予以保障

1. 对审前监禁地拘留程序的保障，应当由审前监禁地的行政管理部门负责。

2. 审前监禁地的行政管理部门，依据本法典与土库曼斯坦其他立法的规定从事本职活动。

第 175 条　在审前监禁地拘留的人员应当具有的法律地位

1. 在审前监禁地拘留的人员，在本法典以及拘留制度规定的限制下，享有对土库曼斯坦公民规定的权利与义务。

2. 在审前监禁地被拘留的其他国家公民与无国籍者，其法律地位在本法典以及拘留制度规定的限制下，上述人员在处于土库曼斯坦领域时应当享有的权利与义务，应当由土库曼斯坦立法予以规定。

第 176 条　审前监禁地制度的基本要求

1. 审前监禁地制度的基本要求为：将被监禁人拘留在与社会与其他人员隔离的条件下，对其进行长期监管，并依据本法典第 177 条规定的程序单独进行拘留。

2. 对行为人适用监禁作为强制性处罚措施的，应当对其进行人身搜查、提留指纹并对其随身物品进行拍照，包括对向其寄送的邮包或者转交物品进行查验，而对于通信——则应当进行检查。禁止上述人员随身携带钱款与贵重物品，以及不得在审前监禁地携有的物品。从该人员随身收缴的钱款，在其于审前监禁地的停留时间内计入个人账户，贵重物品上交保管。

3. 其来源无法确定的钱款与贵重物品，在检察官核准的情况下，根据审前监禁地负责人下达的裁决纳入国家收入。

4. 对于被监禁人，可以安排其参加劳动，但是仅在审前监禁地的领域内并在其同意的情况下，根据受理相应刑事案件的人员或者机关的许可实行。对其劳动报酬的支付，应当根据土库曼斯坦内阁会议规定的程序确定。

第 177 条　在审前监禁地单独拘留

1. 被监禁人在集体囚房内拘留。在特殊情况下，根据受理该案的人员或者机关的合理裁决，亦或审前监禁地负责人的合理裁决，在检察官核准的情况下，可以将其独自拘留于单人囚房。

2. 对被监禁人的囚房安排应当遵守下述拘留要求：

（1）男性被监禁人——与女性被监禁人分别关押；

（2）未成年的被监禁人——与成年被监禁人分别关押；

（3）此前在剥夺自由刑地点履行过刑罚的行为人——与未在剥夺自由刑地点被拘留过的人员分别关押；

（4）涉嫌实施重度犯罪与极其重度犯罪的被监禁人或者被控诉实施上述犯罪的行为人——与其他被拘留的人员分别关押；

（5）涉嫌实施危害国家安全罪的被监禁人或者被控诉实施该犯罪的行为人——通常情况下，与其他被拘留的人员分别关押；

（6）行为人，实施危险的与极其危险的累次犯罪的——与其他被拘留的人员分别关押；

（7）被判处有罪人——根据法院刑事案判决规定的矫正机构制度种类与其他被拘留的人员分别关押；

（8）其他国家公民与无国籍者——通常情况下，与其他被拘留人员分别关押。

3. 同一刑事案件的犯罪嫌疑人或者刑事被告人，在受理该案的人员或者机关下达指令的情况下，对上述人员分别关押。

4. 将被拘留人安置于监禁地医疗机构的程序，由土库曼斯坦内务部会同土库曼斯坦卫生与医疗行业部协商确定。

第 178 条　被监禁人的权利与义务

1. 被监禁人享有下述权利：

（1）每天 1 小时的散步（放风）时间；

（2）每月收取一次 5 公斤重的转交物品或者邮寄包裹，收取汇款；通过划账方式在最低月工资收入数额内购买食品与必需物品；穿戴自己的衣服与鞋子；

（3）随身携带有关刑事案件的材料与记录；

（4）使用审前监禁地图书馆的桌面游戏与书籍；

（5）依据本法典规定的程序向国家机关、社会团体与公职人员递交上诉与申请。

2. 女性被监禁人有权随身养育 2 岁的幼儿。怀孕的女性被监禁人以及尚有年幼子女的女性被监禁人，以及未成年行为人每日散步的时间可以持续 2 个小时。离生产还有 6 个月的怀孕女性被监禁人以及哺乳期的女性被监禁人有权超过本条第 1 款第 2 项规定最低月工资收入的限额购买食品与必需物品。

3. 在剥夺自由刑地点履行刑罚的人员，在对其适用监禁作为强制性处罚措施的情况下，为便于其他刑事案件的审理，根据本法典规定的原则进行关押。上述人员收取转交物品与邮递包裹，以及购买食品与必需物品的权利，依据土库曼斯坦立法并根据法院或者法官对上述人员下达的刑事案判决、裁决或者裁定，有关就所指定的矫正机构制度类别作出的判决予以确定。

4. 被监禁人应当履行下述义务：

（1）遵守审前监禁地的法定程序；

（2）执行审前监禁地行政管理部门的要求；

（3）接受行政管理部门指派承担囚房的值班工作；

（4）爱护审前监禁地的设施、设备与其他财物。

第 179 条　对被监禁人物质生活的保障与医疗服务

1. 对于被监禁人，应当保障其具有符合卫生与环境要求的、必要的物质生活条件。

2. 对于被监禁人，应当向其无偿提供符合标准的食物、个人卧铺、被褥寝具以及其他物质生活保障。在必要的情况下，应当向其发放规定样式的衣物与鞋子。

3. 审前监禁地的医疗服务，以及防治与防疫工作依据健康保护立法的规定组织进行。

4. 对被监禁人提供医疗救助、使用卫生系统医疗机构以及为此目的使用相关医疗人员的程序，由土库曼斯坦内务部与土库曼斯坦卫生与医疗行业部协商确定。

第 180 条　向被监禁人提供会面的程序

1. 仅在受理该案件的人员或者机关许可的情况下，可以向被监禁人提供同亲属或者其他人员会面的机会。会面的持续时间为 1 小时至 2 小时。受理刑事案件的人员或者机关通常情况下可以允许会面，但是 1 个月不得超过 1 次。

2. 自允许律师参与刑事案件诉讼程序之时起，应当以书面通知的形式向行为人或者受理该案的相应机关确认该事项，被监禁者有权同律师单独会面，在保障保密的条件下，不限制会面的次数与持续的时间。

（本款规定依据土库曼斯坦法令 2012 年 12 月 22 日第 359 号《关于对〈土库曼斯坦刑事诉讼法典〉予以变更与补充的法令》予以修订）

第 181 条　被监禁人的通信，递交上诉、申请与函件的程序

1. 被监禁人，在受理该案的人员或者机关的许可下，可以同亲属以及其他公民通信。

2. 被监禁人的上诉、申请与信件，由审前监禁地的行政管理部门进行查看。递交检察官的上诉、申请与信件不得查看，并应当在其递交之日起于 1 日内按照地址发送过去。

3. 依据本法典的规定，对调查官或者侦查官的上诉由审前监禁地的行政管理部门在收取后 1 日内递送检察官。而对检察官的行为与判决提起的上诉——同样应当递交上一级检察官。

4. 其他上诉、申请与信件，同刑事案件审理有关的，应当自其递交审前监禁地行政管理部门之日起不晚于 3 日内递送给受理该案件的人员或者机关。

相应的受理人员与机构对该上诉、申请与信件进行查看并应当在其递交之日起不晚于3日内根据归属责任递送。包含有阻碍确定刑事案件真相的信息与举报的上诉、申请与信件，不得根据归属责任递送，并将此事项通知被监禁人以及检察官。

5. 就与刑事案件审理无关的问题所递交的上诉、申请与信件，相应的审查由审前监禁地的行政管理部门进行，亦或依据法律规定的程序按照归属责任递送。

第182条　对被监禁人适用的鼓励措施

对于被监禁人，在为鼓励其行为的情况下，审前监禁地的行政管理部门可以对其适用以下鼓励措施：

（1）通报嘉奖；

（2）提前撤销此前下达的处罚；

（3）延长散步的时间。

第183条　对被监禁人适用的处分措施

1. 对于违反监禁制度要求的被监禁人，审前监禁地的行政管理部门可以对其适用下述处分措施：

（1）警告或者训诫；

（2）对住处的清洁工作进行例外值班；

（3）剥夺1个月期限的食品购买、邮包或者转交物品例行收取的权利。

2. 被监禁人蓄意违反审前监禁地制度的要求，根据审前监禁地负责人的合理裁决，可以在10日内将其关押于单人禁闭室。而对于未成年被监禁人——可以关押5日。怀孕的女性被监禁人以及随身尚有年幼子女的女性被监禁人不得被关押于单人禁闭室。对被监禁人适用的处罚措施应与犯罪行为的严重程度和性质相适应。不得适用可能导致被拘留人员遭受身体痛苦，或者有辱人格尊严的措施。

第184条　被监禁人的物质责任

1. 被监禁人，应当对其在审前监禁地拘留期间对国家造成的物质损害承担物质责任，并在土库曼斯坦立法确定的数额内赔偿。

2. 依据审前监禁地负责人的裁决，从被拘留者个人账户中扣缴相应钱款作为对损害的赔偿。被拘留者在审前监禁地留置期间未对损害进行赔偿的，在该人被判处剥夺自由刑的情况下，可以由矫正机构的行政管理部门从打入到被判处有罪人个人账户中的钱款中扣除相应款项进行赔偿。

3. 在撤销或者变更强制性处罚措施的情况下，对于被释放人所造成的物质损害，可以根据一般标准进行赔偿。

第 185 条　使用武器的安全措施与根据

1. 被监禁人，如果对审前监禁地的工作人员进行身体抵抗，表现出打架闹事或者实施其他暴力行为的，允许对其使用手铐或者紧身衣，以防止对周围环境或者自己本人造成损害。

2. 被监禁人，在实施攻击性行为或者其他故意行为的情况下，直接威胁审前监禁地工作人员或者其他人员生命安全，以及越狱逃跑的，可以对其使用武器作为特别措施，如果其他行为不能够制止上述行为的。对于越狱逃跑的女性被监禁人或者未成年被监禁人，不得适用武器。

3. 审前监禁地的行政管理部门，在每一次使用武器时都应当立即通知检察官。

第 186 条　对被采取监禁作为强制性处罚措施的人员予以释放的根据

1. 对被监禁人予以释放的根据为：

（1）强制性处罚措施的撤销；

（2）强制性处罚措施的变更；

（3）作为强制性处罚措施适用的拘留达到法律规定的期限（如果该期限不需要依照法律规定的程序延长）。审前监禁地的负责人，应当在被监禁人拘留期限届满前不晚于 7 日内将该事项告知受理相关刑事案件的人员或者机关，以及对审前监禁地是否遵守法制原则进行监督的检察官。

2. 对被监禁人释放的事宜，由审前监禁地负责人依据调查官、侦查官、检察官的裁决或者法院（法官）的刑事案判决、裁定与裁决执行。在本条第 1 款第 3 项作出规定的情况下，对被监禁人释放的事宜应当根据对审前监禁地是否遵守法制原则进行监督的检察官作出的裁决予以执行。

（本款规定依据土库曼斯坦法令 2012 年 12 月 22 日第 359 号《关于对〈土库曼斯坦刑事诉讼法典〉予以变更与补充的法令》予以修订）

3. 有关释放被监禁人的裁决、刑事案判决或者裁定，在递交到审前监禁地之后应当立即执行。

4. 对于被释放的被监禁人，审前监禁地的行政管理部门应当保障其能够免费坐车回到居住地。在必要的情况下，还应当向其提供救济金与衣物。

（本条规定依据土库曼斯坦法令 2012 年 12 月 22 日第 359 号《关于对〈土库曼斯坦刑事诉讼法典〉予以变更与补充的法令》予以修订）

第 187 条　对审前监禁地的法制遵守状况进行检察监督

依据土库曼斯坦的立法规定，由土库曼斯坦总检察长及其下辖各级检察长负责对审前监禁地是否遵守法制原则的状况进行检察监督。

分　则

第十一编　特别的诉讼程序

第五十二章　对刑事案件提供司法协助

第 555 条　引渡逮捕

1. 在收到其他国家相应管辖机关遵循所有规则提出的请求时，如果具有对该行为人进行引渡的法定根据，可以对该人进行羁押并对其适用引渡逮捕作为强制性处罚措施。根据请求国的申请，在收到有关引渡的请求前，可以对行为人进行监禁。在申请中应当包括对有关监禁裁决或者已经产生法律效力的刑事案判决的援引，并应指明对引渡请求将会进行补充声明。有关要求监禁直至发出引渡请求的申请，可以通过邮政、电报、电传、传真或者其他的电子方式发送。在对递交的材料进行审查之后，如果具有足够的根据认定，被羁押的行为人，同对其宣布通缉的行为人为同一人的，以及在不具有本法典第 553 条规定的根据时，检察官应当下达有关对其进行引渡逮捕的裁决。有关此事项，应向被逮捕的人员说明并需要该人在裁决中签名确认。检察官应当立即将有关对行为人进行引渡逮捕的通知递交土库曼斯坦总检察长。在通知中应当指明，被引渡逮捕的是哪一个国家的公民，对其发布通缉命令的机关名称。

2. 如果具有法定的根据认定，该行为人可能在其他国家领域内实施犯罪并有可能受到引渡的，在不具有本条第 1 款规定所指申请的情况下，可以对该行为人羁押不超过 3 日。有关监禁行为人的事项，应当立即告知发送有关引渡请求的或者有权发送相应请求的其他国家相应机关，附带对引渡时间与地点的建议。

3. 如果在 30 日内没有进行引渡，被监禁的行为人应当根据检察官的裁决释放。根据本条第 2 款规定被监禁的行为人，如果在土库曼斯坦立法规定的期限内未收到有关对其进行引渡的请求时，应当对其予以释放。再次监禁的事宜，仅允许对依本条第 1 款规定递交的新的引渡请求进行审理后才可以进行。

4. 对被羁押者进行引渡逮捕的事宜，应当依据本法典第 552 条规定由检察官在 1 个月的期限内实行。如果在该期限内其他国家管辖机关未将发布的通缉命令以及引渡申请送达的，但是具以保证在近期发送有关要求监禁与引渡的申请，相应引渡逮捕的期限，根据实行该引渡逮捕的检察官的申请，可以由州辖检察官或者州辖市检察官延长至 2 个月，并应将该事项告知土库曼斯坦总检察官。仅在特殊情况下，在具有本条第 2 款规定的条件时，根据州辖检察官的申请，引渡逮捕的时间可以由土库曼斯坦总检察长延长至 3 个月。

5. 监禁地负责人应当在被逮捕人监禁期限届满前 7 日内向实施引渡逮捕的检察官告知该事项。

6. 为进行引渡而被逮捕的行为人，对其释放的事宜，应当依据实施引渡逮捕的检察官就此下达的裁决进行。其中包括下述情况，如果在本条指明的期限内没有进行引渡，且引渡期限已过的，应当对其进行释放，并将有关事宜告知土库曼斯坦总检察长。

新 加 坡

刑事诉讼法典[*]

第六章　逮捕、保释和强制到庭程序

第一节　无令状逮捕

第 64 条　可无令状逮捕的情形

（1）任何警察可以不用令状逮捕具有下列情形的任何人——

（a）已经被牵涉进一项可捕罪中，或被合理地怀疑涉嫌参与可捕罪，或已经有针对以上事实对其提出的合理控告或可靠信息；

（b）占有入室行窃的工具但无法就该占有提供合法理由；

（c）依据第 88 条规定已经被公告为罪犯；

（d）占有可以被合理地怀疑为失窃财产或诈骗所得财产的任何东西，以及可以被合理地怀疑在获得财物时犯罪的人；

（e）在警察执行公务时阻碍该警察，或从合法羁押中逃跑或试图逃跑；

（f）被合理地怀疑是《刑法典》（第二百二十四章）第 140 条之二中规定

＊ 本法典于 2010 年 5 月 19 日由新加坡国会批准，2011 年 1 月 2 日实施。最近一次修正时间是 2015 年 4 月 1 日。本译本根据新加坡法规在线网提供的英文文本翻译。

的或《刑法典》第七章被扩展适用的任何部队的逃兵；

（g）在认为他这样做是为了实施一项可捕罪的情形下，试图隐藏他的行踪；

（h）没有明显的谋生手段，或不能就自身情形作出令人满意的解释；

（i）已知其是惯盗、习惯入室行窃的人或惯贼，或是经常明知是失窃财物而接受该财物的人，或已知其惯常性地敲诈勒索，或是为了实施敲诈勒索而惯常性地将或企图将他人置于伤害恐惧中的人；

（j）当警察在场时，实施或企图实施扰乱治安的行为；

（k）已知其计划实施一项可捕罪，并且在该警察看来无法通过其他方式组织该犯罪；

（l）处于警察监管之下，并且不履行本法或任何其他成文法的要求；或

（m）已经违反任何成文法规定的任何羁押令。

（2）本条不影响任何其他法律授权警察进行无证逮捕。

第65条　拒绝向警察告知姓名和住址时的逮捕

（1）某人被指控实施可捕罪，或在警察在场时或在其面前实施不捕罪的，如果警察要求他提供姓名和住址而他拒不提供，警察可以将他逮捕。

（2）某人提供新加坡境外住址的，或有理由相信他提供的是虚假的姓名或住址的，警察可以将他逮捕。

（3）任何依据本条被逮捕的人必须在合理可行的情况下尽快被带至警察局，并且依警长或警长级别以上的警察的要求，在他签署提供或不提供保证人的保证，以确保其在治安法官面前出庭之后，可以将他释放。

（4）该人拒绝或无法签署以上保证的，他必须在逮捕后24小时内（不包括前往治安法院途中所必需的时间）被带至治安法院。

（5）依据第4款规定被带至治安法院的人可以——

（a）被命令羁押直至审判；或

（b）依治安法官的要求，在他签署提供或不提供保证人的保证，以确保其在治安法官面前出庭之后，可以将他释放。

第66条　私人逮捕

（1）任何私人可以逮捕在他面前或在他在场时实施不可被假释的可捕罪的人，或逮捕依据第88条规定被公告为罪犯的人。

（2）该私人必须没有不必要拖延地将被逮捕人移交给警察，或将他带至警察局。

（3）警察有理由相信被逮捕人属于第64条第1款规定的情形的，必须将他重新逮捕。

（4）警察有理由相信被逮捕人实施了不捕罪，并且当警察要求时，他拒绝告知自己的姓名和住址，或提供新加坡境外住址，或该警察有理由认为姓名或住址不实的，警察可以依据第 65 条对他进行处理。

（5）没有理由相信被逮捕人实施了犯罪的，必须立即将他释放。

（6）某人针对他人（在本条中被称为被害人）人身或财产实施犯罪的，被害人和第（c）项中规定的雇员或其他人可以在下列情形中将他逮捕——

（a）不知晓他的姓名和住址；

（b）他提供新加坡境外住址；或

（c）被害人、使用被害人被犯罪侵害的财产的人、以上人员的雇员，以上人员授权的人或帮助以上人员的人，有理由相信他提供的姓名或住址不实。

（7）依据第 6 款被逮捕的人可以被拘留，直至他可以被移交给警察羁押；第 3 款、第 4 款和第 5 款应当随后适用。

（8）依据第 6 款被依法逮捕的人攻击或强行反抗逮捕他的人的，他的行为构成犯罪，应当被判处不超过 2000 新币的罚金。

第 67 条　逮捕后的处理

实施无令状逮捕的警察应当依据本法关于保释或以上有关释放的规定，无不必要拖延地将被逮捕人带至或送至治安法院。

第 68 条　被逮捕人被羁押的时间不得超过 48 小时

（1）警察羁押无令状逮捕的人的，羁押期不应当超过综合考虑案情后得出的合理期间。

（2）羁押期不应当超过 48 小时，但不包括从逮捕地到治安法院所必需的在途时间。

第二节　令状逮捕

第 69 条　逮捕令的指示对象

（1）逮捕令一般必须向警察总监、任何执法机构的首长或主任，或在这样执法机构中具有类似级别的人作出。

（2）逮捕令——

（a）向警察总监作出的，可以由任何警察或警察总监指定的任何人执行；或

（b）向任何执法机构的首长或主任，或在类似执法部门机构中具有类似级别的人作出的，可以由该首长、主任或具有类似级别的人指定的人执行。

（3）法院可以以注明姓名或办公场所的方式，为某人或某些人签发逮捕

令并由其执行该令状。

（4）逮捕令向多人作出的，可以由所有人或部分人执行该令状。

第 70 条　对逮捕令对象的逮捕

逮捕令的对象可以由被授权执行该令状的人或警察逮捕。

第 71 条　逮捕令的形式

（1）法院依据本法规定签发的逮捕令必须以书面形式并加盖法院章，并根据具体情况，由一名治安法官或地方法官签署，或在高等法庭的案件中，由高等法庭的一名法官或最高法院的司法常务官签署。

（2）该逮捕令应当持续生效，直至它被执行或被法院撤销。

第 72 条　法院可在令状上背书提供担保

（1）被逮捕人通过保证人足以保证在法院另作指示之前，出席逮捕之日后的开庭及其后每次开庭的，签发逮捕令的法院可以通过在令状上背书指令被逮捕人必须提供这样的保证，并释放被逮捕人。

（2）该背书必须载明——

（a）保证人的人数；和

（b）保证人和被逮捕人各自具保的数额。

（3）依据本条规定执行保安措施的，在需要时，逮捕令相对人必须依要求将保证金送交法院。

第 73 条　令状内容的告知

警察或执行逮捕令的其他人必须将令状内容告知相对人，并应当依其要求向他出示逮捕令原件或副本。

第 74 条　无延迟地将被逮捕人带至法院

在符合第 72 条的情形下，警察或执行逮捕令的其他人必须毫不迟延地将被逮捕人带至依法提出提交要求的法院。

第三节　令状逮捕和无令状逮捕的一般规定

第 75 条　逮捕方式

（1）警察或其他人执行逮捕时，必须接触或控制被逮捕人的身体，但被逮捕人用语言或行动表明服从逮捕的除外。

（2）被逮捕人强行反抗或试图逃避逮捕的，警察或其他人可以使用为执行逮捕所必需的所有合理手段。

第 76 条　不得有不必要的限制

对被逮捕人的限制不得超过防止他逃跑所必须的限度。

第 77 条　对应被逮捕的人曾进入场所的搜查

（1）有权逮捕的警察或依据逮捕令而行动的人有理由相信应被逮捕人在某地并要求进入的，居住在该地或负责该地方的任何人必须允许他自由进入，并为搜查提供一切合理的便利。

（2）有权逮捕的警察或依据逮捕令而行动的人无法依据第 1 款的规定进入某地的，他进入并搜查该地方的行为是合法的。

（3）在可能签发逮捕令的案件中，逮捕令的签发以存在应被逮捕人逃跑的危险为前提的，警察可以进入并搜查这个地方。

（4）有权逮捕的警察或依据逮捕令而行动的人在声明他的权限和目的并要求进入某地方后，仍无法获准进入的，可以基于第 2 款或第 3 款规定的目的，破坏该地任何外部或内部的门或窗户，或使用任何其他合理手段进入该地。

第 78 条　对被逮捕人和他的房屋的搜查

（1）无论何时——

（a）某人被警察依据不得保释的令状而逮捕，或基于可以保释的但被逮捕人无法提供保释的令状而被逮捕；或

（b）某人被警察无令状逮捕或被私人依据令状逮捕，而且该被逮捕人依法不得保释或无法提供保释，

执行逮捕的警察，或私人逮捕时接收被逮捕人的警察，可以搜查被逮捕人，并将在他身上发现的必需衣服以外的所有物品置于安全监管之下。

（2）依据第四章规定侦查可捕罪的警察可以——

（a）进入属于下列任何人或由其控制的任何地方——

（i）因涉嫌犯罪而被逮捕；

（ii）被合理认为与该犯罪有关联；或

（iii）被合理认为窝藏被逮捕人；并且

（b）搜查该地方以收集该犯罪的任何证据。

第 79 条　没收攻击性武器的权力

警察或依据本法执行逮捕的人可以没收被逮捕人身上的任何攻击性武器，并且应当将所有被没收的武器交给警察局。

第 80 条　为寻找姓名和地址进行的搜查

依法被拘留的人因中毒、疾病、精神疾病、残疾或年幼而无行为能力的，如果无法由其本人做出令人满意的说明的，可以对其进行搜查以找到他的姓名和地址。

第 81 条　对在搜查现场的人员的羁押和搜查

（1）在与犯罪有关的任何地方依法执行针对任何东西的搜查时，可以依法

羁押在场的人直至搜查结束。

（2）在某地方寻找的物品可能隐藏在某人身上的，为找到该物品，警长、警长以上级别的警察，或在警长或警长以上级别的警察在场的情况下可以对在场的人进行搜查。

第82条　解救人们的方式

警察或被授权执行逮捕的其他人可以强制打开某地，从而解救他本人或其他依法进入该地执行逮捕但被扣押其中的人。

第83条　搜查女性的方式

有必要搜查女性的，应当由另一名女性以严格遵守礼仪的方式执行。

第84条　逃跑或被解救后进行追捕和逮捕的权力

（1）依法在押的人逃跑或被解救的，为将他带回依法羁押的场所，对他逃跑或被解救负有监管职责的人或警察可以立即追捕并逮捕他。

（2）第77条和第82条规定应当适用于依据第1款规定进行的逮捕，即使执行逮捕的人并非依据逮捕令行事，而且他也不是有权逮捕的警察。

第85条　对被逮捕人的释放

被警察逮捕的人非基于他自己提供的保证或保释，或依据法院、警长或警长以上级别警察的书面命令，不得被释放。

第86条　逮捕中的公众协助

每个人都有义务应要求协助警察或被授权执行逮捕令的人实施下列行为——

（a）协助警察或其他有权逮捕的人逮捕某人；

（b）协助阻止扰乱公共秩序的行为，或阻止某人实施危害公共财产的行为；或

（c）协助镇压暴乱或滋事。

第87条　协助警察以外的人执行令状

令状向非警察人员作出的，该人执行逮捕时，附近的任何其他人可以协助其执行该令状。

第四节　公告和查封

第88条　在逃人员的公告

（1）法院无论在取证前后有理由相信逮捕令的相对人已经逃逸或正在隐藏，以至于该逮捕令无法被执行的，可以发布书面公告，要求该相对人自公告发布之日起在不少于30日后的指定时间内出现在指定地点。

（2）该公告必须以下列方式发布——

（a）在日报上发布；

（b）将公告副本留在该人最后所知的地址；

（c）将公告副本张贴在法院的公告栏中；

（d）将公告副本张贴在距该人最后所知地址最近的市政理事会办公室[依据《市镇理事会法》（第三百二十九章之一）第4条建立]公告栏中；或

（e）将公告副本张贴在距该人最后所知地址最近的邻里中心或俱乐部[依据《人民协会法》（第二百二十七章）建立]的公告栏中。

（3）这个法院制作的关于发布该公告的一份声明，声明该公告在指定日期以指定方式或在指定日期和指定地点被发布，该声明对公告内容所涉事实是终局性的。

第89条　被公告人员财产的查封

（1）法院依据第88条规定签发公告的，可以命令查封属于被公告人的任何动产或不动产。

（2）该财产包含债务或其他动产的，查封可以通过下列方式实施：

（a）扣押；

（b）任命一名接管人；

（c）作出书面命令禁止将该财产交付给被公告人或其代表人。

（3）被查封财产是不动产的，查封可以通过下列方式实施：

（a）占有；

（b）任命一名接管人；

（c）作出书面命令禁止将该财产交付给被公告人或其代表人。

（4）依据本条被任命的接管人，其权力、职责和责任与高等法庭依据它的民事管辖权任命的接管人相同。

（5）对不动产的查封，非根据具体情况依据《契约登记法》（第二百六十九章）或《土地所有权法》（第一百五十七章）相关规定登记查封令的，不得生效。

（6）被公告人没有在公告指定的期间出现的，被查封财产应当由政府处置，但该处置应当在法院依据该财产性质而设定的合理期间结束之后进行。

第90条　解除查封的申请

（1）包括被公告人在内的任何人，可以向法院申请解除依据第89条规定对财产或其变卖后所获净收益的查封。

（2）以上申请必须附有声明解封原因的宣誓书，并将该宣誓书送达检察官。

（3）法院在听取各方意见后，可以作出它认为合适的命令，包括要求申请人支付诉讼费用的命令和向财产被错误查封的申请人支付费用的命令。

（4）本条规定的申请不得在查封或变卖之日起 3 年后提出，以时间晚者为准。

（5）依据本条进行的任何听证必须尽可能地依据本法规定的审判程序进行。

（6）其命令向财产被错误查封的申请人支付费用的，该费用应当由统一偿债基金支付。

第五节　保释和保证

第 91 条　对本节的解释

本节中——

"被释放人"是指根据具体情况，被保释或因提供个人保证而被释放的人。

与被释放人有关的"自动归押"，是指根据具体情况，依据保释或保证的条件要求他在指定的时间和地点，主动接受法院或警察的羁押。

第 92 条　必须通过保释或个人保证予以释放的情形

（1）被指控实施不可被保释犯罪的人以外的任何人具有下列情形的——

（a）被警察无令状逮捕或羁押，到达或被带至法院；而且

（b）在警察监管期间或在审前程序的任何阶段，准备交纳保释金，

依警察总监或该法院的决定，经警察决定将该人保释。

（2）除保释以外，如果他签署一份不提供保证人的个人保证，该警察或法院可以根据该人签署的不提供保证人的个人保证将其释放。

第 93 条　被指控犯有不可被假释罪行时可以通过保释释放的情形

（1）在第 95 条第 1 款规定的情形下，被指控实施不可被保释犯罪的人，被警察无令状逮捕或拘留、在法院出现或被带至法院的，他可以由警长、警长以上级别的警察或法院决定保释。

（2）在第 95 条第 1 款规定的情形下，在侦查、调查、审判或本法规定的其他程序的任何阶段，没有合理理由相信被告人实施了不可被保释犯罪的，该警察或法院必须将他释放。

［2012 年 2 月生效］

（3）无论第 2 款如何规定，如果有理由进行进一步侦查以确定被告人是否实施其他可被保释犯罪，从而使侦查无法终结的，必须允许被告人被保释，或依该警察或法院的自由裁量，在他提供个人保证后将其释放。

（4）警察或法院依据本条规定释放某人的，必须以书面形式记录释放的理由。

（5）任何法院可以在本法规定的任何程序的任何后续阶段，将任何依据本条被释放的人逮捕，并将其送交监狱关押。

第 94 条　保释或个人保证的条件

（1）警察或该法院依据第 92 条或第 93 条规定准予保释或因个人保证而释放被指控人的，可以附加必要的措施。

（2）依据第 1 款规定附加的措施，可以包括下列要求：

（a）交出该人持有的任何旅行证件；

（b）自动归押，或让该人主动接受侦查，或在指定的日期、时间和地点出庭；

（c）因交保或个人保证而被释放时，不得实施任何犯罪；以及

（d）不得干扰任何证人或妨碍司法公正，无论是否与他本人有关。

第 95 条　保释或因个人担保释放的例外情形

（1）下列情形中，不得保释或因个人担保而释放某人——

（a）该人被指控实施可判处死刑或终身监禁的犯罪；

（b）曾经在任何刑事诉讼中因交保或提供个人保证而被释放，但没有自动归押、主动接受侦查或出庭，并且鉴于此，法院相信释放后他将不会自动归押、主动接受侦查或出庭；或

（c）依据《引渡法》（第一百零三章）第 10 条、第 24 条或第 34 条规定签发的或该法第 33 条规定被背书的令状，该人被逮捕或羁押。

［2012 年 2 月生效］

（2）无论第 1 款如何规定，法院可以——

（a）指令将任何被指控实施以上犯罪的未成年人、病人或体弱的人保释；或

（b）在下列情形中，允许被指控实施第 1 款第（a）项规定犯罪的被告人保释——

（i）该犯罪也可以被判处死刑或终身监禁以外的替代性刑罚的；并且

（ii）该犯罪可以由地区法院或治安法院审理。

［2012 年 2 月生效］

（3）本条中，"被指控人"包括《引渡法》中规定的"逃犯"。

第 96 条　保证数额

依据本节规定执行的每项保证的数额，必须在充分考虑保证被逮捕人或被指控人出庭的案件情节后确定。

第 97 条　高等法庭准予或变更保释的权力

（1）无论是否对判决提出上诉，高等法庭可以准许保释任何出庭被告人，或因个人保证将其释放，或变更警察或国家法院要求的保释或个人保证的数额或条件，并施加它认为合适的保释或个人保证的其他条件。

［2014 年第 5 号法律，自 2014 年 3 月 7 日生效］

（2）在本法规定的任何程序的任何阶段，高等法庭可以将任何依据本条规定被释放的人逮捕，并可以将他羁押。

第 98 条　在高等法庭申请保释或提供个人保证予以释放

（1）除非另有规定，向高等法庭提交的保释或因提供个人保证而释放的申请必须附有宣誓书，以提供足够事实使该法庭决定是否准许保释或释放。

（2）高等法庭命令准予被指控人或服刑人员保释或因提供个人担保而被释放的，这项命令必须指示制作一份令状，用于以保释或释放该人为目的的将其带至法庭。

第 99 条　保证的执行

（1）在某人依据本节规定提交个人保证而被释放之前，该人必须提供警察或法院认为充足的保证金。

（2）某人以其在保证提及的日期和时间出庭，而且必须持续出庭直到警察或法院（根据具体情况）指定其他日期和时间为条件而被保释的，该保证必须由一名或多名适格保证人执行。

（3）该保证也可以用于责令被释放人在被要求在任何法院答辩时出庭。

（4）该保证在其生效期间可以规定进一步的条件，要求被释放人没有该警察或该法院的许可不得离开新加坡。

（5）被释放人获得以上许可的，该许可必须通过在保证上背书许可使用的期间和地点加以证明。

（6）被释放人个人申请的许可，只有在他的保证人或保证人们在场的情形下（如果有的话），才可以被给予。

第 100 条　人员的释放

（1）保证已经被履行的，依保证出庭的人必须被释放。

（2）某人在监狱被羁押的，法院必须向负责该监狱的官员签发释放令，该官员收到该命令后必须释放被羁押人。

（3）某人因与该保证所涉事项以外事项而应被羁押的，不得依本条或第 92 条、第 93 条规定将其释放。

第 101 条　被释放人员提供送达地址

（1）被释放人必须向释放他的法院或警察提供送达地址，以便向他送达任何通知或命令。

（2）无法找到被释放人，或该通知或命令因其他原因而无法向他送达的，则将通知或命令留置在其提供的地址的，应当被视为已经适当的送达。

第 102 条　撤销保释、改变保释条件等

（1）法院准许某人保释的，在下列情形中，可以变更保释或个人保证的条件，或为这项保释或个人保证施加进一步的条件，或将被释放人逮捕，并可以将他羁押——

（a）情况已经发生重大变化；或

（b）后来出现新的事实。

（2）因错误、欺诈或其他方式导致不适格保证人被接受，或保证人后来变得不适格的，法院可以签发逮捕令，指令将被释放人带至法院，并且可以要求他提供适格保证人。

（3）被释放人没有提供适格保证人的，法院可以将他羁押。

第 103 条　对潜逃、违反保释或个人保证条件等的人的逮捕责任

（1）被释放人有义务自动归押或使他自己接受侦查或出庭的，如果他没有履行该义务，可以对他实施无令状逮捕。

（2）被释放人自动归押或在指定的日期和时间出庭，但在该法院准备启动或重启庭审程序之前离开法院的，法院可以签发令状逮捕他。

（3）被释放人有义务自动归押、接受侦查，或在指定的日期和时间出庭的，在下列情形中，可以对他实施无令状逮捕——

（a）有合理的理由相信，他不可能自动归押、主动接受侦查或出庭；

（b）有合理的理由相信，他有可能违反或已经违反保释或个人保证的条件；或

（c）他的任何保证人告知警察或法院，该人不可能自动归押、主动接受侦查或出庭，并且上述保证人希望解除他作为保证人的义务。

（4）依据本条规定逮捕某人并将其带至法院的，如果法院认为他——

（a）不可能自动归押、主动接受侦查或出庭；或

（b）已经违反或有可能违反保释或个人保证的任何条件，

可以将他还押，或在施加它认为合适的条件后准许保释。

第 104 条　保证人的责任

（1）保证人必须——

（a）确保被释放人自动归押、主动接受侦查，或在指定的日期和时间出庭；

（b）与被释放人保持日常联系，并在与他失去联系的 24 小时内，向警察

报告；以及

（c）确保被释放人在新加坡国内，但第 92 条或第 93 条（根据具体情况）规定的警察或法院准许其离开新加坡的除外。

［2012 年 2 月生效］

（2）保证人违反职责的，法院可以在考虑本案的所有情况后，没收保证金的全部或部分。

（3）法院可以命令分期支付依据第 2 款规定被没收的保证金。

第 105 条　保证人可以申请解除保证

（1）保证人可以在任何时候，向该法院申请解除与他相关的保证。

（2）法院依上述申请，可以签发逮捕令，指令将被释放人带至法院。

（3）被释放人依据以上逮捕令或自愿出庭的，该法院必须作出指令，全面解除这项保证，或解除与申请人有关的保证，并且必须要求被释放人提供其他的适格保证人。

（4）保证人可以逮捕其作保的人并立即将他带至法院，此时法院必须解除保证人的保证，并要求被释放人提供其他的适格保证人。

（5）法院依据第 3 款或第 4 款要求被释放人提供其他的适格保证人而他没有提供的，法院必须将他羁押。

第 106 条　代替保证人的保安措施

法院或警察要求某人签署有一名或多名保证人的保证的，可以（除在保证表现良好的案件中外）允许他替代性地提供他自己的个人保证，并且提供该法院或警察可以接受的保安措施。

第 107 条　保证金的没收程序

（1）法院认为有充分证明表明依据本法接受的保证金已经被没收的，该法院——

（a）必须记录该证明的依据；

（b）可以传唤被受该保证约束的人；而且

（c）可以要求他支付保证金，或要求他说明不应支付的理由。

（2）该人未作出充分说明，并且未支付保证金的，法院可以签发命令扣押任何属于该人的动产或不动产，通过下列方式追索保证金——

（a）扣押可以通过变卖收益来支付保证金的财产；或

（b）任命接管人，并授权他占有并变卖这类财产，并将收益用于支付保证金。

［2012 年第 33 号法律（自 2013 年 1 月 1 日生效）］

（2A）根据案件具体情况，在依据第 2 款第（a）项规定扣押财产或第 2

款第（b）项规定的接管人占有财产之日后的 7 日内，任何人可以向法院申请将该财产从依据第 2 款规定签发的扣押令中排除，并要求返还那份财产，法院应当作出它认为合适的命令。

[2012 年第 33 号法律（自 2013 年 1 月 1 日生效）]

（3）依据第 2 款规定被扣押的不动产被变卖的，指挥执行扣押或变卖的官员可以通过任何方式将财产所有权转移给买受人。

（4）保证金未被支付或无法通过扣押或变卖追索的，法院可以对被保证人实施不超过 12 个月的羁押。

（5）未被支付的保证金应当构成经法院判决的政府债权，本条中的任何规定不应当妨碍新加坡政府实现上述债权。

（6）法院可以减少保证金额，并且仅执行部分金额。

第 108 条　对命令的上诉

治安法院或地区法院依据第 107 条规定制作的所有命令均可被提起上诉。

第 109 条　没收应收保证金的指令权

高等法庭或地区法院可以指令任何治安法院，针对在该高等法庭或地区法院出庭的保证，行使第 107 条规定的法院没收权力。

第六节　出庭通知和到庭保证

第 110 条　出庭通知

（1）督察或督察以上级别的警察有合理理由相信某人实施了犯罪的，可以立即向该人送达规定的通知，要求该人在通知中叙明的法院以及指定的时间和日期出庭。

（2）作出通知的警察必须制作通知副本，并且依法院要求向其提交该副本。

（3）以上通知可以采用与第 116 条规定的送达传票的方法，送达至被指控实施犯罪的人。

第 111 条　控诉人和证人出庭的保证

（1）在依据第四章规定进行的侦查之中或之后，警察认为有充分证据证明，为了一项可捕罪而启动或持续地针对一个人的刑事程序是合法的，可以要求任何控诉人和可能了解本案案情的人，提供保证以确保出庭并在针对被指控人的案件中作证。

（2）警察必须将以上保证移交法院。

（3）控诉人或其他人拒绝提供保证的，警察必须将此事报告法院，该法院可以签发令状或传票，以确保该控诉人或其他人出庭并在针对被指控人的案件中作证。

第七节　交出旅行证件和要求留在新加坡

第112条　交出旅行证件

（1）无论其他成文法如何规定——

（a）警长或警长以上级别的警察获得有权官员书面同意的；

（b）其他执法机构的首长或主任，或具有类似级别的人；或

（c）被指定的执法机构的任何官员，在获得该执法机构首长、主任或具有同等级别的人的书面同意时，

可以要求有合理理由认为其实施了犯罪的人交出他的旅行证件。

（2）该人没有依据第1款规定交出旅行证件的，可以将其逮捕并带至治安法官面前。

（3）该人依据第2款规定被逮捕并被带至治安法官面前的，如果无法提供拒不交出旅行证件的充分理由，该治安法官可以羁押他直至他交出旅行证件。

（4）基于第3款的目的，根据案件具体情况，由有权官员、执法机构的首长、主任或具有类似级别的人，或任何指定执法机构的首长、主任或具有类似级别的人签发的证明，表明在监狱羁押的人已经按照要求提交旅行证件的，该证明足以构成监狱长释放该人的令状。

［2014年第1号法律（自2014年7月1日生效）］

（5）在本条和第113条中——

"有权官员"是指警察总监授权的可以作出第1款第（a）项中规定的书面同意的副警司或副警司以上级别的警察；

"指定执法机构"是指基于第1款第（c）项目的而由负责该执法机构的部长指定的执法机构。

第113条　返还旅行证件

（1）某人依据第112条规定提交旅行证件的，可以根据案件具体情况，向有权官员，或执法机构的首长或主任或具有类似级别的人，或指定执法机构的首长或主任或具有类似级别的人提出申请，请求返还其旅行证件。

（2）依据第1款规定提出的申请被拒绝的，该人可以向地区法官申请返还旅行证件，并陈述申请理由。

（3）地区法官可以——

（a）同意该申请，同时附加再次提交旅行证件的条件，和保证申请人在地区法官可能要求的时间和新加坡境内的地方出现的条款；或

（b）拒绝该申请。

（4）申请人未能遵守返还旅行证件的条件的，治安法官可以没收为保证该返还提供的保证金，逮捕该申请人，并且可以某人因不遵守第112条第1款规定而可能依据第112条第2款和第3款规定被逮捕或处理的方式处理该申请人。

第114条　知道案情的人计划离开新加坡的情形

（1）法院确信任何对依据本法进行侦查的对象知情的人计划离开新加坡的，在充分考虑该人的境遇后并基于检察官的申请，可以作出命令，要求该人在法院认为便于侦查的合理期间内留在新加坡。

（2）法院可以作出命令，为支付该人的生活费和赔偿他的时间损失作出适当的准备。

第八节　传唤出庭

第115条　传票的形式和有效性等

（1）法院依据本法签发的出庭传票必须以书面形式并加盖法院印章，并根据案件具体情况，由治安法官或地区法官，或在高等法庭的案件中，由该法庭法官或最高法院的司法常务官签名。

（2）传票持续生效直至被该法院撤销，或直至法院免除对被传唤人的传唤。

（3）传票可以由警察、该法院的官员或该法院指定的人送达。

（4）传票是与一项依据任何成文法规定可由公共机关强制执行的犯罪有关的，该传票可以由该公共团体的官员送达。

（5）在通知被送达人依传票列明时间出庭所需的合理期间内，不能及时送达传票的，法院可以书面形式确定另一较晚日期。

第116条　传票的送达

（1）针对自然人签发的传票必须在尽可能合理可行的情况下，按照第3条第1款第（a）项中规定的方式送达。

（2）针对法人或有限责任合伙签发的传票必须在尽可能合理可行的情况下，按照第3条第1款第（g）项第（i）目规定的方式送达；无法通过该种方式送达的，可以以该法人或有限责任合伙为收件人，通过挂号信将传票寄送至该法人或有限责任合伙的注册办事处或主要办公场所来完成送达。

（3）针对有限责任合伙以外的其他合伙签发的传票必须在尽可能合理可行的情况下，按照第 3 条第 1 款第（h）项第（i）目规定的方式送达；无法通过该种方式送达的，可以以该合伙组织为收件人，通过挂号信将传票寄送至其注册办事处或主要办公场所来完成送达。

（4）针对非公司社团签发的传票必须在尽可能合理可行的情况下，按照第 3 条第 1 款第（i）项第（i）目规定的方式送达；无法通过该种方式送达的，可以以该非公司社团为收件人，通过挂号信将传票寄送至该非公司社团的地址来完成送达。

（5）无论第 1 款至第 4 款如何规定，根据案件具体情况并经下列人员同意，传票可以依据第 3 条第 1 款中规定的任何方式送达：

（a）该传票应被送达的人；

（b）该传票应被送达的法人或有限责任合伙的董事、经理、秘书或其他类似人员；

（c）该传票应被送达的合伙（非有限责任合伙）的任何合伙人、秘书或其他类似人员；或

（d）该传票应被送达的非公司社团的主席、秘书或委员会的任何委员（或职位与主席、秘书或委员会委员类似的任何人）。

（6）通过尽职调查仍然无法找到传票的被送达人的，可以通过将传票副本留给他的成年家属或与他一起居住的雇员的方式来完成送达。

（7）通过尽职调查仍然无法找到传票的被送达人，并且传票无法以第 6 款规定的方式送达的，送达官应当将传票副本张贴在被送达人通常居住地的某个显著位置；在这种情况下，如果法院在张贴之前或之后指示这样做的，应当视为传票被适当送达。

第 117 条　对法人、有限责任合伙等的起诉程序

（1）法人、有限责任合伙、合伙或非公司社团被指控单独或与其他人共同实施犯罪的，根据案件具体情况，一名代理人可以代表该法人、有限责任合伙、合伙或非公司社团出庭。

（2）根据案件具体情况，该代理人可以代表该法人、有限责任合伙、合伙或非公司社团适用本法对被指控人的规定。

（3）不能仅因为被指控犯罪的法人、有限责任合伙、合伙或非公司社团没有出庭，或因其不出庭导致某些本法指令的事项未能完成，就认定某项程序无效。

（4）法人、有限责任合伙、合伙或非公司社团的下属部门的任何行为未能遵守指定代理人的相关法律程序的，该行为不影响法院审理程序的效力。

（5）本条中，法人、有限责任合伙、合伙或非公司社团的"代理人"是指，根据案件具体情况，被该法人、有限责任合伙、合伙或非公司社团正当指定的在法院审理程序中代表它的人。

（6）基于本条目的，可以由下列人员签署书面声明来指定代理人——

（a）在法人或有限责任合伙的情形中，由该法人或有限责任合伙的董事、经理、秘书或其他类似人员；

（b）在合伙的情形中，由该合伙的任何合伙人、秘书或其他类似人员；

（c）在非公司社团的情形中，由该非公司社团的主席、秘书或委员会的任何委员（或职位与主席、秘书或委员会委员类似的任何人），

并且基于本条目的，在没有进一步证明的情形下，该书面声明应被视为该人被正当指定为代理人的表见证据而具有可采性。

第118条　对只能单处罚金的犯罪的送达

无论第116条如何规定，针对只能单处罚金的犯罪的传票，可以通过挂号信的方式将传票副本寄送至被传唤人的最后所知地址来完成送达。

第119条　送达的证明

法院签发的传票被送达时，如果该宣誓书是在被授权管理宣誓或确认的人面前作出的，该宣誓书可作为证据被采信。

第120条　签发令状以代替或补充传票

法院被授权签发传票要求某人出庭的，在下列情形中，可以在以书面形式记录理由后对该人签发逮捕令——

（a）在签发传票之前或之后，并在安排出庭时间之前，该法院有理由相信该人已经逃匿或将不会遵守该传票；或

（b）某人在安排的出庭时间内没有出庭，并且该传票被证明已经适时送达，以使他能够按照传票的要求出庭，但他未提供不出庭的任何合理理由。

第121条　送达传票：与马来西亚和文莱达鲁萨兰国的互惠安排

（1）依据马来西亚或文莱达鲁萨兰国的任何生效法律，治安法官或治安法院签发令状或传票授权逮捕某人，或要求任何人在马来西亚或文莱达鲁萨兰国的任何法院出庭，并且该人正在或被认为正在新加坡的，如果该令状或传票满足在马来西亚或文莱达鲁萨国被适当签发的条件，新加坡的治安法官可以在该令状或传票上背书，然后根据案件具体情况，可以将该令状或传票视为在新加坡依据本法签发一样，向该人执行或送达该令状或传票。

（2）依据与第1款对应的马来西亚或文莱达鲁萨兰国的任何生效法律，新加坡的治安法官或治安法院签发的令状或传票已经被马来西亚或文莱达鲁萨兰国的治安法官背书，并已经对该令状或传票中指定的人执行或送达的，基于

本法的目的，该令状或传票应当视为已经被合法地执行或送达，就好像该执行或送达已经在新加坡被实现一样。

（3）令状已经依据第 1 款的规定在新加坡执行的，应当尽快将被逮捕人移送至新加坡的治安法官面前；治安法官认为被逮捕人是令状相对人的，应当指令将在押的被逮捕人立即移交至马来西亚或文莱达鲁萨兰国的适当法院；对于该被逮捕人的羁押应当被视为合法。

（4）作为依据第 3 款规定将在押的被逮捕人移交至马来西亚或文莱达鲁萨兰国的适当法院的替代，在依法允许保释的案件中，该治安法官基于他所作并被记录下来的原因并出于公正的考量，可以准予保释被逮捕人，并要求该人在保证和保释保证书中指明的时间在马来西亚或文莱达鲁萨兰国的适当法院中出庭。

（5）依据第 1 款的规定已经向某人送达传票的，该人应当在传票指定时间在适当法院出庭，除非他使该法院确信他无法合理地这样做。

第 122 条　对出庭罪犯的羁押

（1）法院为审查其可以处理的任何犯罪，在有证据证明正在出庭且未被逮捕或送达传票的某人可能实施了犯罪时，可以将该人羁押。

（2）该法院可以将该人视为已经被逮捕或传唤，对其进行审判。

（3）法院依据本条规定在庭审或羁押聆讯中欲审判某人的，必须针对该人单独启动另一审判程序。

第二十章　上诉、申诉、改判及刑事动议

第一节　上　诉

第 382 条　上诉时的保释

某人依据第 377 条的规定针对对其的定罪或量刑提起上诉的，国家法院或高等法庭可以允许其保释。

［2014 年第 5 号法律（自 2014 年 3 月 7 日生效）］

第 389 条　特定情形下可羁押被上诉人

（1）高等法庭得知检察官将对被判无罪的被指控人提起上诉的，该高等法庭基于检察官的申请，可以在检察官提交上诉通知期间，命令将被指控人羁押不超过 24 小时。

（2）检察官依据第 1 款的规定提出申请之后，对无罪判决提起上诉的，作出无罪判决的高等法庭可以将被指控人收监等待上诉的处理或允许其保释。

印 度

1973 年刑事诉讼法典[*]

第五章 逮 捕

第 41 条 警察无逮捕令执行逮捕的情形

（1）警察可以在无治安法官的决定和逮捕令时逮捕以下人员：

（a）被他人合理地指控，或者有足够的证据表明，或者有相当的理由被怀疑实施了可以直接逮捕的犯罪的；

（b）不能提供应由其承担证明义务的侵入他人住宅的合法理由的；

（c）根据本法典或者邦政府的决定被宣告为犯罪人的；

（d）被怀疑为盗赃的财物的所有人有理由被怀疑实施了与该财物有关的犯罪的；

（e）妨碍警察履行职责的，或者被拘留后逃跑或意图逃跑的；

（f）有理由被怀疑是联邦军队的逃兵的；

（g）被他人合理地指控，或者有足够的证据表明，或者有相当的理由被怀疑在印度领土外实施了如果在印度领土内实施应受刑罚处罚的行为，根据与引渡相关的法律应被引渡或者应在印度被拘留或者监禁的；

（h）被释放的犯人违反第 356 条第 5 款的规定的；

（i）警察接收另一警察的逮捕申请，该申请明确了被逮捕人和逮捕原因，并标明被逮捕人可以在无逮捕令的情况下被逮捕的。

（2）警署负责人可以逮捕或者要求逮捕属于第 109 条或者第 110 条规定的类型的人员。

---

* 本法典于 1973 年由印度国会批准，1974 年 4 月 1 日实施。该法典先后经过多次修订，最后一次修正为 2010 年《刑事程序法（修正）案》。本译本根据印度议会官网提供的英语文本翻译。

第 42 条　拒绝告知姓名和住址的逮捕

（1）警察当场发现犯罪嫌疑人实施或者被举报实施了不可保释的犯罪，犯罪嫌疑人拒绝提供姓名和住址或者提供错误的姓名和住址的，警察为确认犯罪嫌疑人的姓名或者住址可以进行逮捕。

（2）确认犯罪嫌疑人的姓名和住址后应当释放犯罪嫌疑人，犯罪嫌疑人应当保证在治安法官通知时出席，根据警察的要求需要提供或者不需要提供保证人；如果犯罪嫌疑人不居住在印度，该保证需要提供居住在印度内的 1 名或者数名保证人。

（3）在逮捕后 24 小时内不能确认犯罪嫌疑人的姓名和住址的，或者犯罪嫌疑人不能提供保证的，或者犯罪嫌疑人不能提供必要的保证人的，犯罪嫌疑人应被移送至最近的治安法官接受审判。

第 43 条　公民扭送及相关程序

（1）每个公民可以扭送或者要求扭送当场发现的实施了不可保释且可直接逮捕的犯罪行为的犯罪嫌疑人或者被宣告犯罪的犯罪人，公民应将以上人员尽快交予警察，无警察时应将其扭送至最近的警署。

（2）如果有证据表明该人员属于第 41 条规定的类型，警察可以再次逮捕。

（3）如果有证据表明该人员实施了不可直接逮捕的犯罪且拒绝提供姓名和住址或者提供错误的姓名或住址的，应当根据第 42 条的规定处理；如果无证据表明该人员实施了犯罪，应当立即释放。

第 44 条　治安法官逮捕

（1）治安法官当场发现犯罪的，无论治安法官属于执行治安法官或者审判治安法官，可以在其管辖范围内由本人或者决定其他人逮捕犯罪嫌疑人，并可以在遵守保释的相关规定的前提下拘留犯罪嫌疑人。

（2）治安法官，无论属于执行治安法官或者审判治安法官，可以在其管辖范围内由本人或者决定其他人逮捕根据当时的时间和环境可以签发逮捕令进行逮捕的犯罪嫌疑人。

第 45 条　军人免于逮捕

（1）除非经过中央政府的同意，联邦军队的军人不因实施或者意图实施与其职责有关的属于本法典第 41 条至第 44 条规定的行为而被逮捕。

（2）邦政府可以通过公告的形式规定第 1 款的规定适用的军人等级或者类型，在这种情况下"邦政府的同意"替代"中央政府的同意"。

第 46 条　逮捕流程

（1）除非被逮捕人以口头或者行动形式同意被拘禁，执行逮捕的警察或者其他人应当通过接触或者限制被逮捕人的身体实现逮捕。

（2）被逮捕人暴力抵抗逮捕或者意图逃避逮捕的，执行逮捕的警察或者其他人可以使用任何用于逮捕的必要手段。

（3）任何情况下不得造成未被指控应当判处死刑或者无期徒刑的犯罪嫌疑人死亡。

第 47 条　搜查被逮捕人所在场所

（1）根据逮捕令应被逮捕的人员或者警察有权进行逮捕的人员，有证据表明此类人员进入或者停留在其他人居住或者控制的某个场所，逮捕令的执行者或者警察有权要求进入该场所并支付搜查产生的必要费用。

（2）不能根据第 1 款的规定获得准许的，为了避免被逮捕人有机会逃跑，警察可以进入该场所并进行搜查；为了进入该场所，警察在告知其权力和目的后可以破坏该场所外部或者内部的门或者窗户。如果该场所是由 1 名（不是被逮捕人）女性使用的公寓，根据惯例，执行逮捕的警察或者其他人应当在进入该公寓前通知该女性可以离开该场所且获得搜查产生的合理费用，之后可以打开公寓后进入。

（3）合法进入某场所执行逮捕后被扣留的警察或者有权执行逮捕的其他人，可以破坏任何房屋或者场所的外部或者内部的门或者窗户以离开该场所。

第 48 条　跨审判区域的追捕

警察为了逮捕其有权在无逮捕令的情况下逮捕的人员，可以在印度范围内的任何区域实施追捕。

第 49 条　不得过度限制自由

不得对被逮捕人采取超过防止其逃跑限度的过度限制自由的措施。

第 50 条　被逮捕人有权被告知逮捕的理由和保释的权利

（1）无逮捕令的情况下执行逮捕的警察或者其他人应当告知被逮捕人逮捕的理由。

（2）无逮捕令的情况下执行逮捕的警察逮捕被控告可保释罪行的犯罪嫌疑人的，警察应当告知被逮捕人有权申请保释且一定情况下他需要提供保证人。

第 51 条　搜查被逮捕人

（1）被逮捕人被警察依逮捕令逮捕后不得被保释或者可以被保释但不满足保释条件的；或者无逮捕令的情况下被逮捕后或者被公民依逮捕令逮捕后不得被保释或者可以被保释但不满足保释条件的，逮捕的警官或者决定公民实施逮捕的警察，有权搜查该被逮捕人或者其所在场所的除必要的穿着服饰外的所有物品，扣押被逮捕人的物品的，进行扣押的警察应当向被逮捕人出具记录扣押物品的收据。

（2）搜查女性被逮捕人的应当由另 1 名女性以充分尊重对方的方式进行。

第 52 条　扣押攻击性武器的权力

执行逮捕的警察或者其他人可以扣押被逮捕人随身携带的攻击性武器，扣押的武器应当交由作出逮捕令的法院或者官员。

第 53 条　警察要求由医生对被逮捕人进行检查

（1）犯罪嫌疑人被指控的犯罪可以通过医疗检查提供证据的，根据等级不低于侦查员的警察的要求，注册的医生和根据其指示协助他的人员可以对犯罪嫌疑人进行必要的检查以取得证据。

（2）被检查人为女性的检查由注册的女医生进行。

【解释】在本条和第 54 条中，"注册的医生"是指根据 1956 年《印度医疗委员会法案》（1956 年第 102 号法案）第 2 条第 8 款规定的具有医疗资格证的医生和姓名在邦医疗登记机关登记的医生。

第 54 条　被逮捕人要求由医生对其进行检查

被逮捕人在被带到治安法官面前或者被拘留期间，可以要求医生检查以证明他没有犯罪或者证明其他犯罪人对其身体实施了犯罪，治安法官在收到被逮捕人的请求后应当指令注册的医生对其进行身体检查，除非治安法官认为该请求是为了阻挠或者延迟公正审判。

第 55 条　警察授权下属执行无逮捕令的逮捕程序

（1）警署负责人或者其他警察根据第七章的规定侦查过程中需要授权其下属在无逮捕令的情形下逮捕不需要签发逮捕令即可逮捕的人员的，应当给予被授权的下属书面的逮捕决定并注明被逮捕人及罪行或者其他逮捕的原因，被授权人应当在执行逮捕前明确该决定的内容，被逮捕人要求查看该决定的应当向其出具该书面决定。

（2）第 1 款的规定不影响警察根据第 41 条的规定执行逮捕的权力。

第 56 条　将被逮捕人带到治安法官或者警署负责人面前

警察在无逮捕令的情形下执行逮捕的，不得有不必要的延迟且遵守保释的规定将被逮捕人带到对案件有管辖权的治安法官面前，或者带到警署负责人面前。

第 57 条　被逮捕人不得被拘留超过 24 小时

无逮捕令的情形下逮捕的，任何警察不得拘留被逮捕人超过案件的合理期限，除非治安法官根据第 167 条作出特殊决定，任何情况下排除从逮捕地到治安法院的在途时间后的拘留期限不得超过 24 小时。

第 58 条　警察逮捕报告

警署负责人应当向地区法官或者特殊情况下向分区治安法官报告所有无逮

捕令的情形下逮捕的人员，包括被逮捕人是否允许保释和其他情况。

第 59 条　释放被逮捕人

除非提供担保、被保释或者治安法官作出特殊的决定，任何被警察逮捕的人员不得被释放。

第 60 条　追捕或者再次逮捕逃跑的被拘留者的权力

（1）合法的被拘留者逃跑或者被解救的，逃跑地或者被解救地的负责人有权立即在印度范围内实施追捕或者再次逮捕。

（2）本条第 1 款的逮捕人不是执行逮捕令且不是有权执行逮捕的警察的其他人的，第 47 条的规定适用于此类逮捕。

第六章　强制出席的程序

第二节　逮捕令

第 70 条　逮捕令的格式和时效

（1）法院根据本法典签发的所有逮捕令都应当是书面的，由法院的现任法官签署并盖有法院公章。

（2）除非出具逮捕令的法院取消逮捕令或者逮捕令已经被执行，逮捕令始终有效。

第 71 条　签发逮捕令前应注意的问题

（1）任何法院在通过签发逮捕令逮捕任何人之前都应当遵循签发逮捕令的要求，如果当事人在出庭前的特定时间内缴纳了足够的保证金并保证会按时出席，除非法院另有指示，执行逮捕令的工作人员应当接受保证，将相关被监禁人员释放。

（2）要求包括以下内容：

（a）保证金的数额；

（b）逮捕令规定的应被逮捕人的数量；

（c）应当出庭的时间。

（3）若按照该条款进行担保，执行逮捕令的法院工作人员应当将担保上报给法院。

第 72 条　逮捕令的指向

（1）通常来说，1 张逮捕令应当指派 1 名或多名警察执行。法院发出的逮捕令需要立即执行但不能抽调相关的警察的，也可以将逮捕令指派给其他的 1 名或数名个人执行，其他的 1 名或数名个人可以执行相同的任务。

（2）当逮捕令指派给多于 1 名的工作人员或其他人员时，该逮捕令可以由上述人中的一名、多名或者所有人一同执行。

第 73 条　指向任何人的逮捕令

（1）逃犯、已证实有罪的犯罪人或者任何被指控犯有不可保释罪行的犯罪嫌疑人正在逃脱逮捕的，首席审判治安法官或者第一级治安法官可以指令其管辖范围内的任何人作为逮捕令的执行人。

（2）此类执行人应当以书面的形式承认收到逮捕令，进入逮捕令逮捕的对象所在地执行逮捕，或者搜查逮捕对象所控制的土地或者其他不动产。

（3）当逮捕令的逮捕对象被逮捕后，应当将被逮捕对象和逮捕令一起送到最近的警察处，除按照第 71 条进行担保外，警察将在案件审理之前将其收押。

第 74 条　指向警察的逮捕令

指令由 1 名警察执行逮捕令的也可以由其他任何签名的警察执行，被指令的警察和签字的警察都可以执行。

第 75 条　逮捕令的内容

执行逮捕令进行逮捕的警察或者其他人应当通知被逮捕人逮捕令的内容，被逮捕人要求查看逮捕令的，应当向被逮捕人出示逮捕令。

第 76 条　将被逮捕人及时送往法院

除有必要的延误，执行逮捕令的警察或其他人应当（按照第 71 条的担保内容）将被逮捕人带到法庭且遵守以下规定：无论何种情况下，排除将被逮捕人从逮捕地送往法院的必要时间外延误均不得超过 24 小时。

第 77 条　可执行逮捕令的地点

逮捕令可以在印度境内的任何地方执行。

第 78 条　在管辖区域外执行的逮捕令

（1）逮捕令的执行地点在签发法院的管辖区域外的，法院不应当将逮捕令指派给自己管辖范围内的警察，而应当通过邮寄或者其他的方式将逮捕令递交给具有地方管辖权的执行治安法官、区域警司或者警察局长执行。执行治安法官、区域警司或者警察局长执行时应当按照前文规定的方式予以执行。

（2）法院向下级区域下发传票应当将需要被逮捕人的个人信息以及足够下级法院按照第 81 条考察是否可以对被逮捕对象进行保释的材料同逮捕证一起送达下级法院。

第 79 条　向警察指派管辖区域外的逮捕令

（1）指派给警察的逮捕令超出警察的管辖范围的，通常警察应当将其交付给具有地方管辖权的执行治安法官或者登记不低于警署负责人的警官签署并执行。

（2）接收逮捕令的地方治安法官或者警察应当在背面签署姓名，签署即证明执行人具有接到逮捕令警察一样的充分权力，可以执行相同的逮捕任务。如果有需要，地方警察需协助警官执行逮捕令。

（3）如果有理由相信取得具有地方管辖权的地方法官或者警官的签字的逮捕令发生延误，并且延误可能会妨碍抓捕，受到指派的警察仍旧可以签发逮捕令在没有管辖权的任意区域内执行逮捕令。

第 80 条　针对被逮捕人的程序

逮捕令的执行地属于签发法院的管辖范围的，应当将被逮捕人带到执行治安法官、区域警司或警察局长面前，除非签发逮捕令的法院距离逮捕地 30 英里以内，或者比具有逮捕地地方管辖权的执行治安法官、区域警司或者警察局长更近，又或者被逮捕人已经按照第 71 条办理了担保。

第 81 条　被逮捕人带到治安法官面前的程序

（1）如果被逮捕的人是签署逮捕令法院要逮捕的人，执行治安法官、区域警司或者警察局长在满足以下条件时应当就将其移送到法院：所犯罪行可以被保释的，被逮捕人可以并且愿意向地方法官、区域警司或者警察局长缴纳保释金，或者根据第 71 条所规定的，被逮捕人可以并且愿意遵循条款缴纳担保金，地方法官、区域警司或者警察局长应该接受保释或者担保，将保释或担保契约上报给签发逮捕令的法院；如所犯罪行不可保释，且逮捕地所在的区域内首席审判地方法官（根据第 437 条中的规定）或者庭区法官对信息经过考量，且根据第 78 条的相关内容规定，可以予以保释。

（2）本条内容应被视为阻止警察根据第 71 条收取保证金的规定。

第八章　保持平和和良好品行的保证

第 117 条　责令提供保证

经讯问，为保障治安或维护良好行为之必要，认定案件被讯问人无论是否提出保证人，应交纳保证金的，治安法官应当责令其提供保证，但：

（a）不得责令其提供性质不同于、金额大于或期限长于本法典第 111 条规定指令的保证；

（b）保证金的金额应与案件情形相适应，不得收取过高的保证金；

（c）被讯问人是未成年人的，保证金应由其保证人交纳。

第 120 条　保证金的内容

任何此类人交纳的保证金应保证其不扰乱治安或维持良好表现。其后存在意图实施或教唆实施任何可判处监禁行为的，无论是否实施，均违反保证金的规定。

第121条　拒绝保证人的权力

（1）治安法庭有权以保证人不适格为由，拒绝接受任何提供的保证人或拒绝本章下其或其前任法官已接受的保证人。但是，在拒绝任何此类保证人之前，治安法官应就保证人的适格性进行讯问宣誓或促使下级治安法官进行此类调查并作出报告。

（2）此类治安法官应在进行讯问之前，向保证人和被保证人发出合理通知，并在进行讯问过程中，记录先前援引证据的内容。

（3）在考虑自身或委托本条第1款之治安法官先前援引的证据，和下级治安法官提交的报告（如果有）后，该治安法官确信保证人不适格的，治安法官应依具体情况作出拒绝接受或拒绝此类保证人的指令，并将其理由记录在案。但是，在作出拒绝任何先前已接受的保证人的指令前，治安法官应自主裁量发布传唤令或逮捕令，并使被保证人出现或带至其面前。

第122条　因缺乏保证而实施的监禁

（1）（a）依本法典第106条或第117条规定责令提供保证，而在保证期限起算之日未提供的，除下述提到的情形外，被保证人应受到监禁；被保证人已被监禁的，直至保证期限届满或向作出保证指令的法庭或治安法官提供保证后，方可解除监禁；

（b）为保障治安之目的，被保证人按治安法庭依本法第117条作出的指令交纳保证金，而未提供保证人后，治安法官或其继任法官确信其违反保证金规定的，该治安法官或其继任法官在证明理由后，有权指令逮捕或监禁被保证人直至保证期限届满。此类指令不应影响上述被保证人依照法律应当承担的任何其他刑罚或罚金。

（2）若提供保证的期限超过1年，而被保证人未按指令提供保证的，治安法官应发布逮捕令监禁被保证人等待庭区法官的指令，并尽快采取诉讼。

（3）在审查诉讼程序、要求治安法官提供任何其认为必要的进一步信息或证据，并向相关人提供合理的听证机会后，庭区法官有权就案件发布其认为适当的指令，但因缺乏保证而实施监禁的，其监禁期限（如果有）不得超过3年。

（4）依本条第2款被提交至庭区法院的同一诉讼中，责令提供保证的人为2名或2名以上的，提交的案件应为其他任何被责令提供担保的人的案件。并且本条第2款和第3款的规定在此种情况下适用于其他人的案件，但其被监禁期限不应超过其责令提供保证的期限。

（5）在自由裁量权限内，庭区法官有权将依本条第 2 款或第 3 款采取的诉讼转给庭区附加法官或庭区辅助法官。在转交案件后，庭区附加法官或庭区辅助法官有权行使本条就此类诉讼程序规定的庭区法官所享有的权力。

（6）保证提交至监狱主管人员的，监狱主管人员应立即将保证移交作出指令的法庭或治安法官，并等候该法庭或治安法官的指令。

（7）为保障治安之目的，因缺乏保证而实施监禁的诉讼应为简易程序。

（8）为维护良好表现之目的，因缺乏保证而实施监禁的，依本法典第 108 条规定采取的诉讼应为简易程序；依本法典第 109 条或第 110 条规定采取诉讼的，依法庭或治安法官对个案指示可为严格或简易程序。

第 123 条　释放因缺乏保证被监禁人的权力

（1）就执行治安法官依本法典第 117 条规定作出指令的案件，地区法官认为，或就其他案件首席审判治安法官①认为，释放因缺乏本章规定的保证而被监禁的人不会对社区或任何其他人造成伤害的，其有权指令释放该被监禁人。

（2）任何人因缺乏本章规定的保证而被监禁，高等法院、庭区法院、任何其他作出指令的法院、地区治安法官就执行治安法官依本法第 117 条规定作出指令的案件或首席审判治安法官就其他案件，有权作出指令减少保证金数额、保证人数量或缩短保证期限。

（3）依本条第 1 款作出指令释放因缺乏保证被监禁人的，可以不附条件或附加被监禁人接受的条件，但是，责令提供保证的期限届满的，任何附加的条件均应停止执行。

（4）国家有权规定附条件释放中的条件。

（5）若地区治安法官就执行治安法官依本法第 117 条规定作出指令案件或首席审判治安法官②就其他案件认为，已释放的附条件释放人不符合释放指令的，其有权撤销该释放指令。

（6）有条件释放指令依本条第 5 款规定撤销的，任何警察有权在没有逮捕证的情况下逮捕被释放人，并将其带至就执行治安法官依本法第 117 条规定作出指令案件的地区治安法官或其他案件中的首席审判治安法官面前。

（7）被监禁人就原始指令未满期限部分提供保证，但在初审时认罪或被

---

① "首席审判治安法官"由 1978 年第 45 号法案第 12 条修改（1978 年 12 月 18 日生效）。

② "首席审判治安法官"由 1978 年第 45 号法案第 12 条修改（1978 年 12 月 18 日生效）。

拘留的（此部分期限应为从违反释放条件日期至其有条件释放结束之日），地区治安法官在执行治安法官依本法第117条规定作出指令案件中或首席审判治安法官在其他案件中有权关押候审该人以执行未满期限部分。

（8）依本条第7款规定的关押候审人，依照本法第122条规定就法庭、治安法官或其继任者作出的原始指令对未满期限部分提供保证的，应释放该关押候审人。

（9）高等法庭或庭区法庭在任何时候，因书面记录的充足理由，有权取消任何为保障治安或维护良好表现之目的依本章作出的任何指令。首席治安法官①对执行治安法官依本法第117条规定作出指令案件或首席审判治安法官对其他案件，有权撤销其自身或其地区内下级法官责令交纳保证金的指令。

（10）任何为责令交纳保证金的人的和平行为或良好表现提供担保的保证人，在任何时候，有权向法庭请求撤销保证金。在作出此类指令后，法庭应发布传唤令或逮捕令使被保证人出现或带至法庭面前。

第124条　未满期限保证金的保证

（1）依本法第121条第3款或第123条第10款规定，被保证人被传唤或被逮捕出现或带至治安法官或法庭面前的，治安法官或法庭应撤销此保证金并责令该被保证人就保证金未满保证期限的部分提供与原先保证相同的保证。

（2）为本法第120条至第123条的目的，此类指令均应被视为按照本法第106条或第117条规定依案件具体情形作出的。

第二十七章　判　决

第358条　对无因逮捕人员的补偿

（1）在任何人致使警察逮捕他人的情况下，若对本案进行听证的治安法官认为没有足够证据支持实施该逮捕行为，则治安法官可在其认为合适的情况下，判决引起逮捕的人对被捕之人作出不超过100卢比的补偿，该补偿用于弥补被捕之人所花费的时间和费用。

（2）在某些情况下，被捕之人超过一人，则治安法官可在其认为合适的情况下，采取相似的方式，判决每个人都获得不超过100卢比的补偿。

（3）可对依本条款判决的罚金进行追缴，若无法追缴，则应支付罚金的

---

① "首席审判治安法官"由1978年第45号法案第12条修改（1978年12月18日生效）。

人将会在治安法官的指令下获得不超过 30 日的短期监禁，除非随即缴纳罚金。

第二十九章　上　诉

第 389 条　上诉未决期间刑罚中止执行和上诉人保释

（1）被判决的犯罪人上诉的未决期间，上诉法院可以以书面记载的理由裁定中止执行被上诉的判决或裁定，同时如果上诉人被监禁的，他可以被保释或以自己提供的保证金被释放。

（2）本条规定的上诉法院的权力也可以由高等法院在上诉由其下级法院审理的案件中行使。

（3）被宣告有罪的人使作出有罪判决的原审法院确信其意图提起上诉，在下列情况下：

（i）被保释的犯罪人被判决不超过 3 年的有期徒刑；或

（ii）被宣告有罪的罪行是可保释犯罪，且犯罪人已被保释。

原审法院应当裁定被告人被保释，除非有应当拒绝保释的特殊理由，在此期间犯罪人应当提起上诉并根据第 1 款的规定获得上诉法院的裁定；有期徒刑的刑罚应当在其被保释期间中止执行。

（4）上诉人被最终判决有期徒刑或无期徒刑的，根据本条前款规定他被保释的期间不应计入其执行刑期。

第 390 条　无罪判决的上诉中被逮捕的被告人

根据第 378 条提起上诉的，高等法院可以签发令状指令被逮捕的被告人和被带到该法院、其下级法院或者其他执行其监禁刑的法院允许其保释。

第三十三章　保释与保释金相关规定

第 436 条　可以采取保释的情形

（1）除实施了不可保释等严重罪行的现行犯外，其他任何人在警察署警官无证逮捕、拘留，受该警署警官监管、准备随时出庭、受审期间，及在诉讼受理的任何阶段，均可以获得保释：如果警官或法院判定在合理的情况下，该受审人无下文规定的担保人保证其能如期出庭受审时，也可不剥夺其保释权，同意其取保候审。此外，本节的任何内容均不能影响第 116 条第 3 款及第 446 条之一的相关规定。

（2）尽管如第 1 款所述，但当受审人没有履行保释保证书有关出庭时间及地点等相关条件时，法院可以拒绝其保释要求，并且在此案后续环节中要求其出庭、拘留，对其保释驳回不会影响到法庭要求受保释金约束的受审人根据第446条支付罚金的权利。

第437条　在不可保释的犯罪案件中何时可以获得保释①

（1）当受审人因受指控或怀疑犯有任何不可保释的罪行被警察署警官无证逮捕、拘留或在除高等法院及庭区法院外的法庭出庭、受审时，其可获保释外出，除：

（i）如有合理证据证明受审人犯有可处以死刑或终身监禁的罪行，其不能获保释外出；

（ii）如该犯罪行为是可审理的罪行，并且该受审人早前犯有可处以死刑、终身监禁或监禁时间达7年及以上的罪行，或受审人早前犯有2次及以上不可保释的罪行时，其不能获保释外出；

但倘若在第（i）项或第（ii）项中提及的受审人为年龄在16岁以下、妇女、生病或老弱的情况下，法庭可以准予其保释外出；

另外，如法庭为其他特别原因判定其公平合理性，可以准予第（ii）项中提及的受审人保释外出；

此外，如被告人在享有保释权并承诺遵守法院的各项规定期间，仅因被告人在调查过程中需要配合目击者接受指认不足以成为拒绝其保释的依据。

（2）如在案件调查、盘问、审讯过程的任何阶段，从该案警官或法庭角度来看，没有合理证据证明被告人犯有不可保释罪行，但有足够证据证明需要进一步调查其罪行，被告人需遵守第446条之一相关规定等待调查、可予以保释，也可遵守警官或法庭的裁定，在无下文规定的担保人保证其能如期出庭受审时缴纳保释金保释。

（3）当受审人被控告或怀疑可能犯有《印度刑法典》第六章、第十六章或第十七章涉及7年及以上监禁刑罚的罪行，或在教唆、同谋及犯罪未遂的情况下，按第1款相关规定进行保释，法院可以在必要情况下有自由酌定权，可对其施加约束条件——

（a）以便保证该受审人会按照本章保释保证书条款要求出席；

（b）以便保证受审人不会再次触犯与其当下被指控或怀疑罪行相似的犯罪行为；

（c）另外也可维护正义。

（4）该案警官或法庭遵照第1款或第2款准予受审人保释时，应记录下其批准的具体原因。

---

① 由1980年第65号法案第3条修改（1980年9月23日生效）。

（5）任何法庭有自行酌定权，可将在第 1 款和第 2 款条件下已获保释的受审人重新逮捕并交付羁押。

（6）在治安法院受理的任何案件中，如受审人被控告犯有不可保释的罪行，从取证之日起 60 日内尚未定罪且期间一直被拘留，其可在遵守治安法院各项要求的前提下获得保释。除非有记录在案的特殊原因，否则治安法院应予以批准。

（7）如受审人被指控犯有不可保释的罪行，并且在审判结束之后、法院判决公布之前，法庭认为有合理依据相信被告人无罪的情况下，可以准予被告人保释。如其在拘留期间，无担保人保证其能如期出庭接受判决，法院可以向其征收保释金。

第 438 条　准许被逮捕人保释外出的指导方案

（1）当有依据证明被逮捕人因受控告犯有不可保释罪行而逮捕时，其可以向高等法院或庭区法院申请本节中提及的指导方案；如法院认为申请合理，可以准许被逮捕人获得保释。

（2）高等法院或庭区法院依据第 1 款制定指导方案，可适当地在指导方案中加入如下条款，包括——

（i）受审人必须保证可以随时现身接受警官的审讯；

（ii）受审人不能直接或间接地向了解本案事实真相的相关人员进行利诱、威胁、允诺以妨害证人向法庭及警官揭露事实真相；

（iii）在未得到法庭许可前该受审人不得离开印度国境；

（iv）如保释是在第 437 条第 3 款规定下赋予受审人，其他附件条款也需予以参考。

（3）如该受审人此后因受控告被警察署警官无证逮捕，并在逮捕或拘留期做好准备，可以申请保释；如治安法官初审时判定该受审人需出具保释担保，其应遵照第 1 款的指示文件出示保释担保凭证。

第 439 条　高等法院或庭区法院在保释方面可行使的特殊职权

（1）高等法院或庭区法院可以指示：

（a）被控告及被拘留者可以获得保释，如果其罪行属于第 437 条第 3 款中所列，必要时，法院有权根据该项中所提目的附加任何其他规定；

（b）搁置或修改由治安法官在被告人保释环节附加的任何条款：

但高等法院或庭区法院在准予正在庭区法院受审或判处终身监禁的被告人保释之前，一般情况下需要通知该案检察官此保释申请，如法庭认为通知难以实行，需将原因记录在册。

（2）高等法院或庭区法院有权逮捕本章提及的保释在外人员并将其拘留。

第 440 条　保释金额及其减免规定

（1）本章所执行的保释金额应根据案件具体情况制定，不可收取过度。

（2）高等法院或庭区法院有权指示缩减警官或治安法官要求的保释金额。

第 441 条　诉讼费与保释费

（1）在被告人被保释或自行缴纳保释金获得保释前，警官、法庭根据案件情况判定应向被告人收取保释金的金额，或者当被告人被一个及以上担保人担保，确保其可以如保释保证书中所述时间和地点参审时，在后续警官与法庭调查案件过程中参与配合。

（2）如保释有附加条款，保释保证书上也需涵盖该条款。

（3）如案情需要，保释保证书也有约束被保释人在收到高等法院、庭区法院及其他法院传唤需出庭答辩的权利。

（4）为判断担保是否合理、充分，法庭可以接受写有担保充分性与合理性的宣誓书，在必要情况下，可以自行审讯或由法庭附属治安法官发起审讯，以确保其充分性与合理性。

第 442 条　解除羁押

（1）保释担保一经执行，被保释人即可获释。如其被拘禁在监狱中，准许其保释的法庭会给看管该监狱的警官下达释放令，该警官在接到释放令后即可将其释放。

（2）本条、第 436 条及第 437 条不适用于释放由于某些原因应继续被羁押的犯人，只适用于保释担保执行方。

第 443 条　如首次保释证据不足，有权要求重新提供充分保释证据

如果首次批准的保释存在漏洞、欺诈或保释证据不足，或后来证据不足，法庭有权发布逮捕令召回被告人，并责令其找出充分证据。如其无法提供充分证据，法庭有权将其监禁。

第 444 条　免除保释担保

（1）所有保释担保方可以随时向治安法官提出申请解除担保，可以完全解除也可以解除申请。

（2）此申请一经执行，治安法官即可发布逮捕令将先前释放的受审人召回。

（3）无论受审人遵照召回令返回还是主动自首，待其出现，治安法官即向其指示保释担保已完全或部分解除，责令其找出其他充分担保，如其无法做到，法庭有权将其监禁。

第 445 条　用保证金替代担保书

当法庭或警官要求受审人在无论有无担保人的情况下均执行保证担保时

（良好品行担保的案件除外），允许受审人抵押保释担保规定数额的货币或政府本票。

第 446 条　对保释担保处以罚款时的相关程序

（1）本法典下的保释担保是确保受审人可以在开庭前现身或证实财产，并且证实为满足该法庭或后续其他受理该案件法庭的要求而对该保释担保处以罚款，或者涉及其他保释担保，为满足该法庭、后续其他受理该案件法庭或最高治安法庭的要求而对该保释担保处以罚款，法庭需记录相关证据及理由，传召受此担保约束的人员支付中间产生的罚金或者说明不能支付的原因。

【解释】担保书中有关在开庭前受审人现身、财产证明的条款可解读为该项条款适用于任何受理该案件的法庭上。

（2）如没有充分原因又不支付罚金，法庭继续追讨，该罚金是刑法典赋予其的惩罚权利。

如罚金无法支付，也不能以上述方式追回，理应遵照法庭命令交还罚金的担保人应受 6 个月及以下的民事监禁。①

（3）法庭也可自行酌定，免除部分所述罚金，强制追讨部分罚金。

（4）如担保人在处罚前身亡，其担保罚金将豁免。

（5）当按第 106 条、第 117 条或第 360 条的受审人提供抵押时被控犯有违反保证书条款或第 448 条附属条款时，法院判定其有罪的判决书副本即可在审讯过程中出示给其担保人作为证据，并且该副本一经使用，法院即可推断其已认罪，除非有其他反面证据出现。

第 446 条之一②　取消担保和保释担保书

在不影响第 446 条的情况下，本法典的担保是为了确保受审人在审讯过程中现身，并在其违反条款时进行处罚：

（a）在案件中，由受审者及其一个或多个担保人所执行的担保即刻取消；

（b）如警官或法庭根据具体情况确认该受审人在没有充足理由的情况下违反担保书中有关规定，其在该案中今后就不能自行保释。

如果受审人缴纳保释金或有一个或多个担保人担保，警官和法庭根据具体情况判定证据充分的情况下，可以准予其在遵守本法典其他条款的前提下执行新的个人保释担保并获得保释。

第 447 条　担保人破产、死亡或担保失效情况下的相应程序

当担保人破产、死亡或担保在第 446 条下失效时，批准保释的法庭、高级

---

① 由 1980 年第 63 号法案第 6 条增加（1980 年 9 月 23 日生效）。

② 由 1980 年第 63 号法案第 7 条增加（1980 年 9 月 23 日生效）。

治安法官有权要求受审人根据原程序提供新的担保证明，如无法提供该证明，该法庭或治安法官有权追究其违反行为。

第 448 条　未成年人的保释担保要求

当法庭或警官裁定保释担保的受审人为未成年人时，该法院或警官可以接受由一名或数名担保人提供担保。

第 449 条　在第 446 条下提起上诉

所有满足第 446 条法规的裁定结果均可接受上诉：

（ⅰ）由治安法官裁定的结果可以向庭区法官上诉；

（ⅱ）由庭区法院裁定的结果可以向其上级法庭上诉。

第 450 条　指示征收取保候审保释金的权利

高等法院或庭区法院可以指派治安法官向受审人征收保释金以确保其能出席高等法院或庭区法院的庭审。

欧 洲

奥 地 利

奥地利共和国刑事诉讼法典 *

第二编 侦查程序

第六章 概 述

第二节 强制措施和对抗执法的处罚

强制措施

第 93 条 （1）依据第 5 条规定，警察获得授权，在履行法律赋予其的权限时，可合比例性地、适当地强制执行。该规定同样适用于执行检察机关或法院命令的情形。就此而言，警察依据具体规定的条件和形式而获得授权，在执行侦查任务或收集证据所必需的情况下，也可以对人实施身体上的强制或对物实施有形强制。只要依据命令的内容逮捕应当在这些场所完成，逮捕命令（第 171 条）也赋予在住所或其他为住所权所保护的地方搜查逮捕对象的权利。

（2）拒绝履行其负有法定义务的行为的，该行为可以直接根据第 1 款所规定的强制措施或法院判决来执行。如果上述方法无法奏效，而对不具有犯罪嫌疑但同时未依法被免除陈述义务的个人，通过使用强制措施来督促其履行义务。

（3）只要是强制措施的实施或证据收集所必需的，警察就可以主动或依据命令的授权，用封条将容器或空间封闭或者将犯罪现场封锁，阻止非权利人进入。

---

* 本法典于 1873 年 5 月 23 日由奥地利帝国议会批准，1873 年 11 月 23 日实施。最近一次修正时间是 2015 年 8 月 13 日。本译本根据奥地利联邦总理办公室官网提供的德语文本翻译。

（4）在强制措施中，可以考虑适用最高数额为 10000 欧元的罚金。其他严重情形中，可以考虑适用最长为 6 周的监禁。法院应当依据检察机关的申请就强制措施的适用及其范围作出判决（第 105 条）。

（5）相关当事人在场的，应当对其提出将采取强制措施的警告和告知。如果上述措施会危及侦查效果或有碍证据收集的，可不经警告和告知而直接采取相应措施。关于武器的使用，适用 1969 年《武器使用法》的相关规定。

第九章　通缉、逮捕和待审羁押

第二节　逮　捕

准许

第 170 条　（1）在下列情况下，可以逮捕具有实施应受刑罚处罚行为的嫌疑者：

1. 当场被撞见或刚刚实施犯罪后可以相信其具有犯罪嫌疑或被撞见持有可以说明其参与犯罪行为的物件；

2. 逃跑或隐匿，或特定事实情形表明其具有逃跑或隐匿的风险；

3. 试图影响证人、鉴定人或共同犯罪嫌疑人、消除犯罪痕迹或以其他方式妨碍查明真相，或特定事实情形表明其具有试图实施上述行为的风险；

4. 基于特定事实情形应当认为，实施应受 6 个月以上自由刑处罚犯罪行为的嫌疑人将会针对同一法益实施同样犯罪行为，或将会实施其被指控实施未遂的或威胁实施的犯罪（《刑法典》第 74 条第 1 款第 5 项）。

（2）涉及依法至少应受 10 年自由刑处罚重罪的，必须命令逮捕，除非基于特定事实情形应当认为第 1 款第 2 项至第 4 项所列举的逮捕原因全部被排除。

（3）如果逮捕和羁押与案件的意义相比不符合比例性原则（第 5 条），则禁止进行逮捕和羁押。

命令

第 171 条　（1）由检察机关依据法院的批准作出逮捕命令，警察执行羁押。

（2）在下列情形中，警察有权自行逮捕犯罪嫌疑人：

1. 第 170 条第 1 款第 1 项规定的情形；以及

2. 在第 170 条第 1 款第 2 项至第 4 项规定的情形下，因存在延误风险而无法及时获得检察机关命令的。

（3）在第 1 款规定的情形中，应当立即或于犯罪嫌疑人被逮捕 24 小时内向犯罪嫌疑人送达检察机关的命令和相应的法院批准；在第 2 款所规定的情形中，应当送达警察就犯罪嫌疑和逮捕原因的书面说明。

（4）应以犯罪嫌疑人理解的方式和方法并以其所懂得的语言，立即或在其被逮捕后立刻向其作出权利告知（第50条）；此外，还应当向其作出以下告知：

1. 只要他不应被释放（第172条第2款），就应及时将其移交司法机构并由法院就逮捕作出判决（第172条第1款和第3款及第174条第1款）；

2. 享有下列权利：

a. 将其被逮捕的情况向其家属或其他信赖者和辩护人发出通知或委托他人向其发出通知（《人身自由保护联邦照顾法》第4条第7款）；

b. 针对法院作出的羁押批准提起抗诉或针对警察的逮捕（第2款）提出抗辩，此外，可以随时提出释放申请；

c. 委托他人通知其领事代表处（《维也纳领事关系公约》，《联邦法律公报》1969年第318号，第36条）；

d. 获得医疗护理（《刑罚执行法》第66条至第74条）。

如果暂时无法提供以犯罪嫌疑人所懂语言撰写的书面权利告知的，应当首先进行口头权利告知（第56条第2款），之后应及时提交以犯罪嫌疑人所懂语言撰写的书面权利告知。已经作出权利告知的情况应当以书面形式予以记载（第95条和第96条）。

执行

第172条 （1）警察应当将羁押令的执行情况及时告知检察机关，检察机关应当及时地将其告知法院。应当无非必要耽搁地、至迟于逮捕48小时内将犯罪嫌疑人移送管辖法院的司法机构。如果无法移送，特别是因逮捕地的距离遥远而需支出不合理的费用才能移送的，或因为犯罪嫌疑人生病或受伤而无法移送的，可以将其移送至无管辖权法院的司法机构或医疗机构。在这类情形中，法院可以使用技术设施通过音频和视频来讯问犯罪嫌疑人，并以同样方式向其宣布待审羁押决定（第174条）。

（2）警察自行羁押犯罪嫌疑人的，应当及时地就案件、犯罪嫌疑和羁押原因讯问犯罪嫌疑人。一旦发现无继续羁押理由的，警察应当释放犯罪嫌疑人。继续羁押的目的可以通过第173条第5款第1项至第7项所规定的较轻手段达到的，警察应当按照检察机关的命令及时向犯罪嫌疑人作出必要指示，听取其誓言或向其收取第173条第5款第3项和第6项所提及的钥匙和文件，或依据第172a条的规定向其收取其应提交的保证并将其释放。所下达指示和所作誓言的记录以及所收取的钥匙和文件应当与侦查结论一并于羁押后48小时内送交检察机关。关于是否应当维持这一较轻手段的问题由法院作出决定。

（3）不应依据第 2 款的规定释放犯罪嫌疑人的，警察应当及时地、最迟于羁押 48 小时内将其送交管辖法院的司法机构，或者在其生病的情况下（第 1 款），将其移送医疗机构。在移送之前，警察应当及时通知检察机关。检察机关宣布不提交延长待审羁押申请的，警察应当立即释放犯罪嫌疑人。

取保候审

第 172a 条　（1）犯罪嫌疑人具有实施特定犯罪行为的重大嫌疑，且已经就案件事实、犯罪嫌疑和取保候审的前提条件接受过讯问，但基于特定事实情形有理由担忧，犯罪嫌疑人将会逃避诉讼或以其他方式使刑事诉讼的进行明显变得不可能或变得非常困难的，可以要求犯罪嫌疑人提交合理保证，以确保刑事诉讼的进行、对预估的罚金数额、诉讼费用和应向被害人作出的赔偿（第 67 条第 1 款）进行预先支付。

（2）关于保证及其金额由检察机关作出命令，由警察予以执行。如果应当提交的保证未能及时地以现金形式提交，则警察应对犯罪嫌疑人所携带的、大概属于犯罪嫌疑人的且价值可能不超过允许保证金额的物品进行强制扣押。警察应当将侦查结果和提交的保证或保证物品及时地移交检察机关。

（3）一旦刑事诉讼因判决生效而结束，保证就解除，在被告人被判处刑罚的情形中，一旦犯罪嫌疑人支付罚金和被判支付的诉讼费用以及向私人参与人支付刑事判决中判决给其的赔偿，以及在非缓期执行的罚金刑或自由刑的情形中，开始执行自由刑时，保证才能解除。一旦犯罪嫌疑人以金钱支付应当提交的保证，或未被指控参与犯罪的第三人令人信服地证明自己对物品或财产享有权利的，作为保证提交的物品和财产亦将被解除保证。

（4）如果犯罪嫌疑人，特别是通过不遵从出庭要求、不遵循刑罚执行请求、不遵从罚金支付要求或诉讼费用支付要求等方式，逃避诉讼、拒绝执行刑罚、拒绝支付诉讼费用或拒绝向私人参与人支付赔偿，法院应当按照检察机关的申请或依职权裁定保证失效。第 180 条第 4 款最后一句和第 5 款的规定类推适用。

第三节　待审羁押

准许

第 173 条　（1）仅可以依据检察机关的申请，且在满足下列条件的情况下可以判处和延长待审羁押，即犯罪嫌疑人具有实施特定犯罪行为的重大嫌疑、就案件和待审羁押的前提条件接受法院的询问且存在第 2 款所列举的羁押原因之一。与案件的意义或预计判处的刑罚相比不符合比例性原则的，或可以通过采取较轻措施（第 5 款）达到其目的的，不得作出或延长待审羁押的决定。

（2）下列特定事实情形表明犯罪嫌疑人存在逃脱风险的，则构成羁押的理由：

1. 因预计判处刑罚的种类和范围或基于其他原因而逃跑或隐匿；

2. 企图影响证人、鉴定人或共同犯罪嫌疑人、消除犯罪痕迹或以其他方式妨碍真相的查明；

3. 尽管针对其正在进行应被判处 6 个月以上自由刑的刑事诉讼，他却实施下列行为：

a. 针对已被指控实施具有严重后果的犯罪行为所侵害的同一法益，实施具有严重后果的应受刑罚处罚的行为；

b. 或因该类犯罪行为已被判处刑罚，或多次或连续被指控实施该类行为的，针对已被指控的应受刑罚处罚的行为所侵害的同一法益，实施并非仅产生轻微后果的应受刑罚处罚的行为；

c. 针对已被两次判刑的犯罪行为且已被指控的应受刑罚处罚的行为所侵害的同一法益，实施应被判处 6 个月以上自由刑的应受刑罚处罚的行为；

d. 实施被指控的未遂犯罪或威胁犯罪（《刑法典》第 74 条第 1 款第 5 项）。

（3）犯罪嫌疑人被怀疑的犯罪应受的刑罚至多为 5 年自由刑，且生活正常有序并在国内拥有固定住所的，不能认为存在逃跑的风险，除非他已经做好出逃准备。在依据第 2 款第 3 项作出是否存在犯罪风险的判断时，具有决定性意义的因素是，犯罪嫌疑人危及人的生命和身体或具有通过犯罪集团或恐怖组织实施重罪的风险。此外，在判断这些羁押理由时还应当考虑，风险在何种程度上因犯罪嫌疑人被指控犯罪行为实施时的情势改变而有所降低。

（4）如果可以通过同时进行的刑事羁押或其他羁押达到羁押目的，则不得判处、维持或延长待审羁押。在刑事羁押的情形中，检察机关应当作出不同于执行的命令，这对于待审羁押目的的实现必不可少。尽管如此还是判处待审羁押的，刑事执行发生中断。

（5）可以作为较轻措施适用的特例是：

1. 宣誓保证刑事诉讼因判决生效而结束之前既不逃跑也不隐匿，也不会未经检察机关的同意离开其居住地；

2. 宣誓保证不会企图妨碍侦查；

3. 在家庭暴力的情形中（《警察法》第 38a 条），宣誓保证不与被害人进行任何接触、不违反禁止进入特定住所及其周边地区的指示、不违反依据《警察法》第 38a 条第 2 款作出的禁止进入令、不违反依据《执行条例》第

382b 条作出的临时处分，并扣押住所的所有钥匙；

4. 遵从下列指示：居住在特定地点的特定家庭中、避免特定住所、特定地点或特定交往、远离酒精饮料或其他毒品、完成所规定的工作；

5. 变更居住地点需通知，或间隔特定期间向警察或其他机构报到；

6. 暂时扣押身份证件、驾驶执照或其他权利证书；

7. 依据第 179 条的规定指定临时监督辅助人；

8. 依据第 180 条和第 181 条的规定提交保证；

9. 经犯罪嫌疑人同意，经受戒除治疗或其他医治、心理治疗（《刑法典》第 51 条第 3 款）或涉及健康的措施（《成瘾药物法》第 11 条第 2 款）。

（6）针对涉及依法至少应判处 10 年自由刑的重罪，必须判处待审羁押，除非基于特定事实情形应当认为，第 2 款所列举的羁押原因可以被全部排除。

监视居住

第 173a 条 （1）经检察机关或犯罪嫌疑人的申请，待审羁押可以由监视居住所取代，于犯罪嫌疑人位于国内的住处执行。待审羁押未因采取较轻的措施（第 173 条第 5 款）而被撤销的，且犯罪嫌疑人生活正常有序并同意接受适当电子监控（《刑罚执行条例》第 156b 条第 1 款和第 2 款），而羁押目的（第 182 条第 1 款）亦可以通过待审羁押的这一执行方式达到的，可以作出监视居住命令。此外，关于待审羁押的延长、解除和最长期限的规定应予以类推适用，自作出监视居住之时起不得依职权进行羁押审理，可以无须经过事先口头审理而直接以书面形式作出待审羁押延长或解除的决定。

（2）依据第 1 款提出的申请应当在羁押审理中作出决定（第 176 条第 1款）。如有必要，法院应当在申请提交后立即依据第 179 条的规定命令并委托临时缓刑考察员，至迟在羁押审理中向法院报告犯罪嫌疑人的生活情况和社会关系，包括在不危及逮捕目的的情况下从事工作或接受培训的可能性，以及与犯罪嫌疑人就监视居住执行达成的条件，犯罪嫌疑人应当在逮捕审理中通过发誓来确保这些条件的遵守。除了前往工作地点或培训地点、购置必要的生活用品及获得必要的医疗救助所需行走的最短路程之外，犯罪嫌疑人不得离开其住处。

（3）申请获得批准后，检察机关应当将执行监视居住的地点告知警察和安全机关，并委托司法机构，在电子监控所必需的技术设施安装完毕之后将犯罪嫌疑人移送监视居住。

（4）犯罪嫌疑人作出撤回其同意的表示的，法院应当撤回监视居住并作出继续在司法机构内执行待审羁押的命令。如果犯罪嫌疑人违反其誓言不遵循监视居住的条件或出现其他导致监视居住无法达到逮捕目的的情况，则该规则同样适用于检察机关提出申请的情形。移送的执行应当委托警察来完成。

（5）监视居住未被依据第 4 款的规定撤回的，针对判决既判力的问题，类推适用《刑罚执行法》第 3 条第 2 款的规定。

判处待审羁押

第 174 条　（1）法院应当及时地对被羁押且移送至司法机构的每一犯罪嫌疑人就待审羁押的前提条件对其进行询问。但是，侦查结果可能会对犯罪嫌疑或羁押原因的判断产生重大影响的，法院可以在作出决定之前立即开始侦查或委托警察进行侦查。在任何情况下法院都应当至迟于移送后的 48 小时内，就是否可以通过对犯罪嫌疑人采取较轻措施（第 173 条第 5 款）来释放犯罪嫌疑人还是应当判处羁押待审的问题作出决定。

（2）依据第 1 款作出的决定应当立即以口头形式通知犯罪嫌疑人。释放决定应当在 24 小时内送达检察机关并通知警察。判处待审羁押的，应当在 24 小时内安排送达犯罪嫌疑人并及时地将相关文件递交给检察机关、辩护人、司法机构以及所指定的监督辅助人。犯罪嫌疑人不能有效放弃送达。

（3）判处待审羁押的决定应当涵盖下列内容：

1. 犯罪嫌疑人的姓名及其他个人信息；

2. 犯罪嫌疑人具有重大嫌疑的应受刑罚处罚的行为、时间、地点、犯罪实施的情况及其法定名称；

3. 羁押原因；

4. 作为重大嫌疑和羁押原因成立依据的特定事实情形，以及不能通过采取较轻措施来达到羁押目的的原因；

5. 关于决定最长有效期的告知，以及不存在第 4 款或第 175 条第 3 款、第 4 款或第 5 款所列举的情形时，将于羁押可能被延长之前举行羁押审理的告知；

6. 只要尚未通知，就可以告知犯罪嫌疑人可以通知或委托通知辩护人、亲属或其他值得信赖的人；

7. 告知犯罪嫌疑人其处于待审羁押期间必须由辩护人代理；

8. 告知犯罪嫌疑人有权提起抗诉，此外，他可以随时提出释放申请或请求作出监视居住命令（第 173a 条）。

（4）犯罪嫌疑人针对待审羁押的判处提起的抗诉启动第 175 条第 2 款第 2 项的羁押期限。州高等法院就此作出的关于延长待审羁押的决定启动下一个羁押期限；第 3 款第 1 项至第 5 项的规定类推适用。

羁押期限

第 175 条　（1）判处待审羁押的决定或延长待审羁押的决定在特定期限内有效（羁押期限）；届满日应当在决定中予以载明。羁押期限届满之前应当进行在押审理或将犯罪嫌疑人释放。

（2）羁押期限为：

1. 从判处待审羁押之日起计 14 日；

2. 从首次延长待审羁押之日起计 1 个月；

3. 从再次延长待审羁押之日起计 2 个月。

（3）因受不可预见或不可避免事件的影响，无法在羁押期限届满之前进行在押审理的，可以将在押审理改期至期限届满之后 3 个工作日中的某一工作日进行；在此情形中，羁押期限应顺延。

（4）犯罪嫌疑人可以通过辩护人放弃即将进行的在押审理。在此情形中，关于解除或延长待审羁押的决定（第 176 条第 4 款）可以无须先期进行口头审理而以书面形式作出。

（5）提起公诉后，判处或延长待审羁押决定的效力不再受羁押期限的限制；只有当犯罪嫌疑人提出释放申请且在主审中可以及时地就此作出决定时，才可以在此之后进行在押审理。

羁押审理

第 176 条　（1）法院依职权指定羁押审理的日期：

1. 羁押期限届满之前；

2. 犯罪嫌疑人提出释放申请而检察机关不同意或提出监视居住申请（第 173a 条）的，及时地安排羁押审理；

3. 法院对延长待审羁押存疑的。

（2）羁押审理由法院主持；羁押审理不公开。日期应当通知检察机关、犯罪嫌疑人、其法定代理人、辩护人、要求知道日期的警察，以及监督辅助人。

（3）犯罪嫌疑人应当被带上法庭参加审理，除非因病不能参加。犯罪嫌疑人必须由其辩护人代理。对于被关押在管辖法院司法机构的分支机构或管辖法院司法机构之外的其他机构（第 183 条）的犯罪嫌疑人，可以不用带上法庭，而是依据第 153 条第 4 款的规定采取措施。

（4）首先由检察机关宣读延长待审羁押的申请并说明理由。犯罪嫌疑人、其法定代理人和辩护人有权提出异议。监督辅助人可以就羁押问题发表意见。检察机关和犯罪嫌疑人可以要求从案卷中调取补充论断。只要出于判断羁押问题的必要，法院就可以依职权或依提议询问证人或采集其他证据。犯罪嫌疑人或其代理人享有最后陈述权利。然后，由法院决定是否解除或延长待审羁押。第 174 条第 3 款第 1 项至第 5 项和第 8 项类推适用。

（5）针对依据第 4 款作出的决定提起的抗诉，应于决定宣布之日起 3 日内提出；第 174 条第 4 款第 2 句的规定适用。

待审羁押的撤销

第 177 条 （1）参与刑事诉讼的所有机关负有义务，致力于尽可能缩短羁押期限。检察机关和警察应当以侦查为重点并以特别快的速度完成侦查工作。

（2）一旦羁押、待审羁押或采取较轻措施的前提条件不复存在或它们的期限不符合比例性原则，应当立即释放犯罪嫌疑人并撤销较轻措施。

（3）检察机关认为应当撤销待审羁押的，应当向法院提出立即释放犯罪嫌疑人的申请。

（4）检察机关认为应当宣布撤销较轻措施的，应当向法院提出宣布撤销较轻措施的申请。检察机关申请变更或犯罪嫌疑人申请撤销或变更较轻措施而检察机关不同意的，由法院作出决定。针对该决定提起的抗诉应当于宣布之日起 3 日内作出。

（5）被害人提出该申请的，应当将犯罪嫌疑人于一审判决作出之前释放、释放的决定性因素以及针对犯罪嫌疑人采取的较轻措施立即通知被害人。应当依职权及时地将这些情况告知家庭暴力的被害人（《警察法》第 38a 条）和第 65 条第 1 项第 a 目所规定的犯罪嫌疑人。该通知由警察作出，犯罪嫌疑人被从待审羁押中释放的，该通知由检察机关作出。

待审羁押最长期限

第 178 条 （1）主审开始之前，待审羁押不得超过下列期限：

1. 犯罪嫌疑人仅因存在干扰侦查和作证的风险而被羁押的（第 173 条第 2 款第 2 项），2 个月；其他

2. 轻罪嫌疑，6 个月；重罪嫌疑，1 年；应判 5 年以上自由刑的重罪嫌疑，2 年。

（2）只有在存在特别困难，或侦查因羁押原因的重要性而涉及面特别广的情形中，才允许待审羁押超过 6 个月。

（3）如果为主审的进行而必须从新羁押因期限届满而被释放的犯罪嫌疑人的，则每次最长可以羁押 6 周。

临时监督辅助人

第 179 条 （1）经犯罪嫌疑人同意，对于支持犯罪嫌疑人建立一种未来不再实施应受刑罚处罚行为的生活方式和思想观点的努力具有必要性的，应当指定临时监督辅助人。

（2）犯罪嫌疑人有法定代理人的，应当将指定临时监督辅助人的命令向其告知。

（3）临时缓刑考察制度最迟于刑事诉讼因判决生效而结束之时终止。此外，类推适用关于缓刑考察的相关规定。

保证金

第 180 条　（1）单纯因存在逃跑风险而被羁押的（第 173 条第 2 款第 1 项）犯罪嫌疑人，可以因提交保证金、提供保证或依据第 173 条第 5 款第 1 项和第 2 项的规定发誓而被释放；犯罪行为应判的刑罚不严于 5 年自由刑。

（2）保证金的数额由法院按照检察机关的申请，考虑犯罪嫌疑人被指控犯罪行为的严重性、其身份和经济状况以及提供保证者的财产状况予以确定。

（3）保证既可以现金形式，也可以价值按照提交当天股价计算的、允许以被监护人资产投资的有价证券形式交存法院，或者通过在公开登记簿上登记不动产的负担或权利的质押进行保证，或通过同时负有支付义务的合格保证人（《民法典》第 1374 条）进行保证。如果基于特殊事实情形可以怀疑所提供的保证来源于犯罪嫌疑人的犯罪行为，则法院在接受保证之前应当就其来源的正当性展开侦查。

（4）犯罪嫌疑人逃避诉讼，或被判处非缓期执行的自由刑时拒绝开始执行刑罚，特别是未经允许而离开其居住地或不遵从主审传唤，法院可以依据检察机关的申请或依职权宣布保证失效。犯罪嫌疑人下落不明的，申请以及关于失效的决定应当依据《送达法》第 8 条第 2 款的规定送达犯罪嫌疑人。

（5）依据第 4 款的规定作出的决定发生既判力后，失效的保证由联邦收取，被害人有权要求其损害赔偿请求权从保证金或其变卖所得中优先获偿。

第 181 条　（1）犯罪嫌疑人因提交保证而被释放后准备出逃的，或出现有必要再次对其予以羁押的新情况的，应当不考虑保证，将其羁押，诚然，在这类情形中，保证解除。

（2）一旦刑事诉讼因判决生效而结束，在判处非缓期执行的自由刑的情形中，被判刑者开始执行刑罚的，保证解除。

（3）保证的解除由法院作出决定。

第四节　待审羁押的执行

概述

第 182 条　（1）将犯罪嫌疑人进行待审羁押的目的在于对抗羁押的理由（第 173 条第 2 款）。

（2）待审羁押中的生活应尽可能与普通生活方式相适应。只有在法律允许且为了达到羁押目的（第 1 款）或出于维护司法机构安全和秩序的必要性时，才能对在押犯罪嫌疑人进行限制。

（3）执行待审羁押时特别应当注意下列事项：

1. 对犯罪嫌疑人适用无罪推定；

2. 犯罪嫌疑人具有充分的机会为其辩护做准备；以及

3. 以恰当的方式对抗剥夺自由的不利后果。

（3a）只有当犯罪嫌疑人因重罪嫌疑而被待审羁押，且基于其被指控犯罪的类型及犯罪行为的实施、犯罪嫌疑人的性格或其生活经历应当认为，他对国家安全、他人的身体和生命、性权利或财产极其危险时，才能依据《刑罚执行法》第105条第6款第3项的规定使用武器。

（4）此外，只要本法未作出其他具体规定的，针对待审羁押的执行，就应当类推适用《刑罚执行法》关于执行刑罚时间不超过18个月的自由刑的相关规定。

（5）只要没有其他具体规定，关于执行待审羁押的规定就应当被适用于所有依据本法在司法机构执行的羁押。

羁押场所

第183条　（1）犯罪嫌疑人应被关押在负责作出待审羁押判决和延长待审羁押决定的法院的司法机构。如有必要，特别是出于司法机构经济管理利益的必要性，可以将女性犯罪嫌疑人关押在临近法院的司法机构。

（2）基于达到羁押目的或维护第182条所包含基本原则的必要性，执行领导部门应当命令其他司法机构负责。经犯罪嫌疑人同意，亦为避免超员，可以作出此类命令。

（3）只要有利于更为充分地利用执行设施，且无须担忧管辖移送将会给被告人造成不利影响或给刑事诉讼带来不利，执行领导部门就可以自主审开始（第210条第2款）之时起，命令州高等法院辖区内、依据第1款确定的司法机构以外的其他司法机构负责待审羁押。

（4）变更羁押地之前，应当听取犯罪嫌疑人、检察机关和法院的意见。移送之后，应当由当前负责的司法机构及时地通知检察机关、法院和辩护人。

（5）公诉发生法律效力之后，只要其他地区法院的管辖权成立的，就应当及时地将被告人移送至当前具有管辖权的地区法院的司法机构。

带出

第184条　关于犯罪嫌疑人的讯问、带出和移送，类推适用《刑罚执行法》第97条和第98条的规定，同时适用下述规定：

1. 讯问并非由法院或检察机关进行的，亦可以在机构内进行；

2. 只有获得检察机关的命令或许可且仅为参加审理、还原犯罪事实经过及其他交叉审讯，对质、亲眼目睹以及其他结果采集之目的，可以经警察或其他机关（《刑罚执行法》第98条第1款）的请求才可以将犯罪嫌疑人带出。

分离羁押

第185条 （1）不得将犯罪嫌疑人与服刑人员关押在一起。初次被羁押或依据第183条第3款的规定被羁押在另一司法机构的犯罪嫌疑人，应当与服刑人员分开羁押。参加室外活动、劳动、礼拜和集会以及医疗活动时，如果现有设施禁止将犯罪嫌疑人与服刑人员分离，则不必分离。

（2）基于达到羁押目的必要性，应当将参与同一犯罪行为的犯罪嫌疑人予以隔离避免其相互联系。只要检察机关尚未就此作出特别决定，应当将这些犯罪嫌疑人分开羁押。

（3）女性犯罪嫌疑人应当与男性犯罪嫌疑人和男性服刑人员分开羁押。

衣服和必需品

第186条 （1）应当以尊重其人格及其尊严的方式对待在押犯罪嫌疑人，尽可能对其人身予以照顾。只要衣物能够在机构内定期清洗或在机构之外经其授权清洗，在押犯罪嫌疑人就有权穿着自己的服装。在押犯罪嫌疑人没有得体衣物的，在参加主审、利用公共交通工具将其带出和移送时应当向其提供得体衣物。

（2）只要不违背羁押目的，既不会危及安全也不会严重影响司法机构的秩序或打扰其他在押人员的，在押犯罪嫌疑人就有权自费购置生活用品，购买服务及其他享受。

劳动和劳动报酬

第187条 （1）在押犯罪嫌疑人不负有参加劳动的义务。在满足适用于服刑人员的条件（《刑罚执行法》第44条至第55条）时，有劳动能力的犯罪嫌疑人表示愿意参加劳动且无须担忧会给诉讼带来不利影响的，有劳动能力的犯罪嫌疑人可以参加劳动。

（2）减去执行费用（《刑罚执行法》第32条第2款和第3款）的劳动报酬应当被作为家庭津贴全部计入犯罪嫌疑人的存款项下。当作出无罪判决、附条件终止诉讼、停止刑事诉讼的决定时，应当将扣除的执行费用支付给犯罪嫌疑人。

（3）（注：被《联邦法律公报》2010年第111号废除）

（4）只要符合羁押目的且不影响司法机构的秩序，在押犯罪嫌疑人可以自费自谋职业。基于此获得的收入应当计入家庭津贴。

与外界交流

第188条 （1）在无需过高费用支出即可确保的情况下，在押犯罪嫌疑人可以于固定探视时间内多次长时间会见来访者。此外，关于来访者的接待，应当类推适用《刑罚执行法》第 85 条至第 87 条和第 93 条至第 96 条的规定，并考虑到下列情况：

1. 不得禁止犯罪嫌疑人每周 2 次会见来访者，每次会见至少持续半个小时；

2. 只有在检察机关为确保羁押目的或司法机构负责人为维护司法机构安全而命令监控的，才能对犯罪嫌疑人和来访者之间的会谈内容进行监控；

3. 某人的来访将会危及待审羁押的目的或机构安全的，可以拒绝或中断会见。

（2）在押犯罪嫌疑人有权自费与其他人员和部门进行书信往来或电话联系，除非因书信或电话往来的特殊范围而对监控产生不利影响。在这一情形中，应当命令将其限制在无可指摘监控的必要范围内。应当将担心会给羁押目的造成不利影响的书信予以扣留，除非《刑罚执行法》第 88 条、第 90a 条至第 90b 条和第 96a 条的规定中关于与机关和法律辅佐人之间书信往来有不同规定。在押犯罪嫌疑人写给国内普通代表机关、国内法院、其他国内机关或欧盟机构以及欧洲人权法院的信件在任何情况下都不得扣留。关于电话内容的监控适用第 1 款第 2 项的规定。

（3）关于在押人员与其辩护人之间口头和书面交流的监控，适用第 59 条第 2 款的规定。

决定权

第 189 条　（1）关于在押犯罪嫌疑人可以与哪些人员进行书信往来以及会见哪些来访者，对其书信往来及其来访者进行监控，以及除包裹监控之外的所有其他涉及在押犯罪嫌疑人与外界交往的命令和决定（《刑罚执行法》第 86 条至第 100 条），侦查阶段由检察机关作出，主审阶段由法院作出。只有在无须担忧会对羁押目的产生不利影响的情况下，才能排除书信和电话往来的监控。

（2）依据《刑罚执行法》第 16 条第 2 款第 4 项和第 5 项的规定作出的决定，由负责作出判处和延续待审羁押决定的法院作出。

（3）此外，关于待审羁押的所有命令和决定由司法机构负责人或其指定的执行公职人员作出。在依据第 185 条第 2 款、第 186 条第 2 款和第 187 条第 1 款的规定作出任一决定之前，在侦查阶段应当听取检察机关的意见，在提起公诉之后应当听取法院的意见。在押犯罪嫌疑人实施的违规行为，应当通知检察机关和法院。该规定同样适用于应当担忧会对羁押目的产生不利影响的意外事件。

保加利亚

保加利亚刑事诉讼法典[*]

第一编　总　则

第七章　被告人

第二节　约束措施和其他程序性强制措施

第 56 条　约束措施

（1）如果根据案件证据，可以合理地假设他或她实施了犯罪并且第 57 条规定的理由出现，可以对具有一般性质的案件中的被告人采取约束措施。

（2）（2010 年第 32 号《国家公报》修正，2010 年 5 月 28 日生效）如果依据第 269 条第 3 款第 2—4 项规定的条件提出指控，约束措施应在对被告人讯问后采取。

（3）决定约束措施时，犯罪的社会危险程度，对被告人不利的证据，被告人的健康状况、家庭状况、职业、年龄和其他资料应当被考虑。

第 57 条　约束措施的目的

约束措施的适用是以阻止被告人潜逃和实施犯罪或者逃避生效裁决的执行为目的。

第 58 条　约束措施的种类

约束措施应为：

1. 签名；

2. 保证金；

3. 家庭逮捕；

＊　本法典于 2005 年 10 月 14 日由保加利亚议会批准，2005 年 10 月 28 日公布。本译本根据 2011 年 2 月 11 日第 13 号《国家公报》修正后的版本翻译，该文本语言为英语。

4. 羁押。

第 59 条　决定约束措施的决议

（1）决定约束措施的决议应当说明：签发的时间和地点、签发机构；签发所依据的案件；被告人的全名；他或她因为何种犯罪而成为被告人以及决定采取的措施的理由。

（2）决议应提交给被告人，被告人有义务在没有书面通知相关机构他的或她的新地址时不改变他的或她的居住地。

第 60 条　签名

签名应表明被告人接受在没有得到相关机构许可的情况下不离开居住地的义务。

第 61 条　保证金

（1）保证金可以用金钱或有价证券。

（2）决定保证金时，应考虑被告人的财产状况。

（3）被告人或他的或她的辩护人可以在提交的期限内就审前程序中的机构采取的保证金上诉。法院应立即以不开庭形式审理该案并应宣布具有终局性的决定。

（4）被告人或者其他人可以提交保证金。在最初采取保证金约束措施时或在将约束措施由签名变更为保证金时，相关机构应决定提交保证金的期限，这个期限不能少于 3 日不能多于 15 日。

（5）如果保证金无法在决定的期限内提交，法院可以采取一项更重的约束措施，在审前程序中检察官可以依据第 62 条第 2 款或第 64 条第 1 款提出请求。

（6）在将约束措施由更重的变为保证金的情形下，被告人应在交纳保证金后被释放。

（7）保证金不能撤回。

（8）当被告人被免除刑事责任或者被免除履行施加的处罚、被赦免、被判处非监禁刑或者为执行刑罚而被羁押时，保证金应被解除。

第 62 条　家庭逮捕

（1）家庭逮捕应作为防止被告人在没有得到相关机构许可的情况下离开他的或她的住宅的禁令。

（2）审前程序中家庭逮捕的约束措施应由法院依据第 64 条和第 65 条来施加和控制。

第 63 条　羁押

（1）当有根据假设被告人实施了应用监禁或其他更严厉的处罚来惩罚的

犯罪，并且案件的证据显示存在被告人可能潜逃或实施犯罪的真实危险时，羁押的约束措施应被采用。

（2）如果案件中无法发现相反的证据，在下列情形下，第 1 款规定的危险在羁押的最初交纳保证金之时即存在：

1. 指控是针对重复实施的犯罪或有危险的重犯的可能的；

2. 指控是针对严重的恶意犯罪并且被告人因另一个具有一般性质的严重恶意犯罪被判处没有因刑法典第 66 条规定的理由而延期执行的不低于 1 年的监禁刑或者另一更严重的处罚；

3. 被告人曾经是应判处至少 10 年监禁刑或其他更严重处罚的犯罪的被告。

（3）如果被告人潜逃或实施另一犯罪的危险消失，羁押应被更轻的约束措施替代或被撤销。

（4）如果指控是针对重要的恶意犯罪，审前程序中的羁押不能持续 1 年以上，如果指控是针对应判处不低于 15 年监禁刑或终身监禁刑的犯罪，羁押不能持续 2 年以上。在所有其他案件中，审前程序中的羁押不能持续 2 个月以上。

（5）第 4 款规定的期限届满之后，应依据检察官的命令立即将被羁押人释放。

（6）如果审前程序中出现第 3 款规定的事由，检察官应主动将约束措施由羁押变更为更轻的措施或应撤销它。

（7）羁押应立即通知：

1. 被告人的家属；

2. 被告人的雇主，除非被告人声明他或她并不希望如此；

3. 外事部，如果被羁押人是外国公民。

（8）被羁押人的子女如果没有亲人看护，应通过相关社区或市政府安排其到托儿所、幼儿园或寄宿学校居住。

第 64 条　审前程序中的羁押

（1）审前程序中的羁押应由相关一审法院依据检察官的动议作出命令。

（2）检察官应保证被告人立即到案，在必要时，为了他或她到案，检察官可以命令将被告人羁押至 72 小时。

（3）法院应立即由 1 名独任法官在检察官、被告人和他的或她的律师的参与下对案件进行审理。

（4）如果第 63 条第 1 款规定的情形出现，法院应采取羁押的约束措施。如果这些情形不出现，法院可以不采取约束措施或采取更轻的约束措施。

（5）法院应作出决定，并向法庭审理的当事人宣告，并立即执行。如果有上诉或异议，通过决定，法院应决定在不多于 7 日的期限内由上诉法院对案件进行审理。

（6）在 3 日期限内，可以对该决定向适格的上诉法院提出上诉或异议。

（7）上诉法院应由 3 名法官在检察官、被告人和他的或她的律师的参与下对案件进行开庭审理。被告人无充分理由不出庭不能阻止案件的审理。

（8）上诉法院应作出决定，并向参与法庭审理的当事人宣告。不能通过自诉或私人异议对该项决定提出上诉。

（9）如果生效决定施加了保证金，应在被告人交纳保证金后将其羁押。

第 65 条　审前程序中对羁押的司法控制

（1）被告人或者他的或她的辩护人可以在审前程序的任何时间要求变更施加的羁押措施。

（2）被告人或者他的或她的辩护人的动议应通过有义务将案件立即提交给法院的检察官提出。

（3）法院应在受理案件后 3 日的期限内在检察官、被告人和他的或她的辩护人的参与下对案件进行开庭审理。如果他或她声明他或她不想参与或由于健康原因无法出庭，案件可以在被告人缺席的情况下进行审理。

（4）法院应评估与羁押合法性有关的所有情况并作出决定，决定应向参与法庭审理的当事人宣告。如果有上诉或异议，通过宣告决定，法院应决定在不多于 7 日的期限内由上诉法院对案件进行审理。

（5）上诉期限届满后，决定应立即执行，除非一项并非为被告人利益的异议被提出。

（6）如果被告人或者他的或她的辩护人提出动议并且第 4 款规定的决定确认了这项约束措施，法院可以设定一个时间期限，在这个时间期限中，不予受理相同的人提出的新的动议。这样的期限不能超过决定生效后的 2 个月，如果动议依据的是被告人的健康状况的突然下降，则此期限不适用。

（7）在 3 日期限内，可以通过自诉或私人异议对该决定向适格的上诉法院提出上诉。

（8）上诉法院应由 3 名法官在检察官、被告人和他的或她的辩护人的参与下对案件进行开庭审理。如果他或她声明他或她不想参与或由于健康原因无法出庭，案件可以在被告人缺席的情况下进行审理。

（9）上诉法院应作出决定，裁决应向参与法庭审理的当事人宣告。对此项决定不能通过自诉或私人异议进行上诉。

（10）如果生效决定施加了保证金，在交纳保证金之后被告人才能被羁押。

（11）第1—10款同样适用于因为被告人没有交纳法院决定的保证金而被羁押的案件。

第66条　无法实现约束措施相关义务的后果

（1）如果被告人没有充分理由无法出现在适当的机构，或者他或她变更居住地没有通知上述机构，或者违反了施加的措施，应依据本法典的规定设定一个约束措施，或者用一个更严厉的约束措施替代后者。

（2）如果约束措施是保证金，金钱或有价证券应没收上缴国家。在这种情况下，可以设定更大数额的保证金。

第67条　禁止接触被害人

（1）根据检察官取得被害人同意的提议或根据被害人的请求，相关一审法院可以禁止被告人直接接触被害人。

（2）法院应立即对提议或请求进行开庭审理，听取检察官、被告人和被害人的意见。法院的决定具有终局性。

（3）案件以生效裁决结束后或者如果诉讼因其他原因终止，禁令应被取消。

（4）被害人可以在法院取消禁令后的任何时间提出请求。法院应依据第2款的规定进行裁决。

第68条　禁止离开保加利亚共和国领土

（1）（2008年第109号《国家公报》修正）在针对恶意犯罪指控的审前程序中，检察官可以禁止被告人离开保加利亚共和国领土，除非存在检察官的授权。应将禁令立即通知边境检查站。

（2）检察官应在3日期限内对被告人或者他的或她的辩护人依据第1款的规定提出的许可请求作出裁决。

（3）对于检察官的拒绝可以向适格的一审法院提出上诉。

（4）法院应通过不开庭方式立即对上诉进行审理，并立即作出确认检察官的拒绝或许可被告人离开保加利亚共和国领土的决定。

（5）在法院程序中，第1款和第5款规定的职权应由审理案件的法院行使。对此项决定可以通过自诉或私人异议进行上诉。

第69条　免除被告人公职

（1）如果指控的是与职务有关的具有一般性质的恶意犯罪，并且有充足的理由认为被告人的公职地位将对案件情况的客观、彻底和完整查清造成阻碍，法院可以免除被告人公职。

（2）在审前程序中，适格的一审法院应由1名独任法官在检察官、被告人和他的或她的辩护人的参与下通过开庭方式进行裁决。

（3）在 3 日期限内，可以对该决定向适格的上诉法院提出上诉和异议。

（4）上诉法院应由 3 名法官在检察官、被告人和他的或她的辩护人的参与下通过开庭方式进行裁决。被告人无充分理由不出庭不能阻碍案件的审理。

（5）如果不再有必要采取措施，审前程序中的开除公职应由检察官撤销或由法院依第 1 款和第 2 款的程序根据被告人的动议撤销。

（6）在法院程序中，第 1 款规定的职权应由审理案件的法院行使。

第 70 条　在精神病机构收容检查

（1）在审前程序中相关一审法院由 1 名法官和 2 名法院陪审员依据检察官的动议，可以将被告人安置在精神病机构不超过 30 日的期限。在法院程序中，审理案件的法院可以依据当事人的动议或主动将被告人安置在精神病机构不超过 30 日的期限。

（2）法院应通过开庭审理作出裁决。在法庭上，法院应听取精神病学专家和被安置的人的意见。检察官和辩护人的参与是强制的。

（3）对于审前程序中的决定，在 3 日期限内，可以通过自诉或私人异议向相关上诉法院提出上诉。

（4）上诉法院应由 3 名法官在检察官、被告人和他的或她的辩护人的参与下对案件进行开庭裁决。被告人无充分理由不出庭不能阻碍案件的审理。

（5）如果法院设定的检查时间被证明是不足的，可以依据第 1—4 款的程序延长不超过 30 日，只能延长一次。

（6）被安置在精神病机构的期间应被认为是羁押。

第 71 条　强制到庭

（1）如果被告人没有充分理由无法出庭接受讯问，如果他或她的出庭是强制的或者如果相应机构认为这是强制的，他或她应被强制到庭。

（2）如果他或她已经潜逃或者没有固定居住地，可以不经预先传唤使被告人强制到庭。

（3）强制被告人到庭应在白天执行，除非需要毫不迟延地执行。

（4）（2008 年第 109 号《国家公报》修正）强制到庭应由司法部的机构执行，在它是由作为侦查机构的侦查警察决定的情况下，由内政部的机构执行。

（5）对于囚犯的强制到庭应由相应的监狱管理部门或矫正机构提出申请。

（6）武装力量的军官应由相关军事机构强制到庭。

（7）强制到庭的决定应当提交给必须到庭的人。

第 72 条　将罚金、没收的财产和没收的设备上缴国家的措施

（1）依据检察官的申请，相关一审法院应由 1 名独任法官在不开庭审理中根据民事诉讼法典的规定采取措施将罚金、没收财产和没收设备上缴国家。

（2）在法院程序中，法院应根据检察官的动议采取第 1 款规定的措施。

第 73 条　对民事权利请求的保全

（1）法院和审前程序中的机构有义务向被害人说明他或她有权对犯罪引起的损害提出民事权利请求。

（2）在审前程序中，根据被害人的请求，相关一审法院应由 1 名独任法官在不开庭审理中根据民事诉讼法典的规定采取措施保全权利请求。

（3）在第 51 条规定的情形下，第 2 款规定的措施应依据检察官的请求采取。

（4）在法院程序中，第 2 款和第 3 款的请求应由审理案件的法院进行裁决。

第二编　证　明

第十七章　侦　查

第一节　审前程序的提起和侦查行为

第 234 条　执行侦查的期限、程序性强制措施的期限

（1）应在自提起之日起 2 个月的时间内执行侦查并将案件提交检察官。

（2）检察官可以确定一个更长的期限。如果期限看似不足，检察官可以在第 1 款规定的期限届满之前延长期限。

（3）（2008 年第 109 号《国家公报》增补；2010 年第 32 号《国家公报》修正，2010 年 5 月 28 日生效）基于检察官的请求，如果案卷构成事实上的或法律上的错综复杂，检察机构的行政领导或者由他授权的检察官可以将第 1 款规定的期限延长不超过 4 个月。在特殊情况下，更高级别的检察机构的行政领导或者由他授权的检察官可以延长这个期限。

（4）（2010 年第 32 号《国家公报》修正，2010 年 5 月 28 日生效）理由充分的延长期限的请求应在第 1 款和第 2 款规定的期限届满之前提交。

（5）更高级别检察机构的检察官和相关首席检察官可以确定一个比请求的期限更短的期限。在此情况下应依照第 2 款和第 3 款的规定对期限进行延长。

（6）延长执行侦查的期限的检察官应就程序性强制措施作出裁决。

（7）超出第 1—3 款规定的期限执行的侦查行为不能产生法律后果，并且收集的证据不能在法庭宣告判决中使用。

（8）（2010 年第 32 号《国家公报》修正，2010 年 5 月 28 日生效）对于被告人采取的程序性强制措施以及保全民事权利请求的措施，如果不再有施加的理由，在严重犯罪的情况下在自参与之日起超过 2 年之后，在其他情况下超过 1 年之后，由检察官予以撤销。这些期限不包含检察官根据第 25 条中止刑事诉讼的时间。

（9）如果检察官没有履行第 8 款规定的义务，一审法院应根据被告人或者他的或她的辩护人的请求撤销程序性强制措施。

（10）（2010 年第 32 号《国家公报》修正，2010 年 5 月 28 日生效）法院应由一名独任法官以不开庭形式作出终局性的裁决。

（11）（2010 年第 32 号《国家公报》废除，2010 年 5 月 28 日生效）

第四编　法庭程序

第二十章　法庭审理

第一节　总　则

第 270 条　在庭审中的约束性措施和其他程序性强制措施的裁决

（1）约束性措施的修正问题可以在法庭程序中任何时间交付审议。倘若情形发生变化，可以向相应法院提出约束性措施的新请求。

（2）法院应不考虑构成犯罪的合理假设的存在性，在公开的法庭上以决定形式作出裁决。

（3）遵守第 1 款和第 2 款的命令，法庭也应对禁止离开保加利亚共和国国境和开除被告人职位的请求作出裁决。

（4）可以根据第二十二章的规定对第 2 款和第 3 款的决定提起上诉和抗诉。

比 利 时

重罪审理法典[*]

第一卷 司法警察与履行司法警察职责的警官

第八章 保释与担保

第 113 条 如果被追诉人受到指控的罪名可能被判处重罪刑罚，则不得对其保释。

第 114 条 如果犯罪可能被判处轻罪刑罚，评议室可以根据被追诉人的申请及国王检察官的公诉意见，暂时释放被追诉人并令其提供可支付的担保以保证在任何诉讼活动以及判决执行中按照要求到案。

在诉讼任何阶段均可以申请并批准保释。

第 115 条 但是，在任何情况下，对流浪人员及累犯均不得保释。

第 116 条 释放申请应当通知民事当事人，向其居住地或选定的地址寄发通知。

第 117 条 国王检察官与依法传唤的民事当事人对担保支付能力进行商讨。

应当以可以自由支配的不动产证明担保人具有保证金支付能力，不动产应当达到保证金的 1.5 倍，或者将现金保释金放置于信托寄存处。

第 118 条 被追诉人可以被允许作为自己的担保人，提供保证金或者以可以自由支配的不动产证明证明其支付能力，不动产应当达到保证金的 1.5 倍，在任何一种情况下，均应当按以下规定办理。

第 119 条 保证金不得低于 500 法郎。

如果轻罪可能被同时判处监禁刑及罚金，双倍罚金可能超过 500 法郎，则

---

[*] 本法典的序编于 1878 年 4 月 25 日公布，同年 5 月 5 日生效。1808 年 11 月至 12 月先后公布第一卷至第二卷，并相继生效。至今为止多次修改。本译本根据比利时司法信息网站 2014 年 5 月 14 日提供的法语文本翻译。

保证金不得超过双倍罚金的金额。

如果轻罪导致民事赔偿，保证金为赔偿数额的 3 倍，预审法官可以仅以此目的作出裁判，但这种情况下保证金也不得低于 500 法郎。

第 120 条　如果被追诉人抗传，保证人应当向法院书记室或者公证员支付税务员登记之保证金。

在被告人被保释之前，执行决定应当送交民事当事人。

第 121 条　提交的现金及作为担保物的不动产优先用于：（1）支付民事赔偿及民事当事人预先支付的费用；（2）支付罚金；但是上述均不影响因公众当事人支付费用引起的公共财政优先权。

国王检察官与民事当事人无须等到终审判决即可进行抵押登记。根据一方或另一方申请进行的登记对双方均有效。

第 122 条　预审法官根据国王检察官的意见或民事当事人的申请，裁定支付保证金额。

根据国王检察官的要求，由登记处主任负责追踪支付情况。钱款交至登记处收款台，不影响民事当事人的起诉与其享有的权利。

第 123 条　（废除）

第 124 条　只有在轻罪法庭所在地通过向书记室递交文书选定住所的被追诉人才可以被保释。

第 125 条　除了对保证人提起的追诉，应当执行预审法官的裁定，被追诉人应当被羁押在看守所。

第 126 条　如果已支付保证金，被追诉人今后在任何情况均不得再次以保证人的方式保释。

第二卷　法　院

第一编　违警罪法院与轻罪法庭

第四章　笔录传唤程序

第 216（4）条　§1 国王检察官可以传唤执行 1990 年 7 月 20 日《关于审前羁押的法律》第 1 条、第 2 条被逮捕的人或到案人，令其在 10 日至 2 个月期限内至违警罪或轻罪法庭。

国王检察官通知其被指控的事项以及出庭的地点、日期及时间，并告知其有权选择一名律师。如果被传唤人未选择律师，国王检察官应当通知律师公会会长或其助理。

此项通知及程序应当记入笔录，并立即将复本交给被传唤人。

通知相当于出庭传票。应当毫不延迟地通知律师、律师公会会长或其助理及被害人庭审的日期。针对执行 1965 年 4 月 8 日《关于保护青少年、实施犯罪的未成年人及赔偿犯罪造成的损害的法律》第 57（2）条规定被剥夺权利的人提起的诉讼，优先适用通过笔录传唤的程序。

国王检察官通过任何适当方式通知已知的被害人出庭的地点、日期及时间。

§2 判决在 §1 规定的庭审开始后 2 个月内宣告。

提出异议的情况下，在第 151 条第 2 款及第 188 条规定的庭审开始后 2 个月内宣告判决。

在上诉的情况下，最迟应当于自提出上诉状之日起 1 个月期限届满后第一次庭审时对案件作出决定。

丹　麦

丹麦司法行政法[*]

第四卷　刑事诉讼法

第二部分　起诉前准备

第六十九章　逮　捕

第 755 条　（1）警察基于合理根据认为某人实施一项国家可诉的罪名，且逮捕是阻止其继续其他犯罪、确保其到案或者阻止其与他人联系的必要手段时，可对其进行逮捕。

※ 本法于 1916 年通过，1919 年生效。本译本根据 2006 年 1 月 1 日 DJOF Publishing 出版社 Malene Frese Jensen、Vagn Greve、Gitte Hoyer & Martin Spencer 编的《The Principal Danish Criminal Acts》一书翻译。该书语言为英语。

* 本法于 1916 年通过，1919 年生效。本译本根据 2006 年 1 月 1 日 DJOF Publishing 出版社 Malene Frese Jensen、Vagn Greve、Gitte Hoyer & Martin Spencer 编的《The Principal Danish Criminal Acts》一书翻译。该书语言为英语。

（2）如果任何个人发现有人正在准备进行一项国家可诉的犯罪行为，可享有同样的权限将其逮捕，被逮捕人必须立即被带至警察处，告知警察逮捕的时间和理由信息。

（3）如果一群聚集者实施或者威胁他人人身或者财产安全，或者如果若干人之间的争斗已经造成人员死亡或者严重的身体伤害，并且不能清楚地确定犯罪者，警察可以逮捕在场的任何可疑的参与犯罪者。

（4）如果剥夺自由的措施与案件实质情况和情节不相称，则不应适用逮捕。

（5）逮捕可经警察申请，由法庭作出决定。

第 756 条　如有合理根据怀疑任何人违反了《刑法典》第七章或第八章缓刑条件之规定的，违反《刑法典》第 68 条、第 69 条、第 70 条或第 72 条之下的判决或者法庭指令的，违反附条件缓期执行决定的，违反假释或者依据第 765 条采取的措施的决定，为保证其到案，警察可对其进行逮捕。

第 757 条　有义务到庭的被指控人经传唤后没有正当理由拒不到庭，当传票中或者法庭审判期间明确要求该被指控人应当亲自到庭并且被指控人明知如果不到庭将会被逮捕的，法庭可决定将其逮捕。

第 758 条　（1）在可允许的环境下逮捕的执行应当使用最少限度的武力。在遵守第 792 条 e 的规定下，警察可以对被逮捕人的身体和衣物进行检查，移除被逮捕人可能用于暴力反抗或者逃跑或者对被捕人或其他人造成危险的物品。警察可以保管被逮捕人控制下的这些物品和钱款。抓捕过程中，对被逮捕人自由的限制应在以逮捕和控制秩序为目的的必要限度内进行。

（2）警察应当及时告知被逮捕人对其的指控和逮捕的时间。对该规定的执行必须记录在报告中。

第 759 条　（1）当有理由怀疑被逮捕人可能在场时，可对相关房屋、其他建筑或者物件进行搜查。

（2）第 795 条第 1 款第 1 项和第 796—800 条之规定可以类似适用。

第 760 条　（1）当逮捕的理由不存在时，应当立即释放被逮捕人。释放时间应当在报告中记录。

（2）对于未被释放的被逮捕人，应将其在逮捕后的 24 小时之内带至法庭。逮捕时间和带至法庭时间都应记录在案。

（3）如果对于一个因刑事犯罪而逮捕的被指控人，无须羁押候审，则被逮捕人应当在听审结束前予以释放。

（4）如果逮捕针对的是须羁押候审的刑事犯罪，或者根据第 756 条，被逮捕人不能立即被释放，法庭在信息不充分的情况下或存在其他原因，不能立即决定将其羁押，可以决定将被逮捕人临时羁押。引起逮捕的情况应当在决定中列明。逮捕维持期间，第765条同样适用。被指控人应当有机会陈述任何他所获取的信息。

（5）如果逮捕被批准，被逮捕人未被释放，被逮捕人应当在第一次法庭听审结束后72小时内再次被带至法官面前，决定被逮捕人是否释放、羁押或者适用第765条措施。

第761条 对于因执行判决，或不履行罚金而转为羁押处罚的被逮捕人，第758条第1款和第759条同样适用。

第七十章 羁 押

第762条 （1）被指控人可被羁押候审，如果一个有根据的怀疑表示其实施了一项可诉罪名，根据法律规定，该罪名可导致1年6个月以上的监禁刑罚，并且：

1）如果基于被指控人的具体情况，有具体理由推定其可能逃避诉讼或者逃避执行，或者

2）如果基于被指控人的具体情况，有具体理由怀疑其很可能实施如前所述的另一犯罪，或者

3）如果基于被指控人的具体情况，有特定的理由怀疑被指控人将会阻挠诉讼，特别是隐匿证据或者威胁或影响他人。

（2）被指控人可以继续被羁押，如果有足够根据怀疑认为其已经实施：

1）一项按照国家法律可被判处6年或以上的犯罪，并且根据执法情况考虑到已发现事实的严重性，该行为在法律上要求被告人须处于在押状态，或者

2）对于违反《刑法典》第119条第1款、第123条或者第134条a、第244—246条、第250条或者第252条之罪名，根据事实的严重性如果该犯罪有可能无条件地被判处至少60日的监禁刑，并且法律要求被告人处于在押状态。

（3）对于如果被告人被判有罪，可能被判处罚金或者不超过30日监禁刑的，或者考虑到剥夺被指控人自由所造成的侵扰与案件的严重性和法律制裁并不相符，则不适用羁押。

第763条 （1）如果有根据怀疑被追诉人违反了《刑法典》第七章或者第八章关于有条件缓刑和假释条件的规定，法庭认为其行为达到应进行监禁或送交羁押场所的性质，并且

1）根据该人的具体情况，有特别理由相信他将逃避违反以上条件的后

果，或者

2）根据该人的具体情况，有充分原因说明他将继续违反以上条件，并且考虑到违反的性质，有必要对其继续进行羁押以防止其继续违反上述条件。

（2）对有根据怀疑违反法庭依据《刑法典》第68、69、70条或第72条的判决或命令的人，以上条款也可以适用。

第764条 （1）法庭根据警察申请决定是否对被指控人进行羁押。

（2）身在国内的被指控人在法庭上就相关指控被讯问，在决定作出之前其应有机会作出陈述，除非法庭发现根据特定原因将其带至法庭没有必要或可能会对被指控人造成损害。如果法庭作出羁押决定之时被告人没有机会进行庭前陈述，或者阻碍其到庭的事由消失，被指控人应在被带回国后24小时内被带至法官面前。

（3）在关于对被指控人进行扣押的法庭听审中，被指控人应当有权利获得辩护律师的帮助。如果被指控人参与听审，则其有权利在被讯问之前与他的辩护律师进行协商。

（4）法庭决定应以法庭令状的形式作出。如果法庭决定对被指控人进行羁押，则法庭令状应当列明具体的案件情况和满足羁押条件的理由。如果被指控人在场，应当立即告知被指控人法庭适用羁押的法律依据，以及法庭令状中的羁押理由和其上诉的权利。根据申请，关于羁押决定的法庭令状文本应当尽快送达该人。

第765条 （1）如果满足羁押条件，但是羁押的效果可以通过造成更少妨碍的措施予以实现，经被指控人同意。

（2）法庭可以决定被指控人应：

1）对其实行法庭所决定的监管，

2）遵守特定的居住、工作、业余时间和与特定人联系的规定，

3）居住在一个适宜的居所或者机构，

4）如有必要，交由医院或其他类似机构进行精神治疗或者酒精治疗、毒品或类似的治疗，

5）在规定时间向警察报告，

6）护照或者其他身份证明的文件交由警察保管，

7）为出席法庭听审或者判决的执行提供一个确定的财产担保。

（3）根据第1款和第2款所作出的决定，第764条可类似适用。

（4）如果被指控人逃避出庭或者判决的执行，法庭可在相关考虑的基础上，根据第2款第7项作出要求没收财产担保的决定，被指控人有机会就此作出说明。被没收的担保交与财政部，允许转为被害人的赔偿。法庭可以在特定

情况下并且在法庭令状作出的 6 个月内，决定已划归为财政部的被没收担保，全数或部分返还于被没收人。

（5）在没有其他规定的情况下，根据第 2 款第 3 项或第 4 项，司法部长可在与社会事务部长和卫生部长的讨论后，制定规则批准在机构或者医院等场所的人请假离开有关场所。司法部长根据以上规则所作的决定不得向上级行政机关上诉。

第 766 条　法庭可在任何时候撤销法庭羁押令状或此处使用的侦查措施。

第 767 条　（1）除了被指控人不在押的情况之外，法庭令状应当列明羁押或者相关措施的期限。该期限应当尽可能缩短并且不得超过 4 周。期限可以延长但是一次不得超过 4 周。除非被指控人主动接受，期限延长的批准应当以法庭令状的方式作出。一审判决作出之前，第 764 条之规定同样适用于法庭庭审和期限延长的令状。被采取羁押或者其他监管措施的被指控人，如果放弃出庭的权利或者法庭认为其出庭会导致不适当的困难，被指控人不必出庭。

（2）如果第 1 款规定的期限在庭审开始后已经届满，在无须采用另外措施延长羁押的情况下，则该羁押或其他措施可以继续，直至该案作出判决。在审判之前规定的期限届满之后，被告人可以根据第 766 条、第 768 条申请法庭撤销羁押候审或其他措施。如果被告人在期限届满之后要求法庭撤销羁押候审或其他措施，法庭应当在 7 日之内作出决定。如果法庭不予准许，被告人可以在法庭作出决定的 14 日之后向法庭提出新的申请。如果根据第 762 条第 2 款的羁押候审出现问题，撤销羁押的决定得由一名法官或未参与审判的审判庭参照第 60 条第 3 款作出，除非出现第 60 条第 3 款第 2 句中的条件之一。如果决定是由一名法官或未参与庭审的法庭作出，对被告人的申请可以根据法庭规则进行书面审查。

（3）对于法庭延长羁押候审时间或其他超过 3 个月的羁押措施的令状的上诉应当开庭审理。当开庭审理上诉进行一次后，高级法庭得决定是否批准以后的开庭审理申请。第 1 款最后一句的规则同样适用。

第 768 条　若撤诉或羁押的前提不存在，法庭可在必要时指令撤销羁押候审或相关措施。如果法庭认为侦查进度缓慢，并且继续羁押或其他措施已经不合理，法庭应撤销羁押及其他措施。

第 769 条　（1）羁押或其他措施之决定的效力持续至法庭宣判。案件判决后，根据申请法庭可以决定在被告人上诉期间或判决执行之前，是否应对被告人进行羁押或继续羁押或者采取其他措施。对法庭的这项决定，可类似适用第 762 条、第 764—766 条以及第 768 条，除非被告人接受继续羁押或者被采取其他措施。如果某人在案件判决之前已经被羁押或采取其他措施，但是法庭未发现继续采取此措施的理由，法庭在审理上诉的上级法庭就案件或者羁押问题作出决定之前，可基于控方的申请，决定继续羁押或采取措施。

（2）如果被告人对案件的结果进行上诉，并且法庭在判决之后根据第 1 款作出对被告人适用羁押或者其他措施的裁定，对于该措施的继续适用问题应当尽快呈递至上级法庭。对于羁押或其他措施的审查，类似适用第 762 条，第 764 条第 1 款、第 3 款、第 4 款，第 765 条，第 766 条，第 767 条第 1 款第 1—4 句，以及第 768 条。

第 770 条　（1）被羁押人仅受为确保羁押目的之实现或者维持羁押场所秩序和安全所必要的限制。

（2）被羁押人应当尽可能地羁押在刑事案件发生地的羁押场所。由于健康原因或根据第 777 条，可将被羁押人羁押在其他地方。

第 770 条 a　法庭可以基于警察的申请决定对被羁押人进行单独关押，如果：

1）羁押的决定是根据第 762 条第 1 款第 3 项作出，并且

2）有具体理由相信羁押措施本身不足以防止被羁押人阻碍案件进行，包括通过其他同监室者影响同案犯或者以威胁或其他类似方式影响他人。

第 770 条 b　单独羁押只有在以下情况下才可适用或继续适用，如果：

1）该措施的目的不能通过以下其他力度更小的方式实现，包括：将被羁押人关押到其他无某类性质的同押犯人的监狱，或者阻止被羁押人与这些同押犯人交往，或者进行信件检查、探视检查或不予探视，

2）因为被羁押人年轻、身体或智力缺陷或个人情况，采取这些措施，包括采用后所达到的强度与案件的重要性和该人被定罪之后可能被判处的刑罚不相适应，并且

3）侦查工作快速进展，包括第 747 条收集证据，需要单独羁押候审。

第 770 条 c　（1）如果指控所涉及的罪名的刑期根据法律规定达不到 4 年监禁刑，单独羁押持续时间不得超过 4 周。

（2）如果指控所涉及的罪名根据法律规定可以导致 4 年以上不超过 6 年的监禁刑，单独羁押持续时间不得超过 8 周。

（3）如果指控所涉及的罪名根据法律规定可以导致 6 年以上监禁刑，单独羁押持续时间不得超过 3 个月。但若根据重要的考量认为持续单独羁押有必要的，不论被羁押人已羁押多久，作为例外，法庭可以决定单独羁押 3 个月以上。

（4）对于 18 岁以下的被羁押人，单独羁押时间在任何情况下不得超过 8 周。

第 770 条 d　（1）法庭对于单独羁押的决定应以单独的法庭指令形式作出。如果法庭准许单独羁押，应在令状中列明采取该措施的特定条件符合第770 条 a—770 条 c 之规定。

（2）法庭作出单独羁押决定，适用第 764 条第 2—4 款；第 766 条、第767 条第 1 款和第 768—769 条之规定，类似适用。当单独羁押被启动，第一次持续时间不得超过 2 周。如果被羁押人为 18 岁以下，对其的单独羁押时间最多可以一次延长 2 周。

第 770 条 e　如果单独羁押被延长超过 8 周，对被羁押人提出的上诉应当开庭审理。如果单独羁押的决定被支持，在此之后，对于根据上诉令维持的单独羁押之裁定的上诉同样应当开庭审理，但应与最近一次关于延长单独羁押的开庭审理时间间隔不得少于 8 周。

第 771 条　（1）被羁押人可在维持羁押场所秩序和安全的限度下接受探访。警察可以根据羁押的目的反对被羁押人接受探访，或者要求探访在监视下进行。如果警察不准许被羁押人接受探访，应将此告知被羁押人，除非法官基于对侦查的考虑作出不同的决定。被羁押人可将警察不予准许其接受探访或者探访被监视的事实要求法庭进行审查。被羁押人始终有权要求其与辩护律师的会见不被监视。

（2）在特定情况下，经警察同意，执行羁押机构可以准许被羁押人短暂离开。

第 772 条　（1）被羁押人有权利收发信件。警察可在寄出或接收前对信件进行检查。警察应尽快通过或者寄出被羁押人的信件，除非信件的内容不利于侦查或者维持羁押场所的秩序或保证羁押场所的安全。如果信件被扣留，对信件是否可被扣留的问题应当立即提交法庭决定。如果法庭批准扣留信件，应尽快通知寄件人，除非法官出于对侦查的考虑作出不同的决定。

（2）被羁押人有权要求其与法庭、辩护律师、司法部长和监狱部门长官、国会监察员的信件往来不受警察监管。司法部长可以制定关于被羁押人有权向其他社会机构或者个人投递密封信件的规则。

第 773 条　如果警察根据羁押的目的考虑决定对被羁押人的权利进行其他限制，该被羁押人可以要求将此提交至法庭决定。

第 774 条　羁押机构的工作人员或其他人员不得参与对被羁押人进行侦查。

第 775 条　（1）可以对被羁押人采取关禁闭室 2 周或没收劳动报酬作为纪律惩处。

（2）根据矫正法第 65 条和第 66 条关于使用戒具或关押于安全室的规定

同样适用于被羁押人。

第 776 条 司法部长得制定关于被羁押人待遇的规定。根据法庭令状被单独羁押的被羁押人，司法部长得特别规定关于增强监管、增加探视、一对一教育、某些种类的工作，以及常规的和延长的与神父、医生、心理咨询师和其他人的谈话。司法部长还应当制定规则解决被单独羁押人员因羁押所产生的职业的、社会的和个人的困难之帮助问题。

第 777 条 根据《刑法典》第 68 条、第 69 条，经检察官和机构的管理机关同意，被羁押人可以被关押在服刑、预防性服刑或医院等场所。如果出于健康状况或安全考虑的需要，在特殊情况下，法庭可以不经被羁押人同意批准将其关押于这些地点。在这些羁押场所，自愿转入的被羁押人之待遇得与因判决而被关押在此的人员相同；而强制转押于此的被羁押人员之待遇应根据该羁押场所秩序和安全之考虑而定。除非根据第 771 条第 2 款所提及的情况，没有法庭的批准，被羁押人不得离开这些羁押场所。

第 778 条 （1）被羁押人对于羁押场所工作人员的申诉应当提交至羁押场所负责人或者监狱管理部门。如果申诉未成功或者最终决定未在申诉提出后 2 周内作出，该申诉可被提交至羁押场所所在地的法庭。

（2）由法庭所主导的调查应当根据第 1019 条 b、第 1019 条 e 第 1 款和第 3—5 款、第 1019 条 f 第 2 款以及第 1019 条 g 进行。由法官决定询问申诉人、被申诉人、证人以及获取专家证言或其他证据。

（3）当申诉调查结束后，法庭发布的调查报告送交申诉人、被申诉人、羁押场所（监狱）领导以及监狱管理部。

第 779 条 （撤销）

德　国

德国刑事诉讼法*

第一编　总　则

第九章　羁押和临时逮捕

第112条　[待审羁押的前提条件；逮捕理由]

1. 具有行为的重大嫌疑，且构成逮捕理由的，对该犯罪嫌疑人允许命令待审羁押。如果与案件的重大程度以及预期判处的刑罚、矫正及保安处分不合比例的，则不允许命令待审羁押。

2. 根据一定的事实，

（1）可以确定犯罪嫌疑人逃跑或者隐藏，

（2）分析个案情况，认为存在犯罪嫌疑人逃避刑事诉讼程序的危险（逃亡之虞），或者

（3）犯罪嫌疑人的行为，构成具有下列行为的重大嫌疑：

a）毁灭、改变、移除、隐藏或者伪造证据，或者

b）以不被允许的方式向共同犯罪嫌疑人、证人或者鉴定人施加影响，或者

c）让其他人实施此类行为，

并且由此将产生加重侦查事实真相困难的危险（掩盖真相之虞）时，即构成逮捕理由。

3. 具有《国际刑法典》第6条第1款第1项、《刑法典》第129a条第1款或者第2款，以及结合第129b条第1款、第211条、第212条、第226条、

---

* 本法于1877年2月1日由德意志帝国皇帝（威廉二世）批准，1879年10月1日实施，2015年12月10日最新修正。本译本根据1987年4月7日公布的版本（联邦法律公报Ⅰ，第1074～1319页）翻译，该法语言为德语。

第306b条、第306c条的规定的犯罪行为的重大嫌疑，或者以行为危及他人身体或者生命的，具有《刑法典》第308条第1—3款规定的犯罪行为的重大嫌疑，对该犯罪嫌疑人即使未构成第2款规定的逮捕理由也允许命令待审羁押。

第112a条　[其他逮捕理由]

1. 犯罪嫌疑人具备下列行为的重大嫌疑的，也构成逮捕理由：

（1）《刑法典》第174条、第174a条、第176—179条或者第238条第2款和第3款的犯罪行为，或者

（2）重复或者连续地实施《刑法典》第89a条、第89c条第1—4款、第125a条、第224—227条、第243条、第244条、第249—255条、第260条、第263条、第306—306c条或者第316a条或者《麻醉药品法》第29条第1款第1项、第4项、第10项或者第3款、第29a条第1款、第30条第1款、第30a条第1款规定的严重危害法制秩序行为，

并且一定的事实显示在生效的判决做出前，其具有实施其他同类型严重犯罪行为或者连续实施犯罪行为之虞，有必要予以羁押避免危险，并且在第2项情况中可能判处1年以上剥夺自由。判断第1句第2项意义下的重大嫌疑也应当考虑此类行为，该行为系或者曾系程序处理的事项，已经生效的程序亦然。

2. 符合签发第112条规定的逮捕令的前提条件，但不符合第116条第1款、第2款规定的停止执行逮捕令的前提条件的，第1款的规定不予适用。

第113条　[对较轻行为的前提条件]

1. 对只能判处6个月以下自由刑或者180日以下的日额罚金的行为，不允许鉴于掩盖真相之虞命令待审羁押。

2. 在此较轻行为情形下，只有符合下列情况才允许鉴于逃亡之虞对犯罪嫌疑人命令待审羁押：

（1）其已经逃避过程序一次或者已做逃跑准备，

（2）在本法效力范围内无固定住所或居所，或者

（3）不能证明其身份。

第114条　[逮捕令]

1. 由法官签发书面逮捕令，命令待审羁押。

2. 逮捕令应当写明：

（1）犯罪嫌疑人，

（2）其有重大嫌疑的行为、实施行为的时间与地点、犯罪行为的法定特征和应当适用的刑法规定，

（3）逮捕理由，以及

（4）在不危及国家安全的限度内，写明重大嫌疑和逮捕理由所依据的事实。

3. 第 112 条第 1 款第 2 句的规定显得可予适用，或者犯罪嫌疑人援引这条规定的，应当阐明为予适用的理由。

第 114a 条　　［交付逮捕令］

执行逮捕时，向犯罪嫌疑人交付逮捕令副本；如果其德语语言能力尚欠缺的，应当向其提供其所能理解的语言的翻译文本。如果无法交付副本及可能的翻译文本，应当毫不迟延地以该犯罪嫌疑人所能理解的语言向其告知其被逮捕的理由以及其被提起的指控。在此情形下，要毫不迟延地补行交付逮捕令副本以及可能的翻译文本。

第 114b 条　　［告知义务］

1. 应当毫不迟延地、以其能够理解的语言书面告知被逮捕的犯罪嫌疑人其权利。书面告知显然不够充分的，应当再行以口头形式告知。书面告知不可行的，应当相应地适用前款规定的程序；在合理可行的范围内，应该再行书面告知。犯罪嫌疑人应当书面确认其已经被告知；如果其拒绝确认的，应当对此进行记录存档。

2. 依据第 1 款进行告知的，应当向犯罪嫌疑人指出：

（1）其应当毫不迟延地，最迟至抓获后的次日解交法院进行讯问，并对其是否继续羁押进行裁决，

（2）其享有对指控发表意见或者就此事项不予陈述的权利，

（3）可以申请收集对其有利的个别证据，

（4）可以任何时候，包括讯问前，咨询其选任的辩护人，

（4a）在第 140 条第 1 款和第 2 款情形下，依据第 141 条第 1 款和第 3 款的规定申请指定一名辩护人，

（5）请求由其选任的医生进行检查的权利，

（6）可以通知一名亲属或者一名其信赖人，由此将危及侦查目的的除外，

（7）如果未有辩护人的，可以根据第 147 条第 7 款的规定申请获取案卷中的信息和副本，并且

（8）解交至负责案件的法官后，维持羁押的，

a）可以针对逮捕令提起（程序问题的）上诉或者申请羁押审查（第 117 条第 1 款和第 2 款）和言词审理（第 118 条第 1 款和第 2 款），

b）如果（程序问题的）上诉不予受理的，则可以根据第 119 条第 5 款申请法院裁决，

c）羁押执行中，不服机构的裁决或者措施的，可以根据第 119a 条第 1 款申请法院裁决。

应当依据第 147 条告知犯罪嫌疑人阅卷权。不掌握德语的或者听力、语言

有障碍的犯罪嫌疑人，应当以其能够理解的语言进行告知，其可以根据《法院组织法》第 187 条第 1—3 款的规定申请在整个刑事诉讼程序中免费获得一名口译或者笔译人员。应当告知外国籍人员，其可以要求通知其本国领事代表，并接受本国领事代表的信息。

第 114c 条　　[通知亲属]

1. 应当给予被逮捕的犯罪嫌疑人立即通知一名亲属或者一名其信赖人的机会，由此将危及侦查目的的除外。

2. 被逮捕的犯罪嫌疑人在解交法院之后执行羁押的，则法院应当命令立即通知其亲属或者其信赖人。此通知义务同样适用于后续任一就是否继续羁押的裁决。

第 114d 条　　[通知行刑处所]

1. 法院应当向管辖犯罪嫌疑人的行刑处所提起羁押请求时一并传送逮捕令。此外，法院通知其下列信息：

（1）实施程序的检察院和根据第 126 条的规定有管辖权的法院，

（2）根据第 114c 条已经被通知的人员，

（3）根据第 119 条第 1 款和第 2 款作出的裁决和其他措施，

（4）其他在程序中作出的裁决，以其对履行行刑处所的任务有必要为限，

（5）法庭审理的日期以及据此获得的信息，以此信息对履行行刑处所的任务有必要为限，

（6）判决生效的时刻，以及

（7）其他对履行行刑处所的任务有必要的犯罪嫌疑人的信息，尤其是关于其性格和其他相关的刑事程序。

已通知的事实发生变更的，第 1 句和第 2 句的规定相应地予以适用。如果行刑处所已经通过其他途径获知信息的，则不予通知。

2. 检察院协助法院履行第 1 款规定的任务，并且依职权尤其就第 1 款第 2 句第 7 项规定的数据以及其根据第 119 条第 1 款和第 2 款作出的裁决和其他措施通知行刑处所。此外检察院向行刑处所送交起诉书副本，并就向第 126 条第 1 款规定的管辖法院进行起诉事宜通知行刑处所。

第 114e 条　　[接收行刑处所的信息]

如果行刑处所认为在羁押过程中获取的信息对法院和检察院履行职责有意义，且尚未通过其他途径获知的，则依职权将此信息通知法院和检察院。行刑处所向法院和检察院通知信息的其他权限，不受影响。

第 115 条　　[向有管辖权的法官解交]

1. 根据逮捕令逮捕犯罪嫌疑人后，应当毫不迟延地向负责管辖的法院

解交。

2. 解交后，法院应当毫不迟延地，至迟在次日对犯罪嫌疑人就指控事项予以讯问。

3. 讯问时，应当告知犯罪嫌疑人对其不利的情况，告诉其有权对指控做出陈述或者对案件保持缄默。应当给予犯罪嫌疑人消除嫌疑、逮捕理由以及提出对自己有利的事实的机会。

4. 如果维持逮捕的，应当告知犯罪嫌疑人其有权提起（程序问题的）上诉和其他法律救济（第117条第1款和第2款、第118条第1款和第2款、第119条第5款、第119a条第1款）。第304条第4款和第5款的规定不受影响。

第115a条　　［向最近的初级法院法官解交］

1. 对犯罪嫌疑人至迟在逮捕后的次日不能向负责管辖的法院解交的，应当毫不迟延地，至迟是在逮捕后的次日向最近的初级法院解交。

2. 解交后，法官应当毫不迟延地，至迟在次日对犯罪嫌疑人予以讯问。在可能的范围内，讯问时适用第115条第3款规定。在讯问中发现逮捕令已经撤销、检察院申请撤销（第120条第3款）或者被捕人并非逮捕令上所指的人员，则应当释放被捕人。此外，如果被捕人对逮捕令或者逮捕令的执行提出显然并非无理的异议，或者法院对维持逮捕有疑虑的，法院应当毫不迟延地以此情况下最快的途径将此类情况通知负责管辖的法院；负责管辖的法院毫不迟延地审查逮捕令是否应当撤销或者不予执行。

3. 如果犯罪嫌疑人未被释放，应当依其要求根据第115条的规定将其解交负责管辖的法院接受讯问。应当告知犯罪嫌疑人此项权利并做出第115条第4款规定的告知。

第116条　　［停止执行逮捕令］

1. 如果采取不这么严厉的措施，也足以达到待审羁押的目的，法官应当命令停止执行仅根据逃亡之虞而签发的逮捕令。尤其可以考虑：

（1）责令定期向法官、刑事追诉机关或者由它们指定的机构报到，

（2）责令未经法官、刑事追诉机关许可，不得离开住所或者居所或者一定区域，

（3）责令只能在特定人员监督下才可离开住所，

（4）责令犯罪嫌疑人或者其他人员提供适当的担保。

2. 如果采取不这么严厉的措施，也足以达到明显减少掩盖真相风险的预期，法官也可以命令停止执行仅根据掩盖真相之虞签发的逮捕令。尤其可以考虑，命令不得与共同犯罪嫌疑人、证人或者鉴定人建立联系。

3. 足以达到犯罪嫌疑人遵守特定命令从而实现羁押目的预期的，法官可

以停止执行根据第 112a 条签发的逮捕令。

4. 第 1—3 款情形下，出现下列情况，法官命令执行逮捕令：

（1）犯罪嫌疑人严重违反施以的义务或者限制，

（2）犯罪嫌疑人准备逃跑，依法传唤无正当理由不到，或者其他方式显示对其信任是缺乏正当性的，或者

（3）出现的新情况使得有必要羁押。

第 116a 条　[具保停止执行逮捕令]

1. 出具担保，应当以提存现金、有价证券、设定质权或者由适当人员做出保证的方式进行。基于《法院及司法机关支付法》做出的法规命令的不同规定，不受影响。

2. 担保种类与保证金额，由法官自由裁量确定。

3. 不在本法地域效力范围内居住的犯罪嫌疑人，申请具保停止执行逮捕令，负有全权委托一名在案件管辖法院辖区内居住的人员代收送达的义务。

第 116b 条　[优先执行待审羁押]

待审羁押优先于引渡羁押、暂时的引渡羁押、驱逐出境羁押和遣返羁押而予以执行。其他剥夺自由的措施优先于待审羁押而予以执行，鉴于待审羁押目的而必要，法院作出不同裁决的除外。

第 117 条　[羁押审查]

1. 待审羁押期间，犯罪嫌疑人可以随时申请法院审查是否应当撤销逮捕令，或者依照第 116 条停止执行逮捕令（羁押审查）。

2. 不得同时提起羁押审查的申请和（程序问题的）上诉。不服就申请作出的裁决，提起（程序问题的）上诉的权利不受影响。

3. 法官可以命令调查对将来裁决是否维持待审羁押有价值的个别情况，并且可以在调查后进行新的羁押审查。

4. （废除）

5. （废除）

第 118 条　[言词审理]

1. 羁押审查时，依犯罪嫌疑人申请或者法院依职权裁量，通过言词审理作出裁决。

2. 如果针对逮捕令提起（程序问题的）上诉，就此（程序问题的）上诉程序，依犯罪嫌疑人申请或者法院依职权裁量，也可以通过言词审理作出裁决。

3. 如果言词审理后继续维持待审羁押的，犯罪嫌疑人只有在待审羁押已经至少执行了 3 个月，并且自上次言词审理以来至少已经执行了 2 个月的，才

有权再次申请言词审理。

4. 法庭审理期间，或者已经作出判处自由刑、剥夺自由的矫正及保安处分的判决，则无权申请言词审理。

5. 对言词审理要毫不迟延地进行；未经犯罪嫌疑人同意，不允许安排在收到申请的两周之后进行。

第118a条　　［言词审理的执行］

1. 应当通知检察院、犯罪嫌疑人和辩护人言词审理的时间和地点。

2. 除非犯罪嫌疑人放弃出席权，或者因路途遥远、犯罪嫌疑人患病或者因其他不可排除的障碍不宜拘传的，应当拘传犯罪嫌疑人出席审理。在第1句规定的前提下，法院可以命令以此种方式进行言词审理，即法庭审理的音像同步传送到位于另一地方的犯罪嫌疑人所在地和法庭内。如果犯罪嫌疑人未被拘传至法庭，并且程序未根据第2句规定的方式进行的，则辩护人必须代理其在审理中的权利。此种情形下，对尚未有辩护人的犯罪嫌疑人，就言词审理为其指定一名辩护人。第142条、第143条和第145条的规定相应地予以适用。

3. 言词审理中，应当听取在场的诉讼参与人的意见。证据调查的种类、范围，由法院确定。对审理应作笔录；第271—273条的规定相应地予以适用。

4. 言词审理结束时应当宣布裁决。尚不能宣判的，至迟应在1周之内作出裁决。

第118b条　　［申请权利人］

就羁押审查（第117条第1款）的申请和言词审理的申请，第297—300条和第302条第2款的规定相应地予以适用。

第119条　　［待审羁押的执行］

1. 为避免逃跑、隐藏证据或者再犯（第112条、第112a条）的风险而有必要的，在此范围内可以对被羁押的犯罪嫌疑人做出限制措施。特别可以命令下列措施：

（1）探访和通讯须征得许可，

（2）探访、通讯以及书信、包裹的往来被监视（听），

（3）探访时物品的交付须征得许可，

（4）犯罪嫌疑人与个别的或者全部其他被羁押人员隔离，

（5）对与其他人员共享的关押处所和活动区域做出限制或者全部排除。

由法院做出命令。如果不能及时做出命令的，检察院或者执行处所可以做出临时命令。该临时命令应当在3个工作日内提交法院核准，如果在此期间此临时命令执行完毕的除外。此命令应当告知犯罪嫌疑人。根据第2句第2项做出的命令包含对中断探访和通讯以及截持书信和包裹的授权。

2. 命令机关有义务执行命令。法院可以将命令的执行，可撤销地移交给在执行时可以获得侦查人员和执行处所协助的检察院。就该移交不得提起异议。

3. 如果根据第 1 款第 2 句第 2 项做出了监听通讯的命令，则应当就预计的监听在建立通讯联络时立即通知与犯罪嫌疑人联络的对方。该通知可以由犯罪嫌疑人本人实施。此通知义务应当在通讯开始前及时告知犯罪嫌疑人。

4. 第 148 条、第 148a 条的规定不受影响。犯罪嫌疑人与下列机构或人员的往来，前述规定相应地予以适用：

（1）负责其案件的（缓刑/假释）考验帮助机构，

（2）负责其案件的行为监督机构，

（3）负责其案件的法院援助机构，

（4）联邦和州的人民代表，

（5）联邦宪法法院和管辖其案件的州宪法法院，

（6）负责其案件的州市民监察员，

（7）针对数据保护和信息自由的联邦监察员、负责监督各州遵守数据保护规定的各州的机关和《联邦数据保护法》第 38 条规定的监督机关，

（8）欧洲议会，

（9）欧洲人权法院，

（10）欧洲法院，

（11）欧洲数据保护监察员，

（12）欧洲人民监察员，

（13）欧洲防止酷刑和不人道或者有辱人格尊严的行为或者刑罚，

（14）欧洲反对种族主义和不容忍委员会，

（15）欧洲人权委员会，

（16）联合国消除种族歧视委员会以及消除女性歧视委员会，

（17）联合国禁止酷刑委员会，隶属该委员会的预防酷刑小组委员会和相应的国家预防机构，

（18）第 53 条第 1 款第 1 句第 1—4 项所述的、涉及该款项所述内容的人员，

（19）如果法院未作其他命令，下列机构：

a）执行处所的咨询委员会，

b）其本国领事代表。

为确认第 1 句和第 2 句规定的前提条件是否成立而有必要采取的措施，由第 2 款规定的有管辖权的机构作出。

5. 不服根据上述规定作出的裁决或者其他措施，如果（程序问题的）上诉不予受理的，则可以申请法院裁决。该申请没有延迟执行的效力。但是法院可以做出临时（停止执行的）命令。

6. 如果被命令执行待审羁押的犯罪嫌疑人执行了另一剥夺自由的措施（第116b条），第1—5款的规定也予以适用。此种情形下，法院的管辖权也依第126条予以确定。

第 119a 条　［申请裁决和措施］

1. 不服在待审羁押执行中机构作出的裁决或者措施，可以申请法院裁决。如果在待审羁押执行中，向机构申请的裁决未在3周内做出的，也可以申请法院裁决。

2. 申请法院裁决没有延迟执行的效力。但是法院可以做出临时（停止执行的）命令。

3. 负责执行上述裁决或者措施的机构不服法院裁决的，也提起（程序问题的）上诉。

第 120 条　［逮捕令的撤销］

1. 一旦待审羁押的前提条件不再成立，或者情况表明继续待审羁押与案件的重大程度和将判处的刑罚或者矫正及保安处分不相称的，应当撤销逮捕令。如果犯罪嫌疑人被判决无罪，或者法院拒绝启动审判程序，或者程序的停止非为暂时的，尤其应当撤销逮捕令。

2. 不允许通过提起法律救济而推迟释放犯罪嫌疑人。

3. 尚未提起公诉前，如果检察院申请撤销逮捕令的，也应当予以撤销。在提出申请的同时，检察院可以命令释放犯罪嫌疑人。

第 121 条　［待审羁押超过 6 个月］

1. 如果尚未作出自由刑、剥夺自由的矫正及保安处分的判决，只能在由于特别的侦查困难或者特别的侦查范围或者其他重要原因使得还不能作出判决，并且在这些情况使得继续待审羁押有必要的，才允许因为同一行为维持待审羁押超过6个月。

2. 第1款规定的情形下，如果未依据第116条对逮捕令停止执行，或者州高等法院未命令继续待审羁押，则6个月届满后应当撤销逮捕令。

3. 第2款规定的期限届满之前，案卷如果移送州高等法院的，对期限停止计算，直至州高等法院作出裁决。如果期限届满前已经开始审判的，对期限也停止计算，直至宣布判决。如果法庭审理予以停止，并且停止后毫不迟延地将案卷移送州高等法院的，对期限也同样停止计算，直至州高等法院作出决定。

4. 对于依照《法院组织法》第74a条的规定由刑事庭管辖的案件，由依照《法院组织法》第120条有管辖权的州高等法院作出裁决。对于依照《法院组织法》第120条规定由州高等法院管辖的案件，由联邦最高法院作出裁决。

第 122 条　　[由州高等法院特别审查待审羁押]

1. 第121条规定的情形下，如果管辖的法院认为有必要或者检察院申请继续待审羁押，法院应通过检察院将案卷移送州高等法院进行裁决。

2. 裁决作出前，应当听取犯罪嫌疑人和辩护人的意见。州高等法院可以经言词审理后裁决是否继续待审羁押；此种情形下，第118a条的规定相应地予以适用。

3. 州高等法院命令继续待审羁押的，第114条第2款第4项的规定相应地予以适用。在自由刑、剥夺自由的矫正及保安处分的判决作出前，羁押审查（第117条第1款）由州高等法院管辖。州高等法院可将羁押审查权移交根据普通规定对案件有权管辖的法院，每次的移交期不超过3个月。第118条第1款规定的情形下，州高等法院根据自由裁量对请求言词审理的申请作出裁决。

4. 第121条第1款规定的前提条件的审查权，在后续的程序中仍由州高等法院保留。每次至迟3个月后，必须再次审查。

5. 州高等法院可以依照第116条停止执行逮捕令。

6. 如果同一案件中存在数位犯罪嫌疑人被待审羁押，根据第121条以及之前的规定还尚未由其管辖的犯罪嫌疑人，州高等法院也可以对是否继续羁押此类犯罪嫌疑人作出裁决。

7. 如果由联邦最高法院负责裁决，（前述规定中）联邦最高法院代替州高等法院。

第 122a 条　　[待审羁押超过1年]

第121条第1款规定的情形下，如果是依据第112a条的理由予以羁押的，羁押执行不得维持超过1年。

第 123 条　　[撤销较宽容的措施]

1. 存在下列情形，就停止执行逮捕令（第116条）而采取的措施，应当予以撤销：

（1）逮捕令被撤销，或者

（2）待审羁押或者判处的自由刑、剥夺自由的矫正和保安处分予以执行。

2. 符合前述条件的，解除未被收缴的担保。

3. 如果犯罪嫌疑人的担保人在法院规定的期限内使犯罪嫌疑人到案，或者及时报告了有理由认为犯罪嫌疑人准备逃跑的事实，使得犯罪嫌疑人得以羁押的，可以以此要求解除所作的担保。

第 124 条　　[收缴担保物]

1. 如果犯罪嫌疑人逃避审查或者逃避判处的自由刑、剥夺自由的矫正及保安处分，则尚未交还的担保物应当上缴交国库。

2. （上缴）裁决作出前，应当要求犯罪嫌疑人以及他的担保人做出声明。对裁决不服的，仅有权提起（程序问题的）立即上诉。对（程序问题的）立即上诉作出裁决前，应当给予他们和检察院机会，口头陈述他们的申请理由以及阐述已经进行的侦查情况。

3. 准予收缴的裁决，对于犯罪嫌疑人的担保人具有由民事法官作出的、宣告可以暂时执行的终局判决的效力，在（程序问题的）上诉期限届满之后，具有发生法律效力的民事终局判决的效力。

第 125 条　　[逮捕令签发权]

1. 提起公诉前，逮捕令由有地域管辖权的初级法院，或者由犯罪嫌疑人所在地的初级法院，依检察院申请签发，或者无法与检察官联系并且有迟延危险时，依职权签发。

2. 提起公诉后，逮捕令由受理案件的法院签发，如果提起（法律审）上诉的，由作出原判决的法院签发。紧急情形下，审判长也可以签发逮捕令。

第 126 条　　[进一步裁决的管辖权]

1. 提起公诉前，与待审羁押、停止执行逮捕令（第 116 条）、待审逮捕令的执行（第 116b 条）以及依据第 119a 条的申请有关的法院的进一步裁决与措施，由签发逮捕令的法院负责作出。如果逮捕令是由（程序问题）上诉法院签发，则由作出原裁决的法院负责作出。如果准备程序在其他地点进行或者待审羁押在其他地点执行的，则法院可以依检察院申请将管辖权移交给负责管辖当地的初级法院。如果该地分布在数个法院管辖区域的，则由州政府通过法规命令，确定管辖的法院。州政府可以将此权力移交州司法行政部门。

2. 提起公诉后，由受理案件的法院负责管辖。（法律审）上诉期间，由作出原判决的法院负责管辖。对个别的措施，尤其是第 119 条规定的措施，由审判长做出命令。紧急情形下，经检察院同意，审判长也可以撤销或者停止执行逮捕令（第 116 条）；其他情形下，应当毫不延迟地取得法院裁决。

3. 如果（法律审）上诉法院撤销原判决，并且在作此裁决时第 120 条的先决条件显然成立，则其可以撤销逮捕令。

4. 第 121 条和第 122 条的规定不受影响。

第 126a 条　　[暂时安置]

1. 有重大理由可以预计某人是在无责任能力或者减弱的责任能力（《刑法

典》第20条、第21条）状态下实施了犯罪行为，并且可能安置于精神病院或者戒瘾所的，为了公共安全有此必要的，法院可以用安置令命令将其暂时安置于精神病院或者戒瘾所。

2. 就暂时收容，第114—115a条、第116条第3款和第4款、第117—119a条、第123条、第125条和第126条的规定相应地予以适用。第121条、第122条相应地予以适用，并且由州高等法院审核暂时收容的前提条件是否仍然成立。

3. 如果暂时收容的前提条件不再成立，或者法院在判决中没有命令安置于精神病院或者戒瘾所，则安置令应当予以撤销。不允许通过提起法律救济阻止释放。第120条第3款的规定相应地予以适用。

4. 如果被收容人有法定代理人或者《民法典》第1906条第5款意义下的全权委托人的，则依据第1—3款规定作出的裁决也应当通知该法定代理人或全权委托人。

第127条　　[暂时逮捕]

1. 如果现行犯罪被发觉或被追捕的人员有逃跑嫌疑或者不能被立即地确认身份，即便没有法官的命令，任何人都有权将其暂时逮捕。检察院或者警察官员依照第163b条第1款的规定确定被逮捕人的身份。

2. 如果满足签发逮捕令或者安置令的前提条件，存在迟延危险时，检察院和警察机构官员也有权暂时逮捕。

3. 对于告诉才处理的犯罪行为，尚未提起告诉的，也准许暂时逮捕。只有根据授权或者处罚要求才予以追究的犯罪行为，此规定相应地予以适用。

4. 通过检察院和警察官员的暂时逮捕，第114a—114c条的规定相应地予以适用。

第127a条　　[不予逮捕或者不维持逮捕]

1. 符合下列情形，对在本法效力范围内无固定住所或者居所的犯罪嫌疑人，如果仅鉴于逃亡之虞才构成签发逮捕令的前提条件的，可以不予逮捕或者不维持逮捕：

（1）就犯罪行为不可预计命令处以自由刑、剥夺自由的矫正及保安处分，并且

（2）对将处以的罚金和诉讼费用犯罪嫌疑人作了适当的担保。

2. 第116条第1款和第3款的规定相应地予以适用。

第127b条　　[与法庭审理相关的逮捕]

1. 下列情形，检察院和警察官员有权将现行犯罪被发现的或者被追捕的人员暂时逮捕：

（1）有可能通过快速审理程序作出不迟延的裁决的，并且

（2）根据一定的事实认为被逮捕人有不能参与法庭审理之虞的。

第 114a—114c 条的规定相应地予以适用。

2. 如果可以期待法庭审理在逮捕后的 1 周内进行的，则可以鉴于第 1 款规定的理由向犯罪行为重大嫌疑人签发逮捕令（第 128 条第 2 款第 2 句）。逮捕令最长的期限不能超过 1 周，自逮捕当日开始计算。

3. 逮捕令的签发应当由管辖快速审理程序的法院裁决。

第 128 条　　［向初级法院的法官解交］

1. 对尚未被释放的被逮捕人，应当毫不延迟地（至迟在逮捕的次日）向逮捕所在地的初级法院的法官解交。法官根据第 115 条第 3 款的规定对其进行讯问。

2. 如果法官认为逮捕无正当理由或者逮捕理由已不存在，则命令予以释放。否则，法官依检察院申请，或者在无法与检察官取得联系时依职权，签发逮捕令或者安置令。第 115 条第 4 款的规定相应地予以适用。

第 129 条　　［提起公诉后解交］

如果被逮捕人已经被提起公诉的，要么立即向有管辖权的法院解交，要么依照首先被带至其处的法官的命令向有管辖权的法院解交；法院至迟应当在逮捕的次日就被逮捕人释放、羁押或者暂时收容被逮捕人作出裁决。

第 130 条　　［对告诉才处理之罪签发逮捕令］

对告诉才处理的犯罪行为，尚未提起告诉的，如果根据犯罪行为的嫌疑而签发逮捕令，要立即将逮捕令的签发通知有权提起告诉的人，有数位权利人时至少通知其中一位，并且告知如果在由法官规定的期限内（该期限不应当超过 1 周）没有提起告诉的，则该逮捕令应当予以撤销。在规定期限内如果没有提起告诉，则逮捕令应当予以撤销。只有根据授权或者处罚要求才予以追究的犯罪行为，此规定相应地予以适用。第 120 条第 3 款的规定予以适用。

第二编　第一审程序

第五章　法庭审理的准备

第 214 条　　［由审判长传唤］

1. 就法庭审理所需的传唤，由审判长发布传唤命令。同时，审判长根据第 397 条第 2 款第 3 句和第 406g 条第 1 款第 4 句、第 2 款第 2 句命令进行必要的日期告知；第 406d 条第 3 款的规定相应地予以适用。书记员办公室负责执

行传唤和告知。

2. 根据预计法庭审理将持续较长时间的，对所有的或者个别的证人、鉴定人，审判长可以命令在法庭审理开始后的某一时刻进行传唤。

3. 检察院有权直接传唤其他人员。

4. 检察院负责调取作为证据的物品。证据物品也可由法院调取。

第 216 条　　[传唤被告人]

1. 对可以自由行动的被告人以书面方式进行传唤，并载明若无正当理由应传不到的，将予以逮捕或者拘传。第 232 条规定的情况下，可以不作警告。

2. 对限制自由行动的被告人进行传唤的，根据第 35 条的规定通知法庭审理日期而进行传唤。通知时，应当询问其是否就法庭审理中的辩护提出申请以及提出哪些申请。

第 217 条　　[传唤期限]

1. 传唤送达（第 216 条）和法庭审理日期的时间间隔至少为 1 周。

2. 上述期间未被遵守的，被告人可以在对他就案件予以讯问之前要求中止审理。

3. 被告人可以放弃要求遵守上述期间。

第 218 条　　[传唤辩护人]

除了被告人，法院也应当传唤指定辩护人参加法庭审理，被告人自行选任辩护人的，如果法院就此选任得到通知的，也应当传唤该选任的辩护人。第 217 条的规定相应地予以适用。

第 219 条　　[被告人的查证申请]

1. 被告人要求传唤证人、鉴定人或者就法庭审判收集其他证据的，应当向法庭审判长提出申请，申请要阐明需要对此收集证据的事实。申请后做出的处置，应当通知被告人。

2. 准予被告人查证申请的，应当通知检察院。

第 220 条　　[被告人自行传唤]

1. 审判长拒绝传唤申请的，被告人可以自行对该人员直接传唤。即使无先行的申请，被告人也有权直接传唤。

2. 被直接传唤的人员，只有在传唤时以现金向其支付了法定的旅费、误工补偿费或者向他证明这些费用已经提存于法院书记员办公室的，才负有出庭义务。

3. 法庭审理中如果表明询问被直接传唤人员有助于查明案情的，依申请法院应当命令由国库承担向直接传唤人员支付的法定补偿费用。

第七编 刑罚执行和诉讼费用

第一章 刑罚执行

第 457 条 ［拘传令；逮捕令］

1. 对于本章所称的目的，参照适用第 161 条的规定。

2. 受有罪判决人不依照对他送达的传票，自动到案服刑或者有逃跑嫌疑的，执行机关有权签发拘传令或者逮捕令。对潜逃或者以其他方式逃避执行的服刑人，执行机关也可以签发拘传令或者逮捕令。

3. 除此之外，在第 2 款情形下执行机关拥有与追诉机关同样的权力，以措施明确、适合逮捕受有罪判决人为限。审查措施的合比例性时，应当特别考虑尚待执行的自由刑刑期。由第一审法院作出必要的法院裁判。

俄 罗 斯

俄罗斯联邦刑事诉讼法典[*]

第一卷 总 则

第四编 强制性诉讼措施

第十二章 犯罪嫌疑人羁押

第 91 条 犯罪嫌疑人羁押的根据

1. 在具有下述情形之一时，调查机关、调查官、侦查官有权羁押涉嫌犯

＊ 本法典于 2001 年 11 月 22 日由俄罗斯联邦国家杜马议会审议通过，2001 年 12 月 5 日俄罗斯联邦联邦委员会审议核准并颁布。截至 2015 年 6 月 8 日，其已历经 181 次修订，修订内容详见正文。本译本根据俄罗斯联邦联邦委员会颁布实行的有效文本翻译，文本语言为俄罗斯官方语言——俄语。

罪并可能被裁处剥夺自由刑的行为人：

（注：本段规定依据俄罗斯联邦联邦法 2003 年 7 月 4 日第 92 号联邦法令于 2003 年 7 月 11 日颁布适用；依据俄罗斯联邦联邦法 2007 年 6 月 5 日第 87 号联邦法令于 2007 年 9 月 7 日颁布适用。）

（1）该行为人在实施犯罪时被当场抓获，或者在实施犯罪后被立即抓获；

（2）刑事被害人或者目击证人指认该行为人实施了犯罪；

（3）在该人身上或者其衣物上、其所在处所或者住宅内发现明显的犯罪痕迹。

2. 在具有其他材料能够证明行为人涉嫌实施犯罪的情况下，可以将其羁押。如果该行为人企图躲藏，抑或没有经常住所地，抑或身份不明，抑或侦查官获得侦查机关负责人准予或者调查官获得检察官准予，向法院递交对上述行为人选择监禁类别的强制性处罚措施。

（注：本款规定依据俄罗斯联邦联邦法 2007 年 6 月 5 日第 87 号联邦法令于 2007 年 9 月 7 日颁布适用。）

第 92 条　犯罪嫌疑人羁押的程序

1. 在将犯罪嫌疑人押送到调查机关或者侦查官之处以后，应当在 3 小时内制作羁押笔录。在羁押笔录中应当注明，已向犯罪嫌疑人说明本法典第 406 条规定对其赋予的权利。

（注：本款规定依据俄罗斯联邦联邦法 2007 年 6 月 5 日第 87 号联邦法令于 2007 年 9 月 7 日颁布适用。）

2. 笔录中应当载明其制作日期与时间，犯罪嫌疑人羁押日期、时间、地点、根据与理由，对其进行人身搜查的结果，以及其他将其羁押的情节。羁押笔录应当有笔录制作人与犯罪嫌疑人的签字确认。

3. 调查机关、调查官或者侦查官，必须在犯罪嫌疑人羁押之时起 12 小时内，以书面形式向检察官汇报实施羁押的情况。

4. 对犯罪嫌疑人的讯问应当依据本法典第 46 条第 2 款、第 189 条与第 190 条规定的要求进行。在开始讯问犯罪嫌疑人之前，根据其请求，应当保证犯罪嫌疑人与辩护人单独会见，会见内容保密。在下述情况下，犯罪嫌疑人必须参与实施刑事诉讼行为的，且会见时间超过 2 小时的情况，可以由调查官、侦查官加以限制，有关此事项，必须对犯罪嫌疑人或者其辩护人进行预先告知。在任何情况下，会见的时间都不得少于 2 小时。

（注：本款规定依据俄罗斯联邦联邦法 2002 年 7 月 24 日第 98 号联邦法令于 2002 年 7 月 27 日补充适用；依据俄罗斯联邦联邦法 2003 年 7 月 4 日第 92 号联邦法令于 2003 年 7 月 11 日颁布适用；依据俄罗斯联邦联邦法 2007 年 6 月 5 日第 87 号联邦法令于 2007 年 9 月 7 日颁布适用。）

第 93 条　对犯罪嫌疑人的人身搜查

犯罪嫌疑人，可以依据本法典第 184 条规定程序对其进行人身搜查。

第 94 条　犯罪嫌疑人释放的根据

1. 如果具有下述情形之一时，犯罪嫌疑人应当根据调查官或者侦查官的裁决予以释放：

（注：本款规定依据俄罗斯联邦联邦法 2007 年 6 月 5 日第 87 号联邦法令于 2007 年 9 月 7 日颁布适用。）

（1）犯罪嫌疑人实施犯罪的嫌疑未予证实；

（2）对其适用监禁类别的强制性处罚措施缺乏根据；

（3）违反本法典第 91 条规定的要求进行羁押。

2. 在羁押犯罪嫌疑人之时起 48 小时内，如果未对其选择监禁作为强制性处罚措施的，抑或法院没有依据本法典第 108 条第 7 款第 3 项规定程序延长羁押期限的，应当释放犯罪嫌疑人。

（注：本款规定依据俄罗斯联邦联邦法 2002 年 5 月 29 日第 58 号联邦法令颁布适用；依据俄罗斯联邦联邦法 2003 年 7 月 4 日第 92 号联邦法令于 2003 年 7 月 11 日颁布适用。）

3. 如果法官下达的有关对犯罪嫌疑人适用监禁类别的强制性处罚措施，抑或延长羁押期限的裁决在羁押之时起 48 小时内没有生效，则应当立即释放犯罪嫌疑人。有关此事项，犯罪嫌疑人羁押机关的负责人应当向处理相关刑事案件的调查机关或者侦查官，以及检察官告知相关事项。

（注：本款规定依据俄罗斯联邦联邦法 2003 年 7 月 4 日第 92 号联邦法令于 2003 年 7 月 11 日颁布适用。）

4. 在法院作出有关驳回调查官、侦查官申请对犯罪嫌疑人选择监禁类别强制性处罚措施的裁定或者裁决的情况下，该裁定或者裁决的副本在犯罪嫌疑人释放时应当对其交付。

（注：本款规定依据俄罗斯联邦联邦法 2007 年 6 月 5 日第 87 号联邦法令于 2007 年 9 月 7 日颁布适用。）

5. 在释放被拘留的犯罪嫌疑人时，应当向其发放相应证明。在该证明中应当指明，犯罪嫌疑人被何人羁押，羁押的日期、时间、地点与根据，以及释放的日期、时间与根据。

［注：根据俄罗斯联邦宪法法院 2002 年 3 月 14 日通过的第 6 号决议，《俄罗斯苏维埃联邦社会主义共和国刑事诉讼法典》所置原则，以及其他所有规范性法律原则，允许在法院判决下达前羁押 48 小时以上，以及不经法院判决可予实行的逮捕（监禁）与拘留，自 2002 年 7 月 1 日起不再适用。］

第 95 条　对犯罪嫌疑人实施拘留的程序

1. 对犯罪嫌疑人实施拘留的程序与条件由联邦法律予以明确。

2. 在必须实施侦缉活动时，允许实施侦缉活动的调查机关工作人员，在受理该案的调查官、侦查官或者法院作出书面批准的情况下会见犯罪嫌疑人。

（注：本款规定依据俄罗斯联邦联邦法 2002 年 5 月 29 日第 58 号联邦法令补充适用；依据俄罗斯联邦联邦法 2007 年 6 月 5 日第 87 号联邦法令于 2007 年 9 月 7 日颁布适用。）

第 96 条　羁押犯罪嫌疑人的通知

1. 调查官、侦查官应当在犯罪嫌疑人被羁押之时起 12 小时内通知犯罪嫌疑人的一名近亲属。在没有近亲属的情况下，则应当通知犯罪嫌疑人的其他亲属或者尽可能通知犯罪嫌疑人本人。

（注：本款规定依据俄罗斯联邦联邦法 2007 年 6 月 5 日第 87 号联邦法令于 2007 年 9 月 7 日颁布适用。）

2. 在下述情况下，被羁押的犯罪嫌疑人身为服役军人的，应当将有关羁押的事宜通知其所属部队的指挥机关。被羁押的犯罪嫌疑人身为内务机关工作人员的，应当将相关的羁押事宜通知上述人员就职部门的首长。

（注：本款规定依据俄罗斯联邦联邦法 2010 年 7 月 22 日第 155 号联邦法令于 2010 年 8 月 6 日补充适用。）

2 - 1. 如果被羁押的犯罪嫌疑人为依据俄罗斯联邦立法成立的公共监督委员会成员的，在本条第 1 款规定期限内，应当将相关的羁押事宜通知俄罗斯联邦公共院秘书处以及相应的公共监督委员会。

（注：本款规定依据俄罗斯联邦联邦法 2010 年 7 月 1 日第 132 号联邦法令于 2010 年 8 月 7 日增补适用。）

3. 如果犯罪嫌疑人为外籍公民或者国民的，则应当在本条第 1 款规定期限内，将相关的羁押事宜通知该国大使馆或者领事馆。

4. 在为便于预先审查而必须对羁押事实予以保密的情况下，经检察官准予，可以不予通知。但是，犯罪嫌疑人是未成年人的情形除外。

（注：本款规定依据俄罗斯联邦联邦法 2007 年 6 月 5 日第 87 号联邦法令于 2007 年 9 月 7 日颁布适用。）

第十三章　强制性处罚措施

第 97 条　选择强制性处罚措施的根据

1. 调查官、侦查官以及法院，在其职权范围内有权对刑事被告人、犯罪嫌疑人选择本法典规定的强制性处罚措施，如果有足够根据认为：

（注：本段规定依据俄罗斯联邦联邦法 2004 年 4 月 22 日第 18 号联邦法令于 2004 年 4 月 27 日补充适用；依据俄罗斯联邦联邦法 2007 年 6 月 5 日第 87 号联邦法令于 2007 年 9 月 7 日颁布适用。）

（1）刑事被告人、犯罪嫌疑人躲避调查、初步侦查或者法院的；

（2）刑事被告人、犯罪嫌疑人可能继续从事犯罪活动的；

（3）刑事被告人、犯罪嫌疑人可能威胁证人或者刑事诉讼程序的其他参与人，或者毁灭证据，或者以其他方式阻碍刑事案件的进行的。

2. 为保证刑事案判决的执行，抑或保证能够依据本法典第 466 条规定程序引渡行为人的，可以采取强制性处罚措施。

（注：本款规定依据俄罗斯联邦联邦法 2009 年 12 月 17 日第 324 号联邦法令于 2009 年 12 月 22 日补充适用。）

第 98 条　强制性处罚措施

强制性处罚措施分为下述几种：

（1）具结不外出；

（2）人身担保；

（3）由部队指挥机关监督；

（4）对未成年刑事被告人的监管；

（注：本项规定依据俄罗斯联邦联邦法 2002 年 5 月 29 日第 58 号联邦法令颁布适用。）

（5）缴付保证金（物）；

（6）监视居住；

（7）监禁。

第 99 条　强制性处罚措施选择时应予考虑的情节

在具有本法典第 97 条规定根据时，处理有关对涉嫌或者实施犯罪的犯罪嫌疑人或者刑事被告人必须选择强制性处罚措施，抑或选择何种形式的强制性处罚措施的问题时，应当考虑犯罪的严重程度，犯罪嫌疑人、刑事被告人的人身特性，这些人员的年龄、健康状况、家庭情况、所从事的职业种类以及其他情况。

（注：本条规定依据俄罗斯联邦联邦法 2004 年 4 月 22 日第 18 号联邦法令于 2004 年 4 月 27 日颁布适用。）

第 100 条　对犯罪嫌疑人选择的强制性处罚措施

1. 在具有本法典第 97 条规定情形时，如果存在特殊情况的，参考本法典第 99 条列明的情节，可以对犯罪嫌疑人选择强制性处罚措施。这种情况下，指控最迟应当在对犯罪嫌疑人采取强制性处罚措施之后 10 日内提起。如果犯罪嫌疑人先是被羁押，其后又被监禁的，则自羁押之时起于同样时间内提起指控。如果在该期限内没有提出指控，则采取的强制性处罚措施应当立即撤销。但是，本条第 2 款规定的情形除外。

（注：本款规定依据俄罗斯联邦联邦法 2004 年 4 月 22 日第 18 号联邦法令于 2004 年 4 月 27 日颁布适用。）

2. 对实施《俄罗斯联邦刑事法典》第 205 条、第 205 - 1 条、第 205 - 3 条、第 205 - 4 条、第 205 - 5 条、第 206 条、第 208 条、第 209 条、第 210 条、第 277 条、第 278 条、第 279 条、第 281 条与第 360 条规定中任何一项犯罪、对其选择适用强制性处罚措施的犯罪嫌疑人进行指控的，应当自强制性处罚措施适用之时起不晚于 30 日内提起。如果犯罪嫌疑人先是被羁押，其后又被监禁的，则自羁押之时起于同样时间内提起指控。如果在该期限内没有提起指控，则强制性处罚措施应当立即撤销。

（注：本款规定依据俄罗斯联邦联邦法 2004 年 4 月 22 日第 18 号联邦法令于 2004 年 4 月 27 日增补适用；依据俄罗斯联邦联邦法 2009 年 11 月 3 日第 245 号联邦法令于 2009 年 11 月 17 日补充适用；依据俄罗斯联邦联邦法 2013 年 11 月 2 日第 302 号联邦法令于 2013 年 11 月 14 日颁布适用。）

［注：根据俄罗斯联邦宪法法院 2002 年 3 月 14 日通过的第 6 号决议，《俄罗斯苏维埃联邦社会主义共和国刑事诉讼法典》所置原则，以及其他所有规范性法律原则，允许在法院判决下达前羁押 48 个小时以上，以及不经法院判决可予实行的逮捕（监禁）与拘留，自 2002 年 7 月 1 日起不再适用。］

第 101 条　有关选择强制性处罚措施的裁决与裁定

1. 关于强制性处罚措施的选择，由调查官、侦查官或者法官下达裁决，法院下达裁定确定。其中应当指明行为人涉嫌实施的犯罪或者被指控的犯罪，以及选择强制性处罚措施的根据。

（注：本款规定依据俄罗斯联邦联邦法 2007 年 6 月 5 日第 87 号联邦法令于 2007 年 9 月 7 日颁布适用。）

2. 裁决或者裁定的副本，应当交付被适用强制性处罚措施的行为人，根据其请求交付其辩护人或者法定代理人。

3. 对选择适用强制性处罚措施的行为人，同时应当向其说明本法典第 123 条至第 127 条规定，有关就选择强制性处罚措施的决定进行申诉的程序。

第 102 条　具结不外出与采取适当行为

具结不外出与采取适当行为，是指犯罪嫌疑人或者刑事被告人以书面承诺予以保证：

（1）非经调查官、侦查官或者法院的许可，不离开常居或者短居的地点；

（注：本项规定依据俄罗斯联邦联邦法 2007 年 6 月 5 日第 87 号联邦法令于 2007 年 9 月 7 日颁布适用。）

（2）在指定期限内听候调查官、侦查官或者法院的传唤到案；

（注：本项规定依据俄罗斯联邦联邦法 2007 年 6 月 5 日第 87 号联邦法令于 2007 年 9 月 7 日颁布适用。）

（3）不以其他方式妨碍刑事案件的审理。

第 103 条　人身担保

1. 人身担保，是指具有信誉度的人员，以书面承诺的形式担保犯罪嫌疑人或者刑事被告人履行本法典第 102 条第 2 款与第 3 款规定的义务。

2. 根据一名或者数名担保人的书面申请，经被担保人同意，允许选择人身担保作为强制性处罚措施。

3. 应当向担保人说明同履行人身担保相关的所涉嫌犯罪或者受指控犯罪的实质，以及担保人应当承担的责任与义务。

4. 在担保人未履行自己义务的情况下，可以依据本法典第 118 条规定程序，对其科处数额 1 万卢布以下的罚款。

（注：本款规定依据俄罗斯联邦联邦法 2008 年 6 月 11 日第 85 号联邦法令于 2008 年 6 月 29 日颁布适用。）

第 104 条　部队指挥机关的监督

1. 由部队指挥机关对身为军人或者军事集训公民的犯罪嫌疑人或者刑事被告人进行监督，是指采取俄罗斯联邦武装力量条例规定的措施，保证相应人员履行本法典第 102 条第 2 款与第 3 款规定的义务。

2. 只有经过犯罪嫌疑人或者刑事被告人许可，才能选择由部队指挥机关监督作为强制性处罚措施。

3. 有关选择本条第 1 款规定的强制性处罚措施的裁决，应当递交部队指挥机关，并应对其说明被监督人涉嫌犯罪或者被指控犯罪的实质，以及指挥机关在执行该强制性处罚措施方面的义务。

4. 如果犯罪嫌疑人或者刑事被告人实施了对其选择强制性处罚措施以便预防的行为，部队指挥机关应当立即将有关情况通知选择该强制性处罚措施的机关。

第 105 条　对未成年犯罪嫌疑人或者刑事被告人的监管

1. 对未成年犯罪嫌疑人或者刑事被告人的监管，是指其父母、监护人、保护人或者其他值得信任的人员，以及其所在的儿童特别教养机构作出书面承诺，负责监督其所施行为符合本法典第 102 条的规定。

2. 在选择该强制性处罚措施的时候，调查官、侦查官或者法院应当向本条第 1 款规定所列人员说明未成年行为人涉嫌实施或者被控实施犯罪的实质，以及与对其进行监管有关的责任。

（注：本款规定依据俄罗斯联邦联邦法 2007 年 6 月 5 日第 87 号联邦法令于 2007 年 9 月 7 日颁布适用。）

3. 对监管未成年犯罪嫌疑人、刑事被告人的人员，在不履行其监管职责的情况下，可以依据本法典第 103 条第 4 款规定，对其适用罚款。

第 106 条　保证金（物）缴付

1. 缴付保证金（物），是指犯罪嫌疑人、刑事被告人抑或其他自然人或者法人，在预先侦查阶段，向审理其刑事案件的机关，或者在法庭审理阶段，向法庭上缴或者转划钱款、贵重物品以及在俄罗斯联邦领域之内允许公共流通的股票与债券形式的动产或者不动产，以保证犯罪嫌疑人、刑事被告人在侦查官、调查官或者法院传唤时到案或预防其实施新的犯罪。保证金（物）缴付可以在刑事案件审理阶段的任何时间适用。

2. 对犯罪嫌疑人或者刑事被告人适用保证金（物）缴付作为强制性处罚措施的，应当根据法院在本法典第 108 条规定程序基础上参考本条规定的特定条件所作的判决适用。犯罪嫌疑人、刑事被告人、抑或其他自然人或者法人均有权向法院申请适用保证金（物）缴付。有关适用保证金（物）缴付的申请，应当向预先审查实行地的法院递交。如果侦查官、调查官其后递交了有关对同一犯罪嫌疑人或者刑事被告人选择其他强制性处罚措施的申请的，为便于法院审理，可以同适用保证金缴付的申请一起审理。

3. 保证金（物）缴付的形式与数额，应当由法院参考相应犯罪的性质、犯罪嫌疑人抑或刑事被告人的人身特点以及缴付人的财产状况进行裁断。这种情况下，对于轻度与重度犯罪的刑事案件，保证金（物）的数额不能低于 5 万卢布。对于重度或者极其重度犯罪的刑事案件，保证金（物）的数额不能低于 50 万卢布。依据《俄罗斯联邦民事诉讼法典》的规定，不得被收缴的财产不能作为保证金（缴付物）。对本条第 1 款规定保证金（物）的评价程序与内容，对其进行管理与保管的保障事宜由俄罗斯联邦政府依据俄罗斯联邦立法实行。

（注：本款规定依据俄罗斯联邦联邦法 2014 年 6 月 4 日第 141 号联邦法令于 2014 年 6 月 15 日颁布适用。）

4. 如果能够提供证明文件的正本与副本，以便证明缴纳人对移交作为保证金（物）的财物具有所有权，并对该财产权（财产留置权）没有限制的，在俄罗斯联邦领域之内公共流通的股票、债券与贵重物形式的不动产，允许作为保证金（物）缴付。如果依据俄罗斯联邦相应立法，国家登记或者注册簿对财产权（财产留置权）无限制，其中包括有价证券持有人（注册人）、登记簿持有人或者保存者，保证人应当以书面形式确认有关对该财产无权限制信息的真实性。

5. 作为保证金（物）客体的钱款，应当划入相应法院或者刑事案件经办机关的存款账户。有关法院或者刑事案件经办机关接受保证金（物）的事宜应当制作笔录，并将该笔录副本交付缴付人。

6. 如果保证金（物）的缴纳人不是犯罪嫌疑人抑或刑事被告人，则应当向缴付人说明，鉴于涉嫌实施与被指控实施犯罪的实质而选择适用该强制性处罚措施，以及与此相关的责任与违反该责任的后果。

7. 在法院有关适用保证金（物）缴付作为强制性处罚措施的裁决或者裁定中，法院应当明确缴付保证金（物）的期限。如果犯罪嫌疑人或者刑事被告人被羁押的，法院在确认适用羁押合理且有根据的情况下，可以在保证金（物）缴付前延长羁押的期限，但自法院判决下达之时起不能超出 72 个小时。如果在法定期限内保证金（物）未缴付的，法院根据相应的申请，依据本法典第 108 条规定提起的，审核有关对犯罪嫌疑人或者刑事被告人选择其他强制性处罚措施的问题。

8. 如果以适用保证金（物）缴付代替此前选择的其他强制性处罚措施，则该强制性处罚措施仅在保证金（物）缴付前有效。

9. 在犯罪嫌疑人或者刑事被告人违反保证金（物）缴付责任的情况下，根据法院依据本法典第 118 条规定下达的判决，将保证金（物）没收作为国家收入。

10. 除上述情况之外，在其他情况下，法院在作出刑事案判决或者下达有关终止刑事案件的裁定或者裁决时，应当处理有关将保证金（物）返还保证人的问题。在终止刑事案件的情况下，侦查官、调查官应当将保证金（物）返还保证人，有关此事项，应当在刑事案件终止裁定中明确指出。

（注：本条规定依据俄罗斯联邦联邦法 2010 年 4 月 7 日第 60 号联邦法令于 2010 年 4 月 9 日颁布适用。）

第 107 条　监视居住

1. 监视居住作为强制性处罚措施，在不能适用其他更轻的强制性处罚措施时，根据法院判决对犯罪嫌疑人或者刑事被告人适用。将犯罪嫌疑人或者刑事被告人关押在这些人员作为所有权人或者承租人，抑或依据其他法律根据所居住的住所之内，使其全部或者部分隔离社会，进行一定的限制与禁止，并对其实施监督。考虑犯罪嫌疑人或者刑事被告人的健康状况，对其进行关押的监视居住地可以是医疗机构。

2. 选择监视居住的期限一般为 2 个月。该期限自法院有关对犯罪嫌疑人或者刑事被告人选择相应强制性处罚措施的判决下达之时起开始计算。不能在 2 个月期限内结束预先侦查的，以及在缺乏变更或者替换强制性处罚措施根据的情况下，该期限可以依据法院遵循本法典第 109 条规定程序，并参考本条特殊规定作出的判决予以延长。

2-1. 拘留的时间应当计入监视居住的期限。监视居住与拘留总期限的计算不必考虑该强制性处罚措施适用的先后顺序，总体上不应当超过本法典第 109 条对拘留规定的最高期限。

（注：本条规定依据俄罗斯联邦联邦法 2013 年 2 月 11 日第 7 号联邦法令于 2013 年 2 月 23 日增补适用。）

3. 作为强制性处罚措施的监视居住，应当依据法院遵循本法典第 108 条规定的程序，并参考本条特殊规定作出的判决，对犯罪嫌疑人或者刑事被告人适用。

4. 法官在审核有关选择监视居住作为强制性处罚措施的申请时，应当作出下述裁决：

（1）有关对犯罪嫌疑人或者刑事被告人选择监视居住作为强制性处罚措施的裁决；

（2）有关驳回申请的裁决。

5. 在驳回有关对犯罪嫌疑人或者刑事被告人选择监视居住作为强制性处罚措施的申请时，法官在具有本法典第 97 条规定的根据时，参考本法典第 99 条规定情节，有权主动对犯罪嫌疑人或者刑事被告人选择保证金缴付形式的强制性处罚措施。

6. 法官下达的裁决应当送达提起申请的人员、检察官、执行监视居住地的监督机关、犯罪嫌疑人或者刑事被告人，并应立即执行。

7. 法院，在选择监视居住作为强制性处罚措施时，应当参考有关犯罪嫌疑人或者刑事被告人人身特性与实际情况的材料，对下述行为进行禁止或者限制：

（1）离开居住地点；

（2）同部分人员会面；

（3）寄送与收取邮电邮件；

（4）利用"互联网"网络信息通讯手段。

8. 鉴于所提指控与事实情节的严重程度，法院可以对犯罪嫌疑人与刑事被告人处以本条第 7 项规定列明的所有禁止与（或者）限制，或者其中规定的部分禁止与限制。根据犯罪嫌疑人或者刑事被告人、其辩护人、法定代理人以及侦查官或者调查官的申请，法官也可以在刑事案件的审理阶段变更禁止与限制的类别。为便于在产生突发紧急状态时呼叫紧急医疗救助、执法机关工作人员、应急救援服务，以及为联系监督机关、侦查官与调查官，不得禁止或者限制犯罪嫌疑人或者刑事被告人使用电话联系的权利。犯罪嫌疑人或者刑事被告人应当将每次电话的呼出情况通知监督机关。

9. 法官下达的有关选择监视居住作为强制性处罚措施的判决，应当指明该项强制性处罚措施的执行条件（犯罪嫌疑人或者刑事被告人将要居住的处所、监视居住的时限、允许犯罪嫌疑人或者刑事被告人在监视居住类别的强制性处罚措施执行地之外停留的时间、对犯罪嫌疑人或者刑事被告人确定的禁止与限制、允许其出行的地点等）。

10. 对犯罪嫌疑人或者刑事被告人在监视居住类别的强制性处罚措施执行地的活动情况进行的监督，以及犯罪嫌疑人或者刑事被告人对法院下达的禁止与限制的遵守情况进行的监督，由联邦履行法律适用职能的，以及对被处刑人刑罚执行状况进行监督与监察职能的权力执行机关实行。为保证监督实行，可以利用音像、电子或者其他技术设备等监督手段，相应监督手段适用的种类与程序由俄罗斯联邦政府确定。实行监督的程序，由在刑罚执行领域内履行制定与实施公共政策与规范法律调整职能的联邦权力执行机关，会同俄罗斯联邦侦查委员会与联邦权力执行机关，包括经俄罗斯联邦总检察长准予的预先侦查机关共同制定的规范性法令确定。

11. 如果犯罪嫌疑人或者刑事被告人根据医疗鉴定被送入卫生保健机构住院治疗的，则在法院处理有关对犯罪嫌疑人或者刑事被告人变更或者撤销强制性处罚措施问题之前，法院对其作出的禁止与限制继续有效。监视居住类别的强制性处罚措施执行地应当是相应卫生保健机构的所属区域。

12. 犯罪嫌疑人或者刑事被告人，由监督机关提供交通工具送往调查机关或者预先侦查机关与法院。

13. 被执行监视居住的犯罪嫌疑人或者刑事被告人，在完全与社会隔离的条件下，由辩护人、法定代理人陪同在强制性处罚措施执行地进行会见。

14. 犯罪嫌疑人或者刑事被告人，在违反对其适用的监视居住类别强制性处罚措施执行条件的情况下，调查官、侦查官有权递交有关变更强制性处罚措施的申请。如果违反监视居住类别强制性处罚措施执行条件的行为发生在法庭裁处之后，则该强制性处罚措施可以根据监督机关的报告予以变更。

（注：本款条规定依据俄罗斯联邦联邦法 2011 年 12 月 7 日第 420 号联邦法令于 2011 年 12 月 8 日颁布适用。）

第 108 条 监禁

1. 监禁，作为强制性处罚措施，在不能适用其他较轻类别强制性处罚措施的情况下，根据法院对犯罪嫌疑人或者刑事被告人涉嫌或实施的，依据刑事立法应当裁处 3 年以上剥夺自由刑刑罚的犯罪作出的判决予以适用。在选择监禁类别的强制性处罚措施时，法官在裁决中应当指明采取该决定时所依据的具体事实情节。这些情节不能是未经法庭审核的材料，其中包括违反本法典第 89 条规定要求递交的侦缉活动结果。在特殊情况下，如果具有下述情节之一的情况下，可以对实施应当判处 3 年以下剥夺自由刑刑罚的犯罪嫌疑人或者刑事被告人选择适用该强制性处罚措施：

（注：本段规定依据俄罗斯联邦联邦法 2003 年 12 月 8 日第 161 号联邦法令于 2003 年 12 月 11 日补充适用；依据俄罗斯联邦联邦法 2008 年 12 月 2 日第 226 号联邦法令于 2008 年 12 月 16 日补充适用；依据俄罗斯联邦联邦法 2012 年 12 月 30 日第 309 号联邦法令于 2013 年 1 月 11 日颁布适用。）

（1）犯罪嫌疑人、刑事被告人在俄罗斯联邦领域之内没有常住居所；

（2）犯罪嫌疑人、刑事被告人的身份不确定；

（3）犯罪嫌疑人、刑事被告人违反此前对其适用的强制性处罚措施；

（4）犯罪嫌疑人、刑事被告人躲避预先审查机关或者法院。

1－1. 监禁，作为强制性处罚措施，在不具有本条第 1 款第 1 项至第 4 项规定情节的情况下，不能对下述犯罪嫌疑人或者刑事被告人适用，实施《俄罗斯联邦刑事法典》第 159 条至第 159－6 条、第 160 条、第 165 条规定犯罪的，如果上述犯罪发生在经济活动领域内，以及实施第 171 条至第 174 条、第 174－1 条、第 176 条至第 178 条、第 180 条至第 183 条、第 185 条至第 185－4 条、第 190 条至第 199－2 条规定犯罪的。

（注：本款规定依据俄罗斯联邦联邦法 2009 年 12 月 29 日第 383 号联邦法令于 2010 年 1 月 1 日补充适用；依据俄罗斯联邦联邦法 2010 年 4 月 7 日第 60 号联邦法令于 2010 年 4 月 9 日颁布适用；依据俄罗斯联邦联邦法 2012 年 11 月 29 日第 207 号联邦法令于 2012 年 12 月 10 日颁布适用。）

2. 对于未成年犯罪嫌疑人、刑事被告人，如果其涉嫌实施或者被指控实施重度犯罪或者极其重度犯罪的，可以对其适用监禁类别的强制性处罚措施。在特殊情况下，该强制性处罚措施也可以对实施中度犯罪的未成年犯罪嫌疑人、刑事被告人适用。

3. 在必须选择监禁类别的强制性处罚措施时，侦查官经侦查机关负责人准予，调查官经检察官准予，可以向法院提出相关申请。在有关提起申请的决定中应当说明，鉴于何种根据与理由产生对犯罪嫌疑人、刑事被告人适用监禁类别的强制性处罚措施而不是其他类别强制性处罚措施的必要性。此外,在该决定中应当随附能够证明申请理由的材料。如果对犯罪嫌疑人、刑事被告人提起的申请是依据本法典第91条与第92条规定程序进行的,则相关决定与上述材料最迟应当在羁押期限届满前8小时递交。

(注:本款规定依据俄罗斯联邦联邦法2007年6月5日第87号联邦法令于2007年9月7日颁布适用。)

4. 有关提起申请选择监禁作为强制性处罚措施的决定,应当由最后参与预先侦查实施地或者犯罪嫌疑人羁押地的,办理相应刑事案件的同级别区法院或者军事法院法官在法院收到材料后8小时内独任审理,犯罪嫌疑人或者刑事被告人、检察官、辩护人必须出庭。依据本法典第91条与第92条规定程序,被羁押的犯罪嫌疑人应当押解到审判庭。未成年犯罪嫌疑人或者刑事被告人的法定代理人、侦查机关负责人、侦查官与调查官有权出席审判庭。控辩双方当事人,已经及时获悉开庭时间,但无正当理由不出席审判庭的,不妨碍法院对该申请的审理。但是,刑事被告人不出席审判庭案件审理的情况除外。

(注:本款规定依据俄罗斯联邦联邦法2008年12月2日第226号联邦法令于2008年12月16日颁布适用。)

5. 仅允许在宣布国际通缉的情况下,才可以对缺席的刑事被告人下达有关选择监禁作为强制性处罚措施的判决。

(注:本款规定依据俄罗斯联邦联邦法2002年5月29日第58号联邦法令增补适用。)

(注:原文本第5款至第11款规定相应顺延为本文本第6款至第12款规定——俄罗斯联邦联邦法2002年5月29日第58号联邦法令。)

6. 开庭时,法官首先应当宣布审理何种申请,向出庭人员说明其所享有的权利与义务。此后,检察官或者受检察官委派的人员提出申请并论证理由,之后,听取其他出庭人员的意见。

7. 法官在审理相关申请时作出下述裁决:

(1) 对犯罪嫌疑人或者刑事被告人选择监禁作为强制性处罚措施;

(2) 驳回申请;

(3) 下达有关延长羁押期限的决定。在法庭认定羁押条件合法合理的情况下,羁押期限允许自法庭对下述申请作出判决之时起延长不超过72个小时,即控辩双方为提供补充证据证明选择监禁作为强制性处罚措施的事宜是否具有根据而提起的申请。在有关延长羁押期限的裁决中,应当指明延长羁押期限的日期与时间。

(注:本项规定依据俄罗斯联邦联邦法2003年7月4日第92号联邦法令

于 2003 年 7 月 11 日颁布适用。)

7 - 1. 在驳回有关对犯罪嫌疑人或者刑事被告人选择监禁作为强制性处罚措施的申请时，在具有本法典第 97 条规定事由的情况下，参考本法典第 99 条规定情节，法官有权主动对犯罪嫌疑人或者刑事被告人选择缴付保证金（物）或者监视居住作为强制性处罚措施。

（注：本款规定依据俄罗斯联邦联邦法 2003 年 12 月 8 日第 161 号联邦法令于 2003 年 12 月 11 日增补适用。）

8. 法官作出的裁决，应当送达相关申请提起人、检察官、犯罪嫌疑人、刑事被告人或者刑事被害人，并应立即执行。

（注：本款规定依据俄罗斯联邦联邦法 2013 年 12 月 28 日第 432 号联邦法令于 2014 年 1 月 10 日颁布适用。）

9. 在法官驳回有关选择监禁作为强制性处罚措施的裁决后，只有在产生新的状况证明必须对行为人适用监禁的情况下，才可以再次向法院递交有关对同一案件中的同一行为人适用监禁的申请。

10. 如果在庭审中产生应当对刑事受审人适用监禁作为强制性处罚措施的问题，法院应当根据控辩双方的申请或者主动对该问题进行处理，并下达有关裁定或者裁决。

11. 法官下达的有关同意或者驳回选择监禁作为强制性处罚措施的裁决，可以自该裁决下达之日起 3 日内，参照本法典第 389 - 3 条规定，遵循第一上诉审审级程序提起申诉。第一上诉审审级法院在收到上诉或者抗诉之日起 3 日内对其作出裁判。第一上诉审审级法院下达的裁决，对有关撤销法官选择监禁作为强制性处罚措施的裁决下达的，应当立即执行。第一上诉审审级法院的裁判，可以依据本法典第四十七章之一规定，遵循第二上诉审审级程序提起申诉。

（注：本款规定依据俄罗斯联邦联邦法 2010 年 12 月 29 日第 433 号联邦法令于 2013 年 1 月 1 日颁布适用。）

12. 受理刑事案件的人员，应当及时将拘留犯罪嫌疑人或者刑事被告人的地点或者变更拘留地的事宜通知其近亲属。在没有近亲属的情况下，应当通知其亲属。在被监禁人为服役军人的情况下，应当将相关事宜通知部队指挥机关。被监禁人为依据俄罗斯联邦立法成立的公共监督委员会成员的，应当通知俄罗斯联邦公共院秘书处以及相应的公共监督委员会。被监禁人为内务部机关工作人员的，应当通知上述工作人员供职部门的负责人。

（注：本款规定依据俄罗斯联邦联邦法 2010 年 7 月 1 日第 132 号联邦法令于 2010 年 8 月 7 日颁布适用；依据俄罗斯联邦联邦法 2010 年 7 月 22 日第 155

号联邦法令于 2010 年 8 月 10 日补充适用。）

13. 本条规定的所有职权，不得长期固定地由同一法官行使。这些权限应当按照刑事案件的分配原则由各法官分别行使。

（注：本款规定依据俄罗斯联邦联邦法 2002 年 5 月 29 日第 58 号联邦法令增补适用。）

［注：根据俄罗斯联邦宪法法院 2002 年 3 月 14 日通过的第 6 号决议，《俄罗斯苏维埃联邦社会主义共和国刑事诉讼法典》所置原则，以及其他所有规范性法律原则，允许在法院判决下达前羁押 48 个小时以上，以及不经法院判决可予实行的逮捕（监禁）与拘留，自 2002 年 7 月 1 日起不再适用。］

14. 本法典第 95 条规定的要求，同样及于被拘留的刑事被告人。

（注：本款规定依据俄罗斯联邦联邦法 2003 年 7 月 4 日第 92 号联邦法令于 2003 年 7 月 11 日增补适用。）

第 109 条　拘留的期限

1. 拘留，在犯罪侦查阶段不得超过 2 个月。

2. 不能在 2 个月的期限内结束预先侦查的，在缺乏变更或者撤销相应强制性处罚措施的根据时，该期限可以由相应级别的区法院或者军事法院法官遵循本法典第 108 条规定程序延长至 6 个月。只有对被指控实施重度犯罪与极其重度犯罪的行为人，在其涉及的刑事案件情况特别复杂，并具有选择该项强制性处罚措施的根据时，由原审法院法官根据侦查官递交的申请，经俄罗斯联邦主体相应侦查机关负责人或者其他同等级别侦查机关负责人准予下达的，或者在本法典第 223 条第 5 款规定的情况下，根据调查官递交的申请，经俄罗斯联邦主体检察官或者同级别军事检察官准予作出的，将相应期限再次延长至 12 个月。

（注：本款规定依据俄罗斯联邦联邦法 2007 年 6 月 5 日第 87 号联邦法令于 2007 年 9 月 7 日颁布适用；依据俄罗斯联邦联邦法 2007 年 12 月 3 日第 323 号联邦法令于 2007 年 12 月 17 日颁布适用。）

3. 超过 12 个月期限的拘留，仅在对被指控实施极其重度犯罪的行为人适用的特殊情况下，由本法典第 31 条第 3 款规定所列法院或者同级别军事法院法官，根据侦查官递交的申请，经具有管辖权的俄罗斯联邦侦查委员会主席准予作出的，抑或联邦权力执行机关相应侦查机关构（下辖于联邦权力机关）负责人准予作出的，延长至 18 个月。

（注：本款规定依据俄罗斯联邦联邦法 2002 年 5 月 29 日第 58 号联邦法令颁布适用；依据俄罗斯联邦联邦法 2007 年 6 月 5 日第 87 号联邦法令于 2007 年 9 月 7 日颁布适用；依据俄罗斯联邦联邦法 2010 年 12 月 28 日第 404 号联

邦法令于 2011 年 1 月 15 日颁布适用。）

4. 除上述情况之外，不允许继续延长拘留期限。刑事被告人在拘留期限届满之后应当立即释放。但是，本条第 8 款第 1 项与第 8－1 款规定的情形除外。

（注：本款规定依据俄罗斯联邦联邦法 2012 年 6 月 5 日第 53 号联邦法令于 2012 年 6 月 18 日颁布适用。）

5. 刑事案件侦查结束后的案件材料，应当根据本条第 2 款与第 3 款规定，最迟在拘留期限届满前，向被拘留的刑事被告人及其辩护人提供为期 30 日的阅卷时间。

6. 如果在预先侦查结束之后，刑事案件材料未能在拘留期限届满时提供给刑事被告人与其辩护人为期 30 日的阅卷时间的，拘留期限届满后应当立即释放刑事被告人。这种情况下，刑事被告人及其辩护人保留对该刑事案件材料进行阅卷的权利。

7. 预先侦查结束后，如果根据本条第 5 款规定，向刑事被告人及其辩护人提供刑事案件材料的期限得以遵守，但是为期 30 日的期限对于就该刑事案件材料进行阅卷的时间来讲不够用，侦查官在获得俄罗斯联邦主体侦查机关负责人或者其他同级别侦查机关负责人准予的情况下，有权在拘留期限届满前不晚于 7 日内向本法典第 31 条第 3 款规定所列法院或者同级别军事法院提起有关延长该期限的申请。如果在一起刑事案件的诉讼程序中有数名被拘留的刑事被告人，哪怕其中只有一名刑事被告人难以在 30 日内对相关刑事案件材料进行阅卷的，侦查官有权对了解相关刑事案件材料的刑事被告人或者其他刑事被告人提起上述申请，如果存在对该刑事被告人或者相应刑事被告人适用监禁的必要性，且不具有选择其他强制性处罚措施根据的。

（注：本款规定依据俄罗斯联邦联邦法 2002 年 5 月 29 日第 58 号联邦法令颁布适用；依据俄罗斯联邦联邦法 2002 年 7 月 24 日第 98 号联邦法令于 2002 年 7 月 27 日补充适用；依据俄罗斯联邦联邦法 2003 年 7 月 4 日第 92 号联邦法令于 2003 年 7 月 11 日颁布适用；依据俄罗斯联邦联邦法 2007 年 6 月 5 日第 87 号联邦法令于 2007 年 9 月 7 日颁布适用。）

8. 有关延长拘留期限的申请，最迟应当在拘留期限届满前 7 日内递交到预先审查实施地或者刑事被告人拘留地法院。法官最迟应当在收到该申请之日起 5 日内，依据本法典第 108 条第 4 款、第 8 款与第 11 款规定程序作出下述判决：

（注：本段规定依据俄罗斯联邦联邦法 2002 年 5 月 29 日第 58 号联邦法令补充适用；依据俄罗斯联邦联邦法 2003 年 7 月 4 日第 92 号联邦法令于 2003 年 7 月 11 日补充适用；依据俄罗斯联邦联邦法 2008 年 12 月 2 日第 226 号联

邦法令于 2008 年 12 月 16 日颁布适用。）

（1）有关延长拘留期限直至刑事被告人及其辩护人对刑事案件材料进行阅卷后，经由检察官向法院移交刑事案件的。但是本条第 6 款规定的情形除外；

（2）有关驳回侦查官申请并解除刑事被告人拘留的。

8－1. 在本法典第 221 条第 2－1 款、第 226 条第 2－1 款规定情况下，根据检察官于预先审查阶段，在监视居住或者拘留期限届满前 7 日向法院提起的申请，监视居住或者拘留的期限可以延长至 30 日。

（注：本款规定依据俄罗斯联邦联邦法 2012 年 6 月 5 日第 53 号联邦法令于 2012 年 6 月 18 日增补适用。）

9. 预先侦查阶段的拘留期限，自犯罪嫌疑人、刑事被告人被监禁之时起开始计算，直至检察官将刑事案件移交法院时为止。

10. 下述时间应当计入拘留期限：

（1）行为人作为犯罪嫌疑人被羁押的时间；

（2）监视居住的时间；

（3）根据法院判决，强制在提供住院条件的医疗救助机构或者精神障碍疾病医疗机构接受治疗的时间；

（注：本项规定依据俄罗斯联邦联邦法 2013 年 11 月 25 日第 317 号联邦法令颁布适用。）

（4）行为人因俄罗斯联邦依据本法典第 460 条原则请求提供司法协助或者引渡而在其他国家被拘留的时间。

11. 在本条第 10 款第 4 项规定的情况下，拘留期限届满时，以及在必须进行预先审查的情况下，法院有权依据本条规定的程序延长拘留期限，但延长时间不得超过 6 个月。

（注：本款规定依据俄罗斯联邦联邦法 2003 年 7 月 4 日第 92 号联邦法令于 2003 年 7 月 11 日增补适用。）

（注：原文本第 11 款规定自 2003 年 7 月 11 日时顺延为本文本第 12 款规定——俄罗斯联邦联邦法 2003 年 7 月 4 日第 92 号联邦法令。）

12. 如果犯罪嫌疑人或者刑事被告人因同一起刑事案件，或者其他刑事案件与该刑事案件合并，或者从该刑事案件中分案处理其他刑事案件的事宜被再次监禁的，相关犯罪嫌疑人、刑事被告人此前被拘留的时间应当计入现在的拘留期限。

13. 不允许法院在刑事被告人缺席的情况下审理有关延长其拘留期限的申请。但是，刑事被告人在医院接受精神障碍司法医学鉴定的情况，以及其他刑事被告人不可能被押解到庭的情况除外。有关此事项，相应情况必须通过相应文件证明。这种情况下，刑事被告人的辩护人必须出庭。

（注：本款规定依据俄罗斯联邦联邦法 2003 年 7 月 4 日第 92 号联邦法令于 2003 年 7 月 11 日增补适用。）

14. 在本条第 13 款规定的情况下，法官在刑事被告人缺席时就有关延长其拘留期限的问题作出审理裁决，并指出刑事被告人不可能出庭的原因。

（注：本款规定依据俄罗斯联邦联邦法 2003 年 7 月 4 日第 92 号联邦法令于 2003 年 7 月 11 日增补适用。）

第 110 条　强制性处罚措施的撤销与变更

1. 当不再具有适用的必要性时，强制性处罚措施应予撤销。如果本法典第 97 条与第 99 条规定的强制性处罚措施在选择根据上发生变更的，可以变更为较为严厉或者较为宽松的强制性处罚措施。

1-1. 监禁类别的强制性处罚措施，在查明实施犯罪的犯罪嫌疑人或者刑事被告人罹患重度疾病不能对其适用拘留的，经依据医疗诊断结果作出的医疗鉴定予以确认的情况下，可以变更为较为宽松的强制性处罚措施。鉴于实施犯罪的犯罪嫌疑人与刑事被告人罹患重度疾病不能适用拘留的疾病种类列表，相应的医疗诊断程序与医疗鉴定的形式由俄罗斯联邦政府确定。

（注：本款规定依据俄罗斯联邦联邦法 2010 年 12 月 29 日第 434 号联邦法令于 2010 年 12 月 31 日增补适用。）

2. 强制性处罚措施的撤销或者变更，应当根据调查官、侦查官或者法官裁决抑或根据法院的裁定进行。

（注：本款规定依据俄罗斯联邦联邦法 2007 年 6 月 5 日第 87 号联邦法令于 2007 年 9 月 7 日颁布适用。）

3. 在审前诉讼程序的运行阶段，由获得侦查机关负责人准予的侦查官，抑或获得检察官准予的调查官选择的强制性处罚措施，其撤销与变更仅在获得以上人员的许可后才能实行。

（注：本款规定依据俄罗斯联邦联邦法 2007 年 6 月 5 日第 87 号联邦法令于 2007 年 9 月 7 日颁布适用。）

4. 本款规定于 2003 年 7 月 11 日丧失效力——俄罗斯联邦联邦法 2003 年 7 月 4 日第 92 号联邦法令。

第十四章　其他强制性诉讼措施

第 111 条　其他强制性诉讼措施适用的根据

1. 为保障本法典就刑事诉讼程序、刑事案判决正确执行的事宜而规定的原则，调查官、侦查官或者法院有权对犯罪嫌疑人或者刑事被告人适用下述强制性诉讼措施：

（注：本段规定依据俄罗斯联邦联邦法 2007 年 6 月 5 日第 87 号联邦法令于 2007 年 9 月 7 日颁布适用。）

（1）保证到案；

（2）拘传；

（3）暂停职务；

（4）扣押财产。

2. 在本法典规定的情况下，调查官、侦查官或者法院有权对刑事被害人、证人、刑事附带民事诉讼请求原告人、刑事附带民事诉讼请求被告人、鉴定人、专家、翻译与见证人适用下述强制性诉讼措施：

（注：本段规定依据俄罗斯联邦联邦法 2003 年 7 月 4 日第 92 号联邦法令于 2003 年 7 月 11 日颁布适用；依据俄罗斯联邦联邦法 2007 年 6 月 5 日第 87 号联邦法令于 2007 年 9 月 7 日颁布适用。）

（1）保证到案；

（2）拘传；

（3）罚金。

第 112 条　保证到案

1. 在必要的情况下，可以要求犯罪嫌疑人、刑事被告人以及刑事被害人或者证人保证到案。

2. 保证到案，即指本条第 1 款规定人员以书面形式作出保证，在调查官、侦查官或者法院传唤时及时到案。在住所地变更的情况下，应当立即将此情况进行报告。应当向上述人员说明违反保证的后果并对此在保证书中予以注明。

（注：本款规定依据俄罗斯联邦联邦法 2007 年 6 月 5 日第 87 号联邦法令于 2007 年 9 月 7 日颁布适用。）

第 113 条　拘传

1. 犯罪嫌疑人或者刑事被告人，以及刑事被害人与证人，无正当理由传唤不到案的，可以对其进行拘传。

2. 拘传，是指将上述人员强制押解到调查官、侦查官或者法院所在地。

（注：本款规定依据俄罗斯联邦联邦法 2007 年 6 月 5 日第 87 号联邦法令于 2007 年 9 月 7 日颁布适用。）

3. 如果具有相应原因阻碍本条第 1 款规定人员于规定期限受传到案的，应当立即将该事宜通知对其进行传唤的机关。

4. 调查官、侦查官、法官裁决，或者法院裁定，有关拘传执行的，在执行前应当向被拘传人告知，被拘传人应当在相应裁决或者裁定上签字确认。

（注：本款规定依据俄罗斯联邦联邦法 2007 年 6 月 5 日第 87 号联邦法令于 2007 年 9 月 7 日颁布适用。）

5. 拘传，除紧急情况之外，不得在夜间进行。

（注：本款规定依据俄罗斯联邦联邦法 2003 年 7 月 4 日第 92 号联邦法令于 2003 年 7 月 11 日补充适用。）

6. 对不满 14 岁的未成年人、已经怀孕的女性不得进行拘传。对因健康状况不能离开所在地的病人不得进行拘传。但是应当由医生对其相关情况予以证明。

7. 拘传，由调查机关根据调查官、侦查官的裁决执行，以及保障法院活动秩序的司法警察在法院裁决的基础上执行。

（注：本款规定依据俄罗斯联邦联邦法 2002 年 5 月 29 日第 58 号联邦法令颁布适用；依据俄罗斯联邦联邦法 2007 年 6 月 5 日第 87 号联邦法令于 2007 年 9 月 7 日颁布适用。）

第 114 条　暂停职务

1. 在必须对犯罪嫌疑人或者刑事被告人暂停职务的情况下，侦查官在获得侦查机关负责人准予，以及调查官在获得检察官准予的情况下，可以向预先审查实施地法院递交相应申请。但是，本条第 5 款规定的情形除外。

（注：本款规定依据俄罗斯联邦联邦法 2003 年 7 月 4 日第 92 号联邦法令于 2003 年 7 月 11 日颁布适用；依据俄罗斯联邦联邦法 2007 年 6 月 5 日第 87 号联邦法令于 2007 年 9 月 7 日颁布适用。）

2. 在收到相应申请后 48 小时之内，法官应当下达有关暂停犯罪嫌疑人或者刑事被告人职务的裁决或者驳回该申请的裁决。

（注：本款规定依据俄罗斯联邦联邦法 2003 年 7 月 4 日第 92 号联邦法令于 2003 年 7 月 11 日补充适用。）

3. 有关暂停犯罪嫌疑人或者刑事被告人职务的裁决，应当递交到其工作地。

（注：本款规定依据俄罗斯联邦联邦法 2003 年 7 月 4 日第 92 号联邦法令于 2003 年 7 月 11 日补充适用。）

4. 有关暂停犯罪嫌疑人或者刑事被告人职务的裁决，在侦查官、调查官裁决的基础上可予撤销，当该措施的适用已经不再具有相应的必要性。

（注：本款规定依据俄罗斯联邦联邦法 2002 年 5 月 29 日第 58 号联邦法令补充适用；依据俄罗斯联邦联邦法 2003 年 7 月 4 日第 92 号联邦法令于 2003 年 7 月 11 日补充适用；依据俄罗斯联邦联邦法 2007 年 6 月 5 日第 87 号联邦

法令于 2007 年 9 月 7 日颁布适用。)

5. 在下述情况下，俄罗斯联邦主体最高级别的公职人员（俄罗斯联邦主体国家最高权力执行机关的领导人）被作为刑事被告人追诉的，已向其提起实施重度犯罪或者极其重度犯罪的指控，俄罗斯联邦总检察长应当向俄罗斯联邦总统递交有关暂停上述人员职务的报告。俄罗斯联邦总统在收到报告后 48 个小时内作出暂停上述人员职务的决定或者驳回该报告的决定。

6. 被暂停职务的犯罪嫌疑人或者刑事被告人，有权领取依据本法典第 131 条第 2 款第 8 项规定向其发放的月例补助。

（注：本款规定依据俄罗斯联邦联邦法 2003 年 7 月 4 日第 92 号联邦法令于 2003 年 7 月 11 日补充适用。）

第 115 条 扣押财产

1. 为保障能够执行刑事案判决中的附带民事诉讼请求，以及为保障罚金收缴、其他财产性处罚或者《俄罗斯联邦刑事法典》第 104 - 1 条第 1 款规定可以没收的财产能够执行，侦查官经侦查机关负责人准予，调查官经检察官准予，向法院递交相关申请要求扣押犯罪嫌疑人或者对自身行为依法应当承担物质责任人员所持有的财产。法院依据本法典第 165 条规定对申请进行审议。在处理为保障可以执行没收而扣押财产的问题时，法院应当指出下达该判决所依据的具体情节与事实情节。

（注：本款规定依据俄罗斯联邦联邦法 2003 年 12 月 8 日第 161 号联邦法令于 2003 年 12 月 11 日颁布适用；依据俄罗斯联邦联邦法 2006 年 7 月 27 日第 153 号联邦法令于 2006 年 7 月 29 日颁布适用；依据俄罗斯联邦联邦法 2007 年 6 月 5 日第 87 号联邦法令于 2007 年 9 月 7 日颁布适用；依据俄罗斯联邦联邦法 2015 年 3 月 8 日第 40 号联邦法令于 2015 年 3 月 20 日颁布适用。）

2. 扣押财产，即指向财产所有人或者持有人下达禁令，在必要的情况下处分财产，以及收缴财产或者将财产移交保管。

3. 可以对处于他人持有状态下的财物进行扣押，如果具有充足理由确定相应财产系犯罪嫌疑人、刑事被告人通过实施犯罪获得的，抑或该财产用于或者专门指定用于下述目的：作为武器、设备或者其他犯罪事实工具，抑或为用于或者专门用于购买武器、设备或者其他犯罪实施工具，抑或为资助恐怖主义、极端活动（极端主义）、有组织团伙、非法武装部队、犯罪集团（犯罪组织）的。

（注：本款规定依据俄罗斯联邦联邦法 2006 年 7 月 27 日第 153 号联邦法令于 2006 年 7 月 29 日补充适用；依据俄罗斯联邦联邦法 2014 年 6 月 28 日第 179 号联邦法令于 2014 年 7 月 11 日颁布适用；依据俄罗斯联邦联邦法 2014 年

12 月 31 日第 530 号联邦法令于 2015 年 1 月 11 日颁布适用。)

［说明：本条第 9 款同本条第 3 款，以及本法典第 208 条第 1 款第 2 项关联原则与《俄罗斯联邦宪法》第 8 条、第 34 条（第 1 款）、第 35 条（第 1 款）至第 3 款）、第 46 条（第 1 款）、第 49 条（第 1 款）与第 55 条（第 3 款）原则相抵触。某种程度上，在犯罪嫌疑人、刑事被告人躲避侦查导致刑事案件预先侦查中止的情况下，以上条款未规定积极有效的方式来保障为执行刑事案判决刑事附带民事诉讼请求部分扣押财产时财产所有人的合法权益，——俄罗斯联邦宪法法院 2011 年 1 月 31 日第 1 号决议。］

［说明：本条第 3 款与第 9 款原则认定与《俄罗斯联邦宪法》第 35 条（第 1 款至第 3 款）、第 46 条（第 1 款）与第 55 条（第 3 款）原则相抵触。某种程度上，以上原则在现行法律调整体系内未规定必要的法律规则，如果适用该法律规则——在保障公法利益与私法利益间平衡时——可以积极保护庭审阶段下述人员的权利与法律利益，即刑事案件中犯罪嫌疑人、刑事被告人、或者刑事附带民事诉讼请求原告人之外人员，鉴于其财产被推测为是犯罪嫌疑人或者刑事被告人通过实施犯罪而获得的财物，进而长期扣押而导致其财产所有权遭受过度限制的——俄罗斯联邦宪法法院 2014 年 10 月 21 日第 25 号决议。］

4. 依据《俄罗斯联邦民事诉讼法典》规定禁止收缴的财产，不得扣押。

（注：本款规定依据俄罗斯联邦联邦法 2003 年 7 月 4 日第 92 号联邦法令于 2003 年 7 月 11 日颁布适用。）

5. 在财产扣押时，可以邀请专家介入。

（注：本款规定依据俄罗斯联邦联邦法 2003 年 7 月 4 日第 92 号联邦法令于 2003 年 7 月 11 日补充适用；依据俄罗斯联邦联邦法 2013 年 3 月 4 日第 23 号联邦法令于 2013 年 3 月 15 日颁布适用。）

6. 对于应当扣押的财产，根据扣押执行人员的裁量，可以被收缴，抑或移交该财产所有人或者持有人抑或其他人保管，并应向以上人员申明对财产保管的责任，并在笔录中作相应记载。

［说明：本条第 6 款与第 7 款原则认定与《俄罗斯联邦宪法》第 8 条、第 34 条（第 1 款）、第 35 条（第 1 款至第 3 款）、第 46 条（第 1 款）与第 55 条（第 3 款）原则相抵触。某种程度上，以上原则对以保障刑事案判决附带刑事附带民事诉讼请求部分执行为目的而扣押的财产如何保管所规定的保护体系，不能对被认定为是该刑事案件的刑事被害人与刑事附带民事诉讼请求原告人的权利与法律利益予以积极保护。即在办理该刑事案件时，涉及从该人账户中被窃取且处于第三人账户中被扣押钱款如何处理的问题时，在下述情况下，当就该刑事案件进行的预先审查，鉴于不能确定应当作为刑事被告人追诉的人员而

无限期中止时，——俄罗斯联邦宪法法院 2014 年 12 月 10 日第 31 号决议。〕

7. 在扣押犯罪嫌疑人、刑事被告人处于银行及其他信贷组织账户上的钱款与其他贵重物品的情况下，该账户涉及被扣押的钱款或者其他贵重物品的业务将完全停止或者部分停止。相关银行或者信贷组织的负责人，在法院判决基础上必须就法院以及侦查官或者调查官的要求提供有关以上钱款与其他贵重物品的信息。

（注：本款规定依据俄罗斯联邦联邦法 2007 年 6 月 5 日第 87 号联邦法令于 2007 年 9 月 7 日颁布适用。）

〔说明：本条第 6 款与第 7 款原则认定与《俄罗斯联邦宪法》第 8 条、第 34 条（第 1 款）、第 35 条（第 1 款至第 3 款）、第 46 条（第 1 款）与第 55 条（第 3 款）原则相抵触。某种程度上，以上原则对以保障刑事案判决附带刑事附带民事诉讼请求部分执行为目的而扣押的财产如何保管所规定的保护体系，不能对被认定为是该刑事案件的刑事被害人与刑事附带民事诉讼请求原告人的权利与法律利益予以积极保护。即在办理该刑事案件时，涉及从该人账户中被窃取且处于第三人账户中被扣押钱款如何处理的问题时，在下述情况下，当就该刑事案件进行的预先审查，鉴于不能确定应当作为刑事被告人追诉的人员而无限期中止时，——俄罗斯联邦宪法法院 2014 年 12 月 10 日第 31 号决议。〕

8. 在扣押财产时，应当根据本法典第 166 条与第 167 条规定要求制作笔录。在没有应予扣押的财产时，在笔录中应当对该事项作出说明。应当向被处以财产扣押的人员交付该笔录的副本。

（注：本款规定依据俄罗斯联邦联邦法 2002 年 5 月 29 日第 58 号联邦法令补充适用。）

9. 当不再具有适用该强制性诉讼措施的必要性时，依据办理刑事案件的机关或者人员下达的裁决或者裁定，应当撤销财产扣押。

〔说明：本条第 9 款同本条第 3 款，以及本法典第 208 条第 1 款第 2 项关联原则与《俄罗斯联邦宪法》第 8 条、第 34 条（第 1 款）、第 35 条（第 1 款至第 3 款）、第 46 条（第 1 款）、第 49 条（第 1 款）与第 55 条（第 3 款）原则相抵触。某种程度上，在犯罪嫌疑人、刑事被告人躲避侦查导致刑事案件预先侦查中止的情况下，以上条款未规定积极有效的方式来保障为执行刑事案判决刑事附带民事诉讼请求部分扣押财产时财产所有人的合法权益，——俄罗斯联邦宪法法院 2011 年 1 月 31 日第 1 号决议。〕

〔说明：本条第 3 款与第 9 款原则认定与《俄罗斯联邦宪法》第 35 条（第 1 款至第 3 款）、第 46 条（第 1 款）与第 55 条（第 3 款）原则相抵触。某种程度上，以上原则在现行法律调整体系内未规定必要的法律规则，如果适用该法律规则——在保障公法利益与私法利益间平衡时——可以积极保护庭审阶段下述人员的权利与法律利益，即刑事案件中犯罪嫌疑人、刑事被告人、或者刑事附带民事诉讼请求原告人之外人员，鉴于其财产被推测为是犯罪嫌疑人或者刑事被告人通过实施犯罪而获得的财物，进而长期扣押而导致其财产所有权遭受过度限制的——俄罗斯联邦宪法法院 2014 年 10 月 21 日第 25 号决议。]

第 116 条　有价证券扣押程序的特点

1. 为保障《俄罗斯联邦刑事法典》第 104 - 1 条第 1 款规定的财产可予没收，抑或为保障对犯罪所致损害进行赔偿，抑或为保障罚金类刑罚的执行，遵循本法典第 115 条规定要求，有价证券或者其单证扣押在相应财产所在地或者有价证券持有者所有权账户所在地进行。

（注：本款规定依据俄罗斯联邦联邦法 2003 年 7 月 4 日第 92 号联邦法令于 2003 年 7 月 11 日补充适用；依据俄罗斯联邦联邦法 2006 年 7 月 27 日第 153 号联邦法令于 2006 年 7 月 29 日颁布适用；依据俄罗斯联邦联邦法 2015 年 3 月 8 日第 40 号联邦法令于 2015 年 3 月 20 日颁布适用。）

2. 不得对善意占有人持有的无记名有价证券进行扣押。

3. 在有价证券扣押笔录中应当载明：

（1）被扣押的有价证券总数、样式、类别（类型）或者序号；

（2）面值；

（3）国家登记号；

（4）有关发行人或者出票人，抑或对有价证券持有人权利进行登记者的信息，以及登记地的信息；

（5）有关对被扣押的有价证券享有所有权的文件予以证明的信息。

4. 就被扣押的有价证券进行注销、支付收益、兑付、兑换或者其他处分行为的实施程序，由联邦性法律予以确定。

第 117 条　罚金

如果刑事诉讼程序的参与人不履行本法典规定的诉讼义务，以及违反法庭审理程序的，可以依据本法典第 118 条规定程序对其科处数额为 2500 卢布以下的罚款。

（注：本条规定依据俄罗斯联邦联邦法 2008 年 6 月 11 日第 85 号联邦法令于 2008 年 6 月 29 日颁布适用。）

第 118 条　罚金与保证金（物）缴付到国家收入中的程序

1. 罚金，由法院科处。

2. 如果相应的违法行为发生在法庭审理阶段，则罚金由确定相应违法行为的庭审法院进行科处，法院应当下达相关的裁定或者裁决。

3. 如果违法行为发生在审前诉讼程序的运行阶段，调查官、侦查官应当制作有关违法行为的笔录并将其递交到区法院。自笔录送达法院之日起 5 日内，法官应当对其进行审理。审理时应当传唤可能科处罚金的行为人与笔录制作人到庭。实施违法行为的行为人无正当理由不出庭的，不妨碍对该笔录的审理。

（注：本款规定依据俄罗斯联邦联邦法 2007 年 6 月 5 日第 87 号联邦法令于 2007 年 9 月 7 日颁布适用。）

4. 根据对笔录的审理结果，法官作出有关科处罚金的裁决或者驳回科处罚金的裁决。该裁决的副本应当递交给笔录制作人与被科处罚金的行为人。

5. 在科处罚金时，法院有权决定为期 3 个月的延期执行或者分期执行的裁决。

6. 在本法典第 106 条第 9 款规定的情况下，有关处理收缴保证金到国家收入的问题，依据本条第 3 款与第 4 款规定程序进行。

（注：本款规定依据俄罗斯联邦联邦法 2010 年 4 月 7 日第 60 号联邦法令于 2010 年 4 月 9 日补充适用。）

第三卷　法庭诉讼程序

第九编　第一审审级法院的诉讼程序

第三十三章　审判庭预备开庭的普通程序

第 232 条　传唤出庭

法官应当下达有关命令传唤其裁决中指定的人员出席审判庭，并应采取其他措施预备审判庭开庭。

第三十五章　法庭审理的一般条件

第 255 条　有关强制性处罚措施问题的处理

1. 在法庭审理阶段，法院有权选择、变更或者撤销对刑事受审人适用的强制性处罚措施。

2. 如果对刑事受审人选择监禁作为强制性处罚措施的，则对其进行监禁的期限自刑事案件移交法院之日起，直至作出刑事案判决之日止，不得超过 6

个月。但是，本条第3款规定的情形除外。

3. 受理刑事案件的法院，自刑事案件移交法院之日起6个月期限届满后，有权延长刑事受审人的监禁期限。这种情况下，仅允许对涉及重度犯罪或者极其重度犯罪的刑事案件延长监禁的期限，每次延长的时间不超过3个月。

4. 法院有关延长刑事受审人监禁期限的判决，可以依照第二上诉审审级程序提起申诉。但是，提起申诉并不中止对刑事案件的审理。

（注：本款规定依据俄罗斯联邦联邦法2010年12月29日第433号联邦法令于2013年1月1日颁布适用。）

第四卷　刑事诉讼程序的特别规则

第十七编　部分类别人员刑事案件诉讼程序的特点

第五十二章　部分类别人员刑事案件诉讼程序的特点

第449条　羁押

联邦委员会委员、国家杜马议会议员、联邦法院法官、调解法官、检察官、俄罗斯联邦审计局局长、副局长与审计师、俄罗斯联邦人权特派专员、俄罗斯联邦卸任总统，依据本法典第91条规定程序因涉嫌犯罪被羁押的，除在犯罪现场被拘捕的情况以外，在查明其身份后应当立即释放。

第450条　强制性处罚措施的选择与个别侦查行为实施的特点

1. 依据本法典第448条规定程序提起刑事案件，或者将行为人作为刑事被告人进行追诉之后，对该行为人采取的侦查行为与其他诉讼行为遵循普通程序进行。但是，本法典第449条与本条规定的特殊情况除外。

（注：本款规定依据俄罗斯联邦联邦法2002年7月24日第98号联邦法令于2002年7月27日颁布适用。）

2. 有关对俄罗斯联邦宪法法院法官、其他法院法官选择监禁作为强制性处罚措施的法院判决，在获得相应俄罗斯联邦宪法法院或者法官资格评审委员会的准予之后才能执行。

（注：本款规定依据俄罗斯联邦联邦法2002年7月24日第98号联邦法令于2002年7月27日颁布适用。）

3. 有关对联邦委员会委员、国家杜马议会议员、俄罗斯联邦卸任总统、俄罗斯联邦人权特派专员选择监禁作为强制性处罚措施的法院判决，抑或有关进行搜查的法院判决，在获得相应联邦委员会或者国家杜马议会准予之后才能执行。

（注：本款规定依据俄罗斯联邦联邦法 2002 年 7 月 24 日第 98 号联邦法令于 2002 年 7 月 27 日补充适用。）

4. 俄罗斯联邦宪法法院、法官资格评审委员会有关准予对法官选择监禁作为强制性处罚措施的判决或者进行搜查的判决，应当在俄罗斯联邦侦查委员会主席的报告与相应法院判决递交之日起不晚于 5 日内通过，并应充分说明理由。

（注：本款规定依据俄罗斯联邦联邦法 2007 年 6 月 5 日第 87 号联邦法令于 2007 年 9 月 7 日颁布适用；依据俄罗斯联邦联邦法 2010 年 12 月 28 日第 404 号联邦法令于 2011 年 1 月 15 日颁布适用。）

4-1. 向法院递交的相关申请，有关对登记的国家杜马议会候选议员、俄罗斯联邦总统候选人员选择监禁作为强制性处罚措施的，在俄罗斯联邦侦查委员会主席准予的情况下由侦查官或者调查官提起。向法院递交的相关申请，有关对登记的俄罗斯联邦各主体国家权力立法机关（代议制机关）候选议员选择监禁作为强制性处罚措施的，在俄罗斯联邦各主体的俄罗斯联邦侦查委员会侦查机关负责人准予的情况下，由侦查官或者调查官提起。

（注：本款规定依据俄罗斯联邦联邦法 2007 年 5 月 26 日第 64 号联邦法令于 2007 年 5 月 11 日增补适用；依据俄罗斯联邦联邦法 2007 年 7 月 24 日第 214 号联邦法令于 2007 年 9 月 7 日颁布适用；依据俄罗斯联邦联邦法 2010 年 12 月 28 日第 404 号联邦法令于 2011 年 1 月 15 日颁布适用。）

5. 依据本法典规定实施的侦查行为或者其他诉讼行为，对本法典第 447 条第 1 款规定人员实施时，如果未曾对该行为人提起过刑事案件或者未曾将该行为人作为刑事被告人进行追诉的，只允许根据法院判决，在本法典第 448 条第 1 款规定法院准予的情况下进行。

（注：本款规定依据俄罗斯联邦联邦法 2002 年 7 月 24 日第 98 号联邦法令于 2002 年 7 月 27 日增补适用；依据俄罗斯联邦联邦法 2003 年 7 月 4 日第 92 号联邦法令于 2003 年 7 月 11 日颁布适用。）

法　国

刑事诉讼法典[*]

第一卷　刑事政策的实施、提起公诉及预审

第三编　预审法庭

第一章　预审法官：一级预审庭

第六节　执法凭证[①]及其执行

第 122 条　（2004 年 3 月 9 日第 2004 – 204 号法律第 96 – 1 条）预审法官得根据具体情况签发通缉令、传唤到案通知书、拘传通知书或逮捕令；自由与羁押法官可以签发押票。

对存在一项或数项合乎情理的理由可以怀疑其实施了犯罪或者犯罪未遂的人，得发出通缉令；对立案侦查意见书指名针对的人、受援助的证人或者受审查人，不得发出通缉令；通缉令是指向公共力量发出的命令，令其查找针对其

---

   * 本法典于 1957 年 12 月 31 日由法国国民议会颁布第一卷，1958 年 12 月 23 日对第一卷进行了修改，同时颁布了法典的第二至五卷，1959 年 3 月 2 日实施，后历经多次修改。法典包括立法与实施法令两部分。本译本仅翻译立法部分的条文。本译本根据法国法律公共服务网站 legifrance 2014 年 12 月 29 日提供的法语文本翻译。

   ① 执法凭证原文为"mandat"，意为委托令或授权令。法律将签发执法凭证的职权主要赋予预审法官。第 122 条规定的是预审法官签发的通缉令（le mandat de recherche），传唤到案通知书（le mandat de comparurion）、拘传通知书（le mandat d'amener）和逮捕令（le mandat d'arrêt）；自由与羁押法官可以发出押票（le mandat de dépôt）。这些执法凭据通常为预审司法文书；特定情况下，审判法院亦予使用，例如，第 310 条、第 465 条、第 469 条之规定；检察院亦同，例如，第 70 条之规定；此外，第 321 条、第 414 条、第 677 条及第 678 条等也有相应规定。不过，在第 122 条中使用的是"法官"一词，并不意味着这些执法凭据都是审判法院签发的"传票"、"拘传票"等。——译者注

签发该项命令的人并对其实行拘留。

对存在重大的或相互吻合的线索看来确属正犯与共犯参与了实施犯罪的人，其中包括该人是受援助的证人或者是受审查人的情况，可以发出传唤到案通知书、拘传通知书或者逮捕令。

传唤到案通知书的目的是催告受到传唤的人在指定的日期与时间自行向法官到案。

拘传通知书是法官向公共力量发出的立即（1993 年 1 月 4 日第 93－2 号法律）将受到此项通知的人解送到案的命令。

逮捕令是指向公共力量发出的查找该命令所指之人并将其解送至指定的看守所收管与羁押的命令。

对于传唤到案通知书、拘传通知书或逮捕令所针对的人，预审法官有义务将其作为受援助的证人，听取其陈述，但如果其按照第 116 条之规定对该人实行审查，则不在此限。不得（仅仅）基于引发上述诸项命令之事实即对当事人实行拘留。

可以对已经受到审查并对其作出实行先行羁押之裁定的人发出押票。押票是指向看守机构首长发出的接收并羁押受押票人的命令。如果在此之前已经向受押票人进行通知，押票亦可用于查找或押解受押票人。

第 123 条　（2004 年 3 月 9 日第 2004－204 号法律第 96－2 条）任何执法凭证均应当具体写明（1993 年 1 月 4 日第 93－2 号法律）其针对的签发对象人的身份，并由签发该凭证的法官签字，注明日期，加盖印鉴。

拘传通知书、押票、（2004 年 3 月 9 日第 2004－204 号法律第 96－2 条）逮捕令以及通缉令还应写明当事人受到指控的犯罪事实的性质，（1993 年 1 月 4 日第 93－2 号法律）此种事实在法律上的罪名以及适用法律的法律条文。

（1960 年 6 月 4 日第 60－529 号法令）传唤到案通知书由司法执达员送达该通知书所针对的人，或者，由司法警察警官或警员或者由公共力量人员向该人进行通知，并向其提交通知书的副本。

拘传通知书、（2004 年 3 月 9 日第 2004－204 号法律第 96－2 条）逮捕令或通缉令，由司法警察警官或警员或者由公共力量人员执行，并由他们向（1993 年 1 月 4 日第 93－2 号法律）当事人出示该文书，同时向当事人送交文书副本一份。

（1993 年 1 月 4 日第 93－2 号法律）如果当事人因其他原因已经受到羁押，按前款规定向其进行通知，或者由看守机构首长依共和国检察官的指令进行通知，并且向当事人送交副本一份。

在紧急情况下，拘传通知书、（2004 年 3 月 9 日第 2004－204 号法律第

96 - 2 条，自 2004 年 10 月 1 条）逮捕令或通缉令，可以通过任何途径与方法进行发布。

在此情形下，应当具体写明该项命令的原本所载的主要事项，特别是其针对的人的（1993 年 1 月 4 日第 93 - 2 号法律）身份，该人受到指控的犯罪事实的性质及其在法律上的罪名，签发命令的法官的姓名与职务身份。（1984 年 7 月 9 日第 84 - 576 号法律）命令的原本或副本尽快送交执行命令的人员。

第 124 条 各种执法凭证在共和国全境具有执行力。

第 125 条 预审法官立即对经（1993 年 1 月 4 日第 93 - 2 号法律）传唤到案通知书传唤到案的人进行讯问。

（2004 年 3 月 9 日第 2004 - 204 号法律第 97 - 1 条）对于依据拘传通知书抓捕到案的人（1993 年 1 月 4 日第 93 - 2 号法律），按照相同的条件进行讯问；但是，如果不能立即进行讯问，可以由警察部门或宪兵部门对该人进行留置盘问，但留置盘问的时间，自该人被抓捕到将其解送预审法官，最长为 24 小时，非如此，大审法院院长或者院长指定的法官应当立即对该人进行讯问，否则，应当将其释放。

第 126 条 （1993 年 1 月 4 日第 93 - 2 号法律，2004 年 3 月 9 日第 2004 - 204 号法律第 97 - 1 条）如果依据拘传通知书抓捕的人被留置盘问的时间超过 24 小时仍未受到讯问（1993 年 1 月 4 日第 93 - 2 号法律），视其受到专断拘禁（arbitrairement détenu）。

对（1992 年 12 月 16 日第 92 - 1336 号法律）命令或者明知而故意容忍此种专断扣留当事人（rétention arbitraire）① 的司法官或官员，适用《刑法典》第 432 - 4 条至第 432 - 6 条之规定。

第 127 条 （1993 年 1 月 4 日第 93 - 2 号法律，2011 年 4 月 14 日第 2011 - 392 号法律第 22 条）如果依据拘传通知书查找的人在距离签发该命令的预审法官所在地 200 公里以外的地方被找到，（2004 年 3 月 9 日第 2004 - 204 号法律第 97 - 3 条）并且无法在 24 小时内将其解送交给司法官时，可以将该人解送至抓捕地的自由与羁押法官。

第 128 条 该司法官（自由与羁押法官）讯问并查明该人的身份，在告知（1993 年 1 月 4 日第 93 - 2 号法律）该人有不作声明之自由以后，接收其声明，并问明其是（1993 年 1 月 4 日第 93 - 2 号法律）同意解送还是同意延

---

① 2004 年 3 月 9 日第 2004 - 204 号法律第 97 - 2 条将原用语"détention"（羁押、拘禁、关押）改为"rétention"，通常将"détention arbitraire"译为"专断拘禁"。本条两款的用语似为同一意义。——译者注

长拘传通知书的效力，在原地等待受理案件的预审法官的决定。如果（1993年1月4日第93-2号法律）该人声明其反对解送，则将其送至看守所（la maison d'arrêt），并立即通知管辖案件的预审法官。（1984年7月9日第84-576号法律）当事人的到案笔录的原本与副本应当完整写明已经进行上述通知。笔录立即转送预审法官，同时附有便于识别该人身份的一切说明。

这份笔录应当载明（1993年1月4日第93-2号法律）已告知该人（1993年1月4日第93-2号法律）有不作声明的自由。

第129条 负责案件侦查的预审法官一经收到上述材料，应当决定是否有必要命令解送该人。

第130条 （1984年7月9日第84-576号法律）如有必要按照第128条及第129条规定的条件（1993年1月4日第93-2号法律）解送被抓捕人，应当在该命令通知之后4日内将其解送给签发命令的预审法官。

但是，如果是从海外省向法国本土进行解送，或者从本土向海外省进行解送，上述期限增加至6日。

第130-1条 （1984年7月9日第84-576号法律）在未遵守第127条及第130条规定期限的情况下，（1993年1月4日第93-2号法律）依负责案件侦查的预审法官的命令，得将该人释放，但如果是因不可克服的情况导致延迟解送，则不在此限。

第131条 如果（1993年1月4日第93-2号法律）当事人在逃，或者，如果其居住在法国领域之外，在犯罪事实当处以轻罪监禁刑或更重刑罚的情况下，预审法官在共和国检察官提出意见之后，（1993年1月4日第93-2号法律）得对该人签发逮捕令。

第132条 （由2004年3月9日第2004-204号法律第97-4条废止）

第133条 （2004年3月9日第2004-204号法律第97-5条，2011年12月13日第2011-1862号法律第60条）依据逮捕令被抓捕的人在其被抓捕后24小时内送交预审法官，或者在不将其解送预审法官时，解送至法院院长或者由院长指定的法官，由院长或指定的法官进行讯问，并且在相应情况下，按照第145条规定的条件，就是否对其实行先行羁押作出决定；否则，将其释放。第126条之规定得予适用。

如果（1993年1月4日第93-2号法律）当事人是在距离签发逮捕令的预审法官所在地200公里以外的地方被抓捕且不可能在24小时内将其解送至该司法官时，（2004年3月9日第2004-204号法律第97-5条）在其被逮捕之后24小时内解送至其逮捕地的自由与羁押法官，由该法官在告知被逮捕人有不作声明的自由之后（1993年1月4日第93-2号法律），接收其声明。此项告知事宜应当在笔录中记明。

逮捕地的自由与羁押法官立即通知签发逮捕令的司法官，并命令解送被逮捕人；如果不能立即解送，自由与羁押法官应当告知签发逮捕令的司法官。

（1984年7月9日第84-576号法律）如有必要解送，（1993年1月4日第93-2号法律）被逮捕人在第130条规定的期限内被押送至逮捕令指明的看守所。第130-1条之规定得予适用。

第133-1条 （2004年3月9日第2004-204号法律第97-6条）在第125条、第127条与第133条所指情况下，当事人在向司法官到案之前已经被警察部门或宪兵部门扣留（留置）时，从其开始被留置即应当通知逮捕地的共和国检察官；受到留置的人有权按照第63-2条规定的条件让人通知其一名近亲属，并且有权按照第63-3条规定的条件接受医师的检查。

第134条 （1972年12月29日第72-1226号法律，2011年3月14日第2011-267号法律第54条）执行拘传通知书、（2004年3月9日第2004-204号法律第96-3条）逮捕令或通缉令的人员，不得在6时以前、21时以后进入公民的住所；在这些人员是负责逮捕受到引渡请求或者欧洲逮捕令的对象时，亦适用该项规定。

执行这些命令的人员可以带领足够的力量，使（1993年1月4日第93-2号法律）应受逮捕的人不能逃脱法律制裁。参加执法的力量从命令执行地最近的地方召集，并按照命令的要求采取行动。

如果（1993年1月4日第93-2号法律）未能抓获当事人，关于抓捕失败以及进行搜查与查找的笔录应当送达给签发命令的司法官。（2004年3月9日第2004-204号法律第24条）在此情形下，该人视同已经按照第176条的规定受到审查。

第135条 （2000年6月15日第2000-516号法律第132条）重罪案件与轻罪案件，只有执行第145条所指的裁定，才能签发押票。

（1993年1月4日第93-2号法律）负责执行押票的人员将此命令针对的人送交监狱看守机构的主要负责人；看守机构的主要负责人出具一份移交与接收凭据（une reconnaissance，收监凭证）。

第135-1条 （2004年3月9日第2004-204号法律第96-4条）依据通缉令找到的人，由找到该人之地点的司法警察警官按照第154条规定的方式对其实行拘留。自拘留开始，即通知管辖案件的预审法官。预审法官可以要求该人被找到时所在地的司法警察警官对其进行讯问，以及进行所有必要的侦查行动，但不妨碍依照查案委托书已经管辖案件的司法警察警官对当事人进行讯问的可能性。当事人在被拘留期间，也可以被解送至管辖本案的调查部门的所在地。

第 135 – 2 条 （2004 年 3 月 9 日第 2004 – 204 号法律第 98 条，2011 年 4 月 14 日第 2011 – 392 号法律第 22 条）如果逮捕令所指的人是在侦查终结（le règlement de l'information）之后才被找到，按本条规定处理。

自当事人受到警察部门或宪兵部门留置开始，该人被逮捕地的共和国检察官即得到通知。在该人被留置期间，适用第 63 – 2 条与第 63 – 3 条之规定。该人受留置的时间不得超过 24 小时。

尽快并且最迟在当事人被逮捕后 24 小时内，将其解送至受理案件的审判法院所在辖区内的大审法院共和国检察官。共和国检察官在核实被逮捕人的身份并向其通知逮捕令之后，将其送交自由与羁押法官。

自由与羁押法官可以根据共和国检察官的意见书，对该人实行司法监督，或者在按照第 145 条第 4 款至第 9 款之规定组织对席辩论之后，按照第 144 条的规定作出说明理由的裁定，命令对该人实行先行羁押，直至其到审判法庭出庭。如果对当事人实行羁押，适用第 179 条第 4 款与第 5 款以及第 181 条第 8 款与第 9 款规定的期间，期间自实行羁押的裁定起开始计算。如果被逮捕人被移送至轻罪法庭，对自由与羁押法官所作的决定，可以自其通知起 10 日内向轻罪上诉庭提起上诉；如果被逮捕人被移送至重罪法庭，可以按此期限，向上诉法院预审庭提起上诉。

如果当事人是在预审法庭所在地 200 公里以外的地方被找到，因而不能在 24 小时内解送至第 3 款所指的共和国检察官时，则将其解送至被逮捕地的自由与羁押法官。该法官核实被逮捕人的身份并向其通知逮捕令，在告知其有不作声明之自由后，接收其可能作出的声明。在此情形下，逮捕令由该司法官执行，并由其派人将被逮捕人押送至看守所，同时通知审判法庭所在辖区的大审法院共和国检察官。该共和国检察官命令解送该人。该人在接到向其通知的逮捕令起 4 日内必须向该共和国检察官到案。如果是在海外省与法国本土之间或者在海外省相互之间解送人犯，该期限可以延长至 6 日。在此情形下，按照第 3 款与第 4 款之规定处理。

如果在就解送被逮捕人规定的期限之内该人可以到管辖案件的审判法庭出庭，则无必要将其解送至自由与羁押法官。

本条之规定也适用于在作出终结侦查裁定之后签发的逮捕令，但是，在预审过程中签发逮捕令之后，或者在已经作出终结侦查裁定再签发逮捕令之后，轻罪案件经对席判决或者视为对席的判决，重罪案件经缺席判决，当事人被判自由刑的情况下，不适用本条之规定。审判法院作出有罪判决之后签发的逮捕令，也不适用本条之规定。在此情形下，直至可以提出申请救济的期限届满，以及在提出该种救济申请的情况下，直至当事人在审判法庭出庭，得对被捕人实行先行羁押，无必要将其解送至自由与羁押法官，但不妨碍其提出请求释放的权利。

第135-3条　（2004年3月9日第2004-204号法律第98条）所有的逮捕令或通缉令，应预审法官或共和国检察官的请求，均登记于被通缉人登记档案。在被通缉人经产生既判力的裁定被移送审判法庭审判时，登记档案系统的管理人员得到通知后，如果涉及的是逮捕令，按照第135-2条之规定办理。

第136条　不遵守对传唤到案通知书、拘传通知书、押票、（2004年3月9日第2004-204号法律第96-5条）逮捕令与通缉令规定的各项手续，可以对（2000年6月15日第2000-516号法律第132-4条）预审法官、自由与羁押法官或共和国检察官实行纪律惩戒处分。

除执行更重的刑罚之外，如有必要，上述规定适用于任何违反第56条、第57条、第59条、第96条、第97条、第138条及（1993年1月4日第93-2号法律）第139条有关保护个人自由之措施的行为。

前两款所指情况以及在侵犯个人自由的情况下，行政机关均不得提出管辖权争议；管辖权始终仅属于司法系统的法院。

以《刑法典》第432-4条至第432-6条及第432-8条所指的侵犯个人自由或侵犯住宅的行为为依据提起的任何民事诉讼亦同，不论该民事诉讼是针对公共行政部门还是针对其工作人员提起。

第七节　司法监督、指定居住加电子监控①以及先行羁押

第三目　先行羁押②
（1970年7月17日第70-643号法律）

第143-1条　（2000年6月15日第200-516号法律第57条，2009年11月24日第2009-1436号法律第93条）以执行第137条之规定为保留条件，只有下列情况，才能命令先行羁押或者延长先行羁押期间：

1. 受审查人当处重罪之刑罚；

---

①　这是在侦查阶段可以对受审查人采取的几种人身强制措施。指定居住加电子监控是近年新增的规定。司法监督由预审法官或者自由与羁押法官命令。指定居住的法文原文为"assignation à résidence"。注意与第五卷刑罚执行程序（第762-1条）中的限制居住（interdiction de séjour）相区别。——译者注

②　先行羁押（détention provisoire），1970年以前称为预防性拘押（détention préventive）。——译者注

2. 受审查人当处 3 年或 3 年以上①监禁刑之轻罪刑罚。

在受审查人故意逃避履行司法监督义务或者故意不遵守指定居住加电子监控制度下对其规定的各项义务时，也可以按照第 141 - 2 条的规定命令先行羁押。

第 144 条 （2000 年 6 月 15 日第 2000 - 516 号法律第 57 条，2009 年 11 月 24 日第 2009 - 1436 号法律第 93 条）只有从程序的具体情节因素来看，证明实行先行羁押是达到以下所指一项或数项目标的惟一手段，并且仅仅实行司法监督或指定居住加电子监视制度仍然不能达到这些目标时，才能命令先行羁押或延长先行羁押期限。

1. （1981 年 2 月 2 日第 81 - 82 号法律）为了（1993 年 1 月 4 日第 93 - 2 号法律）保存有利于查明事实真相的证据或事实痕迹、线索；

2. 为了阻止对证人或被害人及他们的家庭施加压力；

3. 为了阻止受审查人与共同正犯或共犯进行伪诈串供；

4. 为了保护受审查人；

5. 为了保证受审查人能够随时听从法院安排；

6. 为了终止犯罪或防止重新犯罪；

7. 鉴于犯罪程度的严重性、实施犯罪的情节或者其造成的损失重大，为了制止对公共秩序造成特别的持续扰乱；但是，不能仅仅因为案件引起媒体方面的巨大反响就认为其对公共秩序造成了特别的持续扰乱。本款之规定不适用于轻罪案件。

第 144 - 1 条 （1996 年 12 月 30 日第 96 - 1235 号法律，2007 年 3 月 5 日第 2007 - 291 号法律第 93 条）先行羁押，应当考量指控受审查人的犯罪事实的严重程度以及为查明事实真相而有必要进行的调查的复杂程度，不得超过合理期限。

只要不再具备第 144 条及本条规定的条件，预审法官（2000 年 6 月 15 日第 2000 - 516 号法律第 132 - 7 条）或者已受理案卷的自由与羁押法官，应当按照第 147 条规定的方式立即释放受到先行羁押的人。

第 144 - 2 条 （2004 年 3 月 9 日第 2004 - 204 号法律第 92 - 2 条）如果基于第 143 - 1 条、第 144 - 1 条、第 145 - 2 条、第 145 - 3 条或者第 706 - 24 - 3 条的规定命令释放受到先行羁押的人有可能使被害人面临危险时，法院得对受审查人实行司法监督，并执行第 138 条（第 2 款）第 9 点的规定命令其不得会见或遇见被害人，或者不得以任何方式与被害人进行联系。按照第 138 - 1 条的规定将该事项通知被害人。

---

① 原规定为"1 年或 1 年以上"。——译者注

第145条 （2000年6月15日第2000－516号法律第52条，2009年5月12日第2009－526号法律第126条）预审法官作出一项裁定向自由与羁押法官申请对受审查人实行羁押时，自由与羁押法官将该人传唤到其面前，并按照本条之规定作出处理。如果该人已有律师，由其律师协助。

自由与羁押法官根据案卷的各项材料，以及在相应情况下，如果其认为有益，在听取当事人的辩解意见之后，告知受审查人是否考虑对其实行先行羁押。

自由与羁押法官，如果不考虑对受审查人实行先行羁押，相应情况下，在命令对该人实行司法监督之后，按照有关报明地址的第116条最后两款的规定处理。

自由与羁押法官如果考虑对受审查人实行先行羁押，告知该人只有在经过对席辩论之后才能作出决定，并且告知其有权请求给予准备辩护的期限。

如果受审查人尚无律师协助，自由与羁押法官告知其在辩论时由其本人选任的律师进行辩护，或者如果其不选任律师，则由一名依职权为其指定的律师担任辩护。选任的律师，或者在请求依职权指定律师的情况下，立即通过任何途径通知律师公会会长。如果当事人选任的律师不能出庭，则由依职权指定的律师替代。履行这些手续均应当在笔录中记明。

（2000年6月15日第2000－516号法律52条）自由与羁押法官在经对席辩论之后作出裁判。辩论过程中，（1996年12月30日第96－1235号法律）自由与羁押法官听取检察院对其按照第82条第3款的规定提出的意见书所作的进一步阐述，然后听取受审查人的辩解意见，相应情况下，还应当听取其律师的陈述意见。（2000年6月15日第2000－516号法律第96－2条）如果受审查人是成年人，对席辩论与法官的裁判均公开开庭进行，但如果案件调查涉及第706－73条所指的犯罪事实，或者公开开庭有碍于进行预审所特别必要的特定调查，或者可能妨害无罪推定或危及辩论安全，或者可能损害当事人的尊严或第三人的利益，检察院、受审查人或者其律师均可以反对进行公开审理。自由与羁押法官在听取检察院、受审查人本人及其律师的陈述意见之后，在预审室以说明理由的裁定就此反对意见作出裁判。如果自由与羁押法官认可提出的反对意见，或者受审查人是未成年人时，审理辩论及法官裁判均在预审室进行。

但是，（2000年6月15日第2000－516号法律第52条）在当事人或其律师要求给予一定的准备辩护的期限时，自由与羁押法官不得命令立即实行羁押。在此情况下，自由与羁押法官可以按照前款规定作出一项说明理由的裁定，决定在确定的时间内对受审查人实行关押①，但关押的时间在任何情况下均不得超过 4 个工作日，对此决定不得提出救济申请。在此期间，自由与羁押法官得让受审查人再次到庭，无论受审查人是否有律师协助，均按第 6 款之规定办理。（2000 年 6 月 15 日第 2000 – 516 号法律第 52 条）如果自由与羁押法官不命令对受审查人实行先行羁押，依职权将其释放。

为了让预审法官能够对受审查人的个人状况或其受指控的犯罪事实进行审核，在进行这些审核之后有可能对当事人实行司法监督或者指定居住加电子监控时，自由与羁押法官也可以依职权作出说明理由的裁定，命令在确定的时间内对当事人实行临时关押。至进行对席辩论时，临时关押的时间不得超过 4 个工作日。如果在此期间没有进行对席辩论，依职权释放受审查人。对本款所指的裁定，可以提出第 187 – 1 条所指的救济申请。

临时关押的时间，在相应情况下，折抵依据第 145 – 1 条及第 145 – 2 条的规定命令的先行羁押的期间。临时关押视同第 149 条以及《刑法典》第 24 条②意义上的先行羁押。

第 145 – 1 条　（2000 年 6 月 15 日第 2000 – 516 号法律第 58 条）轻罪案件，如果受审查人此前没有因重罪或普通法之轻罪被判处重罪刑罚或刑期在 1 年以上的无缓期监禁刑，以及如果法定当处之刑罚的刑期在 5 年或 5 年以下，先行羁押的期间不得超过 4 个月。

其他案件，在特殊情况下，自由与羁押法官可以在按照第 145 条第 2 款的规定组织对席辩论之后，按照第 137 – 3 条的规定作出一项说明理由的裁定，决定延长先行羁押的期间；延长的时间不得超过 4 个月，并且应当按第 114 条第 2 款的规定传唤律师。该项决定得依相同程序延展，但保留执行第 145 – 3 条之规定。先行羁押的总计期间不得超过 1 年。但是，当构成犯罪的行为是在法国领土之外实施，或者当事人是因毒品走私罪、恐怖活动罪、组织黑社会性质的团伙罪、淫媒牟利罪、诈骗金钱罪，或者是以有组织的团伙实施犯罪且法定最高刑为 10 年监禁刑时，先行羁押的期间可以增至 2 年。

（2002 年 9 月 9 日第 2002 – 1138 号法律第 37 条）当预审法官的侦查活动必须继续进行而如果释放受审查人可能对他人人身与财产造成特别严重的危险时，作为特别情形，上诉法院预审庭可以将本条规定的 2 年期间再延长 4 个月。预审庭经自由与羁押法官按照第 137 – 1 条最后 1 款规定的条件作出的说

---

①　此处为 "incarceration"，属于临时关押，系在尚未命令对受审查人实行先行羁押的情况下采取的限制人身自由的一种临时措施。——译者注

②　该条文已废止，参见《刑事诉讼法典》第 716 – 4 条。——译者注

明理由的裁定受理案卷。受审查人得当然亲自到预审庭出庭。预审庭按照第144条、第144-1条、第145-3条、第194条、第197条、第198条、第199条、第200条、第206条与第207条之规定作出审理裁判。

第145-2条 （1993年1月4日第93-2号法律）重罪案件，对受审查人实行羁押的期间不得超过1年，但是，（1996年12月30日第96-1235号法律）除保留执行第145-3条之规定外，（2000年6月15日第2000-516号法律第132-8条）此期限到届满时，自由与羁押法官可以在按照第145条第6款之规定组织对席辩论之后，依据第137-3条的规定作出一项说明理由的裁定，决定延长先行羁押的期间。延长的时间不得超过6个月，并且应当按第114条第2款之规定传唤律师。该项决定得依相同程序延展。

（2000年6月15日第2000-516号法律第59条）如果受审查人当处之法定最高刑罚为20年以下有期徒刑或20年以下重罪拘押刑，[①] 受审查人受先行羁押的持续期间不得超过2年，其他情况下，先行羁押的持续期间不得超过3年；如果构成犯罪的行为是在法国领土之外实施，对受审查人实行先行羁押的期间在此两种情况下，分别增至3年与4年。如果当事人是因《刑法典》第二卷与第四卷所指的数项重罪受到追诉，或者是因毒品走私罪、恐怖活动罪、淫媒牟利罪、诈骗金钱罪或有组织团伙实施犯罪而受到追诉，先行羁押的期间也为4年。

（2002年6月15日第2000-516号法律第37条）在预审法官的侦查行动必须继续进行而如果释放受审查人会对他人人身与财产造成特别严重的危险时，作为特别情形，上诉法院预审庭可以将本条规定的期间再延长4个月。预审庭通过自由与羁押法官按照第137-1条最后1款规定的条件作出的说明理由的裁定受理案卷。受审查人当然亲自到预审庭出庭。预审庭按照第144条、第144-1条、第145-3条、第194条、第197条、第198条、第199条、第200条、第206条与第207条的规定进行审理，作出裁判。该项裁定得按照相同条件与相同方式延展一次

至作出终结侦查裁定书，均适用本条之规定。

第145-3条 （1996年12月30日第96-1235号法律）重罪案件先行羁押的期间超过1年时，轻罪案件先行羁押的期间超过8个月时，命令延长先

---

① 法国《刑法典》规定的涉及收监关押的刑罚名称各有不同，如监禁刑（emprisonnement）是轻罪刑罚的名称，徒刑（réclusion）是重罪刑罚的名称，通常称为"réclusion criminelles"；重罪拘押刑（détention criminelles）则是对政治性质的重罪刑罚的专门名称。——译者注

行羁押期间或者驳回释放当事人之请求的裁定，还应当包含有关该案件需要继续侦查的特别说明以及预计完成侦查程序的期限。

（2000 年 6 月 15 日第 2000 - 516 号法律第 53 条）但是，如果作出上述说明有可能妨碍侦查的进行，延长先行羁押期间的裁定无须作此说明。

第 145 - 4 条　（1993 年 1 月 4 日第 93 - 2 号法律，1996 年 12 月 30 日第 96 - 1235 号法律）受审查人受到先行羁押时，预审法官可以禁止该人在 10 日内进行通信联络；可以延展实行该项措施的期限，但延展的时间仍以 10 日为限；任何情况下，禁止通信联络均不适用于受审查人的律师。

除前款规定之保留外，受到先行羁押的任何人均可以经预审法官批准，在其被羁押地接受探视。

受审查人受到先行羁押 1 个月期限届满，预审法官不得拒绝向被羁押人的家庭成员签发探视许可，但从预审之必要性出发，作出特别说明理由的书面裁定拒绝探视的，不在此限。拒绝探视的裁定，立即经任何途径通知请求人。探视请求人得向上诉法院预审庭庭长提出申诉；庭长在 5 日内以说明理由的书面裁定作出裁判。对该裁定不得提出不服申请。预审庭庭长撤销预审法官的决定时，签发探视许可证（le permis de visite）。

第 145 - 4 - 1 条　（2009 年 11 月 24 日第 2009 - 1436 号法律第 93 条新增条文）如果基于侦查之必要，必须采取措施将受羁押人与其他在押人员分开实行单独羁押，预审法官或者自由与羁押法官可以作出说明理由的裁定，命令对受羁押人实行单独关押，但单独关押的持续时间不得超过押票本身的（有效）时间；在每一次延长羁押时，也可以延长该项措施的时间。对预审法官的裁定可以向上诉法院预审庭庭长提出上诉。

除出于安全原因考虑必须进行的调整安排之外，对被羁押人实行单独羁押并不影响其行使 2009 年 11 月 24 日第 2009 - 1436 号监狱法第 22 条所指的各项权利。

本条之实施条件由最高行政法院提出资政意见后颁布的法令具体规定。

第 145 - 5 条　（2002 年 3 月 4 日第 2002 - 307 号法律）当事人在预审法官向自由与羁押法官提出受理案卷的请求之前就已经向该法官告知只有其一人对居住在他家中的未满 13 岁的未成年人行使亲权时，在未裁定由第 81 条第 9 款所指之人或部门事先负责找到或者提出适当措施，以防止该未成年人的身体、安全与精神受到危害或者其教育条件受到影响的情况下，不得命令对该人实行先行羁押。

（2000 年 6 月 15 日第 2000 - 516 号法律）在针对未成年人实施重罪或轻罪的案件中，或者，在不遵守司法监督义务的情况下，亦适用本条之规定。

第 146 条 （2000 年 6 月 15 日第 2000 - 516 号法律第 54 条）如果预审过程中已经表明重罪罪名不能得到认定，预审法官在向共和国检察官报送案卷、请求提出意见之后，可以作出说明理由的裁定，就继续维持受审查人的先行羁押事由，或者命令释放受羁押人同时附加或不附加司法监督措施之事由，提请自由与羁押法官受理案卷。自由与羁押法官自受理预审法官提出的请求之日起 3 日内作出审理裁判。

第 147 条 （1970 年 7 月 17 日第 70 - 643 号法律，2009 年 5 月 12 日第 2009 - 526 号法律第 136 条）在所有案件中，预审法官在听取共和国检察官的意见后，均可以依职权作出裁定，命令释放受审查人同时附加或不附加司法监督措施，但以受审查人作出承诺，保证在各项诉讼活动中均能随传随到，保证（1993 年 1 月 4 日第 93 - 2 号法律）每次外出均向负责预审的司法官报告为保留条件。

共和国检察官亦可以在任何时候（2000 年 6 月 15 日第 2000 - 516 号法律第 55 条）提出释放受审查人的意见。除命令释放受审查人之外，预审法官应当在共和国检察提出意见之后 5 日内，将案卷连同其说明理由的意见移送自由与羁押法官。自由与羁押法官在 3 个工作日内作出审理裁判。

第 147 - 1 条 （2014 年 8 月 15 日第 2014 - 896 号法律第 50 条新增条文）所有案件中以及在程序进行的任何阶段，经医疗鉴定证明受到先行羁押的人患有不治之症，或者身体状况或精神状况不适于继续羁押时，可以依职权或者应当事人的请求，命令释放受到先行羁押的人。未经有关的当事人同意，不得按照本条之规定命令释放获准接受精神病治疗的受羁押人。

紧急情况下，根据当事人接受治疗的机构内负责医生或替代该医生的医生出具的证明，可以命令释放受羁押人。

释放受羁押人的决定可以规定对其实行司法监督或者指定居住加电子监控。

只要具备第 144 条规定的实行先行羁押的条件，当事人健康状况发生变化，即可以构成准许按照本法典的规定作出对其重新实行先行羁押之决定的一项新的因素。

第 148 条 （2000 年 6 月 15 日第 2000 - 516 号法律第 56 条，2009 年 5 月 12 日第 2009 - 526 号法律第 136 条）在任何案件中，受到先行羁押的人或其律师，在遵守前条所指义务的条件下，可以随时向预审法官提出释放申请。

释放申请寄送预审法官。预审法官立即向共和国检察官报送案卷，以便其提出意见。

预审法官，除对提出的释放申请作出有利答复之外，应当在向共和国检察官报送案卷之后 5 日内，将此申请连同其提出的说明理由的意见一并移送自由与羁押法官。该法官在 3 个工作日内以一项裁定作出裁决。该裁定包含按照第 144 条的规定构成该项决定之依据的法律上与事实上的理由说明。但是，如果对此前已经提出的释放申请尚未作出决定，或者对此前拒绝释放的裁定向上诉法院提出的上诉尚未作出裁判，上述 5 日期限仅自有管辖权的法庭作出裁决之日起开始计算。（2004 年 3 月 9 日第 2004 - 204 号法律第 101 条）如果提出了数项释放申请，可以在上述规定的期限内采用一项单一的裁定对这些申请统一作出答复。

（1970 年 7 月 17 日第 70 - 643 号法律）在同意释放受审查人时，可以附加规定司法监督措施。

如果（2000 年 6 月 15 日第 2000 - 516 号法律第 56 条）自由与羁押法官在第 3 款规定的期限内没有作出审理裁判，（1993 年 1 月 4 日第 93 - 2 号法律）当事人可以直接向（2000 年 6 月 15 日第 2000 - 516 号法律第 83 条）上诉法院预审庭提出申请。预审庭根据检察长提出的说明理由的书面意见，在受理申请后（1985 年 12 月 30 日第 85 - 1407 号法律）20 日内作出裁判宣告，否则，应当（1993 年 1 月 4 日第 93 - 2 号法律）依职权释放受审查人，但如果已经命令对提出的申请进行审核，则不在此限。共和国检察官亦有权按照相同条件向（2000 年 6 月 15 日第 2000 - 516 号法律第 83 条）预审庭提出要求。

第 148 - 1 条　（1970 年 7 月 17 日第 70 - 643 号法律）任何受审查人、轻罪被告人或重罪被告人，在程序进行的任何阶段（1993 年 1 月 4 日第 93 - 2 号法律），以及在诉讼程序的任何时期，均可以申请释放。

（2000 年 6 月 15 日第 2000 - 516 号法律第 136 - 2 条）在审判法院已经管辖案件时，由审判法庭就先行羁押事由作出审理裁判；但是，对于重罪案件，只有在重罪法庭应当对被告人进行审判的庭期之内提出的释放申请，该法庭才有管辖权；其他情况下，释放申请由上诉法院预审庭进行审查。

在向最高法院提起上诉的情况下，直至该法院作出裁判之前，有关释放的申请由最后对案件进行实体审理的法院裁判决定。如果向最高法院提起上诉针对的是重罪法院的判决，由（2000 年 6 月 15 日第 2000 - 516 号法律第 83 条）上诉法院预审庭就羁押事由进行审理、作出裁判。

在作出无管辖权决定的情况下，以及广而言之，在任何法院均未受理案件的情况下，（2000 年 6 月 15 日第 2000 - 516 号法律第 83 条）由上诉法院预审庭就释放申请进行审理、作出裁判。①

第148-1-1条 （2002年9月9日第2002-1138号法律，2009年5月12日第2009-526号法律第136条）如果释放受到先行羁押的人的裁定是由自由与羁押法官或预审法官作出，但与共和国检察官提出的意见相抵触时，该项裁定应当立即通知共和国检察官；自（2004年3月9日第2004-204号法律第126-6条）向共和国检察官通知该项裁定起4小时内，不得释放受审查人，释放决定不得送达看守机构负责人付诸执行，但保留执行本条最后1款的规定。

针对释放受羁押人的裁定，共和国检察官可以通过自由与羁押法官书记员或预审法官的书记员向上诉法院提起上诉，同时按照第187-3条的规定向上诉法院院长提出紧急羁押申请（le référé-détention）。提出的上诉与紧急羁押申请，均在受到上诉的裁定书中予以记载。在向受审查人及其律师通知已经提起上诉的同时向他们通知该裁定，但不得将该裁定付诸执行。只要上诉法院院长或者相应情况下上诉法院预审庭尚未作出裁判，当事人仍然受羁押。受审查人及其律师还应当被告知有权向上诉法院院长提出书面的辩解意见；共和国检察官如果在收到向其通知的释放受羁押人的裁定书起4小时内没有提出紧急羁押申请，书记员在该裁定书上记载没有提出该项申请，随后将该裁定书送达看守机构负责人，当事人即予释放，但如果当事人还因其他原因受到羁押，则不在此限。

如果共和国检察官在提出继续维持羁押的意见之后，又认为没有必要反对立即释放当事人，并且不妨碍其此后在第185条规定的期限内提起上诉的权利，可以在前述裁定书中写明其不反对将该裁定付诸执行，并将写有该项注明

---

① 原条文：（1970年7月17日第70-643号法律）任何受审查人、任何轻罪被告人或重罪被告人，在诉讼的任何阶段（1993年1月4日第93-2号法律），以及在诉讼程序的任何时期，均可以请求予以释放。

在审判法院已经管辖案件的情况下，由其对先行释放作出审理决定。在案件移送重罪法庭之前以及在重罪法庭休庭期间，该项权力属于上诉法院起诉审查庭（chambre d'accusation）。

在向最高法院提起上诉的情况下，直至最高法院作出裁判之前，有关释放请求由最后对案件进行实体审理的法院裁判决定。

如果向最高法院提起上诉是针对重罪法院的判决，由上诉法院预审庭就先行羁押作出审理决定。

在（受诉法院）作出无管辖权之决定的情况下，以及广而言之，在任何法院均未受理案件的情况下，由上诉法院预审庭处理释放请求。——译者注

意见的裁定书返还作出该裁定的司法官，在此情形下，当事人予以释放，但如果当事人还因其他原因受到羁押，则不在此限。

第 148－2 条 （1983 年 6 月 10 日第 83－466 号法律）任何法庭在按照第 141－1 条及第 148－1 条规定受召唤就全部或部分取消司法监督的请求或释放请求进行审理裁判时，均在听取检察院、被告人或其律师（1993 年 1 月 4 日第 93－2 号法律）的意见陈述之后作出宣告；对没有受到羁押的被告人及其（1993 年 1 月 4 日第 93－2 号法律）律师，至少在开庭前 48 小时，用挂号信进行传唤。（2004 年 3 月 9 日第 2004－204 号法律第 102 条）如果当事人此前已经出庭，且时间尚不满 4 个月的，在其提出释放请求的情况下，法庭庭长得以说明理由的裁定拒绝当事人亲自出庭；对此裁定不准提出任何不服申请。

（2002 年 9 月 9 日第 2002－1138 号法律第 38 条）如果当事人尚未受到一审法院的判决，视受诉法院是一审法院还是二审法院，分别在接到提出的释放申请之后 10 日或 20 日内作出裁判决定。如果当事人已经受到一审判决且已进入上诉审，则受诉法院在接收释放申请之后 2 个月内作出审理裁判；如果其在二审已受到判决并且已向最高法院提出上诉，最高法院自释放申请提出之后 4 个月内作出裁判。

但是，如果在接收释放申请之日对此前已提出的释放申请或撤销司法监督的申请尚未作出裁判决定，或者对此前针对拒绝释放的裁定提出的上诉尚未作出裁判决定，前款规定的期限，仅自有管辖权的法院作出裁定之日起开始计算。此期限届满后仍未作出裁定时，终止司法监督或先行拘押；被告人如果不是因其他原因受到羁押，依职权将其释放。

即使已经向上诉法院提起上诉，法院的裁定仍然立即具有执行力；如果被告人仍然受到羁押，上诉法院自上诉提出起 20 日内作出宣告，否则，依职权释放被告人，但被告人因其他原因受到羁押的除外。

第 148－3 条 （1985 年 12 月 30 日第 85－1407 号法律，2014 年 5 月 27 日第 2014－535 号法律第 6 条）受审查人在获得释放之前，（1993 年 1 月 4 日第 93－2 号法律）应当向预审法官或监狱看守机构的主要负责人报明第 116 条第 3 款（1993 年 1 月 4 日第 93－2 号法律）所指的地址。

（1993 年 1 月 4 日第 93－2 号法律）受审查人得到告知，直至侦查终结，如果其申报的地址有任何变动（1993 年 1 月 4 日第 93－2 号法律），均应当重新申报，或者用挂号信并要求回执的方式通知预审法官。受审查人还应当被告知，向其最后报明的地址进行的任何通知或送达，均视为对其本人进行通知或送达。

上述告知事项以及地址的申报，均写入笔录，或者在看守机构主要负责人立即向预审法官报送的正本或副本的文件中予以记载。

第 148 - 4 条　（1975 年 8 月 6 日第 75 - 701 号法律，2000 年 6 月 15 日第 2000 - 516 号法律第 83 条）自受审查人最后一次到预审法官前出庭或者到预审法官委托授权的司法官前出庭之日起 4 个月期限届满，只要尚未作出终结侦查裁定，（1993 年 1 月 4 日第 93 - 2 号法律）受羁押人或其律师可以直接向上诉法院预审庭提出释放请求，预审庭按照第 148 条（最后一款）规定的条件作出裁判。

第 148 - 5 条　（1978 年 11 月 22 日第 78 - 1097 号法律）任何案件以及在预审程序的任何阶段，预审法庭或者审判法庭，在特殊情况下，可以批准受审查人（1993 年 1 月 4 日第 93 - 2 号法律第 179 条修改）、轻罪被告人或重罪被告人在有人看管的情形下外出。

第 148 - 6 条　（1985 年 12 月 30 日第 85 - 1407 号法律，1993 年 1 月 4 日第 93 - 2 号法律第 68 条）任何有关取消或变更司法监督的请求，或者任何释放申请，均通过向受理案卷的预审法庭的书记员提交声明提出，或者向依据第 148 - 1 条的规定有管辖权的法院书记室提交声明提出。

声明应当经书记员签字，以兹见证并注明日期，申请人或其律师亦应当签字；如果申请人不能签字，书记员应予记明。

（1993 年 1 月 4 日第 93 - 2 号法律）如果申请人或其律师不居住在有管辖权的法院辖区之内，得以挂号信并要求回执的方式向书记员提交声明。

第 148 - 7 条　（1985 年 12 月 30 日第 85 - 1407 号法律）如果受审查人、（1993 年 1 月 4 日第 93 - 2 号法律第 179 条修改）轻罪被告人或重罪被告人已受到羁押，有关释放的请求，亦可以通过向看守机构的主要负责人提交声明为之。

该项声明经看守机构的主要负责人确认、见证，并注明日期与签字。申请人亦应当签字；如果申请人不能签字，机构负责人应当予记明。

该文件以正本或副本的形式并且可以通过任何途径，立即送交受理案卷的法庭的书记员，或者送交依第 148 - 1 条之区分有管辖权的法院的书记员。

第 148 - 8 条　（1985 年 12 月 30 日第 85 - 1407 号法律，2000 年 6 月 15 日第 2000 - 516 号法律第 83 条）受审查人（1993 年 1 月 4 日第 93 - 2 号法律）按照第 140 条第 3 款、第 148 条第 6 款或者第 148 - 4 条的规定向上诉法院预审庭提出请求时，该项请求按照第 148 - 6 条及第 148 - 7 条规定之形式向有管辖权的预审庭的书记员提出，或者向监狱看守机构主要负责人提出并由其负责转送。

（1989 年 7 月 6 日第 89 - 461 号法律）如果预审庭庭长认定，按照第 140

条、第 148 条第 6 款或第 148 - 4 条的规定直接受理了明显不当受理的有关解除司法监督的请求或释放请求，可以作出一项说明理由的裁定，决定对其受理的该项请求不进行裁判；对此裁定，不得经任何途径提出不服申请。在此情况下，提出的请求与作出的裁定均归入案卷。

第四卷 几种特别诉讼程序

第一副编 与国际刑事法院的合作

第一章 司法合作

第二节 逮捕与移交

第 627 - 4 条 国际刑事法院发出以移交为目的的逮捕请求（Les demandes d'arrestation aux fins de remise），向依据《国际刑事法院规约》第 87 条的规定（法国）有管辖权的机关发送正本，并附有全部证明材料。有管辖权的机关在确认提出的请求符合形式规定之后，将此逮捕申请转送驻巴黎驻上诉法院检察长，同时在法国全境付诸执行。

紧急情况下，逮捕申请也可以经任何方式直接送交（法国）有地域管辖权的共和国检察官，随后按照前款规定的形式转送逮捕申请。

第 627 - 5 条 依据以移交（remise）为目的的逮捕请求被抓捕的任何人，应当在 24 小时内送交有地域管辖权的共和国检察官。在此期限内，对该人适用本法典第 63 - 1 条至第 63 - 7 条之规定。

共和国检察官在核实该人的身份之后，用该人懂得的语言告知其受到国际刑事法院为移交目的发出的逮捕申请，并告知其最迟在 5 日内将被送往驻巴黎驻上诉法院检察长处到案。共和国检察官还应当告知该人可以得到由其选任的律师协助，或者，如果其不选任律师，可以得到由律师公会会长依职权指定的律师协助，并且得以任何方式立即通知受指定的律师。共和国检察官还应当告知当事人可以立即与受指定的律师谈话。

这些告知事项均在笔录上作出记载。笔录立即转送驻巴黎驻上诉法院检察长。

如果共和国检察官决定不能让受请求对其实行逮捕的人不受限制自由，将该人送交自由与羁押法官；由该法官命令将该人送至看守所实行关押（incarcération）。

但是，如果共和国检察官认为，从 1998 年 7 月 18 日在罗马签订的关于《国际刑事法院规约》的公约第 59 条确定的原则来看，能够充分保证受要求逮捕的人在程序的所有行为中均能到案，自由与羁押法官可以对被要求逮捕的人采取第 138 条与第 142 - 5 条所指的一项或数项措施，直至其到（巴黎上诉法院）预审庭出庭。对此情形，适用第 696 - 21 条之规定。

第 627 - 6 条 如有必要，受要求逮捕的人转送（transférée）至巴黎上诉法院辖区内的看守所。最迟应当在该人向共和国检察官到案起 5 日内进行转送（Le transfèrement），否则，按照巴黎上诉法院预审庭庭长的决定，立即释放受要求逮捕的人，但如果因不可克服的情势需要延迟转送，不在此限。

驻巴黎驻上诉法院检察长用被逮捕人懂得的语言告知其受到国际刑事法院发出的以移交为目的逮捕申请及其受到的指控事项的要点。

如果被要求逮捕的人已经请求由一名律师协助，并且按照规定对该律师进行传唤，由检察长听取其声明。

其他情况下，检察长向受要求逮捕的人重申其有权选任一名律师，或者有权请求依职权为其指定一名律师。以任何方式立即通知受到选任的律师，或者在请求依职权指定律师的情况下，以任何方式立即通知律师公会会长。律师可以立即查阅案卷，并可以自由地与受要求逮捕的人交谈。检察长在告知该人有不作任何声明的自由之后，接受其所作的声明。

这些通知事项在笔录中作出记载。

第 627 - 7 条 （上诉法院）预审庭立即受理案卷。受要求逮捕的人，自其向检察长到案起 8 日内，前往预审庭出庭。应检察长或受要求逮捕的人提出的请求，预审庭在进行审理之前，可以给予 8 日的补充期限，随后再对当事人进行询问，并制作笔录。

预审庭公开开庭审理辩论并作出裁定（arrêt），但如果公开开庭足以妨害程序的正常进行、损害第三人的利益或当事人的尊严，不在此限。在此情况下，预审庭，应检察院的要求，或者应受要求逮捕与移交的当事人的请求，或者依职权，以在评议室作出裁定的形式，进行审理、作出裁判。对此裁定，只有在对第 627 - 8 条所指的移交作出的裁定的同时才准许向最高法院提出上诉。

应当听取检察院的意见和受要求逮捕的人的陈述，相应情况下，该人由律师协助，或者，在必要时应当有翻译到庭协助。

第 627 - 8 条 上诉预审庭认定执行逮捕并无任何明显错误时，命令移交受要求逮捕的人；如果该人尚未被限制自由，命令对其实行关押；提交至预审庭的其他所有问题，均移送国际刑事法院，由国际刑事法院对这些问题作出后续回答。

上诉法院预审庭在被要求逮捕的人到案后 15 日内，作出审理裁判。当事人向法国最高法院提起上诉的，最高法院刑事庭在接收案卷起 2 个月内作出审理裁判。

第 627 - 9 条　当事人可以随时向巴黎上诉法院预审庭提出释放请求，或者请求取消或变更（对其实行的）司法监督，或者请求取消或变更指定居所加电子监控。巴黎上诉法院预审庭按照《国际刑事法院规约》第 59 条与本法典第 148 - 1 条及其后条款规定的程序进行审理、作出裁判。

巴黎上诉法院预审庭按照《国际刑事法院规约》第 59 条第 4 段的规定公开开庭作出说明理由的裁定。

第 627 - 10 条　预审庭作出的裁定，相应情况下，移交受要求逮捕的人的地点及移交日期，以及为进行移交已经对该人实行羁押的时间，均由有管辖权的机关按照《国际刑事法院规约》第 87 条的规定以任何方式通知国际刑事法院。

受要求逮捕的人，自上述裁定最终确定起 1 个月内进行移交，否则，按照巴黎上诉法院预审庭庭长的决定立即将其释放，但如果因不可克服的情势而延迟移交则不在此限。

第 627 - 11 条　如果受要求逮捕的人在法国因国际刑事法院提出的要求中所指的理由以外的其他理由已经受到追诉或者已经受到有罪判决，也适用第 627 - 4 条至第 627 - 10 条之规定；但是，按照这种条件受到羁押的人不能享有按照第 627 - 6 条、第 627 - 9 条以及第 627 - 10 条第 2 款的规定获得释放之利益。

国际刑事法院实行的程序，中止对该人的公诉时效与刑罚时效。

第 627 - 12 条　从法国领域（押解当事人）过境，由按照《国际刑事法院规约》第 87 条的规定有管辖权的机关依据该规约第 89 条的规定给予批准。

第 627 - 13 条　国际刑事法院请求扩张适用法国机关已经同意的移交条件时，该项请求转送依据《国际刑事法院规约》第 87 条规定的有管辖权的机关，并由该机关将此项请求连同全部证明材料以及当事人可能作出的陈述报送巴黎上诉法院预审庭。

如果从移送的材料来看，以及相应情况下，从涉案人的律师所作的解释来看，上诉法院预审庭认定（条件的扩张适用）没有明显错误，则命令扩张适用国际刑事法院所请求的移交条件。

第 627 - 14 条　按照《国际刑事法院规约》第 92 条规定的条件受到先行逮捕（arrestation provisoire）的人如果表示同意，在依据《国际刑事法院规约》第 87 条的规定有管辖权的机关受理该刑事法院发出的正式的移交请求之前，即可以将当事人移交该法院。

巴黎上诉法院预审庭在通知涉案人有权要求实行正式的移交程序，并征得当事人的同意意见之后，再作出移交决定。

预审庭在听取涉案人的陈述意见时，涉案人可以由其选任的律师协助，在其未选任律师的情况下，可以由律师公会会长指定的律师协助，必要时得有一名翻译协助。

按照《国际刑事法院规约》第 92 条规定的条件被先行抓捕的人不同意将其移交该刑事法院时，如果依据《国际刑事法院规约》第 87 条规定的条件有管辖权的机关在该法院有关程序与证据的规则所定的期限内未收到其发来的正式的移交请求，可以释放被先行抓捕的人。

释放涉案当事人，由巴黎上诉法院预审庭按照当事人提出的申请作出裁决。预审庭在被逮捕的人到案后 8 日内作出审理裁判。

第 627 - 15 条　被羁押在（法兰西）共和国领域内的任何人，如果表示同意，可以为进行身份认定、听取陈述之目的或者为完成其他任何预审行为被移交至国际刑事法院。该种移交由司法部长批准。

第十编　国际司法协助

第四章　欧洲逮捕令、欧盟成员国之间按照欧盟理事会 2002 年 6 月 13 日框架决议的规定进行的移交程序以及欧盟与其他国家订立的协议规定的移交程序

第一节　一般规定

第 695 - 11 条　（2004 年 3 月 9 日第 2004 - 204 号法律第 17 条新增条文）欧洲逮捕令（mandat d'arrêt européen），是指为了对被追查人提起刑事追诉，或者为了执行自由刑或剥夺自由之保安处分措施，由欧盟一成员国发出的、请另一成员国逮捕并移交被追查人（la personne recherchée）的一种司法决定（une décision judiciaire）；发出逮捕令的国家称为逮捕令签发成员国（Etat membre d'émission），另一成员国称为逮捕令执行成员国（Etat membre d'éxécution）。

司法机关按照本章确定的规则与条件，对于向另一欧盟成员国司法机关发出欧洲逮捕令，或应另一成员国的请求执行欧洲逮捕令，有管辖权。

第 695 - 12 条　（2009 年 5 月 12 日第 2009 - 526 号法律第 130 条）可以

引起签发欧洲逮捕令的犯罪事实是指按照逮捕令签发成员国的法律规定:

1. 当处 1 年或 1 年以上自由刑的犯罪;或者,如果法院已经作出判处自由刑的判决,判处的刑罚为 4 个月或 4 个月以上监禁刑的犯罪。

2. 当处 1 年或 1 年以上剥夺自由之保安处分措施(une mesure de sûreté privative de liberté)的犯罪,或者,如果法院已经宣告该种保安处分措施,待执行该种措施时间为 4 个月或 4 个月以上的剥夺自由的犯罪。

第 695 - 13 条 (2004 年 3 月 9 日第 2004 - 204 号法律第 17 条新增条文)任何欧洲逮捕令均应当载明以下情况:

——被追查人的身份与国籍;

——具体写明发出逮捕令的司法机关,以及该机关的完整的联络事项;

——指明已经存在产生执行力的判决、逮捕令或者按照逮捕令发出国的法律具有相同效力、属于第 695 - 12 条与第 695 - 23 条适用范围的其他任何司法决定;

——犯罪的性质及其在法律上的罪名,特别是按照第 695 - 23 条的规定可以认定的罪名;

——犯罪的实施日期、地点、犯罪的情节以及受到追查的人参与犯罪的程度;

——如果是已经最终确定的法院判决,该判决宣告的刑罚,或者签发逮捕令的成员国的法律对犯罪规定的刑罚,以及可能情况下,该种犯罪的其他后果。

第 695 - 14 条 (2013 年 8 月 5 日第 2013 - 711 号法律第 17 条)向欧盟另一成员国的有管辖权的机关发出的欧洲逮捕令,应当翻译成执行该逮捕令的成员国的官方语言,或者翻译成该成员国使用的一种官方语言,或者翻译成该国接受的欧洲共同体机构所使用的官方语言。

第 695 - 15 条 (2004 年 3 月 9 日第 2004 - 204 号法律第 17 条新增条文)如果已经知道被追查人现在欧盟另一成员国的某个地点,欧洲逮捕令得以任何可以保留书面文字、可以让负责执行的司法机关鉴别真伪的方法,直接发给该司法执行机关。

其他情况下,欧洲逮捕令可以通过申根信息系统转发,或者通过欧洲司法联络网(Réseau judiciaire européen)的有安全保护的通讯系统传送,或者在不可能使用申根信息系统(Système d'information Schengen)的情况下,通过国际刑警组织转送,或者通过其他任何可以保留书面文字、可以让负责执行的司法机关能够鉴别真伪的方式进行传送。

申根信息系统显示的带有第 695 - 13 条所指的各项信息的页面文字,具有欧洲逮捕令的效力。

在申根信息系统能够传送第695 - 13条所指的全部信息之前并且在等待寄送逮捕令的正本时，作为过渡，申根信息系统显示的带有第695 - 13条所指的各项信息的页面文字，具有欧洲逮捕令的效力。

第二节　有关法国法院签发欧洲逮捕令的规定

第一目　法国法院签发欧洲逮捕令的条件

第695 - 16条　（2009年5月12日第2009 - 526号法律第130条）驻签发逮捕令的预审法庭、审判法庭或刑罚执行法庭的检察院，应法庭提出的请求，或者依职权，根据第695 - 12条至第695 - 15条确定的规则与条件，按照欧洲逮捕令的形式将该逮捕令付诸执行。

被追查人在未放弃享有特定性规则（principe de spécialité）之利益的情况下，因其受到新的追查之犯罪事实以外的事实已经被移交给法国的，驻原签发拘传通知书（mandat d'amener）的审判法院、预审法庭或者刑罚执行法庭的检察院，按照欧洲逮捕令的形式执行拘传。

检察院如果认为有必要，亦有管辖权确保在欧洲逮捕令的形式下，按照第695 - 12条至第695 - 15条所定的规则与条件，执行审判法院宣告的4个月或4个月以上刑期的自由刑。

第695 - 17条　（2013年8月5日第2013 - 711号法律第7条）检察院得到被追查的人已经被逮捕的通知时，立即将向执行逮捕令的成员国的司法机关转送的逮捕令的副本报送司法部长。

为了执行刑罚或剥夺自由的保安处分措施而受到追查并被逮捕的人，如果此前是缺席受到有罪判决，在其请求传达对其作出的有罪判决时，检察院在接到该项请求之后，立即向执行逮捕令的欧盟成员国的司法执行机关转送该项判决的副本，并由其将副本交给当事人。

第二目　欧洲逮捕令的效力

第695 - 18条　（2004年3月9日第2004 - 204号法律第17条新增条文）被追查人被移交签发欧洲逮捕令的检察院之后，不得因其在此次移交之前实施的、与引起签发逮捕令无关的任何犯罪行为受到追诉、判刑或者为执行自由刑而受到羁押，但以下情形除外：

1. 当事人在同意移交的同时明示放弃按照逮捕令执行成员国的法律规定的条件享有特定性规则（la règle de la spécialité）之利益的；

2. 当事人在被移交之后在第 695 - 19 条规定的条件下明示放弃享有特定性规则之利益的；

3. 移交当事人的逮捕令执行成员国的司法机关明确同意的；

4. 被追查人在有可能离开所在国领域但在最终确定获得释放之后 45 日内仍然没有离开所在国领域，或者在其离开所在国领域之后又自愿返回该国的；

5. 犯罪不被判处自由刑的。

第 695 - 19 条　（2004 年 3 月 9 日第 2004 - 204 号法律第 17 条新增条文）在第 695 - 18 条第 2 点所指情况下，当事人放弃特定性规则的表示，向其移交之后管辖案件的预审法庭、审判法庭或者刑罚执行法庭作出，并且该种放弃具有不可撤销性。

被移交的人出庭时，有管辖权的法庭确认到案人的身份并接收其所作的声明。对此应当制作笔录。相应情况下，当事人由其律师协助，如有必要，由一名翻译协助；向当事人告知放弃特定性规则将对其刑事法律状态产生的后果，以及作出的放弃表示具有不可撤销之性质。

被移交的人在出庭时如果宣告其放弃享有特定性规则之利益，有管辖权的法院在听取检察院以及当事人的律师的意见之后，对该人表示的放弃予以认可。该法院所作的裁决具体说明当事人就哪些犯罪事实表示放弃享有特定性规则之利益。

第 695 - 20 条　（2004 年 3 月 9 日第 2004 - 204 号法律第 17 条新增条文）对于第 695 - 18 条第 3 点与第 695 - 21 条所指的情况，关于同意放弃享有特定性规则之利益的请求，由（法国）检察院发送逮捕令执行成员国的司法机关。该项请求应当包含第 695 - 13 条列举的各项情况，并应当遵守第 695 - 14 条规定的条件。

在第 695 - 18 条第 3 点所指情况下，被移交的人同意放弃享有特定性规则的请求应附有一份笔录，笔录记载被移交的人就何种犯罪请求逮捕令执行成员国的司法机关同意其放弃该项规则而作出的声明。

第 695 - 21 条　（2011 年 5 月 17 日第 2011 - 525 号法律第 156 条）一、发出欧洲逮捕令的检察院在接收向其移交的被追查人之后，未经逮捕令执行成员国同意，不得为了执行该人在此次移送之前、与引起此次签发逮捕令之犯罪不同的任何犯罪被判处的刑罚或剥夺自由的保安处分措施，而将该人转交给另一成员国，但以下情况除外：

1. 当事人按照第 695 - 18 条第 1 点至第 4 点的规定不享有特定性规则之利益的；

2. 当事人被移交之后，在第 695 - 19 条规定的条件下，明确同意移交给另一成员国的；

3. 负责执行逮捕令并进行移交的成员国的司法机关明确同意将当事人移交另一成员国的。

二、签发欧洲逮捕令的检察机关在接收向其移交的被追查人之后，未经移交该人的成员国同意，不得将其引渡给非欧盟成员国的另一国家。

第三节 有关执行外国司法机关签发的欧洲逮捕令的规定

第一目 执行条件

第 695 - 22 条 （2012 年 8 月 6 日第 2012 - 954 号法律第 4 条）在下列情形下，得拒绝执行欧洲逮捕令：

1. 据以签发欧洲逮捕令的犯罪事实本可受到法国法院追诉与审判，而公诉因大赦已经消灭；

2. 被追查人因对其签发欧洲逮捕令的相同犯罪事实受到法国司法机关的判决已经最终确定，或者受到签发逮捕令的成员国之外的另一成员国的司法机关或第三国的司法机关的判决已经最终确定，但以在被追查人被判处刑罚的情况下该刑罚已经执行或正在执行，或者按照判处刑罚的国家的法律，该刑罚不再付诸执行为条件；

3. 被追查人在受到欧洲逮捕令时不满 13 岁；

4. 据以签发欧洲逮捕令的犯罪行为本可以在法国的法院受到追诉与审判，但公诉时效期间或刑罚时效期间已经经过；

5. 经确认，签发欧洲逮捕令的目的是基于当事人的性别、种族、宗教、人种、国籍、语言、政治见解或者性取向而对其提起追诉或进行审判，或者该逮捕令将损害当事人因上述原因之一所处的地位。

第 695 - 22 - 1 条 （2004 年 3 月 9 日第 2004 - 204 号法律第 17 条新增条文）如果发出欧洲逮捕令是为了执行自由刑或者执行剥夺自由的保安处分措施，在宣告该种刑罚的诉讼进行时当事人并未出庭的情况下，也可以被拒绝执行欧洲逮捕令，但如果按照发出欧洲逮捕令的成员国在逮捕令中所作的说明，该人属于以下情况的，不得拒绝执行逮捕令：

1. 此前已经采用传票或其他任何途径，符合法定形式并且在有效时间内确实向该人通知了其案件审理开庭的日期与地点，并且告知在其不出庭的情况下可能作出判决；

2. 被移送的人知道其案件审理开庭的时间与地点，并且在庭审时由其选任的诉讼助理人进行了辩护，或者应公共权力机关的申请并由其本人给予委托授权而指定的诉讼辅佐人进行了辩护；

3. 有权作出撤销原判决的法院或者有权作出取代原判之判决的法院在当事人在场时，向其送达了判决并明确告知其有权提出救济申请，以便其获准对案件进行新的审理，而该人明确指出他对原判决不持异议，或者在规定的期间内未提出本可以提出的救济申请；

4. 当事人没有接到向其送达的判决自其被移交之日起应当向其进行送达，在其被移交时已经告知其可以提起第 3 点所指的救济申请以及提出救济的期间。

第 695 - 23 条　（2004 年 3 月 9 日第 2004 - 204 号法律第 17 条新增条文）如果根据法国法律的规定，据以签发欧洲逮捕令的事实不构成犯罪的，则拒绝执行该逮捕令。

尽管有本条第 1 款的规定，如果按照发出欧洲逮捕令的成员国的法律，经认定的事实构成下列犯罪之一，并且法定当处 3 年或 3 年以上剥夺自由之监禁刑或相同刑期的剥夺自由之保安处分，欧洲逮捕令予以执行，无须对受到指控的事实是否属于双重认定犯罪（la double incrimination）进行审查监督：

——参加某种犯罪组织罪；

——恐怖活动罪；

——贩卖人口罪；

——利用儿童性交易活动与利用儿童卖淫活动罪；

——非法毒品交易以及精神麻醉品交易罪；

——武器、辎重与爆炸品非法走私罪；

——收贿受贿罪（腐败犯罪）；

——欺诈（fraude）罪，其中包括 1995 年 7 月 26 日关于保护欧洲共同体金融利益的协议意义上的危害欧洲共同体金融利益罪；

——对重罪与轻罪之所得实施的洗钱罪；

——伪造货币罪，其中包括伪造欧元罪；

——危害环境之重罪与轻罪，其中包括濒临灭绝的动物或植物物种的非法交易罪；

——为不符合规定的入境及境内居留提供帮助之犯罪；

——故意杀人罪，严重的殴打与伤害罪；

——人体组织与器官的非法交易罪；

——绑架罪、非法拘禁与扣留人质罪；

——种族主义与仇外排外罪；

——以有组织的团伙或者使用武器实施的盗窃罪；

——进行文化财产（biens culturels）的非法交易罪，其中包括古董与艺术品的非法交易；

——诈骗罪；

——敲诈勒索罪；

——伪造与盗用产品罪；

——变造行政文件以及买卖伪造文书罪；

——变造支付工具罪；

——荷尔蒙物质与其他繁殖因素的非法交易罪；

——被盗车辆的交易罪；

——强奸罪；

——故意纵火罪；

——属于国际刑事法院管辖权的重罪与轻罪；

——劫持飞机或船只罪；

——破坏罪。

在适用第2段至第34段之规定时，犯罪事实在法律上的罪名以及当处刑罚的认定，惟一由签发欧洲逮捕令的成员国的司法机关进行评判。

涉及税收、海关与外汇方面的犯罪案件时，不得因法国法律没有与逮捕令发出国规定的类似税种或者无类似的税收、海关与外汇方面的规定而拒绝执行欧洲逮捕令。

第695-24条　（2013年8月5日第2013-711号法律第17条）下列情形可以拒绝执行欧洲逮捕令：

1. 如果被追查人因逮捕令针对的犯罪事实在法国法院已经受到追诉，或者法国法院已决定不进行追诉，或者已经终止追诉；

2. 如果为执行自由刑或剥夺自由之保安处分措施而被追查的人具有法国国籍，或者符合规定在法国领域不间断地居留至少已经5年，并且有罪判决已经按照第728-31条的规定在法国领土得到执行；

3. 如果据以签发逮捕令的犯罪行为全部或部分是在法国领域实施；

4. 如果犯罪是在签发逮捕令的成员国和法国领域外实施，且法国法律不准许对其提起追诉。

第695-25条　（2004年3月9日第2004-204号法律第17条新增条文）对欧洲逮捕令的任何拒绝执行，均应当说明理由。

第二目　欧洲逮捕令的执行程序

第695-26条　（2013年8月5日第2013-711号法律第17条）如果知

道被追查人现在法国领土的某个地点，由欧盟成员国或者与欧盟成员国之间有着本章第五节所指的一项协议联系的国家签发的逮捕令，可以用任何能够保存文字痕迹的方法，以正本或经认证与正本相符的副本的形式，直接寄送有地域管辖权的检察长。检察长在确认所提申请（requête）符合规定之后，将其付诸执行。其他情况下，欧洲逮捕令按照第695–15条第2款规定的条件进行移送、付诸执行。

查找欧洲逮捕令所针对的当事人，适用第74–2条之规定；在此情况下，共和国检察官和自由与羁押法官的职权分别由驻上诉法院检察长和预审庭庭长或其指定的上诉法院法官行使。

如果接收欧洲逮捕令的检察长认为其对逮捕令的后续执行没有地域管辖权，将该逮捕令转送有地域管辖权的检察长，并向发出逮捕令的成员国的司法机关进行相应通知。

第695–15条最后一款所指的逮捕令的正本或经认证与正本相符的副本，最迟应当在被追查人被逮捕之后6个工作日送达。

如果被追查人在法国享有某项特权或豁免权，有地域管辖权的检察长立即向有管辖权的法国机关请求撤销欧洲逮捕令；如果法国主管机关无管辖权，撤销逮捕令的请求由发出逮捕令的成员国的司法机关自行处理。

如果被追查人在特定性规则给予的保护下已经由另一国家以引渡的名义移送法国，有地域管辖权的共和国检察官采取一切必要措施，以确认该国同意转送。

第695–27条　（2013年8月5日第2013–711号法律第17条修改）因执行欧洲逮捕令被抓捕的任何人，应当在48小时内解送至有地域管辖权的检察长；在此期间，适用第63–1条至第63–7条之规定。

检察长在核实该人的身份之后，用该人懂得的语言告知其存在欧洲逮捕令以及逮捕令的内容；检察长还应当告知该人可以得到由其选任的律师协助，或者如果其不选任律师，可以得到律师公会会长依职权为其指定的律师协助，并经任何途径将指定律师之事由通知律师公会会长。同时，检察长通知被抓捕的人可以立即与指定的律师交谈。

以上告知事项，应当在笔录中予以记载，否则，程序无效。

律师可以立即查阅案卷并与当事人自由交谈。

随后，检察长告知被追查人有权选择是同意还是反对将其移交给签发逮捕令的成员国，并且告知其同意移交的法律后果。检察长还应当通知被追查人可以放弃享有特定性规则之利益，以及放弃这项规则所产生的法律后果。

为执行自由刑或者剥夺自由之保安处分措施而发出欧洲逮捕令，且当事人属于第 695 - 22 - 1 条第 4 点所指的情况，因此未按照法定的形式被告知存在导致有罪判决的刑事追诉时，当事人可以请求在移交之前向其提交该有罪判决的副本。检察长将该项请求告知签发逮捕令的成员国的有管辖权的机关。在该成员国的有管辖权的机关向检察长传送判决副本之后，检察长立即将该副本通知当事人。为进行通知目的转送副本，不具有送达判决的效力，不因此开始计算提出救济申请的期间。

第 695 - 28 条 （2011 年 4 月 14 日第 2011 - 392 号法律第 22 条）检察长在向当事人通知欧洲逮捕令之后，如果决定不再让被追查人免受任何约束，应当将该人解送上诉法院院长或者院长指定的坐席司法官。

上诉法院院长或者院长指定的坐席司法官命令将被追查人关押（l'incarcération）在其抓捕地所在辖区的上诉法院所在地的看守所，但如果检察长认为能够确保该人在任何程序活动中均能随传到案，则可以不对其实行关押。

在最后一种情况下，上诉法院院长或其指定的坐席司法官可以对当事人规定第 138 条与第 142 - 5 条所指的一项或数项措施，直至其前往预审法官处出庭。该项决定口头通知当事人并在笔录中予以记载，当场交给当事人笔录副本一份。对该项决定可以向上诉法院预审庭提出救济申请，预审庭最迟应当在当事人按照第 695 - 29 条之规定出庭时作出审理裁判。

被追查人的自由未受到约束或者未受到司法监督或指定居住加电子监控的，如果其故意逃避或者不遵守对其规定的司法监督或指定居住加电子监控之义务，适用第 695 - 36 条之规定。

检察长立即通知司法部长并向部长寄送逮捕令的副本。

第 695 - 28 - 1 条 （2014 年 11 月 13 日第 2014 - 1353 号法律的 10 条新增条文）为了对涉及恐怖活动罪的犯罪行为人发出的欧洲逮捕令的执行申请进行审查，驻巴黎上诉法院检察长、该上诉法院院长及其预审庭竞合行使按照第 695 - 26 条与第 695 - 27 条规定的管辖权。

第三目 到上诉法院预审庭出庭

第 695 - 29 条 （2004 年 3 月 9 日第 2004 - 204 号法律第 17 条新增条文）上诉法院预审庭直接受理案卷。被追查人自其向检察长到案之日起 5 个工作日内到预审庭出庭。

第 695 - 30 条 （2004 年 3 月 9 日第 2004 - 204 号法律第 17 条新增条文）被追查人到预审庭出庭时，预审庭应当查证并确认其身份，接收其声明并就其所作声明制作笔录。

法庭公开开庭，但如果公开开庭足以妨碍正在进行中的程序的正常开展，损害第三人利益或当事人的尊严，则不公开开庭。对此情形，上诉法院预审庭应检察院、被追查人的请求，或者依职权，以裁定作出审理裁判。该裁定在评议室作出。对此裁定，仅在对第 695 - 31 条第 4 款规定的移送裁定提起上诉的同时才能向最高法院提起上诉。

上诉法院预审庭听取检察院与被追查人的陈述，相应情况下，被追查人由其律师协助，必要时，有一名翻译在场。

预审庭可以作出一项不准提出不服申请的决定，批准签发逮捕令的成员国通过其专门授权的人在法庭上发表意见；该成员国得到批准在法庭上发言，并不因此成为诉讼程序的一方当事人。

第 695 - 31 条　（2004 年 3 月 9 日第 2004 - 204 号法律第 17 条新增条文）如果被追查人在出庭时声明同意移交，预审庭告知其作出的同意表示的法律后果，并告知其已表示的同意具有不可撤销性。

如果被追查人坚持同意移交，预审庭询问其是否打算放弃享有特定性规则之利益，并事先向其告知放弃特定性规则产生的法律后果，同时告知其作出的此种放弃表示具有不可撤销性质。

预审庭认定具备执行欧洲逮捕令的各项条件时，作出一项裁定，认可被追查人对移交表示的同意，相应情况下，对其放弃适用特定性规则与同意移交给予认可。预审庭在被追查人到案后 7 日内作出此项裁判，但如果按照第 695 - 33 条宣告的条件命令进行补充侦查，则不在此限。对预审庭的裁定不准提出不服申请。

如果被追查人声明其不同意移交，预审庭在该人到案后 20 日内作出一项裁决，但如果按照第 695 - 33 条规定的条件命令进行补充侦查，则不在此限。对此项裁决，检察院或者被追查人可以按照第 568 - 1 条与第 574 - 2 条规定的条件向最高法院提起上诉。

如果被追查人在法国享有某种特权或者豁免权，第 3 款与第 4 款所指的期限仅自预审庭得到该人已被取消该种权利的通知起开始计算。

在按照第 695 - 26 条最后一款的规定有必要得到另一成员国同意时，上述期限仅自预审庭向该成员国通知其决定之日开始计算。

在预审庭的裁定最终确定时，由检察长负责，立即以任何方式将该裁定通知签发欧洲逮捕令的成员国的司法机关。

第 695 - 32 条　（2013 年 8 月 5 日第 2013 - 711 号法律第 17 条）如果被追查人有法国国籍，或者此前至少连续 5 年符合规定在法国领土居住，对欧洲逮捕令的执行可以附加条件：审查在欧洲逮捕令签发成员国的司法机关对据以签发逮捕令的犯罪可能宣告的刑罚之后，被追查人是否可以送回法国执行该刑罚。

第659-33条 （2004年3月9日第2004-204号法律第17条新增条文）如果预审庭认为签发欧洲逮捕令的成员国在逮捕令中通报的情况并不充分，无法就移交事由作出决定，可以要求该国司法机关在接到通知后最迟10日内向其提供必要的补充情况。

第695-34条 （2011年4月14日第2011-392号法律第22条）可以在任何时候按照第148-6条与第148-7条规定的形式向上诉法院预审庭提出释放请求。

开庭之日前至少48小时，用挂号信并要求回执的方式对受到追查的人的律师进行传唤。预审庭应当在尽短时间内，并且自接收请求之后最迟不超过15日，听取检察院、受追查人或其律师的陈述之后，按照第199条规定的条件，对该项请求作出一项裁定；但是，如果被追查人没有到预审庭出庭，上述期限仅自其第一次出庭起开始计算。

预审庭如果命令释放被追查人，也可以以保安处分措施的名义，强制该人遵守第138条与第142-5条列举的一项或数项义务。

被追查人在获得释放之前，应当向预审庭或监狱看守机构的主要负责人报明其地址。

被追查人还应当被告知，其地址的任何变更均应当重新进行申报，或者用挂号信并要求回执的方式向预审庭重新进行申报。

被追查的人还应当被告知，向其最后申报的地址进行的任何通知与送达，均视为向其本人送达。

该项通知和地址申报，均记载于笔录，或者在任何文件上作出记载；监狱看守机构负责人应当立即将此文件的正本或副本送交预审庭。

第695-35条 （2011年4月14日第2011-392号法律第22条修改）预审庭得于任何时候，按照第199条规定的条件，或者依职权或者应检察长的要求，或者应当事人的请求并在听取检察长的意见之后，取消或变更司法监督措施，或者取消或变更指定居住加电子监控之措施。

预审庭在其受理上述请求起15日内作出审理裁判。

第695-36条 （2011年4月14日第2011-392号法律第22条）如果被追查人故意逃避强制其遵守的司法监督义务或指定居住加电子监控义务，或者，如果当事人在对其没有实行司法监督、未指定居住加电子监控的条件下获得释放之后，有准备逃避执行欧洲逮捕令的明显迹象，预审庭得应检察机关的要求，对该人签发逮捕令。

在此情况下，第 74 – 2 条规定的共和国检察官和自由与羁押法官的职权，分别由检察长和上诉法院预审庭庭长或者庭长指定的审判官行使。

在当事人已经被抓捕的情况下，预审庭应当尽快对案卷进行审查，并且最迟应当在当事人受羁押后 10 日内进行此项审查。

预审庭如有必要，确认撤销司法监督或者确认撤销指定居住加电子监控，并命令对当事人实行关押。

预审庭听取检察院与被追查人的陈述时，在相应情况下，被追查人由其律师协助，必要时，应当有一名翻译在场。

如果第 2 款规定的期限已经届满，预审庭依职权释放当事人。

第四目 被追查人的移交

第 695 – 37 条 （2009 年 5 月 12 日第 2009 – 526 号法律第 130 条）检察长采取各项必要的措施，以便最迟在预审庭作出最终确定的裁定之后 10 日内，将被追查人移交签发欧洲逮捕令的成员国的司法机关。如果在预审庭作出批准移交的决定时被追查人仍然未被限制人身自由，检察长可以命令逮捕该人并对其实行关押；对此情形，适用第 74 – 2 条之规定。

共和国检察官和自由与羁押法官的职权分别由驻上诉法院检察长和预审庭庭长或其指定的上诉法院法官行使。如果当事人已被抓捕，检察长立即将此逮捕事由通知签发逮捕令的成员国的司法机关。

因不可抗力情形，不可能在上述 10 日内移交被追查人时，检察长立即将此情况通知签发欧洲逮捕令的成员国的司法机关，并与其重新商定移交日期。在此情况下，被追查人最迟在新定的日期之后的 10 日内被移交给该成员国的司法机关。

在第 1 款规定的期限届满之后，或者按照第 3 款第 1 句所指的期限，如果被追查人仍然受到羁押，除适用第 695 – 39 条第 1 款之规定外，依职权释放被追查人。

第 695 – 38 条 （2004 年 3 月 9 日第 2004 – 204 号法律第 17 条新增条文）第 695 – 37 条之规定不妨碍预审庭在就欧洲逮捕令的执行事由作出审理决定之后，出于严肃的人道原因，特别是鉴于当事人的年龄或健康状况，将其移交可能产生严重后果时，推迟移交当事人。

检察长立即将该情况通知签发欧洲逮捕令的成员国的司法机关，并与其商定新的移送日期。在此情形下，被追查人最迟在新定的日期之后的 10 日内被移交。

在此期限届满之后，如果被追查人仍然受到羁押，除适用第 695 – 39 条第

1 款之规定外，依职权释放被追查的人。

第 695 - 39 条　（2004 年 3 月 9 日第 2004 - 204 号法律第 17 条新增条文）如果被追查人因欧洲逮捕令所针对的犯罪以外的其他犯罪在法国已经受到追诉，或者在法国被判刑并且应当在法国服刑时，预审庭可以在就逮捕令的执行事由进行审理后，决定推迟移交被追查人。在此情况下，检察长立即将此事由通知签发逮捕令的成员国的司法机关。

预审庭也可以决定暂时移交被追查人，检察长立即将此事由通知签发逮捕令的成员国的司法机关，并与其书面商定移交被追查人的条件与期限。

第 695 - 40 条　（2004 年 3 月 9 日第 2004 - 204 号法律第 17 条新增条文）在移交被追查人时，检察长告明该人在法国领域因执行欧洲逮捕令已经受到羁押的时间。

第五目　特别情形

第 695 - 41 条　（2009 年 5 月 12 日第 2009 - 526 号法律第 130 条）应签发逮捕令的成员国的司法机关的请求，在抓捕被追查人时，按照第 56 条、第 56 - 1 条第 1 款与第 2 款、第 56 - 2 条、第 56 - 3 条与第 57 条以及第 59 条第 1 款的规定，对以下物品实行扣押：

1. 可以作为物证（pièces à conviction）的物品（des objets）；
2. 受到追查的人因实施犯罪而获得的物品。

预审庭在就移交被追查人作出审理决定时，相应情况下，在审理根据第 56 - 1 条第 2 款的规定提出的异议并作出裁判之后，命令移交按照本条第 1 点与第 2 点的规定扣押的物品。

即使因被追查人逃跑或者已经死亡，欧洲逮捕令不能执行，仍可以移交前述物品。

如果预审庭认为上述物证对于在（法国）国家领域内继续进行的刑事诉讼程序实有必要，可以暂时留置这些物品，或者在移交这些物品的同时附加归还条件，但保留法国国家或者第三人对这些物品已经取得的权利。如果存在此种权利，在签发欧洲逮捕令的成员国领土上进行的追诉终结之后，尽快将有关的物品免费归还法国国家。

第 659 - 42 条　（2004 年 3 月 9 日第 2004 - 204 号法律第 17 条新增条文）在有多个成员国针对同一人发出欧洲逮捕令的情况下，不论据以签发逮捕令的犯罪事实是否相同，具体执行哪一逮捕令，由预审庭作出选择决定；相应情况下，预审庭考虑各种具体情节，特别是考虑犯罪的严重程度与实施犯罪的地点、各逮捕令签发的日期以及签发逮捕令是为了对该人提起追诉还是为了执行自由刑罚或剥夺自由的保安处分措施等具体情节，并且在听取欧洲司法事务协调处的意见之后，作出选择决定。

在欧洲逮捕令与第三国提出的引渡请求相互发生冲突的情况下，预审庭可以推迟审理，以等待接收相关材料；预审庭考虑各种具体情节，特别是第 1 款所指的情节以及适用的（国际）公约或协定的有关规定，决定是优先考虑欧洲逮捕令还是优先考虑引渡请求。

第 695 - 43 条 （2004 年 3 月 9 日第 2004 - 204 号法律第 17 条新增条文）由于特殊情况，尤其是因为已经向最高法院提起上诉，有管辖权的司法机关不可能在被追查人被逮捕之日起 60 日内就执行欧洲逮捕令作出最终确定的决定时，有地域管辖权的检察长将此情况立即通知发出逮捕令的成员国的司法机关，并向其指明延迟作出最终确定的决定的理由。在此情况下，该期限可以再延长 30 日。

在特别情况下，尤其是在最高法院就提起的上诉作出判决、发回重审之后，如果自被追查人受到逮捕之日起 90 日内没有就执行欧洲逮捕令作出最终确定的决定，有地域管辖权的检察长将此情况报告司法部长，由司法部长通知欧洲司法事务协调处，并向其指明延迟作出最终确定的决定的理由。

在最高法院作出判决、撤销原判、发回重审的情况下，受理移送案卷的预审庭在最高法院宣告判决之日起 20 日内作出审理裁判。被要求移交的人可能提出的释放申请，由预审庭受理。

第 695 - 44 条 （2004 年 3 月 9 日第 2004 - 204 号法律第 17 条新增条文）为了提起刑事追诉而签发欧洲逮捕令时，签发该逮捕令的成员国的司法机关提出的听取被追查人陈述的任何请求，均由上诉法院预审庭参与。

只有在被追查人的律师到场或者按照规定对其律师进行传唤之后，才能对被追查人进行讯问、听取其陈述，但如果被追查人明确表示放弃要求律师到场的，不在此限。

最迟应当在开庭前 5 个工作日用挂号信并要求回执、传真并要求回执的方式，或者口头并在诉讼案卷上作出记载的方式，对被追查人的律师进行传唤。

预审庭庭长指挥听取当事人的陈述，必要时，有一名翻译在场；预审庭庭长由签发欧洲逮捕令的成员国的司法机关的一名为此授权的人协助。

在庭审笔录中对履行这些手续予以记载；庭审笔录立即转送签发欧洲逮捕令的成员国的司法机关。

第 695 - 45 条 （2004 年 3 月 9 日第 2004 - 204 号法律第 17 条新增条文）在有可能时，并且得到被追查人同意，预审庭也可以同意按照第 695 - 28 条、第 695 - 29 条、第 695 - 30 条第 1 款与第 3 款以及第 695 - 31 条最后一款规定的形式暂时移送被追查人，但签发欧洲逮捕令的成员国的司法机关应当负责将该人送回，以便其能够参加与其有关的案件的庭审。

此项决定开庭作出，并立即具有执行力。

第695-46条　（2013年8月5日第2013-711号法律第18条）对于签发欧洲逮捕令的成员国的司法机关为了请求预审庭同意对被追查人在引起签发此次逮捕令的犯罪之前实施的其他犯罪提起追诉，或者为了请求预审庭同意执行已经宣告的刑罚或保安处分措施而提出的任何请求，被追查人前往到案的预审庭亦有管辖权。

在将被追查人移交给签发欧洲逮捕令的成员国的有管辖权的机关之后，该机关请求（法国上诉法院）预审庭同意将该人转送另一成员国，以便对其在此次移交之前实施的、与此次引起刑罚或保安处分措施的犯罪不同的其他犯罪提起追诉，或者执行刑罚或剥夺自由之保安处分措施时，预审庭对发出欧洲逮捕令的成员国的有管辖权的机关提出的该种请求，亦有管辖权。

在以上两种情形下，记载被移送人所作声明的笔录，也由发出欧洲逮捕令的成员国的司法机关进行转送，并提交（法国上诉法院）预审庭；相应情况下，被移交的人选任的律师可以对该项声明作出补充意见说明；在未选任律师的情况下，由律师公会会长依职权指定的律师作出补充意见说明。

预审庭在确认提出的请求包含第695-13条规定的情况时，以及相应情况下，从第695-32条的规定来看已经得到保障时，自其接受该项申请起30日内作出审理裁判。对该项裁定，检察长或者被追查人均可以按照第568-1条与第574-2条规定的条件向最高法院提起上诉。

如果请求所针对的行为或事实构成第695-23条所指的犯罪，并且属于第695-12条的适用范围时，对该成员国机关提出的请求予以同意。

基于第695-22条与第693-25条所指的理由之一，以及出于第695-24条所指的理由之一，对签发欧洲逮捕令的成员国的司法机关提出的上述请求予以拒绝。

第二十五编　有组织犯罪适用的程序

第二章　程　序

第三节　拘　留

第706-88条　（2014年7月10日第2014-790号法律第13条）为适用

第 63 条、第 77 条与第 154 条之规定，以及在对第 706-73 条适用范围的犯罪之一进行调查和预审有必要时，作为特殊情况，对当事人实行拘留的期间可以补充延长 2 次，每次延长的时间各为 24 小时。

补充延长拘留期间，经共和国检察官提出申请，由自由与羁押法官或者预审法官作出说明理由的书面决定予以批准。

在决定延长拘留期间之前，被拘留人应当前往就延长拘留期间进行审理裁判的法官面前；但是，作为例外，在第二次延长拘留期间时，可以根据正在进行中的侦查所必要的原因予以批准，无须当事人事先到法官前出庭。

在第一次决定延长拘留期间时，由共和国检察官或预审法官或者司法警察警官指定的医生为被拘留人进行检查。医生出具医疗证明，该项证明尤其应当就当事人是否适于继续拘留作出说明。医疗证明归入诉讼案卷。司法警察警官告知当事人有权要求重新进行医疗检查。此种医疗检查属于法律之规定。司法警察警官进行此项告知，在当事人签字的笔录中作出记载；当事人拒绝签名的情况，笔录应予记明。

尽管有第 1 款的规定，但如果在经过第 1 个 48 小时拘留之后，原定的侦查证明仍有必要，自由与羁押法官或者预审法官可以按照第 2 款规定的方式，再决定将拘留时间一次性延展 48 小时。

尽管有第 63-4 条至第 63-4-2 条的规定，但在当事人是因为属于第 706-73 条适用范围的犯罪受到拘留时，鉴于调查或预审的特别情形，有此强制性必要时，为了收集或保存证据，或者为了防止对人员造成伤害，最长可以将律师介入案件的时间推迟 48 小时；或者如果涉及的是第 706-73 条第 3 点或第 11 点所指的犯罪，律师的介入时间最长可以推迟 72 小时。

将律师介入案件的时间推迟 24 小时，由共和国检察官依职权或者应司法警察警官的申请作出决定；将律师介入案件的时间推迟超过 24 小时，在第 6 款确定的界限范围之内，由自由与羁押法官依共和国检察官的申请作出决定。如果是在委托查案期间拘留当事人，推迟律师的介入时间由预审法官决定。所有情况下，司法官的决定均为书面决定，并且应说明理由，具体明确推迟律师介入的时间。

在适用上述第 6 款与第 7 款之规定的情况下，律师自其得到准许在当事人被拘留期间介入案件的时刻起，享有第 63-4 条、第 63-4-1 条、第 63-4-2 条第 1 款以及第 63-4-3 条规定的各项权利。

第 706-73 条（第 1 款）第 8（B）点所指的轻罪或者该条（第 1 款）第 14 点至第 16 点所指犯罪是轻罪时，不适用本条之规定，但是，作为特殊情况，如果实施的犯罪行为构成对人身安全、人的尊严或生命的伤害，或者构成

《刑法典》第 410 - 1 条所指的危害国家基本利益罪，或者构成犯罪的行为是在国家领域之外实施，由于案情复杂，只要追诉或者为查明事实真相所必要的侦查行动要求延长拘留时间，仍然可以适用本条之规定。延长拘留时间的裁定，由自由与羁押法官依据共和国检察官或者预审法官的申请作出。这些裁定应当专门说明理由，并阐述能够证明具备本款所规定的条件的各项因素。本条第 6 款与第 7 款之规定不予适用。

第 706 - 73 条（第 1 款）第 20 点所列举的轻罪不适用本条之规定。

第 706 - 88 - 1 条　（2011 年 4 月 14 日第 2011 - 392 号法律第 16 条新增条文）如果从案件调查所获得的初步材料来看，或者从拘留本身的初步情况来判断，在法国或国外近期有发生恐怖活动的紧迫的严重危险时，或者国际合作有这方面的强烈要求时，作为特殊情况，并且按照第 706 - 88 条第 6 款规定的方式，自由与羁押法官可以决定将以第 706 - 73 条第 11 点所指的犯罪为依据受到拘留的当事人的拘留时间继续延长 24 小时，并且可以再延长一次。

在 24 小时以及 120 小时终止时，按照上述规定被延长拘留时间的当事人可以请求按照第 63 - 4 条规定的方式与律师交谈。被拘留人在得到本条规定的延长拘留时间的通知时，即被告知有此项权利。

被拘留人，除了为实行拘留进行医疗检查的可能性之外，在每次开始延长拘留时间时，均必须接受共和国检察官、预审法官或者司法警察警官指定的医生的检查。受到指定的医生应当就当事人的身体状况是否适于延长拘留时间的问题作出回答。

当事人提出请求，要求按照第 63 - 1 条与第 63 - 2 条规定的条件用电话将其受到拘留之事由通知与其平常在一起生活的人，或者通知其直系亲属或兄弟姐妹中的一人时，如果法官不同意此项请求，当事人可以在第 96 小时后再次提出请求。

第五卷　执行程序

第二编　羁　押[①]

第一章　先行羁押的执行

第 714 条　（1993 年 1 月 4 日第 93 - 2 号法律）被先行羁押的受审查人、

---

① 本编是对诉讼程序进行的各阶段可能采取的羁押措施的执行规定。——译者注

轻罪被告人、重罪被告人在看守所内实行羁押。

每一大审法院、每一上诉法院、每一重罪法院均设置一处看守所，但法令具体指定的法院除外；对于后一种情况，由法令决定这些法院用于羁押各自管辖的轻罪被告人、上诉人①或重罪被告人的一处或多处看守所。

第 715 条 （2000 年 6 月 15 日第 2000 – 516 号法律第 83 条）预审法官、上诉法院预审庭庭长、重罪法庭庭长以及共和国检察官和驻上诉法院检察长，可以对应当在看守所内进行的预审或执行的判决，发出各项必要的命令。

第 715 – 1 条 （2009 年 11 月 24 日第 2009 – 1436 号法律第 87 条新增条文）对受审查人、轻罪被告人、重罪被告人行使辩护权给予其符合监狱安全要求的任何通信与方便。

第 716 条 （1993 年 1 月 4 日第 93 – 2 号法律，2009 年 11 月 24 日第 2009 – 1436 号法律第 87 条新增条文）被先行羁押的受审查人、轻罪被告人及重罪被告人，在单人看守室内实行羁押，（2004 年 6 月 15 日第 2005 – 516 号法律第 68 条）只有具备下列情形，才能对此原则有所例外：

1. 当事人提出请求；

2. 当事人的人格证明不让其一人独处对其有利；

3. 当事人被准许参加劳动或者接受职业培训或学业培训，有必要另行安排。

受审查人、轻罪被告人及重罪被告人被安置在集体看守室时，监室应当适合在其内羁押的人数。集体监室应当适合多人共同居住，这些人的安全与尊严应当得到保障。

第六章　按照欧洲委员会 2008 年 11 月 27 日关于在欧盟内部执行宣告剥夺自由的刑罚与措施时适用相互承认原则的第 2008 – 909 号框架决定，执行宣告自由刑的有罪判决

第三节　有关在法国领域执行欧盟其他成员国宣告的有罪判决的规定

第六目　先行逮捕

第 728 – 64 条 （2013 年 8 月 5 日第 2013 – 711 号法律第 11 条新增条文）如果被判刑人身在法国领域并且判刑国有管辖权的机关为了保障该人留在法国

---

① 对一审判决提起上诉但被羁押的被告人。——译者注

领域，请求在等待（法国作出）承认与执行有罪判决的决定期间先行逮捕被判刑人，或者对其采取其他任何措施时，共和国检察官如果认为不能充分保障被判刑人随传随到，可以要求对该人实行抓捕并在24小时内解送。在此期间，适用第63－2条与第63－3条之规定。

在判刑国有管辖权的机关在转送有罪判决和证明书之前就已经提出本条第1款所指请求的情况下，只有在该机关向共和国检察官提供第728－12条第1点至第6点所指的情况时，才能按照第1款的规定抓捕被判刑人。

第728－65条　（2013年8月5日第2013－711号法律第11条新增条文）在将被判刑人送交共和国检察官时，共和国检察官查证该人的身份，并用其懂得的语言告知其受到的有罪判决以及作出该判决的国家提出的请求。共和国检察官向被判刑人告知打算申请对其实行关押、指定居住加电子监控或者将其交给刑罚执行法官对其实行司法监督，并且向被判刑人告知可以由其选任的一名律师协助或者由律师公会会长依职权指定的律师协助。可以采取任何方法立即通知律师公会会长。共和国检察官通知被判刑人可以立即与指定的律师谈话。

第728－66条　（2013年8月5日第2013－711号法律第11条新增条文）只有在被判刑人的待服刑期超过2年或者2年时，才能按照第142－5条的规定对该人实行羁押或者指定居住加电子监控，但第723－16条所指的某一种情况除外。

第728－67条　（2013年8月5日第2013－711号法律第11条新增条文）被判刑人在刑罚执行法官前出庭，相应情况下，由其律师协助。审理公开开庭进行，但如果公开开庭妨碍正在进行中的程序的正常进展、有损于第三人的利益或者被判刑人的尊严，则不公开进行审理。在此情形下，自由与羁押法官应检察院的请求，或者应被判刑人的律师的请求，或者依职权，在评议室作出裁定、进行裁判。

自由与羁押法官在作出裁定之前，听取检察院的意见以及被判刑人及其律师的陈述。如果自由与羁押法官不支持向其提出的对被判刑人实行关押或指定居住加电子监控的请求，可以对被判刑人规定第138条所指的一项或数项义务。

第728－68条　（2013年8月5日第2013－711号法律第11条新增条文）被判刑人可以随时向自由与羁押法官请求按照第148－6条与第148－7条规定的方式将其释放，或者取消对其实行的司法监督或指定居住加电子监控措施。

自由与羁押法官在向共和国检察官传达（当事人提出的）本条第1款所指的请求之后8个工作日内，在考虑（能否）保证被判刑人随传随到的基础上，以说明理由的裁定作出裁判；自由与羁押法官如果认为有必要，可以命令被判刑人出庭，相应情况下，由律师协助其出庭。对此情形，适用第 148 条最后两款的规定。轻罪上诉法庭有权适用第 148 条最后一款的规定。

在第 728 - 64 条第 2 款所指情况下，如果判刑国有管辖权的机关自被判刑人被关押起 8 日内未转送有罪判决与证书，得依职权将其释放。

第 728 - 69 条 （2013 年 8 月 5 日第 2013 - 711 号法律第 11 条新增条文）对自由与羁押法官按照第728 - 67条与第 728 - 68 条的规定作出的裁定，可以向轻罪上诉法庭提起上诉；轻罪上诉法庭适用第 194 条第 3 款与第 199 条最后 2 款的规定。

第 728 - 70 条 （2013 年 8 月 5 日第 2013 - 711 号法律第 11 条新增条文）如果有罪判决被拒绝执行，或者判刑国撤回证明书，应当立即释放被判刑人，并终止对其实行的指定居住加电子监控或司法监督。

荷　　兰

荷兰刑事诉讼法典[*]

第一编　总　则

第四章　特殊强制措施

第一节　逮捕和警方拘留

第 52 条　侦查官员有权以第 27a 条第 1 款第 1 句规定的方式确认犯罪嫌疑人的身份，并为此目的拦截和讯问犯罪嫌疑人。

第 53 条　1. 任何人都有权逮捕正在实施犯罪的犯罪嫌疑人。

2. 在此情形下，检察官或者检察辅助官员有权将被逮捕的犯罪嫌疑人移

---

[*] 本法典于 1921 年 1 月 15 日由荷兰议会批准，1926 年 1 月 1 日生效。截至交稿前，最后一次修正时间是 2015 年 3 月 28 日。本译本来源于 http：//www. ejtn. eu/PageFiles/6533/2014% 20seminars/Omsenie/WetboekvanStrafvordering_ ENG_ PV. pdf（2015 年 5 月 15 日访问）提供的英文文本，以及参考 2003 年法律出版社郎胜、熊选国主编的《荷兰刑事诉讼法（节译）》一书翻译，该书语言为汉语。

送至某一讯问地点；他也可以作出逮捕或者讯问犯罪嫌疑人的命令。

3. 如果逮捕是由其他侦查官员执行的，该官员应当尽快将被逮捕人移送检察官或者检察辅助官员。

4. 如果逮捕是由其他人员执行的，该人员应当及时地将被逮捕人，包括可予扣押的物品，移送一位侦查官员，侦查官员应当按照前款处理，必要时还应当按照第 156 条处理。

第 54 条 1. 对于并非正在实施犯罪时被发现，但可以因为一些犯罪行为对其进行审前羁押的犯罪嫌疑人，检察官也有权逮捕，并将其移送到某一讯问地点；他也可以作出逮捕或者讯问犯罪嫌疑人的命令。

2. 检察官不可能及时采取措施的，他的所有检察辅助官员享有相同权力。检察辅助官员应当及时书面或者口头通知检察官有关逮捕的情况。

3. 检察辅助官员不可能及时采取措施的，每个侦查官员都有权逮捕犯罪嫌疑人，但他必须将犯罪嫌疑人及时移送检察官或者检察辅助官员。对于被移送犯罪嫌疑人的检察辅助官员，前款第 2 句适用。

4. 对于并非正在实施犯罪时被发现的犯罪嫌疑人，其他国家的公务员如果是以国际法所允许的方式在荷兰境内行使跨境追捕权的，他也应当具有逮捕权，但是必须依照第 3 款规定的方式对待被逮捕人。

第 55 条 1. 如果犯罪嫌疑人是正在实施犯罪行为时被发现的，任何人都可以为了逮捕犯罪嫌疑人的目的而进入任何场所，但不得未经居民许可进入其住宅和进入《进入住宅一般法》第 12 条规定的场所。（《法律公告》，1994 年，第 572 页）

2. 不论犯罪行为是否当场被发现，侦查官员可以为了逮捕犯罪嫌疑人的目的而进入任何场所。

第 55a 条 1. 如果犯罪嫌疑人正在实施犯罪行为时被发现，或者犯罪嫌疑人涉嫌实施第 67 条第 1 款规定的重罪的，侦查官员可以为了逮捕犯罪嫌疑人的目的搜查任何场所。除紧急必要的情形外，侦查官员必须获得检察官对此的授权。在紧急必要的情形下，侦查官员应当及时通知检察官搜查情况。

2. 检察官授权侦查官员为了逮捕犯罪嫌疑人的目的而在没有得到居民许可的情形下进入住宅搜查的，侦查官员进入住宅时，不需要有《进入住宅一般法》第 2 条规定的授权。

第 55b 条 1. 第 141 条指定的官员或者依据第 141 条指定的官员，以及荷兰公共安全与司法部长指定的负责侦查犯罪行为的特定类别的其他人员，为了确定被拦截或者被逮捕的犯罪嫌疑人的身份，必要时有权检查其衣服和随身携带的物品。

2. 只有在合理必要的情形下，为了阻止犯罪嫌疑人销毁或者损坏能够确定其身份的物品，第 1 款规定的官员才可以当众行使第 1 款规定的权力。

3. 他们应当制作关于行使第 2 款规定的权力的情况的笔录，并提交检察官。

第 55c 条 1. 第 141 条规定的官员，既是第 142 条规定的特殊侦查官员同时也是 2012 年《警察法》（Politiewet 2012）第 2 条第 2 项规定的警察官员的官员，应当以第 27a 条第 1 款第 1 句和第 2 句规定的方式确定被逮捕的犯罪嫌疑人的身份。

2. 对于因第 67 条第 1 款规定的重罪而被逮捕或者虽未被逮捕但因为第 67 条第 1 款规定的重罪而被讯问的犯罪嫌疑人，为了确认其身份，第 1 款规定的官员应当拍取一张或者多张照片并提取指纹。指纹应当与依据本法识别过的指纹进行对比，如果认为犯罪嫌疑人是外国人的，应当与依据 2000 年《外国人法》识别过的指纹进行对比。

3. 对于第 2 款规定以外的、对其身份存在疑问的犯罪嫌疑人，检察官或者检察辅助官员应当命令拍取照片和提取指纹。第 2 款最后一句准用。

4. 对第 2 款和第 3 款规定的照片和指纹，也可以为了预防、侦查、起诉和审理犯罪嫌疑人和确定尸体身份的目的，进行识别。

5. 关于处理第 2 款和第 3 款规定的照片和指纹的规则，应当通过或者依据一般行政命令予以规定。

第 56 条 1. 有重大嫌疑时，为了调查的需要，被移送或者亲自逮捕犯罪嫌疑人的检察官或者检察辅助官员，可以决定搜查犯罪嫌疑人的身体或者衣服。

2. 有重大嫌疑时，为了调查的需要，检察官可以决定对犯罪嫌疑人的体腔进行检查。体腔检查包括：对下体道口和体腔的外部检查、X 光检查、对身体道口和体腔的超声波检查和体内手动检查。体腔检查应当由医生进行。由于特殊的病理原因不适宜检查的，不应当检查。

3. 第 1 款和第 2 款规定的检查应当在封闭的场所内进行，如有可能，应当由与犯罪嫌疑人同一性别的人员进行。

4. 有重大嫌疑时，其他侦查官员有权搜查被逮捕人的衣服。

第 57 条 1. 被移送犯罪嫌疑人或者亲自逮捕犯罪嫌疑人的检察官或者检察辅助官员，在讯问犯罪嫌疑人以后，可以命令犯罪嫌疑人在调查期间随时接受司法机关的调查，并为此目的在命令指定的场所内对犯罪嫌疑人进行警方拘留。进行警方拘留应当是为了调查的需要，调查的需要也可以理解为将关于刑事案件的通知交付犯罪嫌疑人本人。

2. 犯罪嫌疑人有权在讯问时获得辩护人帮助。辩护人应当有在讯问时提出必要的意见的机会。

3. 签发命令的检察官或检察辅助官员应当制作讯问笔录。讯问笔录应当归入诉讼材料。

4. 检察辅助官员应当将其签发的命令及时通知检察官。

5. 一旦调查允许，检察官应当命令释放犯罪嫌疑人。如果所剩的惟一的调查需要是将有关刑事案件的通知交付给犯罪嫌疑人本人，应当尽快交付该通知并释放犯罪嫌疑人。

第 58 条 1. 只有在允许对犯罪行为采取审前羁押的情形下，才应当签发警方拘留命令。

2. 警方拘留命令的有效期最长为 3 日。在紧急必要的情形下，检察官可以命令延长一次，且最多延长 3 日。

3. 一旦调查允许，检察辅助官员应当命令立即释放犯罪嫌疑人。在其他情形下，他应当建议检察官延长警方拘留期限。检察官可以命令将犯罪嫌疑人移送给他自己以接受其讯问。

第 59 条 1. 警方拘留命令或者延长命令应当注明日期并签名。签发命令的检察官可以命令检察辅助官员以他的名义签名。

2. 警方拘留命令应当尽可能准确地描述犯罪行为、写明签发命令的理由以及支持这些理由的特定情形。

3. 命令中应当写明犯罪嫌疑人的姓名，身份未知的，应当对犯罪嫌疑人作出尽可能清楚地描述。

4. 命令副本应当及时送达犯罪嫌疑人。

5. 警方拘留命令应当及时通知矫正基金会（stichting reclassering）负责人。

6. 警察局是执行警方拘留的场所。特殊情形下，检察官可以命令在看守所执行警方拘留。

7. 犯罪嫌疑人不通晓荷兰语或者只通晓少许荷兰语的，应当尽快以其可以理解的语言，书面通知其涉嫌实施的犯罪行为、签发命令的理由以及命令的有效期。

第 59a 条 1. 从逮捕之时开始算起，应当在 3 日 15 个小时以内，将犯罪嫌疑人移送预审法官讯问。

2. 预审法官在收到检察官的讯问请求后，应当及时确定讯问的时间和地点，并通知检察官、犯罪嫌疑人及辩护人。

3. 在讯问时，犯罪嫌疑人有权获得辩护人帮助。辩护人应当有在讯问时提出意见的机会。检察官有权参加讯问并在必要时提出意见。

4. 犯罪嫌疑人在讯问时可以向预审法官提出释放请求。

5. 如果预审法官认为警方拘留不合法，应当命令立即释放犯罪嫌疑人。在其他情形下，预审法官应当在讯问笔录中记录他的决定内容，犯罪嫌疑人提出释放请求的，预审法官应当驳回请求。记录应当由预审法官予以确认。

6. 裁定应当注明日期并签名，并写明理由。预审法官应当将裁定及时送交检察官和犯罪嫌疑人。

第 59b 条 一旦检察官或检察辅助官员分别依据第 57 条第 5 款或第 58 条第 3 款释放犯罪嫌疑人，第 59a 条不再适用。

第 59c 条 1. 对于预审法官依据第 59a 条第 5 款作出的立即释放犯罪嫌疑人的裁定，检察官可以在 14 日以内向地区法院提出上诉。

2. 除非地区法院立即驳回上诉，否则应当对犯罪嫌疑人进行听审，或者至少适当通知其到庭。地区法院可以命令拘传犯罪嫌疑人。

3. 地区法院应当尽快作出裁定。裁定应当说明理由，并书面通知检察官和犯罪嫌疑人。

第 60 条 被移送犯罪嫌疑人或者亲自逮捕犯罪嫌疑人的检察官，如果认为有羁押的必要的，应当及时地将犯罪嫌疑人移送预审法官。

第 61 条 1. 对于犯罪嫌疑人，如果既没有依据第 57 条进行警方拘留，也没有依据第 60 条移送预审法官，应予释放，除非依据被移送犯罪嫌疑人或者亲自逮捕犯罪嫌疑人的检察官或者检察辅助官员的命令，应当对犯罪嫌疑人进行最长 6 个小时的调查扣留。在调查拘留（ophouden voor onderzoek）期间应当对犯罪嫌疑人进行讯问。

2. 在为了确定身份而扣留犯罪嫌疑人的情形下，如果犯罪嫌疑人涉嫌实施不允许采取审前羁押措施的犯罪行为，被移送犯罪嫌疑人或者亲自逮捕犯罪嫌疑人的检察官或者检察辅助官员，可以命令延长第 1 款规定的 6 个小时期限，期限只能延长 1 次，而且延长时间不得超过 6 个小时。

3. 第 1 款和第 2 款规定的扣留必须是为了调查的需要，调查的需要也可以理解为向犯罪嫌疑人本人送达刑事案件通知的需要。

4. 在计算第 1 款和第 2 款规定的期限时，凌晨 0 时至上午 9 时这段时间不予计算在内。

5. 延长命令应当注明日期并签名。

6. 命令应当对所涉嫌的犯罪行为作简短描述，并写明犯罪嫌疑人所依据的事实或情形。

7. 命令中应当写明犯罪嫌疑人姓名，身份未知的，应当对犯罪嫌疑人作尽可能清楚的描述。

8. 命令副本应当及时送达犯罪嫌疑人。犯罪嫌疑人不通晓荷兰语或者只通晓少许荷兰语的，应当以其可以理解的语言口头通知其命令内容。

9. 如果所剩的惟一的调查需要是向犯罪嫌疑人本人送达刑事案件通知，应当尽快送达通知并释放犯罪嫌疑人。在此情形下，第 4 款不予适用。

第 61a 条 1. 对于被调查扣留的犯罪嫌疑人，可以为了调查的需要命令采取措施。这种措施包括但并不限于：

a. 拍照和录像；

b. 测量身体尺寸和提取手掌纹、脚印、脚趾纹、耳纹和鞋印；

c. 接受指认；

d. 进行气味识别测试；

e. 采集、剪切髭须、胡须或头发或者让它们生长；

f. 为指认目的要求犯罪嫌疑人穿戴特定的衣服或者饰品；

g. 安置在观察点；

h. 对身体上的枪击残留物进行检查。

2. 只有涉嫌实施第 67 条第 1 款规定的重罪的，才可以命令采取第 1 款规定的措施。

3. 关于适用为了调查的需要而采取的措施的进一步规则，可以通过或者依据一般行政命令予以规定。

第 61b 条 （2002 年 3 月 1 日废止）

第 61c 条 （2002 年 3 月 1 日废止）

第 62 条 1. 对于被警方拘留的犯罪嫌疑人，除为调查的需要或者维护秩序需要而不得不对其采取限制外，不应当对其作任何其他限制。

2. 除第 50 条另有规定外，可以对第 1 款规定的犯罪嫌疑人命令采取为了调查需要而采取的措施。这种措施除了第 61a 条第 1 款第 a—h 项规定的措施外，还可以包括以下措施：

a. 对接受探视、电话通信、书信通信、阅览报刊、阅读书籍和其他信息载体进行限制，以及采取其他的剥夺自由的安置措施；

b. 安置到医院或其他能保障医疗监护的机构中，或者安置到为此目的专门设立的医疗监护室内。

3. 如何对待被警方拘留的犯罪嫌疑人，以及执行警方拘留的场所必须满足的要求，应当由一般行政命令依据法律规定的原则予以制定，或者依据基于法律规定的原则予以制定。

4. 如果在第 59 条第 5 款规定的通知后有报告提交，检察官在提出羁押要求前应当阅读此报告。

5. 适用第 2 款第 a 项规定的措施时，应当告知犯罪嫌疑人有权依据第 62a

条第 4 款提出异议。

第62a条　1. 检察官可以命令采取为了调查的需要而采取的措施。

2. 在检察官不可能及时介入的情形下，在调查扣留和警方拘留期间，第 1 款规定的权力应当由命令进行调查扣留或者警方拘留的检察辅助官员行使，但命令采取第61a条第 1 款第 d 项规定的措施的权力除外。

3. 执行剥夺自由措施的看守所的负责人负责照管命令的执行，其他情形下由命令中指定的人员负责。

4. 如果命令与审前羁押有关，对于依据第62条第 2 款第 a 项作出的命令，犯罪嫌疑人可以向地区法院或者命令继续审前羁押的法院提出异议。除非签发命令的人员认为为了调查的需要必须立即执行命令，在法官对异议作出决定之前，命令不予执行。

第二节　审前羁押

§1　审前羁押令

第63条　1. 经检察官要求，预审法官可以签发羁押犯罪嫌疑人的命令。检察官应将其要求及时地口头或者书面通知犯罪嫌疑人的辩护人。

2. 如果预审法官很快认为没有任何理由签发这种命令，应当驳回检察官的要求。

3. 在其他情形下，除不可能及时对犯罪嫌疑人进行事先听审外，在对检察官要求作出决定之前，预审法官应当对犯罪嫌疑人进行听审，为此目的预审法官可以传唤犯罪嫌疑人到庭，如有必要，可以在传票中随附拘传令。

4. 犯罪嫌疑人有权在讯问时获得辩护人帮助。辩护人应当有在讯问时提出必要意见的机会。

5. 犯罪嫌疑人实施重罪时年满 18 周岁但未满 23 周岁的，检察官可以在其要求中写明是否希望适用《刑法典》第 77c 条。第 493 条准用。

6. 检察官为此应当咨询矫正机构负责人的意见。矫正机构可以咨询儿童保护委员会的意见。

第64条　1. 羁押令（bevel tot bewaring）的有效期由预审法官决定，最长为 14 日，自执行之时起开始计算。

2. 一旦预审法官或者检察官确信签发羁押令的理由已消除，应当命令释放犯罪嫌疑人。

3. 对预审法官依据第 2 款命令释放犯罪嫌疑人的裁定，检察官可以自裁定作出之日起 14 日以内向地区法院提出上诉。

第 65 条 1. 经检察官要求，地区法院可以命令继续羁押（gevangenhouding）被羁押的犯罪嫌疑人。在签发该命令之前，应当对犯罪嫌疑人进行听审，除非犯罪嫌疑人书面声明放弃听审权。即便有这种声明，地区法院或者院长也可以命令拘传犯罪嫌疑人到庭。

2. 除第 66a 条第 1 款规定的情形外，听审开始以后，地区法院可以依职权或者经检察官要求，命令逮捕犯罪嫌疑人。如认为必要，地区法院可以在签发命令前对犯罪嫌疑人进行听审；为此目的地区法院有权传唤犯罪嫌疑人到庭，必要时可以随附拘传令。

3. 为了引渡犯罪嫌疑人，必要时地区法院可以签发逮捕令。

第 66 条 1. 逮捕或者继续羁押令（Het bevel tot gevangenneming of gevangenhouding）的有效期由地区法院决定，最长为 90 日，自执行之时起开始算起。

2. 如果命令是在法庭审理过程中签发的，或者在第 1 款规定的期限内已经开始法庭审理的，命令的有效期应当延长到作出最终判决之日起第 60 日。

3. 开庭之前，地区法院可以经检察官要求延长命令的有效期，但最多延长两次，而且逮捕或者继续羁押令以及延长令的有效期累计不得超过 90 日。犯罪嫌疑人应当有对检察官要求发表意见的机会。在涉嫌实施恐怖主义罪行的案件中，90 日以后可以延长逮捕或者继续羁押令，每次延长不得超过 90 日，累计不得超过 2 年。在此情形下，对延长要求应当公开审理。

4. 本条的前 3 款准用于依据前 1 款所作的延长命令。

第 66a 条 1. 当继续羁押或者逮捕令的有效期届满时，在下列情形下，检察官可以在开庭以前，尽快要求继续羁押尚未被释放的犯罪嫌疑人：

a. 检察官未能及时递交延长要求的；

b. 命令进行审前羁押的前提条件仍然存在；而且

c. 签发审前羁押令是因为犯罪嫌疑人涉嫌实施的是法律规定至少判处 8 年监禁刑的重罪。

2. 地区法院应当给予到庭的犯罪嫌疑人对检察官要求发表意见的机会。

3. 犯罪嫌疑人未到庭的，继续羁押要求应当及时送达犯罪嫌疑人本人。只有在对犯罪嫌疑人进行听审或者至少适当通知其到庭以后，地区法院才能作出决定。法院可以命令拘传犯罪嫌疑人。

4. 地区法院应当自检察官提出要求之时起 24 小时以内作出决定。犯罪嫌疑人在继续羁押要求待决期间不予释放。

5. 签发传票之前，内庭应当适用第 2—4 款的规定。

6. 第 75 条第 3 款和第 282 条规定的期限准用。

第 67 条　1. 对于涉嫌实施下列犯罪行为的，可以签发审前羁押令：

a. 法定刑是至少 4 年监禁刑的重罪；

b.《刑法典》第 132 条、第 138a 条、第 138ab 条、第 138b 条、第 139c 条、第 139d 条第 1 款和第 2 款、第 141a 条、第 161sexies 条第 1 款第 1°项和第 2 款、第 137c 条第 2 款、第 137d 条第 2 款、第 137e 条第 2 款、第 137g 条第 2 款、第 151 条、第 184a 条、第 254a 条、第 248d 条、第 248e 条、第 272 条、第 284 条第 1 款、第 285 条第 1 款、第 285b 条、第 300 条第 1 款、第 321 条、第 323a 条、第 326c 条第 2 款、第 350 条、第 350a 条、第 351 条、第 395 条、第 417bis 至 420quarter 条所规定的重罪；

c. 下列法律条款规定的重罪：

1998 年《电力法》（Elektriciteitswet 1998）第 86i 条第 1 款；

《天然气法》（Gaswet）第 66h 条第 1 款；

《动物保护法》（Wet dieren）第 8.12 条第 1 款和第 2 款；

1994 年《道路交通法》（Wegenverkeerswet 1994）第 175 条第 2 款第 2 项、第 3 款与第 1 款第 2 项相结合；

《民事机构特殊权力法》（Wet buitengewone bevoegdheden burgerlijk gezag）第 30 条第 2 款；

《军人违反职责法》（Wet gewetensbezwaren militaire dienst）第 52 条、第 53 条第 1 款和第 54 条；

《博彩法》（Wet op de kansspelen）第 31 条；

《毒品法》（van de Opiumwet）第 11 条第 2 款；

《武器弹药法》（Wet wapens en munitie）第 55 条第 2 款；

《财政监督法》（Wet op het financieel toezicht）第 5:56 条、第 5:57 条和第 5:58 条；

《临时禁足令法》（Wet tijdelijk huisverbod）第 11 条。

2. 犯罪嫌疑人涉嫌实施地区法院管辖的、法律规定判处监禁刑的重罪的，如果无法确定其在荷兰境内有固定的住所或者居所，也可以签发审前羁押令。

3. 只有依据事实或者情形认为犯罪嫌疑人具有重大的犯罪嫌疑时，本条上述各款才能适用。

4. 虽有第 3 款规定，涉嫌实施恐怖主义犯罪的，无须具有重大嫌疑即可签发羁押令。

第 67a 条　1. 只有符合下列情形的，才能签发第 67 条规定的命令：

a. 犯罪嫌疑人的一定行为，或者与他本人有关的一定情形，表明他有重大逃亡之虞；

b. 一定的情形表明存在危害公共安全的重大事由，必须立即剥夺犯罪嫌疑人自由。

2. 只有符合下列情形的，才能认为存在前款规定的危害公共安全的重大事由：

1° 涉嫌实施法定刑是至少 12 年监禁刑的犯罪行为，而且该犯罪行为严重危害法律秩序；

2° 犯罪嫌疑人非常有可能实施以下重罪：

法定刑是至少 6 年监禁刑的重罪，或者可能危害国家安全、危害人体健康或安全，或者造成一般性财产损失的重罪；

3° 涉嫌实施《刑法典》第 285 条、第 300 条、第 310 条、第 311 条、第 321 条、第 322 条、第 323a 条、第 326 条、第 326a 条、第 350 条、第 416 条、第 417bis 条、第 420bis 条或者第 420quater 条规定的重罪，并且自犯罪嫌疑人因为其中一项重罪被终审判处剥夺自由的刑罚或者措施、限制自由的措施或者社区服务，或者已经生效的刑事处罚令指令犯罪嫌疑人进行社区服务的日期计算起未满 5 年，并且有重大理由认为犯罪嫌疑人非常可能再次实施上述重罪；

4° 涉嫌在公共场所或者针对执行公共任务的人员实施《刑法典》第 141 条、第 157 条、第 285 条、第 300—303 条或者第 350 条规定的重罪，导致社会不安定，必须至迟自逮捕犯罪嫌疑人之时起 17 日 15 小时以内，对犯罪行为进行审理；

5° 有合理理由认为有必要进行审前羁押，以便通过获取犯罪嫌疑人供述之外的其他方法查明真相。

3. 如果认为犯罪嫌疑人被定罪后不会被判处无条件监禁刑或者剥夺自由的措施，或者执行审前羁押令可能导致犯罪嫌疑人被剥夺自由的期间超过执行刑罚或者措施的期间的，不应当签发审前羁押令。

4. 第 2 款第 3° 项规定的终审判决包括欧盟其他成员国刑事法官对相似罪行所作的终审判决。

5. 执行公共任务的人员应当包括：为公众利益和公共利益履行辅助性或者服务性任务的人员。

第 67b 条　1. 执行审前羁押期间，如果检察官对审前羁押令中规定的行为以外的一项行为或者与审前羁押令中规定的行为有关的一项行为，提起公诉或者继续追诉，并且对该行为也可以签发审前羁押令的，检察官在要求继续羁押或者延长继续羁押时，可以一并或者单独要求对该行为签发审前羁押令。

2. 如果第 1 款规定的要求得到批准，上述行为应当视为第 78 条第 2 款规定的行为描述的组成部分。

3. 在第一审刑事诉讼中，在传票送达以后，不得再在行为描述中增补任何其他行为。

4. 第 77 条和第 78 条准用。

第 68 条 1. 犯罪嫌疑人逃脱执行审前羁押令的时间或者由于其他原因被依法剥夺自由的时间，不计算在审前羁押令的有效期内。如果签发审前羁押令时犯罪嫌疑人正在服监禁刑的，应当在羁押令的有效期内依法暂缓执行刑罚。在此情形下，审前羁押的期限应当尽可能折抵刑期。

2. 在第 1 款第 1 句规定的期限内依据第 262 条提出异议的，除第 66 条第 2 款另有规定外，审前羁押令自对异议的生效决定作出之日起 30 日内有效。

3. 如果地区法院依据第 262 条推迟开庭时间，经检察官要求，地区法院可以决定审前羁押令在其规定的期间内有效，但最长不得超过 30 日，有效期自逮捕或者继续羁押有效期届满之日起计算。

4. 推迟开庭时间以后，依据第 262 条第 1 款对传票提出异议的，第 2 款准用。

第 69 条 1. 地区法院可以撤销审前羁押令。法院可以依职权或者经犯罪嫌疑人请求撤销审前羁押令，涉及逮捕或者继续羁押令的，也可以依据预审法官建议或者检察官要求撤销审前羁押令。

2. 如果犯罪嫌疑人是第一次请求撤销审前羁押令，而且地区法院没有立即批准其请求的，法院应当听取犯罪嫌疑人的意见，或至少适当通知犯罪嫌疑人到庭。

3. 在地区法院对撤销逮捕或者继续羁押令的请求、建议或要求的待决期间，检察官可以命令释放犯罪嫌疑人。地区法院驳回请求、建议或者要求的，应当立即继续执行逮捕或者继续羁押令。

第 70 条 1. 如果检察官通知犯罪嫌疑人对于被签发审前羁押令的行为不继续追诉，应当依法撤销所有的审前羁押令，并在通知书中写明。通知书应当送达犯罪嫌疑人。

2. 如果检察官仅仅是因为认为其他法院而非地区法院有管辖权而作出不继续追诉的通知的，检察官可以决定审前羁押令自通知作出之日起 3 日以内仍然有效。对此应当在通知书中写明。

第 71 条 1. 对于地区法院签发的逮捕或者继续羁押令，犯罪嫌疑人可以自执行命令之日起 3 日以内向上诉法院提出上诉。第 408 条第 1 款规定的期限不予适用。

2. 只有在犯罪嫌疑人既未对继续羁押令也没有对先前的延长令提出上诉的情形下，才能在同一期限内对继续羁押令提出上诉。如果在延长继续羁押令时依据第67b条第1款对命令中描述的行为作了补充或者变更的，这一限制则不予适用。

3. 如果地区法院撤销审前羁押令的裁定不是基于检察官要求作出的，检察官可以自裁定作出之日起14日以内向上诉法院提出上诉。

4. 上诉法院应当尽快作出决定。应当听取犯罪嫌疑人的意见，或至少适当通知犯罪嫌疑人到庭。

第72条 1. 作出无权管辖或者终止起诉裁定的，应当撤销审前羁押令。

2. 在宣布无权管辖的情形下，如果法官认为其他法院对犯罪行为有管辖权，他可以决定审前羁押令自其决定生效之日起6日以内仍然有效。

3. 除第6款和第17条第2款另有规定外，如果犯罪嫌疑人既没有因为签发审前羁押令的行为被判处刑期超过已执行的审前羁押期间的监禁刑，也没有因为签发审前羁押令的行为被判处剥夺或者可能无条件剥夺人身自由的措施，应当在最终裁定中撤销审前羁押令。

4. 如果判处的无条件监禁刑的期间比已经执行的审前羁押期间多出不到60日，而且没有判处无条件地剥夺或者可能无条件地剥夺人身自由的措施，那么应当在最终判决中撤销审前羁押令，除第69条另有规定外，应当从羁押期间达到刑期时开始撤销审前羁押令。

5. 适用本条第3款和第4款的，审前羁押期间应当包括犯罪嫌疑人被警方拘留的期间。

6. 如果审前羁押令是针对犯罪嫌疑人涉嫌实施的法定刑为至少8年监禁刑的重罪签发的，法官可以在确认传票无效的最终判决中，规定自作出最终判决之日起最长30日以内，命令仍然有效。如果对最终判决提出上诉或者撤销之诉的，自对上诉或者撤销之诉作出最终判决之日起30日以内，审前羁押令仍然有效。第66条第2款和第67a条第3款准用。

第72a条 1. 对于第72条第6款规定的地区法院的判决，犯罪嫌疑人可以自判决作出之日起3日以内向上诉法院提出上诉。

2. 上诉法院应当尽快作出决定。应当对犯罪嫌疑人进行听审或者至少通知到庭。

第73条 1. 除第72条第4款另有规定外，审前羁押令及撤销审前羁押令的命令应当立即执行。

2. 审前羁押令应当从为了执行命令而逮捕犯罪嫌疑人时开始生效，从执行同一案件中签发的其他的剥夺自由的命令时开始失效。

第74条 在对最终判决提出上诉之前，上诉法院或者最高法院被请求作出一些决定的，如果作出这些决定必须撤销审前羁押令，则应当撤销审前羁押令。

第 75 条 1. 在对最终判决提出上诉后，最高审级的事实审法官应当签发逮捕令、继续羁押令或者延长令。第 65 条第 2 款、第 66 条第 2 款、第 67—69 条准用于这些命令。如果有争议的第一审判决所判处的剥夺自由的监禁刑或者措施的期间与命令延长后犯罪嫌疑人被执行审前羁押的期间至少一样长，也可以签发或者延长依据第 67 条签发的命令。

2. 除第 66a 条第 1 款规定的情况外，在开庭之前，只有在犯罪嫌疑人有重大嫌疑的情形下，只能签发逮捕令。先前的事实审法院所作的第一审有罪判决也可以被视为重大嫌疑。

3. 在对上诉开庭审理之前，经检察机关要求，最高审级的事实审法官可以延长依据第 66 条第 2 款仍然有效的命令，但延长期限最长不得超过 120 日。这种命令的有效期可以延长两次，但自第一审最终判决作出之日起计算，逮捕或者继续羁押令及其延长令的有效期累计不得超过 180 日。犯罪嫌疑人应当有对检察机关的要求发表意见的机会。

4. 在最高审级的事实审法院开庭审理之前，只有在先前的事实审法院判处无条件监禁刑，而且执行该监禁刑的期间与犯罪嫌疑人在延长审前羁押后被执行审前羁押的时间至少相等，或者判处无条件剥夺或者可以剥夺人身自由的措施的，才能延长审前羁押。在对法官宣布无权管辖但审前羁押令仍应有效的最终判决提出上诉的情形下，可以延长审前羁押。

5. 除本条最后一款另有规定外，在最高审级的事实审法院作出最终判决以后，在判决生效之前，命令仍应有效。如果第 4 款最后一句规定的最终判决被宣告无效，法官可以依据第 72 条第 6 款决定命令仍然有效。

6. 除第 72 条规定的情况外，从审前羁押的执行期限与无条件执行监禁刑的执行期限相等时开始，最高审级的事实审法官应当撤销命令，除非判处了无条件地剥夺或者可以剥夺人身自由的措施。

7. 在适用本条第 4 款和第 6 款时，审前羁押期间也包括：犯罪嫌疑人被警方拘留的期间。

8. 如果最高法院依据第 440 条第 2 款将案件发回重审或者移送其他法院审理，除第 6 款另有规定外，自其作出决定之日起 30 日以内，命令仍然有效。

第 76 条 在审前羁押情形下，第 62 条和第 62a 条准用。

§2 对被审前羁押的犯罪嫌疑人的讯问

第 77 条 1. 讯问过程中没有口头通知犯罪嫌疑人将对其签发审前羁押令的，应当在将其移送到执行审前羁押的场所后的 24 小时以内，对其进行讯问。

2. 在预审阶段，讯问由预审法官负责；第一审法院开庭审理以后，由地区法院指定的一名法官负责；对最终判决提出上诉以后，由最高审级的事实审法院指定的一名法官负责。

3. 对于讯问，包括地区法院或者上诉法院指定的法官负责的讯问，准用第171条至第176条，制作讯问笔录。

§3　审前羁押令的内容及其送达

第78条　1. 审前羁押令或其延长令应当注明日期并签名。

2. 命令中应当对涉嫌实施的犯罪行为、表明犯罪嫌疑人有重大嫌疑的事实或者情形、表明第67a条规定的条件得到满足的行为、事实或者情形，作出尽可能准确的描述。

3. 命令中应当写明犯罪嫌疑人的姓名，身份未知的，应当对犯罪嫌疑人作出尽可能清楚的描述。

4. 犯罪嫌疑人有特殊个人情况的，命令中也可以写明执行羁押的场所。

5. 命令应当在执行前或者执行时送达犯罪嫌疑人。

6. 犯罪嫌疑人不通晓荷兰语或者只通晓少许荷兰语的，应当尽快以其理解的语言书面通知其涉嫌实施的犯罪行为、签发命令的理由以及命令有效期。

第79条　撤销审前羁押令的命令以及拒绝撤销羁押令的决定，应当立即送达犯罪嫌疑人。

§4　暂缓审前羁押

第80条　1. 无论有无担保，犯罪嫌疑人按照法院指定的方式声明愿意遵守暂缓审前羁押条件的，法官可以依职权、经检察官要求或者经犯罪嫌疑人请求，命令暂缓执行审前羁押。检察官要求和犯罪嫌疑人请求应当写明理由。

2. 暂缓执行羁押的条件应当包括：

1°如果撤销暂缓羁押，犯罪嫌疑人不会脱逃审前羁押令的执行；

2°如果犯罪嫌疑人因为被命令执行羁押的犯罪行为，而应当被判处替代自由刑的，不会脱逃刑罚的执行；

3°如果犯罪嫌疑人被要求在暂缓羁押时履行一定的行为条件的，应当配合为了确认其身份目的而进行的指纹提取或者提供《身份证明法》（Wet op de identificatieplicht）第1款规定的身份材料以供检查。

3. 遵守条件的担保，既可以是由犯罪嫌疑人或者第三人缴纳保证金，也可以是由第三人作为保证人承担保证义务。在后一种情形下，在提出请求时应当提交书面保证书。

4. 犯罪嫌疑人和保证人应当有对第 1 款规定的请求发表意见的机会。如果请求没有写明理由，可以不必听审。如果在对暂缓请求作决定时已经听取过犯罪嫌疑人的意见，也可以不必听审。

5. 法官应当在决定中确定担保的金额和提供担保的方式。

6. 在监督犯罪嫌疑人是否遵守行为条件时，应当依据第 27a 条第 1 款第 1 句和第 2 款规定的方式确定犯罪嫌疑人身份。

7. 在可以依据《监禁机构原则法》（Penitentiaire beginselenwet）的规定或依据该法所作的规定批准离开的情形下，本条不予适用。

第 81 条 1. 法官可以依职权、经检察官要求或者犯罪嫌疑人请求，变更暂缓羁押决定的内容。

2. 如果提出新的保证人的，犯罪嫌疑人应当在提出请求时一并提交书面保证书。

第 82 条 1. 法官可以依职权，或者经检察机关要求，随时命令撤销暂缓羁押决定。

2. 在撤销暂缓羁押决定之前，法官应当尽可能对犯罪嫌疑人进行听审，如有必要，法官可以签发传票传唤犯罪嫌疑人到庭。

第 83 条 1. 因为犯罪嫌疑人不遵守条件而撤销暂缓羁押的，可以在撤销决定中同时命令没收保证金上缴国家。如果是以保证人承担义务作为担保的，应当在决定中确定担保人应当上缴给国家作为担保的金额，也可以命令对保证人执行司法拘留以强制其上缴担保金额。

2. 决定应当视为民事法官的生效判决，并予立即执行。

3. 决定中应当规定司法拘留的最长期限，对于确实没有支付能力的，最长期限不得超过 6 个月，但是如果被判有罪人嗣后有能力清偿应付金额的，可以恢复执行。

4. 如果犯罪嫌疑人在撤销暂缓羁押以后脱逃审前羁押令的执行，即使脱逃未遂，保证金也要上缴国家。如果犯罪嫌疑人没有遵守第 80 条第 2 款第 2°项规定的条件，即便没有命令撤销暂缓羁押，保证金也应当上缴国家。法官依职权或者经检察机关要求作出决定。前面各款适用。

第 84 条 1. 犯罪嫌疑人不遵守条件，或者有一定的情形表明犯罪嫌疑人有逃亡之虞的，有权要求撤销暂缓决定的检察官以及犯罪嫌疑人所在辖区地区法院的检察官，可以命令逮捕犯罪嫌疑人，犯罪嫌疑人所在辖区的地区法院的检察官有义务立即书面通知有权要求撤销暂缓决定的检察机关。

2. 检察官认为有必要逮捕犯罪嫌疑人的，应当及时向法官提出要求，法官应当在 48 个小时内作出决定。

第85条 不需要继续提供担保的,法官应当依职权、经检察官要求或者经据犯罪嫌疑人或其保证人的请求,命令退还保证金或者取消保证人应当承担的义务,如有必要,在作出命令前应当听取犯罪嫌疑人及其保证人的意见。

第86条 1. 无论是在第一审阶段还是在上诉审阶段,所有依据本条作出的司法决定,都应当由有权签发、撤销或者延长审前羁押令的法官作出。

2. 预审法官讯问时,犯罪嫌疑人有权获得辩护人帮助。在讯问中辩护人应当有提出必要意见的机会。

3. 法官决定撤销审前羁押令的同时,也应当命令退还保证金或者撤销保证人承担的义务。

4. 决定应当及时送达犯罪嫌疑人及其保证人。

5. 暂缓决定、撤销和变更暂缓羁押决定的决定可予立即执行。

第87条 1. 对于预审法官或者地区法院的暂缓裁定或者变更暂缓决定的裁定,检察官可以自裁定作出之日起14日以内向地区法院或者上诉法院提出上诉。

2. 已经向地区法院请求暂缓或者撤销审前羁押的犯罪嫌疑人,可以自驳回其请求的决定送达之日起3日以内向上诉法院提出一次性上诉。犯罪嫌疑人已经对驳回暂缓请求的决定提出上诉的,不得对驳回撤销请求的决定提出上诉。犯罪嫌疑人已经对驳回撤销请求的决定提出上诉的,不得对驳回暂缓请求的决定提出上诉。

3. 对上诉应当尽快作出决定。

第88条 本节规定的暂缓执行包括推迟执行。

第四编　特殊司法程序

第六章之一　地区法院管辖区域以外的刑事诉讼程序

第二节　特殊的强制措施

第539g条 指挥官、船长和航空器机长有权行使第52条规定的职权。

第539h条 1. 只有在下列情形下,才能逮捕犯罪嫌疑人:

1° 犯罪嫌疑人被任何人当场发现实施重罪;

2° 犯罪嫌疑人被侦查官员、指挥官、船长或航空器机长当场发现实施轻罪;

3° 虽然没有被当场发现,但是侦查官员、指挥官、船长或者航空器机长发现犯罪嫌疑人实施了重罪或者《刑法典》第435条第4°款规定的犯罪行为。

2. 在前款规定的情形下，检察官可以命令逮捕犯罪嫌疑人。

第539i条 被逮捕的犯罪嫌疑人应当及时地：

1. 由任何人移送给在场的检察官；

2. 由指挥官、船长和航空器机长移送给在场的侦查官员；

3. 由不是侦查官员的船上人员移送给船长，或者由不是侦查官员的航空器机上人员移送给航空器机长；

4. 由其他人员移送给侦查官员或者指挥官。

第539j条 1. 检察官可以决定对被逮捕的犯罪嫌疑人进行讯问。为此目的他可以命令将犯罪嫌疑人移送给特定人员或者移送到特定场所。

2. 除检察官另作决定外，侦查官员有权讯问被逮捕的犯罪嫌疑人。如果侦查官员不在场的，指挥官、船长或者航空器机长享有同样权力。

3. 有权讯问犯罪嫌疑人的人员，也有权将犯罪嫌疑人移送到讯问地点。

4. 船长、高级船员、航空器机长或者机组成员进行讯问的，第29条准用。

第539k条 1. 讯问以后应当立即释放被逮捕人员。因讯问而被关押的时间不得超过6个小时，凌晨0时至上午9时这段时间不予计算在内。

2. 在下列情形下对犯罪嫌疑人的关押时间可以超过6个小时：

a. 对犯罪嫌疑人已经签发审前羁押令，而且还命令在地区法院管辖区域以外执行该审前羁押令；

b. 犯罪嫌疑人涉嫌实施一项法定刑为至少4年监禁刑的重罪，并因此可对其签发审前羁押令。

3. 在前款第b项规定的情形下，对犯罪嫌疑人关押超过6个小时的决定，应当由检察官作出。检察官不能及时作出决定的，扣押犯罪嫌疑人的侦查官员、指挥官、船长或者航空器机长，也可以作出相应决定。

第539l条 1. 检察官在作出第539k条第3款规定的决定后，应当立即向预审法官提出羁押要求。

2. 检察官在知悉侦查官员、指挥官、船长或者航空器机长作出第539k条第3款规定的决定以后，应当立即向预审法官提出羁押要求或者命令立即释放犯罪嫌疑人。

3. 如果第539k条第3款规定的决定涉及在航空器上被逮捕的犯罪嫌疑人，下列规定应予适用：

a. 在第1款规定的情形下，检察官应当向预审法官提交羁押要求，或者命令有权向航空器着陆的国家的主管机构移送犯罪嫌疑人的机长行使该权力；

b. 在第 2 款规定的情形下，检察官应当采取第 a 项规定的措施或者命令立即释放犯罪嫌疑人。

4. 在第 63 条第 3 款和第 65 条第 2 款规定的讯问期间，犯罪嫌疑人可以由辩护人代理。

5. 羁押要求被驳回的，检察官应当命令立即释放犯罪嫌疑人。没有剥夺自由的法律理由或者剥夺自由的事由消除的，检察官也应当命令释放犯罪嫌疑人。

6. 如果扣押犯罪嫌疑人的人员没有从检察官处获得任何消息，一旦他认为剥夺自由的事由已消除，他有义务自行释放犯罪嫌疑人；在任何情形下，如果他自逮捕犯罪嫌疑人之日起 18 日以内没有获得已经签发审前羁押令并且应当在地区法院管辖区域外执行审前羁押令的消息，他应当释放犯罪嫌疑人。

第 539m 条 1. 如果对犯罪嫌疑人适用第 539k 条第 2 款的：

在该款第 a 项规定的情形下，应当尽快将犯罪嫌疑人移送给检察官；

在该款第 b 项规定的情形下，如果犯罪嫌疑人正在前往荷兰的路上，或者在其他地方扣押犯罪嫌疑人并不可行的，在签发审前羁押令并命令在地区法院管辖区域外也执行审前羁押令之前，可以将犯罪嫌疑人移送给检察官。

2. 应当及时通知检察官移送犯罪嫌疑人的意图。

第 539n 条 1. 扣押犯罪嫌疑人的人员应当采取必要措施，以确保羁押目的不受阻碍。对犯罪嫌疑人不得采取绝对必要的措施以外的其他限制性措施。

2. 应当给予犯罪嫌疑人与辩护人进行联系的机会。

3. 关于对待被逮捕的犯罪嫌疑人的详细规则应当通过一般行政命令予以规定。

第 539o 条 1. 对于有重大嫌疑的被逮捕人，检察官可以发出第 56 条第 1 款或第 2 款规定的指令。

2. 侦查官员不在场的，指挥官、船长和航空器机长行使第 56 条第 4 款规定的权力。

克罗地亚

克罗地亚刑事诉讼法典[*]

第一编　总　则

第九章　确保被告人出庭的措施和其他预防措施

第二节　传唤被告人

第 96 条　刑事诉讼程序中被告人的到案应当通过向其送达传票来实现。传票签发应遵循本法第 175 条的规定。

第三节　强制到案

第 97 条　（1）法院应当发出强制到案的令状，如果：

①作出了侦查羁押的裁定；

②经过正当传唤的被告人未到庭并且无正当理由的；

③无法合法送达传票，而且有情况清楚表明被告人拒绝接受传票；

④本法第 129 条第 2 款规定的情形。

（2）法院应在收到请求后的 12 小时内签发强制到案的令状。

（3）在本法第 208 条第 3 款规定的条件下，强制到案的令状可以由国家检察官或者警察机关签发。

（4）强制到案的令状应当以书面形式发出，并且包含：被传唤的被告人的姓名以及其他已知的信息，其被指控的罪名及刑法典的相应规定，签发强制

＊　本法典于 2009 年 1 月 1 日开始实施。本译本根据法律在线网站（http：//www. leg-islationline. org）提供的英语文本翻译。

到案令状的依据，机关的官方公章和具状人的签名。

（5）强制到案令状应由警察机关执行。执行令状的人应将该令状送达被告人并且应让被告人配合其执行。如果被告人拒绝执行，则可以对被告人使用强制力。

（6）警察机关可以在没有强制到案令状的情况下，将被告人带到官方的警察驻地，且应当在被告人被带入时根据本法第 169 条第 3 款送达传票。应当制作一份送达传票的正式笔录，记录被告人被带入的时间、传票送达的时间或者拒绝接收传票的理由以及被告人离开官方警察驻地的时间。

（7）警察机关可以在没有强制到案令状的情况下，为了检查住所、居住地或者出于对成功进行诉讼重要的其他目的，将被保释的被告人带到官方警察驻地。用这种方式带走的被告人被扣留时间不超过 6 小时。应当制作对其羁押的正式官方笔录，包括被告人被带来的时间、采取的措施以及被告人从官方的警察驻地被释放的时间。正式笔录应立即送达给国家检察官，并在提出起诉后移交给法院。

第四节　预防措施

第 98 条　（1）当存在本法第 123 条规定的构成侦查羁押根据的条件，或已经作出羁押的裁判时，如果任何其他预防性措施可能实现同样目的的，法院和国家检察官应当附具理由地作出一项裁定用以实施一项或多项此种预防性措施。应当警告被告人在其没有履行被命令的预防性措施时可以用侦查羁押代替该措施。

（2）预防性措施有：

①禁止离开居住地；

②禁止到特定的场所或领域；

③被告人承担定期向特定人或者机关打电话的义务；

④禁止接近特定人员；

⑤禁止与特定人员建立或者保持联系；

⑥禁止参与特定的商业活动；

⑦临时扣押护照或者其他用于出入国境的文件；

⑧临时扣押机动车驾驶证。

（3）预防性措施不能限制被告人去自己公寓的权利，与其家庭成员、配偶、同居配偶、父母、子女、养子女或养父母不受阻碍地进行联系的权利，除非诉讼程序的进行是因为犯罪行为侵害了上述人员。如果针对该刑事犯罪所启动的程序涉及争议中的该项活动的，禁止从事商业活动也可以包括某项合法的专业活动。

（4）预防性措施不能限制被告人与他的辩护律师不受阻碍地进行交流的权利。

（5）可以在刑事诉讼程序之前或进行中决定预防性措施。在起诉前，预防性措施应当由国家检察官决定、延长和撤销。在起诉以后至最终判决作出以前，预防性措施应由进行诉讼的法官决定、延长和撤销。

（6）只要有必要，可以持续采取预防性措施，最长至终审判决作出为止。预防性措施的持续时间不受侦查羁押期限的限制。起诉前的国家检察官、进行诉讼的法院应当每隔 2 个月依据职权对采取预防性措施的需要是否继续存在进行审查并且作出延长的裁定或在其不再需要时予以取消。如果其必要性停止存在或不再有适用其的法定条件的，预防性措施可以在 2 个月期限届满前被取消。

（7）当事人双方都可以对预防性措施的决定、延长或撤销裁定提出上诉，但其不停止该裁定的执行。在提出起诉前，对上诉的裁判由预审法官作出。

第 99 条　（1）在命令禁止离开居住地的预防性措施裁定中，主管机关应当确定预防性措施开始生效时被告人必须待的地方以及其不能越过的边界。

（2）在命令禁止到特定场所或者领域的预防性措施裁定中，主管机关应当确定该场所或该领域以及被告人不允许越过接近他们的距离。

（3）在命令被告人有义务定期向特定人员或者机关打电话的预防性措施裁定中，主管机关应当指定被告人必须与之联系的官员、联系期限以及记录被告人所打电话的方式。

（4）在命令限制接近特定人员的预防性措施裁定中，主管机关应当确定被告人不准越过去接近特定人的距离。

（5）在命令禁止与特定人建立或保持联系的预防措施裁定中，主管机关应当禁止其与特定人员建立、保持直接或间接联系。

（6）在命令禁止参与特定商业活动的预防性措施裁定中，主管机关应当更加具体地确定商业活动的类型和内容。

（7）在命令临时扣押护照或者其他用于通过国境的证件的预防性措施裁定中，主管机关应当说明个人信息、发证机关、编号及签发的日期。

（8）在命令临时扣押机动车驾驶证的预防性措施裁定中，主管机关应当说明驾驶证的特征（个人信息、发证机关、编号、发证日期及机动车的类型，等等）。

第 100 条　（1）主管机关也应当将有关预防性措施的裁定书交给执行预防性措施的机关。

（2）对于由法院或者国家检察官签发的禁止离开居住地、禁止到特定场所或领域、禁止接触特定人员、禁止与特定人建立或保持联系、临时扣押护照或者其他用于通过国境的文件和临时扣押机动车驾驶证的预防性措施，由警察机关执行。

（3）命令被告人有义务定期打电话给特定人员或者机关的预防性措施，应当由警察或者裁定确定的被告人应当给其打电话的机构来执行。

（4）命令禁止参与特定经济活动的预防性措施应当由有权监管该经济活动的机关执行。

（5）在内政部部长和国防部部长事前同意的情况下，司法部部长应当制定规则来规范预防性措施的执行。

第101条 （1）决定预防性措施的机关可以命令对执行情况进行审查并且要求警察或任何其他执行预防性措施的机关提供一份报告。

（2）对于被告人违反禁止性规定的任何行为或没有履行预防性措施所施加的义务的，执行预防性措施的机关应当立即通知主管机关。

（3）预审法官可以作出一项特别裁定，禁止被告人以外的人实施干涉针对被告人的预防性措施的活动。如果该人没能遵守该项命令，他将被处以5万库纳以下的罚款。

第五节　保　释

第102条 （1）假如被告人自己或代表他的其他人交纳了保释金，且被告人自己承诺未经允许不会隐匿或离开居住的地方、不会干涉刑事程序的进行和不会重新犯罪的，出于本法第123条第1款第1项至第3项规定的理由所决定的侦查羁押可以被终止。

（2）在侦查羁押的裁定书中，法院可以设定代替侦查羁押的保释金的数额。应当依据被告人所犯罪行的严重性、个人情况以及财产情况来确定保释金的数额。

（3）如果法院确定保释不能代替侦查羁押的，它应当给出其认为保释不能作为羁押替代措施的原因。

（4）除了保释之外，法院可以同时决定一项或多项预防性措施。

第103条 （1）在裁定中法院应当设定保释金，其应当包括易折现及保存的现金储蓄、有价证券、贵重物品和其他有重要价值的动产等，或者保释金提供人的相当于保释金数额的不动产抵押资产。

（2）对于保释金数额的裁定从作出时起3日以内有权上诉。在有关保释金数额的裁定成为终局裁定且被告人作出了本法第 102 条第 1 款规定的承诺，且保释金已交纳的，法院应当作出撤销侦查羁押的裁定，在裁定书中应当说明当时适用侦查羁押的原因以及被告人应当遵守的条款。

第 104 条　（1）警察应当检查被告人是否按照保释裁定所设定的条款行动。有情形表明被告人正在违反有关保释的条款的，警察应当立即将此情形通知法院。

（2）如果被告人违反了保释裁定中的条款，应当作出将保释金收归国库的裁定并应命令将被告人侦查羁押。如果存在被告人即将违反保释裁定条款的极大可能的，经国家检察官申请，法院也可以依这种方式作出裁决。

第 105 条　（1）如果随后确定的情形证明其合理的，可以通过裁定对保释金的数额作出改变。

（2）如果确定被告人隐瞒了在设定保释时应予考虑的真实情况，或者侦查羁押的理由不是被告人在侦查羁押期间被裁决适用保释的理由，且保释金的数额在新情况下不再适合的，则应当对其适用侦查羁押，并在其被扣押后撤销保释，现金储蓄、有价证券或者其他动产应予返还，抵押应当解除。这项裁定可以重新设置保释金的数额以代替侦查羁押。

（3）当刑事诉讼程序因终审判决而结束或者作出了停止诉讼的一项裁定时，保释也应当被取消。

（4）如果判决确定监禁刑的刑罚，保释应在被定罪的人开始执行判决时被取消。

第六节　逮　捕

第 106 条　（1）任何人都可以阻止应予公诉的刑事犯罪人逃跑。

（2）在实施刑事犯罪时被其他人发现或者被认为是刚刚实施刑事犯罪而即刻在刑事犯罪实施后被抓的人，应被认为是正在实施犯罪行为时被抓获。

（3）被阻止逃跑的人应当被交给警察并且可以在警察到达前被扣押。

第 107 条　警察有权逮捕以下人员：

①被裁定要求强制到案的人或者正被执行审前羁押或侦查羁押的人；

②有理由怀疑实施了可被判处 3 年监禁刑以上刑罚的应公诉刑事犯罪的人，以及存在依据本法第 123 条规定裁定侦查羁押的任何理由的；

③正在实施应予公诉的刑事犯罪时被抓获的人。

第 108 条　（1）在逮捕时，应当立即通知被逮捕人逮捕理由并告知其本法第 7 条第 2 款规定的有关权利，除非由于所处条件使之不可能的。

（2）如果逮捕是根据强制到案的令状作出的，必须在逮捕时向被逮捕人阅读和送达该令状，除非由于逮捕时的情况使之不可能的。

（3）在逮捕时只能使用特别法授权警察使用的强制力。

（4）下列人员应被立即告知逮捕的情况：

①本法第7条第2款第4项规定的人，除非被逮捕人反对的；

②有关社会福利的主管机关，如果有必要采取措施照顾被逮捕人有责任抚养的孩子或者其他的家庭成员的；

③辩护律师，如果被逮捕人要求的。

第109条 （1）警察必须在本条第2款规定的期限内将被逮捕人带至特别法规定的警察局羁押场所并且将其交给羁押监管人员或予以释放。如有迟延必须清楚解释。可以作为证据的物品应当交给羁押监管人员并由其按照本条第4款进行处理。

（2）被逮捕人应被送至警察局羁押场所并被移交给羁押监管人员或被释放的时间跨度应从被逮捕时开始计算，同时：

①如果是在警察管辖区域被逮捕的，应当在12小时内；

②如果是在警察管辖区域以外被逮捕的，应当在24小时内。

（3）羁押监管人员应当制作笔录，其中包括本法第272条第1款规定的被逮捕人的个人信息。在逮捕当时，有关被逮捕人的信息、被逮捕的时间及原因应当被记入内务部有关被捕人的信息系统中。羁押监管人员应当在准予被逮捕人入所时立即通知国家检察官。该项通知应当被记入被逮捕人的羁押笔录中。

（4）羁押监管人员对从被逮捕人那里收到的物品应制作特别的笔录。如果这些物品可以用作证据，他应当将该笔录及物品提交给国家检察官并对这些物品予以特殊保管以免其损坏或破坏其在程序中的证据作用。羁押监管人员应当将一份笔录的副本交给把被逮捕人带来的警察。

（5）在被逮捕人被移交给羁押监管人员后不超过10小时内，国家检察官应当对其进行讯问。

（6）如果出现以下情形，羁押监管人员应当释放被逮捕人或者被羁押人：

①国家检察官这样命令的；

②在本条第2款第1项规定的时间起20小时内，也就是本条第2款第2项规定的时间起32小时内，对被逮捕人没有作出审前羁押或者侦查羁押命令的；

③在本条第5款规定的时间内没有审问被逮捕人的；

④如果羁押被终止的。

羁押监管人员应当根据本条第3款规定将释放被逮捕人和被羁押人记入

笔录。

（7）根据本条第 6 款第 3 项的原因释放被逮捕人的，羁押监管人员应当立即通知上级国家检察官。

第 110 条 （1）当被逮捕人被带到警察局羁押场所时，羁押监管人员应当下令对被逮捕人进行搜查。如果有必要，应当下令对被逮捕人进行健康检查。

（2）可以用作证据的物品或者痕迹，或者其可能成为安全隐患或损害诉讼进程的，应当被暂时扣留并给予收据。

第 111 条 （1）羁押监管人员应当告知被带来的被逮捕人本法第 7 条第 2 款规定的权利。

（2）羁押监管人员应当通知外籍被逮捕人有权利和领事代表进行交流。

（3）如果被逮捕人是外籍人且克罗地亚共和国与他的国家签署了相互提供逮捕通知的国际协议，则应当立即通知外国的主管机关，除了被逮捕人是出于种族、国家、政治或宗教原因的避难者，或者如果他们正在申请庇护的过程中而且反对通知的。

（4）羁押监管人员应当将根据本法规定的条款对被告人进行告知所作的记录以及根据本条规定对被逮捕人提出的要求所作的记录记入笔录。笔录也应当由被逮捕人签名。

（5）内务部部长应当对在警察局羁押场所被逮捕人和被羁押人的接收和程序作出规定。

第七节　审前羁押

第 112 条 （1）如果国家检察官确有理由怀疑被逮捕人实施了应提起公诉的犯罪，对其可判处 3 年或 3 年以上监禁刑，且存在本法第 123 条第 1 款第 1 项至第 4 项规定的侦查羁押理由的，如果为了确定身份、勘查犯罪现场以及收集证据信息必须实施审前羁押的，国家检察官应当以附具审前羁押理由的书面裁定形式决定对被逮捕人实施审前羁押。对审前羁押的裁定可在 6 小时内提出上诉。预审法官应当在 8 小时内对上诉作出裁决。上诉不停止该裁定的执行。

（2）关于本条第 1 款的审前羁押从逮捕时起算不能超过 48 小时。如果收集可判处 12 年或 12 年以上监禁刑的刑事犯罪的证据有必要的，经国家检察官申请，预审法官可以附具理由地裁定将此羁押延长 48 小时。对预审法官延长羁押的裁定可在 6 小时以内提出上诉。上诉不停止该裁定的执行。被告人也可以在笔录中提出上诉。

（3）如果羁押的理由不复存在的，审前羁押应当立即取消。

第 113 条 内务部部长应当对在警察局羁押场所里被羁押人的笔录作出规定。

第 114 条 被羁押人应当有权利与他的辩护律师进行自由且不受监控的交流，除非涉及本法第 75 条第 2 款和第 76 条第 2 款所规定的情形。

第 115 条 （1）在审前羁押期间，被羁押人每 24 小时内必须有至少 8 小时的休息时间。

（2）羁押监管人员应当对被羁押人提供必要的医疗帮助和照顾。

第 116 条 根据国际法，领事及外交代表可以探视处于审前羁押的本国公民，与他们交流并帮助他们委托辩护律师。

第 117 条 为了确定被逮捕人的身份，警察可以按照本法第 211 条行事。

第 118 条 （1）在羁押期限届满前，国家检察官可以根据本法第 112 条命令警察将存在被裁定适用侦查羁押理由的被羁押人带至预审法官处听证，以裁决是否应对其适用侦查羁押或释放。在此之前，羁押监管人员应当向国家检察官提供羁押笔录。国家检察官必须出席该听证。

（2）依据预审法官作出的裁定，被羁押人被留在羁押场所直至举行侦查羁押的听证，且该时间从他被带到预审法官面前起不超过 12 小时。

第八节　居家监禁

第 119 条 （1）如果存在本法第 123 条第 1 款第 1 项至第 4 项的情形，当存在限制被告人离开家的充足理由时，法院可以命令居家监禁以达到侦查羁押的目的。

（2）在下令实施居家监禁之前，法院应当要求被告人提供与其同住成年人对为了达到监视目的而根据本条第 3 款规定使用技术设备的书面同意。

（3）关于居家监禁的裁定书应当禁止被告人离开他的家。为了保证居家监禁的执行可以依据法院的这项裁定使用技术监控设备。

（4）如果符合以下情形，作为例外，被下令实施居家监禁的人经过法官的授权，可以在特定期间离开家：

①如果该人有接受医治的必要，或者；

②由于在此期间存在的特殊情形可能对该人的生命、健康或者财产带来严重后果而有必要的。

（5）如果被实施居家监禁的人违反法院的命令离开家，或者以其他方式干扰居家监禁的执行，应当对其下令执行侦查羁押。对此，应当在居家监禁的裁定书中进行告知。

第120条 除非本法另有规定，有关侦查羁押的规定应分别适用于居家监禁。

第121条 （1）警察以及对其执行区域具有管辖权的司法部门应当对居家监禁进行监管。

（2）在居家监禁的区域，警察和司法部门应有权行使本法规定的职权（第135条至第143条）或者其他规章规定的权限。司法部门应当保留有关居家监禁的笔录。

（3）司法部长应当对居家监禁的笔录和执行制定规则。

第九节 侦查羁押

一、关于侦查羁押的一般条款

第122条 （1）一旦侦查羁押的理由不复存在，应当立即取消侦查羁押并释放被逮捕人。

（2）当对侦查羁押作出裁定时，尤其是在它存续期间，应当特别考虑所实施犯罪的严重程度、根据法院处置的相关信息预估可能判处的刑罚，以及命令并决定侦查羁押的期限。侦查羁押可以作为例外而对怀孕的妇女、身体受到损害不能移动或者移动非常困难的人以及70岁以上的人裁定实施。

（3）被命令实施侦查羁押措施的案件应当特别迅速地进行（第11条第2款）。

二、决定侦查羁押的理由

第123条 （1）可命令侦查羁押，如果存在某人实施了犯罪的合理怀疑以及如果：

①该人正在逃跑或者存在表明有逃匿危险的特殊情况的（该人已隐匿，其身份无法识别，等等）；

②如果存在特殊情况表明他将毁坏、藏匿、变造或者伪造对刑事程序很重要的证据物品或痕迹，或者他将会通过影响证人、专家证人、共犯或者从犯而阻碍刑事诉讼的；

③如果存在特殊情况表明他有重复实施犯罪，或者有完成未遂犯罪，或者有进行其威胁要实施的、依法可判处5年或5年以上监禁刑的重罪的危险的；

④如果侦查羁押被认为对程序的顺利进行是必要的，鉴于犯罪的特殊严重

情形以及对此种犯罪可能判处的长期监禁刑;

⑤如果被正当传唤的被告人在审判时逃避到案的。

（2）如果被告人认罪，不能根据本条第1款第2项的规定对其适用侦查羁押。

（3）当被宣布判处5年或5年以上监禁刑时，对被告人的侦查羁押总是应当予以适用或延长。

（4）当一审法院判决不超过5年以上监禁刑时，在宣告判决后不可以依据本条第1款第4项决定或延长侦查羁押。

（5）存在与本条第1款规定情形的事实相反的情况下，如果羁押的最长期限已经届满，侦查羁押不能延长。

三、决定或者延长羁押的裁定

第 124 条 （1）对羁押的决定和延长应当由有权的法院通过书面裁定签发。

（2）除了本法第272条第1款规定的信息，羁押的裁定还应当包括:

①如果实施了侦查，关于依此作出羁押裁定的侦查令状的详细说明;

②羁押的法律理由;

③羁押期间;

④包括该人在裁定羁押前每次被剥夺自由的情况以及对逮捕时间的记录;

⑤可能代替羁押的保释金数额。

（3）关于羁押的裁定应当清楚、充分地说明事实和证据，这些事实和证据支持被告人实施了犯罪的合理怀疑以及本法第123条第1款规定的理由、法院认为采用其他更轻缓的措施可能无法达到目的的理由以及决定保释金数额的理由。

（4）应当立即向被送去羁押的被羁押者送达关于羁押的裁定。被羁押者应通过在裁定书上签名确认接收以及接收的时间。

四、撤销侦查羁押及关于侦查羁押的裁定

第 125 条 （1）法院应当撤销侦查羁押并且释放被羁押人:

①当决定或者延长侦查羁押的原因不复存在时立即释放;

②如果继续羁押与所犯罪行的严重性不适合;

③如果进行了侦查，当羁押的目的可以通过更轻缓的措施达到时;

④当国家检察官在起诉前提出这样的动议;

⑤即使已提前通知其上级国家检察官，国家检察官无正当理由仍未能在设

置的诉讼期限内实施行动的；

⑥当法院裁定撤销指控或者指控被驳回的，或者判处的是罚金、缓刑、司法警告的，或者在作出判决时所判处的监禁刑刑期短于或相当于已被侦查羁押的时间的；

⑦侦查羁押期限届满；

⑧当侦查羁押是根据本法第 123 条第 1 款第 2 项规定作出的，在收集或展示侦查羁押裁定旨在保护的证据时，不得迟于审判结束，如果被告人认罪的。

（2）在根据本法第 123 条第 1 款第 3 项撤销侦查羁押前，警察应当就此通知受害人。

（3）在根据本条第 1 款第 5 项理由作出撤销侦查羁押的裁决前，法院应当将行动没有按时被采取通知上级国家检察官并且应当确定该行动应予采取的期限。即使该期限届满也没有采取行动时，法院应当依照本条第 1 款第 5 项规定行事。

第 126 条　在作出裁定以后以及被告人被羁押以前，如果其确认命令羁押的理由不存在或者法律前提不存在的，作出实施或延长侦查羁押裁定的法院应当作出撤销侦查羁押的裁定。如果签发了通缉令，在该裁定生效以后，法院应当在撤销令中命令撤销该通缉令。

五、有权司法机关对羁押的决定、延长和撤销

第 127 条　（1）在起诉之前，预审法官应当根据国家检察官的动议决定侦查羁押并应根据被告人、国家检察官的申请或根据职权撤销侦查羁押。

（2）预审法官应当对国家检察官申请侦查羁押的动议立即作出裁决，至少从提出动议时起 12 小时以内。如果预审法官不同意国家检察官请求侦查羁押的动议，应当发布一项裁定拒绝该动议，如果被告人正处于侦查羁押中的，他应当下令立即释放被告人。在这种情形下，国家检察官可以在 24 小时内提出上诉。预审庭应当在 48 小时内对上诉作出裁决。

（3）如果特别法没有另行规定，在起诉前，预审法官应当根据国家检察官的动议作出延长侦查羁押的裁决。

（4）在提出起诉以后、起诉被确认以前，对侦查羁押的决定、延长和撤销由预审庭决定。在起诉被确认以后、终审判决以前，对侦查羁押的决定、延长、撤销，在开庭期间由法庭作出，在法庭外由合议庭作出，除非涉及本条第 5 款的情形。

（5）在对判决的上诉作出裁决期间，对侦查羁押措施的决定、延长和撤销应当由上诉法院的合议庭决定。

（6）在裁决特别司法救济案件的法院撤销了有异议的判决并将其发回重审时，如果存在本法第123条规定的理由而且本法第130条和第133条规定的期限尚未届满的，该法院应当决定适用侦查羁押。

第128条　在起诉以后、判决最终生效以前，被告人及其辩护律师可以提出撤销侦查羁押的动议。审理案件的法庭应当对该动议作出裁定。拒绝撤销羁押动议的裁定不能被上诉。

六、作出侦查羁押裁定的预定听证会

第129条　（1）法院应当在一个不公开的口头的预定听证会上决定、延长和取消侦查羁押措施。

（2）国家检察官和辩护人应当被传唤出席预定听证会。除非被告人不能到案或者依法不能出席，否则应当被带到听证会上。除非本法另有规定（第118条第1款），如果以令状传唤的国家检察官和辩护人没有出现在听证会上，或者如果由于辩护人改变住所且没有通知法庭以致其没有收到传票的，或者因为辩护人不在导致无法送达传票的，听证会应正常进行。

（3）在听证会上双方都应当表达他们对侦查羁押措施的立场，如果有必要，也要对保释金的数额表明态度。先由国家检察官陈述，随后由被告人及其律师陈述。双方都有权反驳。法院应当决定需出示的证据及其顺序。法院可以根据双方的动议或者根据职权提出被认为对作出羁押裁定和保释有必要的证据。双方当事人都可以对证人提问以及对所出示的证据提出反对。被告人及其辩护律师应当有权陈述。在听证会结束时，法院应当口头宣布对侦查羁押措施的裁定。

（4）在预定的听证会之前，为了判断所采取的行为，国家检察官应当将侦查的过程通知预审法官。

（5）如果法院作出了适用或者延长侦查羁押的裁定，应当通知被告人有上诉的权利以及根据本法第128条规定提出撤销羁押动议的权利。

（6）应当对听证会制作笔录，并将该笔录和侦查羁押裁定一并封入案卷中。

（7）在对任何事项作出裁定时，即使是在决定或者延长侦查羁押的裁定作出以后，法院应当通过职权审查羁押的理由是否存在。

七、侦查羁押的期限

第130条　（1）由预审法官或者预审庭作出的侦查羁押裁定，从被羁押人被剥夺自由之日起不能超过1个月。

（2）根据国家检察官的动议，如果有合理的理由，预审法官可以延长羁

押，第一次延长期间不能超过两个月；在此之后，因为对刑事犯罪采用了普通刑事程序的，或者有特殊法律规定的，可以另外延长不超过 3 个月。

（3）如果决定或者延长羁押的期限已经届满或者本条第 2 款规定的期限已经届满的，应当释放被羁押人。

第 131 条　（1）如果在提出起诉时被告人在押的，预审庭应当立即且最迟在提出起诉后不超过 48 小时以内，举行有关本法第 129 条规定的听证会，并且应当作出决定羁押以及延长或者取消羁押的裁定。

（2）在提出起诉以后，羁押可以持续到作出终审判决为止，并且在判决最终生效以后，可以延长到把被告人交付执行的裁定最终生效为止。

（3）在提出起诉以后，羁押裁定不应当对羁押的期限作出裁决。但是，从之前起诉裁定生效之日起直至法院作出非终审判决时为止，法院应当每隔两个月审查是否仍然存在继续适用羁押的法定理由并对羁押的延长或撤销作出一项裁定。对该裁定的上诉不中止执行。如果宣布非终审判决时被告人在押的，合议庭应当审查是否存在继续适用羁押的法定理由并且对延长或撤销羁押作出一项裁定。

（4）直至提出起诉，侦查羁押的整个持续时间，包括逮捕的时间和审前羁押的时间，不可以超过 6 个月，除非特别法另有规定。在依据本法第 356 条的规定提出新的起诉以后，本条第 2 款应予适用。

第 132 条　根据本法第 123 条第 1 款第 5 项规定所决定的侦查羁押，可以持续不超过 1 个月。如果被告人在审判中继续逃避到案的，即使侦查羁押已被取消，仍可以根据同样的理由在同样的期限内重新实施该种羁押。

第 133 条　（1）在第一审法院作出判决前，侦查羁押期间不能长于以下时间：

①如果对被告人可判处的监禁刑少于 3 年的，不能超过 3 个月；

②如果对被告人可判处的监禁刑少于 5 年的，不能超过 6 个月；

③如果对被告人可判处的监禁刑少于 8 年的，不能超过 12 个月；

④如果对被告人可判处的监禁刑高于 3 年的，不能超过 2 年；

⑤如果被告人可被判处长期监禁的，不能超过 3 年。

（2）在作出了非生效判决的情况下，至终审判决作出为止，羁押的整个持续时间在本条第 1 款第 1 项至第 3 项规定的情形下应当被延长 1/6，在本条第 1 款第 4 项至第 5 项规定的情形下应当被延长 1/4。

（3）当判决被撤销时，在本条第 1 款第 1 项至第 3 项规定罪行的程序中，本条第 1 款、第 2 款规定的羁押整个持续时间应被额外延长 6 个月；在本条第 1 款第 4 项、第 5 项规定情形下，羁押的整个持续时间应当被额外延长 1 年。

（4）当二审法院的判决被上诉时，本条第 1 款和第 2 款规定的羁押的整个持续时间应当被额外延长 6 个月。

（5）在押被告人在判处其监禁刑的判决生效时应当继续处于监狱中，直至被交付执行，但不得超过其所判刑期届满时。

八、对适用、撤销或者延长侦查羁押裁定的上诉

第 134 条 （1）被告人及其辩护律师和国家检察官可以在 3 日内对适用、撤销或者延长侦查羁押的裁定提出上诉。由第二审合议庭所作的适用、延长或者撤销侦查羁押的裁定不受上诉审查，除非该法院的合议庭依据本法第 127 条第 5 款对之前未被适用羁押的被告人裁定了羁押。克罗地亚共和国最高法院应当在 3 日内对该上诉作出裁定。

（2）对于适用、延长或者撤销侦查羁押裁定提起的上诉不中止其执行。

九、侦查羁押的执行及对被羁押人的治疗

第 135 条 （1）侦查羁押应当按照本法的规定以及其后制定的规定予以执行。

（2）依照本法第 551 条第 1 款规定之理由被裁定适用侦查羁押的被告人，通过监狱执行人员的裁决，应当被送到治疗被剥夺自由人的医院或者能给予其适当医疗救治的精神病机构，并给予本章所规定以及羁押期间适用的其他规定所赋予的权利。

（3）根据规定只有具有所需的知识、技能和专业教育的司法部门职员才可以执行羁押。

（4）司法部长应当对执行侦查羁押的监狱以及侦查羁押职员需具备的条件作出规定。

第 136 条 （1）执行侦查羁押措施时不能侵犯被羁押人及其尊严。在执行羁押时，只有当法律有所规定并以法律规定的方式，由于被羁押人的积极或者消极抵抗致使羁押不能执行的情形下，有职权的司法警察和警卫才可以采用强制力。

（2）被羁押人的权利和自由只能在实现羁押目的、防止其逃跑、防止其实施犯罪以及消除对人们生命和健康的危险之必要程度内才能予以限制。

（3）监狱管理机构应当收集、跟进和保留有关被羁押人的资料。收集的资料应当包括：

①有关被羁押人身份及其生理、心理状况的资料；

②有关许可侦查羁押以及侦查羁押的期限、延长和撤销的资料；

③有关被羁押人工作的资料；

④有关被羁押人的行为和被适用纪律措施的资料；

⑤其他由司法部长决定的资料。

（4）本条第 3 款规定的资料在被羁押人羁押期间应予保留和使用。除由司法部长保存的被羁押人核心登记信息以外，这些资料应当交给刑事诉讼机关以及与这些资料有关的提出书面申请的人。

（5）司法部长应当对本条第 4 款规定的资料笔录作出规定。

第 137 条　被羁押人应被安排具有合适大小且满足所有必要健康要求的房间。不同性别的人应当被分开羁押。作为一项原则，被羁押人不应当和服刑人员住在同一个房间。被羁押人不应当与可能对其有负面影响或与其一起关押可能损害诉讼过程的人关在一起。

第 138 条　（1）被羁押人每 24 小时享有 8 小时不被打扰的休息权。另外，每天应当被提供至少两小时的户外运动时间。

（2）被羁押人有权拥有自己的个人物品、卫生用品，获得他自己购买的书、报纸和其他出版物以及公众媒体传播工具，并且拥有其他在数量上和尺寸上不会扰乱房间内其他人及该机构内部规定的物品。在实施入所羁押的检查时，被羁押人身上与犯罪有关的物品应当被扣押而其他不允许保留的物品应予扣留，并按被羁押人的意思予以保存，或者交给被羁押人指定的人。

第 139 条　（1）经预审法官或合议庭主席的同意并在其或其指定的人的监督下，根据监狱机构的内部规定，被羁押人可以获得亲属的探视，或者在他请求下获得医生或其他人的探视。特别探视者可以被拒绝，如果他们可能对诉讼过程引起损害的。

（2）在符合监狱机构内部规则的情况下，被羁押人是外国人时，预审法官或者合议庭主席应当同意其所属国家领事代表对其的探视。

（3）在预审法官知情并且进行监督的情况下，或者在提出起诉以后，在合议庭主席知情并且进行监督的情况下，被羁押人可以与监狱外的人进行通信。除了发出诉状、控告或者上诉，被羁押人可以被禁止发出或者接收信件或其他物品。

（4）根据监狱机构的内部规定并在其监督下，预审法官或者合议庭主席应当允许被羁押人自费与特定的人通话。为了实现以上目的，监狱机构应当提供公共联系电话以使被羁押人每天至少能打一次适当长度的电话。

（5）被羁押人有权自由地、不受阻碍以及不受监督地与其辩护律师进行交流，本法第 75 条第 2 款及第 76 条第 2 款规定的情形除外。

第 140 条　（1）在违纪的情形中，预审法官、独任法官或者合议庭主席，根据监狱管理者的动议，可以实施纪律惩罚，包括对会见和通信的限制。这种限制不能涉及被羁押人和他的辩护律师之间的交流以及同领事代表的会见。

（2）以下每一项违纪行为都属于严重的违纪：

①对其他的被羁押者、职员或者官员的身体攻击和冒犯他们的行为；

②制造、接收、带入、偷运用于攻击或者逃跑的物品；

③把麻醉品或者酒精带进监狱或者在监狱内准备；

④将违反羁押规定的物品带进监狱；

⑤违反工作场所的安全、消防及阻止自然灾害后果的安全规章；

⑥故意造成重大财物损坏；

⑦在其他被羁押者或者官员面前的不适当行为。

（3）关于纪律惩罚措施的裁定在 24 小时内可以被上诉。

（4）在有关警察机关和监禁刑执行规则所规定的情形下，可以对被羁押人采取强制手段。监狱管理者应当立即，毫无迟延地将对被羁押人适用强制手段通知预审法官、独任法官或者合议庭主席。

第 141 条 （1）对于羁押执行的监督应当由享有管辖权的法院院长进行。

（2）法院院长或者由他指定的法官应当有义务每周至少会见被羁押人一次，并且如果他认为有必要时甚至应在警卫不在场的情况下，自己了解被羁押人的伙食、被羁押人其他要求被满足的情况以及他们被对待的情形。法院院长或者由他指定的法官必须采取必要措施来消除巡视时发现的不适当做法。

（3）进行程序的法院院长、预审法官、合议庭主席或者独任法官，除了第 2 款所规定的监督以外，还可以随时去会见被羁押人，与他们交谈并接受他们的申诉。

（4）如果本条第 2 款规定的法官在会见期间或者根据被羁押人的申诉，认为羁押裁定的期限已届满或者剥夺被羁押人自由的法律根据不存在的，应当立即下令释放被羁押人。

（5）被羁押人认为自己的权利被非法剥夺或者限制的，可以向法院院长提出，其应当采取本条第 2 款规定的必要措施。

第 142 条 领事及外交代表可以根据国际法的规定会见该国被羁押的公民，与他们交谈并且帮助他们委托辩护律师。

第 143 条 司法部部长应当根据本法的规定发布监狱的内部规定，以更加详细地规定羁押的执行。

十、侦查羁押笔录

第 144 条　（1）司法部应当对被决定侦查羁押的人以及根据侦查羁押裁定被剥夺自由的人制作笔录（侦查羁押笔录）。

（2）法院应当将决定实施、延长、取消羁押的每一项裁定以及使有关侦查羁押裁定无效的裁定以电子形式发给司法部。

（3）司法部应当向法院及国家检察官提供有关侦查羁押笔录中信息的永久途径。

（4）司法部长应当对侦查羁押笔录作出规定。

拉脱维亚

刑事诉讼法 *

第一部分　总　则

第二编　证据和侦查活动

第十章　侦查行为

第 170 条　强制医学检查

1. 如果当事人不接受医学检查，那么该检查应当强制执行。

2. 对具体诉讼程序中非拘留人员、非犯罪嫌疑人或非被告人的强制检查，只能在侦查法官决定的基础上进行。

3. 如果急需进行医学检查，且延迟检查可能将导致证据丢失或不利于刑事诉讼程序目的的实现，该检查可以在征得检察官的同意后进行，并告知侦查法官该医学检查的相关情况。应当在检查结束后一个工作日内出示检查行为的记录和材料，以证明该检查行动的必要性和紧迫性。法官应当审查医学检查的

　　＊　本法于 2005 年 4 月 21 日由拉脱维亚共和国议会批准，2005 年 10 月 1 日实施。最近一次修正时间是 2012 年 1 月 10 日。本译本根据拉脱维亚共和国议会官网提供的英语文本翻译。

合法性和有效性。如果检查行为不合理或不合法，应当由法官决定所获证据的可采性。

第 179 条　搜查

1. 搜查是一种侦查行动，其内容是在有合理理由相信待搜查物体位于搜查地点时，强制搜查房屋、土地、车辆以及个人，以查找和排除搜查对象。

2. 搜查应当以寻找对刑事诉讼程序至关重要的物品、文书、尸体或个人为目的。

第 183 条　人身搜查

1. 如果有充分的理由相信对刑事诉讼至关重要的物品或文书位于当事人的穿着衣物、随身携带的物品中或在其体腔内，则可以对其进行人身搜查。

2. 对当事人的人身搜查只能由性别相同的工作人员进行，如有必要，可以邀请医生参与，对医生的性别不作要求。

第三编　程序上的强制措施和制裁

第十三章　适用强制措施的一般规定

第 241 条　适用强制措施的理由

1. 适用强制措施的理由在于阻止当事人在具体诉讼程序中达到诉讼目的或实施另案诉讼程序的行为，或防止当事人拒绝或不完全履行其程序性义务。

2. 如果有理由相信犯罪嫌疑人或被告人会继续实施犯罪活动或阻碍、逃避审前程序或开庭，则应当对相关人员适用强制措施。

3. 在判决过程中，如果有理由相信被告人可能逃避判决的执行，法庭可以对其适用强制措施。法庭对严重或特别严重的犯罪判处剥夺人身自由的刑罚时，有罪判决可以成为逮捕这种强制措施的理由。

第 242 条　强制措施

1. 为确保刑事诉讼程序，个人权利在以下强制措施中受到限制：

（1）拘留；

（2）在医疗机构中进行专家检验；

（3）扭送。

2. 强制措施也是一种程序性的强制措施，该措施可以适用于犯罪嫌疑人或被告人。

第 243 条　强制措施类别

1. 强制措施有以下类别：

（1）〔2009 年 3 月 12 日已废止〕

（1-1）告知居住地变更；

（1-2）定期向公安机关报告；

（2）禁止接近特定人员或地点；

（3）禁止参加特定职业；

（4）禁止出境；

（5）指定居所居住；

（6）保证人担保；

（7）保释；

（8）警察监管；

（9）监视居住；

（10）逮捕。

2. 适用于未成年人的强制措施：

（1）父母或监护人监管；

（2）置于社会矫正教育机构。

3. 部队指挥官（监管人）监管是适用于军人的强制措施。

4. 本条第 1 款第（1-1）—（4）项的强制措施可以与其他强制措施并用。

第 244 条　强制措施的选择

1. 诉讼程序负责人应当选择对当事人基本权利侵害最小且适当的强制措施。

2. 选择强制措施时，诉讼程序负责人应当考虑刑事犯罪的性质及危害，犯罪嫌疑人或被告人的品格、家庭情况、健康以及其他条件。

3. 强制措施不得适用于遭受抚养人暴力犯罪或性侵犯罪的未成年人以及青少年。

第 245 条　适用强制措施的决定

1. 根据诉讼程序负责人或侦查法官的书面决定适用强制措施，该书面决定应当载明以下事项：

（1）强制措施适用的对象；

（2）适用强制措施的理由；

（3）强制措施的类型；

（4）〔2006 年 1 月 19 日已废止〕

（5）委派执行该决定的机构或人员；

（6）对该决定提起上诉的程序。

2. 强制措施的适用决定还应当载明被适用强制措施的犯罪嫌疑人或被告

人的刑事犯罪行为。

3. 侦查法官应当在审前程序中作出以下决定：逮捕、监视居住、将未成年人置于社会矫正教育机构、置于医疗机构进行专家检验。

4. 不得作出拘留决定。

第 246 条　强制措施的适用

1. 开始适用强制措施时，执行人应当向根据决定被采取强制措施的人说明强制措施的性质、内容以及上诉程序，以及不遵守强制措施的后果。该规定不适用于扭送。

2. 在作出适用剥夺人身自由的强制措施决定前，诉讼程序负责人应当公布该提议副本以说明选择适用的强制措施对当事人公正合理且当事人有权辩护。

第 247 条　告知其他人员强制措施的适用

1. 如果强制措施涉及剥夺人身自由，诉讼程序负责人应当根据当事人的意愿和指示及时在 24 小时内，告知其家人或其他亲属以及工作单位或学习机构，有关该强制措施的适用情况以及当事人所在位置。

2. 如果本条第 1 款提及的强制措施适用于未成年人，诉讼程序负责人应当告知其父母或其他成年近亲属或该未成年人的监护人（如果该未成年人处于监护状态）关于强制措施的适用情况。

3. 如果本条第 1 款中的强制措施适用于外国公民，诉讼程序负责人应当根据当事人的意愿，通过拉脱维亚共和国外交部告知该外国公民的国家代表机构该强制措施的适用情况。

第 248 条　对未成年人、被抚养人或财产的保护

1. 在适用剥夺人身自由的强制措施时，如果未成年人、被监护人或被托管人脱离监护和抚养，诉讼程序负责人应当向上述人员提供通过受限通讯途径与亲属或其他有监护和抚养能力的人取得联系的机会。如果上述人员无法取得联系，诉讼程序负责人应当通知儿童权利保障机构、社会机构或孤儿法院（教区法院）。

2. 在适用剥夺人身自由的强制措施时，如果财产脱离监管，诉讼程序负责人应当向当事人提供通过受限通讯途径与亲属或其他具有财产管理能力的人取得联系的机会。如果当事人无法取得联系，诉讼程序负责人应当基于当事人的请求在 3 个月内作出临时决定，根据财产所在地点委托当地政府进行财产保护，以保证当事人有机会许可对财产作进一步管理。财产的保护及移送程序应当由内阁确定。财产保护费用应当从国家预算中用于此特定目的的专项资金中支出。

3. 在适用剥夺人身自由的强制措施时，如果没有对动物进行监管及饲养，且当事人未能通过受限通讯途径与其亲属或其他能够监管及饲养动物的人取得联系，而且未向诉讼程序负责人请求实施本条第 2 款中提及的财产保护措施，则诉讼程序负责人应当根据管理法规定的程序通过决定，根据财产所在地或动物行为地委托当地政府饲养脱离监管的动物。

4. 诉讼程序负责人应当将强制措施的执行情况书面告知适用强制措施的当事人。

第 249 条 强制措施的变更及撤回

1. 在强制措施适用期间，如果适用该强制措施的理由消失或发生变化，或适用强制措施的法律条文或当事人行为发生变化，或如果查明了决定选择强制措施的其他情形，诉讼程序负责人应当对强制措施的变更及撤回作出决定。

2. 如果当事人违反强制措施适用规定或未履行程序义务，诉讼程序负责人有权选择适用其他更严厉的强制措施。

3. 变更或撤回强制措施决定的副本应当及时移送给保证执行的机构或政府人员以及被实施强制措施的人，但如果已经适用的强制措施涉及剥夺人身自由，决定副本还应当移送给侦查法官。

4. 如果之前适用的强制措施在起诉审查后被撤回，只有出现新情况时才能适用更严厉的强制措施。

第十四章 剥夺自由的拘留令

第 250 条 强制移送

1. 诉讼程序负责人传唤当事人，而当事人无合理理由未到达时，为保证其参与刑事诉讼，可以对该人实施强制移送。

2. 在当事人居住地不明或因逃避刑事诉讼，导致嫌疑人或当事人没有接到传唤时，可以对该当事人实施强制移送。

3. 在有医生证明当事人怀孕或有急症，并且只有当诉讼程序的执行不能在当事人所在地点进行时，侦查法官或法院可以决定对孕妇或急症病人实施强制移送。

第 251 条 强制移送程序

1. 诉讼程序负责人应当通过作出决定的方式实施强制移送，决定应当表明被移送当事人、移送该人的官员、移送时间与目的、进行强制移送的警察机构。

2. 警察应当获知被强制移送的当事人，要求其签名，将其移送至决定中规定的官员以及在决定中记录移送时间。

3. 在强制移送不能实施，或未找到应当移送的当事人时，警察应当在决定中记录该事实，并移送诉讼程序负责人。

第 252 条　邮寄地址的报告

［2009 年 3 月 12 日已废止］

第 252 - 1 条　居住地变更的告知

犯罪嫌疑人或被告人在居住地变更时应以书面形式在变更后的 1 个工作日内告知诉讼程序负责人，并说明新居住地地址。

第 252 - 2 条　在特定时间内向警察局报告

根据诉讼程序负责人的决定，犯罪嫌疑人或被告人应在特定时间内向警察部门报告其居住地。

第 253 条　禁止接近特定人员或特定地点

1. 诉讼程序负责人可以决定禁止犯罪嫌疑人或被告人接近特定人员或特定地点，禁止与相关人员的位置小于规定的距离，禁止与相关人员有肢体接触、眼神交流以及利用交流手段、技术进行信息传递。

2. 禁止接近特定地点是指由诉讼程序负责人决定限制犯罪嫌疑人或被告人参观相关地点或接近决定中规定的距离。

3. 在刑事诉讼中，犯罪嫌疑人或被告人为完成诉讼程序负责人的指令而靠近特定人员或特定地点，不视为违背本条第 1 款和第 2 款的禁止规定。

第 254 条　禁止参加特定职业

1. 诉讼程序负责人可以决定禁止犯罪嫌疑人或被告人参加特定职业，即限制犯罪嫌疑人或被告人在一段时间内进行特定职业（活动），或关于具体职位（工作）的执行职责。

2. 禁止参加特定职业的决定应当送达至用人单位，或送达至其他相关权力机构。

3. 本条第 1 款中的决定对所有官员具有强制性，且应当在收到决定后的 3 个工作日内完成。该官员应当在决定开始执行时告知诉讼程序负责人。

第 255 条　禁止离开国家

诉讼程序负责人可以对犯罪嫌疑人或被告人决定禁止离开国家，即限制其在未经诉讼程序负责人许可的情况下离开国家。

第 256 条　居住在特定地点

居住在特定地点，是指要求犯罪嫌疑人或被告人在要求时间内居住于由诉讼程序负责人规定的地点，或未经诉讼程序负责人许可不得离开规定居住地点或临时居住地超过 24 小时，同时对诉讼程序负责人的传唤，及时到达或完成其他刑事程序。

第 257 条　保释

1. 保释是指由诉讼程序负责人决定由犯罪嫌疑人或被告人将一笔资金移送到规定的信贷机构进行保管（保存），以确保其在诉讼程序负责人的传唤下能够及时到达以及执行其他诉讼义务。

2. 诉讼程序负责人应当根据刑事犯罪的性质及造成的伤害、当事人的资产状况以及法律规定的处罚类型及措施，来决定保释金额。诉讼程序负责人关于强制措施的决定被提起上诉时，该保释金额可由侦查法官决定。

3. 被执行强制措施的当事人以及其他自然人或法人均可以支付保释金。当保释金由他人支付时，诉讼程序负责人应当告知该人已实施的强制措施的具体内容，并解释不遵守强制措施的后果。

4. 保释金提供人应当移送给诉讼程序负责人一份文书，该文书应当附于诉讼案件中。

5. 如果犯罪嫌疑人或被告人未能完成程序职责或进行其他故意犯罪，诉讼程序负责人应当作出决定要求其向国家财政预算支付保释金。但是，在强制措施变更或撤销的情况下，保释金应当退还给其提供人。

第 258 条　个人担保

1. 个人担保是作为犯罪嫌疑人或被告人的自然人根据诉讼程序负责人实施的强制措施而履行的书面义务，以保证在诉讼程序负责人传唤时及时到达并完成其他诉讼义务。

2. 个人担保人是能够表达自己意愿的自然人，且诉讼程序负责人确定其履行义务。个人担保人应当不少于两人。

3. 在接收保释金时，诉讼程序负责人应当告知担保人已实施的强制措施的具体内容，并说明违反强制措施规定的后果。

4. 在担保人违反强制措施规定时，侦查法官可以决定或法院可以审判对担保人进行罚金，金额为拉脱维亚共和国规定的最低月薪的 10% 至 30%。

第 259 条　部队指挥官（管理人）监管下的军人的处置

1. 部队指挥官（管理人）监管下的军人的处置是部队指挥官（管理人）依诉讼程序负责人的决定，对实施强制措施以确保作为犯罪嫌疑人或被告人的军人在诉讼程序负责人的传唤下及时到达并完成其他诉讼义务。

2. 部队指挥官（管理人）监管下的军人的处置只应当在部队指挥官（管理人）的允许下进行，且当事人可以在任何时间退出监管。

3. 在接收部队指挥官（管理人）关于移送其监管下的军人时，诉讼程序负责人应当告知已实施的强制措施的具体内容以及违反后要承担的责任。

4. 如果在部队指挥官（管理人）监管下的犯罪嫌疑人或被告人未能履行其义务，监管的侦查法官或法院可以对其实施罚金，金额为拉脱维亚共和国规定的最低月薪的 10%。

第 260 条　父母或监护人监管下的未成年人的处置

1. 父母或监护人监管下的未成年人的处置是相关当事人根据诉讼程序负责人的决定，对实施强制措施以确保作为犯罪嫌疑人或被告人的未成年人在诉讼程序负责人传唤时及时到达并完成其他诉讼义务。

2. 仅当父母、监护人或未成年人本人同意实施，处置才可以实施。

3. 在将未成年人置于父母或监护人监管时，诉讼程序负责人应当告知当事人已实施的强制措施的具体内容，并说明违反强制措施规定的后果。

4. 父母或监护人在不能确保未成年人的正当行为时，可以在任何时间放弃监护。

5. 如果犯罪嫌疑人或被告人是未成年人且未能完成其诉讼义务的，监管的侦查法官或法院可以对其实施罚金，金额为拉脱维亚共和国规定的最低月薪的 10%。

第 261 条　警察监管处置

1. 警察监管处置是对犯罪嫌疑人或被告人自由裁量权的重新定位及限制，其规定相关人员在未获取诉讼程序负责人许可下不应当变更其永久或临时居住地、进出规定的地点或机构、接触规定的人员。当事人应当在特定时间内留在居住地，且应当每周至少 3 次到居住地警察机构进行报告。该规定应当考虑到犯罪嫌疑人或被告人的工作或学习情况。

2. 强制措施实施决定应当送达至当事人居住区域的警察机构进行执行。

3. 警察机构对当事人的监管应当及时登记，并告知诉讼程序负责人关于移送该人的监管。

4. 为审查当事人是否服从对其行动自由以及自由裁量权的限制，警察有权从当事人居住地的前门观察当事人。当事人有义务在审查中打开居住地的前门，让警察从前门处进行观察，直至审查结束。

5. 为审查当事人是否服从行动自由以及禁止接触规定的人员，警察有权进入当事人永久或临时居住地（公寓、住宅），当事人应当允许警察进入其居住地。

第 262 条　对未剥夺自由的强制措施决定上诉

1. 在审前程序中，当事人可以对诉讼程序负责人作出的以下决定提起上诉：

（1）禁止接近特定人员或地点；

（2）禁止从事特定职业；

（3）禁止离开国家；

（4）保释数额；

（5）警察监管，但仅涉及决定中的活动及行动的限制；

（6）在特定时间向警察部门报告的职责；

（7）居住在特定地点。

2. 如果被实施强制措施的当事人能够证明强制措施不可能完成，可以对本条第1款中涉及的决定进行上诉。当事人本人、辩护律师或代理人可以向侦查法官提起上诉，须在收到强制措施实施决定副本的7日内提出。

3. 侦查法官应当在3日内审查申诉。如有必要，法官可以要求获得法院材料以及诉讼程序负责人或上诉人的解释。

4. 侦查法官可以决定拒绝上诉，或任命诉讼程序负责人让其在3个工作日内变更强制措施或决定保释金金额。

5. 侦查法官制定的决定副本应当送达至诉讼程序负责人、实施强制措施的相关当事人及其上诉人。对该决定不服可以上诉。

第十五章　剥夺自由的强制措施

第 263 条　拘留

拘留是一种剥夺自由的强制措施，如果拘留条件具备，无须侦查法官决定，即可对当事人实施拘留，期限最长不得超过 48 小时。

第 264 条　拘留条件

1. 有以下情形的，仅当有证据证明当事人有犯罪行为，可能判处剥夺自由的刑罚时，可以予以拘留：

（1）当事人对自己的犯罪感到十分震惊，之后及时逃离犯罪场所；

（2）当事人被被害人、其他目击者或以其他方式直接获取该信息的人指认为犯罪嫌疑人；

（3）在当事人人身、居住的房屋或其他物品中，发现了犯罪的明显痕迹；

（4）在犯罪场所发现了当事人留下的痕迹。

（5）［2007 年 5 月 17 日已废止］

2. 如果符合拘留条件，但剥夺自由的刑罚不能适用于该刑事犯罪的，则不能予以拘留。但是，当有可靠证据证明经诉讼程序负责人传唤，存在以下原因，不能确保当事人及时到达的，可以对该当事人进行拘留：

（1）当事人拒绝提供其身份信息，且其身份信息未经查明；

（2）当事人无特定居住地及工作单位；

（3）当事人在拉脱维亚无长久居住地，且可能企图离开国家。

3. 如果有证据证明当事人实施了严重或特别严重犯罪活动，该人为流浪人躲藏在犯罪场所或其附近，且该人没有特定居住地或工作单位，则该人可以被拘留。

4. 在同一个刑事诉讼程序中，存在本条规定的情形，当事人仅能被拘留一次。

第 265 条　拘留程序

1. 拘留程序由警察、侦查人员或检察官发起，或由诉讼程序负责人决定后，应当及时告知被拘留人，且应当告知其有权保持沉默，以及其口供将作为证据在法庭上使用。

2. 如果有证据证明被拘留人持有武器，或者会销毁、丢弃或隐藏其所持有的证据，实施拘留程序的官员应当根据本法第 183 条第 2 款的规定，对当事人实施搜查，搜查应当在拘留记录中载明。

3. 如果当事人有明显犯罪迹象，可以适用剥夺自由的刑罚，并且该人位于犯罪现场或从犯罪现场逃跑。如果当事人因为刑事犯罪被宣布予以搜查，当事人可以被任何人扣留，且应当及时被转交给最近的警察。

4. 拘留内政部官员时，诉讼程序负责人应当及时告知相关机构负责人。

第 266 条　拘留记录

1. 实施拘留程序的官员应当及时在拘留地点，或将被拘留人移送到拘留地点后作出拘留记录。记录应当载明以下内容：

（1）实施拘留的人员、时间以及地点；

（2）引发拘留的刑事犯罪；

（3）被拘留人及拘留理由；

（4）被拘留人的状态、外貌以及对其健康状况的陈述；

（5）被拘留人的衣着；

（6）是否进行人身搜查以及搜查到的物品；

（7）被拘留人所有的文书、物品、金钱以及其他贵重物品；

（8）被拘留人的辩解。

2. 被拘留人应当获知该拘留记录，了解被拘留人的权利，并在拘留记录中签名。

3. 侦查机关应当及时将拘留记录送达诉讼程序负责人，同时将拘留记录副本在 24 小时内送达检察官。

4. 释放被拘留人或采取强制措施，应当在拘留笔录中载明。

第 267 条　拘留的执行

1. 本法第 271 条第 2 款规定的权利限制应当适用于被拘留人,且无须侦查法官或法庭作出决定。

2. 被拘留人的扣押程序应当由特别法予以规定。

第 268 条　拘留期限

1. 诉讼程序负责人应当毫不延迟地在 48 小时内决定被拘留人是否为犯罪嫌疑人或被告人以及强制措施的适用。

2. 认定被拘留人为犯罪嫌疑人或被告人且经审讯后,如果已经采取了强制措施但未剥夺其自由,确有必要时,诉讼程序负责人应当毫不延迟地决定在临时拘留场所将其释放。

3. 如果被拘留人是在必要审问中被认定为犯罪嫌疑人或被告人,但诉讼程序负责人决定适用的强制措施与剥夺自由相关,考虑到拘留期限从拘留起不得超过 48 小时的限制,在将当事人移送至侦查法官前可以将其置于临时拘留场所。

第 269 条　释放被拘留人

1. 有下列情形的,应当及时释放被拘留人:

(1) 当事人刑事犯罪的怀疑未被证明;

(2) 已经查明拘留的根据和条件不存在;

(3) 无须适用与剥夺被拘留人自由相关的强制措施;

(4) 法律规定的拘留期限届满;

(5) 侦查法官未适用与剥夺自由相关的强制措施。

2. 释放被拘留人时,应当将写明释放根据和日期的拘留书副本发给被拘留人。

第 270 条　拘留犯罪嫌疑人、被告人或被实施医疗性质强制措施的诉讼程序当事人

1. 犯罪嫌疑人或被告人的行为可能被判处剥夺自由的刑罚,但是并未适用与剥夺自由相关的强制措施时,如果已宣告对其进行搜捕,犯罪嫌疑人和被告人可以被拘留以便将其移送至诉讼程序负责人。

2. 有下列情形的,为了确保将犯罪嫌疑人、被告人或被实施医疗性质强制措施的诉讼程序当事人移送至侦查法官,侦查人员或检察官可以将其拘留:

(1) 已拟定适用与剥夺自由相关的强制措施的动议;

(2) 已决定专家鉴定且已拟定将当事人置于医疗机构以便进行专家鉴定的动议;

(3) 已拟定把实施医疗性质强制措施的诉讼程序当事人安置于精神病医

院的动议。

3. 在本条第 1 款规定的情形中，犯罪嫌疑人或被告人被拘留的事实应当及时告知诉讼程序负责人，且确保在 12 个小时内将被拘留人移交给诉讼程序负责人。如果诉讼程序负责人拟定适用与剥夺自由相关的强制措施，当事人应当被及时移交给侦查法官，从实际拘留时起，不得超过 24 小时。

4. 在本条第 2 款规定的情形中，被拘留人应当被及时移交给侦查法官，至迟不得超过 12 小时。按照本条第 2 款规定的程序，被拘留人在拘留期间可以不被执行侦查行为，但为确定适用或变更强制措施进行讯问的除外。

5. 本条规定的拘留应当根据本法第 226 条的规定执行。对于本条第 1 款规定的拘留，拘留书中同样应当表明对当事人进行搜查的事实。对于本条第 2 款第（1）项规定拘留，如果被拘留人已根据本法第 264 条的程序被拘留，则不必再次制作拘留书，但在根据本法第 264 条的程序制定的拘留书中应当包括当事人何时被考虑拘留的说明。

第 271 条　逮捕

1. 逮捕是指在法律规定的情况下，如果有逮捕理由，可以根据侦查法官的决定或法院裁判在具体刑事诉讼的最终裁判生效前剥夺犯罪嫌疑人或被告人的自由。

2. 逮捕的适用是对当事人权利的限制，应当允许将当事人扣押在侦查机构的监狱或特殊配备的警察机构。

3. 侦查法官或法庭可以通过评估侦查人员或检察官的动议、听取被逮捕人的意见以及考虑犯罪行为的性质和被逮捕的理由，补充决定对会见的限制（除了与辩护人的会见），以及对与被拘留人的交流进行限制。

4. 逮捕程序应当由特别法予以规定。

第 272 条　逮捕的理由

1. 只有在刑事诉讼中获取的具体信息引起了对当事人刑事犯罪的正当怀疑，且该犯罪可能被判处剥夺自由的刑罚，而另一项强制措施的适用不能保证当事人不实施其他犯罪行为，或不妨碍或不逃避刑事诉讼审前程序、法院判决的执行时，才可以实施逮捕。

2. 有下列情形的，逮捕也可以适用于因被怀疑或被控告特别严重的刑事犯罪而被扣押的人：

（1）刑事犯罪是针对人的生命或过去或现在从物质上依赖或以另外一种方式依赖犯罪嫌疑人或被告人的未成年人，或由于年龄、疾病或其他原因不能保护自身利益的人；

（2）当事人是有组织的犯罪团伙中的成员；

（3）本法第264条第2款第（1）项或第（2）项中所规定的条件之一已被确定；

（4）当事人在拉脱维亚无永久居住地。

3. 逮捕可以适用于被怀疑或被控告故意犯罪而被扣押的人。

4. 逮捕的根据可以是因严重或特别严重刑事犯罪而被判处剥夺自由的刑罚的一审法院的判决。

第273条　对未成年人、孕妇和哺乳期妇女实施逮捕的根据

1. 本法第272条的规定应当适用于未成年人、孕妇和产后一年内的妇女，如果是母乳喂养，则指整个喂养期间。本条规定的例外情况除外。

2. 如果本条第1款规定的当事人因过失或刑事违法而被怀疑或被控告刑事犯罪，则不予逮捕，除非行为是在当事人醉酒的情况下实施，且由此导致其他人死亡。

3. 如果本条第1款规定的当事人因较轻的故意犯罪被怀疑或被控告，只有相关人员违反了另一项强制措施或矫正性质的强制措施（置于社会矫正教育机构）的规定，或又成为特别严重犯罪的犯罪嫌疑人或被告人时，才可予以逮捕。

第274条　实施逮捕的程序

1. 侦查法官在一审法院庭审前，通过审查诉讼程序负责人的意见、审查检察官意见、听取相关人员意见以及审查案件材料、评估逮捕的理由和根据，在审前程序中决定逮捕。

2. 动议提出人、被决定逮捕的当事人及其辩护律师和代理人应当参与动议的审查。监督检察官可以参与动议的审查。如果医生不允许被决定逮捕的当事人参与动议的审查，且当事人的辩护律师参与了相关诉讼程序活动，则动议可以在被决定逮捕的当事人不在场的情况下进行审查。

3. 如果动议提出人可以证明当事人逃避或躲藏侦查和刑事起诉，或被拘留人或被逮捕人在国外，可以在当事人不在场的情况下作出决定。被传唤提供法律援助的辩护律师应当在场。

4. 侦查法官不开庭审理时应当作出以下决定，不开庭审理应当有庭审记录：

（1）拒绝实施逮捕；

（2）拒绝实施逮捕，但是决定实施监视居住；

（3）拒绝实施逮捕，但是决定实施置于社会矫正教育机构；

（4）决定实施逮捕；

（5）决定实施逮捕并确认对当事人的搜查。

4-1. 如果侦查法官撤销先前依据本法第41条第2款实施的逮捕，或拒绝实施逮捕时，应当决定适用另一种强制措施。

5. 侦查法官基于案件材料的具体事项考虑作出决定的，应当证明适用逮捕或另一种强制措施的合法性。

6. 如果侦查法官不同意诉讼程序负责人的意见或拒绝实施逮捕，同样应当表明拒绝的理由。

7. 侦查法官宣布决定后，法院应当及时在 24 小时以内向出庭人员送达一份完整的决定副本或一份说明决定的副本。

第 275 条　以保释代替逮捕

1. 侦查法官或上级法院法官认为存在本法第 272 条规定的实施逮捕的根据，但也证明存在可能申请保释的条件，如果辩护人提出此项请求，侦查法官可以确定 1 个月的逮捕期限，同时决定如果在该期限内当事人按照法官的决定支付保释金，可以撤销逮捕。如果被告人向侦查法官要求以保释代替逮捕，上级法院法官有权决定变更。

2. 如果保释金在 1 个月内支付，且支付证明材料已经提交给侦查法官，法官应当决定变更强制措施。决定作出后，应当及时释放当事人。

3. 如果保释金未支付，按照本法第 274 条规定的程序延长逮捕的期限。

第 276 条　审判开始后逮捕的实施

审判开始后，审查案件的法院应当按照本法第 272 条至第 275 条的规定主动或基于检察官的动议实施逮捕。

第 277 条　逮捕的期限

1. 逮捕的期限只需保证诉讼程序的正常进程，但是不应当超过本法允许的在刑事犯罪裁判中被视为犯罪嫌疑人将要承担刑事责任的期限。

2. 逮捕总共的期限应当包括当事人的拘留期、逮捕期或在另一地方执行的与剥夺自由相关的强制措施期限，但是不应当包括当事人在另一国家因移交刑事诉讼程序或引渡而被逮捕的期限。

3. 审前程序中的逮捕期应当包括本条第 2 款涉及的期限直到将案件移交至司法大臣，但是审判期间的逮捕期限应当从一审法院制作全部裁判时起算。如果上诉法院或最高法院已经撤销有罪判决，并将案件发回一审法院重新审判，从上诉法院或最高法院宣告撤销到一审法院制定全部裁判的时间应当包括在逮捕期限内。

4. 对刑事违法的犯罪嫌疑人或被告人的逮捕期限不得超过 3 个月，其中，审前程序中的拘捕期不得超过 2 个月。

5. 对犯轻罪的犯罪嫌疑人或被告人的逮捕期限不得超过 9 个月，其中，审前程序中的拘捕期不得超过 4 个月。

5－1. 对于较轻的性犯罪和违反道德的刑事犯罪的犯罪嫌疑人或被告人，如果犯罪行为针对的是未成年人，则其逮捕期限不得超过 12 个月，其中，审前程序中的拘捕期不得超过 6 个月。如果诉讼程序负责人未考虑到不合理的延迟或辩护人故意拖延诉讼进程，或由于案件特定的复杂程度，不可能较快完成诉讼程序，则诉讼审前程序的侦查法官和审判过程中的上级法院法官可延长 1 个月的期限。

6. 对犯重罪的犯罪嫌疑人或被告人的逮捕期限不得超过 12 个月，其中，审前程序中的拘捕期不得超过 6 个月。如果诉讼程序负责人未考虑到不合理的延迟或辩护人故意拖延诉讼程序进程，或由于案件特定的复杂程度，不可能较快完成诉讼程序，则诉讼审前程序的侦查法官和审判过程中的上级法院法官可以延长 3 个月的期限。

7. 对特别严重刑事犯罪的犯罪嫌疑人或被告人的逮捕期限不得超过 24 个月。其中，审前程序中的拘捕期不得超过 15 个月。如果诉讼程序负责人未考虑到不合理的延迟或辩护人故意拖延诉讼程序进程，或由于案件特定的复杂程度，不可能较快完成诉讼程序，则诉讼审前程序的侦查法官和审判过程中的上级法院法官可以延长 3 个月的期限。如果诉讼程序负责人未考虑到不合理的延迟，且由于另一种强制措施的实施，公众安全不能得到保证，则上级法院法官可以将此期限再延长 3 个月。

8. 延长逮捕期限应当由法院法官以不公开的庭审方式进行审查，审查时应当允许被逮捕人、辩护律师、代理人以及检察官发表意见。延长逮捕期限的决定不得被上诉。

9. 如果当事人已经被采取与剥夺自由相关的强制措施，在刑事诉讼期间又实施了可以判处剥夺自由的刑罚新罪，则可以对当事人予以逮捕。逮捕期限应当依据新的刑事犯罪决定。

10. 基于当事人被控告的刑事犯罪行为，法院可以根据刑法对其施加剥夺自由的刑罚，如果逮捕的期限超过了刑法规定刑罚的最大期限，被逮捕人应当被及时释放，但是如果法院判处的刑罚已到期，应当在有罪判决宣告之后被释放。

11. 如果与逮捕相关的程序决定在逮捕期限内生效，诉讼程序负责人应当告知执行逮捕的机构。

第 278 条　未成年人的逮捕期限

1. 本法第 277 条规定了成年人的最长逮捕期限，未成年人的逮捕期限不得超过最长期限的一半。

2. 严重刑事犯罪的未成年犯罪嫌疑人或被告人的逮捕期限不得被延长。

3. 对于犯有特别严重刑事犯罪的未成年犯罪嫌疑人或被告人，如果相关的犯罪行为导致了人员死亡或犯罪过程中运用了枪类或爆炸性武器，延长逮捕期限只能由上级法院的法官决定，延长期限不得超过 3 个月。

第 279 条　犯罪嫌疑人的逮捕期限

1. 犯罪嫌疑人应当被逮捕直到承担刑事责任，但逮捕期限不得超过审前程序允许的逮捕期限的一半。

2. 监督检察官可以允许侦查机构延长本条第 1 款规定的期限，但是不得超过本法第 277 条规定的审前程序中剩余逮捕期限的一半。

第 280 条　实施逮捕的重复动议

存在以下情形的，如果侦查法官未实施逮捕，诉讼程序负责人可以就该问题重复提出动议：

（1）当事人有更加严重的刑事犯罪行为，且新的起诉已向当事人提起且发出；

（2）当事人违反了强制措施中的规定；

（3）试图非法干涉他人作证，且已获得证据；

（4）当事人已破坏或试图破坏刑事犯罪线索；

（5）在刑事诉讼审前程序中获得的材料引起了对当事人故意犯罪或试图逃避审前程序或法院审判的正当怀疑。

第 281 条　对实施逮捕的控制

1.［2006 年 1 月 19 日已废止］

2. 关于继续逮捕必要性的评估，被逮捕人、代理人或辩护律师可以在任何时候向侦查法官提交申请或在审判开始后向一审法院提交申请。申请以及侦查法官依照本法第 274 条规定的程序作出的决定，应当由法院在开庭审理中依照对请求的裁定程序进行审查。

3. 在口头的诉讼程序中，如果在前次逮捕适用必要性的评估后不超过 2 个月，且提议与侦查法官或法院在逮捕适用决定或以前的逮捕适用审查中不知情的事实信息相悖，则可以不经审查拒绝逮捕必要性的评估申请。一审法院应当以书面程序审查申请，诉讼参与人不得参加。

4. 如果被逮捕人、代理人或辩护律师在 2 个月内未提交继续逮捕必要性评估申请，则该评估应当由侦查法官进行。如果审判被宣布中止或中断 2 个月以上，案件审理开始后，一审法院应当执行此评估。

5. 存在以下情形的，将案件移送至上诉法院后审判开始前可以提交取消或变更逮捕的申请以及继续逮捕必要性评估的申请：

（1）健康或家庭状况出现变故，已成为取消或变更逮捕的理由，且已有文书证明此事实；

（2）规定案件在一定时间后开始裁判，此时间是法院接收案件后的2个月后。

5-1.本条第5款规定的申请应当由上诉法院法官以书面程序在3个工作日内审查。对该申请的审查不得成为向法官提出回避申请的理由。

5-2.如果在案件审判开始后，上诉法院的案件审理被宣布中止或中断超过2个月，上诉法院应当一并评估逮捕后续实施的必要性。

6.本条规定的决定不得上诉。

第282条　监视居住

1.监视居住是指在具体的刑事诉讼中如果有实施逮捕的理由，但不适合对当事人实施逮捕或由于特殊情形不能对当事人实施逮捕，可以在最终裁判生效前，根据侦查法官或法庭对犯罪嫌疑人或被告人的决定剥夺当事人的自由。

2.如果与当事人共同生活的成年人同意在永久居住地实施监视居住，则可在其永久居住地对当事人适用监视居住。

3.针对适用监视居住的上诉应当被审查，对其适用的控制应当依照与逮捕相同的程序执行。

4.在听取评估监督员或检察官意见、被监视居住人的意见以及考虑到刑事犯罪性质、强制措施适用的理由和实施监视居住的特殊情形后，侦查法官或法院应当决定：

（1）当事人在监视居住期间的居住地址；

（2）限制会见（与辩护律师及在该地点居住的人会见除外）以及通信；

（3）控制通信和通话；

（4）在特定场所及诉讼程序发生期间对当事人的行动进行监视的必要性。

5.必要时，可以对被监视居住人进行保护。对当事人规定的限制可以移交给警察局执行，可以控制与被监视居住人同住的人的通信及通信方式。

6.根据刑法规定，逮捕期限应当适用于监视居住，监视居住的时间应当视为逮捕时间。

第283条　安置于医疗机构以进行专家鉴定

1.犯罪嫌疑人、被告人或与为确定医疗性质的强制措施而启动的诉讼程序相关的人可被强制安置于医疗机构进行专家鉴定，如果为解决案件中的重要事项，法医或法院精神科的专家鉴定中必要的研究只能在医疗住院条件下被执行。

2.如果侦查法官或法庭决定进行相关的专家鉴定，当事人可以被安置于医疗机构。

3.为了进行专家鉴定，应当适用将当事人置于医疗机构的措施，针对该适用的上诉应当被审查，对其适用的控制应当依照与逮捕相同的程序执行。如果医生（专家）根据当事人的健康状况，不允许或不建议当事人参与强制措施的决定，且当事人的代理人参与了相关诉讼程序活动，则当事人不得被强制参与与强制措施相关事项的决定。

4. 本法第 271 条第 3 款规定的限制可以适用于安置在医疗机构的当事人。

5. 作出安置当事人于医疗机构的决定的同时，可以表明先前选择的强制措施在专家鉴定后应当继续生效。

第 284 条　在医疗机构进行专家鉴定的期限

1. 当事人在执行专家鉴定所需期间中，可以被强行安置于医疗机构，但不得超过相关类型的刑事犯罪在审前程序中规定的最长逮捕期限。

2. 即使对当事人未适用逮捕，在医疗机构强制执行专家鉴定所用期限也应当计入逮捕期限内。

第 285 条　将未成年人安置于社会矫正教育机构

1. 如果对犯罪嫌疑人、被告人或未成年人的拘捕是没有必要的，但是又没有充足信心保证未成年人会履行其诉讼义务并在自由状态下不会实施新的刑事犯罪，则在最终裁判未生效前，可以根据侦查法官的决定或法院判决将未成年人安置于社会矫正教育机构，剥夺其自由。

2. 安置于社会矫正教育机构的程序、条件、期限、上诉和控制应当遵循与逮捕相同的规定。社会矫正教育期限应当计入逮捕期限，在机构 1 日视为逮捕 1 日。

第 286 条　对适用与剥夺自由相关的强制措施的上诉

1. 在一审法院开庭前的审前程序中，如果当事人被实施除拘留外与剥夺自由相关的强制措施，其代理人或辩护律师及检察官可以在收到侦查法官适用或拒绝适用该强制措施的决定书副本后的 7 日内提出上诉。法官应当在第 2 个工作日，向地方法院送达其决定和已提起的上诉。

2. 如果侦查人员针对强制措施的实施提出动议，但是侦查法官拒绝其申请，侦查人员应当在监督检察官的同意下，对侦查法官的决定提起上诉。

3. 如果在审判开始后，对当事人实施了剥夺自由的强制措施，但在之后的 14 日内没有安排庭审，当事人、代理人或辩护律师可以将判决上诉到上一级法院，并向作出判决的法院提起申诉。

4. 如果对当事人实施剥夺自由的强制措施的决定是在当事人不在场的情况下作出的，当事人自知道强制措施适用时起，有权在 7 日内对该决定提起上诉。

第 287 条　上诉审查程序

1. 上级法院的法官在收到相关决定或上诉之日起的 7 日内，对适用或拒绝适用与剥夺自由相关的强制措施的上诉进行审查，审查应当以不公开审理的方式进行。

2. 审查上诉应当允许已被实施强制措施的当事人表达自己的意见，同时听取其代理人或辩护律师的意见。法官可以要求提供必要的案件材料。如果法院尚未对强制措施作出决定，应当听取诉讼程序负责人的意见。

3. 法官应当作出以下判决：

（1）驳回上诉并使原判决生效；

（2）支持上诉，撤销原判，同时适用或拒绝适用诉讼程序负责人提出的强制措施。

4. 法官应当在其判决中证明其作出的决定，表明本法规定的理由和根据或其不存在。如果其判决被上诉，判决书副本应当在 24 小时内送达被判决实施强制措施的当事人、上诉人、履行判决的机构，如果侦查法官的决定被上诉，判决书副本也应当送达侦查法官。判决书应当同上诉书一同送达诉讼程序负责人。

5. 该判决不得上诉。

第三部分　刑事司法领域的国际协助

第十五编　刑事诉讼的接管

第六十七章　拉脱维亚接管在外国提起的刑事诉讼

第 732 条　收到刑事诉讼接管请求之前的临时逮捕

1. 如果外国明确表示有提交刑事诉讼接管请求的意愿，并要求主管机关在接到接管请求之前实施临时逮捕，如果存在以下情形，主管机关有权向侦查法官建议逮捕当事人直至接管问题确定：

（1）请求表明请求国作出了实施逮捕的决定；

（2）对于相关犯罪行为，刑法规定了自由刑；

（3）有理由相信犯罪嫌疑人或被告人会逃避诉讼或隐藏证据。

2. 依照第 1 款规定的程序，如果存在以下情形，应当释放被临时逮捕的当事人：

（1）从实施拘留或临时逮捕之日起的 10 日内，未收到刑事诉讼接管的请求；

（2）从接收到请求之日起的 15 日内，未收到附加文书；

（3）从实施拘留或临时逮捕之日起的 40 日内，尚未作出适用强制措施的决定；

（4）已作出拒绝刑事诉讼接管请求的决定；

（5）刑事诉讼的接管已被撤销；

（6）排除拘捕当事人的事由已被确定。

第 733 条　收到刑事诉讼接管请求后的临时逮捕

1. 根据刑事诉讼接管请求及附加至此请求的材料有充分理由相信刑事犯罪的嫌疑人或被告人将逃避刑事诉讼审前程序，或将掩盖案件事实，主管机关有权要求侦查法官实施临时逮捕。

2. 根据本条规定，如果存在以下情形，应当将临时逮捕的人释放：

（1）从实施拘留或临时逮捕之日起的 40 日内，对接管请求尚未作出决定；

（2）从实施拘留或临时逮捕之日起的 40 日内，尚未作出适用强制措施的决定；

（3）已作出拒绝刑事诉讼接管请求的决定；

（4）刑事诉讼的接管已被撤销；

（5）排除拘捕当事人的事由已被确定。

第 734 条　为临时逮捕而拘留

1. 如果主管机关认为确有必要实施临时逮捕，则其可以指令警察拘留当事人自被转移至法院次日起 24 小时。

2. 对于当事人被拘留的具体时间、地点以及当事人的辩解，警察应当出具证明，并由经办人员和被拘留人签字。如果律师在场，也应当签字。

3. 如果被拘留人在本条第 1 款规定的时间内未被实施临时逮捕，则应当将其释放。

第 735 条　实施临时逮捕的程序

1. 主管机关应当向被拘留人居住地或被拘留地的侦查法院提交有关临时逮捕的协定以及证明材料。

2. 法官应当在主管部门的代表、检察官和被拘捕人出席庭审的情况下，作出实施临时逮捕的决定。

3. 法官应当在听取主管部门代表、检察官和被逮捕人意见的前提下，作出合理决定。如果被逮捕人的律师在场，也应当听取其意见。

4. 主管机关应当告知申请人有关实施临时逮捕和释放的决定。

第六十八章　始于拉脱维亚的刑事诉讼案件的移送

第 747 条　逮捕

1. 如果有理由相信当事人试图逃避接收请求国家的刑事诉讼，主管机关应当在提交刑事诉讼接管请求之前送达临时逮捕的请求。

2. 如果在拉脱维亚已对当事人实施强制措施（逮捕），则刑事诉讼接管请求的送达不应当成为其撤回的理由。在此情况下，诉讼程序负责人应当继续必要的诉讼行动，直到接收请求的国家收到答复。

3. 如果在刑事诉讼移送后，其又被重新起诉，则逮捕期间应当只包括当事人在拉脱维亚的拘捕期间，且与该犯罪行为相关的整个逮捕期限应当包含在刑罚期限内。

挪　威

刑事诉讼法[*]

第四编　强制措施

第十三章之一　概　述

第 170a 条　只有当具有充分理由时，才可以适用强制措施。如果根据案件性质或其他情况适用强制措施显然不成比例，则不得适用强制措施。

---

[*] 本法于 1981 年 5 月 22 日由挪威议会以第 52 号法令通过，1986 年 1 月 1 日实施。最近一次修正时间是 2015 年 9 月 4 日。本译本根据法律在线网站（http://www.legislationline. org）提供的英语文本翻译。

特别说明：这部挪威《刑事诉讼法》（1981 年）的非官方译本主要是在罗纳德·沃尔福德和与其密切合作的艾纳·霍格威特的译本（1991 年）的基础上完成的。帕特里克·查菲和桑德拉·汉密尔顿也对翻译工作提供了非常有价值的帮助。

其后对于该法历次的修正也是由罗纳德·沃尔福德和与其密切合作的桑德拉·汉密尔顿、简·文森博格共同翻译的。对于该法最新的修正已经由罗纳德·沃尔福德和梅迪·克洛斯特进行了翻译，并且取得了挪威司法部的认可。

要找到与挪威法律术语和概念完全对应、准确的英语词汇并非易事。在很多情况下，由于没有直接的对应语，所采用的解决方法只能是近似法，为此在必要的场合借助于注释加以解释。

"特别说明"内容原位于文本之前，属说明性文字。——编者注

第十四章　逮捕与未决羁押

第 171 条　对具有犯罪之合理怀疑的人，如果被怀疑实施了一项或多项依法可能判处 6 个月以上徒刑，并具有以下情形之一者，可以实施逮捕：

1）有理由担心其将逃避起诉或者刑罚或其他预防性措施的执行；

2）存在干扰案件证据的现实危险，例如毁灭破案线索或者影响证人、共犯作证；

3）确有必要为了防止其再次实施可能判处 6 个月以上有期徒刑的犯罪行为；

4）犯罪嫌疑人被他人基于合理理由要求被逮捕。

当适用根据《刑法典》第 39 条强制性精神健康治疗或根据《刑法典》第 39a 条强制性治疗的程序已被启动时，或者此类程序将很可能被启动，则可以对犯罪嫌疑人进行逮捕，而无须考虑当本条第 1 款规定的条件未能满足时，刑罚是否可以适用。如果决定适用强制性精神健康治疗或强制性治疗的判决书已被宣布，以上规定同样适用。

第 172 条　当犯罪嫌疑人被怀疑：

1）犯有可能判处 10 年以上有期徒刑的重罪，或者试图实施此类重罪；

2）违反《刑法典》第 228 条第 2 款第二选择刑（参见《刑法典》第 232 条）、第 229 条第二选择刑或第 229 条第三选择刑，并且犯罪嫌疑人作了有罪供述，或存在其他情形使得犯罪嫌疑人的犯罪嫌疑达到了相当的程度，即使犯罪嫌疑人不符合本法第 171 条规定的情形，仍然可以对其适用逮捕措施。逮捕措施的适用应当根据一般的感知考虑犯罪嫌疑人享有人身自由时其犯新罪的可能及其社会危险性的程度。与之相对，由于犯罪嫌疑人涉嫌多项重罪而导致刑罚的增加则不应作为适用逮捕措施的理由。

第 173 条　对于正在实施犯罪的人可以直接适用逮捕措施，而无须考虑其行为是否具有刑法上的可罚性。

犯罪嫌疑人在国内固定住所不明的，如果有理由担心其将出逃国外以逃避起诉或者刑罚或其他预防性措施的执行时，以上规定同样适用。

第 173a 条　2005 年 5 月 20 日第 28 号法案新增（在国王颁布之日其生效）。

第 174 条　一般情况下，不得对不满 18 岁的人适用逮捕措施，除非具有特别的必要。

第 175 条　逮捕决定由检察机关作出。该决定应当采用书面形式并且包含对犯罪嫌疑人的描述、犯罪行为的简要说明以及逮捕理由。如果迟延可能导致任何危险，该决定可以采用口头形式作出，但是之后应当尽快书面记录。

如果犯罪嫌疑人处于国外，并且检察机关想要请求引渡，或者符合其他情形，那么逮捕决定可以由法院作出。

逮捕应当由警察或者检察机关指派的人执行。

第 176 条　如果逮捕的迟延可能招致危险，警察有权在法院及检察机关均未作出逮捕决定的情况下实施逮捕。如果犯罪嫌疑人在实施犯罪或被追捕时被抓获，或者发现了证明犯罪嫌疑人实施犯罪的新线索，本款规定同样适用。

非警察者实施逮捕后应当立即将被逮捕的人移送警察。

第 177 条　被逮捕的人应当被告知其被怀疑实施的犯罪行为。如果存在逮捕的书面决定，被逮捕的人有权获得该书面决定的影印件。

第 178 条　在条件允许的情况下逮捕应当尽可能以适当的方式实施。

对于被逮捕者可能用于暴力或使其逃脱的工具应当收缴。出于该目的，可以对犯罪嫌疑人进行搜查。

第 179 条　如果犯罪嫌疑人未经法院或检察机关决定而被逮捕，是否批准逮捕的问题应当尽快提交检察机关决定。如果检察机关认为应当批准逮捕，应当作出包含本法第 175 条第 1 款所规定此类细节的书面决定。

第 180 条　根据本法第 230 条、第 232 条和第 233 条之规定，警察应当尽快讯问被逮捕的犯罪嫌疑人。

第 181 条　如果犯罪嫌疑人承诺将在特定的时间到警察局报告或承诺不离开特定的地点，检察机关可以放弃逮捕的适用或释放已经逮捕的犯罪嫌疑人。本款规定同样适用于接受其他条件的犯罪嫌疑人，比如提交护照、驾照、海员证、服役记录，或者类似的证照。犯罪嫌疑人的承诺与对条件的接受应当以书面形式提交。

犯罪嫌疑人有权要求立即将逮捕是否符合本法第 171 条至第 173 条之规定，批准对其适用逮捕措施是否存在适当的理由等问题转达法院。犯罪嫌疑人在作出本条第 1 款的承诺或对条件的接受之时应当被告知以上权利。

法院的决定应当以裁定的形式作出。

第 182 条　一旦执行了逮捕，检察机关应当确保被逮捕者的家属或者被逮捕者明确指定的人员及时得到通知。如果被逮捕者不希望其家属被通知，那么除非存在特殊情况，否则检察机关不应当通知被逮捕者家属。

如果通知家属可能对侦查活动造成实质性损害，则可以不通知。在这种情况下有关不通知被逮捕者家属的事项应当在第一时间移送法院。

第 183 条　如果检察机关计划长期羁押被逮捕者，那么检察机关应当在对犯罪嫌疑人实施逮捕之日起 3 日内尽快将其带至适当的地方法院，并提交对犯罪嫌疑人进行羁押的申请。《法院审判法》第 149 条的规定不得适用于对期限的计算。如果犯罪嫌疑人在被逮捕后未被带至法庭，法庭记录应当标注检察机关未将被逮捕者带至法庭的原因。国王有权制定进一步的细则规定有关警察实施未决羁押的事项。本法第 187a 条的规定相应适用。

检察机关应当出席审理未决羁押事项的法庭，除非出庭可能造成不成比例的不便。

第 184 条 审理被逮捕者未决羁押事项的法庭应当以裁定的形式决定是否对其实施羁押。是否同意羁押的决定应当尽可能在法庭决定正式开庭之前作出。

当符合本法第 171 条、第 172 条或第 173 条第 2 款规定的条件，且通过本法第 188 条规定的措施无法实现目的，则可裁定对犯罪嫌疑人进行羁押。本法第 174 条的规定相应适用。适用未决羁押的裁定应当载明法定机关，并简要介绍为何认为存在对被羁押者实施犯罪的合理怀疑，同时说明对犯罪嫌疑人适用羁押措施的理由。适用未决羁押的裁定还应当表明其并不是不合比例的措施。

在未对犯罪嫌疑人先行适用逮捕措施的情况下，法庭可以依申请作出对出庭犯罪嫌疑人适用羁押措施的裁定。犯罪嫌疑人有权在法庭作出以上裁定之前发表意见。

在起诉书送达法院后，作出未决羁押决定的法庭应当作出继续羁押或者释放被告人的裁定。

任何羁押或释放的裁定都可以随时被撤销。

第 184a 条 在决定是否实施未决羁押之前，法庭应当确认被告人完全知晓追诉及未决羁押涉及的事项。

如果被告人在未决羁押决定作出之时已经处于被羁押状态，其应当获得有关羁押裁定及根据相关部门制定的进一步细则规定的羁押相关事项的书面信息。

如果法庭当庭作出未决羁押的决定且被告人在庭，法官应当口头告知被告人前款规定的信息。

第 185 条 在主审程序开启之前，如果法庭决定对被告人实施羁押，法庭应当同时规定明确的羁押期限。羁押期限应当尽可能短并且不得超过 4 周。羁押期限可以以裁定的形式延长，每次延长不得超过 4 周。如果基于侦查活动的性质或者其他特殊情况，4 周的期限延长不存在实质意义，法庭可以设定一个更长的羁押期限。如果主审程序开启时被告人正处于羁押状态或者羁押期限届满，可以继续羁押被告人至判决作出之时。

检察机关在递交延长羁押期限的申请时，应当说明案件侦查活动可能在何时终结。检察机关说明的侦查活动终结日期应当记入法庭记录。检察机关还应当对自前一次开庭后侦查活动的进展及剩余的侦查任务作简要说明。

被告人有权亲临法庭决定是否延长羁押期限的审理程序。在该程序中，法庭认为必要时，即使被告人不愿意出庭，法庭也有权强行将被告人带至法庭。

检察机关延长未决羁押期限的申请应当及早提出，以保障被告人及其辩护人早于审理是否延长羁押期限的庭审之前收到通知。检察机关应当在前述期限之前通知当事人。在该程序中，检察机关应当出庭，除非检察机关根据情况认为不需要出庭。

如果法院认为侦查活动并没有及时开展，并且继续羁押被告人并不合理，法院应当释放被告人。

第 186 条 被逮捕或者被羁押的人有权不受限制地与其正式委托的辩护人进行口头或书面交流。

法院为了案件侦查的需要，经过适当的考虑，可以以裁定的方式决定禁止他人会见在押犯罪嫌疑人，或禁止在押犯罪嫌疑人与他人通信及接收物品，法院也可以规定对在押犯罪嫌疑人与他人间的会见或通信在警察的监控下进行。法院还有权决定禁止在押犯罪嫌疑人阅读报纸、收听广播，或决定将在押犯罪嫌疑人与特定在押人员隔离（部分隔离）。法院可以将对在押犯罪嫌疑人与哪些在押犯隔离的决定权交给追诉机关。

前款规定的裁定应当说明如果不对在押犯罪嫌疑人作以上限制或监管将会对侦查活动产生怎样的不利影响。该裁定还应当表明这些禁止性规定并不是不成比例的干预。

本法第 187a 条的规定相应适用。

《监狱法》第五章的规定应当相应适用。

第 186a 条 当在押犯罪嫌疑人的情况符合本法第 184 条第 2 款（参见本法第 171 条第 1 款第 2 项）的规定，且如果不将在押犯罪嫌疑人与其他在押人员隔离将导致在押犯罪嫌疑人干预案件证据的紧迫危险时，法院有权以裁定的方式决定将在押犯罪嫌疑人与其他所有在押人员隔离（全面隔离）。如果被告人未满 18 岁，则全面隔离的决定只能在极其必要的情况下作出。

法庭应当设定明确的隔离期限。隔离期限应当尽可能短且不得超过 2 周。法庭可以以裁定的形式延长隔离期限，每次延长不得超过 2 周。如果基于侦查活动的性质或者其他特殊情况，2 周的期限延长不具有实质意义，且被告人已满 18 岁，那么一次延长可以超过 4 周。

当符合以下条件之一时，对被未决羁押的犯罪嫌疑人不得继续实施隔离羁押：

1）对法定刑为 6 年以下有期徒刑的被告人已经连续隔离超过 6 周。任何由于重复犯罪或者重罪竞合导致的最高刑期的增加，都应当不予考虑。如果指控涉及犯罪嫌疑人的两项或多项行为的合并刑罚超过 6 年有期徒刑，并且存在充足的理由，对被羁押的犯罪嫌疑人的连续隔离期限可以超过 6 周。

2）对法定刑超过 6 年有期徒刑的被告人已经连续隔离超过 12 周。本条第 3 款第 1 项第 2 句的规定相应适用。如果存在充足的理由，对被羁押的犯罪嫌疑人的连续隔离期限可以超过 12 周。

无论在怎样的情况下，对不满 18 岁的被告人的连续隔离期限都不得超过 8 周。

本法第 186 条第 3 款、第 4 款的规定相应适用。

第 187 条　如果当一项迅速作出的监禁判决送达被告人时或者被告人对量刑的上诉被驳回时，被告人正处于被羁押的状态，那么可以在送达判决或者作出驳回上诉的决定之后继续羁押被告人 4 周，除非法庭作出了与之相冲突的决定。羁押期限延长的事项应当由法庭根据本法第 185 条的规定决定。

如果被告人被宣告无罪，应当立即释放。此规定同样适用于被判处缓刑或者单处罚金刑、社区服务刑的被告人，以及所判处刑期已经被未决羁押期限完全折抵的被告人。如果此时存在上诉或者上诉的可能，作出一审裁判的法庭有权在存在特殊情况时通过裁定的形式决定在一段确定的时间内继续羁押被告人。延长羁押期限的事项应当由法庭根据本法第 185 条的规定作出决定。

第 187a 条　一旦法院或者追诉机关发现未决羁押的理由不再适用于当下之情境，或者羁押期限届满，被未决羁押的人应当立即释放。

第 188 条　法庭可以决定以本法第 181 条规定的措施或者以安全条例规定的担保方式、保证金或财产抵押的方式替代羁押措施。

法庭可以决定将被告人置于某一公共机构或市政住宅以替代羁押措施。这种安排只有在该公共机构或市政住宅同意的情况下才能生效。根据《刑法典》第 39a 条的规定，法庭有权决定将存在精神障碍或被认为意识不健全的被告人置于某一特殊机构接受强制治疗。当被告人被置于某一公共机构或市政住宅，法庭可以在违背被告人意愿的情况下继续将其置于该机构，在被告人逃匿的情况下，必要的时候可以借助其他公共机构的力量，将其带回该机构。

本法第 184 条、第 185 条及第 187 条的规定相应适用。

第 189 条　提供本法第 188 条之担保的人应当签署一份涉及担保条款以及保证金将被罚没的条件的声明。

是否违反担保条款的事项应当由法庭通过裁定的方式决定，在决定作出之前应当尽可能让所有利益相关方参与听证。如果被告人逃匿，但自愿归案或者在一个月内被逮捕归案，法庭应当决定减少保证金的罚没或者免除保证金的罚没。

罚没的保证金应当上交国家。但是，如果被告人没有财产，那么保证金应当先行用于支付被害人的诉讼请求或赔偿金。

第 190 条　如果被告人被重新羁押，任何保证金都不得被罚没，其他替代羁押的预防性措施同时终止适用。

如果保证人将被告人送回接受羁押，或者保证人宣布解除与被告人之间的保证关系并同意被告人被收归羁押，那么保证人的保证义务自动解除。如果被告人自愿回归羁押，或者判决已经送达且存在充足的时间执行，保证人的保证义务同样自动解除。

第 191 条　（被 1995 年 8 月 4 日第 53 号立法替代。）

第十七章之一　访问、出现于特定场所等之禁令

第 222a 条　如果有理由相信某人可能实施以下行为之一，检察机关有权对其施加访问禁令：

1）实施针对他人的犯罪行为；

2）纠缠他人；

3）通过其他方式骚扰他人。

禁令可以基于受禁令保护之人的请求发布，或基于公共利益的需要发布。本法第 107a 条的规定相应适用。

访问禁令的发布要求相对人不得实施以下行为：

1）出现在特定场所；

2）纠缠、访问或以其他方式联系他人。

如果存在本条第 1 款第 1 项规定的紧迫危险，禁令可以禁止相对人在其个人住所居留。

访问禁令可以受到进一步条件的限制。

访问禁令应当设定明确的期限，并且禁令的签发一次不得超过 1 年。禁止相对人在其个人住所居留的禁令一次签发不得超过 3 个月。访问禁令只能在条件存在的情况下持续生效。

检察机关设置的访问禁令应当通过书面形式作出，并且载明受禁令限制的相对人以及受禁令保护的人，以及设置禁令的理由。拒绝设置禁令的决定同样适用本款规定。检察机关决定的复印件应当送达禁令的相对人以及受禁令保护的人。禁令的相对人应当被告知违反禁令的法律后果（参见《刑法典》第 342

条）。如果检察机关拒绝设置禁令的申请，应当根据本条第 6 款第 3 句的规定通知申请人并告知申请人其享有将决定诉至法院的权利。如果迟延可能招致风险，本款第 1 句与第 2 句规定的决定可以以口头方式作出，但应当尽快作出书面决定。

检察机关应当尽快，并且在设置访问禁令决定送达之日起 5 日内将该决定提交法院。如果违反了期限的规定，应当将理由载于法庭记录之中。受禁令保护的人有权将不设置禁令的决定诉至法院。禁令的相对人与受禁令保护的人都有权被告知开庭。当事人双方都有权出庭发表意见。法庭的裁决应当以裁定的方式作出。本法第 184 条与第 243 条的规定在适合的范围内相应适用。

第 222b 条　如果两个组织的成员可能采取暴力手段进行对抗进而产生暴力危险，并且有理由担心这种暴力可能造成居住或者出现在临近的人员的伤亡，检察机关有权设置禁令禁止一名或多名属于这些组织或与这些组织存在联系的人出现在这些组织占有的场所。当存在特殊情况时，本款第 1 句的规定同样适用于其他场所。本法第 170a 条的规定相应适用。

当存在特殊情况时，本条第 1 款规定的禁令可以针对所有属于这些组织或与这些组织存在联系的人。禁令应当以公告形式公开告知。

禁令在特定的期限内有效，但签发一次禁令的有效期不得超过 1 年。

检察机关应当尽快，并且在设置访问禁令决定送达之日起 5 日内将该决定提交地方法院，法院将以裁定的方式对所涉事项作出裁决。本法第 175 条第 1 款、第 177 条、第 181 条第 2 款与第 3 款、第 184 条、第 187a 条的规定在适合的范围内相应适用。

第 222c 条　当有理由相信不满 15 岁的人出现在某一特定场所将增大其实施犯罪的风险，检察机关有权禁止其出现在该特定场所。本法第 170a 条的规定相应适用。

访问禁令应当设定明确的期限，并且签发一次禁令不得超过 6 个月。访问禁令只能在条件存在的情况下持续生效。

在作出设置以上禁止事项的裁决之前，检察机关应当赋予该儿童发表意见的机会，并询问其监护人是否同意禁止事项。监护人的同意应当以书面形式作出。检察机关设置的禁止出现在特定场所的禁令应当通过书面形式作出，并且载明受禁令限制的相对人以及受禁令保护的人，以及设置禁令的理由。本法第 222a 条第 5 款第 3 句及第 6 句的规定在适合的范围内相应适用。

如果监护人不同意禁止事项，检察机关应当尽快并且在监护人拒绝同意之日起 5 日内将该决定提交法院。本法第 222 条第 6 款第 2 句、第 4~6 句的规定在适当的范围内相应适用。

第十七章之二　防止严重犯罪之强制措施的适用

第 222d 条　当存在合理根据相信任何人将实施违反以下条文的犯罪，法院可以裁定允许警察使用本法第十五章、第十五章之一、第十六章、第十六章之一或第十六章之二规定的强制措施作为侦查活动的一部分：

1）《刑法典》第 147a 条第 1 款或第 2 款；

2）《刑法典》第 233 条、第 268 条第 2 款（参见《刑法典》第 267 条）、第 162 条第 3 款（参见《刑法典》第 260a 条）；

3）《刑法典》第 233 条（参见《刑法典》第 132a 条）。

当存在合理根据相信任何人将实施违反以下条文的犯罪，警察安全处也应获得以上授权：

1）《刑法典》第 83 条、第 84 条、第 86 条、第 86b 条、第 88 条、第 90 条、第 91 条、第 91a 条，第九章、第 104a 条第 1 款第 2 句或第 2 款（参见第 1 款第 2 句）、第 147a 条第 3 款、第 147b 条、第 152a 条、第 153a 条；

2）《战略物资、服务、技术等出口管理法》第 5 条；

3）出于破坏的目的实施的《刑法典》第 148 条、第 149 条、第 150 条、第 151 条、第 151b 条、第 152 条、第 152b 条、第 153 条、第 154 条、第 154a 条、第 159 条规定的犯罪；

4）针对皇室成员、议会、政府、最高法院或者近似组织的代表实施的《刑法典》第 222 条、第 223 条、第 227 条、第 229 条、第 231 条、第 233 条规定的犯罪。

只有根据情况认为警察的干预将提供十分重要的信息使得防止犯罪的发生具有可能，并且如果不允许警察干预将严重减弱防止犯罪发生的可能之时，才能允许警察采用前述措施。适用本法第 200a 条、第 202c 条、第 216a 条、第 216m 条规定的强制措施的授权只能在特殊情况下作出。当有理由相信任何人将实施违反《刑法典》第 90 条、第 91 条、第 91a 条、第 147a 条、第 152a 条、第 153a 条规定的犯罪时，才能允许警察安全处采取秘密音频监控的措施（参见本法第 216m 条）。

当迟延可能招致无法防止发生本条第 1 款、第 2 款规定的重大危险时，检察机关可以发布命令以替代法院的命令。此类决定应当尽快并且不迟于实施强制措施之时起 24 小时内提交法院裁决。只要存在可能，决定应当以书面形式作出并陈述案由与适用强制措施的目的。口头决定应当尽快转化为书面决定。本法第 216d 条第 1 款第 3~5 句与第 2 款相应适用。

本法第十五章、第十五章之一、第十六章、第十六章之一与第十六章之二的规定在适合的时候相应适用。本法第 216i 条、第 242 条、第 242a 条的规定适用于本条规定的所有强制措施的适用。

葡 萄 牙

葡萄牙刑事诉讼法典[*]

第一部分

第四卷 强制措施和财产担保措施

第一编 一般条件

第 191 条 合法性原则

1. 只有根据预防性诉讼程序的规定，才能适用法律规定的强制措施和财产担保措施，对人的自由进行全部或者部分限制。

2. 为实现本卷规定的效力，依据第 250 条的规定，向有权限的机构提供身份信息的义务，不视为强制措施。

第 192 条 采用措施的一般条件

1. 只有依据本法典第 58 条的规定成为犯罪嫌疑人后，才可以对其采用强制措施和财产担保措施。

2. 基于有依据的理由相信犯罪嫌疑人可以免除刑事责任或者案件发生追诉权消灭的事由的，则不得采用任何强制措施和财产担保措施。

第 193 条 必要性、适当性和比例性原则

1. 判定案件适用的强制措施和财产担保措施应当与对案件所需的预防确

---

[*] 本法典于 1987 年 1 月 15 日由部长会议审查并核准，于 1987 年 6 月 1 日实施，但部分文本自 1988 年 1 月 1 日起实施。截至 2015 年底，本法典经历了 28 次修订，此译本为第 29 版，自 2015 年 9 月 4 日生效。本译本根据里斯本总检察长网站（http：// www. pgdlisboa. pt）提供的葡萄牙语文本翻译。

有必要，并且采取的措施适当，还应当与被指控行为的严重性和可能判处的刑罚相适应。

2. 只有在不适宜采取其他所有强制性措施，或者采取其他所有强制性措施不足以预防可能发生的事件时，才能适用羁押和监视居住。

3. 案情显示有必要根据前述第 2 款的规定适用限制个人自由的强制措施时，应当优先适用监视居住，只要监视居住足以满足预防要求。

4. 强制措施和财产担保措施的执行，不应当影响与预防可能发生事件的需求一致的基本权利的行使。

第 194 条　听取犯罪嫌疑人陈述和强制措施的批示

1. 除对身份和住所的登记外，在侦查期间采用强制措施和财产担保措施，应当由法官应检察院的申请作出批示；在侦查终结后采用强制措施和财产担保措施的，法官也可以依其职权批示作出，但是应当先听取检察院的意见，否则无效。

2. 侦查期间，法官可以基于第 204 条第 1 项和第 3 项，适用与检察官所申请不同的强制措施，即使其性质或程度或执行的方式更严厉。

3. 在侦查期间，法官不得基于第 204 条第 2 项，适用性质、措施和方式作出较检察院申请的更严重的强制措施和财产担保措施，否则无效。

4. 根据本条第 1 款的规定决定是否采取强制性措施的，应当先由犯罪嫌疑人进行陈述，除非有合理依据而不可能进行陈述，且该等措施可以在首次司法讯问中采用。第 141 条第 4 款的规定总是适用于听取陈述。

5. 在调查期间，除非基于合理依据而不可能为止，法官须自收到检察院所作的促进之日起 5 日内决定向未被逮捕的犯罪嫌疑人实施强制性措施或者财产担保措施。

6. 适用强制性措施或者财产担保措施的理由应当包括以下内容，否则无效，但身份资料和住所的登记除外：

（1）对可归责于犯罪嫌疑人的事实的具体描述，包括时间、地点和方式，只要知悉这些情况；

（2）列明指明归责实施的案件材料，只要该报告不对调查引发严重问题、使发现真相变得不可能，或者威胁诉讼程序参与人或者受害者的生命以及身体和心理的完整；

（3）可归责事实的法律性质；

（4）满足适用措施的前提的具体事实之描述，包括本法典第 193 条和第 204 条的要件。

7. 在适用前款第 2 项规定的同时，本条第 3 款规定的犯罪嫌疑人作出陈述期间，任何未告知犯罪嫌疑人的事实或诉讼资料，都不得作为适用强制性措施或者财产担保措施的依据，但身份资料和住所资料登记除外。

8. 在不影响本条第 5 款第 2 项规定的前提下，犯罪嫌疑人及其辩护人在司法讯问期间和申请上诉期间，可查阅确定适用强制措施或者财产担保措施的程序资料，但身份和住所信息登记除外。

9. 本条第 1 款规定的批示应当通知犯罪嫌疑人，并且向其说明不履行义务的法律后果。

10. 在羁押的情况下，应当立即通知犯罪嫌疑人的辩护人，且只要犯罪嫌疑人要求，立即告知父母或者其信任的人。

第 195 条　刑罚的确定

以犯罪可能被判处徒刑为依据决定采用强制措施的，在决定强制措施时，应当根据犯罪相应的刑法最高限度。

第二编　强制措施

第一章　可采取的措施

第 196 条　身份资料和住所的记录

1. 司法机关或者刑事警察机关应当要求所有被确定为犯罪嫌疑人的人填写身份和住所陈述表格，即使其已经根据本法典第 250 条的规定确认其身份。

2. 为能根据本法典第 113 条第 1 款第 3 项的规定向犯罪嫌疑人通过普通邮寄的方式送达通知，犯罪嫌疑人应当在陈述中指明其住所、工作场所或者其自行决定的其他地址。

3. 在登记中，须载明犯罪嫌疑人已被告知如下事项：

（1）在法律规定的情况下或接到适当的通知时，在主管机关处到案的义务或听从安排的义务；

（2）不得改变其住所或者不得离开住所超过 5 日的义务，除非犯罪嫌疑人已经将能够联系到其的新的住所或者地址进行报告；

（3）除了通过提交申请或者向审理案件的法院的书记员办公室邮寄挂号信告知犯罪嫌疑人指明的新地址外，任何拟送达至犯罪嫌疑人的文书都将通过普通邮寄的方式发送至本条第 2 款规定中犯罪嫌疑人告知的地址；

（4）未能遵守上述规定意味着，根据本法典第 333 条的规定，由辩护人代理犯罪嫌疑人参加其有权利和义务参加的所有程序，甚至由辩护人代理犯罪嫌疑人出席缺席审判；

（5）在对犯罪嫌疑人作出认定有罪的情况下，其身份资料和住所的效力将仅在刑期消灭时被毁灭。

4. 本条所指的措施可以与本法典本卷规定的其他措施一同适用。

第 197 条 担保

1. 对被指控行为可能处以有期徒刑的，法官可以命令犯罪嫌疑人履行提供担保的义务。

2. 犯罪嫌疑人不能提供担保的，或者在提供担保方面有严重困难或者不便的，法官可依其职权或者应当事人申请，以不对其进行羁押或监视居住但是在有关情况下可依法采用的其他强制措施的方式代替。该替代措施连同其他已经作出命令的措施一并采用。

3. 在确定担保金额时，应当考虑设立担保所拟达到的防范目的、被指控行为的严重性、被指控行为所造成的损害和犯罪嫌疑人的社会经济状况。

第 198 条 定期报到的义务

1. 犯罪嫌疑人可能被判处的最高刑为 6 个月以上有期徒刑的，法官可以命令犯罪嫌疑人履行按预定日期和时间向特定司法机关或者刑事警察机关报到的义务；为此，应当考虑犯罪嫌疑人的职业特点和居住地点。

2. 定期报到的措施，可以与任何其他强制措施结合，但是不得与禁止离开居所的义务和羁押进行合并使用。

第 199 条 从事职业、执行职务或者从事活动、行使权利的中止

1. 犯罪嫌疑人可能被判处的最高刑为 2 年以上有期徒刑的，法官可以对犯罪嫌疑人采用下列中止措施，如有需要，法官可以一并对其采取依法允许采取的其他措施：

（1）命令犯罪嫌疑人中止担任公共或者私人职业或职务；或

（2）命令犯罪嫌疑人中止行使亲权、监护权、保育权、管理财产权或者发行证券的权利。

应当根据被指控行为所产生的效果决定是否作出中止活动的命令。

2. 所涉的公共职务、职业或者活动的行使须由公共服务机构许可或认可的，或者行使前款第 2 项规定的权利的，中止措施应当告知有权限作出中止或禁止的行政机关、民事或者司法机构。

第 200 条 禁止和强加行为

1. 有明显迹象显示犯罪嫌疑人故意实施可以被处以最高刑为 3 年以上有期徒刑的，法官可以命令犯罪嫌疑人履行下列全部或者部分义务：

（1）不得停留或者未经许可不得停留被指控行为实施地，或被害人及其家人以及其他可能受到新犯罪伤害的人员居住的居民区、社区，或市区或者居所；

（2）不得出国，或者不得在未经允许的情况下出国；

（3）不得离开其原所在的居民区、社区或者市区，或者在未经许可的情况下离开以上所述地点，但是前往预先指定地点，尤其是去工作地点的除外；

（4）不得以任何方式联系特定人员或者不得以任何方式常至特定的地点或特定的场所；

（5）不得取得、使用武器或者在规定期限内，上交持有的武器或其他容易引起其他犯罪的物品或工具；

（6）犯罪嫌疑人正在遭受对毒品的依赖，且该依赖引发了犯罪的，经事先同意，在适当机构接受戒毒治疗。

2. 紧急情况下，前款规定的措施可以通过口头申请和允许，但须在卷宗中注明。

3. 禁止犯罪嫌疑人离境的，意味着将其护照交由法院保管，并告知有权限的部门禁止发放或者续签其护照，并且在边境检查时对其进行控制。

第 201 条　监视居住

1. 如果适用前述诸条规定的措施不适当，或者不足以达到效果的，法官可以命令犯罪嫌疑人不得离开或者在未经许可不得离开其住所或者其暂时居住处。特别情况下，有证据证明犯罪嫌疑人曾故意实施有可能被判处最高刑为 3 年以上有期徒刑的犯罪，在该做法为正当的情况下，可以强制其处于适当的机构以提供社会和医疗帮助。

2. 监视居住的被执行人可以与不得以任何方式联系特定人的强制一并采用。

3. 根据法律规定，本条前述各款的监管可以通过远程控制方式进行。

第 202 条　羁押

1. 属于下列情况，并且法官认为以上各条规定的措施对于案件不适当，或者不足以达到效果的，可以命令将犯罪嫌疑人羁押：

（1）有明显迹象显示犯罪嫌疑人故意实施可能被判处最高刑为 5 年以上有期徒刑的犯罪；

（2）有明显迹象显示犯罪嫌疑人故意实施暴力犯罪的行为；

（3）有明显迹象显示犯罪嫌疑人故意实施恐怖或者高度有组织性罪行，可能被判处最高刑为 3 年以上有期徒刑；

（4）有明显迹象显示犯罪嫌疑人故意实施危害身体完整性、加重盗窃、加重破坏、信息与通信欺诈、窝藏、伪造或者假冒文件、危害公路交通安全等罪行，可能被判处最高刑为 3 年以上有期徒刑；

（5）有明显迹象表明犯罪嫌疑人故意实施依据武器或者弹药法律法规中

规定的，持有被禁止的武器，或者在禁止的地方持有武器以及其他设备、产品或者物质，或者使用武器实施犯罪，可能被判处最高刑为 3 年以上有期徒刑；

（6）被羁押人曾不合法进入或正非法逗留于本国领土内，或者正被执行移交至另一地区或国家的程序或者被驱逐出本国。

2. 如果被羁押的犯罪嫌疑人精神失常，经听取辩护人并且尽可能听取其亲属的意见后，在精神失常状态持续期间，法官可以对其不予羁押，而命令其在精神病院或者其他适当相类似场所内接受预防性收容，并且对其采取必需的防范措施，以防止其发生逃走和再次实施犯罪的危险。

第 203 条　违反规定的义务

1. 犯罪嫌疑人违反对其采取强制措施时规定的义务的，法官经考虑案件的严重性及违反义务的理由后，可以对犯罪嫌疑人适用本法典规定的在此情况中允许采用的其他强制措施。

2. 在不影响本法典第 193 条第 2 款、第 3 款规定的前提下，犯罪嫌疑人如果可能被判处最高刑为 3 年以上有期徒刑，并且满足以下条件的，法官可以作出羁押犯罪嫌疑人的决定：

（1）前款规定的情况下；或者

（2）有明显的迹象显示，对犯罪嫌疑人采用强制措施后，仍然故意实施相同性质的可能被判处最高刑为 3 年以上有期徒刑的犯罪。

第二章　采取措施的条件

第 204 条　一般要求

仅在对适用措施时，具体满足下列要求的，方可采取除本法典第 196 条规定的强制性措施之外的其他强制性措施：

（1）逃跑或者有逃跑的危险；

（2）有扰乱诉讼程序的危险，尤其是可能影响证据的收集、保存或者真实性；或

（3）根据案件的性质和情节，或者犯罪嫌疑人的人格，有继续实施犯罪活动或者严重扰乱公共秩序和安全的危险。

第 205 条　与担保一并采用

除羁押或者进行监视居住外，在任何情况下，任何强制措施均可以与提供担保的义务一并实施。

第 206 条　担保的提供

1. 担保可以通过存放、出质、抵押、银行保证或者保证的方式进行，并且按照法官允许的具体条件实现。

2. 以前款任一方式对犯罪嫌疑人进行担保后，经法官许可后，可以对犯罪嫌疑人采取另一强制措施以代替原强制性措施。

3. 提供担保的，应当将该事项记录入卷宗。

4. 对不提供担保的犯罪嫌疑人，第228条的规定相应地予以适用。

第 207 条　担保的增加

1. 提供担保后，如果法官知晓发生某些导致担保不足或者提供担保的方式应当进行改变的情况，法官可以命令增加担保或者改变提供担保的方式。

2. 本法典第197条第2款和第203条的规定相应地予以适用。

第 208 条　担保的违反

1. 犯罪嫌疑人在应到场但是无正当理由而缺席的，或者不履行对其实施强制措施时所设立的义务的，视为违反担保。

2. 一旦违反担保，其担保金归国家所有。

第 209 条　强制措施实施困难或者实施

为适用或执行强制措施，本法典第115条的规定相应地予以适用。

第 210 条　为适用羁押而作出的措施不成功

如果法官有资料推测犯罪嫌疑人准备逃避羁押措施的适用或执行，可以在对犯罪嫌疑人实际执行羁押措施前，立即对其采取本法典第198条至第201条所规定的全部或者部分措施。

第 211 条　羁押的暂缓执行

1. 由于犯罪嫌疑人患严重疾病、怀孕或者处于产褥期的原因，法官可以在对该犯罪嫌疑人适用拘留措施的批示内或者在执行羁押期间，决定对其暂缓执行该羁押措施。暂缓执行羁押所取决的情况消失时，立即终止暂缓决定；犯罪嫌疑人处于产褥期的，则在其分娩后第3个月结束时，随即终止暂缓决定。

2. 在羁押的暂缓执行期间，犯罪嫌疑人应当遵守本法典第201条所规定的措施和其他任何符合其状态的措施，特别是居于医院的义务。

第三章　措施的撤销、变更和消灭

第 212 条　措施的撤销及代替

1. 如有下列情况，法官应当立即批示撤销强制措施：

（1）措施并非在法律规定的情况或者条件下采用的；或

（2）构成采用措施所依据的情况不再存在的。

2. 如其后出现依法构成适用措施所依据的理由的，法官可以再次对犯罪嫌疑人采用已被撤销的措施，但是不得有损关于法定期间单一性的规定。

3. 采取原强制措施时所需要防范事项的防范要求降低的，法官可以采取其他较轻的措施代替原措施，或者降低强制措施的实施强度。

4. 本条所规定的撤销和代替，应当由法官依其职权或者应检察院或者犯罪嫌疑人的申请作出。为此除非有合理理由不能为之的情况，法官应当听取检察院的意见和犯罪嫌疑人的陈述。然而，如果法官认为犯罪嫌疑人的申请明显毫无依据，应当对其判处缴付 6 个纳税单位至 20 个纳税单位罚金。

第 213 条　对进行羁押和监视居住的前提的复查

1. 在强制措施执行期间，法官依据以下时间，依其职权对进行羁押和监视居住的前提进行复查，并且决定对羁押和监视居住措施予以维持、替代或者撤销：

（1）自适用之日或上一次复查之日起，在不超过 3 个月的期间内应当进行复查；以及

（2）当诉讼程序中作出起诉或控诉的批示，或者作出对诉讼标的终局裁判，但是没有取消羁押或者监视居住措施。

2. 作出前款规定的裁判时，或者在任何必要时，裁判应当依照本法典第 215 条第 2 款、第 3 款、第 5 款和第 218 条第 3 款规定的方式和效果，对延长羁押或者延长监视居住的执行期间的依据进行核查。

3. 必要时，法官应当听取检察院的意见和犯罪嫌疑人的陈述。

4. 为作出维持、代替或者撤销羁押或者监视居住所作的决定，法官依其职权或者应检察院或者犯罪嫌疑人的申请，可以要求鉴定其人格和制作社会报告书由重返社会部门作出相关评估，但须征得犯罪嫌疑人同意。

5. 对维持羁押或者监视居住的决定，一般条件下可提出上诉，但提出上诉之后不对之前适用或维持措施的决定产生无效后果。

第 214 条　措施的终止

1. 满足下列情况的，强制措施应当立即终止：

（1）对侦查归档的；

（2）法官作出批示确定不予起诉的；

（3）依据本法典第 311 条第 2 款第 1 项的规定，法官作出批示驳回控诉的；

（4）作出无罪判决的，即使对该判决已经提出上诉；或者

（5）作出有罪判决的，但强制提供身份和住所资料的措施除外，该措施仅在刑罚消灭时才终止。

2. 已经作出有罪判决，但是已经被执行的羁押或监视居住高于所判处的刑罚的，则即使对该判决已经提出上诉，羁押措施也立即终止。

3. 属于本条第 1 款第 4 项规定的情况的，案件中的某犯罪嫌疑人其后被

判决有罪，但是在该判决尚未作出的期间内，可以犯罪嫌疑人适用本法典的规定并在有关情况允许下，对其适用强制措施。

4. 采用的强制措施为担保措施，而犯罪嫌疑人其后被判处徒刑的，则该担保措施在开始执行徒刑时终止。

第 215 条　羁押的最长存续期间

1. 羁押自其开始，经过下列期间，应当予以终止：

（1）4 个月，如在该期间内未提出控诉；

（2）8 个月，如在该期间内已经进行预审但是并未公布起诉决定；

（3）14 个月，如在该期间内未经一审作出判决；

（4）18 个月，如在该期间内未作出确定判刑。

2. 对于恐怖主义犯罪、暴力犯罪或者高度组织性犯罪中的犯罪嫌疑人，或者最高可能处以 8 年以上有期徒刑的犯罪嫌疑人或者犯罪嫌疑人被指控以下犯罪时，前款所规定的期间则分别为 6 个月、10 个月、1 年 6 个月和 2 年：

（1）《刑法典》第 299 条、第 318 条第 1 款、第 319 条、第 326 条、第 331 条和第 333 条第 1 款所规定的犯罪，以及由 2003 年 11 月 15 日第 100/2003 号法令批准的《军事法》中第 30 条、第 79 条和第 80 条所规定的犯罪；

（2）盗窃车辆，或者伪造与车辆有关的文件、车辆识别资料的案件；

（3）案件涉及伪造货币、证券、印花票证等同类物品，或者将上述物品进行转手的；或

（4）案件涉及诈骗、欺诈性破产、公共或者公私合作部门的渎职、伪造、贪污、挪用公款或者在干预企业经济活动的；

（5）洗钱案件；

（6）通过欺诈方式获取或者挪用津贴、补贴或者经费的；

（7）国际公约中规定的与航空或者航海安全有关的案件。

3. 对于前款所述案件进行的诉讼程序，并且有关诉讼程序因犯罪嫌疑人或者被害人的数目或者具有高度组织性犯罪特质显得特别复杂时，本条第 1 款中所指期间分别延长至 1 年、1 年 4 个月、2 年 6 个月和 3 年 4 个月。

4. 本条所指的特别复杂，是指一审程序中，法官依其职权或者应检察院的申请，并且听取犯罪嫌疑人及辅助人的意见后，通过记载理由的批示，作出了关于案情特别复杂的声明。

5. 向宪法法院提出上诉，或者中止刑事诉讼程序以便在另一法院审理先决问题时，则本条第 1 款第 3 项、第 4 项所指期间，以及本条第 2 款、第 3 款中规定的相应期间，应当另行延长 6 个月。

6. 如犯罪嫌疑人在一审中被判处徒刑后，且该判决在普通上诉中获得确

认，则拘留的最长期间可以延长至一审所判决徒刑的刑期的一半。

7. 对犯罪嫌疑人实施羁押前，还存在针对犯罪嫌疑人的其他犯罪的其他诉讼的，对犯罪嫌疑人的羁押同样不允许超出前述各款规定的期间。

8. 犯罪嫌疑人监视居住的期间计入拘留的期间。

第 216 条　最长羁押期的中止计算

犯罪嫌疑人因患病而应当就医时，如果犯罪嫌疑人在场对调查的继续确属必要，前条所规定的期间应当中止计算。

第 217 条　被羁押人的释放

1. 羁押措施一旦终止，应当立即释放被羁押的犯罪嫌疑人，但是基于其他诉讼程序而应当维持对其羁押的除外。

2. 因羁押的最长期间届满而应当释放犯罪嫌疑人的，法官可以对该犯罪嫌疑人采取本法典第 197 条至第 200 条所规定的某项或者某些措施。

3. 对犯罪嫌疑人的释放会对被害人产生危险的，法院可以依其职权或者应检察院的请求，向被害人通知犯罪嫌疑人的释放日期。

第 218 条　其他强制措施的最长存续期间

1. 对于本法典第 198 条和第 199 条规定的强制措施，自开始执行起计，经过本法典第 215 条第 1 款所规定期间的 2 倍期间而终止。

2. 本法典第 215 条和第 216 条的规定，也相应地适用于本法典第 200 条规定的强制措施。

3. 本法典第 216 条、第 216 条和第 217 条的规定，也相应地适用于本法典第 201 条规定的强制措施。

第四章　申诉的方式

第 219 条　上诉

1. 犯罪嫌疑人或者检察院对于采用、替代或者维持本编所规定的措施的裁判可以提起上诉，自收到卷宗的 30 日内必须作出裁判。

2. 对于就依据前款规定提出的上诉进行的审理和人身保护令相关的审理，无论该审理的依据为何，该依据对尚未进行的判决和已经进行的判决不产生任何联系。

第 220 条　因违法实施拘留而作出的人身保护令

1. 因任何部门的命令而被拘留的人，可以依据下列事由，向所在区域的预审法官申请发出立即将其移交至相关法院的命令：

（1）移交司法机关的期限届满；

（2）未在法律允许的地点实施羁押；

（3）无相关权限的部门进行的或者命令作出的拘留；

（4）未满足法律允许的条件而作出的拘留。

2. 申请书可以由被拘留或者任何其他享有政治权利的公民提出。

3. 个人和机构不正当地阻碍被拘留人和其他公民提交以上两款所指的申请书的，或者不正当地阻碍将申请书移送至有管辖权的法官的，可以对其处以《刑法典》第 382 条所规定的刑罚。

第 221 条　程序

1. 法官收到申请后，只要认为申请并非明显无理由，应当作出命令或者在有需要时电话命令立即移送被拘留人。相关个人或者机构拒不移送的，对其以加重违令罪处罚。

2. 在发出前款所指的命令时，法官同时命令通知看守被拘留人的机构或者该机构的代表人，应当在移送时在场，并且将对申请书作出决定所需的信息和说明材料准备齐全。

3. 法官在听取检察院的意见，以及被拘留人的委托辩护人或者为此目的被指定的辩护人的意见后，对申请作出裁判。

4. 法院以明显无理由为由拒绝该申请的，对申请者处以缴付 6 个纳税单位至 20 个纳税单位罚金的处罚。

第 222 条　因违法拘禁而作出的人身保护令

1. 对任何以违法的方式被拘禁的人，由最高法院应申请作出人身保护令。

2. 申请应当由被拘禁人或者任何享有政治权利的公民向最高法院院长提出。申请应当一式两份，提交至作出维持羁押命令的机构。并且以违法的方式拘禁应当是依据下列情况导致的：

（1）无相关权限的部门进行的或者命令作出；

（2）未满足法律允许的条件而作出的；或者

（3）实际拘禁的时间超出法律规定的或者法院判决所设定的期限。

第 223 条　程序

1. 申请书应当连同关于进行或者维持拘禁的情况报告，立即呈送最高法院院长。

2. 如果根据报告显示拘禁正在进行中，最高法院院长应当召集刑事庭会议，以便刑事庭在随后 8 日内进行评议。同时，最高法院院长应当通知检察院和被拘禁人的辩护人。被拘禁人未委托辩护人的，最高法院院长为其指定辩护人。本法典第 424 条和第 435 条的规定相应地予以适用。

3. 裁判书的撰写人应当对申请书和对申请书进行的回应作出阐述。阐述完毕后，由检察院和辩护人各发言 15 分钟；随后由刑事庭进行评议，并且立即将所作的评议公布。

4. 可以经评议作出如下决定：

（1）因缺乏足够依据而驳回有关申请；

（2）命令立即将被拘禁人交由最高法院处理，并安置于最高法院指定的地点。同时，委任一位法官在指定的期限内调查关于拘禁是否满足合法的条件；

（3）命令在 24 小时内将被拘禁人移送至有管辖权的法院，相关个人或者机构拒不移送的，对其以加重违令罪处罚；

（4）认定实施拘禁确属违法；须命令立即释放被拘禁人的，则作出命令。

5. 根据前款第 2 项的规定下令进行调查的，应当将调查报告呈送刑事庭，以便其在 8 日内作出合乎情况裁判。

6. 最高法院以明显无理由为由拒绝该申请的，对申请者处以缴付 6 个纳税单位至 30 个纳税单位罚金的处罚。

第 224 条　不遵守裁判

对于不遵守最高法院就人身保护令的申请所作出裁判的当事人和机构，可以酌情对其处以《刑法典》第 369 条第 4 款或者第 5 款所规定的刑罚。

第五章　因违法或者不合理地剥夺自由而进行的损害赔偿

第 225 条　种类

1. 因明显违法原因而被拘留、羁押或者被监视居住的，在下列情况下，就被剥夺自由而受到的损害可以向有管辖权的法院申请获得赔偿：

（1）本法典第 220 条第 1 款或者第 222 条第 2 款规定的被非法剥夺自由的情况；

（2）在审查构成剥夺自由条件的事实时存在严重错误；或者

（3）经证实犯罪嫌疑人非犯罪行为人，或者其事实行为合理的。

2. 前款第 2 项和第 3 项所述情况，如果是因被羁押人的故意或者过失而造成的，则对于剥夺自由的赔偿程序应当终止。

第 226 条　期间和正当性

1. 在任何情况下，损害赔偿的请求均不得在被拘留或者拘禁获释 1 年后，或者就有关的刑事诉讼程序作出确定性判决 1 年后提出。

2. 被不合理地剥夺自由的当事人死亡，而其本人生前未放弃请求损害赔偿权的，则其未分居和分割财产的配偶、直系血亲卑亲属和直系血亲尊亲属可以申请获得损害赔偿。判给各申请赔偿者的损害赔偿总和，不得超过应当判给被拘留或者被拘禁当事人的损害赔偿。

第二部分

第六卷 初步阶段

第一编 一般规定

第三章 拘 留

第 254 条 目的

1. 进行以下各条所指的拘留，应当基于以下目的：

（1）在最长不超过 48 小时内，将被拘留人送至适用简易诉讼程序的审判，或者移交有管辖权的法官以便对其进行首次司法讯问，或者对其采用或执行强制措施；或

（2）确保被拘留人立即在司法机关处出席诉讼行为，或者如果不可能立即到案，则在不超过 24 小时的期限内尽早到场。

2. 以适用或执行羁押为目的，对现行犯以外的犯罪嫌疑人实施的拘留，应当移送给法官，本法典第 141 条的规定相应地予以适用。

第 255 条 对现行犯进行的拘留

1. 对可判处徒刑的现行犯：

（1）任何司法机关或者刑事警察机关须进行拘留；

（2）如前项所规定的机关均不在场，也不能及时到场，任何人可以进行抓捕。

2. 对于前款第 2 项中规定的情况，实行抓捕的人员应当立即将被抓捕人扭送至前款第 1 项规定的任一机关，由该机关制作接收的摘要笔录，并依据本法典第 259 条的规定进行有关程序。

3. 如果有关犯罪为非经告诉不得进行刑事程序的案件，则只有告诉人在对其进行抓捕后随即行使告诉的权利，才可以对该犯罪嫌疑人实施拘留。在立即告诉的情况下，司法机关或者刑事警察机关应当制作笔录或者命令制作笔录，并且在笔录中记录告诉的相关信息。

4. 对于非经自诉不得进行刑事程序，则不得对现行犯进行拘留，仅可以对实施违法行为的行为人进行身份识别。

第 256 条 现行犯

1. 行为人正在实施或者刚实施完毕犯罪行为的，均为现行犯。

2. 行为人在犯罪行为后正在被任何人进行追捕；或者在实施犯罪行为后，被发现带有能清楚显示其刚实施或者参与实施犯罪行为的物件或者迹象的，也视为现行犯。

3. 对于继续犯的情况，则仅在犯罪行为正在实施，以及行为人正参与犯罪行为的迹象十分明显时，才构成继续犯的现行犯。

第 257 条　对非现行犯的拘留

1. 对非现行犯的拘留，仅可以通过法官的命令进行；在可采用羁押措施的下列情况下，检察院也可以对非现行犯进行拘留：

（1）基于有依据的理由相信犯罪嫌疑人不会自愿在法定期间到司法机关；

（2）出现本法典第 204 条中规定的某一具体情况，且拘留足以起到预防作用；或者

（3）当显示对受害者的保护，必不可少地需要对犯罪嫌疑人进行拘留。

2. 属于下列情况的，刑事警察机关也可以主动作出对非现行犯进行拘留的决定：

（1）可以对其采用羁押措施；

（2）确有资料表明拘留能够预防有关人员的逃匿或者保证被指控行为继续；以及

（3）因紧急并且如果延误将构成危险的情况下，无法等待司法机构的介入。

第 258 条　拘留命令书

1. 拘留命令书应当一式三份，并且载有下列信息，否则无效：

（1）发出日期，以及有管辖权的司法机关或者刑事警察机关的签名；

（2）应当被拘留的人员的身份信息；以及

（3）导致拘留的事实，以及依法构成可以适用拘留的情节的说明。

2. 因紧急并且如果延误将构成危险的情况下，允许以任何电子通信途径作出拘留的决定，但是随后应当立即以前款规定的命令书进行确认。

3. 应当向被拘留人出示拘留命令书，并且将其中一副本交付被拘留人。属于前款规定的情况的，则向被拘留人出示有关拘留的命令，说明拘留命令、作出拘留命令的司法机关或者刑事警察机关，以及本条第 1 款规定的各项要件，并且向被拘留人交付相关副本。

第 259 条　告知义务

任何刑事警察机关进行拘留时，均应当依据下列情况立即作出相关告知：

（1）实施拘留旨在达到本法典第 254 条第 2 项规定的目的，应当对发出拘留命令书的法官作出告知；

（2）属于其他情况的，应当向相应的检察院作出告知。

第 260 条　实行拘留的一般条件

本法典第 192 条第 2 款和第 194 条第 9 款的规定相应地予以适用于拘留。

第 261 条　对被拘留人的立即释放

1. 如确有证据显示拘留适用对象错误，或者在法律不允许的情况下进行拘留，或者实施该措施已经确无必要，有关机构应当依据本章的规定命令实施拘留或者接收被拘留人的机关，立即释放被拘留人。

2. 前款规定的机关不是司法机关的，应当编写该事件的摘要报告，并且立即将该报告转交检察院；前款规定的机关是司法机关的，则应当作出释放被拘留人的批示。

瑞　　典

瑞典司法程序法典*

第二编　普通程序

二、刑事案件程序

第二十四章　拘留与逮捕

第 1 条　有合理根据怀疑犯罪嫌疑人犯有可处 1 年或 1 年以上监禁刑的犯罪，经过考虑犯罪性质、犯罪嫌疑人的状况或其他因素，认为其有实施下列行为的危险的，可以拘留：

1. 逃跑或以其他方式逃避诉讼或惩罚的；

2. 转移证据或以其他方式妨碍对争议事项的调查的；或

3. 继续实施犯罪的。

对于应处 2 年以上监禁刑的犯罪的犯罪嫌疑人应予拘留，拘留明显无根据的除外。

＊　本译本根据瑞典政府官网提供的英语文本翻译。

仅在有理由认为拘留价值超过了实施后对犯罪嫌疑人或他人利益造成的侵害或其他损害时，才可以适用拘留。

可以推断犯罪嫌疑人仅会被判处罚金的，不得拘留。（1989 年 650 号法）

第 2 条　有合理根据怀疑其犯罪的犯罪嫌疑人，具有下列情形之一的，不论犯罪性质如何，均可进行拘留：

1. 身份不明，不提供姓名及住址，或提供虚假姓名及住址的；或者

2. 居住在瑞典国外且存在其可能逃离瑞典以逃避诉讼或惩罚的合理风险的。（1987 年 1211 号法）

第 3 条　有合理根据怀疑其犯罪的犯罪嫌疑人，具有下列情形之一的，除依据第 19 条所规定的限制外，均可进行拘留：

1. 符合第 1 条第 1、3、4 款或第 2 条规定的拘留条件；且

2. 拘留对该犯罪的后续调查特别重要的。（1989 年 650 号法）

第 4 条　考虑到犯罪嫌疑人的年龄、健康状况或类似因素而担心拘留会对其造成严重伤害的，仅在不能为犯罪嫌疑人提供拘留以外的充分监管时才可以拘留。该规定同样适用于刚生育不久，而担心拘留会对婴儿造成严重伤害的妇女。犯罪嫌疑人拒绝接受监管的，应当拘留。

对于不足 18 周岁的人的拘留适用特殊限制规定。

关于在拘留场所的出行禁止及报告义务，适用第二十五章的强制性规定。（1987 年 1211 号法）

第 5 条　拘留决定由法院签发。拘留决定应说明涉嫌的犯罪和拘留的依据。

拘留的撤销适用第 20 条的规定。（1987 年 1211 号法）

第 5a 条　法院决定拘留，并下令羁押或同意延长拘留期限以提起诉讼的，应同时应检察官的申请，审查是否可以限制被拘留者与外界的交流。只有存在犯罪嫌疑人可能转移证据或以其他方式妨碍对争议事项进行调查的风险时，才可准许此限制。

此后发生的情况表明有必要的，即使法院没有允许，检察官也可以决定限制被拘留者与外界的接触。检察官作出此决定，应于当日或不迟于次日申请法院审查第 1 款所规定的事项。申请提交法院后，法院应尽快并于 1 周内就该问题召开听证会。主持程序的法院应遵守有关拘留听证会的规定。

法院在下令对他人继续拘留的同时不准许延长限制期限的，或不同意延长拘留期限以提起诉讼的，则对限制的准许失效。（1998 年 601 号法）

第 6 条　有理由拘留的，在等待法院就拘留问题作出决定时可以对其实施逮捕。

缺乏充分的拘留理由，但羁押对进一步侦查特别重要的，可以对合理怀疑

有犯罪嫌疑的人实施逮捕。

逮捕决定由检察官作出。逮捕决定应说明涉嫌的罪名和逮捕依据。（1987年1211号法）

第7条 有逮捕理由的，警察在紧急情况下可以不经逮捕决定而对犯罪嫌疑人进行拘押。

犯有应处监禁刑的犯罪的人在实施犯罪或逃离现场时被发现的，任何人都可以对其进行拘押。同样，任何人都可以对通缉犯进行拘押。被拘押者应立即被移交最近的警察。（1987年1211号法）

第8条 逮捕令在被逮捕者不在场时下达的，执行逮捕后应立即由警察或检察官对被逮捕者进行询问。剥夺被逮捕者的人身自由尚未告知检察官的，应立即告知。询问后，检察官应立即决定是否逮捕犯罪嫌疑人。

警察或检察官在依据第7条的规定实施拘押后应尽快进行询问。剥夺被拘押者的人身自由尚未告知检察官的，应立即告知。询问后，检察官应立即决定是否逮捕犯罪嫌疑人。不逮捕的，应立即撤销对犯罪嫌疑人的拘押令。

在告知检察官已经采取的剥夺人身自由措施前，明显不再具备继续剥夺人身自由的理由的，警察机关可以撤销拘押决定。根据同一前提作出的与该拘押直接相关的决定，可以由作出该决定的警察撤销。

有理由逮捕犯罪嫌疑人而犯罪嫌疑人在逃的，检察官可以决定通缉。（1998年24号法）

第9条 拘押或逮捕某人，或执行第8条第1款规定的逮捕令时，应告知其涉嫌的犯罪及逮捕的理由。一经逮捕即应通知其直系亲属或与其关系特别密切的其他人，除非有碍侦查。但无特殊理由不得违背被逮捕者的意愿进行通知。（1998年24号法）

第10条 作出逮捕令的理由消失的，检察官应立即撤销逮捕令。（1987年1211号法）

第11条 逮捕令不撤销的，检察官应在第12条规定的期间内以口头或书面形式向法院申请对被逮捕者的拘留令。

在申请中，检察官应说明所涉嫌的犯罪、申请拘留的理由，及犯罪嫌疑人被剥夺人身自由的时间。

在可能的情形下，检察官应立即将拘留令申请告知被逮捕者及其辩护律师。（1987年1211号法）

第12条 拘留令申请的作出不得延误，且不得超过逮捕令作出后第3日的12时。

检察官在犯罪嫌疑人不在场时下达逮捕令的，第1款规定的期间应自逮捕令执行之日起计算。

拘留令申请未在规定的期间提交的，检察官应立即撤销逮捕令。（1995 年 1310 号法）

第 13 条 已经提交拘留令申请的，法院应无延误地召开拘留问题听证会。

拘留听证会的召开不得迟于拘留犯罪嫌疑人或执行逮捕令后的第 4 日。（1995 年 1310 号法）

第 14 条 申请进行拘留的人应出席听证会，且除非有特殊理由，被逮捕者也应出席听证会。

申请进行拘留的人应说明申请的理由。该规定同样适用于申请作出第 5a 条规定的限制准许的情形。被逮捕者及其辩护律师应有机会发表意见。除侦查案卷内容和双方当事人的其他陈述外，对犯罪的调查也不得在听证时提交，除非有特殊理由。（1998 年 601 号法）

第 15 条 在可能的情形下，拘留听证会应不间断地进行，直到结束。

法院不得延期进行听证，有特殊理由的除外。除非犯罪嫌疑人申请，否则听证延期不得超过 4 日。

拘留听证延期的，逮捕令继续有效，法院作出不同决定的除外。（1987 年 1211 号法）

第 16 条 法院应根据听证会的结果及时对拘留问题作出决定。

法院决定对未到庭的犯罪嫌疑人进行拘留的，适用第 17 条第 3、4 款的规定。

法院决定不拘留的，应立即撤销逮捕令。（1987 年 1211 号法）

第 17 条 检察官可以要求法院下令拘留未被逮捕的人。起诉后，法院可以应被害人的申请或自行作出该类决定。

已经依据第 1 款的规定提出拘留问题的，法院应尽快召开拘留听证会。第 14 条至第 16 条的规定在适当范围内适用于此类听证会。已传唤犯罪嫌疑人出席听证，或有理由认为其已逃跑或隐匿的，犯罪嫌疑人不到庭也不能阻止法院召开听证会。被害人经传唤仍不到庭的，法院也可以就拘留问题作出决定。

法院决定对未到庭的犯罪嫌疑人进行拘留的，拘留令执行或到庭障碍消失后应立即通知法院。

法院依据第 3 条的规定已经得到通知的，应无延误地就拘留问题召开听证会。拘留听证会的召开不得迟于执行拘留令或犯罪嫌疑人到庭障碍消失后的第 4 日。（1995 年 1310 号法）

第 18 条 法院决定拘留的，应规定一个应予起诉的期间，已经起诉的除外。法院不得选定一个必要时间之后的时间。

规定的时间不够，且在期限届满前提出申请的，法院可以延长期限。在可能的情形下，犯罪嫌疑人及其辩护律师应有机会发表意见。

未在 2 周内提起诉讼的，在犯罪嫌疑人被拘留直至起诉期间，法院应在每隔不到 2 周的时间内就拘留问题召开一次新的听证会。在听证中，法院应确保调查工作尽快进行。考虑到调查工作需要或其他情形，有证据证明在前述期间内召开听证会不起作用的，法院可以延长间隔期。

依据第 3 条的规定决定拘留或对未到庭的人决定拘留的，法院无须规定应予起诉的期间。（1987 年 1211 号法）

第 19 条　出庭的犯罪嫌疑人依据第 3 条的规定被拘留的，检察官在有合理依据确信犯罪嫌疑人实施了犯罪时应立即告知法庭。法庭应无延误地就拘留问题召开新的听证会。无论检察官是否告知，法庭都必须在决定拘留后的 1 周内召开听证会。

听证会表明没有合理依据确信犯罪嫌疑人实施了犯罪或拘留理由不复存在的，法庭应立即撤销拘留决定。（1995 年 1310 号法）

第 20 条　具有下列情形之一的，法院应立即撤销拘留令：

1. 在第 18 条规定的期间内，检察官既未起诉也未申请延期的；

2. 作出拘留令所依据的理由不复存在的。

检察官可以在起诉前的任何时间撤销拘留令。检察官应将此事项立即通知法院。

第 21 条　判决时犯罪嫌疑人仍被拘留的，法院应依据本章的规定决定在判决生效前是否继续拘留。犯罪嫌疑人未被拘留的，法院可以下令拘留。有关限制准许令，适用第 5 条的规定。

在适用第 1 款的规定时，本章关于在犯罪嫌疑人可能逃避处罚的案件中采取拘留的规定，同样适用于犯罪嫌疑人可能逃避被驱逐出境的情形。法院决定驱逐出境的，即便对该犯罪未规定 1 年或 1 年以上监禁刑，也可以下达拘留令。但已决犯在执行该案判处的自由刑期间，不得适用拘留令。（1998 年 601 号法）

第 22 条　被拘押、逮捕或拘留者应予羁押。但考虑到拘押目的认为没有必要的，不必进行羁押。被拘留者应无延误地送至拘留所。

对已经下达拘留令的犯罪或被拘留者涉嫌的其他犯罪的调查，在第 1 款规定以外的其他地点进行羁押极为重要，法院可以应检察官的申请，指令被拘留者不送往拘留所，直至得到进一步通知。被拘留者已关押在拘留所的，法院或检察官也可以为询问或其他目的而指令将其转移至其他地点。

对正在或已经进行过法庭调查的被拘留者的羁押，另有专门规定。（1998 年 24 号法）

第 23 条　任何涉嫌犯罪的人都不得羁押，除非依据本章或其他法律规定。

第二十三章包含了有关涉嫌犯罪者有义务接受询问的规定。(1987 年 1211 号法)

第 24 条　被逮捕或拘留者的遭遇以及对被错误逮捕、拘留者的公共基金赔偿，适用专门规定。法院对侦查负责人或检察官限制被拘留者与外界交流之决定的审查，适用本规定。(1998 年 601 号法)

第二十五章　出行禁止与报告义务

第 1 条　被合理怀疑犯有应处监禁刑的犯罪的人，考虑到犯罪性质、犯罪嫌疑人的情况或其他事项，有理由认为其有逃跑或以其他方式逃避诉讼或处罚风险，但又没有拘留或逮捕理由的，可以指令其不得离开指定的居住地点（出行禁止），或者规定其必须定时向警察机关报告（报告义务）。犯罪嫌疑人有逃离瑞典以逃避诉讼或处罚的风险的，不管其所犯罪是何性质，都可以作出出行禁止或报告义务的决定。

具有拘留或逮捕理由但认为通过出行禁止或报告义务足以达到逮捕或拘留目的的，对于第 1 款规定之外的其他情形，也可以作出出行禁止或报告义务的决定。

仅在有理由认为其价值超过了实施后对犯罪嫌疑人或他方利益的侵害或其他损害时，才可以作出出行禁止或报告义务的决定。(1989 年 650 号法)

第 2 条　在有关出行禁止或报告义务的决定中，可以要求犯罪嫌疑人在规定时间待在居住地或工作场所。也可以规定对其进行监督所需的其他条件。此外，可以同时规定出行禁止和报告义务。

有关出行禁止的规定同样适用于报告义务。(1981 年 1294 号法)

第 3 条　出行禁止令由检察官或法院签发。

法院可以应检察官的请求或根据该院对犯罪嫌疑人进行拘留或羁押的决定，对出行禁止问题进行审查。起诉后，法院可以自行或应被害人请求审查出行禁止问题。

在庭上提出出行禁止问题的，法院应尽快就此召开听证会。第二十四章第 17 条的相关规定在适当范围内适用于听证会。延误将导致风险的，法院可以立即签发直至下达不同指令前一直有效的出行禁止令。(1981 年 1295 号法)

第 4 条　出行禁止令中应包含涉嫌的犯罪，说明犯罪嫌疑人应逗留的地点及其必须遵守的其他条件。出行禁止令中应包含违反禁止规定或不遵守与禁止规定相关的条件将受到制裁的提醒。

出行禁止令应送达犯罪嫌疑人。

第5条 犯罪嫌疑人可以申请法院审查由检察官签发的任何出行禁止。不存在特殊障碍的，法院应尽快在不迟于接到申请后的第4日召开第3条所规定的听证会。已安排在申请登记1周内进行主审的，听证会可以延至主审，法院发现应召开特别听证会的除外。（1981年1294号法）

第6条 法院签发或维持出行禁止令且尚未提起诉讼的，应规定诉讼提起的期间。该期间不得超出法院认为必要的时间。其他情形下，诉讼应在出行禁止令签发后1个月内提起。

法院认为第1款规定的期间不足，且延期申请在原期限届满前提出的，法院可以决定延长期限。

第7条 在第6条规定的起诉期限内未起诉，或未向法院提交延期申请，或没有出行禁止的其他原因的，出行禁止应立即撤销。

撤销出行禁止由检察官作出。法院作出或确认出行禁止的，该命令的撤销也由法院作出。否则，出行禁止的终止令就由检察官作出。法院可以授权检察官针对出行禁止或与禁止相关的规定制定暂时的例外规则。

第二十四章第21条关于拘留的规定同样适用于出行禁止。（1981年1294号法）

第8条 在向上级法院提起上诉的案件中提出出行禁止问题的，上级法院可以不经听证即作出决定。听证会被认为有必要召开的，应尽快召开。第二十四章第17条的相关规定适用于此类听证会。

第9条 犯罪嫌疑人违反出行禁止或不遵守附加条件的，应立即逮捕或拘留，除非明显缺乏理由。

瑞 士

瑞士刑事诉讼法典[*]

第五编 强制措施

第一章 通 则

第 196 条 定义

强制措施是指刑事司法机关实施的限制有关人员基本权利并实现如下目的的诉讼行为：

a. 保护证据；

b. 确保其在诉讼时到场；

c. 保障终局判决的执行。

第 197 条 原则

1. 只有满足下列条件，才可以采取强制措施：

a. 该措施是法律所允许的；

b. 存在犯罪已经实施的合理怀疑；

c. 适用限制性更小的措施无法达到目的；

d. 犯罪的严重程度足以采用该强制措施。

2. 在采取强制措施限制未被指控犯罪人的基本权利时要特别谨慎。

第 198 条 资格

1. 强制措施可以由下列主体决定：

a. 检察官；

b. 法院，或者在紧急情况下，其程序主导者；

c. 在法律特别规定的情况下由警察决定。

---

[*] 本法典于 2007 年 10 月 5 日由瑞士议会批准，2011 年 1 月 1 日起实施。本译本根据瑞士议会官网提供的英语文本翻译。

2. 联邦和各州可以将警察决定或实施强制措施的权力限于特定级别或职能的警官。

第 199 条　命令的通知

当强制措施必须以书面形式决定并无须保密时，直接利害关系人应被送达 1 份令状和确认收到后与执行相关的记录。

第 200 条　武力的使用

实施强制措施时，武力可以作为最后的方法；任何使用都必须是合理的。

第二章　传唤、拘传和通缉

第一节　传　唤

第 201 条　形式与内容

1. 传票应当由检察官、违警罪追诉机关以及法院以书面形式签发。

2. 其内容包含：

a. 签发传票的刑事司法机关的名称以及该诉讼活动执行者的姓名；

b. 被传唤人的姓名及其参与诉讼活动的身份；

c. 传唤的理由，如果侦查目的允许披露此种信息；

d. 到场的日期、时间和地点；

e. 要求必须亲自到场的通知；

f. 无正当理由未能到场的法律后果的警告；

g. 签发传票的时间；

h. 签发传票者的签名。

第 202 条　期间

1. 传票应在如下期间送达：

a. 在预审程序中：至迟在诉讼活动进行前 3 日；

b. 在法庭程序中：至迟在诉讼活动进行前 10 日。

2. 公告送达应当至少在诉讼活动进行前 1 个月予以公示。

3. 在决定诉讼活动的日期时，应当适当考虑被传唤人能否参与。

第 203 条　例外

1. 在下列情形下，传票可以前述规定以外的方式并在更短的期限内签发：

a. 紧急情形下；或者

b. 经被传唤人同意。

2. 诉讼活动进行时在场或者被羁押的任何人均可即刻询问而无须签发传票。

第 204 条　安全通行证

1. 如果必须传唤身处境外的人，检察官或负责法庭程序的人可以保证其安全通行。

2. 被保证安全通行的人不得因其到达瑞士以前的行为或罪名而被采取逮捕或其他限制其人身自由的措施。

3. 安全通行证可以附加条件。在这种情况下，必须告知有关人员如其未能遵守相关条件则其安全通行证失效。

第 205 条　到场义务、无法到场的情形以及不到场

1. 任何被刑事司法机关传唤的人都必须遵守传票的规定。

2. 任何无法遵守传票到场的人都必须立即通知签发传票的机关；其必须说明不能到庭的理由并且如有可能提供书面证据。

3. 如果存在正当理由可以撤销传唤。一旦被传唤人接到通知，传唤的撤销即生效。

4. 无正当事由未能遵守检察官、违警罪追诉机关或法院签发的传票或者比传唤时间迟到的任何人都应当被判处一定数额的罚金，并且有可能被警察带至有关机关面前。

5. 前款不适用于缺席审判程序。

第 206 条　警察传唤

1. 在警察调查过程中，警察可以为了询问、查明身份或者其他辨认程序的目的而进行传唤，不须遵守特定格式或者期限的要求。

2. 任何未能遵守警察传唤的人都有可能基于检察官签发的令状而被带至相关机关面前，前提是被传唤人已经被书面警告将会采取此种措施。

第二节　警察强制到场

第 207 条　适用条件与资格

1. 警察可将有下列情形者带至某机关面前：

a. 其未能遵守传票要求；

b. 有特定迹象表明其不会遵守传票要求；

c. 在与重罪或轻罪有关的程序中，其立即到场对程序利益至关重要；

d. 存在其实施了重罪或轻罪的强烈怀疑并且有理由相信存在羁押此人的依据。

2. 强制到场应当由程序主导者命令。

第 208 条　命令的形式

1. 强制到场命令以书面令状的形式作出。在紧急情形下，可以口头命令

形式；但是必须随后以书面形式加以确认。

2. 令状应当包含传票的细节，如果为了执行令状而有必要，还应包含允许警察使用武力和进入建筑物、住宅以及其他一般不得进入的场所的明确授权。

第 209 条 程序

1. 在执行强制到场令状时，警察应当竭尽全力保护被执行人。

2. 他们应当向被执行人出示强制到场令并立即或在指定时间将其带至有关机关面前。

3. 司法机关应当立即以他们能够理解的语言告知被执行人强制到场的原因，实施诉讼行为并在其后立即释放被执行人，除非司法机关正在申请将其还押或者对其采取预防性羁押措施。

第三节 通缉或追寻财物

第 210 条 原则

1. 检察官、违警罪追诉机关和法庭可以下令通缉那些必须在诉讼程序中到场而又不知去向的人。在紧急情形下，警察可以自己下令追捕通缉犯。

2. 如果对某人实施了重罪或轻罪存在强烈怀疑并且有理由相信存在羁押某人的理由，则可以签发令状逮捕该人并将其带至有关机关面前。

3. 除非检察官、违警罪追诉机关或者法院作出其他决定，警察负责抓捕通缉犯。

4. 第 1 款和第 3 款参照适用于财物的追寻。

第 211 条 公众协助

1. 可以要求公众在抓捕通缉犯或者追寻涉案财物过程中提供协助。

2. 联邦和各州可以规定奖赏协助抓获通缉犯和追回涉案财物的公众成员。

第三章 剥夺自由、羁押待审以及预防性羁押

第一节 通 则

第 212 条 原则

1. 被告人应保持自由之身。只有按照本法典的规定才能对其采取剥夺人身自由的强制措施。

2. 一旦符合下列条件，必须撤销剥夺人身自由的强制措施：

a. 不再符合相关条件；

b. 本法或者法院所确定的强制措施期限届满；或者

c. 替代性措施可以达到同样目的。

3. 羁押待审和预防性羁押不得超过可能判处的监禁刑的刑期。

第 213 条　进入不动产

1. 如果为了阻止或逮捕某人而有必要进入房屋、住宅或其他一般不得进入的场所时，必须遵守搜查不动产的有关规定。

2. 如果拖延存在风险，警察没有搜查证也可以进入相关场所。

第 214 条　通知

1. 如果某人被逮捕、羁押待审或者被采取了预防性羁押措施，有关刑事司法机关应当立即通知：

a. 其近亲属；

b. 其雇主或有关的使领馆，如果有此要求。

2. 如果侦查目的不允许或者当事人明确表示无须通知的，则不需要通知。

3. 当被捕者被采取了剥夺人身自由的强制措施，依赖其扶养者由此遭遇生活困难的，则刑事司法机关应当通知相关的社会服务机构。

4. 除非被害人明确表示无须告知，否则应当告知被害人有关被告人被羁押待审或被采取预防性羁押措施或者被释放或逃匿的情况。如果这些信息会使被告人陷入极大危险，则不可以提供。

第二节　警察拦截和追捕的权力

第 215 条　警察的拦截权

1. 为了侦查犯罪，警察可以拦截某人并且为了下列目的如有必要可以将此人带至警察局：

a. 确认某人身份；

b. 简短询问某人；

c. 查明某人是否实施了犯罪；

d. 查明其是不是被通缉的人或其财物是不是被追寻的财物。

2. 警察可以要求其拦截的人：

a. 提供个人信息；

b. 提供身份证件；

c. 提交在其掌握之中的财物；

d. 打开容器或车辆。

3. 他们可以要求公众协助其实施拦截。

4. 如果有特定迹象表明犯罪已被实施或者犯罪嫌疑人在某个特定的地点，警察可以隔离该地点并拦截住在那里的人。

第 216 条　追捕

1. 在紧急情形下，警察有权在另一个镇、另一个州或者如国际条约允许，在另一个国家追捕并拦截犯罪嫌疑人。

2. 如果被拦截者随后被逮捕，其应当立即被移交给拦截发生地的有权机关。

第三节　逮　捕

第 217 条　警察逮捕

1. 如有下列情形，警察必须逮捕某人并将其带至警察局：

a. 在某人实施重罪或轻罪时当场抓获此人或者在其实施了犯罪之后即刻遇到此人；

b. 某人是逮捕令状上的抓捕对象。

2. 如果基于调查或者其他可靠信息，某人具有实施重罪或轻罪的嫌疑，则警察可以逮捕该人并将其带至警察局。

3. 如果警察在某人正在实施违警罪时当场将其抓获，或者警察在某人实施犯罪之后即刻遇到该人并且具有下列情形，则警察可以逮捕该人并将其带至警察局：

a. 该人拒绝提供个人详细信息；

b. 该人不住在瑞士且不能立即为可能判处的罚金提供担保；

c. 为了防止其继续实施违警罪而有必要逮捕。

第 218 条　由公民个人实施的逮捕

1. 当没有足够时间取得警察协助时，如果符合下列条件，普通公众有权逮捕某人：

a. 他们在某人正在实施重罪或轻罪时当场抓获该人或者他们在该人实施了犯罪之后立即遇到该人；或者

b. 公众被要求协助抓获被逮捕人。

2. 在进行逮捕时，公民个人在符合第 200 条的情形下才能使用武力。

3. 被捕者必须尽可能迅速地被移交给警察。

第 219 条　警察程序

1. 警察在逮捕后应当立即确认被捕者的身份，以一种该人能够理解的语言通知其被逮捕的理由并告知该人第 158 条所规定的权利。之后，他们应当立即通知检察官有关逮捕的情况。

2. 随后他们应当依照第 159 条就涉嫌的犯罪讯问被捕者，且为了确认或推翻指控以及任何其他逮捕理由而立即开展适当的侦查。

3. 如果侦查揭示不存在羁押的理由或者该理由已不适用，他们应当立即释放被捕者。如果侦查确认了犯罪嫌疑人以及羁押理由，他们应当立即将该人移交检察官。

4. 任何情形下都应在 24 小时内释放或移交，如果某人在被捕之前被拦截，被拦截的时间应当计入该期限。

5. 如果警察已经依据第 217 条第 3 款暂时逮捕了某人，如果羁押令是由联邦或州所授权的警察官员下达的，该人只能被羁押 3 小时。

第四节　羁押待审和预防性羁押：通则

第 220 条　定义

1. 羁押待审从其被强制措施法庭决定时起，到第一审法院收到起诉书、羁押性处罚速裁程序启动或者被告人在侦查中获释时止。

2. 预防性羁押是指从第一审法院收到起诉书到作出终审判决、开始执行羁押性处罚程序或者被告人被释放期间内的羁押行为。

第 221 条　要求

1. 只有当存在被告人实施了重罪或轻罪的强烈怀疑并且存在如下严重隐患时，才允许实施羁押待审与预防性羁押：

a. 被告人会通过逃匿来逃避刑事诉讼或者可能的处罚；

b. 被告人会为妨碍发现真相而影响其他人或者毁灭证据；或者

c. 由于被告人已经实施过类似犯罪，其可能通过实施重罪或轻罪而对他人的安全构成严重威胁。

2. 如果某人存在将践行其实施严重重罪威胁的重大隐患时，也允许采取羁押措施。

第 222 条①　上诉救济

被羁押者可以对决定、延长或终止其羁押待审或预防性羁押的命令向异议机关提出异议，但要遵守第 233 条的规定。

第 223 条　羁押程序中与辩护人的沟通

1. 辩护人在被告人接受讯问或者收集其他证据的羁押程序中可以在场。

---

① 经 2010 年 3 月 19 日《刑事司法机关法》附件第 2 部分第 7 条修改，自 2011 年 1 月 1 日起生效（AS 2010 3267；BBI 2008 8125）。

2. 在检察官或者法庭面前所进行的与羁押相关的程序中，被告人可以随时以书面或口头形式与其辩护人进行私密交流。

第五节　羁押待审

第 224 条　在检察官面前进行羁押待审程序

1. 检察官应当立即讯问被告人并给予被告人就其涉嫌的犯罪以及羁押待审理由进行陈述的机会。如果存在能够确认或推翻犯罪嫌疑以及羁押理由的证据，应当立即加以处理。

2. 如果犯罪嫌疑以及羁押理由得到确认，检察官应当立即（至迟在逮捕后的 48 小时内）向强制措施法庭申请对被告人羁押待审或者申请其他替代性措施。申请应当以书面形式提出，并附简要理由说明和最相关的案卷。

3. 如果检察官决定不申请羁押候审的，应当下令立即释放被告人。如果申请替代性措施的，应当采取必要的预防性措施。

第 225 条　强制措施法庭的羁押程序

1. 收到检察官的申请后，强制措施法庭应当立即安排由检察官、被告人及其辩护人参与的非公开听证；它可以要求检察官参加听证。

2. 如果有此要求，应当允许被告人及其辩护人在听证前查阅案卷。

3. 任何被允许不出席听证的人都可以以书面形式提交申请或者参考之前提交的意见或证据。

4. 强制措施法庭应当收集一切能够确认或推翻犯罪嫌疑或羁押理由的证据。

5. 如果被告人明确放弃获得听证的权利，强制措施法庭应当以书面审形式在检察官提交的申请和被告人提交的意见和证据基础上作出决定。

第 226 条　强制措施法庭的决定

1. 强制措施法庭应立即裁决，至迟应在收到申请后 48 小时内作出决定。

2. 应当立即将其决定口头通知检察官、被告人及其辩护人，如果他们不在场，以书面方式通知。然后应当向他们提供简要的书面理由说明。

3. 如果强制措施法庭下令被告人应当羁押待审，其应当通知被告人有权随时申请释放。

4. 在作出决定时，强制措施法庭可以：

a. 规定羁押待审的最长期限；

b. 指示检察官实施特定的侦查活动；

c. 命令羁押待审的替代措施。

5. 如果它决定不对被告人羁押待审，被告人应当立即被释放。

第 227 条　申请延长羁押待审的期间

1. 如果强制措施法庭所命令的羁押待审期间已经届满，检察官可以申请延长羁押待审期间。如果强制措施法庭未限制羁押待审的期间，申请必须在被告人被羁押满 3 个月之前提起。

2. 检察官应当至迟在羁押期间届满前 4 日向强制措施法庭提交书面申请来说明理由，同时移送最相关的案卷材料。

3. 强制措施法庭应当给被告人及其辩护律师查阅由其保管的案卷的机会并在 3 日内以书面形式进行答辩。

4. 在决定未作出之前，强制措施法庭可以命令暂时延长羁押。

5. 强制措施法庭应当至迟在收到答辩或者上述第 3 款所提到的期间届满之后的 5 日内作出决定。它可以指示检察官实施特定的侦查活动，或者命令采取替代性措施。

6. 该程序通常以书面形式进行，但是强制措施法庭可以下令进行听证，听证应当非公开进行。

7. 羁押待审期间最多可以延长 3 个月，或者在特殊情形下延长 6 个月。

第 228 条　解除羁押待审的申请

1. 被告人可以随时以书面或口头记录形式向检察官申请解除羁押待审，但要遵守下列第 5 款规定。申请必须附加 1 份简要的理由说明。

2. 如果检察官批准了申请，应当立即释放被告人。如果不批准申请，检察官应当在收到申请后的 3 日内将申请连同案卷以及自己的意见一同移交给强制措施法庭。

3. 强制措施法庭应将其意见送达被告人及其辩护律师并给他们 3 日时间进行答辩。

4. 强制措施法庭应当至迟在收到答辩或上述第 3 款所提到的期间届满后的 5 日内作出决定。如果被告人明确放弃其所获得的听证的权利，该决定可以以书面程序作出。第 226 条第 2～5 款参照适用于此种情况。

5. 强制措施法庭可以在其决定中确定最长 1 个月的期间，在此期间内不允许被告人再次提交解除羁押的申请。

第六节　预防性羁押

第 229 条　采取预防性羁押措施的决定

1. 当被告人已经羁押待审时，应由强制措施法庭接受检察官书面提起的采取预防性羁押措施的申请并决定是否采取该措施。

2. 当起诉后才出现羁押理由时，第一审法院的程序主导者应当类推适用第 224 条进行羁押程序并且应当要求强制措施法庭决定采取预防性羁押措施。

3. 强制措施法庭所进行的程序应当适用如下规定：

a. 在被告人未被羁押待审的情况下参照适用第 225 条和第 226 条；

b. 在被告人已被羁押待审的情况下参照适用第 227 条。

第 230 条　在一审期间解除预防性羁押

1. 被告人和公诉人可以在第一审期间申请解除羁押。

2. 申请必须向第一审法院的程序主导者提交。

3. 如果程序主导者批准申请，应当立即释放被告人。如果程序主导者不批准申请，应当移交强制措施法庭作出决定。

4. 第一审法院的程序主导者还可以在公诉人同意的前提下裁定释放被告人。如果公诉人不同意，则需强制措施法庭就此进行裁决。

5. 第 228 条的规定也可参照适用。

第 231 条　第一审法院判决后的预防性羁押

1. 第一审法院应当在其判决中决定被认定有罪的人应否被采取或者继续采取预防性羁押措施：

a. 以确保刑罚或强制措施能够得到切实执行；

b. 以考虑到上诉程序的可能性。

2. 如果被羁押的被告人获得无罪判决且第一审法院裁定将之释放，公诉人可以向第一审法院申请让上诉审的程序主导者裁定继续采取预防性羁押措施。在这种情况下，在上诉审程序主导者作出决定之前被羁押者应当一直保持羁押状态。上诉审的程序主导者应当在申请提起之日起的 5 日内对公诉人提交的申请作出决定。

3. 如果异议被撤回，第一审法院应当考虑如何将羁押期间折抵刑期。

第 232 条　上诉审程序期间的预防性羁押

1. 如果直到上诉审期间才出现羁押理由，上诉审的程序主导者应当命令将该人羁押以便在听审时能将其立即带至法庭。

2. 听证后 48 小时内应当作出决定；其决定是终局性的。

第 233 条　上诉审期间解除羁押的申请

上诉审程序主导者应当在 5 日内决定是否解除羁押；该决定是终局决定。

第七节　羁押待审和预防性羁押的执行

第 234 条　羁押中心

1. 羁押待审与预防性羁押通常在专为此目的而设以及除此之外仅用于执

行短期监禁刑的羁押中心执行。

2. 如果由于医疗原因而有必要，有关州机关可以安排被羁押人进入普通医院或精神病院治疗。

第 235 条　羁押的条件

1. 对被羁押者的人身自由限制应当以羁押目的以及羁押中心的秩序和安全所需为限度。

2. 被羁押者与其他人之间的接触需要程序主导者的授权。如有必要探访应被监控。

3. 程序主导者应当检查其往来邮件，但与监督者和刑事司法机关的通信除外。在预防性羁押期间，程序主导者可以将检查的任务授权给检察官。

4. 被羁押者可以自由与其辩护人交流，且其交流内容不被检查。如果有理由怀疑该项权利被滥用，程序主导者可以经强制措施法庭的批准在一定时间内限制其自由交流，前提是必须提前通知被羁押者和他的辩护人有关限制的决定。

5. 各州应当规定被羁押者的权利义务，他们获得法律救济的权利、制裁措施以及对羁押中心的监督。

第 236 条　刑罚和强制措施的快速执行

1. 如果程序状态允许，程序主导者可以批准被告人在预定日期以前就开始服监禁刑或者监禁措施。

2. 如果指控已经提出，程序主导者应当咨询公诉人。

3. 联邦和各州可以规定，在预计日期前执行某一强制措施需要得到执行机关的同意。

4. 一经刑罚机构接收，被告人就开始服刑或执行措施；从此开始被告人就要接受相关制度的规范，除非该制度与被告人羁押待审或者预防性羁押的目的相冲突。

第八节　替代性措施

第 237 条　通则

1. 如果采取一项或者几项轻缓措施能够达到与羁押待审或者预防性羁押相同的效果，那么相关的法庭应当采取这样措施。

2. 替代性措施具体包括：

a. 支付保证金；

b. 交存护照或身份文件；

c. 要求待在或者不得待在某一特定地点或特定房屋内；

d. 要求每隔一定时间向警察机关报告；

e. 要求正常就业；

f. 要求接受医学治疗或者医学检查；

g. 禁止与特定人接触。

3. 为了监督这些替代性措施，法庭可以命令使用技术设备并将其安全固定在被监督者身上。

4. 替代性措施的决定采用以及对这些措施的上诉参照适用有关羁押待审和预防性措施的规定。

5. 法庭可以随时取消替代性措施，或者在新的情况下有此要求或被告人未能遵守规定时，命令采取其他替代性措施或者命令采取羁押待审或者预防性羁押措施。

第 238 条　保证金的支付

1. 当存在被告人可能逃匿的风险时，为了确保被告人能出席所有诉讼活动或者开始执行一项监禁性处罚，相关法庭可以要求支付一定数额的金钱。

2. 保证金支付的金额根据被告人涉嫌犯罪的严重程度以及被告人的个人情况来确定。

3. 保证金的支付可以用现金或者瑞士境内永久建立的银行或担保公司签发的担保的方式进行。

第 239 条　保证金的返还

1. 下列情形应当返还保证金：

a. 羁押理由不再适用；

b. 刑事诉讼以终止诉讼或无罪释放结案；

c. 被告人已经开始执行监禁性处罚。

2. 在被告人支付的保证金返还以前，应当先扣除被告人被判处的任何金钱性惩罚、罚金、诉讼费和赔偿金。

3. 即将处理或者之前处理该案的有权机关应当就保证金的返还作出决定。

第 240 条　保证金的没收

1. 如果被告人在诉讼期间或者执行监禁刑期间逃匿，设定保证金的法院所在的联邦或州将没收其保证金。

2. 第三方支付保证金的，如果第三方向有关机关及时提交了信息使得被告人能够被抓获，则没收可以豁免。

3. 即将处理或者之前处理该案的有权机关应当就保证金的没收作出决定。

4. 没收的保证金应当类推适用《瑞士刑法典》① 第 73 条支付遭受伤害者

---

① 　SR 311.0

的民赔偿请求，如果仍有剩余，支付金钱性惩罚、罚金以及诉讼费。仍有的剩余应当上缴联邦和州。

土耳其

土耳其刑事诉讼法典[*]

第一编　总　则

第四章　证据保全措施

第一节　没有逮捕证而进行的逮捕和羁押

第 90 条　无证逮捕和执行无证逮捕采取的诉讼行为

当具有下列情形之一时，任何人都有权无须获得逮捕证而将其他人予以临时性的逮捕：

a）如果被另一个人看到其正在实施犯罪的；

b）在实施犯罪后被另一个人追逐的，如果有逃脱该人追逐可能的，或者不能马上确认其身份的。

在法官签发了逮捕证或者要求必须取得逮捕命令的案件中，并且可能会导致诉讼拖延的；如果不可能立即取得检察官或者他们的上级长官的批准，警官有权决定在没有逮捕证的情况下对某人实施逮捕。

尽管有的案件只有在被害人提出申请的情况下才能进行侦查和起诉，但是对于那些犯罪行为侵害的对象是未成年人或者由于身体或精神疾病而缺乏自主决定能力的人，或者残疾人，或者限制行为能力的人的案件，可以在没有逮捕证的情况下而对犯罪嫌疑人、被告人实施逮捕，并且无须被害人提出申请。

＊ 本法典于 2004 年 12 月 4 日由土耳其大国民议会批准，并于 2004 年 12 月 17 日予以发布，2005 年 6 月 1 日实施。本译本根据土耳其花园城市大学（Bahcesehir University）法学院 Feridun Yenisey 教授的英文版《土耳其刑事诉讼法典》一书翻译。该书语言为英语。

在采取措施以避免被逮捕人实施逃跑、自残和其他行为之后，警官应当立即向被无证逮捕的人告知其享有的法定权利。

根据前述第 1 款的规定，在没有逮捕证的情况下而对犯罪嫌疑人实施逮捕并移送警察部门的案件中，或者符合前述第 2 款规定的情形，从而在没有逮捕证的情况下对犯罪嫌疑人实施逮捕的案件中，逮捕后应当立即通知检察官；应当在得到检察官命令的情况下，才能开展下一步的诉讼活动。

在根据逮捕证而实施逮捕并且该命令已经被强制执行的案件中，由于不再需要逮捕证，法庭、法官或者检察官有权要求立即将逮捕证予以撤回。

第 91 条　羁押

根据本法典前面提到的条款，如果在没有逮捕证的情况下而被逮捕的人没有被检察官予以释放，那么基于完成相关侦查工作的目的，可以作出将其羁押的命令。羁押的期限不能超过 24 小时，从逮捕时开始计算；将犯罪嫌疑人移送至距离被逮捕地点最近的地方的法官或者法院的必要时间，不计算在内。将犯罪嫌疑人移送距离被逮捕地点最近的地方的法官或者法院的必要时间，不得超过 12 小时。

将犯罪嫌疑人予以羁押要求这一措施对于侦查而言是必要的，并且有证据让人相信犯罪嫌疑人实施了某种犯罪。

在共同实施的犯罪案件中，如果收集犯罪证据有困难，或者有多名犯罪嫌疑人，检察官可以书面决定将羁押期限延长 3 日，且每次延长的时间不得超过 1 日。延长羁押期限的命令，应当立即通知被羁押人。

在没有逮捕证的情况下而被逮捕的人，其辩护律师或者法定代理人，其配偶，或者具有一代或者二代血缘关系的亲属，可以针对没有逮捕证而实施逮捕这一行为，或者针对检察官作出的将犯罪嫌疑人予以羁押的书面决定或延长羁押期限的决定，向治安法官提出异议申请，以尽快释放被羁押人。治安法官应当立即对案卷材料进行审查，并在 24 小时内作出裁定。如果没有逮捕证而实施逮捕或者予以羁押或延长羁押期限是适当的，则应当驳回异议申请或者作出由检察官立即对没有逮捕证而被逮捕的人进行讯问的决定，同时附上侦查案卷。

由于羁押期限届满，或者根据治安法官作出的决定，在将没有逮捕证而被逮捕的人予以释放之后，同一个人不能因同一犯罪再次在没有逮捕证的情况下而被逮捕，除非获得了新的、足够的与犯罪有关的证据用以支持先前实施的无证逮捕活动，并且由检察官作出命令。

在被羁押人未被释放的案件中，应当最迟至这些期限届满之时将被羁押人传讯治安法官面前并进行审问。在审问犯罪嫌疑人时，其辩护律师也应当在场。

第 92 条　对羁押期间的监督

在履行司法职责过程中，首席检察官或被首席检察官指定的检察官应当对羁押犯罪嫌疑人的羁押中心进行检查。羁押中心应当为犯罪嫌疑人提供住宿，如果可以的话，包括会见室、被羁押人的实际状况、被羁押的理由以及羁押期限，还有与羁押相关的所有书面材料和诉讼行为，审查结果应当在被羁押人的记录本中注明。

第 93 条　对有证逮捕的人和无证逮捕的人的转移

在有逮捕证或者无逮捕证的情况下而被逮捕，并且从一个地方移送到另一个地方的人，如果有证据表明他们可能会逃跑或者有证据表明他们会对自己或者他人的生命或身体造成危险，应当给其佩戴手铐。

第 94 条　基于逮捕证的初次到庭

在侦查或者审查起诉阶段根据法官或法院签发的逮捕命令已经被羁押的犯罪嫌疑人，如果不能将其至迟在 24 小时内带到有资格的法官或者法庭面前，那么应当将犯罪嫌疑人至迟在 24 小时内带到最近的地区的治安法官面前进行讯问；如果没有将其逮捕，为了在最短的时间内将其带到有资格的法官或者法庭面前，应当签发命令将其逮捕。

第 95 条　将无证而被逮捕或被羁押的人的身份通知其亲属

犯罪嫌疑人在没有逮捕证的情况下而被逮捕、被羁押或者决定延长羁押期限的，应当按照检察官的命令，将犯罪嫌疑人的身份不迟延地通知他的一名亲属，或者被逮捕人或被羁押人指定的人。

在没有逮捕证而被逮捕的人或者被羁押的人是外国人的案件中，如果他没有以书面的形式提出异议的，应当将其身份通知其所属国在土耳其的领事馆。

第 96 条　将无证逮捕的情况通知有关各方

根据本法典第 90 条第 3 款的规定只有在有关主体提出申请的情况下才能对犯罪进行侦查和起诉，在无逮捕证的情况下而对犯罪嫌疑人实施逮捕的，应当将犯罪嫌疑人被逮捕的情况通知有权提出申请的人，如果有一个以上的利益相关主体，那么至少要告知其中的一个人。

第 97 条　无证逮捕的记录

在没有逮捕证的情况下而对犯罪嫌疑人实施逮捕的，应当对逮捕过程予以记录。在这份记录中，应当清楚地记载犯罪嫌疑人因为何种犯罪行为而被逮捕，在何种情形下被逮捕，在何地、何时被逮捕，谁执行的逮捕以及犯罪嫌疑人是由警察部门的哪个人确定的，一个清楚的指示应当包括已经完整地向犯罪嫌疑人作出说明的其享有的各项权利。

第 98 条　逮捕命令及其根据

在侦查程序中，如果犯罪嫌疑人经传唤没有到案，或者不能对他实施传唤，治安法官可以根据检察官的申请作出逮捕命令。此外，如果通过逮捕命令实施逮捕的申请已被驳回的，并对这一驳回决定提出了异议，审查机关应当对持有逮捕证而实施逮捕的问题作出决定，审查机关反对驳回决定的，也有权作出逮捕的命令。

而且，在犯罪嫌疑人或者未被定罪的罪犯或已被定罪的罪犯，在被抓获后又从警察局或者监狱或拘留所逃跑的，检察官和警官都有权发布逮捕命令。

在起诉阶段，针对逃跑的被告人的逮捕命令，既可以由法院自行作出，也可以经检察官提出申请并由法官或者审判法院作出。

逮捕命令应当包括公开性的描述，以及被逮捕人的身份、其被指控的犯罪，以及被抓获的地点，如果了解这些信息的话。

第 99 条　内部规则

关于羁押中心的基础设施要求的规定；被羁押人住宿的地方；在羁押过程中如何进行健康管理、登记和记录羁押过程的工作手册需要遵守的程序；在羁押开始和羁押结束时需要准备的材料；应当向被警察予以羁押的人出示的材料；以及警察部门关于在没有逮捕证的情况下而对犯罪嫌疑人实施逮捕的程序规则，都应当在内部规则中予以规定。

第二节　根据逮捕证进行的逮捕

第 100 条　根据逮捕证进行逮捕的理由

如果有事实倾向于表明有发生了犯罪行为的重大嫌疑，并且存在应当逮捕的理由，则可以对犯罪嫌疑人或者被告人作出逮捕的命令。如果逮捕与案件的严重程度、预期刑罚或者安全措施不成比例，则不能作出逮捕命令。

具有下列情形之一的，应当视为存在具有逮捕的理由：

a）如果犯罪嫌疑人或者被告人已经逃跑、逃避或者有一定的事实表明他具有逃跑的嫌疑。

b）如果犯罪嫌疑人或者被告人的行为表明其具有正在试图从事以下活动的重大嫌疑：

1. 销毁、隐匿或者改变证据；

2. 对证人、被害人或者其他人施加不合法的压力。

如果存在强有力的理由怀疑一个人实施了以下犯罪，可以视为具备了有证逮捕的理由：

a）2004 年 9 月 26 日第 5237 号令颁布的《土耳其刑法典》中规定的下列犯罪：

1. 种族灭绝和反人类罪（第 76、77、78 条）；

2. 故意杀人罪（第 81、82、83 条）；

3. 用枪故意伤害（第 86 条第 3 款 a 项）和因结果而加重的故意伤害罪（第 87 条）；

4. 刑讯逼供罪（第 94、95 条）；

5. 性侵害犯罪（第 102 条，第 1 款除外）；

6. 性侵害儿童罪（第 103 条）；

7. 盗窃罪（第 141、142 条）和严重盗窃罪（第 148、149 条）；

8. 生产销售麻醉或者刺激性物品罪（第 188 条）；

9. 成立犯罪组织罪（第 220 条，第 2、7、8 款除外）；

10. 危害国家安全罪（第 302、303、304、307、308 条）；

11. 违反宪政秩序的犯罪和违反宪政制度运行的犯罪（第 309、310、311、312、313、314、315 条）。

b）1953 年 7 月 10 日第 6136 号令颁布的《枪支、刀具和其他工具法》中规定的利用枪支走私的犯罪（第 12 条）。

c）1999 年 6 月 18 日第 4389 号令颁布的《银行法》第 22 条第 3、4 款规定的侵占、挪用公款罪。

d）2003 年 7 月 10 日第 4926 号令颁布的《打击走私法》规定的犯罪，且处以监禁刑的。

e）1983 年 7 月 21 日第 2863 号令颁布的《文物和自然资源保护法》第 68 条和第 74 条所规定的犯罪。

f）1956 年 8 月 31 日第 6831 号令颁布的《森林法》第 110 条第 4 项和第 5 项规定的故意在森林纵火的犯罪。

对于所实施的犯罪可能判处罚金或者最高不超过 1 年的监禁刑的犯罪嫌疑人，不能作出逮捕命令。

第 101 条　根据逮捕证而进行逮捕的决定

在侦查程序中，根据检察官的申请，刑事治安法官应当对犯罪嫌疑人发布逮捕证；在起诉阶段，审判法庭应当根据检察官提出的申请或者依职权自行对被告人发布逮捕证。前面提到的检察官申请中必须包含逮捕理由，并解释为何在某一特定的案件中仅适用司法控制并不够，其法律和事实根据是什么。

根据逮捕证进行逮捕的决定、延长羁押期限的决定，或者驳回释放被羁押人申请的决定，必须具备法律和事实的根据和理由。应当口头向犯罪嫌疑人或者被告人解释决定的内容，并向其提供决定的书面复印件，在决定中应当提及这一事项。

在已经递交了逮捕申请的案件中，犯罪嫌疑人或者被告人必须获得由自己选择的或律师协会指派的辩护律师提供法律援助。

在没有作出根据逮捕证进行逮捕的决定的案件中，犯罪嫌疑人或者被告人应当被立即释放。

针对本条及第100条作出的决定，可以提出异议申请。

第102条　羁押期限

不属于巡回法院管辖范围内的犯罪，最长的羁押期限是1年。但是，如果确有必要并经说明理由，本期限可以延长6个月。

属于巡回法院管辖的犯罪，最长的羁押期限为2年。案件确有必要并经说明理由，本期限可以延长，但延长的期限不得超过3年。

根据本条规定延长羁押期限的决定，应当在已经取得检察官、犯罪嫌疑人或者被告人及其辩护律师的意见之后作出。

第103条　检察官申请撤销逮捕证

检察官可以请求治安法官释放犯罪嫌疑人，并将犯罪嫌疑人置于司法控制之下。在逮捕证尚未生效执行的案件中，犯罪嫌疑人及其辩护律师也可以提出同样的申请。

在侦查阶段，如果检察官认为不再需要进行司法控制或者逮捕，他有权自行将犯罪嫌疑人予以释放。在已经作出了没有根据而起诉的决定的情况下，犯罪嫌疑人将自动被释放。

第104条　犯罪嫌疑人、被告人申请释放的申请

犯罪嫌疑人、被告人有权在侦查和起诉程序的任何阶段提出释放的申请。

法官或者审判法院应当根据犯罪嫌疑人、被告人提出的申请，作出是否延长羁押期限或者释放犯罪嫌疑人、被告人的决定。针对驳回释放申请的决定，可以提出异议。

当审理事实和法律问题的地方上诉法院或者上诉法院收到犯罪嫌疑人、被告人提出的申请后，应当由审理事实和法律问题的地方上诉法院的有关审判庭，或者上诉法院的有关审判庭，或者上诉法院的全体法官大会在审查案卷材料后就释放申请作出决定；上述法院也可以自行作出是否释放的决定。

第105条　程序

在根据本法典第103条和第104条的规定而提出释放申请的案件中，当检察官、犯罪嫌疑人、被告人及其辩护律师的意见被接受以后，有权机关应当在3日内作出批准释放申请的决定、驳回释放申请的决定或者命令采取司法控制。对这些决定，可以提出异议的申请。

第106条　被释放的犯罪嫌疑人、被告人应当遵守的义务

在被释放之前，犯罪嫌疑人、被告人有义务把他的住址，以及如果有电话，还要把电话号码，留给有管辖权的司法机关或者监狱的负责人。

应当警告犯罪嫌疑人、被告人，当其住址发生变动时，要么当面口头报告给办案机关，要么通过挂号信的方式报告给办案机关，一直到侦查或者起诉程序结束。此外，应当告诉犯罪嫌疑人、被告人如果不能遵守这一警告，所有的通知都会被寄送到已知的地址。这些警告记录和新地址，以及监狱的监狱长作出的有关文件的原件或者复印件，都应被送至有管辖权的司法机关。

第107条　将被逮捕人的身份通知他的亲属

在作出逮捕决定或者延长逮捕期限决定的案件中，只要法官作出决定，就应当毫不迟延地将每个决定通知他的一名亲属或者被逮捕人指定的人。

此外，当不致对正在进行的侦查程序的目的造成干扰时，应当允许被逮捕人自己将其根据逮捕证而被逮捕的事实通知他的亲属或者他所指定的人。

在犯罪嫌疑人或者被告人是外国人的案件中，如果其未提出书面的反对意见，其根据逮捕证已被逮捕的事实应当通知其所属国在土耳其的领事馆。

第108条　对根据逮捕证而进行逮捕的评估

在侦查阶段，如果犯罪嫌疑人被关押在拘留所的，那么每不超过30日，治安法官就应当根据检察官的申请而对是否必须继续根据逮捕证逮捕犯罪嫌疑人作出一次评估。在评估过程中，应当遵守本法典第100条的规定。

在本条第1款规定的期限内，犯罪嫌疑人也可以提出申请，要求评估根据逮捕证而对他的逮捕状态。

法官或者法院有权自行在每个审判日对被关押在拘留所里的被告人的状态进行评估。或者，如果确有必要的，在不同的审判日之间或者在本条第1款规定的期限内对是否有必要延长羁押期限进行评估。

第三节　司法控制

第109条　司法控制

当案件具有本法典第100条规定的应当根据逮捕证予以逮捕的情形之一的，如果正在侦查的犯罪被判处的最高刑期为3年或者3年以下，那么可以作出将犯罪嫌疑人置于司法控制之下的决定，以代替发布逮捕证对其进行逮捕。

同样，如果本法典其他条款严禁通过发布逮捕证的方式对犯罪嫌疑人进行逮捕，那么可以适用司法控制。

司法控制要求犯罪嫌疑人履行以下一项或者多项义务：

a）禁止出国旅行；

b）在指定的期间内，定期到法官指定的地点报到；

c）服从办案机关或者法官指定的人的传唤。必要时，完成与职业活动或者继续教育问题有关的控制措施；

d）不得驾驶任何或者某些车辆。必要时，将其驾驶执照暂扣在登记处，同时换取收据；

e）服从并接受医疗护理、治疗或者检查，特别是将其送至医院来戒除对毒品、兴奋剂、蒸馏物品和酒精的依赖；

f）根据检察官的申请，在考虑犯罪嫌疑人的经济状况后，法官有权决定犯罪嫌疑人是否需要交纳一定数量的金钱作为保证金，以及是否可以分期交纳和交纳保证金的期限；

g）禁止持有或者携带武器。必要时，将枪支暂扣在司法保管部门进行保管，同时换取收据；

h）提供用以确保被害方权利的金钱的实物或者个人担保，法官应当根据检察官的申请确定该笔费用的数额和付款期限；

i）根据司法决定，提供对其家人履行义务的担保，并且应当定期支付赡养费。

在犯罪嫌疑人遵守了本条第 3 款第（a）项和第（f）项规定的案件中，本条第 1 款中关于上限的规定不再适用。

在履行本条第 3 款第（d）项规定的义务时，法官或者检察官可以永久性或者暂时性地允许犯罪嫌疑人在其职业活动中驾驶车辆。

实施司法控制的期间并不认为是对人身自由的限制，不能从判处的刑罚中予以扣除。本款不适用于本条第 3 款第（e）项的规定。

对因法律规定的根据逮捕证而实施逮捕的最高期限已经届满而获得释放的犯罪嫌疑人，可以适用司法控制，而无须考虑本条第 1 款规定的期限要求。

第 110 条　司法控制的决定和有权作出决定的机关

根据检察官的申请，并经刑事治安法官作出决定，在侦查阶段的任何时候都可以对犯罪嫌疑人实施司法控制。

在适用司法控制的过程中，根据检察官的申请，法官可以为犯罪嫌疑人附加一项或者几项新的义务规定，可以部分或者全部撤销构成司法控制内容的各项义务，或者改变义务，或者临时性地免除犯罪嫌疑人需要遵守的某些义务。

如果认为有必要，本条规定和第 109 条的规定同样适用于有案件管辖权和地域管辖权的司法机关在起诉程序的任何阶段作出司法控制的决定。

第 111 条　司法控制命令的撤销

根据犯罪嫌疑人或者被告人的申请，并听取检察官的意见，法官或者法院可以根据本法典第 110 条第 2 款的规定在 5 日内作出撤销司法控制命令的决定。

针对司法控制命令所作的撤销决定，可以提出异议的申请。

第 112 条　违反司法控制的各项措施

对于自愿不遵守司法控制规定的犯罪嫌疑人或者被告人，有地域管辖权的司法机关有权立即发出逮捕证，而不管对其可能判处的监禁刑的期限。

第 113 条　保证金

犯罪嫌疑人或者被告人应当交纳保证金，以保证以下几项内容：

a）在整个诉讼过程中，在执行判决或者在履行其他需要其履行的义务的过程中，都有犯罪嫌疑人或者被告人的参与。

b）按照以下规定的顺序支付下列费用：

1. 被害人参与诉讼支出的费用，犯罪所造成的损害及其赔偿费用，犯罪嫌疑人或者被告人因未支付赡养费而被起诉的案件中的赡养费；

2. 公共支出；

3. 司法罚款。

强制犯罪嫌疑人或者被告人交纳保证金的决定中应当包含保证金所单独涵盖的每一部分费用。

第 114 条　提前交纳保证金

在犯罪嫌疑人或者被告人同意的案件中，根据被害人或受其赡养的人的申请，法官、法院或者检察官可以命令犯罪嫌疑人或者被告人提前支付部分保证金给被害人或受其赡养的人，用来赔偿被害人受到的损失或者支付部分赡养费。

如果法院针对构成侦查或者起诉的主要事实作出了有利于被害人或者接受赡养费的人的最终判决，那么即使犯罪嫌疑人或者被告人不同意，也应当命令其交纳保证金。

第 115 条　退还保证金

如果案件中已被定罪的人已经履行了本法典第 113 条第 1 款第（a）项规定的所有条件，那么基于保证本法典第 113 条第 1 款第（a）项所列义务得以履行的保证金，以及判决中根据第 113 条第 2 款而特别规定的那部分保证金，应当退还给已被定罪的人。

同样，如果案件中作出了无事实根据而起诉，或者犯罪嫌疑人或被告人无罪的决定，那么没有支付给被害人或者受其赡养的人的剩余保证金应当退还给犯罪嫌疑人或者被告人。除非没有充足的理由，否则，保证金将作为国家收入而划归国库所有。

对于已被定罪的人，应当根据本法典第113条第1款第（b）项的规定使用保证金，剩余部分应当退还本人。

乌 克 兰

乌克兰刑事诉讼法典*

第二编　提起刑事诉讼，调查与侦查

第十章　调　查

第106条　调查机关逮捕犯罪嫌疑人

调查机关可以逮捕涉嫌犯罪的人，但必须具有下列根据之一：

（1）该人在犯罪时被抓获或犯罪后立即被抓获的；

（2）目击证人包括被害人，直接指认该人为犯罪人的；

（3）在该人身体上或衣服上或其住宅内发现明显的犯罪痕迹的。

在具有其他犯罪嫌疑的根据的，只有在相关人员试图逃跑或没有固定居所，或身份不明时，才能对其加以逮捕。

侦查机关进行逮捕应当制作笔录，笔录应当载明逮捕的根据、理由、日、时、年、月、拘留地点、被逮捕人的辩解、根据本法典第21条第2款的规定告知犯罪嫌疑人被逮捕后有权会见辩护律师的时间。笔录应当由制作人和被逮捕人签名。

应当立即将笔录副本与权利与义务清单送交被逮捕人与检察长。根据检察长的要求，应当同时送交载明逮捕根据的笔录。

调查机关应当立即将对涉嫌犯罪的人实施逮捕的情况告知其亲属，如果是对乌克兰情报机关行动名单上的正在执行公务的公职人员实施逮捕的，还应当

＊本法典于1960年12月28日由乌克兰最高议会批准。最近一次修正时间是2010年9月9日。本译本根据法律在线网站（http：//www.legislationline.org）提供的英语文本翻译。

立即报告相关的情报机关。

调查机关在实施逮捕后72小时内：

（1）释放被逮捕的人——如未证实涉嫌犯罪，且已过法律规定的期限，或实施逮捕违反本条第1、2款规定的；

（2）释放被逮捕人并采取其他非羁押强制措施；

（3）将被逮捕的人带到法官面前并请求法官对其实施羁押性强制措施。

如果就逮捕向法院申诉的，审前羁押场所负责人应当立即将被逮捕人的申诉送交法院。法官应当同时对申诉与调查机关实施强制措施的申请进行审查。如果在实施强制措施后提交申诉的，法官应当在收到申诉后3日内进行审查。如未收到申请或在逮捕后72小时届满后收到申诉的，法官应当在收到后5日内进行审查。

应当根据本法典第165-2条的要求对申诉进行审查。在对申诉进行审查后，法官应当对逮捕的合法性作出决定，或者支持申诉并认定逮捕不合法。应当将该决定的副本送交检察长、调查机关、被逮捕人与审前羁押场所负责人。

检察长、决定涉及的人或其辩护律师或法定代理人可以在决定作出后7日内对决定提起上诉。提起上诉不影响法院决定的执行。

犯罪嫌疑人不得被羁押超过72小时。

如果法官对被逮捕人进行羁押或释放的决定未在法律规定的期限内送达审前羁押场所的，审前羁押场所的负责人应当释放被逮捕人并制作相应的笔录，并通知实施逮捕的机关或其工作人员。

（第106条根据乌克兰议会主席团1978年2月16日第3084-09号法令、1984年4月16日第6834-10号法令修正；根据1992年12月15日第2857-12号法律修正；根据1993年12月23日第3780-12号法律修正；根据2002年6月21日第2533-14号法律修正，于2001年6月29日生效；根据2002年3月7日第3111-14号法律修正；根据2009年4月16日第1276-17号法律修正。）

第106-1条　对涉嫌犯罪的人进行短期拘留

对涉嫌犯罪的人实施短期拘留的程序由《关于短期拘留犯罪嫌疑人的程序条例》予以规定。

（第106-1条根据乌克兰议会主席团1978年2月16日第3084-09号法令增订；根据乌克兰议会主席团1984年4月16日第6834-10号法令修正。）

第十三章　强制措施

第 148 条　实行强制措施的目的与根据

对犯罪嫌疑人、被告人、受审人、被定罪人采取强制措施的目的在于防止其逃避调查、侦查或者审判，阻碍刑事案件事实真相的发现，或者继续进行犯罪活动，以及保证程序性决定的执行。

如果有充分理由相信犯罪嫌疑人、被告人、受审人、被定罪人将逃避审判或者程序性决定的执行、阻碍刑事案件事实真相的发现或者继续进行犯罪活动的，应当对其采取强制措施。

如果没有采取强制措施的充分理由，犯罪嫌疑人、被告人或者受审人应当提交书面承诺，保证按照调查人员、侦查员、检察长或者法院的传唤出席，并告知居住地点变更情况。

一旦对犯罪嫌疑人采取强制措施，应当在强制措施命令发布后 10 日内对其提出指控。如果不能在规定期限内提出指控，应当撤销所采取的强制措施。

（第 148 条根据 2001 年 6 月 21 日第 2533 - 14 号法律修正，于 2001 年 6 月 29 日生效。）

第 149 条　强制措施

强制措施包括：

（1）具结不外出；

（2）人保；

（3）民间社团或者劳动集体担保；

（3 - 1）保释；

（4）拘留；

（5）交由军队指挥部门监管。

逮捕犯罪嫌疑人是根据本法典第 106 条、第 115 条、第 165 - 2 条的规定，在具有充足理由的情况下采取的临时强制措施。

（第 149 条根据乌克兰议会主席团 1971 年 8 月 30 日第 117 - 08 号法令，1984 年 4 月 16 日第 6834 - 10 号法律修正；根据 1996 年 11 月 20 日第 530/96 - BP 号法律修正；根据 2001 年 6 月 21 日第 2533 - 14 号法律修正，于 2001 年 6 月 29 日生效。）

第 150 条　考虑采取强制措施的条件

在决定采取强制措施时，除本法典第 148 条规定的情况外，还应当考虑所涉及罪行的严重性、犯罪嫌疑人或者被指控人的年龄、健康状况、家庭与财产情况、所从事职业、居住地点以及与其相关的其他情况。

（第 150 条根据 2001 年 6 月 21 日第 2533 – 14 号法律修改，于 2001 年 6 月 29 日生效。）

第 151 条　具结不外出

具结不外出是指犯罪嫌疑人或者被告人提出书面保证，未经侦查员许可，绝不离开其住所或者暂住地。

如果犯罪嫌疑人或者被指控人违反其所作具结，则可以对其采取更严厉的强制措施；且应当在犯罪嫌疑人或者刑事被告人作出具结时向其宣布。

（第 151 条根据 2009 年 4 月 16 日第 1276 – 17 号法律修正。）

第 152 条　人保

人保是指由值得信任的人出具书面保证，担保犯罪嫌疑人的行为适当、经传唤到场，以及在必要时根据调查机关、侦查机关或者法院的要求带其到场。保证人的人数由侦查员决定且不得少于 2 人。

保证人应当被告知采取强制措施的案件的要点，以及被采取该强制措施的被告人逃避侦查或者审判的，保证人将被处以居民最低工资 200 倍的罚金。

如果保证人拒绝履行义务的，则采取其他强制措施代替人保。

（第 152 条根据乌克兰议会主席团 1984 年 4 月 16 日第 6834 – 10 号法令修正；根据 1996 年 11 月 20 日第 530/96 – BP 号法律修正。）

第 153 条　因被告人规避调查或者侦查机关的传唤而对保证人采取罚金的方式

如果被告人拒绝调查或者侦查机关的传唤，调查人员或者侦查员应当作出笔录并附在案件卷宗中。由法院在审判过程中或在其他庭审中决定对保证人的罚金问题。保证人应当根据传唤到庭。

（第 153 条根据乌克兰议会主席团 1984 年 4 月 16 日第 6834 – 10 号法律修正。）

第 154 条　社会团体或者劳动集体的保证

社会团体或者劳动集体的保证是指企业、机关、团体、集体农场、工厂、工会的社会团体或者劳动集体通过全体会议决定保证刑事被告人的行为适当和经调查机关、侦查员或者法院传唤即行到场。

社会团体或者劳动集体应当被告知相关人员被指控案件的性质。

（第 154 条根据乌克兰议会主席团 1984 年 4 月 16 日第 6834 – 10 号法令修正。）

第 154 –1 条　保释

保释是指由犯罪嫌疑人、被告人、受审人、其他自然人或法人向侦查机关或者法院的账户交存钱款或者贵重物品，以保证被采取该强制措施的人行为适当、未经侦查员或者法院许可不离开住所或暂居处所，并根据侦查机关与法院的传唤到场。

保释的数额由采取该措施的机构根据案件情况加以决定。担保数额不得低于以下标准：被告人被指控罪行较为严重或者特别严重的——居民最低收入的1000倍；被告人被指控其他严重或者特别严重犯罪，或者有犯罪前科的——居民最低收入的500倍；其他人——居民最低收入的50倍。此外，担保数额不得低于案件所涉及的有充分证据的民事诉求的总额。

在交付保释金时，犯罪嫌疑人、被告人、受审人应当被告知相关义务和禁止行为，保释人应当被告知被采取该措施的人所涉犯罪，以及如违反义务的则保释金将被充公。

犯罪嫌疑人或者被告人被拘留后进行保释的，在案件移送法院前由检察长批准，案件被法院接收后则由法院批准。

保释人在保释金被充公前可以免除其义务。此种情况下，其应保证犯罪嫌疑人、被告人或受审人接受侦查机关或者法院的传唤以代替其他强制措施。保释金只有在确定采取新的强制措施后才可以发还。

如果犯罪嫌疑人、被告人、受审人未能履行其义务，保释金将被充公。将保释金充公的决定由法院在审判阶段或其他庭审中作出。可以传唤保释人到庭说明情况。保释人如无正当理由拒不到庭的，可以直接决定将保释金充公。

将保释金返还保释人由法院在案件审判阶段作出决定。由犯罪嫌疑人、被告人、受审人支付的保释金可以由法院用以执行判决。

（第154－1条根据1996年11月20日第530/96－BP号法律增订；根据2001年7月12日第2670－14号法律修正；根据2009年4月16日第1276－17号法律修正。）

第155条 拘留

拘留是在可能判处3年以上自由刑的案件中采取的强制措施。在特殊情况下，该强制措施可适用于可能判处3年以下自由刑的案件。

（第155条第2款根据2001年6月21日第2533－14号法律废除。）

被采取拘留措施的人关押于相关羁押场所，如审前羁押中心。一些案件中，被采取拘留措施的人可以被关押在逮捕场所。

对服役人员采取拘留强制措施的，应当将其关押于乌克兰军队军事司法部门的羁押场所或者羁押中心。由侦查员决定将服役人员关押于乌克兰军队军事司法部门的羁押场所或者羁押中心。一些情况下，服役人员可以被关押于关押被逮捕人员的场所。

在关押被逮捕人员的场所，关押被拘留人员不得超过 3 日。如果因为距离遥远或路途不畅而无法在上述期限内将其转移到审前羁押中心或者乌克兰军队军事司法部门的羁押场所的，可以延期到 10 日。

对在监狱服刑期间犯罪的人采取拘留强制措施的，可以将其关押在监狱的惩戒隔离室或者禁闭室。

审前羁押程序由《乌克兰审前羁押法》（3352 - 12）与本法典规定。

（第 155 条根据乌克兰议会主席团 1962 年 9 月 10 日法令，1971 年 8 月 30 日第 117 - 08 号法令，1973 年 7 月 23 日第 1898 - 08 号法令，1977 年 3 月 23 日第 1851 - 09 号法令，1984 年 4 月 16 日第 6834 - 10 号法令修正；根据 1992 年 6 月 17 日第 2468 - 12 号法律修正；根据 1993 年 1 月 26 日第 2935 - 12 号法律修正；根据 1995 年 7 月 11 日第 282/95 - BP 号法律修正；根据 1998 年 3 月 24 日第 210/98 - BP 号法律修正；根据 2000 年 9 月 14 日第 1945 - 14 号法律修正；根据 2001 年 6 月 21 日第 2533 - 14 号法律修正，于 2001 年 6 月 29 日生效；根据 2003 年 2 月 6 日第 488 - 15 号法律修正；根据 2003 年 5 月 15 日第 743 - 15 号法律修正；根据 2005 年 1 月 20 日第 2377 - 15 号法律修正。）

第 156 条　拘留期间

侦查阶段的拘留不得超过 2 个月。

如果在本条第 1 款规定的期限内不能完成案件侦查，且没有理由撤销强制措施或转换为较轻强制措施的，可以延长拘留期限：

（1）延长至 4 个月——由监督调查机关与侦查机关程序合法性的检察长同意或者由其自行决定，或由法院法官决定；

（2）延长至 9 个月——由乌克兰副总检察长，克里米亚自治共和国检察长、州、基辅市、塞瓦斯托波尔市检察长，以及与之级别相当的检察长同意，或者在严重或特别严重的案件中由检察长自行决定，或者由上诉法院法官决定；

（3）延长至 18 个月——由乌克兰总检察长同意，或者在重大复杂或特别重大案件中由乌克兰副总检察长或者检察长自行决定，或者由乌克兰高级民事与刑事法院法官决定。

如果在本条前两款规定的期限内未能完成侦查的，负责监督程序合法性的检察长可以同意根据当前指控将案件移送法院。此时，遇有犯罪行为或者犯罪情节尚未侦查完毕的，案件将取消合并审理，并按照本法典第 26 条规定的普通程序进行。

拘留期间自采取拘留措施时开始计算，如果在拘留前先行逮捕的，自逮捕时开始计算。在精神病院接受专家检查的时间计入拘留期间。

侦查阶段的拘留期间截止于法院接受案件之日。如果检察长根据本法典第232条的规定从法院撤回案件的，拘留期间自检察长接收案件之日起重新计算。

刑事案件侦查完毕的，应当在本条第 2 款规定的最长拘留期限前至少一个月向被拘留人及其辩护律师展示相关记录。

如果未在本条第 2 款规定的期限前 1 个月向被告人及其辩护律师展示案件记录，则在期满后应当及时释放被告人。此种情况下，被告人及其辩护律师有权查阅案件记录。

如果在拘留期限届满前 1 个月向被告人及其辩护律师展示案件记录，但查阅时间不够的，可由上诉法院法官根据上诉法院根据由乌克兰总检察长及其副职同意的侦查员的申请，或者直接根据检察长及其副职的申请，决定延长拘留期限。如果一件案件中有数个被告人被拘留的，本条第 6 款规定的期限不足以使其中任何人查阅案件记录的，可针对已经查阅卷宗的被告人提出申请，除非对其进行拘留具有必要性，以及存在采取其他强制措施的理由。

如果法院要求检察长补充侦查的，拘留期限自检察长接收案件起计算且不得超过 2 个月。上述期限可根据本条第 2 款规定的期限，考虑案件移送法院前被告人的拘留时间加以延长。

如果本条第 1、2 款规定的拘留期限届满，且为根据本法典的规定延长的，调查机关、侦查机关、检察长应当立即释放被拘留人。

如果本条第 1、2、6 款规定的期限届满而未接到法官延长拘留期限的决定的，羁押场所负责人应当立即释放被拘留人。此种情况下，该负责人应当通知相应的执行机构与工作人员以及监督侦查的检察长。

（第 156 条根据乌克兰议会主席团 1984 年 4 月 16 日第 6834 - 10 号法令，1989 年 12 月 29 日第 8595 - 11 号法令修正；根据 1991 年 12 月 10 日第 1960 - 12 号法律修改；根据 1992 年 12 月 15 日第 2857 - 12 号法律修正；根据 1993 年 6 月 30 日第 3351 - 12 号法律修正；根据 2001 年 6 月 21 日第 2533 - 14 号法律修正，并于 2001 年 6 月 29 日起生效；根据 2003 年 4 月 3 日第685 - 15 号法律修正；根据 2010 年 7 月 7 日第 2453 - 17 号法律修正。）

（第 157 条根据 2001 年 6 月 21 日第 2533 - 14 号法律废除，于 2001 年 6 月 29 日生效。）

第 158 条　执行采取拘留措施的决定

采取拘留措施的决定由作出该决定的机关负责执行。如有必要，决定采取该强制措施的机关可以交由其下级机关负责执行。法官决定或者法院裁定的副本应当与被逮捕人一起送达未决羁押场所。

（第 158 条根据乌克兰议会主席团 1984 年 4 月 16 日第 6834－10 号法令修正；根据 2001 年 6 月 21 日第 2533－14 号法律修正，于 2001 年 6 月 29 日生效。）

第 159 条　对被羁押人未成年子女的照看

如果被拘留人有未成年子女因此而不得照看的，侦查员应当立即通知未成年人服务部门，由其采取必要措施将上述未成年人交由其亲属或者儿童看护机构照看。

侦查员应当告知检察长与被逮捕人所采取的相关措施，并将移送情况副本附于案件记录之中。

（第 159 条根据乌克兰议会主席团 1971 年 8 月 30 日第 117－08 号法令修正；根据 2001 年 7 月 12 日第 2670－14 号法律修正；根据 2007 年 2 月 7 日第 609－16 号法律修正。）

第 160 条　保护被监禁人的财产

在监禁犯罪嫌疑人或者被告人时，如果其财产与房屋因此而不得照看的，侦查员应当采取措施加以保护。

第 161 条　拘留的通知

侦查员应当迅速通知犯罪嫌疑人或者被告人的配偶或者其他亲属及其工作地点，有关其被拘留与关押地点的情况。

被告人是外国人的，逮捕决定应当送交乌克兰外交部。

（第 161 条根据乌克兰议会主席团 1984 年 4 月 16 日第 6834－10 号法律修正。）

第 162 条　会见被羁押人员

征得执行机关或其工作人员的同意，被羁押人的亲属或者其他人可与其会见。会见可以持续 1 至 4 个小时。每月可以会见一次。

亲属或其他人会见被引渡逮捕或羁押的人的，由执行引渡的机构审查决定。

（第 162 条根据乌克兰议会主席团 1971 年 8 月 30 日第 117－08 号法律修正；根据 2003 年 2 月 6 日第 488－15 号法律修正；根据 2010 年 5 月 21 日第 2286－17 号法律修正。）

第 163 条　部队指挥部门的监督

部队指挥部门监督现任军职人员的犯罪嫌疑人、被告人是指采取乌克兰军队规程所规定的办法，保证犯罪嫌疑人、被告人的行为适当，和经调查人员、侦查员、检察长、法院的传唤即行到场。应当告知部队指挥部门采取强制措施的案件的情况。

决定采取该强制措施的机构应当书面通知移送部队指挥部门监督的情况。

（第 163 条根据乌克兰议会主席团 1984 年 4 月 16 日第 6834 – 10 号法令修正；根据 1992 年 12 月 15 日第 2857 – 12 号法律修正。）

（第 164 条根据乌克兰议会主席团 1971 年 8 月 3 日第 117 – 08 号法令废止。）

第 165 条 采取、撤销与变更强制措施的基本规定

采取拘留的强制措施必须有法官说明理由的决定或法院的裁定。采取其他强制措施应当根据调查机关、侦查员、检察长、法官的决定，或者根据法院的裁定。

调查机关、侦查员、检察长、法官或者法院可以根据本条第 1 款的规定决定变更强制措施。

如果案件被撤销，拘留期间即行届满，除非已根据法律规定或其他案件的要求加以延长，被拘留人根据调查机关或者负责侦查该案的侦查员或者检察长的决定被释放；调查机关或者负责侦查该案的侦查员或者检察长应当立即通知决定采取该强制措施的法院有关释放被拘留人的情况。审判阶段根据法官或者法院的决定，可以释放被拘留人。

如果没有继续采取强制措施的必要，应当予以撤销或者变更。

侦查员和调查机关可以撤销或变更强制措施，但由检察长决定采取的拘留措施必须征得其同意方可撤销或者变更。

（第 165 条根据乌克兰议会主席团 1978 年 2 月 16 日第 3084 – 09 号法令修正；根据 2001 年 6 月 21 日第 2533 – 14 号法律修改，于 2001 年 6 月 29 日生效；根据 2005 年 1 月 20 日第 2376 – 15 号法律修正。）

第 165 – 1 条 采取、撤销以及变更强制措施的决定（裁定）

由调查机关、侦查员、检察长、法官决定，法院裁定采取、变更或者撤销强制措施。

采取或者变更强制措施的决定（裁定）应当载明被采取强制措施的人的姓、名、父名、年龄、出生地点，其所涉嫌的罪名、《乌克兰刑法典》的相关规定、所采取的强制措施，采取或者变更的理由，以及执行机关的名称或者公职人员的姓名。撤销强制措施的决定（裁定）同样应当说明理由。

除本法典第 165 – 2 条规定的情况外，上述决定与裁定应立即向相关人员宣读并由其签名确认。同时，应当告知其可对决定（裁定）提出申诉以及申诉的期限。

在宣读采取强制措施的决定时，应当告知相关人员所采取强制措施的内容、应当遵守的义务，并由其签名确认。同时应当告知其如果违反相关义务与适当行为，将会被采取更为严厉的强制措施。

（第 165 - 1 条根据 2001 年 6 月 21 日第 2533 - 14 号法律增订，于 2001 年 6 月 29 日起生效；根据 2010 年 5 月 21 日第 2286 - 17 号法律修正。）

第 165 - 2 条　采取强制措施的方式

在案件侦查阶段，调查机构、侦查员可以采取除拘留以外的其他强制措施。

如果调查机构、侦查员发现存在合理的理由相信有采取拘留这一强制措施的必要，则向法院提交相应的申请。检察长也可以提交此类申请。在作出决定时，检察长应当审阅案件全部记录判断是否存在采取拘留措施的理由，检查取证合法性以及起诉证据的充分性。

如果犯罪嫌疑人或者被告人被拘留的，应当在 72 小时内对申请进行审查。

如果申请对在逃人员进行拘留的，法官可以作出决定逮捕犯罪嫌疑人、被告人，并在警卫押送下带至法院。在此种情况下，逮捕一般不得超过 72 小时，且如果该人被关押在法院指定场所以外的地点的，在该人被送到指定场所前，逮捕时间一般不得超过 48 小时。

接到审查后，法院应当审查由调查机关、侦查员、检察长提交的刑事案件记录，询问犯罪嫌疑人或者刑事被告人，如有必要，可要求执行人员作出解释，听取检察长、在场律师的意见，进而作出决定：

（1）如果认为不存在采取强制措施的理由的，拒绝采取强制措施；

（2）命令对犯罪嫌疑人、被告人采取拘留措施。

在逃人员只有在被列入国际通缉名单时，法官才能直接作出采取拘留措施的命令。在此种情况下，相关人员被逮捕送至法院后的 48 小时内，法官当面决定或者拒绝采取拘留措施，并发布相应的裁定。

拒绝采取拘留措施的，法官可以对犯罪嫌疑人、被告人采取其他强制措施。

检察长，犯罪嫌疑人、被告人及其辩护律师，或者法定代理人可在法官作出决定之日起 3 日内对决定提出申诉。但提出申诉不影响法官决定的执行。

如果对被逮捕人决定采取强制措施时需要审查其个人信息或者其他重要情况的，法官可以将逮捕期限延长至 10 日，经犯罪嫌疑人、刑事被告人请求，可以延长至 15 日并据此作出相应决定。如果犯罪嫌疑人、刑事被告人未被逮捕而需要审查上述情况的，法官可以将审查期限延长至 10 日并采取措施确保其在此期间适当行为，或者可以决定对其予以逮捕。

（第 165 - 2 条根据 2001 年 6 月 21 日第 2522 - 14 号法律增订，于 2001 年 6 月 29 日生效；根据 2010 年 5 月 21 日第 2286 - 17 号法律修正；根据 2010 年 7 月 7 日第 2453 - 17 号法律修正。）

第 165 - 3 条　延长拘留期限的方式

如果不存在变更强制措施的理由，或者不能完成对指控犯罪的侦查的，侦查员经相关检察长同意，或由检察长向法院申请，延长拘留期限。申请应当说明延长拘留期限的原因、已经发现的情况与事实、证明被拘留的被告人犯罪的证据以及继续采取强制措施的必要性。

应在下列期限内向法院提交延长拘留期限的申请：

（1）如需延长至 4 个月，则不得晚于拘留期限届满前 5 日；

（2）如需延长至 9 个月，则不得晚于拘留期限届满前 15 日；

（3）如需延长至 18 个月，则不得晚于拘留期限届满前 20 日；

（4）如因被告人及其辩护律师需要查阅案件记录而延长羁押期限的，则不得晚于最长羁押期限届满前 5 日。

除本法典第 156 条第 7 款规定的情形外，在接到申请后，法官应当审阅案件记录，必要时可以询问被告人、执行案件程序的人，听取检察长、在场律师的意见，在具备充足理由的情况下，作出延长拘留期限或者否决申请的决定。

检察长、犯罪嫌疑人、被告人及其辩护律师，或者法律代理人可以在接到法官决定后 3 日内提出上诉。该上诉不影响法官决定的执行。对上诉法院或者乌克兰最高法院法官的决定不得上诉，检察长亦不得对此提出异议。

（第 165 - 3 条根据 2001 年 6 月 21 日第 2533 - 14 号法律增订，于 2001 年 6 月 29 日生效；根据 2010 年 7 月 7 日第 2453 - 17 号法律修正。）

西 班 牙

刑事诉讼法 *

第一卷 总 则

第七编 通知、传唤及传讯

第 166 条

由书记员负责作出通告令。

法院内和法院以外的通知、传唤和传讯由相应公职人员完成。书记员认为适宜通知、传唤和传讯的，可以通过附回执挂号的方式邮寄送达。书记员应当在裁定中证明所寄发的挂号信信封上的内容与回执。

通知、传唤和传讯应当参照《民事诉讼法》第一卷第五编第五章规定的方式进行。

收件人在回执上注明的日期视为被邮寄的通知、传唤和传讯送达的日期。

前列各款中规定的挂号邮件免付邮资，其邮资不计入诉讼费用。

对于前述通知、传唤和传讯，无论被送达人是否要求宣读，均应当向其完整地宣读内容，并交与其副本，要求被送达人在签发文件上标注。此外，书记员或者执行该送达的公职人员应当签字。

第 175 条

除下列特殊规定外，传唤和传讯适用通知的相关规定：

传唤传票中包括：

---

* 西班牙王国"法典化编撰委员会刑事诉讼法分委会"于 1878 年 10 月 16 日完成对刑事诉讼法的法典化编撰，本法于 1881 年 2 月 11 日经内阁批准，1882 年 6 月 22 日以王室御令形式颁布，陆续刊登于 1882 年 9 月 17 日至 10 月 10 日的第 260 号至第 282 号《王室公报》，1883 年 1 月 3 日实施。本译本根据 2014 年 12 月 10 日西班牙《官方公报》官网提供的本法及其各修正案的西班牙语文本翻译。

1. 作出裁决的法官、法院或者书记员的决定，决定日期以及传唤理由。

2. 受传唤人的姓名和住址。不知其住址的，应当写明可能发现其所处位置的其他任何条件。

3. 传唤目的，以及被传唤的身份。

4. 传唤出席的地点、日期和时刻。

5. 首次传唤未出席的，对其处以200至500欧元的罚金；第二次传唤仍未出席的，以《刑法典》第463.1所规定的妨碍司法罪追究其刑事责任。

传讯传票除了包括传唤传票的上述1、2和3的必要条件外，还包括：

1. 被传讯人到案的期间。

2. 出席地点以及讯问法官或者法院。

3. 未出席的，可以为了避免可能因此造成的损失而对被传讯人采取预防性措施。

第176条

被传唤人未在指定地点、日期和时刻出席的，传唤传票送达人应当再次将传票副本送达至被传唤人住所，并在传票原件注明未出席理由。未出席理由不合法的，决定传唤的法官或者法院应当按照前条第5项的规定立即采取相应的预防性措施。

第177条

需要在西班牙的其他司法辖区内执行通知、传唤和传讯的，应当签发相应的呈文、委托书或者令状，其中写明传票需要包含的必要条件。

需要在外国执行通知、传唤和传讯的，与该外国订立相关协议的，按照协议规定处理；无相关协议的，遵循对等原则。

第178条

无法得知通知、传唤或者传讯的被送达人的住所的，预审法官应当命令相应人员侦查。在此情形下，书记员应当提请司法警察、官方登记处、行业协会、从业人员以及通知、传唤或者传讯的被送达人就职的单位或者公司协助对其住所进行调查。

第179条

采取送达措施后或者对无法送达的理由作出说明的，应当将通知书或者传票原件，或者签发的呈文、委托书或者令状附在裁定书中。

第180条

未按照本章规定执行的通知、传唤和传讯无效。

但是，通知、传唤、传讯的被送达人在审理时被告知的，自被告知时起送达生效，等同于已按照法律规定进行送达。不因此而免除后条规定的需对法官或者法院的辅助人员或者助理人员处以的纪律处分。

第 181 条

法官或者法院的辅助人员或者助理人员在执行本章规定的相应职责时，消极怠慢或者未按规定执行的，其所属法官或者法院应当对其处以纪律处分，并处 50 至 500 比塞塔罚金。

第 182 条

除以下情形外，可对当事人的诉讼代表进行通知、传唤和传讯：

1.°法律明确规定必须传唤当事人本人的。

2.°传唤旨在强制受传唤人出席的。

第二卷　预　审

第五编　案件查明及对犯罪嫌疑人的侦查

第三章　辨认犯罪嫌疑人身份及其个人信息

第 371 条

羁押或者逮捕犯罪嫌疑人的，应当采取必要的预防性措施，防止因其个人或者衣着变化而妨碍辨认。

第六编　传讯、逮捕及临时羁押

第一章　传　讯

第 486 条

对于尚未被逮捕的犯罪嫌疑人，法院可只为听取其供述而传讯犯罪嫌疑人，法律另有规定的或者已对其逮捕的除外。

第 487 条

犯罪嫌疑人在收到前条所述的传讯后，无正当理由拒不应讯的，出庭令可以转化为逮捕令。

第 488 条

预审期间，预审法官有权要求被证言证明有罪的人出席证言的听证。

第二章 逮 捕

第 489 条

任何西班牙人及外国人非因法律规定并且非经法定程序不得被逮捕。

第 490 条

任何人均有权逮捕满足下列情形之一的个人：

1.°试图实施犯罪行为，或者正打算实施犯罪行为的。

2.°正在实施犯罪行为的现行犯。

3.°被执行人从执行刑罚的羁押场所逃离的。

4.°尚被羁押于临时羁押场所，等待被转移至执行刑罚的羁押场所或者其他判决书中指定的服刑地点，从该临时羁押场所逃离的。

5.°在转移至前项所述地点的途中逃跑的。

6.°案件处于待决状态时被逮捕或者羁押后逃跑的。

7.°犯罪嫌疑人、被告人或者被执行人拒绝其应当参与的诉讼程序的。

第 491 条

被逮捕人要求说明被逮捕理由的，实施逮捕的人应当提供合理证据证明逮捕的具体理由符合前款规定。

第 492 条

当局或者司法警察有义务逮捕满足下列情形之一的个人：

1.°属本法第 490 条规定任一情形的。

2.°因触犯刑法典规定的犯罪行为被起诉，并且可能处以的刑罚高于在矫正所被执行的。

3.°因触犯刑法典规定的较轻罪行被起诉，根据犯罪嫌疑人的前科及当时情形推测，犯罪嫌疑人在被司法当局传讯时不会应讯的。

犯罪嫌疑人提供充分担保，并且执行逮捕的当局或者警察有充分的合理理由推测犯罪嫌疑人在具有管辖权的法官或者法院传讯时会应讯的，不适用前款规定。

4.°尚未被起诉的前项所述的情形，满足以下两种情形之一的：

1.″当局或者警察有充分的合理证据推断其存在犯罪行为的。

2.″当局或者警察有充分的合理证据推断此人是犯罪行为的参与者。

第 493 条

被告人或者犯罪嫌疑人不满足前条所述的逮捕条件，当局或者司法警察应当记录其名字、姓氏、住址及其他个人情况，以便对案情进行侦查，对被告人或者犯罪嫌疑人进行识别。

该记录应当及时移交至受理或者应当受理本案件的法官或者法院。

第 494 条

审理案件的法官或者法院有权裁定当局或者司法警察的逮捕行为是否满足本法第 492 条规定的条件。

第 495 条

当局和警察不得仅因构成轻微犯罪而实施逮捕，但无法得知犯罪嫌疑人居住地址，且犯罪嫌疑人不能提供足够的担保金的除外。

第 496 条

个人、当局或者司法警察根据前列各条的规定实施逮捕的，应当在实施逮捕后 24 小时内将犯罪嫌疑人释放或者将其移交至距逮捕地点最近的法官。

未按规定的期间移交的，应当根据《刑法典》的规定追究实施逮捕者的责任。

第 497 条

接受移交的法官或者法院是受理该案件的法官或者法院的，可因满足本法第 490.1.°、490.2.°、490.6.°、490.7.°，或者第 492.2.°、492.3.°、492.4.°的规定，在接受移交 72 小时内对被逮捕人进行羁押，否则逮捕失效。

逮捕令由法官或者法院作出的，也应当根据以上期间的规定进行受理。

第 498 条

根据本法第 490.6.°，第 492.2.°、492.3.°规定实施逮捕，以及根据本法第 490.7.°对犯罪嫌疑人或者被告人实施的逮捕，接受移交被逮捕人的法官或者法院不受理该案件的，调查文件中应当加入详细记录。该记录内容包括实施逮捕人的住址、其他可以找到实施逮捕人并确定实施逮捕人身份的信息、实施逮捕人实施逮捕的理由，以及被逮捕人的姓名和状况。

该记录应当由法官、书记员、实施逮捕人及其他参与逮捕的人签字。前述人员无法签字的，应当由两名证人签字。

应当立刻将该记录抄送至被逮捕人和应审理本案的法官或者法院。

第 499 条

被逮捕人符合本法第 490.1.°、490.2.°，以及本法第 492.4.°规定的情形的，接收被逮捕人的预审法官应当进行初期审理，根据本法第 497 条规定或者将被逮捕人进行羁押，或者裁定释放被逮捕人。

前述程序执行完毕后，该法官不具有管辖权的，应当将审理材料和被逮捕人转交至具有管辖权的法官。

第 500 条

被逮捕人满足本法第 490.3.°、490.4.°、490.5.° 规定，以及属于第 490.7.° 规定中的被执行人的，接收被逮捕人或者同意执行逮捕的法官应当立即将被逮捕人移送至其执行判决的场所。

第 501 条

应当将裁定逮捕或者逮捕无效的裁定通告检察院，并通知犯罪嫌疑人，同时告知被告人享有以口头或者书面形式对该裁定提出修正的权利，并在通知书中注明其意见。有自诉人的，还应通知自诉人。

第三章 临时羁押

第 502 条

1. 预审法官、负责初期审理的法官或者审理案件的刑事法官或者法院均有临时羁押裁定权。

2. 只得在无法采取其他更为轻微惩罚，但需要达到临时羁押对人身自由限制的效果时，根据客观必需和以下各条规定，裁定处以临时羁押的措施。

3. 法官或者法院在作出临时羁押的裁决时，应当考虑该裁决对犯罪嫌疑人产生的影响，考虑当事人的个人情况及诉讼目的，除此之外还应当考虑羁押机构是否适宜。

4. 调查显示犯罪嫌疑人的行为不足以构成犯罪或者有其他正当理由不应处以临时羁押的，不得裁定临时羁押。

第 503 条

1. 满足下列情形之一的，可以作出临时羁押的裁定：

1.° 犯罪嫌疑人面临一项或者多项，根据《刑法典》最高可判处达 2 年或者 2 年以上羁押的重罪指控，或者犯罪嫌疑人故意犯罪并且有不可撤销的犯罪前科，且因该罪行被判处过短期徒刑。

存在多项犯罪行为的，则根据《刑法典》第一卷第三编第二章第二节中的特殊规定执行。

2.° 有充分的理由断定，被裁定临时羁押的个人负有刑事责任。

3.° 判处临时羁押旨在达到以下目的：

a）在合理推断犯罪嫌疑人可能逃跑的情形下，确保其在审讯过程中出席。

在对犯罪嫌疑人的逃跑可能性进行评估时，应当考虑其犯罪行为的性质，可能被处以刑罚的严重性，犯罪嫌疑人的家庭、工作、经济情况，以及审判的紧迫性，特别注意本法第四卷第三编中所述的迅速审理程序所规定的条件。

犯罪嫌疑人在过去 2 年中被任何司法机关发出过 2 份以上的传告书用于传讯或者寻找下落的，对其裁定实施临时羁押时，不受本项第 1 目规定的期间限制。

b）用于案件审理的重要证据存在明显的现实危险时，防止犯罪嫌疑人隐匿、篡改或者破坏该重要证据。

不得仅因猜测犯罪嫌疑人可能不行使其辩护权或者不配合调查，而因此裁定对犯罪嫌疑人实施临时羁押。

评估上述证据的危险时应当考虑犯罪嫌疑人直接或者通过第三者接触到证据的能力，及影响其他犯罪嫌疑人、证人、鉴定人或者其他有可能成为前述诸人的人接触到证据的能力。

c）防止犯罪嫌疑人侵犯被害人的合法权益，尤其当被害人属于《刑法典》第 173.2 中所述的人群时。在该情形下，不受本项第 1 目规定的期间限制。

2. 符合第 503.1.1.°、503.1.2.°规定情形的，为防止犯罪嫌疑人实施其他犯罪行为，也可裁定对其处以临时羁押。

进行实施其他犯罪行为的风险评估时应当考虑其所实施行为的情形以及可能实施的行为的严重程度。

犯罪嫌疑人只有在实施故意犯罪的行为时可被裁定临时羁押。但司法警察提供了犯罪嫌疑人的前科、其他信息或者情况说明的，或者根据犯罪嫌疑人的行动有理由推断其伙同他人进行有组织犯罪的，或者购成惯犯的，不适用第 503.1.1.°的限制。

第 504 条

1. 在有充分理由的情形下，处以临时羁押的期限可为达到本法前条所述目的所必需的任何期限。

2. 根据本法第 503.1.3.°a）、c）的规定，或者根据第 503.2 作出临时羁押裁定时，针对被指控的犯罪行为最高可判处 3 年有期徒刑的，裁定的临时羁押时间不得超过 1 年；最低判处 3 年有期徒刑的，裁定的临时羁押时间不得超过 2 年。但是，客观情况导致羁押时间无法预知的，法官或者法院可根据本法第 505 条的规定通过裁定书最多延长一次临时羁押期限。最高可判处 3 年有期徒刑的，临时羁押最多可再延长 2 年；最低判处 3 年有期徒刑的，临时羁押最多可在此基础上再延长 6 个月。

经判决有罪并提起上诉的，对其临时羁押最多可延长至判决刑罚时间的一半。

3. 根据本法第 503.1.3.°b）的规定裁定临时羁押的，其临时羁押时间不得超过 6 个月。

但是，存在隔离囚禁或者预审内容必须保密情形的，在前款规定的临时羁押期限结束之前隔离羁押或者秘密预审被取消的，法官或者法院应当为临时羁押提供充足的理由。

4. 犯罪嫌疑人在法官或者法院传讯时无故不出庭的，临时羁押的到期不影响继续对该犯罪嫌疑人进行羁押。

5. 对本条所规定的期间的计算应当考虑犯罪嫌疑人因同一案件被逮捕或者临时羁押的时间。因司法机关的原因造成延期的，应当排除在期间计算之外。

6. 临时羁押的时间超过最大临时羁押期间 2/3 的，审理案件的法官、法院及检察院应当将此情况通报行政管理庭主席和相关法院的主审法官，以便其采取相应措施尽快进行诉讼。相对于其他程序此程序应当优先受理。

第 504 之 1 条

（废除）

第 504 之 2 条

（废除）

第 505 条

1. 被逮捕人被移送到受理该案件的预审法官或者法院后，除非对其处以不交付保证金的临时释放，预审法官或者法院应当召开庭审，通过庭审，由检察院或者控诉一方向法官提出裁定犯罪嫌疑人临时羁押或者取保候审。

在本法第四卷第三编规定的情形中，除非前述庭审已经举行，该庭审应当根据本法第 798 条执行。

2. 前项所述的庭审应当在被逮捕人送交司法机关后的 72 小时内举行。庭审应当传讯犯罪嫌疑人，通知检察院及其他相关人员。犯罪嫌疑人的到庭应当由其自行选定或者官方指定的诉讼律师陪同。庭审过程中可以对没有被逮捕的犯罪嫌疑人申请临时羁押或者取保候审，由法院决定是否批准。

3. 在该庭审中，检察院或者控告方申请裁定对犯罪嫌疑人进行临时羁押或者取保候审的，在庭审过程中或者在前项指定的 72 小时内，可以进行辩护并提出证据。

4. 法官或者法院应当对进行临时羁押或者取保候审的予以裁定。当事任何一方未要求进行临时羁押或者取保候审的，应当立即释放已被逮捕的犯罪嫌疑人。

5. 任何原因导致该庭审不能召开的，只要符合本法第 503 条规定的情形，可裁定临时羁押犯罪嫌疑人，或者裁定取保候审。但在之后的 72 小时内，法官或者法院应当召开新的庭审，并采取一切措施避免第一次庭审无法进行的原因再次发生。

6. 被逮捕人应当移交但在 72 小时内未能移交至受理该案件或者应该受理该案件的法官或者法院的，仍根据本法前述各项予以处理。但一旦法官或者法院受理该案，应当在最短时间内听取犯罪嫌疑人在其律师陪同下的陈述，尽快作出决议。

第 506 条

1. 法院应当采用裁定书的形式对犯罪嫌疑人采取的措施进行裁定。裁定临时羁押或者延长羁押的，应当对采取该措施作出必要合理解释。

2. 案件具有保密性质的，在裁定书中应当列出作出临时羁押裁定的原因，并说明为了保证其不公开性，在进行通知时应当省略应保密的内容。

任何情形下，通知中都不得省略对被起诉的事实的简要描述，也不得省略采取本法第 503 条中所述临时羁押的目的。案卷达到保密标准的，应当立即将完整的裁定书内容通知犯罪嫌疑人。

3. 对犯罪嫌疑人采取临时措施的裁定书应当直接告知该案的被害人和被侵犯人。对被害人和被侵犯人采取安全保障措施应当考虑该决议的内容。

第 507 条

1. 对不予延长临时羁押、不予临时羁押或者释放犯罪嫌疑人的裁定不服的，犯罪嫌疑人可根据本法第 766 条的规定提起上诉。法院对该上诉应当优先受理，并应当在 30 日内作出裁决。

2. 未根据第 506.2 的规定将裁定书的完整内容告知犯罪嫌疑人的，犯罪嫌疑人可在收到通知后要求查看完整的裁定书并根据本条前项提起上诉。

第 508 条

1. 犯罪嫌疑人患有严重疾病，一旦羁押将会造成生命危险的，法官或者法院可裁定在犯罪嫌疑人住所对其实施临时羁押，并对其采取必要的监控措施。法官或者法院可允许犯罪嫌疑人在必要监视下，在一定时间内离开住所进行治疗。

2. 犯罪嫌疑人处于戒毒期间并且临时羁押会导致该治疗失败，并且戒毒治疗的开始时间早于对其采取的诉讼程序发生之前的，临时羁押可在官方治疗中心或者法律许可的治疗机构进行。在此情形下，未经作出临时羁押决定的法官或者法院允许，犯罪嫌疑人不得离开治疗中心。

第 509 条

1. 为防止犯罪嫌疑人逃避法律制裁，防止犯罪嫌疑人以隐匿、篡改、破坏证据的方式侵害被害人合法利益，或者防止犯罪嫌疑人实施新的犯罪行为，预审法官或者法院可作出特别的隔离逮捕或者隔离羁押犯罪嫌疑人的裁定。

2. 隔离羁押的时间为避免前项所述危险而实施的紧急审理所需的时间，并且不得超过 5 日。符合本法第 384 之 1 条规定情形的，或者因两人或者多人实施有组织犯罪行为被裁定隔离羁押的犯罪，隔离的羁押时间最多可延长 5 日。

但是在此情形下，只要隔离羁押对调查或者案件的后期开展有利的，即使犯罪嫌疑人已被解除隔离羁押，审理案件的法官或者法院也可裁定再次对该犯罪嫌疑人进行隔离羁押。在任何情形下，犯罪嫌疑人再次被隔离羁押的时间不得超过 3 日。

3. 隔离羁押的裁定书或者延长隔离羁押的裁定书中应当写明采取该措施的原因。

第 510 条

1. 被羁押人在对其处以适当预防性措施的情形下应当参与本法规定的审理，但该参与有损对其处以隔离羁押目的除外。

2. 法官或者法院在不影响隔离羁押目的情形下，可允许被隔离羁押的犯罪嫌疑人保留部分获得信息的途径。

3. 被隔离羁押的犯罪嫌疑人不得与他人进行任何交流。但在不影响隔离羁押目的前提下，法官或者法院可批准犯罪嫌疑人与他人进行交流，并采取适当的措施。

4. 被隔离羁押的犯罪嫌疑人有权申请要求审理案件的法官或者法院承认其委托的另一名法医。

第 511 条

1. 为了使临时羁押的裁定书生效，法院应当作出两份令状，一份发送至执行逮捕的司法警察或者其助理人员，另一份发送至接收被羁押人的羁押场所的负责人。

在令状中应当注明犯罪嫌疑人的个人信息、诉讼程序针对的案件，以及是否执行隔离羁押。

2. 没有羁押令的，羁押场所的负责人不接收任何被羁押人。

3. 一旦作出释放被羁押人的裁定书，应当立即将释放令送达羁押场所的负责人。

第 512 条

犯罪嫌疑人未在其住所也不知其下落的，法官应当裁定对该犯罪嫌疑人进行通缉，将通缉令交由有可能找到犯罪嫌疑人的辖区的预审法官执行。法院书记员作出相关公文，并在《国家官方公报》、自治区日报上发布，同时附上通缉的授权书复印件。此外，还应当以告示的形式在审理案件的法院办公室及预审法官办公室发布通缉令。

第 513 条

通缉令应当注明潜逃的犯罪嫌疑人的姓名、职位、职业，有公职的应当注明其公职，可能识别犯罪嫌疑人身份的信息、诉讼所针对的案件、推测犯罪嫌疑人可能出现的地域范围和犯罪嫌疑人应被羁押的羁押场所。

第 514 条

通缉令的原件与公布通缉令的报纸样本应当一并提交至审理该案的法院。

第 515 条

裁定通缉潜逃犯罪嫌疑人的法官或者法院，以及接收通缉令的预审法官，应当将本法第 513 条中提及的情形告知相应地区内的当局及司法警察。

第 516 条

下发通缉令搜捕犯罪嫌疑人的裁定书中，法官应当对抓捕犯罪嫌疑人后的相关事宜的受理人员进行指定。法院书记员对司法决议和被指定的受理人员提供证明，并提交给当值法院，或者将司法决议和证明进行电子系统归档。

第 517 条

将被通缉人移交值班法院时，在不违反本法第 505.6 规定的前提下，法官认为确有需要时，可向发出通缉令的司法机构申请协助。无法向该机构申请协助的，向执行司法程序的距离最近的值班司法机构申请协助。协助的主要内容是提供前条所述的证明及资料。

第 518 条

对羁押或者释放犯罪嫌疑人的裁定提起上诉时，不得中断对犯罪嫌疑人的羁押。

第 519 条

临时羁押的审理应当与本案其他部分的审理分开进行。

第四章 被逮捕人和被羁押人的辩护权、律师陪同权的行使，以及对被逮捕人和被羁押人的处理方式

第 520 条

1. 羁押及临时羁押，应当以对被逮捕人或者被羁押人的人身、名誉及财产损害程度最轻的方式进行。

候审羁押的时间不得超过调查案件事实所需的必要时间。在本法规定的最长为 72 小时的期限内，应当释放被逮捕人或者将其移送司法当局。

2. 应当以适当并且最快的方式告知被逮捕人或者被羁押人其犯罪行为、被剥夺自由的原因及其享有的权利，尤其是以下权利：

a）对不愿回答的问题保持沉默的权利，拒绝回答所提问题的权利，声明仅在法官面前进行陈述的权利。

b）不进行对其不利的陈述的权利，拒绝自认其罪的权利。

c）委托律师的权利，申请由律师在场协助其接受警方或者司法部门审理调查、参与一切身份辨认活动的权利。被逮捕人没有委托律师的，应当为其指定官方律师。

d）有权要求对被逮捕的事实及诉讼各阶段的被羁押地点通知被逮捕人的家属和其想要通知的人。对于外国人，有权要求通知其本国领事机构。

e）被逮捕人是不懂或者不会说西班牙语的外国人的，有权获得一名免费翻译的协助。

f）被逮捕人有权就医，在法医或者其合法替代者无法诊治的情形下，由羁押场所的医生或者由国家及其他公共管理部门的医生诊治。

3. 逮捕未成年人或者无行为能力人，当局应当根据本条第 2 项 d）的规定通知该未成年人或者无行为能力人的父母、监护人或者看管人。无法找到上述人员的，应当及时告知检察院。未成年人或者无行为能力人是外国人的，应当将逮捕的事实告知其本国领事机构。

4. 司法当局或者公职人员在其管辖区域内发现被逮捕人或者被羁押人的，不得对其选择律师提出建议，应当将被逮捕人选择的律师姓名告知律师协会，以便律师协会进行确认。律师协会通知被选择的律师，以便该律师决定是否同意代理该案件。被选择的律师拒绝接受委托的、不能找到该律师的或者该律师未代理该案件的，律师协会应当指定一名官方律师。自收到律师协会通知后，该官方律师应当在被指定的 8 小时内到达羁押犯罪嫌疑人的场所。

在收到律师协会通知后的 8 小时内，指定的律师无故未到达被逮捕人或者被羁押人的羁押场所，该被逮捕人或者被羁押人可自愿进行陈述或者认罪。该指定律师应当承担因其失职造成的责任。

5. 对已被类型化的犯罪行为，交通安全犯罪的被逮捕人或者被羁押人、犯罪嫌疑人可拒绝律师协助。

6. 律师协助的内容为：

a）申请告知被逮捕人或者被羁押人享有本条第 2 项赋予的权利，并申请进行第 2 项 f）所规定的医学检查。

b）已由律师介入调查的，律师可在调查审理结束时向审理案件的司法当局或者公职人员请求对审理文书进行必要的澄清或者扩展，或者在审理文书上注明附带事项。

c）与被逮捕人进行私密会面，以便实施应当有律师参与的审理程序。

第 520 之 1 条

1. 实施逮捕后的 72 小时内，应当将所有被推测为参与本法第 384 之 1 条所述犯罪活动的犯罪嫌疑人移交审理该案的法官。

因调查需要，在逮捕后首个 48 小时内提起申请并阐述延长羁押时间的原因，并且法官在接下来的 24 小时内予以批准的，羁押时间最多可延长 48 小时。无论批准或者拒绝关于延长羁押时间的申请，都应当对作出该决议的原因进行说明。

2. 对因本条前项所述原因被羁押的犯罪嫌疑人，可向法官申请决议对其进行隔离羁押，并应当在 24 小时内对提起该申请的理由进行说明。提起对被逮捕人采取隔离羁押的申请后，在不侵犯被逮捕人的辩护权以及本法第 520 条和第 527 条的规定的情形下，法官应当作出是否对被逮捕人实施隔离羁押的决议。

3. 在逮捕期间，法官可在任何时间索要有关被逮捕人的信息，可亲自或者通过其代表询问发现犯罪嫌疑人的辖区的预审法官以了解被逮捕人的情况。

第 521 条

尽可能地将被逮捕人分开羁押。

无法全部分开羁押的，预审法官或者法院至少应当注意将不同性别的被逮捕人分开进行羁押、将共犯分开进行羁押、将未成年人与成年人分开进行羁押、将非惯犯与惯犯分开进行羁押。

分开羁押应当考虑被逮捕人的教育程度、年龄及被起诉的案件的性质。

第 522 条

在不违反羁押场所制度、不危及安全和确保预审活动顺利进行的前提下，所有被逮捕人或者被羁押人可自费承担为自己提供便利的条件或者事项。

第 523 条

被逮捕人或者被羁押人申请其信仰宗教的宗教人员、医生、亲属、与其有利益关系的人或者能为其提供建议的人进行探访的，符合羁押场所制度规定并且不损害预审及结果的，应当予以批准。被逮捕人或者被羁押人与辩护律师的关系不得作为拒绝该申请的理由。

第 524 条

预审法官可授权被逮捕人或者被羁押人使用某些方式与外界进行通讯和交

流，但不得影响案件的预审。

任何情形下法官都不得阻碍被逮捕人或者被羁押人与法官的上级司法官员进行书面交流。

第 525 条

除被逮捕人或者被羁押人不服从监管、使用暴力、反抗、潜逃或者企图逃跑的，不得对其采取非常规羁押方式。

非常规羁押方式具有临时性，并且只在必要时执行。

第 526 条

预审法官应当在一名检察院人员的陪同下每星期巡视一次当地羁押机构，巡视的时间和日期均无须提前通知。该名检察院人员可以是相应省法院的市政检察官代表。审理案件的法院在被逮捕人或者被羁押人的羁押地的，由法院院长或者刑事庭庭长、高级法官进行巡视，巡视应当由一名检察院公职人员陪同，由预审法官协助。

在巡视过程中，前述巡视人员有权获知与被羁押人或者被逮捕人有关的一切情况，并有权在其职权范围内对不当的羁押措施进行纠正。

第 527 条

被逮捕人或者被羁押人在被隔离羁押期间享有经如下变通的本法第 520 条规定的权利，此外不再享有本章规定的其他权利：

a）其律师只能是官方指定的律师。

b）不享有本法第 520.2.d）规定的与外界交流的权利。

c）不享有本法第 520.6.c）规定的与律师会面的权利。

意 大 利

意大利刑事诉讼法典*

第一编 主 体

第五章 民事当事人、民事负责人和对财产刑承担民事责任的人

第 83 条 传唤民事负责人

1. 对被告人的行为承担民事责任的人可以在刑事诉讼中受到传唤；传唤请求应由民事当事人提出，在第 77 条第 4 款规定的情况下由公诉人提出。在某一案件中对之宣告开释判决或者不追诉判决的被告人，也可以作为对其他共同被告人行为承担民事责任的负责人受到传唤。

2. 上述传唤请求最迟应当在庭审辩论以前提出。

3. 主持诉讼的法官以命令形式作出传唤决定。传唤令包含以下内容：

1）民事当事人的一般情况和名称，指明辩护人和作为自然人的民事负责人的一般情况，如果应当承担责任的是团体或机构，则指出它的名称及其法定代表人的一般情况；

2）说明针对民事负责人提出的诉讼要求；

3）要求按照第 84 条规定的方式出庭；

4）传唤令的日期以及法官及其助手的签名。

4. 传唤令的副本由民事当事人负责向有关民事负责人、公诉人和被告人送达。在第 77 条第 4 款规定的情况下，传唤令的副本由公诉人负责向有关民事负责人和被告人送达。传唤令的原本连同送达报告一并存放在主持诉讼的法官的文书室中。

---

* 本法典于 1988 年 9 月 22 日由意大利总统颁布，自 1989 年 10 月 24 日起实施。最后一次修正时间是 2015 年 3 月 16 日。本译本根据意大利 CasaEditriceLaTribuna（CELT）出版社 2014 年出版的 CODICE DI PROCEDURA PENALE 和意大利 NEL DIRITTO EDITORE 出版社 2015 年出版的 CODIE DI PROCEDURA PENALE 翻译。该两本书的语言为意大利语。

5. 如果由于疏忽或者由于错误地提供某一基本情况而使民事负责人未能在初步庭审或审判中行使自己的权利，对民事负责人的传唤无效。文书送达的无效导致传唤的无效。

6. 如果民事当事人的设立被撤销或者被法官加以排除，对民事负责人的传唤丧失其效力。

第二编　诉讼行为

第七章　无　效

第 184 条　对涉及传唤、通知和送达无效情况的补救

1. 涉及传唤、通知和送达的无效情况，如遇有关当事人出庭或者放弃出庭，可以获得补救。

2. 如果当事人决定出庭只是为了指出不合法的情况，也有权获得不少于 5 日的期限为自己辩护。

3. 当无效情况涉及传唤当事人出席法庭审理时，上述期限不得低于第 429 条规定的期限。

第四编　预防措施

第一章　人身预防措施

第二节　强制措施

第 280 条①　适用强制措施的条件

1. 除第 391 条第 2 款和第 3 款规定的情况外，只有当诉讼所针对的是依法应判处无期徒刑或者 3 年以上有期徒刑的犯罪时，才能适用本节规定的各项措施。

2. 预防性羁押措施只能针对依法应判处 5 年以上有期徒刑②的既遂或未遂犯罪以及 1974 年 5 月 2 日第 195 号法律第 7 条及其随后的修正条款规定的非

---

① 本条经 1995 年 8 月 8 日第 332 号法律第 7 条修改。

② 经 2013 年 8 月 9 日第 94 号法律转换和修改的 2013 年 7 月 1 日第 78 号法令第 1 条第 1 款 0a）项将原来的"4 年以上有期徒刑"改为"5 年以上有期徒刑"。

法资助政党犯罪加以适用。①

3. 对于违反相关预防措施所要求遵守的规定的人，不适用第 2 款的规定。

第 281 条 禁止出国

1. 法官在作出禁止出国的决定时，要求被告人未经主管法官批准不得离开国家领域。

2. 法官作出必要的处置以确保上述决定的执行，其中包括为防止使用护照和其他为出国而使用的有效身份文件而采取的处置。

2-2. 在任何情况下，法官在适用本节规定的其他强制措施时，可以在裁定中适用禁止出国。②

第 282 条 向司法机关报到的义务

1. 在规定向司法机关报到义务的决定中，法官要求被告人向某一特定的司法警察办公室报到。

2. 法官根据被告人的工作和居住地点确定报到的日期和时间。

第 282 条 -2③ 离开家庭住所

1. 在作出离开家庭住所的决定时，法官要求被告人立即离开家庭住所，或者要求他不得返回家中并且不得未经主管法官批准进入家中。有关的批准可以规定回家的特定方式。

2. 如果存在保护被害人或被害人的近亲属的需要，法官可以要求被告人不得接近被害人经常前往的特定地点，尤其是工作地点、原家庭住所或近亲属的住所，除非出于工作的原因而必须前往。在这后一种情况下，法官规定相关的方式，并且可以作出限制性规定。

3. 根据检察官的请求，法官还可以命令向受上述预防措施的影响而失去适当生活来源的共同生活人员定期支付一笔款项。法官根据具体情形和付款人的收入水平确定该笔款项的数额和支付条件。在必要时，可以决定该款项由付款人的雇主直接向受益人支付，并从付款人的报酬中予以扣除。该支付令具有可执行文书的效力。

4. 第 2 款和第 3 款列举的决定也可以在第 1 款提到的决定作出后作出，

---

① "1974 年 5 月 2 日第 195 号法律第 7 条及其随后的修正条款规定的非法资助政党犯罪"一语是由经 2013 年 8 月 9 日第 94 号法律转换和修改的 2013 年 7 月 1 日第 78 号法令第 1 条第 1 款 0a）项增加的。

② 本款是由经 1992 年 8 月 7 日第 356 号法律转换和修改的 1992 年 6 月 8 日第 306 号法令第 9 条第 1 款增加的。宪法法院以 1994 年 3 月 31 日第 109 号判决宣告本款违宪。

③ 本条是由 2001 年 4 月 4 日第 154 号法律第 1 条第 2 款增加的。

只要这后一决定没有被撤销或者以其他方式丧失其效力。如果第 1 款提到的决定被撤销或者以其他方式丧失其效力，第 2 款和第 3 款列举的决定，即使是随后作出的，也立即失效。如果第 3 款提到的决定是考虑到配偶或子女的利益而作出，当随后出现《民事诉讼法典》第 708 条规定的裁定，或者民事法官针对配偶间经济—财产关系或者子女抚养问题作出其他决定时，该决定立即失效。

5. 如果付款人或者受益人的条件发生变化，可对第 3 款提到的决定加以变更，并且，如果共同生活恢复，可予以撤销。

6. 当有关诉讼针对的是《刑法典》第 570 条、第 571 条、第 578 条（仅限于应公诉的情况或者其他严重情况）、第 600 条、第 600 条 –2、第 600 条 –3、第 600 条 –4、第 600 条 –6、第 600 条 –7、第 601 条、第 602 条第 2 款规定的犯罪，并且受侵害的是近亲属或共同生活人，也可以在第 280 条规定的限度外决定使用有关措施，并可采用第 275 条 –2 规定的监控方式。①

第 282 条 –3②　禁止接近被害人常往地点

1. 采用关于禁止接近的决定，法官要求被告人不得接近被害人经常前往的特定地点，或者要求与该地点或被害人保持一定的距离。

2. 当存在进一步的保护需要时，法官可以要求被告人不得接近被害人的近亲属或与之共同生活或受到感情关系维系的人员经常前往的特定地点，或者要求与该地点或上述人员保持一定的距离。

3. 法官还可以禁止被告人通过任何手段与第 1 款和第 2 款列举的人员进行联系。

4. 当出于工作或居住原因而必须前往第 1 款和第 2 款列举的地点时，法官就相关的前往方式作出规定，并且可以作出限制。

第 282 条 –4③　告知义务

1. 第 282 条 –2 和第 282 条 –3 提到的决定应通报给主管公安机关，以便在需要时采取关于武器和弹药方面的措施。上述决定也应当告知被害人和当地的社会辅助机构。如果被告人积极参加由当地的社会辅助机构组织的预防暴力

---

① 本款先后经 2012 年 10 月 1 日第 172 号法律第 5 条第 1 款第 2 项和由 2013 年 10 月 15 日第 119 号法律转换和修改的 2013 年 8 月 14 日第 93 号法令第 2 条第 1 款第 1 项修改。

② 本条是由经 2009 年 4 月 23 日第 38 号法律转换和修改的 2009 年 2 月 23 日第 11 号法令第 9 条第 1 款第 1 项增加的。

③ 本条是由经 2009 年 4 月 23 日第 38 号法律转换和修改的 2009 年 2 月 23 日第 11 号法令第 9 条第 1 款第 1 项增加的。

计划，该机构的负责人将此情况告知公诉人和法官，以便在根据第 299 条第 2 款进行评估时予以考虑。①

第 283 条 关于居住的禁令和义务

1. 在规定禁止居住的决定中，法官要求被告人不得在特定的地点居住，而且未经主管法官批准不得进入该地点。

2. 在规定居住义务的决定中，法官要求被告人不得未经主管法官批准离开常住地市镇，或者为了确保更有效地监控或在常住地市镇不是警察机构驻地的情况下，要求被告人不得离开上述市镇中的某一村镇、附近的市镇或该市镇中的某一村镇。如果由于主体的人格或环境条件不能确保第 274 条规定的预防要求，居住的义务可以规定在其他市镇或村镇履行，应当优先选择在常住地市镇所处的省或大区范围履行此义务。

3. 当规定居住义务时，法官指出被告人应当立即向哪个警察机关报到并向其告知自己住宅的地址。法官可以要求被告人告知警察机关平常能找到自己的时间和地点，以便接受必要的检查，同时，被告人有义务提前向警察机关报告上述地点和时间的变化。

4. 法官可以另外作出决定，要求被告人不得在某一时间离开住宅，同时又不影响正常的工作需要。

5. 在确定有关的地域界线时，法官尽可能考虑被告人食宿、工作或扶助方面的需要。如果所涉及的人员是正在获批准机构接受戒瘾治疗的吸毒者或酗酒者，法官决定进行必要的检查，以查明治疗计划是否正在进行。

6. 在任何情况下，应当立即将法官的上述决定通知主管的警察机关，该机关负责监督上述决定的执行并向公诉人报告违反规定的情况。

第 284 条 住地逮捕

1. 在实行住地逮捕的决定中，法官规定被告人不得离开自己的住宅、其他私人居住地、公共治疗场所或扶助场所，或者受到保护的家庭住房。②

1－2. 法官在确定住地逮捕的地点时应将确保对犯罪被害人的保护作为优先满足的需要。③

---

① 本款由经 2013 年 10 月 15 日第 119 号法律转换和修改的 2013 年 8 月 14 日第 93 号法令第 2 条第 1 款 1）－2 项修改。

② "或者受到保护的家庭住房"一语是由 2011 年 4 月 21 日第 62 号法律第 1 条第 2 款增加的。

③ 本款是由经 2013 年 8 月 9 日第 94 号法律转换和修改的 2013 年 7 月 1 日第 78 号法令第 1 条第 1 款第 1 项增加的。

2. 在必要时，法官限制或者禁止被告人与并非与其共同居住或受其扶助的人员进行联系。

3. 如果被告人不能以其他方式满足基本的生活需要或者陷于特别困难的境地，法官可以批准他在白天离开逮捕地，在严格的时间限度内设法满足上述需求或者进行有关工作。

4. 公诉人或者司法警察可以随时检查被告人执行有关规定的情况。

5. 处于住地逮捕状态的被告人被视为处于预防性看管状态。

5－2. 如果被告人在实施被追诉之行为之前5年内曾因脱逃犯罪而被判刑，则不允许对其适用住地逮捕。为此目的，法官应采用最快捷的方式调取相关信息。①

第285条　预防性羁押

1. 在决定实行预防性羁押时，法官命令司法警官和警员对被告人实行拘捕并立即解送到看守所，使其处于司法机关的控制之下。

2. 在转移到看守所之前，被处以预防性羁押的人只能在解送期间被限制自由，其方式以严格的必要性为限。

3. 为确定应执行的刑罚，已受到的预防性羁押依照第657条的规定加以计算，包括为请求引渡而在外国受到预防性羁押的时间或者为根据《刑法典》第11条的规定重新进行审判而受到的预防性羁押的时间。

第285条－2②　减缓对在押母亲的预防性羁押

1. 在第275条第4款规定的情况下，如果被处以预防性羁押的人是正在怀孕的妇女、带有6岁以下子女的母亲，或者是在母亲已去世或完全不可能抚养子女情况下的父亲，法官可以决定将在押母亲羁押在看管程度有所减缓的场所，只要这样做符合非常明显的预防要求。

第286条　在治疗场所的预防性羁押

1. 如果需受到预防性羁押的人处于使其理解或意思能力丧失或明显降低的精神病状态，羁押地的法官可以决定将其临时收容在适当的精神病治疗机构，并采取必要的措施防止其逃跑。当查明被告人不再患精神病时，不得继续实行上述收容。

2. 适用第285条第2款和第3款的规定。

---

① 本款是由经2001年1月19日第4号法律转换和修改的2000年11月24日第341号法令第16条第4款增加的，并经2001年3月26日第128号法律第5条修改。

② 本条是由2011年4月21日第62号法律第1条第3款增加的。

第 286 条 – 2[①] **禁止预防性羁押**

（1.）[②]

2. 卫生部长经与司法部长协商一致后发布命令，确定哪些情况属于症状明显的艾滋病或严重的免疫系统疾病，并为有关的核实确定诊断和法医检查程序。[③]

3. 当需要进行诊断以核实是否存在第 275 条第 4 款 – 2 列举的健康状况，或者需要对处于上述状况中的人员进行治疗时，如果上述需要不能在监狱环境中得以满足，法官可以决定在必需的期限内将有关人员临时收容在国家卫生部门的适当机构中，必要时可以采取适当措施，以防止逃跑的危险。在不再需要收容后，法官依照第 275 条的规定作出决定。[④]

第四节　有关决定的形式和执行

第 294 条　讯问处于预防性羁押状态的人

1. 在宣布开始进行庭审之前，决定适用预防措施的法官，如果尚未在确认对犯罪嫌疑人的逮捕或拘留过程中进行过讯问，则立即对处于预防性羁押状态的人进行讯问，在任何情况下应当在羁押开始执行时起的 5 日之内，除非执行遇到严重障碍。[⑤]

1 – 2. 如果有关人员被处以其他预防措施，无论是强制性的还是禁止性的，讯问均应自相关决定执行或者被送达时起 10 日内进行。法官可以主动检查是否对处于预防性羁押状态的被告人实行了第 293 条第 1 款规定的告知或者是否依照该条第 1 款 – 2 的规定实行了通知，在这后一种情况下，他负责实行或者完成相关的告知或该条款所要求的通知。[⑥]

1 – 3. 如果公诉人在预防性羁押请求中提出申请，对处于预防性羁押状态

---

① 本条是由经 1993 年 7 月 14 日第 222 号法律转换和修改的 1993 年 5 月 14 日第 139 号法令第 1 条增加的。

② 本款被 1999 年 7 月 12 日第 231 号法律第 3 条第 1 项废止。

③ 本款是由 1999 年 7 月 12 日第 231 号法律第 3 条第 2 项增加的。

④ 本款是由 1999 年 7 月 12 日第 231 号法律第 3 条第 2 项增加的。

⑤ 本款先后经 1991 年 1 月 14 日第 12 号立法性命令第 13 条、1995 年 8 月 8 日第 332 号法律第 11 条第 1 款第 1 项和第 2 项以及经 1999 年 4 月 21 日第 109 号法律转换和修改的 1999 年 2 月 22 日第 29 号法令第 2 条第 1 款第 1 项修改。

⑥ 本款是由 1995 年 8 月 8 日第 332 号法律第 11 条第 1 款第 3 项增加的，并经 2014 年 7 月 1 日第 101 号立法性命令第 1 条第 1 款第 3 项修改。

的人员应当在 48 小时期限内进行讯问。①

2. 在遇到严重障碍的情况下，法官可以发出附理由的命令，讯问期限自法官接到障碍消除的通知或者查明该障碍已消除之日起重新计算。

3. 法官通过讯问审查第 273 条、第 274 条和第 275 条为适用有关措施而规定的条件和预防要求是否继续存在。当条件具备时，根据第 299 条的规定决定撤销或者变更有关措施。

4. 为第 3 款规定的目的，法官依照第 64 条和第 65 条列举的方式进行讯问。将活动的实施情况及时通知公诉人和有义务参加有关活动的辩护人。②

4-2. 如果预防措施是由陪审法院或者法院决定适用的，合议庭庭长或者由庭长委托的一位组成人员进行讯问。③

5. 对于需在其他法院的辖区进行的讯问，如果法官或者合议庭庭长认为无需亲自进行，则请求在当地负责初步侦查工作的法官进行。④

6. 在法官进行讯问之前，公诉人不得对处于预防性羁押状态的人进行讯问。⑤

第 296 条　逃匿

1. 有意逃避预防性羁押、住地逮捕、禁止出国措施、居住义务或有关监禁决定的执行的人，是在逃匿者。

2. 在宣布逃匿的决定中，法官为无辩护人的逃匿者指定一名辩护人，并决定将关于未获执行的措施的裁定副本存放在文书室。上述存放通知向辩护人送达。

3. 因逃匿而产生的诉讼后果只在宣告逃匿的刑事诉讼中产生作用。

4. 在根据第 299 条撤销有关决定、该决定以其他方式丧失效力、该决定所涉及的犯罪或刑罚消灭之前，在逃匿者的身份保持不变。

5. 脱逃者在一切方面均等同于逃匿者。

第 297 条　各种措施持续期的计算

1. 预防性羁押的效力自拘禁、逮捕或者拘留之时算起。

2. 其他措施的效力自根据第 293 条的规定送达有关裁定之时算起。

---

① 本款是由 1995 年 8 月 8 日第 332 号法律第 11 条第 1 款第 3 项增加的。

② 本款经 2001 年 3 月 1 日第 63 号法律第 12 条修改。

③ 本款是由经 1999 年 4 月 21 日第 109 号法律转换和修改的 1999 年 2 月 22 日第 29 号法令第 2 条第 1 款第 2 项增加的。

④ 本款由经 1999 年 4 月 21 日第 109 号法律转换和修改的 1999 年 2 月 22 日第 29 号法令第 2 条第 1 款第 3 项修改。

⑤ 本款经 1995 年 8 月 8 日第 332 号法律第 11 条第 1 款第 5 项修改。

3. 如果针对被告人的同一行为发出涉及同一措施的数项裁定，即便对该行为的情节或者性质有不同的表述，或者在所针对的数项行为是在首次作出裁定之前实施的并且根据第 12 条第 1 款第 2 项和第 3 项存在牵连关系的情况下，仅限于为执行其他犯罪而实施犯罪的情形，期限自第一项裁定执行或送达之时算起，以最严重的指控为确定持续期长度的标准。如果数项裁定所涉及的不是针对根据本款有牵连关系的行为提交审判前推算的数项行为，则不适用上述规定。①

4. 在计算预防性羁押的期限时，考虑举行庭审的时间以及在第一审和上诉审中为作出判决而花费的时间，以此方法确定第 303 条第 4 款规定的总合羁押期。②

5. 如果被告人因其他犯罪被关押或者因适用保安处分被收容，预防措施的效力自送达有关裁定之日起计算，只要这些效力同关押或者收容状态相兼容；否则，预防措施的效力自上述状态终止之日算起。在计算最长持续期时，预防性羁押被视为同为执行刑罚而进行的关押或为执行保安处分而进行的收容相互兼容。

第 298 条　执行的暂停

1. 当针对因其他犯罪而被处以人身预防措施的被告人需执行监禁令时，上述预防措施的执行处于暂停状态，除非有关措施的效力同服刑相互兼容。

2. 当采用监禁的替代制度服刑时，不产生预防措施执行的暂停。

第五节　预防措施的消灭

第 299 条　预防措施的撤销和更换

1. 当第 273 条规定的适用条件或有关各项措施的条款规定的适用条件消失，包括因后来的事实而消失时，或者当第 274 条规定的预防要求消失时，立即撤销强制措施和禁止性措施。

2. 除第 275 条所作的规定外，当预防要求减弱或者所适用的措施不再同事实或可能科处的制裁相适应时，法官采用其他较轻的措施实行更换，或者决定以不那么严厉的方式适用有关措施。③

---

① 本款经 1995 年 8 月 8 日第 332 号法律第 12 条第 1 款修改。

② 本款经 1995 年 8 月 8 日第 332 号法律第 12 条第 2 款修改。

③ 本款由经 1991 年 11 月 8 日第 356 号法律转换和修改的 1991 年 9 月 9 日第 292 号法令第 1 条修改。

2-2. 如果在针对暴力侵犯人身犯罪的诉讼中适用了第282条-2、第282条-3、第283条、第284条、第285条和第286条规定的措施，依据第1款和第2款就上述措施作出的决定应当由司法警察负责立即通知社会辅助机构和被害人的辩护人，在无辩护人的情况下，通知被害人。①

3. 如果公诉人和被告人向法官提出撤销或更换有关措施的请求，法官自上述请求被存放之日起5日内以裁定形式作出决定。如果在本条第2款-2提到的诉讼中适用了第282条-2、第282条-3、第283条、第284条、第285条和第286条规定的措施，对上述措施的撤销或变更请求，在不属于保障讯问的情况下，应当同时由请求方向被害人的辩护人送达，在无辩护人的情况下，向被害人送达，否则，该请求不可接受，除非在后一种情况下被害人没有宣告或者选择住所。辩护人和被害人可以自送达后2日内根据第121条提交备忘录。上述期限经过后，法官则继续进行诉讼。当法官负责讯问被处以预防性羁押的人、被请求延长初期侦查的期限、被请求调取附带证明或者进行初步庭审或审判时，也可以主动作出有关决定。②

3-2. 在自主地或者根据被告人的请求就撤销或变更强制措施和禁止性措施作出决定之前，法官应当听取公诉人的意见。如果在随后的2日内公诉人没有发表自己的意见，法官则继续进行诉讼。③

3-3. 在对为撤销或变更有关措施而提交的材料进行评估后，并且在作出决定前，法官可以对被调查人进行讯问。如果撤销或变更有关措施的申请是依据新材料或与已被评估材料不同的材料提出的，法官应当对提出有关请求的被告人进行讯问。④

4. 除第276条的规定外，当预防要求变得更为强烈时，法官根据公诉人的请求用更加严厉的措施取代已适用的措施，或者决定以更加严厉的方式适用有关措施。

4-2. 在初期侦查结束后，如果被告人请求撤销有关措施或者用较轻的措施实行更换或者以不那么严厉的方式适用有关措施，当该请求不是在庭审中提出的时，法官立即将此请求告知公诉人，后者可以在随后的2日内提出自己的

---

① 本款是由经2013年10月15日第119号法律转换和修改的2013年8月14日第93号法令第2条第1款第2项第1目增加的。

② 本款是由经2013年10月15日第119号法律转换和修改的2013年8月14日第93号法令第2条第1款第2项第2目修改。

③ 本款是由1991年1月14日第12号立法性命令第14条增加的。

④ 本款是由1995年8月8日第332号法律第13条第1款增加的。

意见。如果在本条第2款 -2 提到的诉讼中适用了第282条 -2、第282条 -3、第283条、第284条、第285条和第286条规定的措施，对上述措施的撤销或变更请求应当同时由请求方向被害人的辩护人送达，在无辩护人的情况下，向被害人送达，除非在后一种情况下被害人没有宣告或者选择住所。①

4 - 3. 在诉讼的任何阶段和审级中，当不能就有关情况作出决定时，法官可以自主地，并且无须采用任何程序，核查被告人的健康状况或者其他人身条件或身份。如果撤销或变更预防性羁押措施的请求是基于第275条第4款 -2 规定的健康状况而提出的，或者监狱卫生机构报告了上述健康状况，或者法官以其他方式了解到此情况，当认为不应根据有关情况接受该请求时，法官立即，在任何情况下不得超过第3款规定的期限，决定进行医学核查，并根据第220条及随后各条的规定任命鉴定人，后者应当考虑监狱医生的意见，并在5日内或者在特别紧急情况下自核查时起2日内作出汇报。自决定核查时起至为该核查规定的期限届满时止，第3款规定的期限暂停计算。②

4 - 4. 第286条 -2 第3款提到的规定也予适用。③

第300条　由于宣告某些判决而导致预防措施消灭

1. 当由于特定的事实并且针对同一人决定撤销案件或者宣告不追诉判决或开释判决时，基于该事实而决定采用的预防措施立即丧失其效力。

2. 如果被告人处于预防性羁押状态并且在宣告开释判决或不追诉判决时决定适用收容在司法精神病院的保安处分，法官依照第312条的规定作出决定。

3. 当在诉讼的任何审级中宣告有罪判决时，如果所科处的刑罚被宣告消灭或有条件暂缓执行，预防措施丧失效力。

4. 在宣告有罪判决的情况下，即便判决受到上诉，如果已受到羁押的时间不少于被科处的刑期，预防性羁押也丧失效力。

5. 当被开释的被告人或者对其宣告不追诉判决的人后来因同一事实被判刑时，如果存在第274条第1款第2项或第3项规定的预防要求，可以决定对其适用强制措施。

---

① 本款是由1991年1月14日第12号立法性命令第14条增加的，并由经2013年10月15日第119号法律转换和修改的2013年8月14日第93号法令第2条第1款第2项第3目修改。

② 本款是由1991年1月14日第12号立法性命令第14条增加的，并经1995年8月8日第332号法律第5条第3款修改。

③ 本款是由1999年7月12日第231号法律第4条第2项增加的。

第 301 条　为举证需要而适用的措施的消灭

1. 如果在第 292 条第 2 款第 4 项规定的期限届满时未作出延长裁定，为满足第 274 条第 1 款第 1 项规定的预防要求而适用的措施立即丧失效力。

2. 法官根据公诉人的请求就期限更新作出裁定，可以在第 305 条和第 308 条规定的期限内决定多次延长。

2 - 2. 除第 292 条第 2 款第 4 项的规定外，如果诉讼所针对的犯罪不属于第 407 条第 2 款第 1 项第 1 目至第 6 目列举的犯罪，或者不属于因诸多行为相互牵连、被调查者人数众多或者对有关犯罪应开展域外调查而需要进行特别复杂调查工作的犯罪，为实施第 274 条第 1 款第 1 项规定的侦查活动而决定的预防性羁押不得超过 30 日。①

2 - 3. 根据公诉人在期满前提出的请求，对于同一预防措施，法官可以采用裁定形式延长适用期，最多不得超过两次，总共时间不得超过 90 日，在作出该裁定前，应对阻碍调查工作开展的原因进行评估，并对被告人进行讯问。②

第 302 条　因未讯问被羁押人而导致羁押措施消灭

1. 如果法官在第 294 条规定的期限内未进行讯问，在初期侦查期间决定的预防性羁押立即丧失其效力。在释放被羁押人后，法官可以根据公诉人的请求并经过预先进行讯问，在查明存在第 273 条、第 274 条和第 275 条列举的条件的情况下，重新决定适用预防性羁押的措施。如果有关人员无正当理由不向法官出庭以接受讯问，也以同样方式作出处理。遵循第 294 条第 3 款、第 4 款和第 5 款的规定。

第 303 条③　预防性羁押的最长持续期

1. 在下列情况下，预防性羁押丧失效力：

1）自开始执行时起，经过以下期限，但未作出提交审判的决定或者未裁定依照第 438 条进行简易审判，或者未宣告按照当事人请求适用刑罚的判决的；这些期限分别是：④

（1）3 个月，如果诉讼针对的是依法应判处 6 年以下有期徒刑的犯罪；

---

① 本款是由 1995 年 8 月 8 日第 332 号法律第 14 条增加的。

② 本款是由 1995 年 8 月 8 日第 332 号法律第 14 条增加的。

③ 本条由经 1991 年 11 月 8 日第 356 号法律转换和修改的 1991 年 9 月 9 日第 292 号法令第 2 条修改。

④ 本项由经 2000 年 6 月 5 日第 144 号法律转换和修改的 2000 年 4 月 7 日第 82 号法令第 1 条第 1 款第 1 项修改。

（2）6 个月，如果诉讼针对的是依法应判处 6 年以上有期徒刑的犯罪，但（3）中规定的情况除外；

（3）1 年，如果诉讼针对的是依法应判处无期徒刑或 20 年以上有期徒刑的犯罪，或者针对的是第 407 条第 2 款第 1 项列举的某一犯罪，只要法律为其规定的刑罚为 6 年以上有期徒刑；

2）自作出提交审判的决定之时起或者自随后执行羁押之时起，经过以下期限，但未宣告第一审有罪判决的；这些期限分别是：

（1）6 个月，如果诉讼针对的是依法应判处 6 年以下有期徒刑的犯罪；

（2）1 年，如果诉讼针对的是依法应判处 20 年以下有期徒刑的犯罪，但（1）中规定的情况除外；

（3）1 年 6 个月，如果诉讼针对的是依法应判处无期徒刑或 20 年以上有期徒刑的犯罪；

（3）－2 如果诉讼针对的是第 407 条第 2 款第 1 项列举的犯罪，（1）、（2）和（3）中规定的期限再增加 6 个月。该期限计入在先前阶段中没有用完的期限，或者计入 4）项提到期限的剩余部分；①

2）－2 自作出提交简易审判的决定之时起或者自随后执行羁押之时起，经过以下期限，但未依照第 442 条宣告有罪判决的；这些期限分别是：

（1）3 个月，如果诉讼针对的是依法应判处 6 年以下有期徒刑的犯罪；

（2）6 个月，如果诉讼针对的是依法应判处 20 年以下有期徒刑的犯罪，但（1）中规定的情况除外；

（3）9 个月，如果诉讼针对的是依法应判处无期徒刑或 20 年以上有期徒刑的犯罪；②

3）自宣告第一审判决之时起或者自随后执行羁押之时起，经过以下期限，但未宣告上诉审判决的；这些期限分别是：

（1）9 个月，如果诉讼针对的是依法应判处 3 年以下有期徒刑的犯罪；

（2）1 年，如果诉讼针对的是依法应判处 10 年以下有期徒刑的犯罪；

（3）1 年 6 个月，如果诉讼针对的是依法应判处无期徒刑或者 10 年以上有期徒刑的犯罪；

4）自宣告上诉审判决之时起或者自随后执行羁押之时起，经过第 3 项规

---

① 本项由经 2001 年 1 月 19 日第 4 号法律转换和修改的 2000 年 11 月 24 日第 341 号法令第 2 条第 1 款修改。

② 本项是由经 2000 年 6 月 5 日第 144 号法律转换和修改的 2000 年 4 月 7 日第 82 号法令第 1 款第 2 项增加的。

定的期限，但未宣告不可撤销的有罪判决的，第2项（3）-2规定的情况除外。但是，如果在第一审中被定罪，或者上诉仅仅由公诉人提出，则仅适用第4款的规定。①

2. 如果由于最高法院撤销判决发回重审或者由于其他原因诉讼退回到以前的阶段或审级，或者移交给另外的法官审理，自作出上述决定之时起或者自随后执行羁押之时起，第1款列举的涉及诉讼各阶段和审级的羁押期限重新计算。

3. 如果被处以预防性羁押的被告人脱逃，自重新受到预防性羁押之时起，第1款列举的涉及诉讼各阶段和审级的羁押期限重新计算。

4. 预防性羁押的总期限，即便在考虑到第305条规定的延期之后，不得超过以下限度：

1）2年，如果诉讼针对的是依法应判处6年以下有期徒刑的犯罪；

2）4年，如果诉讼针对的是依法应判处20年以下有期徒刑的犯罪，第1项规定的情况除外；

3）6年，如果诉讼针对的是依法应判处无期徒刑或20年以上有期徒刑的犯罪。

第304条② 预防性羁押最长持续期的中断

1. 在以下情况中，第303条规定的期限中断，对有关中断期限的裁定可根据第310条的规定提出上诉：

1）在审判阶段，如果法庭审理因被告人或者辩护人受阻或者根据被告人或其辩护人的请求而中断或推迟，只要实行这种中断或推迟不是为了调取证据或者不是为辩护而延长期限；

2）在审判阶段，如果法庭审理因辩护人未出庭、离去或不参与并且致使被告人得不到辩护人的帮助而中断或者推迟；

3）在审判阶段，如果第544条第2款和第3款规定期限处于停缓状态；

3）-2 在简易审判中，如果庭审因第1项和第2项列举的某一情形而中断或者推迟，以及如果第544条第2款和第3款规定的期限处于停缓状态。③

2. 当诉讼针对的是第407条第2款第1项列举的某一犯罪时，如果法庭

---

① 本项由经2001年1月19日第4号法律转换和修改的2000年11月24日第341号法令第2条第1款-2修改。

② 本条经1995年8月8日第332号法律第15条修改。

③ 本项是由经2000年6月5日第144号法律转换和修改的2000年4月7日第82号法令第2条第1款第1项增加的。

审理或者简易审判特别复杂，在举行庭审或者作出第一审或上诉审判决期间，第303条规定的期限也可以中断。①

3. 在第2款规定的情况下，法官根据公诉人的请求决定期限中断，对于有关裁定可以依照第310条的规定提出上诉。

4. 如果初步庭审因本条第1款第1项和第2项列举的某一情形而中断或者推迟，第303条第1款第1项规定的期限中断，对于相关裁定可以依照第310条的规定提出上诉。

5. 如果期限中断的情况与某些共同被告人无关，并且该共同被告人请求在诉讼分离后对其进行诉讼，则对上述共同被告人不适用第1款第1项和第2项的规定，即使涉及的是简易审判，以及第4款的规定。

6. 预防性羁押的时间在任何情况下不得超过第303条第1款、第2款和第3款规定期限的2倍，不考虑第303条第1款第2项（3）－2规定的进一步期限，并且不得超过第303条第4款规定的、被增加了一半的期限，或者在对被告人比较有利的情况下，不得超过为被指控之罪或判决认定之罪规定的最高刑期的2/3。为此目的，无期徒刑相当于最高期限的有期徒刑。②

7. 在计算第6款提到的期限时，除有关期限涉及的是预防性羁押的总和持续期外，不考虑第1款第2项提到的中断期间。

第305条　预防性羁押的延长

1. 在诉讼的任何阶段或审级中，当决定对被告人的精神状态进行鉴定时，预防性羁押的期限在规定的鉴定时间届满后顺延。法官根据公诉人的要求，在听取辩护人的意见后，作出延长期限的裁定。对该裁定可依照第311条规定的程序向最高法院提出上诉。

2. 在初期侦查期间，当存在严重的预防要求并且由于侦查工作特别复杂或者根据第415条－2第4款决定进行新的调查而不得不延长羁押期时，公诉人也可以要求延长即将到期的预防性羁押的期限。法官在听取公诉人和辩护人的意见后作出裁定。对此裁定可依照第310条的规定提出上诉。被延长的期限只能被再次延长一次。第303条第1款规定的期限在任何情况下不得延长超过

①　本款由经2000年6月5日第144号法律转换和修改的2000年4月7日第82号法令第1条第1款第2项修改。

②　本款由经2001年1月19日第4号法律转换和修改的2000年11月24日第341号法令第2条第2款修改。

一半。①

第 306 条　因措施消灭而作出的处置

1. 在预防性羁押依照本章的规定丧失效力的情况下，法官裁定立即释放被处以该措施的人。

2. 在其他预防措施丧失其效力的情况下，法官裁定采取必要的处置，以便立即终止这些措施。

第 307 条　在因期限经过而释放被告人

1. 对于因期限经过而被释放的被告人，只有当仍然存在可据以适用预防性羁押的理由时，法官才决定适用其他具备其前提条件的预防措施。

1-2. 如果诉讼针对的是第 407 条第 2 款第 1 项列举的某一犯罪，法官决定适用第 281 条、第 282 条和第 283 条列举的预防措施，也可以一并适用。②

2. 当根据第 275 条的规定确有必要时，在下列情况下，可以恢复适用预防性羁押：

1）如果被告人故意违反与根据第 1 款规定适用的措施有关的规定，只要根据这种违反行为的性质，认为存在第 274 条规定的某一预防要求；

2）当存在第 274 条第 1 款第 2 项规定的预防要求时，羁押措施的恢复是在第一审判决或第二审判决的同时或者随后宣告的。③

3. 随着羁押的恢复，与目前所处诉讼阶段有关的期限重新开始计算，但是，在计算第 303 条第 4 款规定的期限时，也考虑先前受到羁押的时间。

4. 如果被告人违反与根据第 1 款规定适用的措施有关的规定或者在第 2 款第 2 项规定的情况下准备逃跑，司法警员和警官可以对其实行拘留。上述拘留的情况应当立即通知执行拘留地法院中的共和国检察官，在任何情况下，通知应在 24 小时内进行。在相容的范围内，适用关于拘留犯罪嫌疑人的规定。如果公诉人提出有关要求，当条件具备时，负责初期侦查的法官在认可上述拘留决定的同时裁定适用预防性羁押的措施，并将有关文书移送给主持诉讼的法官。④

5. 如果在裁定后的 20 日内，主持诉讼的法官未依照第 2 款第 1 项作出决

---

① 本款由经 2000 年 6 月 5 日第 144 号法律转换和修改的 2000 年 4 月 7 日第 82 号法令第 2 条第 1 款-2 修改。

② 本款是由经 2001 年 1 月 19 日第 4 号法律转换和修改的 2000 年 11 月 24 日第 341 号法令第 2 条第 6 款增加的。

③ 本项由经 1991 年 4 月 22 日第 133 号法律转换和修改的 1991 年 3 月 1 日第 60 号法令第 5 条修改。

④ 本款由经 2001 年 1 月 19 日第 4 号法律转换和修改的 2000 年 11 月 24 日第 341 号法令第 2 条第 7 款修改。

定，依照第 4 款的规定适用的措施即终止其效力。

第 308 条　除预防性羁押以外的措施的最长持续期

1. 对于除预防性羁押以外的措施，如果自开始执行之时起经过相当于第 303 条规定之期限两倍的时间，该强制措施丧失效力。

2. 如果自开始执行之时起经过 2 个月的时间，禁止性措施丧失效力。在任何情况下，如果这些措施是为了举证的需要而适用的，自执行之时起，法官也可以在 2 个月以后决定重新适用该措施，但应当遵守第 1 款规定的限度。

2－2. 在针对《刑法典》第 314 条、第 316 条、第 316 条－2、第 316 条－3、第 317 条、第 318 条、第 319 条、第 319 条－3、第 319 条－4 第 1 款和第 320 条规定的犯罪进行诉讼的情况下，自禁止性措施开始执行后经过 6 个月，该措施丧失其效力。在任何情况下，如果禁止性措施是为了举证的需要而决定采取的，法官可以决定在执行届满 6 个月后延长该措施，但是，如果自上述措施开始执行后经过相当于第 303 条规定期限 3 倍的时间，则该措施的效力终止。①

3. 上述措施的消灭不影响刑事法官或其他机关在依照法律适用附加刑或其他禁止性措施时所享有的权力。

第六节　上　诉

第 309 条　对适用强制措施的裁定的复查

1. 自执行或送达有关决定之时起 10 日内，被告人可以请求对决定适用某一强制措施的裁定进行复查，除非上述裁定是在公诉人上诉后发布的。

2. 对于逃匿的被告人，上述期限自根据第 165 条的规定执行送达之日起计算。但是，如果后来有关措施得到执行，在被告人证明自己未及时了解该决定的情况下，上述期限自执行之时起计算。

3. 自送达有关裁定的存放通知之时起的 10 日内，被告人的辩护人可以提出复查的请求。

3－2. 在第 1 款、第 2 款和第 3 款规定的期限中，不计入依照第 104 条第 3 款的规定推迟会面的天数。②

4. 复查的请求向第 7 款提到的法院的文书室提出，并遵循第 582 条和第 583 条规定的程序。③

---

① 本款是由 2012 年 11 月 6 日第 190 号法律第 1 条第 78 款增加的。

② 本款是由 1995 年 8 月 8 日第 332 号法律第 16 条增加的。

③ 本款经 1995 年 8 月 8 日第 332 号法律第 16 条第 2 款修改。

5. 上述法院的院长负责立即向主管司法机关实行通知，该机关在第 2 天之内并且在任何情况下在第 5 天以前将依照第 291 条第 1 款提交的文书以及所有后来获得的有利于被调查人的材料转递给法院。①

6. 在复查请求中也可以说明有关的理由。提出复查请求的人有权向复查法官提出新的理由，在开始讨论前将它们列入笔录。

7. 作出有关裁定的法官辖区所属的上诉法院或上诉法院派出庭驻地法院对复查请求作出决定。②

8. 该法院依照第 127 条规定的程序在合议室进行复查。确定的讨论日期应当至少提前 3 日通知驻第 7 款提到之法院的公诉人和请求适用该措施的公诉人；并在同一期限内向被告人及其辩护人送达通知。有关文书存放在法院的文书室，直至庭审之日，辩护人有权查阅并提取副本。③

8 - 2. 请求适用有关措施的公诉人可以代替驻第 7 款提到的法院的公诉人参加庭审。④

9. 自接到有关文书后的 10 日内，如果法院不应当宣布复查请求不可接受，则撤销、修改或者确认受到复查的裁定，它在作出决定时也可以采纳当事人在庭审期间提交的材料。法院也可以因其他未在请求中列举的原因撤销受到复查的决定，或者作出有利于被告人的修改，还可以根据在有关决定中未列举的理由确认受到复查的决定。

10. 如果没有在第 5 款规定的期限内转递有关文书，或者如果在规定的期限内未就复查请求作出决定，决定适用有关强制措施的裁定立即丧失效力。⑤

第五编　初期侦查和初步庭审

第五章　公诉人的活动

第 377 条　传唤

1. 当公诉人进行的行为需要被害人和能够为侦查工作叙述有用情况的人

---

① 本款经 1995 年 8 月 8 日第 332 号法律第 16 条第 3 款修改。

② 本款由经 1996 年 12 月 23 日第 652 号法律转换和修改的 1996 年 10 月 23 日第 553 号法令第 2 条第 1 款第 1 项修改。

③ 本款经 1995 年 8 月 8 日第 332 号法律第 16 条第 4 款修改。

④ 本款经 1995 年 8 月 8 日第 332 号法律第 16 条第 4 款修改。

⑤ 本款经 1995 年 8 月 8 日第 332 号法律第 16 条第 5 款修改。

在场时，公诉人可以发出传唤令。

2. 传唤令载有：

1）有关人员的一般情况；

2）出庭的日期、时间和地点，有关人员应向之出庭的机关；

3）告知：如果未提出正当阻碍理由而不出庭，公诉人将依照第133条的规定实行强制性拘传。

3. 公诉人采用同样的方式传唤技术顾问、译员和被扣押物的保管人。

第六章　当场逮捕和拘留

第 379 条　对刑罚的确定

1. 为适用本章的各项规定，依照第278条的规定对刑罚加以确定。

第 380 条　必须当场逮捕的情况

1. 当某人被当场发现实施依法应判处无期徒刑、5 年以上有期限徒刑的既遂或未遂的非过失犯罪时，司法警察官员和警员应当对该人实行逮捕。

2. 除第 1 款规定的情况外，当某人被当场发现实施以下各项既遂或未遂的非过失犯罪之一时，司法警察官员和警员也应当对其实行逮捕：

1）《刑法典》第二编第一章规定的依法应判处 5 年以上有期徒刑的危害国家罪；

2）《刑法典》第 419 条规定的破坏罪和洗劫罪；

3）《刑法典》第二编第六章规定的依法应判处 3 年以上有期徒刑的危害公共安全罪；

4）《刑法典》第 600 条规定的奴役罪、第 600 条 - 2 第 1 款规定的未成年人卖淫罪、第 600 条 - 3 第 1 款和第 2 款规定的未成年人色情活动罪，包括涉及第 600 条 - 4 提到的色情材料情况，以及《刑法典》第 600 条 - 5；①

4）- 2 《刑法典》第 609 条 - 2 规定的性暴力罪，该条第 3 款规定的情况除外，以及第 609 条 - 8 规定的团伙性暴力罪；②

4）- 3 《刑法典》第 609 条 - 4 第 1 款和第 2 款规定的与未成年人实施

---

① 本项先后经 1998 年 8 月 3 日第 269 号法律第 11 条和 2006 年 2 月 6 日第 38 号法律第 12 条第 1 款修改。

② 本项是由经 2009 年 4 月 23 日第 38 号法律转换和修改的 2009 年 2 月 23 日第 11 号法令第 2 条第 1 款第 2 项增加的。

性行为罪;①

5）盗窃罪，如果具备 1977 年 8 月 8 日第 533 号法律第 4 条规定的加重情节或者《刑法典》第 625 条第 1 款第 2 项、第 3 项、第 5 项和第 7 项 -2 规定的某一情节，除非具备第 62 条第 1 款第 4 项列举的减轻情节;②

5）-2《刑法典》第 624 条 -2 规定的盗窃罪，除非具备第 62 条第 1 款第 4 项列举的减轻情节;③

6）《刑法典》第 628 条规定的抢劫罪和第 629 条规定的敲诈勒索罪;

6）-2《刑法典》第 648 条第 1 款规定的窝赃罪的加重情形;④

7）非法制造、输入、贩卖、转让、在公共场所或面对公众持有或者携带各种战斗武器、准战斗武器、爆炸物以及数件普通射击武器的犯罪，1975 年 4 月 18 日第 110 号法律第 2 条第 3 款规定的武器除外;⑤

8）依照经 1990 年 10 月 9 日第 309 号共和国总统令批准的汇编本第 73 条应受处罚的涉及麻醉品或精神药物的犯罪，该条第 5 款列举的犯罪除外;⑥

9）依法应判处 4 年以上有期徒刑的、以恐怖主义或颠覆宪法制度为目的而实施的犯罪;⑦

10）发起、建立、领导和组织 1982 年 1 月 25 日第 17 号法律第 1 条规定的秘密团体的犯罪，发起、建立、领导和组织 1956 年 4 月 17 日第 561 号法律第 1 条规定的军事性团体的犯罪，发起、建立、领导和组织 1952 年 6 月 20 日第 645 号法律第 1 条和第 2 条规定的某些团体、运动和团伙的犯罪，发起、建立和领导 1975 年 10 月 13 日第 654 号法律第 3 条第 3 款规定的组织、团体、

---

① 本项是由 2012 年 10 月 1 日第 172 号法律第 5 条第 1 款第 5 项增加的。

② 本项先后经 2009 年 7 月 15 日第 94 号法律第 3 条第 25 款第 1 项增加的。

③ 本项是由 2001 年 3 月 26 日第 128 号法律第 10 条第 2 款增加的。

④ 本项是由经 2013 年 10 月 15 日第 119 号法律转换和修改的 2013 年 8 月 14 日第 93 号法令第 8 条第 2 款增加的。

⑤ 本项由经 1991 年 7 月 12 日第 203 号法律转换和修改的 1991 年 5 月 13 日第 152 号法令第 10 条修改。

⑥ 本项先后由经 1991 年 10 月 5 日第 314 号法律转换和修改的 1991 年 8 月 8 日第 247 号法令第 2 条和经 2014 年 2 月 21 日第 10 号法律转换和修改的 2013 年 12 月 23 日第 146 号法令第 2 条第 1 款 -2 修改。

⑦ 经 2005 年 7 月 31 日第 155 号法律转换和修改的 2005 年 7 月 27 日第 144 号法令将原来的"5 年以上有期徒刑"改为"4 年以上有期徒刑"。

运动或团伙的犯罪;①

10）-2 参加、发起、领导和组织《刑法典》第416条-2第2款规定的黑手党式团体;②

10）-3 《刑法典》第572条规定的虐待家庭成员和共同生活者的犯罪以及第612条-2规定的关于迫害行为的犯罪;③

11）发起、领导、建立和组织《刑法典》第416条第1款和第3款规定的犯罪集团的犯罪，如果该犯罪集团试图实施第1款或本款第1项、第2项、第3项、第4项、第6项、第7项、第9项中规定的犯罪。

3. 如果属于告诉才追诉的犯罪，只有当提出告诉，包括向在现场的司法警察官员或警员提出口头告诉时，才执行当场逮捕。如果享有告诉权的人宣布撤回告诉，则立即释放被逮捕者。

第381条 可以当场逮捕的情况

1. 如果某人被当场发现实施依法应判处3年以上有期徒刑的既遂或未遂的非过失犯罪，或者实施依法应判处5年以上有期徒刑的过失犯罪，司法警察官员和警员有权对其实行逮捕。

2. 司法警察官员和警员也有权逮捕任何被当场发现实施下列犯罪的人:④

1）《刑法典》第316条规定的利用他人错误进行贪污的犯罪;

2）《刑法典》第319条第4款和第321条规定的违反职责义务的受贿罪;

3）《刑法典》第336条第2款规定的对公务员实施暴力或胁迫的犯罪;

4）《刑法典》第443条和第444条规定的贩卖和提供劣药和有毒食品的犯罪;

5）《刑法典》第530条规定的腐蚀未成年人罪;

6）《刑法典》第582条规定的人身伤害罪;

6）-2 《刑法典》第614条第1款和第2款规定的侵入住宅罪;⑤

7）《刑法典》第624条规定的盗窃罪;

---

① 本项先后由经1992年8月7日第356号法律转换和修改的1992年6月8日第306号法令第4条第6款和经1993年6月25日第205号法律转换和修改的1993年4月26日第122号法令第6条修改。

② 本项是由经1992年8月7日第356号法律转换和修改的1992年6月8日第306号法令第4条第6款增加的。

③ 本项是由经2013年10月15日第119号法律转换和修改第2013年8月14日第93号法令第2条第1款第3项增加的。

④ 本款经1991年1月14日第12号立法性命令第21条修改。

⑤ 本项是由2009年7月15日第94号法律第3条第25款第2项增加的。

8)《刑法典》第 635 条第 2 款规定的严重损坏财物罪;

9)《刑法典》第 640 条规定的诈骗罪;

10)《刑法典》第 646 条规定的非法侵占罪;

10)－2《刑法典》第 600 条－3 第 4 款和第 600 条－4 规定的提供、转让或者持有色情物品罪,即使所涉及的是该法典第 600 条－4－1 提到的色情物品;①

11)1975 年 4 月 18 日第 110 号法律第 3 条和第 24 条第 1 款规定的变造武器罪和非法制造爆炸品罪;

11)－2《刑法典》第 497 条－2 规定的制作、持有或者使用虚假的身份文件罪;②

11)－3《刑法典》第 495 条规定的虚假地向公务员证明或申报自己或其他人的身份或资格的犯罪;③

11)－4《刑法典》第 495 条－3 规定的以虚假变造方式阻碍辨认或核实人员身份的犯罪。④

3. 如果属于告诉才追诉的犯罪,只有当提出告诉,包括向在现场的司法警察官员或警员提出口头告诉时,才可以执行当场逮捕。如果享有告诉权的人宣布撤回告诉,则立即释放被逮捕人。

4. 在本条规定的各种情况中,只有当有关措施的采用以行为的严重性为合法依据,或者根据行为人的人格或有关行为的情节推断该人具有危险性时,才能实行当场逮捕。

4－2. 当某人被司法警察或者公诉人要求提供消息时,不得因消息内容所涉及的犯罪或者因拒绝提供该消息而逮捕该人。⑤

第 382 条　当场发现

1. 在实施犯罪时被发现,在实施犯罪后立即受到司法警察、被害人或其他人员追踪,以及根据物品或痕迹被认为刚刚实施了犯罪,属于被当场发现犯罪。

---

① 本项是由 2006 年 2 月 6 日第 38 号法律第 12 条第 2 款增加的。

② 本项是由经 2005 年 7 月 31 日第 155 号法律转换和修改的 2005 年 7 月 27 日第 144 号法令第 13 条第 2 款增加的。

③ 本项是由经 2008 年 7 月 24 日第 125 号法律转换和修改的 2008 年 5 月 23 日第 92 号法令第 2 条第 1 款第 2 项－2 增加的。

④ 本项是由经 2008 年 7 月 24 日第 125 号法律转换和修改的 2008 年 5 月 23 日第 92 号法令第 2 条第 1 款第 2 项－2 增加的。

⑤ 本款是由 1995 年 8 月 8 日第 332 号法律第 26 条增加的。

2. 对于持续犯罪，在持续状态终止之前均可构成当场发现。

第 383 条　个人的捉捕权

1. 在第 380 条规定的情况下，如果涉及的是可提起公诉的犯罪，任何人均可当场捉捕犯罪人。

2. 实行捉捕的人应当毫不迟延地将被捉捕人和构成犯罪物证的物品送交司法警察，后者制作移交笔录并出具该笔录的副本。

第 384 条　对犯罪嫌疑人的拘留

1. 除当场逮捕的情况外，当根据具体材料确有理由认为存在逃跑危险时，并考虑到不可能辨别嫌疑人身份，对于具有重大嫌疑实施依法应判处无期徒刑或 2 年以上有期徒刑犯罪的人以及具有重大嫌疑实施涉及武器和爆炸物的犯罪，或者以恐怖主义包括国际恐怖主义或颠覆民主制度为目的犯罪的人，公诉人决定予以拘留。①

2. 在第 1 款规定的情况下并且在公诉人开始领导侦查工作之前，司法警察官员和警员主动地拘留上述嫌疑人。

3. 如果随后发现了嫌疑人，或者根据诸如持有虚假文件等具体材料确有理由认为嫌疑人可能逃跑，并且因情况紧急不可能等待公诉人的决定，司法警察也可以主动地实行拘留。②

第 384 条 – 2③　紧急带离家庭住所

1. 对于被当场发现犯有第 282 条 – 2 第 6 款提到的罪行的人，当有理由认为有可能再次实施有关的犯罪行为、置被害人生命或者身体或心理健康于严重的现实危险之中时，司法警察官员和警员在预先得到公诉人的书面批准或者口头给予的并通过文书或电报确认的批准后，有权将其紧急带离家庭住所，并禁止其靠近被害人惯常前往的地点。司法警察毫不迟疑地履行经 2009 年 4 月 23 日第 38 号法律转换和修改的 2009 年 2 月 23 日第 11 号法令第 11 条规定的通知义务。

2. 在相容的范围内，适用本章第 385 条及随后的相关规定。遵守第 381 条第 3 款提到的各项规定。在关于执行带离活动的笔录中，对口头的告诉声明加以记载。

---

① 本款经 2001 年 3 月 26 日第 128 号法律第 11 条以及经 2005 年 7 月 31 日第 155 号法律转换和修改的 2005 年 7 月 27 日第 144 号法令第 13 条第 3 款第 1 项修改。

② 本款经 2005 年 7 月 27 日第 144 号法令第 13 条第 3 款第 2 项修改。

③ 本条是由经 2013 年 10 月 15 日第 119 号法律转换和修改的 2013 年 8 月 14 日第 93 号法令第 2 条第 1 款 4）项增加的。

第 385 条　禁止在特定情形中实行逮捕或拘留

1. 当根据具体情形认为有关行为是在履行某一义务或者行使某一合法权利时实施的，或者存在某一不可罚性原因时，不允许实行上述逮捕或拘留。

第 386 条　司法警察在逮捕或拘留中的义务

1. 执行逮捕或拘留任务或者接收被移交的被逮捕人的司法警察官员和警员应立即向逮捕或拘留执行地的公诉人作出报告。他们向被逮捕人或被拘留人交付一份采用明了准确方式制作的书面告知，如果被逮捕人或被拘留人不懂意大利语，应将该告知翻译成该人可理解的语言，以其通知以下事项：

1）有权为自己任命一名自选辩护人，并且有权在法律规定的情况下获准得到国家提供的公费辩护；

2）有权获得关于刑事指控的信息；

3）有权得到译员和关于基本文书的译文；

4）可以行使不回答问题的权利；

5）有权查阅据以决定逮捕或拘留的文书；

6）有权要求通报领事机关并通知家属；

7）有权获得紧急的医疗护理；

8）有权自实行逮捕或拘留后 96 小时内被带到司法机关面前以便获得对上述强制措施的确认；

9）有权向法官出庭接受讯问并就确认逮捕或拘留的裁定向最高法院提出上诉。①

1－2. 当第 1 款提到的书面告知不能及时采用被逮捕或被拘留人可理解的语言提供时，采用口头方式实行告知，并且仍然应当毫不迟疑地向被逮捕或被拘留人提供书面告知。②

2. 在实行逮捕或拘留后，司法警察官员和警员立即将有关情况通知自选辩护人或者公诉人依照第 97 条的规定指派的辩护人。

3. 如果不存在第 389 条第 2 款规定的情况，司法警察官员和警员应尽快将被逮捕人或被拘留人交给公诉人，在任何情况下，该期限不超过逮捕或拘留后的 24 小时。在同一期限内，移送包括通过电信方式移送有关笔录，除非公诉人批准延长上述期限。在上述笔录中应包含对自选辩护人的指定，说明执行逮捕或拘留的日期、时间和地点，并列举有关的理由，并注明已交付有关的书

---

① 本款是由 2014 年 7 月 1 日第 101 号立法性命令第 1 条第 1 款第 5 项增加的。

② 本款是由 2014 年 7 月 1 日第 101 号立法性命令第 1 条第 1 款第 5 项第 2 目增加的。

面告知或者依照第 1 款 – 2 的规定实行口头告知。①

4. 除第 558 条规定的情况外，在同一期限内，司法警察官员和警员将被逮捕人或被拘留人移交给公诉人，解送到逮捕或拘留地的辖区监所。②

5. 公诉人可以决定将被逮捕人或被拘留人在第 284 条第 1 款列举的场所中加以看管；如果可能影响侦查工作，可以决定将该人关押在辖区内的其他监所。③

6. 司法警察官员和警员也将有关笔录移送给作出逮捕或拘留决定的、不同于第 1 款列举人员的公诉人。

7. 如果未遵守第 3 款规定的期限，逮捕或拘留则变为无效。④

第 387 条　通知被逮捕人或被拘留人家属

1. 经被逮捕人或被拘留人同意，司法警察应当立即通知其家属已实行的逮捕或拘留。

第 388 条　讯问被逮捕人或被拘留人

1. 公诉人可以对被逮捕人或被拘留人进行讯问，并及时通知其自选辩护人或为其指派的辩护人。

2. 在讯问过程中，除遵守第 64 条规定的程序外，公诉人还应告知被逮捕人或被拘留人受到指控的事实以及采取有关措施的理由，此外，还通知有关的指控材料，在不影响侦查工作的情况下，可以告诉他上述材料的来源。

第 389 条　立即释放被逮捕人或被拘留人的情况

1. 如果查明在逮捕或拘留中发生了人身错误，逮捕或拘留是在法定情形之外实行的，或者逮捕或拘留根据第 386 条第 7 款和第 390 条第 3 款的规定已变为无效的，公诉人以附理由命令的形式决定立即释放被逮捕人或被拘留人。

2. 司法警察官员也可以在公诉人干预之前作出释放的决定，并立即通知逮捕或拘留执行地的公诉人。

第 390 条　请求认可逮捕或拘留

1. 自逮捕或拘留后的 48 小时内，如果公诉人认为不应当决定释放被逮捕或被拘留人，请求对逮捕或拘留地拥有管辖权并且负责初期侦查工作的法官给

---

① 本款先后经 1991 年 1 月 14 日第 12 号立法性命令第 23 条和 2014 年 7 月 1 日第 101 号立法性命令第 1 条第 1 款第 5 项第 3 目修改。

② 本款先后经 1991 年 1 月 14 日第 12 号立法性命令第 23 条和经 2012 年 2 月 17 日第 9 号法律转换和修改的 2011 年 12 月 22 日第 211 号立法性命令第 1 条第 1 款修改。

③ 本款经 1995 年 8 月 8 日第 332 号法律第 20 条修改。

④ 本款经 1991 年 1 月 14 日第 12 号立法性命令第 23 条修改。

予认可。

2. 上述法官尽快确定关于认可问题的讨论时间，在任何情况下应在随后的 48 小时内加以确定，并毫不迟延地通知公诉人和辩护人。

3. 如果公诉人未遵守第 1 款中的规定，逮捕或拘留则变为无效。

3－2. 如果认为无须出庭，公诉人向审理认可请求的法官移送关于人身自由方面的请求以及相关请求所依据的材料。①

第 391 条　关于认可问题的讨论

1. 关于认可问题的讨论在合议室进行，被逮捕人或被拘留人的辩护人必须参加讨论。②

2. 如果自选辩护人或指派辩护人未被找到或者未出席，法官依照第 97 条第 4 款的规定处理。法官也可以主动核查是否已经向被逮捕人或被拘留人实行了第 386 条第 1 款规定的告知或者是否依照该条第 1 款－2 的规定实行了通知，在必要时决定实行或者补充完成上述告知或通知。③

3. 公诉人，如果出席讨论，列举逮捕或拘留的理由，并就人身自由问题提出有关要求。然后，法官对被逮捕人或被拘留人进行讯问，除非他们不能出席或者拒绝出席；在任何情况下，应采取上述人员辩护人的意见。④

4. 当查明逮捕或拘留执行合法并且遵守了第 386 条第 3 款和第 390 条第 1 款的期限时，法官以裁定形式决定予以认可。针对上述认可裁定，公诉人和被逮捕人或被拘留人可以向最高法院提出上诉。⑤

5. 如果存在第 273 条规定的适用条件并且存在第 274 条规定的某一预防需要，法官依照第 291 条的规定决定适用强制措施，当逮捕是因第 381 条第 2 款列举的某一犯罪或者因对之可以在当场发现情况以外实行逮捕的犯罪而实行的，也可以在第 274 条第 1 款第 3 项和第 280 条规定的刑期限度之外适用强制措施。⑥

6. 当不依照第 5 款的规定处理时，法官裁定立即释放被逮捕人或被拘留人。

7. 如果以上各款规定的裁定不是在讨论中宣告的，应将其通知有权对之

---

① 本款是由 1991 年 1 月 14 日第 12 号立法性命令第 24 条增加的。

② 本款经 1991 年 1 月 14 日第 12 号立法性命令第 25 条修改。

③ 本款经 2014 年 7 月 1 日第 101 号立法性命令第 1 条第 1 款第 6 项修改。

④ 本款经 1991 年 1 月 14 日第 12 号立法性命令第 25 条修改。

⑤ 本款经 1991 年 1 月 14 日第 12 号立法性命令第 25 条修改。

⑥ 本款先后经 1991 年 1 月 14 日第 12 号立法性命令第 25 条和 2001 年 3 月 26 日第 128 号法律第 12 条修改。

提出抗辩的人员。如果上述裁定是在讨论中宣告的，则将其通知未出席的公诉人，并向未出席的被逮捕人或被拘留人送达。为抗辩规定的期限自阅读庭审决定或者实行通知或送达之时开始计算。如果认可裁定未在将被逮捕人或被拘留人提交法官之时起的 48 小时内宣告或者存放，逮捕或拘留失效。①

第八编②　独任制法庭的审判

第二章　直接传唤受审

第 550 条　直接传唤受审的情况

1. 当涉及的是违警罪或者依法应判处的最高刑不超过 4 年有期徒刑或者单处或与上述监禁性刑罚并处罚金时，公诉人采用直接传唤受审的方式提起刑事诉讼。在可适用的范围内，适用第 415 条 – 2 的规定。为确定上述刑罚，遵循第 4 条的规定。③

2. 当针对下列犯罪之一进行诉讼时，也适用第 1 款的规定：

1）《刑法典》第 336 条规定的对公务员使用暴力或威胁罪；

2）《刑法典》第 337 条规定的抗拒公务员罪；

3）《刑法典》第 343 条第 2 款规定的严重的侮辱庭审中司法官员罪；

4）《刑法典》第 349 条第 2 款规定的严重的侵犯印章罪；

5）《刑法典》第 588 条规定的严重的斗殴罪，但是，如果斗殴造成某人死亡、重伤害或者极为严重的伤害，则不在此列；

6）《刑法典》第 625 条规定的严重的盗窃罪；

7）《刑法典》第 648 条规定的窝藏罪。

3. 如果公诉人针对依法应实行初步庭审的犯罪采用直接传唤受审的方式提起了刑事诉讼，并且在第 491 条第 1 款规定的期限内被提出抗辩，法官裁定将有关文书移送公诉人。

---

① 本款经 1991 年 1 月 14 日第 12 号立法性命令第 25 条修改。

② 本编经 1999 年 12 月 16 日第 479 号法律第 44 条修改。在本编中，原来的"独任法官（pretore）"称谓被改为"独任制法庭（tribunale in composizione monocratica）"，整编的内容几乎全部变更。

③ 本款由经 2000 年 6 月 5 日第 144 号法律转换和修改的 2000 年 4 月 7 日第 82 号法令第 2 条修改。

第 551 条　相互牵连的诉讼

1. 在诉讼相互牵连的情况下，如果直接传唤受审仅允许针对其中某些犯罪实行，公诉人针对所有犯罪提出依照第 416 条的规定移送审判的请求。

第 552 条　传唤受审令

1. 传唤受审令包含以下内容：

1）被告人的一般情况或其他有助于辨别其身份的人身情况，注明其辩护人；

2）列举被害人，如果其身份已经查明；

3）以明确和扼要的形式叙述相关事实、加重情节和可能导致适用保安处分的情节，注明相关的法律条款；

4）列举负责审判的法官以及出庭的地点、日期和时间，告诫被告人在不出庭情况下将进行缺席审判；

5）通知被告人有权任命一名自选辩护人，在未作出上述任命的情况下，将获得指派辩护人的帮助；

6）告知：如果具备相关前提条件，在宣告开始第一审法庭审理之前，被告人可以提出第 438 条和第 444 条规定的请求或者请求缴纳善行保证金；

7）告知与初期侦查相关的卷宗材料存放在公诉人秘书室，当事人及其辩护人有权查阅并提取副本；

8）日期和公诉人及其助理人员的签名。

1－2. 如果诉讼针对的是《刑法典》第 590 条第 3 款规定的某一犯罪，传唤受审令应当在初期侦查结束后 30 日内发出。①

1－3. 如果诉讼针对的是《刑法典》第 590 条第 3 款规定的某一犯罪，第 1 款第 4 项提到的出庭时间确定在传唤受审令发出后的 90 日内。②

2. 如果被告人的身份没有得到明确的认定，或者缺乏对第 1 款第 3 项、第 4 项、第 5 项和第 6 项要素的列举或者有关的列举存在瑕疵，传唤受审令无效。如果预先未依照第 415 条－2 实行通知，或者未依照第 375 条第 3 款规定要求自行出庭接受讯问，在被调查人已在第 415 条－2 第 3 款规定的期限内提出上述请求的情况下，传唤受审令也是无效的。

3. 传唤受审令至少在为出席庭审确定的日期 60 日前向被告人、被告人的辩护人和被害人送达。在紧急情况下，应说明相关理由，上述期限可以缩短至 45 日。

---

① 本款是由 2006 年 2 月 21 日第 102 号法律第 4 条第 4 款增加的。

② 本款是由 2006 年 2 月 21 日第 102 号法律第 4 条第 4 款增加的。

4. 传唤受审令，连同第 416 条第 2 款列举的文件材料、文书和物品，由公诉人存放在秘书室。

第 553 条　向庭审法官移送文书

1. 公诉人制作法庭审理卷宗，在完成上述送达工作后，立即将该卷宗随传唤受审令移送给法官。

第 554 条　紧急行为

1. 负责初期侦查工作的法官有权依照第 467 条的规定采取紧急行为，并决定采取预防性措施，直至传唤受审令连同法庭审理卷宗依照第 553 条第 1 款的规定移送至法官。

第 555 条　直接传唤后的庭审

1. 至少在为庭审确定的日期的 7 日前，当事人应当向文书室存放打算询问的证人、鉴定人、技术顾问以及第 210 条列举人员的名单，过期无效。

2. 在宣布法庭审理开始之前，被告人或者公诉人可以提出第 444 条第 1 款规定的请求；被告人还可以请求进行简易审判或者提出缴纳善行保证金的请求。

3. 如果涉及的是告诉才追诉的犯罪，法官应核实告诉人是否打算撤回告诉并且被告诉人是否打算接受撤诉。

4. 如果应当进行审判，在宣布开始法庭审理之后，当事人列举打算证明的事实，并请求采纳相关证据；当事人还可以商定将公诉人卷宗中的文书以及关于辩护调查活动的文书材料调取到法庭审理卷宗当中。

5. 对于所有未尽事项，遵循第七编中包含的、与之相容的规定。

第十一编　与外国的司法关系

第二章　引　渡

第一节　向外国引渡

第二分节　预防措施

第 714 条　强制措施和扣押

1. 在任何时候，均可根据司法部长的请求对被请求引渡人采取强制措施。同样，在任何时候，均可根据司法部长的请求，决定对犯罪物品和与引渡请求所针对之犯罪有关的物品实行扣押。

2. 第四编第一章中有关强制措施的条款应予遵守，第 237 条和第 280 条以及第三编第三章第三节的规定除外。在适用强制措施时，需特别考虑确保被请求引渡人逃避不了可能的移交。

3. 如果有理由认为不存在作出同意引渡之判决所要求的条件，可以不采用强制措施和扣押。

4. 如果自采取强制措施之日起经过 1 年上诉法院仍未宣告同意引渡的判决，或者在针对该判决向最高法院上诉的情况下，经过 1 年 6 个月仍未结束在司法机关开展的诉讼程序，该措施则被撤销。当需要进行特别复杂的审查时，根据检察长的请求，上述期限可以多次延长，但总合延长期不得超过 3 个月。①

5. 依以上各款作出决定的管辖权属于上诉法院，如果是在最高法院进行诉讼，则属于最高法院。

第 715 条　临时适用预防措施

1. 根据外国的请求以及司法部长附理由的请求，上诉法院可以在收到引渡请求之前决定临时采取强制措施。

2. 在下列情况下，可以临时采取强制措施：

1）外国宣布对有关人员已作出限制人身自由的决定或者科处监禁刑的判决，并表示打算提出引渡请求；

2）外国提供了对事实的情况介绍、对犯罪的具体说明以及足以准确识别当事人的材料；

3）存在逃跑的危险。

3. 临时采取强制措施的决定权按顺序属于有关人员居所、居住地或住所所在地的上诉法院或有关人员发现地的上诉法院。如果根据以上方式不能确定这一管辖权，则由罗马上诉法院行使。

4. 上诉法院还可以决定对犯罪物品以及与犯罪有关的物品实行扣押。

5. 司法部长立即将临时适用强制措施以及有关扣押的情况通知外国。

6. 如果自进行上述通知后的 40 日内外交部或司法部未接到引渡请求和第 700 条规定的文件，有关预防措施则被撤销。

第 716 条　司法警察的逮捕

1. 在紧急情况下，如果具备第 715 条第 2 款规定的条件，司法警察可以对被请求予以临时逮捕的人实行逮捕；还可以对犯罪物品以及与犯罪有关的物品实行扣押。

---

① 本款经 1991 年 1 月 14 日第 12 号立法性命令第 35 号修改。

2. 实行了逮捕的机关应当尽快将此情况通知司法部长，并至少在 48 小时以内通过移送有关笔录将被逮捕人移交给逮捕地上诉法院院长处置。

3. 在不应当释放被逮捕人的情况下，上诉法院院长在逮捕后的 96 小时内予以认可，作出适用强制措施的决定。他应当将这些决定立即通知司法部长。

4. 如果司法部长自认可逮捕后的 10 日内未请求维持逮捕，则撤销该强制措施。

5. 适用第 715 条第 5 款和第 6 款的规定。

第 717 条　讯问被处以强制措施的人

1. 在根据第 714 条、第 715 条和第 716 条采用强制措施后，上诉法院院长应尽快并至少在执行逮捕或第 716 条规定的认可之后的 5 日内对当事人进行甄别，询问他是否同意引渡，并在笔录中加以记载。

2. 为执行第 1 款规定的活动，上诉法院院长要求当事人聘请一名他所信任的辩护人，在未聘请的情况下，根据第 97 条第 3 款的规定为其指定辩护人。辩护人应当至少提前 24 小时被告知为执行上述甄别活动而确定的日期，他有权参加这些活动。

第 718 条　措施的撤销和更换

1. 撤销和更换以上各条规定的措施由上诉法院在合议室决定，当在最高法院诉讼时，由最高法院决定。

2. 如果司法部长请求撤销有关措施，则一律决定撤销。

第 719 条　对有关预防措施决定的上诉

1. 上诉法院院长或者上诉法院根据以上各条作出的决定，在执行后，应将副本通知并送达驻上诉法院的检察长、当事人及其辩护人，这些人可以以违反法律为由向最高法院提出上诉。

第四章　外国刑事判决的执行及意大利刑事判决的域外执行

第一节　外国刑事判决的执行

第 736 条　强制措施

1. 根据检察长的请求，在为执行限制人身自由刑而承认外国判决的情况下，主管上诉法院可以对处于意大利境内的被判刑人采取强制措施。

2. 第四编第一章中有关强制措施的规定应在可适用的范围内遵照执行，但第 273 条的规定除外。

3. 上诉法院院长尽快并至少在执行强制措施后的 5 日内对当事人进行甄别。适用第 717 条第 2 款的规定。

4. 如果自强制措施执行之日起的 6 个月内上诉法院未宣告有关承认的判决，或者在向最高法院上诉的情况下 10 个月未获得有关承认的终审判决，依照本条所采取的强制措施则被撤销。

5. 强制措施的撤销或变更由上诉法院在合议室决定。

6. 上诉法院决定的副本，在决定得到执行后，应向检察长、当事人及其辩护人通知和送达，上述人员可以以违反法律为由向最高法院提出上诉。

英　　国

1976 年保释法*

第 63 章

为规定在英格兰、威尔士的刑事诉讼或与之相关程序中的保释，在刑事诉讼中同意偿付担保人损失的行为为犯罪行为，就某些案件保释及因调查或汇报而被羁押者的法律援助，赋予验尸官准予保释权和其他相关目的，特制定本法。

（1976 年 11 月 15 日）

承至女王陛下御批，由本届议会上议院之神职议员和世俗议员及下议院之议员提出法案并同意，并由上述权力机关授权颁布，本法内容如下：

条　　文

第 1 条　"刑事诉讼中的保释"的含义

（1）本法中的"刑事诉讼中的保释"含义——

（a）因犯罪行为而被指控或已被定罪的诉讼或与之相关程序中的准予保

＊　本译本根据英国政府官网（http：//www.legislation.gov.uk）提供的英语文本翻译。

释，或

（b）因犯罪行为而被逮捕或正在被签发逮捕证的犯罪人的准予保释。

（2）本法中的"保释"，是指根据现行有效的法律（包括普通法）准予的保释。

（3）除本法第13条第（3）款外，本条不适用于英格兰和威尔士之外的诉讼或与之相关程序中的保释。

（4）……①

（5）本条适用于——

（a）无论犯罪行为是发生在英格兰或威尔士或其他地区，和

（b）无论犯罪行为的认定是根据英格兰和威尔士法律，或其他国家或区域的法律。

（6）准予刑事诉讼保释（特别是无条件或附条件的准予保释）应根据本法。

第2条　其他定义

（1）本法中，除非有不同的规定，"有罪判决"包括——

（a）对有罪的认定，

（b）某人因精神病而被无罪认定，

（c）根据《2000年刑事法院（量刑）权力法》第11条第（1）款②（医疗检查未决），对嫌疑人作为或不作为的认定，以及

（d）因犯罪行为接受缓刑考验或绝对或附条件释放的有罪判决。

"已定罪"应根据以上规定作相应解释。

（2）本法中，除非另外规定——

"保释招待所"是指供羁押候审的人住宿的场所③，

"儿童"，指14周岁以下的人，

---

① 本款被《1994年刑事审判与公共秩序法》第168条第（3）款以及附件11废止。《1995年关于〈1994年刑事审判与公共秩序法〉的规则》第2条、附件B规定，上述修改于1995年4月10日生效。

② 《2000年刑事法院（量刑）权力法》第165条第（1）款、第168条第（1）款，附件9第50条第（2）款对此处内容进行修改。上述修改于2000年8月25日生效。

③ 《1988年刑事审判法》第170条，附件8第16条，附件15第52条和《2000年刑事法院（量刑）权力法》第165条第（1）款、第168条第（1）款，附件9第50条第（3）款（a）项先后关于本款进行增修，最终增加了关于"保释招待所"的定义。上述修改于2000年8月25日生效。

"……"①

"法庭"，包括法官，司法官员（a justice of the peace）②，如有专门法院，则包括法官或（如案件必需）在法庭相关程序中有权起作用的法官，

"军事法院上诉规则"，指根据《1968年军事法院（上诉）法》第49条制定的规则，

"刑事法院规则"，指根据《1971年法院法》第15条制定的规则，

"治安法院规则"，指依据《1949年治安法官法》第15条制定的规则，

"犯罪行为"，包括被指控的犯罪行为，

"缓刑招待所"，指供根据缓刑令需要居住于此的人居住的场所③，

"对逃犯提起的诉讼"，指根据《1989年引渡法》④或《1965年逮捕证背书（爱尔兰共和国）法》第2条第（1）款或第4条第（3）款提起的诉讼，

"最高法院规则"，指根据《1925年最高法院制度（合并）法案》第99条制定的规则，

"自动归案"，指具结释放者在指定的时间和地点（根据准予保释条款的规定）向法院或警察报到接受监管，

"变更"，就保释而言，指准予保释之后，另外增加条件；或变更或废除条件，

"青少年"，指已满14周岁但不足17周岁的人。

（3）涉及刑事诉讼保释的法令（无论何时通过）中提到被保释人到庭，除非有另外规定，都应理解为被保释人向法院自动归案。

（4）本法涉及的其他法令，是指至此经其他法令和经本法修正及扩充或正在实施的法令。

刑事诉讼中的保释事项

第3条 总则

（1）刑事诉讼中的被保释人应有自动归案义务，并且根据本法第6条，此为强制性义务。

---

① 《1977年刑法法》附件13废止了本款关于"验尸官规则"的定义。

② 《1977年刑法法》附加12对本款关于"法庭"的定义进行修改。

③ 《2000年刑事法院（量刑）权力法》第165条第（1）款、第168条第（1）款，附件9第50条第（3）款（b）项对本款进行增修，增加了关于"缓刑招待所"的定义。改增修于2000年8月25日生效。

④ 此处内容被《1989年引渡法》第36条第（3）款修改。

（2）他自动归案的具结保证书不能免除。

（3）除了本条规定的情况——

（a）他自动归案的担保不能免除，

（b）他不必提供一个或多个担保人保证他自动归案，及

（c）不应附加其他要求作为他保释的条件。

（4）保释释放前，他可能被要求提供一个或多个担保人保证他自动归案。

（5）……①可以要求他在保释释放前提供自动归案保证。保证可以由他本人提供或由其他人代为提供。

（6）……②他可能被要求（只能由法院要求）遵守下列规定——

（a）他自动归案，

（b）他在保释期内不得犯罪，

（c）他不得有干扰证人或妨碍涉及他自己或其他人的司法过程的行为，

（d）他应配合调查或作出汇报而协助法院处理他的犯罪行为，

（e）③ 在规定的归押之日之前，他与一名获得授权的诉讼律师（advocate/litigator）进行谈话，对诉讼律师的定义规定在《1990年法院和法律服务法》第119条第（1）款中。

并且，在所有法律中，"规定保释条件的一般权力"是指规定上述（a）项、（b）项或（c）项下条件的权力④。

（6ZAA）⑤ 根据下述第3AA条的规定，如果此人是未成年人，他可能需

----

① 此处内容被《1998年犯罪和无序法》第54条第（1）款、第120条第（2）款以及附件10废止。《1998年关于〈1998年犯罪和无序法〉的规则》规定，该废止于1998年9月30日生效。

② 此处内容被《1994年刑事审判与公共秩序法》第27条第（2）款（a）项、第168条第（3）款以及附件11废止。《1995年关于〈1994年刑事审判与公共秩序法〉的规则》规定，该废止于1995年4月10日生效。

③ 《1998年犯罪和无序法》第54条第（2）款对本款中增修了（e）项，《1998年关于〈1998年犯罪和无序法〉的规则》第2条第（1）款（n）项规定，该增修于1998年9月30日生效。

④ 《1994年刑事审判与公共秩序法》第27条第（2）款（b）项在本款末尾增加了下列内容："并且，在所有法律中，'规定保释条件的一般权力'是指规定上述（a）项、（b）项或（c）项下条件的权力。"《1995年关于〈1994年刑事审判与公共秩序法〉的规则》第2条和附件规定，该增修于1995年4月10日生效。

⑤ 《2001年刑事审判与警察法》第131条第（1）款对本条增修了（6ZAA）款。《2002年关于〈2001年刑事审判与警察法〉的规则》第2条规定，该增修于2002年3月1日生效。

要遵守一些其他的要求，这些要求是为了对该未成年人进行电子监控之目的，以确保他遵守所有有关保释的条件和要求。

（6ZA）① 根据上述第（6）款的规定，如果此人被要求居住在保释招待所或缓刑招待所中，那么他也应当遵守相应的招待所的管理规则。

（6A）② 如果某人被指控犯了谋杀罪，除非允许保释的法院认为已经获得有关其良好精神状况的报告，该法院应当对该人施加下列保释条件和要求——

（a）为了获得有关其精神状况的报告，此人应当接受两位执业医师的检查；以及

（b）为了上述目的，此人应当前往法院规定的检查场所，并且遵守两位执业医师为了完成精神报告之目的而对他作出的任何指示和要求。

（6B）③ 第（6A）款中提到的两位执业医师中，至少有一位是为《1983年心理健康法》第12条之目的④而获得认可的医师。

（7）如果儿童或青少年的父、母或监护人为本款的目的同意作为担保人，则必须保证儿童或青少年遵守上述第（6）款、第（6ZAA）款或第（6A）款⑤的规定，但——

（a）青少年在要求他自动归案期日之前显然将达到17周岁，不应对青少年的父、母或监护人附加本款规定的条件；及

（b）不应要求父、母或监护人对超出其同意范围的条件作出保证，对其同意的条件，不应使其负担大于50英镑的金额。

（8）如果法院已准予刑事诉讼保释，该法院可以基于下列人员的申请，或者，如果该法院已经将被保释之人送交刑事法院进行审讯，量刑，或进行其他处理，则刑事法院可以基于下列人员的申请⑥——

（a）被准予保释的人或代表他的其他人，或者

（b）检察官或警察，

---

① 《1988年刑事审判法》第131条第（1）款，附件8第16条对本条增修了第（6ZA）款。

② 《1982年精神健康法修正案》第34条第（2）款对本条增修了第（6A）款。

③ 《1982年精神健康法修正案》第34条第（2）款对本条增修了第（6B）款。

④ 《1983年心理健康法》附件4第46条对第（6B）款此处进行了修改。

⑤ 《1982年精神健康法修正案》第34条第（3）款，《2001年刑事审判与警察法》第131条第（1）款对本款进行了增修。《2002年关于〈2001年刑事审判与警察法〉的规则》第2条规定，该增修于2002年3月1日生效。

⑥ 《1977年刑法法》的附件12对本款进行了增修。

变更保释条件或对已经无条件批准①的保释附加条件。

（8A）② 如果已经根据有关移交条款作出了移交通知，上述第（8）款对通知相关之人的效力等同于此人已被保释并交付刑事法院进行审讯。

（8B）③ 上述第（8）款在下列情形下适用时，与其在"法院将被保释之人送交刑事法院进行审讯"这一情形下的适用一致：法院根据《1988年犯罪和无序法》第51条的规定将被保释之人送交刑事法院进行审讯。

（9）本条受《2000年刑事法院（量刑）权力法》第11条第（3）款④（对羁押候审中等待医疗检查人员的保释条件）的限制。

（10）⑤ 本条在适用于治安官批准的保释时，应符合本法第3A条的规定。

（10）⑥ 在上述第（8A）款中，"有关移交条款"是指——

（a）1987年刑事审判法第4条，或者

（b）1991年刑事审判法第53条。

第3AA条⑦ 对保释要求遵守情况的电子监控

（1）除非满足下列条件，法院不得对未成年人施加上述第3条第（6ZAA）款项下的要求（"电子监控要求"）。

（2）第一项条件是该未成年人已满12周岁。

（3）第二项条件是——

（a）该未成年人被指控（或已被定罪）为暴力犯罪，性犯罪，或者是（如果是成年罪犯）应当被判14年以上徒刑的犯罪；或者

---

① 《1977年刑法法》的附件12对本款进行了增修。

② 《1987年刑事审判法》第15条，附件2第9条以及《1994年刑事审判与公共秩序法》第168条第（1）款，附件9第12条（a）项对第3条增修了第（8A）款。该增修于1995年2月3日生效。

③ 《1998年犯罪和无序法》第119条，附件8第37条对本条增修了第（8B）款。该增修于1999年1月4日生效。

④ 《2000年刑事法院（量刑）权力法》第165条第（1）款、第168条第（1）款，附件9第51条对本条第（9）款此处内容进行修改，该处修改于2000年8月25日生效。

⑤ 《1994年刑事审判与公共秩序法》第27条第（2）款（c）项对本条进行增修。《1995年关于〈1994年刑事审判与公共秩序法〉的规则》第2条规定，该增修于1995年4月10日生效。

⑥ 《1994年刑事审判与公共秩序法》第168条第（1）款，附件9第12条（b）项对本条进行增修。该增修于1995年2月3日生效。原文序号即如此。——译者注

⑦ 《2001年刑事审判与警察法》第131条第（2）款对本法进行了增修，增加了第3AA条。《2002年关于〈2001年刑事审判与警察法〉的规则》第2条规定，该增修于2002年3月1日生效。

（b）他在本次和任何其他诉讼程序中被指控（或已被定罪）后——

（i）构成，或者

（ii）将构成（如果对他被指控的罪名进行定罪之后），

在羁押候审期间屡次触犯应判徒刑的罪名的历史记录。

（4）第三项条件是，法院——

（a）国务大臣已经通知法院，电子监控的安排可以在有关适用即决法庭（petty sessions）的地区实施；并且

（b）有理由相信根据上述安排可以制定相应的条款。

（5）第四项条件是，青少年犯罪工作小组已经告知法院，工作小组认为对该未成年人实施这类要求是合适的。

（6）如果法院施加电子监控要求，该要求应当包括对某人施加监控责任，并且负责监控之人还应满足国务大臣命令中规定的要求。

（7）国务大臣可以制定相关规则以规制下列事项——

（a）将对未成年人是否遵守要求进行电子监控作为保释的一项前提条件；以及

（b）在一般性适用上述（a）项的情况下，对该电子监控负责之人行使职责的情况。

（8）本条的规则在不同的案件中可以有不同的规定。

（9）国务大臣根据本条作出指令或规则的权力必须根据法定文件行使。

（10）包含根据本条规定制定的规则的法定文件可以由议会两院任何一院通过决议废除。

（11）在本条中，"地方当局住所"的含义与1969年儿童与青少年法中的含义一致。

（12）为了本条的目的，如果法院认为，除非某一地区可以准备和安排电子监控，否则在该地区确保电子监控是不可行的；那么该地区就是上述"电子监控要求"中提到的适用即决法庭的地区。

第3A条① 警察保释案件中的保释条件

（1）治安警察根据《1984年警察与刑事证据法》第四部分的规定，在其有权力施加保释条件的情况下，如果准予保释，可适用本法第3条，但是需要遵守下列修改条款。

（2）第（6）款并未授权施加要求居住在保释招待所中的要求，也未授权

---

① 《1994年刑事审判与公共秩序法》第27条第（3）款对本条进行增修。《1995年关于〈1994年刑事审判与公共秩序法〉的规则》第2条规定，该增修于1995年4月10日生效。

施加（d）项或（e）项规定的任何要求。

（3）第（6ZAA）款、第（6ZA）款、第（6A）款和第（6B）款应当被删除。

（4）将第（8）款改为下列内容——

"（8）如果一名治安警察在刑事诉讼中准予保释，且被保释之人提出请求，那么该治安警察或与他在同一警察局工作的警察可以变更保释条件，并且还可以施加变更的条件或增加条件。"

（5）如果一名治安警察对某人准予保释，除非在该警察看来有必要为了防止被保释之人做出下列行为，他不得施加本法第3条第（4）款、第（5）款、第（6）款或第（7）款规定的条件——

（a）逃离羁押，或

（b）在保释期间犯罪，或

（c）无论是否为本人之目的，通过干扰证人或其他方式影响司法程序。

（6）如果根据本法第3条第（8）款的规定向治安警察提出变更保释条件的请求，上述第（5）款同样适用。

被告人和其他人的保释

第4条　被告人和其他人的一般保释权

（1）适用本条的人应被准予保释，但本法附件1规定的例外。

（2）本条适用被指控有犯罪行为的人当其——

（a）因犯罪行为被提起诉讼或相关诉讼的过程中，他在治安法院或刑事法院出庭或被带到庭，或

（b）就相关诉讼向法院申请保释或申请保释条件的变更①。

本款不适用于正在定罪或定罪之后的程序和对因犯罪而脱逃的潜逃犯提起的诉讼。

（3）本条也适用于已被定罪，并根据《2000年刑事法院（量刑）法》附件3第二部分（违反特定的社区令）②在治安法院出庭接受处罚的人。

---

① 《1994年刑事审判与公共秩序法》第168条第（2）款和附件10第33条对本款（b）项此处进行增修，增加内容为"或申请保释条件的变更"。《1995年关于〈1994年刑事审判与公共秩序法〉的规则》第2条规定，该增修于1995年4月10日生效。

② 《2000年刑事法院（量刑）权力法》第165条第（1）款、第168条第（1）款、附件9第52条对本条第（3）款该处内容进行了修改，该修改于2000年8月25日生效。

（4）本条也适用于已被定罪，经法院决定延期审判，以协助法院处理其犯罪行为而进行可行调查或作出汇报的人。

（5）适用本条的人，本法附件 1 中关于保释的规定对他同样有效。

（6）本法附件 1 中的"被告人"，是指适用本条的人和根据上述第（4）款因调查或汇报其案件被延期审理的适用本条的人。

（7）本条受《1980 年治安法院法》第 41 条①（涉及叛国罪的案件由治安院作出保释限制）的限制。

（8）② 本条受《1994 年刑事审判与公共秩序法》第 25 条（在杀人和强奸案中不允许保释）的限制。

（9）③ 法院在根据本法附件 1 第一部分或第二部分的要求作相应决定时，只要相关，就应当考虑被告滥用管制药品的情况（"管制药品"和"滥用"的含义与《1971 年药品滥用法》规定的含义一致）。

附　则

第 5 条　有关保释决定的补充规定

（1）遵从以下第（2）款规定——

（a）法官或警察准予刑事诉讼保释，或

（b）法官驳回适用本法第 4 条的刑事诉讼保释，或

（c）法官、法院官员或警察指定刑事诉讼被保释人的自动归案期日或地点，或法官、法院官员指定不同的自动归案期日或地点，或

（d）法院或治安警察④变更刑事诉讼保释条件或附加刑事诉讼保释条件，

法官，法院官员或警察应该按照法定方式作出决定记录并应包含法定要

---

① 《1980 年治安法院法》附件 7 第 145 条对本条第（7）款该处内容进行修改。

② 《1994 年刑事审判与公共秩序法》第 168 条第（2）款和附件 10 第 32 条对本条增修第（8）款，增加内容为"本条受 1994 年刑事审判和公共秩序立法第 25 条（在杀人和强奸案中不允许保释）的限制"。《1995 年关于〈1994 年刑事审判与公共秩序法〉的规则》第 2 条规定，该增修于 1995 年 4 月 10 日生效。

③ 《2000 年刑事审判与法院服务法》第 58 条对本条增修第（9）款，《2001 年关于〈2000 年刑事审判与法院服务法〉的规则》第 2 条（g）项规定，该增修于 2001 年 7 月 2 日生效。

④ 《1994 年刑事审判与公共秩序法》第 27 条第（4）款和附件 3 第 1 条（a）项对本款（d）项进行增修，增加内容为"或治安警察。"《1995 年关于〈1994 年刑事审判与公共秩序法〉的规则》第 2 条和附件规定，该增修于 1995 年 4 月 10 日生效。

点，如果被作出决定的人要求，应该在作出记录后尽可能地将记录副本送达于他。

（2）经逮捕证背书而准予的刑事诉讼保释，释放被逮捕人时，应当由执行警察按照上述第（1）款的规定作出记录，而不是由签发逮捕证的法官或治安法官作出。

（2A）① 如果治安法院或刑事法院在听取检察官主张撤销保释的意见后，依旧决定对适用本法第4条的人准予保释，该法院应当给出准予保释的理由。

（2B）② 法院根据上述第（2A）款的规定在给出准予保释的理由时，应当在记录其决定的文件中包括这些理由，并且，如果检察官提出要求，法院还应当在有关决定的文件作出后提供给检察官一份复印件。

（3）如果治安法院或刑事法院——

（a）拒绝刑事诉讼保释，或

（b）准予附条件的刑事诉讼保释，或

（c）变更任何刑事诉讼保释条件或附加刑事诉讼保释条件，和对适用本法第4条的人采取上述做法，为使他能考虑就此事向其他法院申请，法院应当说明拒绝保释或附加、变更保释条件的理由。

（4）法院根据上述第（3）款的规定说明的理由，应当包含在决定记录中，并且应当［除根据以下第（5）款的决定法院不必这样做之外］将理由记录副本送达被作出决定者。

（5）如果被作出决定者有辩护律师或事务律师代理，刑事法院不必将理由记录送达于他，除非他的辩护人或事务律师要求法院这样做。

（6）当治安法院拒绝无辩护律师或事务律师代理的人的刑事诉讼保释，法院——

（a）如果正将他交付刑事法院审判，或者，根据下述第（6A）款的规定颁发证明③，应当告知他可以向高等法院或刑事法院申请保释；

（b）如有其他情况，应当告知他为此目的可以向高等法院申请。

---

① 《2001年刑事审判与警察法》第129条第（1）款对本条新增了第（2A）款。《2001年关于〈2001年刑事审判与警察法〉的规则》第3条（i）项规定该增修于2001年8月1日生效。

② 《2001年刑事审判与警察法》第129条第（1）款对本条新增了第（2B）款。《2001年关于〈2001年刑事审判与警察法〉的规则》第3条（i）项规定该增修于2001年8月1日生效。

③ 《1982年刑事审判法》第60条第（2）款和第（3）款规定了本款（a）项的新增内容。

（6A）① 如果在刑事诉讼中——

（a）治安法院在听取了申请人完整的保释申请申辩之后，根据《2000年刑事法院（量刑）权力法》第11条（羁押候审等待接受医疗检查）或者《1980年治安法院法》的下列任一条款对他采取羁押候审——

（i）第5条（延期调查犯罪）；

（ii）第10条（延期审理）；或者

（iii）第18条（就可以简易审判的罪行对成年犯罪嫌疑人启动通知程序）。

（b）如果满足下列任一情形——

（i）该法院之前在这些诉讼程序中并未听取该申请人有关保释的申请申辩；或者

（ii）该法院之前听取过申请人完整的有关保释申请的申辩，但是有理由相信此案形势有变，或者法院收到新的需要考量的因素，

法院在拒绝申请人的保释申请之前，有义务按规定的格式颁发一项证明，确认法院已经完整地听取了申请人有关保释申请的申辩。

（6B）② 如果在第（6A）款（b）项（ii）目适用的案件中，法院根据上述第（6A）款的规定颁发了证明，它应当在证明中说明有关案件形势变化的性质，或者新的考量因素。

（6C）③ 如果法院根据上述第（6A）款的规定颁发了证明，它应当为被拒绝的保释申请人提供一份该证明的复印件。

（7）如果某人根据上述第3条第（5）款的规定提供了担保且法院认定他未自动归案，除非他有显然正当的理由说明，法院可以命令没收他的担保。

（8）如果法院根据上述第（7）款规定，命令没收担保，法院可以宣布少于保证金金额的罚没数额。

（8A）④ 除非被撤销，上述第（7）款规定的法令从其作出之日起21日内均有效力。

（8B）⑤ 如果法院根据上述第（7）款的规定命令没收担保后，依被没收之人或其代理人的申请，有理由相信此人未自动归案的行为完全有正当理由，法院可以通过法令撤销没收，或者宣告法院仅没收其认为合理的部分担保物，

---

① 《1982年刑事审判法》第60条第（2）款和第（3）款对本条增加了第（6A）款。
② 《1982年刑事审判法》第60条第（2）款和第（3）款对本条增加了第（6B）款。
③ 《1982年刑事审判法》第60条第（2）款和第（3）款对本条增加了第（6C）款。
④ 《1977年刑法法》附件12对本条增修了第（8A）款。
⑤ 《1977年刑法法》附件12对本条增修了第（8B）款。

而非全部价值。

（8C）① 上述第（8B）款项下的申请可以在没收令生效之前或之后作出，但是，除非法院有理由相信检方已经得知或应当得知申请人的意图，否则法院不应不公开该没收令。

（9）根据上述第（7）款法院已决定没收担保，担保没收的范围——

（a）如果担保是货币，法院罚金以相同的方式计算和支付；

（b）如果担保不是货币，可在决定中指明由某个治安法院执行。

（9A）② 若在担保没收令生效之后，法院根据上述第（8B）款的规定作出法令，依据该法令在没收令生效之前应当返还给提供担保之人的金额必须被如数返还给担保人。

（10）本条中的"法定"，是指法官或法院官员的决定是根据最高法院规则、军事法院上诉规则、刑事法院或治安法院规则的规定作出的，如果涉及警察的决定，则根据大臣指令。

（11）③ 在适用于治安官准予保释的案件时，本条受到本法第 5A 条的限制。

第 5A 条④ 对警察保释案件的补充条款

（1）治安警察根据《1984 年警察与刑事证据法》第四部分的规定，在其有权力施加保释条件的情况下，如果准予保释，可适用本法第 5 条，但是需要遵守下列修改条款。

（1A）⑤ 第（2A）款和第（2B）款应当被删除。

（2）将第（3）款修改为下列内容——

"（3）如果治安警察针对任何人——

（a）对在刑事诉讼中准予保释施加条件，或者

---

① 《1977 年刑法法》附件 12 对本条增修了第（8C）款。

② 《1977 年刑法法》附件 12 对本条增修了第（9A）款。

③ 《1994 年刑事审判与公共秩序法》第 27 条第（4）款和附件 3 第 1 条（b）项对本条增修了第（11）款。《1995 年关于〈1994 年刑事审判与公共秩序法〉的规则》第 2 条和附件规定，该增修于 1995 年 4 月 10 日生效。

④ 《1994 年刑事审判与公共秩序法》第 27 条第（4）款和附件 3 第 2 条对本法增修了第 5A 条。《1995 年关于〈1994 年刑事审判与公共秩序法〉的规则》第 2 条和附件规定，该增修于 1995 年 4 月 10 日生效。

⑤ 《2001 年刑事审判与警察法》第 129 条第（2）款对第 5A 条进行增修，增加了第（1A）款。《2001 年关于〈2001 年刑事审判与警察法〉的规则》第 3 条（i）项规定该增修于 2001 年 8 月 1 日生效。

（b）对在刑事诉讼中的保释变更保释条件或施加保释条件，

为了使得此人能够充分考虑是向该治安警察还是另外的治安警察，或者是直接向治安法院提起变更保释条件的申请，该治安警察应当给出变更或施加保释条件的理由。"

（3）将第（4）款修改为下列内容——

"（4）如果治安官根据上述第（3）款的规定为其作出的决定给出理由，他应当在其羁押记录中附上关于这些理由的笔录，并且提供给决定相关之人一份复印件。"

（4）第（5）款和第（6）款应当被删除。

第5B条① 重新考虑准予保释的决定

（1）对于适用本条的罪名，如果治安法院或者某位治安警察在该罪有关的刑事诉讼中准予保释，该做出准予保释的法院或该与治安警察相关的法院，在检察官提起要求重新考虑保释决定的申请后，可以——

（a）变更保释条件，

（b）对无条件准予的保释施加条件，或者

（c）撤销保释。

（2）本条适用的罪名可以是只能依公诉进行审判的，也可以是依公诉或依简易程序都可进行审判的罪名。

（3）除非是基于在准予保释决定做出之时治安法院和治安警察都不可能获得的信息，否则不得提起要求重新考虑准予保释决定的申请。

（4）无论要求重新考虑准予保释决定的申请所涉及之人是否出庭，治安法院应当根据本法第4条第（1）款（以及附件1）的规定作出决定。

（5）如果法院根据本条规定在重新考虑后，对原先被准予保释之人作出了撤销保释的法令，该法院应当——

（a）如果此人出庭了，对他采取还押候审；以及

（b）如果此人未出庭，作出法令要求他主动归案。

（6）如果某人根据上述第（5）款项下法令的规定主动归案，有关法院应当对他采取还押候审。

（7）如果某人根据第（5）款项下的法令应当归案，但他未能根据该法令主动归案，那么治安警察可以在没有逮捕令的情况下逮捕他。

---

① 《1994年刑事审判与公共秩序法》第30条对本法增修了第5B条。《1995年关于〈1994年刑事审判与公共秩序法〉的规则》第2条和附件规定，该增修于1995年4月10日生效。

（8）对于根据上述第（7）款被逮捕之人，应当尽快并且在不超过 24 小时之内被送交至负责简易程序地区的司法官员（justice of the peace）面前，且该司法官员应当对此人采取还押候审。

为了本款之目的，在估算 24 小时的期限时，圣诞节、耶稣受难日以及所有周日都不计算在内。

（8A）① 如果法院根据本条进行重新考虑后，并且在听取主张撤销保释的检察官的陈述之后，拒绝对有关之人作出撤销保释的决定，该法院应当就其拒绝撤销保释给出理由。

（8B）② 在上述第（8A）款中，"有关之人"是指根据上述第（4）款规定，本法第 4 条第（1）款（以及附件 1）适用的人。

（8C）③ 法院根据上述第（8A）款的规定，为拒绝撤销保释给出理由时，应当在记录其决定的文件中包括这些理由，并且，如果检察官提出要求，法院还应当在有关决定的文件作出后提供给检察官一份复印件。

（9）治安法院规则应当包括规定下列内容的条款——

（a）就作出本条项下的申请，申请理由以及法院的法定权力等事项，要求对相关之人进行通知；

（b）确保法院在作出决定之前，考虑有关之人所作的任何陈述（无论是书面的还是口头的）；以及

（c）在治安警察作出准予保释决定的案件中，指定合适的管辖法院。

第 6 条　被保释人的潜逃罪

（1）如果刑事诉讼保释中的被释放人未自动归案且无正当理由，他应当承认有罪。

（2）如果某人——

（a）在刑事诉讼中已被保释，及

（b）有正当理由，未自动归案，

---

① 《2001 年刑事审判与警察法》第 129 条第（3）款对第 5B 条进行增修，增加了第（8A）款。《2001 年关于〈2001 年刑事审判与警察法〉的规则》第 3 条（i）项规定该增修于 2001 年 8 月 1 日生效。

② 《2001 年刑事审判与警察法》第 129 条第（3）款对第 5B 条进行增修，增加了第（8B）款。《2001 年关于〈2001 年刑事审判与警察法〉的规则》第 3 条（i）项规定该增修于 2001 年 8 月 1 日生效。

③ 《2001 年刑事审判与警察法》第 129 条第（3）款对第 5B 条进行增修，增加了第（8C）款。《2001 年关于〈2001 年刑事审判与警察法〉的规则》第 3 条（i）项规定该增修于 2001 年 8 月 1 日生效。

未在指定期日之后合理可行的时间内到指定地点自动归案，他应当承认有罪。

（3）应当由被指控人证明他未自动归案的正当理由。

（4）未给刑事诉讼被保释人送达决定记录副本，不能成为他未自动归案的正当理由。

（5）根据上述第（1）款或第（2）款规定的犯罪行为，应当经由简易审判来定罪或者按藐视法庭罪处罚。

（6）当治安法院根据上述第（1）款或第（2）款规定对犯罪人定罪时，如果治安法院认为——

（a）犯罪情节严重，该判处超出法院处罚权限，或

（b）如果犯罪人有其他犯罪行为将被交付刑事法院审判，应当在交付审判其他犯罪行为之前，由治安法院根据上述第（1）款或第（2）款的规定对他的犯罪行为作出处理，

治安法院可以将处于羁押或保释状态的犯罪人交付刑事法院判决。

（7）根据上述第（1）款或第（2）款受到简易审判且不交付刑事法院判决的犯罪人，应当被处以不超过 3 个月的监禁，或不超过标准等级中的第 5 级①的罚款，或两者并用；被交付判决者或因藐视罪受到处理者，应当被处以不超过 12 个月的监禁，或罚款，或两者并用。

（8）根据上述第（1）款或第（2）款提起的任何诉讼，诉讼案卷副本法定记录部分载明的自动归案期日和地点并经确认是记录部分的真实副本，应当作为自动归案者被指定期日和地点的证据。

（9）为上述第（8）款的目的——

（a）"法定记录"，指根据本法第 5 条第（1）款，法官、法院官员或警察所作的决定记录；

（b）正式确认的法定记录副本，是指经法院负责官员或根据案情，由作出决定的警察或由警察局主管警官指派的作开释记录的警察的确认；

（c）法院"负责官员"是——

---

① 《1982 年刑事审判法》第 38 条、第 46 条，《1975 年刑事诉讼（苏格兰）法》第 289F 条、第 289G 条以及《1984 年罚金和处罚令（北爱尔兰）》第 5 条、第 6 条对本条第（7）款此处内容进行了修改。

（i）在治安法院中，治安法官的行政长官①；

（ii）在刑事法院中，根据大法官的安排指定的为此目的的官员；

（iii）在高等法院中，根据大法官的安排指定的为此目的的官员；

（iv）在上诉法院中，刑事上诉案件的登记官员或由他授权的为此目的的其他官员；

（v）在军事法院中，登记官员或由他授权的代表他为此目的的官员。

第7条　对潜逃或违反保释条件者的逮捕责任

（1）如果在刑事诉讼保释中，被具结释放且负有义务向监管法院自动归案的人，未在指定期日自动归案，法院可以签发逮捕令。

（2）如果在刑事诉讼保释中，被具结释放人在向法院自动归案后，在法院准备开始或重新开始听证程序之前，有任何一次不到庭，法院可以签发逮捕证；但是由于法院或以法院名义作出的准予他请假而未出庭的，法院不得根据本款签发逮捕证。

（3）在刑事诉讼保释中，被具结释放且负有向监管法院自动归案义务的人，警察可以无证逮捕——

（a）如果警察有合理根据相信那人可能不会自动归案；

（b）如果警察有合理根据相信那人可能违反保释条件，或有合理根据怀疑他已经违反了保释条件；或

（c）如果那人有一个或多个担保人而被保释，如果其中有一个担保人用书面形式通知警察声称那人可能不会自动归案，且为此理由，那个担保人希望解除他作为担保人的义务。

（4）根据上述第（3）款被逮捕的人——

（a）除了他在指定的自动归案期日24小时之内被逮捕外，应当在他被逮捕后的24小时之内，尽可能地将他带到被逮捕地区即判决法庭的治安法官面前；及

（b）在上述例外情况中，应当将他带到他本应自动归案的法院。

为了本款之目的，在估算24小时的期限时，圣诞节、耶稣受难日以及所有周日都不计算在内②。

（5）根据以下第（6）款，上述第（4）款中的治安法官如果认为那

---

① 《1999年诉诸司法法》第90条和附件13第89条［以及附件14第7条第（2）款］对本项（i）目此处内容作了修改，《2001年关于〈2001年刑事审判与警察法〉的规则》第2条（a）项（ii）目规定该修改于2001年4月1日生效。

② 《1977年刑法》附件12对本条第（4）款此处进行增修。

人——

(a) 可能不会自动归案，或

(b) 已经违反或有可能违反保释条件，

可以根据案情需要将他拘押候审或交付拘押，或按原条件或不同条件准予他保释，但是如果治安法官不认为有上述情况，则应当准予他按原条件（如果有）保释。

(6) 如果被带到治安法官面前的是儿童或青少年，且法官不准予保释，在符合《1969 年儿童与青少年法》第 23 条（地方当局照看候审）规定的情况下，上述第（5）款应当有效。

第 8 条　担保人保释

(1) 本条适用于刑事诉讼被保释人负有提供一个或多个担保人保证他自动归案条件的保释。

(2) 认定为此目的提供的担保人的合格性时，必须考虑（在其他事项中）——

(a) 担保人的经济来源；

(b) 他的品格和前科；及

(c) 担保人与被担保人的接近程度（无论是指亲属关系、居住地点或其他方面）。

(3) 法院准予附此条件的刑事诉讼保释，但因无担保人或适当担保人而不能释放他，法院应当决定可约束担保人的金额及以下第（4）款和第（5）款，或鉴于以下第（6）款提供的担保人居住在苏格兰的情况，法院应当实现担保人的具结。

(4) 在适用本款的条件下，担保人须在下列人员或根据法院命令中载明的人员面前具结或者，如果法院无此命令，则在下列任何人员面前具结——

(a) 由治安法院作出决定的，在治安法官，或治安法官书记员或有警督级别以上的警官或警察局的主管警官面前具结，或者，如果治安法院规则有这方面的规定，则由规则中指定的人处理；

(b) 由刑事法院作出的决定，在（a）项中指明的人面前具结或者，如果刑事法院规则有规定，由规则中指定的其他人员处理；

(c) 由高等法院或上诉法院作出的决定，在（a）项中指明的人面前具结或者，如果最高法院规则有规定，由规则中指定的其他人员处理；

(d) 由军事上诉法院作出的决定，在（a）项中指明的人面前具结或者，如果军事法院上诉规则有规定，由规则中指定的其他人员处理；

另外，最高法院规则、刑事法院规则、军事法院上诉规则或治安法院规则也可以规定具结方式、进行保释工作的人以及具结保释书的生效方式。

（5）担保人可以向上述第（4）款规定的任何人要求具结，但那人因不能确信担保人合格而拒绝为他具结，担保人可以向以下法院申请——

（a）确定担保人保证金额的法院，或

（b）他居住地区即决法庭的治安法院，

接受他的保释具结，如果该法院确信他合格，应当为他具结。

（6）在适用本款的情况下，法院如果确信提供的担保人适当，可以根据《1967年警察（苏格兰）法》的规定，指令担保人向苏格兰或威尔士警察局负责人进行具结，其方式与在英格兰或威尔士进行具结保释的方式相同。

（7）根据上述第（4）款或第（6）款的规定，除向决定保证金数额的法院具结外，在其他法院面前的具结与向决定保证金法院具结的效果相同。

其 他

第9条　刑事诉讼中同意补偿担保人损失的犯罪行为

（1）如果某人与另一人约定，由他对另一人作为担保人而承担的担保被指控人或定罪人或因犯罪行为被逮捕的人的自动归案责任进行补偿，则他和另一人都为有罪。

（2）上述第（1）款规定的行为，无论约定是发生在担保人受到损失之前或之后，也无论他是否成为担保人，无论是约定用金钱或相当于金钱价值的方式来补偿损失，都构成犯罪。

（3）当治安法院根据上述第（1）款对犯罪行为人定罪时，如果它考虑——

（a）犯罪情节严重，法院应当对他作出超出法院处罚权限的处罚，或

（b）在因其他犯罪行为将他交付刑事法院审判的情况下，在审判其他犯罪行为之前，应当由此法院对上述第（1）款的犯罪行为作出处理，该法院可以将处于羁押或保释状态的犯罪行为人交付刑事法院判决。

（4）根据上述第（1）款，被认定有罪的犯罪行为人应当——

（a）经简易程序判决，处以不超过3个月的监禁，或不超过400英镑的罚款，或两者并用，或

（b）经公诉程序判决，或如果根据上述第（3）款交付刑事法院判决，应当处以不超过12个月的监禁，或罚款，或两者并用。

（5）对上述第（1）款的犯罪行为，必须由检察官提起诉讼或经他同意。

第 10 条① 验尸官准予保释权的赋予和行使

第 11 条② 对某些案件保释决定和因调查或汇报而被羁钾者的法律援助

第 12 条 修正、废止和过渡性条文

（1）本法附件 2（对条文的相应和轻微修正）应当有效。

（2）本法附件 3 第三栏中载明的法律因此废止。

（3）本法附件 4 中的过渡性条文应当有效。

第 13 条 简略标题、实施期日、适用和范围

（1）本法可以引用为《1976 年保释法》。

（2）本法（除本条外）生效期日由大臣颁布法定文件确定。

（3）本法第 1 条适用于在英格兰和威尔士之外开庭的军事上诉法院的准予保释，本法第 6 条适用于由此法院准予的保释，而被保释人在英格兰和威尔士之外未自动归案的情况。

（4）除上述（3）款和第 8 条规定的在苏格兰的具结和本法附件 2 第 31 条和第 46 条规定外，本法在英格兰和威尔士之外不适用。

附　件

附件 1　有权获得保释的人：补充规定

第 4 条

第一部分　被指控或被判决监禁罪的被告人

适用第一部分的被告人

1. 在诉讼中，一被告人被指控或定罪的犯罪行为或其中任何一项犯罪行为被处以监禁，适用本附件本部分的以下条例。

保释权的例外

2. 如果法院确信有充足证据认定被告人被保释（无论是附条件或无条件），可能——

---

① 《1977 年刑法法》附件 13 废止了本法第 10 条的规定。

② 《1988 年法律援助法》第 45 条和附件 6 废止了本法第 11 条的规定。

（a）不自动归案，或

（b）在保释期内犯罪，或

（c）干扰证人或其他妨碍司法的行为，无论涉及他自己或其他人，

则被告人无须被准予保释。

2A.① 在下列情形下，不必对被告准予保释——

（a）所涉之罪是可以提起公诉的罪名，或者是既可依公诉审判也可简易程序审判的罪名；并且

（b）在法院看来被告在犯罪之日正处于刑事诉讼保释状态之中。

3. 如果法院确信羁押被告人是为他自身的安全，如被告人为儿童或青少年，羁押是为其自身利益，则被告人无须被准予保释。

4. 如果将被告人羁押是执行法院判决或是执行当局根据服役法作出的规定，则被告人无须被准予保释。

5. 如果法院确信自对被告人提起诉讼起，不可能在需要时间里为根据本附件本部分的规定作出的决定获取充足信息，则被告人无须被准予保释。

6. 如果被告人因犯罪行为已在被提起诉讼或与之相关程序的保释中具结释放，根据本法第 7 条他已被逮捕，则被告人无须被准予保释。

因调查或汇报案件被延期审理的
被告人的适用例外

7. 因调查或汇报案件被延期审理，法院认为如果不羁押被告人，则不可能完成调查或汇报，法院无须准予被告人保释。

保释条件的限制

8.（1）除以下第（3）款，被告人被准予保释，根据本法第 3 条第（4）款至第（7）款［除了第（6）款（d）项和（e）项］② 不应对他附加条件，除非法院为防止本附件本部分第 2 条所指事件的发生，认为有必要这样做或者，根据第 3 条第（6）款（d）项的情况，为调查或汇报，有必要对被告人

---

① 《1994 年刑事审判与公共秩序法》第 26 条（a）项对本附件增修了第 2A 条。《1995 年关于〈1994 年刑事审判与公共秩序法〉的规则》第 2 条和附件规定，该增修于 1995 年 4 月 10 日生效。

② 《1991 年刑事审判法》第 100 条和附件 11 第 22 条第（2）款对本附件第 8 条第（1）款此处进行增修，于 1992 年 10 月 1 日生效。

的身体或精神状况附加要求①。

（1A）② 除非法院为了能够进行审讯或完成报告，认为有必要，否则不得施加本法第 3 条第（6）款（d）项规定的条件。

（2）上述第（1）款和第（1A）款也适用于③向法院要求变更保释条件或对无条件保释附加条件的申请。

（3）上述第（1A）款④的限制规定，不应适用于根据本法第 3 条第（6A）款的要求而施加的条件，而且⑤不应推翻《2000 年刑事法院（量刑）权力法》第 11 条第（3）款⑥中对治安法院做出的指令，要求其根据前述第 11 条第（3）款⑦中载明的情节，规定本法第 3 条第（6）款（d）项附加的保释条件。

依据第 2 条的决定

9. 根据本附件本部分第 2 条或第 2A 条⑧规定作出决定时，法院应当考虑以下显然相关的因素——.

（a）犯罪行为或不作为行为的性质和严重程度（和由此对被告人可能采取的处罚方式），

（b）被告人的品格、履历和社会交往，

（c）被告人在先前的刑事诉讼保释中履行义务的记录，

（d）除了因调查或汇报而延期审理案件的情况外，被告人的犯罪行为或

---

① 《1998 年犯罪和无序法》第 119 条和附件 8 第 38 条对本附件第 8 条第（1）款此处进行增修，于 1998 年 9 月 30 日生效。

② 《1991 年刑事审判法》第 100 条，附件 11 第 22 条第（3）款对本附件第 8 条增修了第（1A）款。该增修于 1992 年 10 月 1 日生效。

③ 《1991 年刑事审判法》第 100 条，附件 11 第 22 条第（4）款对本附件第 8 条第（2）款中此处内容进行修改，该修改于 1992 年 10 月 1 日生效。

④ 《1991 年刑事审判法》第 100 条，附件 11 第 22 条第（4）款对本附件第 8 条第（2）款中此处内容进行修改，该修改于 1992 年 10 月 1 日生效。

⑤ 《1982 年精神健康法修正案》第 34 条第（4）款对本条第（3）款此处进行了增修。

⑥ 《2000 年刑事法院（量刑）权力》法第 165 条第（1）款、第 168 条第（1）款和附件 9 第 54 条第（2）款（a）项对本款此处进行修改，该修改于 2000 年 8 月 25 日生效。

⑦ 《2000 年刑事法院（量刑）权力》法第 165 条第（1）款、第 168 条第（1）款和附件 9 第 54 条第（2）款（a）项对本款此处进行修改，该修改于 2000 年 8 月 25 日生效。

⑧ 《1994 年刑事审判与公共秩序法》第 26 条（b）项对本条此处进行了增修。《1995 年关于〈1994 年刑事审判与公共秩序法〉的规则》第 2 条和附件规定，该增修于 1995 年 4 月 10 日生效。

不作为行为证据的证明力，

及其他显然相关因素。

9A. ……①②

1980 年治安官法院法第 128A 条
规定的案件

9B. ③ 法院在考量实施 1980 年治安法院法第 128A 条授予其的权力（采取超过 8 日的还押候审）时，应当考虑到被告将要被羁押的实际时长。

第二部分　被指控或被判决非监禁罪的被告人

适用第二部分的被告人

1. 在诉讼中，被告人被指控的犯罪行为或每项犯罪行为不是处以监禁刑的，适用本附件本部分的以下条例。

保释权的例外

2. 如果——

（a）法院认为，在刑事诉讼中曾被准予保释的被告人未履行自动归案义务；及

（b）因被告人原先未自动归案，法院相信，如果被告人具结释放（无论是附条件或无条件）将不自动归案，

则被告人无须被准予保释。

3. 如果法院确信羁押被告人是为他自身的安全，或被告人为儿童或青少年，羁押是为其自身利益，则被告人无须被准予保释。

4. 如果将被告人羁押是执行法院判决或是执行当局根据服役法作出的规定，则被告人无须被准予保释。

5. 如果被告人因犯罪行为已在被提起诉讼或与之相关程序中具结释放，

---

① 《1988 年刑事审判法》第 153 条、第 152 条第（2）款，附件 8 第 16 条对本附件增修了 9A 条。

② 《2000 年看护人和残疾儿童法》第 129 条第（4）款、第 137 条以及附件 7 第 6 条废止了本附件第 9A 条，该废止于 2001 年 8 月 1 日生效。

③ 《1988 年刑事审判法》第 153 条、第 152 条第（2）款，附件 8 第 16 条对本附件增修了第 9B 条。

根据本法第 7 条他已被逮捕，则被告人无须被准予保释。

第二部分之一① 不予保释后的审讯

1. 如果法院作出不准予保释被告人的决定，在之后的审讯中，如果该被告人依旧适用第 4 条的规定，并且依旧处于羁押状态，该法院有义务考量他是否应当获得保释。

2. 在法院作出不予保释的决定后的第一次审讯中，该被告人有权提交保释申请，并附上任何他希望法院了解的有关事实和法律申辩（无论他之前是否作出过该申辩）。

3. 在之后的审讯中，法院不必听取之前已经听取过的有关事实或法律的申辩。

第三部分 解释条款

1. 为本附件的目的，决定犯罪行为是不是监禁刑，无须考虑任何禁止或限制监禁青少年犯或初犯的条例。

2. 本附件所指的在刑事诉讼中曾被准予保释，包括本法生效之前的准予保释；同时本附件所指的在本附件第一部分第 2A 条生效之前任何时期被保释之人所犯之罪②。

3. 本附件所指的被拘押或被羁押的被告人（如果被告人是儿童或青少年），包括根据《1969 年儿童和青少年法》第 23 条第（1）款作出的拘押令被送交地方当局监管的被告人。

4. 本附件中——

在“法院判决”的表述中，“法院”包括《1952 年来访武装力量法》第 12 条第（1）款中规定的服役法庭，“判决”，在此表述中，应当根据上述规定作相应解释。

“不作为行为”指被告人，也指根据《2000 年刑事法院（量刑）权力法》

---

① 《1988 年刑事审判法》第 153 条、第 155 条第（2）款，附件 8 第 16 条对本法附件 1 增修了该第二部分之一。

② 《1994 年刑事审判与公共秩序法》第 168 条第（2）款和附件 10 第 34 条对本附件此处进行了增修。《1995 年关于〈1994 年刑事审判与公共秩序法〉的规则》第 2 条和附件规定，该增修于 1995 年 4 月 10 日生效。

附件 3 第二部分①被处罚的不作为行为。

"服役法"指《1955 年陆军法》、《1955 年空军法》和《1957 年海军纪律法》。

附件 2　对其他法案的相应修正

第 12 条

《1679 年人身保护法》

1.《1679 年人身保护法》第 2 条（根据人身保护法释放羁押待审者的保释）中，从"释放上述的羁押犯"到"他或他们的出庭"这段文字应由"根据《1976 年保释法》，上述羁押犯在有出庭义务情况下，准予保释"替代，"和上述他或他们的保证书"应由"连同他担保人的保证书"替代。

《1839 年都市警察法》

2.……②

《1867 年刑法修正案》

3.《1867 年刑法修正案》第 10 条（无人身保护令但出庭具结已接受的出狱）中，从开始到"那个法院"一段文字应由"某人在刑事诉讼保释中被准予保释，在等待刑事法院对他的犯罪行为作出审判时，在狱中"替代。

《1887 年验尸官法》

4.……③

《1889 年解释法》

5.……④

---

① 《2000 年刑事法院（量刑）权力法》第 165 条第（1）款、168 条第（1）款以及附件 9 第 54 条第（3）款对本条此处内容进行修改，该修改于 2000 年 8 月 25 日生效。

② 《1989 年成文法（废止）法》第 1 条第（1）款和附件 1 废止了本附件第 2 条的规定。

③ 《1977 年刑法法》附件 13 废止了本附件第 4 条的规定。

④ 《1978 年解释法》附件 3 废止了本附件第 5 条的规定。

《1911 年伪证法》

6. ……①

《1914 年刑事审判管理法》

7. 《1914 年刑事审判管理法》第 19 条（除治安法院诉讼中的继续保释）中，"须附条件具结"应由"在刑事诉讼中，当法院将他取保候审（《1976 年保释法》中的含义范围），法院可以指令他出庭，或有其他情况，命令他附条件具结"替代。

《1915 年刑事公诉法》

8. 《1915 年刑事公诉法》第 5 条第（5）款（c）项（单独审判或命令延期审判保释）中，"允许被指控人保释"应由"准予被指控人保释"替代。

《1933 年儿童和青少年法》

9. 《1933 年儿童和青少年法》第 13 条第（2）款（警察保释因侵犯未成年人的严重犯罪行为而被逮捕的人）中，从"当他提出"到最后一段文字应由"保释根据《1976 年保释法》，负有到庭听审之责"替代。

《1936 年公共秩序法》

10. 《1936 年公共秩序法》第 1 条第（2）款（被指控在某些公开场合穿制服者的具结释放权）中，"具结后被释放"应由"取保释放"替代。

《1948 年刑事审判法》

11. （1）《1948 年刑事审判法》第 37 条（在上诉或对定罪或判决提起质询的其他程序中，高等法院的准予保释权）应当作以下修正。

（2）第（1）款（b）项中，"取保释放"应由"准予保释"替代。

（3）第（1）款中，（d）项应由以下一项替代——

"（d）对已由治安法院定罪或判决的人，向高等法院申请签发调取案件复审令状，以将诉讼提交高等法院，或向高等法院申请准许作出这样申请的，高等法院可以批准保释;"。

（4）第（1）款后应当增添以下一款——

---

① 《1985 年犯罪起诉法》第 31 条第（6）款和附件 2 废止了本附件第 6 条的规定。

· 436 ·

"（1A）法院根据上述第（1）款（a）项准予某人保释——

（a）如果高等法院未宣布定罪或判决无效，高等法院应在作出判决后的 10 日之内由高等法院指定他出庭的时间；及

（b）如果由即决法庭作出的定罪或判决，他出庭的地点应当由即决法庭地区的治安法院代为决定。"

（5）第（6）款中，此款中的"允许"应由"释放"替代。

《1949 年民选代表制度法》

12. ……①

《1950 年动物疾病法》

13. ……②

《1952 年治安法院法》

14—29. ……③

《1960 年审判法》

30.《1960 年审判法》第 4 条第（2）款（自分庭上诉的准予保释的权力）中，"关于"后应增添"指定的出庭期日和地点和"，"订立"后，应增添"经任何担保人"。

31.《1960 年审判法》第 6 条第（1）款（向上议院上诉的准予保释的刑期计算）中，"准予"应替代"允许"，"具结释放"应替代"被允许之后未被捕"。

32. ……④

《1965 年逮捕证背书（爱尔兰共和国）法》

33.（1）《1965 年逮捕证背书（爱尔兰共和国）法》第 5 条应当作以下修正。

---

① 《1983 年国民参政法》附件 9 第二部分废止了本附件第 12 条的规定。

② 《1981 年动物健康法》附件 7 废止了本附件第 13 条的规定。

③ 《1980 年治安法院法》附件 9 废止了本附件关于《1952 年治安法院法》的规定（第 14—29 条）。

④ 《1981 年最高法院法》附件 7 废止了本附件第 32 条的规定。

（2）第（1）款中，(b) 项和（b）项后的文字应由以下替代——

"（b）根据《1976 年保释法》将他取保候审，即由指定的警察局的主管警官用书面形式告知他在指定期日向主管警官自动归案；

如果他被具结释放附有提供一个或多个担保人条件，和根据此法第 8 条第（3）款，当法院为使担保人依据第 8 条第（4）款和第（5）款或第（6）款具结而确定约束金额时，法院应当同时将他交付警察羁押。"

（3）第（2）款中，从开始到"如此送达"一段文字应由"为上述第（1）款的目的由警官确定期日和告知被保释人"替代。

（4）第（3）款中，从"释放"到最后一段文字应由"根据《1976 年保释法》准予他保释，但在由上述第（1）款规定的警察局主管警官用书面形式告知他的确定期日内，负有向主管警官自动归案的义务；和当上述第（2）款为上述第（1）款的目的适用指定期日时，为本款的目的，它也应当适用指定期日"替代。

（5）第（4）款中，"根据上述第（1）款"应替代"在保证中"，"准予他保释"应替代"将他释放"。

《1967 年刑事审判法》

34. 《1967 年刑事审判法》第 18 条（治安法院拒绝刑事诉讼保释的限制性规定）应当删去。

35. ……①

36. 《1967 年刑事审判法》第 21 条（附加特殊保释条件的权力）应当删去。

37. （1）《1967 年刑事审判法》第 22 条（赋予高等法院准予保释或变更保释条件的权力），应当作以下修正。

（2）第（1）款和第（2）款应由以下两款替代——

"（1）初级法院拒绝刑事诉讼保释或对保释附加条件，高等法院可以准予保释或变更保释条件。

（2）如果高等法院根据本条准予某人保释，它可以命令他在假设由初级法院保释时可能指定的期日和地点出庭，以及对担保人的保证应当相应地附加条件。"

（3）第（3）款中，本款的"允许"应由"准予"替代。

---

① 《1980 年治安法院法》附件 9 废止了本附件第 35 条的规定。

（4）第（4）款最后应当增加"和'刑事诉讼中的保释'与'变更'和《1976 年保释法》中的含义相同"。

《1968 年刑事上诉法》

38.《1968 年刑事上诉法》第 8 条第（2）款和第（3）款（复审中的保释等）（a）项中，"允许"应当由"释放"替代。

39.……①

40.……②

41.……③

42.……④

43.《1968 年刑事上诉法》第 36 条（自上诉法院上诉的保释）中，"允许他"应当由"准予他"替代。

44.《1968 年刑事上诉法》第 43 条第（1）款（上议院上诉中的准予保释刑期计算）中，"允许"应当由"准予"替代，"允许后未被捕"，应当由"具结释放"替代。

45.《1968 年刑事上诉法》附件 2（关于复审的规定）第 2 条第（3）款（b）项中，"被允许保释后未被捕"应当由"具结释放"替代。

《1968 年军事法院（上诉）法》

46.《1968 年军事法院（上诉）法》第 45 条第（2）款（上议院上诉的准予保释刑期计算）中，"允许"应当由"准予"替代，"允许后未被捕"应当由"具结释放"替代。

《1969 年儿童和青少年法》

47.《1969 年儿童和青少年法》第 29 条（对被逮捕的儿童或青少年的释放或再羁押）中，第（2）款应由以下一款替代——

"（2）父母一方或监护人具结保证儿童或青少年出庭听取控告，如果上述官员认为适当，具结时可以要求父母一方或监护人与被逮捕人

---

① 《1991 年刑事诉讼（精神失常和不适宜辩护）法》第 8 条第（3）款和附件 4 废止了本附件第 39 条的规定。该废止于 1992 年 1 月 1 日生效。

② 《1982 年刑事审判法》附件 16 废止了本附件第 40 条的规定。

③ 《1982 年刑事审判法》附件 16 废止了本附件第 41 条的规定。

④ 《1982 年刑事审判法》附件 16 废止了本附件第 42 条的规定。

一起出席听证。"

此外，第（6）款应当删去。

《1971 年法院法》

48.……①

附件 3　废止条款

第 12 条

章节	简略标题	废止范围
31	《1679 年人身保护法》	第 5 条中，"经保证"
32	《1792 年公务员品格法》	第 6 条中，"和具结"
2、3	《1839 年都市警察法》	第 69 条中，从"保释"到最后
2、3	《1839 年都市违警罪法庭法》	第 36 条
52、53	《1889 年解释法》	第 27 条中，从"和应当包括"到最后
11、12	《1948 年刑事审判法》	第 37 条第（2）款和第（3）款和第（4）款（a）项
15、16	《1952 年治安法院法》	第 16 条第（2）款中"签订保证书或"
8、9	《1960 年审判法》	第 4 条第（3）款中"申请人或"
1965 c. 45	《1965 年逮捕证背书（爱尔兰共和国）法》	第 5 条第（4）款，"根据本条违反保证书"和"不妨害保证书的执行"
1967 c. 80	《1967 年刑事审判法》	第 18 条和第 21 条；第 22 条第（3）款，涉及《1948 年刑事审判法》第 37 条第（3）款的部分
1969 c. 54	《1969 年儿童和青少年法》	第 29 条第（6）款
1971 c. 23	《1971 年法院法》	第 13 条第（3）款
1972 c. 71	《1972 年刑事审判法》	第 43 条

---

① 《1981 年最高法院法》附件 7 废止了本附件第 48 条的规定。

附件 4　过渡性条款

1. （1）在不损害《1889 年解释法》（废止条文的效力）第 38 条第（2）款的规定下，本法第 12 条和附件 2、附件 3 中的修正条文和废止条文不影响被修正或被废止条文在规定日期之前关于具结或被保释人提供保证方面的适用及担保人保证的适用。

（2）修正和废止条文尤其不影响规定日期之后的下列任何行为——

（a）在规定日期后，对违反具结者的保证的执行；

（b）在规定日期后，对违反具结保证书的人签发和执行逮捕令权力的行使；

（c）在他和他的担保人（如有）缺席的情况下，有权决定增加他或他的担保人的下一次的保证金；

（d）变更在规定日期之前被准予保释人的条件或减少他或任何担保人所负担的金额或释放或免除任何担保人的权力的行使；

和根据本法第 3 条第（8）款不得申请变更保释条件和附加保释条件。

2. 规定日期之前，如果法院——

（a）已命令被保释人的保证可以在另一个法院或任何人面前具结，或

（b）已在逮捕证上背书命令，他依据背书要求具结后，应被释放，

根据指令，具结保证书可以在指定日期后生效和具结，上述第 1 条适用于这种具结保证，其效果如同该条适用于指定日期之前的具结保证。

3. 如果在规定日期之前某人已被准予保释，并且他的保释书（和他的担保人）附有使该人出庭的条件，那么，当他在规定日期之后第一次到庭——

（a）他的保证书应当被撤销；和

（b）任何担保人为他的保证，根据法院命令，应当解除或继续生效。

4. 本附件中的"规定日期"是指根据本法第 13 条第（2）款指定的生效日期。

1984 年警察与刑事证据法^①

第 60 章

第二部分　进入、搜查与扣押的权力

无令状进入并搜查

第 17 条　以逮捕等为目的的进入

（1）在遵守本条下列规定以及不影响任何其他条款规定的前提下，警察基于下列目的可以进入并搜查任何场所——

（a）为了执行——

（i）出于刑事程序或与刑事程序有关而发布的逮捕令状；或者

（ii）按照《1980 年治安法院法》第 76 条规定而发布的拘禁令状；

（b）为了逮捕实施可诉犯罪的人；

（c）为了逮捕涉嫌实施下列条文规定的犯罪的人——

（i）《1936 年公共秩序法》第 1 条（对与政治目标相关的制服之禁止）；

（ii）《1977 年刑法》第 6 条至第 8 条或第 10 条所载任何条款（因财产目的进入并逗留某地的犯罪）；

（iii）《1986 年公共秩序法》第 4 条（畏惧和挑衅暴力）；

（iiia）《1988 年道路交通法》第 4 条（在饮酒和毒品的影响下开车等）或第 163 条（拒绝身着制服的警察的停车要求）；

（iiib）《1992 年运输及工务法》第 27 条（与饮酒和毒品有关的犯罪）；

（iv）《1994 年刑事审判与公共秩序法》第 76 条（违反临时占有命令）；

（v）《2006 年动物保护法》第 4 条、第 5 条、第 6 条第（1）款和第（2）款、第 7 条和第 8 条第（1）款和第（2）款（与防止伤害动物有关的犯罪）；

（ca）为了逮捕根据《1969 年儿童和青少年法》第 32 条第（1A）款的规定已经根据该法第 23 条第（1）款的规定被遣返和提交当地部门的儿童或青年；

———————————

① 本译本根据英国政府官网（http：//www.legislation.gov.uk）提供的英语文本翻译。

（caa）为了逮捕实施了适用《1981年动物健康法》第61条规定的罪行的人；

（cb）为了重新逮捕或者基于其他任何理由被认为非法获得自由但却应被羁押——

（i）在监狱、拘留中心、青少年犯拘留所或者安全培训中心，或者

（ii）根据《2000年刑事法院（量刑）权力法》第92条（处置犯重罪的儿童和青少年）规定的其他场所；

（d）为了逮捕任何非法在逃者或者正被追捕者；或者

（e）为了挽救生命或肢体或者防止财产严重受损。

（2）除非为了本条第（1）款（e）项所载的目的，本条授予的进入并搜查的权力——

（a）只有当警察有合理的理由相信要搜寻的人在该场所内时，它才是可以行使的；并且

（b）当该场所由两个或更多的独立处所构成时，它被限制于进入并搜查——

（i）该地任一住所的居住人与该地其他住所的居住人共用的任何地方；以及

（ii）警察有合理的理由相信要搜寻的人可能在其中的场所内任何处所。

（3）本条授予的进入并搜查的权力，只有当警察穿制服且为了本条第（1）款（c）项（ii）目或（iv）目所载的目的时才能行使。

（4）本条授予的搜查权力应限于行使进入权力的目的所合理要求的范围。

（5）在遵守本条第（6）款的前提下，普通法中所有规定警察在没有令状的情况下有权进入场所的规则在此被废止。

（6）本条第（5）款不影响任何进入以处理或阻止破坏治安的行为的权力。

第18条　逮捕后的进入和搜查

（1）在遵守本条以下各款规定的前提下，警察如果有合理的理由怀疑原本由某一因犯有可诉罪而被逮捕的人居住或控制的场所内存有——

（a）与该犯罪有关的证据；或者

（b）与该犯罪有关或者相似的其他可诉罪有关的证据，

并且这些证据均不属于受法律特权保护的事项，则他可以进入并搜查该场所。

（2）警察根据本条第（1）款的规定搜查出的任何物品均可以进行扣押。

（3）本条第（1）款授予的搜查权只限于为发现这种证据所合理要求的范围。

（4）除符合本条第（5）款规定外，除非督察或者更高级别的警官已经作出书面授权，否则本条所授予的权力不得行使。

（5）如果符合第（5A）款所规定的情形，警察可以根据第（1）款规定进行搜查——

（a）在将该人带至警察局之前或者根据第30A条规定被保释的；并且

（b）未按照本条第（4）款的规定获得授权的。

（5A）该情形是行为人出现在某地（而非警察局）对于有效侦查犯罪是必要的。

（6）警察如果根据本条第（5）款的规定实施了搜查，应当在搜查后尽快将他搜查的情况向督察或者更高级别的警官报告。

（7）下列警官——

（a）授权实施搜查的；或者

（b）根据本条第（6）款的规定被报告搜查情况的，应当以书面的方式记录——

（i）实施搜查的理由；以及

（ii）搜查到的证据的特征情况。

（8）在搜查时居住或者控制被搜查之场所的人如果在记录制作时已被羁押于警察局，警官应当使该记录成为他的羁押记录的一部分。

扣留及其他

第19条　扣留及其他的一般权力

（1）合法进入任何场所的警察可以行使本条第（2）款、第（3）款、第（4）款授予的权力。

（2）警察可以扣留场所内的任何物品，如果他有合理的理由相信——

（a）它是犯罪所得；并且

（b）为了防止它被藏匿、遗失、损坏、变造或毁灭，有必要对其进行扣留。

（3）警察可以扣留场所内的任何物品，如果他有合理的理由相信——

（a）它是与他正在侦查的某一犯罪或其他任何犯罪有关的证据；并且

（b）为了防止它被藏匿、遗失、变造或毁灭，有必要对其进行扣留。

（4）对于存储于计算机之中且在该场所里可获取的任何信息，警察可以要求将其制造成清晰可见的、能被带走的形式或者能够简易地从中制造出清晰可见的信息的形式，如果该警察有合理的理由相信——

（a）该信息——

（i）是与他正在侦查的某一犯罪或其他任何犯罪有关的证据；或者

（ii）是因为实施某一犯罪而取得的；并且

（b）这是为防止它被藏匿、遗失、损坏或毁灭所必需的。

（5）本条所授予的权力不包括通过其他途径授予的权力。

（6）根据任何法律规范（包括包含于在本法以后通过的法律之中的规范）授予警察的扣押权，均不得适用于负责执行的警察有合理的理由相信其属于受法律特权保护的对象。

第 20 条　扣留权力在计算机化信息方面的延伸

（1）任一由本条所适用的法条授予因行使法律授予的权力而已经进入场所的警察的扣押权，应当被理解为包括要求将以电子形式储存于计算机的且从该场所是可以获取的信息以可被带走的、有形且可读的形式或者可通过简易制造出清晰可见形式的予以制取的权力。

（2）本条适用于下列法条——

（a）本法颁布之前通过的法律所载的任何法条；

（b）本法第 8 条与第 18 条；

（c）本法附件 1 第 13 条；以及

（d）本法颁布之后通过的法律所载的任何条文。

第 21 条　进入和复制

（1）警察行使任何法条，包括本法颁布之后通过的法律所载的法条，所授予的权力扣押任何物品，如果某人要求并表明——

（a）他是被扣押物品所在场所的占用者；或者

（b）他在物品被扣押之前已经对该物品进行监管或控制，

应当向他提供一份扣押物品记录。

（2）警官应当自上述要求提出之日起合理的时间内提供该记录。

（3）在遵守本条第（8）款的前提下，如果要求允许接近下列任何物品的请求——

（a）已被警察扣押的物品；以及

（b）基于调查犯罪的目的而被警察保留的物品，

由在该物品被扣押或保留的即刻之前已经对它进行了监管或控制的人或者其代表人向负责该项调查的警官提出，该警官应当允许该提出请求的人在警察的监督下接近该物品。

（4）在遵守本条第（8）款的前提下，如果要求获得上述被扣押或保留物品的照片或副本的请求，由在该物品被扣押或保留的即刻之前已经对它进行了监管或控制的人或者其代表人向负责该项调查的警官提出，该警官应当——

（a）允许该提出请求的人为了拍照或制作副本的目的而在警察的监督下接近该物品；或者

（b）对该物品进行拍照或制作副本，或使它被拍照或制作副本。

（5）警察也可以在没有本条第（4）款所提及的请求的情况下，对他有权力扣押的任何物品进行拍照或制作副本，或者使它被拍照或制作副本。

（6）如果任何物品根据本条第（4）款（b）项规定而被拍照或制作副本，则该照片或副本应当提供给提出该请求的人。

（7）上述照片或副本应当在从提出要求之日起合理的时间内提供。

（8）本法并不规定应当准许接近任何物品或提供该物品的照片或副本的强制性义务，只要负责调查——为了该项调查的目的前述物品被扣押——的警官有合理的理由相信那样做将有碍于——

（a）该项调查；

（b）被扣押物品涉及的犯罪调查之外的其他犯罪调查；或者

（c）任何可能作为下列调查的结果而启动的刑事程序——

（i）他正负责的该项调查；或者

（ii）本款（b）项所提及的任何调查。

（9）第（1）款、第（2）款、第（3）款（a）项和第（5）款中所提及的警察包括根据第16条第（2）款被授权陪同警察执行令状的个人。

第22条　留置权

（1）在遵守本条第（4）款的前提下，被警察按照本法第19条或第20条规定的条件而扣押或取走的任何物品可以被保留，只要根据各种情形这样做是必要的。

（2）在无损于本条第（1）款规定的一般性前提下——

（a）任何出于刑事调查的目的而被扣押的物品可以被保留，除非本条第（4）款规定，该物品——

（i）在某犯罪审判场合作为证据使用；或者

（ii）用于法庭调查或与某犯罪相关的调查；以及

（b）任何物品，如果存在合理的理由相信它是因实施犯罪而取得的，为了确定它的合法所有者，可以被保留。

（3）因其可能用于下列事项而被扣押的物品——

（a）致使任何人人身伤害；

（b）损坏财产；

（c）干扰证据；

（d）协助逃离警察羁押或合法监禁，

当被扣押该物品的人不再处于警察羁押或法院监禁之下或者他虽在法院监禁之下但已被保释时，则不得予以保留。

（4）如果保留物品的照片或副本即足以实现本条第（2）款（a）项所提及的目的，则不得为了该等目的而保留该物品。

（5）本条规定不影响法院根据《1897 年警察（财产）法》第 1 条规定而发布命令的任何权力。

（6）本条同样适用于警察根据《1971 年移民法》第 28H 条第（5）款规定保留的任何物品。

（7）第（1）款规定的由警察扣留的物品包括根据第 16 条第（2）款被授权陪同警察执行令状的个人扣留的任何物品。

第三部分　逮　捕

第 24 条　无令逮捕：警察

（1）警察可以在没有许可证的情况下逮捕——

（a）将要实施犯罪的人；

（b）正在实施犯罪的人；

（c）有合理理由怀疑即将实施犯罪的人；

（d）有合理理由怀疑正在实施犯罪的人。

（2）如果警察有合理理由怀疑犯罪已经发生，他可以在没有许可证的情况下逮捕他具有合理理由怀疑有罪的人。

（3）如果犯罪已经发生，警察可以在没有许可证的情况下逮捕——

（a）实施该罪行的人；

（b）有合理理由怀疑是实施该罪行的人。

（4）但第（1）款、第（2）款或第（3）款赋予的简易程序的逮捕权力只有在警察有合理理由相信基于第（5）款所述的理由有必要逮捕该个人的情况下方可实施。

（5）这些理由是——

（a）为了能够确定涉案人员的姓名（在警察不知道且无法确定该人员的姓名或有理由怀疑该个人提供的姓名是不是真名的情况下）；

（b）关于其地址的相应问题；

（c）防止涉案人员——

（i）对其本人或他人造成身体伤害；

（ii）遭受身体伤害；

（iii）导致财产损失或损坏；

（iv）违反公共道德［根据本条第（6）款］；或者

（v）非法阻碍高速公路；

（d）保障儿童或其他弱势群体免遭涉案人员伤害；

（e）允许对犯罪或者涉案人员行为的快速有效调查的进行；

（f）防止涉案人员消失以阻碍对犯罪的起诉。

（6）只有在社会成员在正常工作中无法合理期待避开涉案人员的情况下才能适用第（5）款（c）项（iv）目。

第24A条　无令逮捕：其他人员

（1）除了警察外的个人可以在没有许可证的情况下逮捕——

（a）正在实施可诉犯罪的人；

（b）他有合理理由怀疑正在实施可诉犯罪的人。

（2）在可诉犯罪已经发生的情况下，除了警察外的个人可以在没有许可证的情况下逮捕——

（a）实施了该犯罪的人；

（b）他有合理理由怀疑实施了该犯罪的人。

（3）但第（1）款或第（2）款赋予的简易逮捕的权力只有在下列情况下得以实施——

（a）进行逮捕的人有合理理由相信基于第（4）款所提及的任何理由有必要对涉案人员进行逮捕；以及

（b）在进行逮捕的人看来由警察进行逮捕并不合理可行。

（4）理由是防止涉案人员——

（a）对其本人或他人造成身体伤害；

（b）遭受身体伤害；

（c）导致财产损失或损坏；或者

（d）在警察判断其责任前逃跑。

（5）本条不适用于《1986年公共秩序法》第三部分或第三部分之一有关的犯罪。

第25条①　一般逮捕条件

第26条　撤销无证或命令逮捕的法定权力

（1）在遵守本条第（2）款的前提下，本法颁布之前通过的授予警察下列

---

① 本条被《2005年有组织的严重犯罪与警察法》第110条第（21）款、第174条、第178条、附件17第二部分废除。

权力的任何法律（包括地方法）——

（a）因涉嫌犯罪而无令状逮捕某人；或者

（b）因涉嫌犯罪以外的其他原因而无令状或法院的命令逮捕某人，

应当废止效力。

（2）本条第（1）款不影响本法附件2所载条文的效力。

第 27 条　某些罪犯的指纹提取

（1）如果某人——

（a）已被宣告犯了某可记录的犯罪；

（b）从未曾因犯该罪而被警察羁押；并且

（c）在下列期间内未被采集指纹——

（i）警察对该罪进行调查期间；

（ii）从有罪宣告以来，

任何警察可以在不晚于有罪宣告日后1个月的任何时候要求他到警察局以便可以采集他的指纹。

（1A）对于已经按上述（c）项提到的对被判犯了某种可记录的犯罪的个人采集了指纹的情况，如果出现以下情况，则出于该项目的都不应考虑该事实（以及他因此犯罪被警察羁押的任何时间）——

（a）先前场合采集的指纹并未包含他的全套指纹，或者

（b）先前场合采集的部分或全部指纹的质量并不能满足分析、对比和匹配。

（1B）上述第（1）款和第（1A）款适用于——

（a）曾因可记录的犯罪而被警告，且在被警告的当时，对此承认的人，或者

（b）曾因可记录犯罪而根据《1998年犯罪和扰乱秩序法》第65条被给予警告和谴责的人，

这种适用与被判有罪的人的适用一样，并且在定罪中涉及的此条款须相应加以解释。

（2）根据本条第（1）款作出上述要求——

（a）应当给该人至少7日的期间，期内他必须到警察局；

（b）可以指令他在一特定的日间时刻或在特定的日间时刻段之间到警察局。

（3）任何警察可以无令状逮捕未能遵守根据本条第（1）款所作出的要求的人。

（4）国务大臣可以规章的形式对在本国警察记录里记录就该规章中载明

的犯罪作出的有罪宣告作出规定。

（5）本条所指的规章应当以法律文件的形式发布，并且应当因执行任一议院所作出的废止决议而归于无效。

第28条　逮捕需告知的信息

（1）在遵守本条第（5）款的前提下，当某人被逮捕时未被告知其已被捕，该逮捕即为非法，除非该被捕者在被捕后尽可能快地被告知被捕。

（2）当某人被警察逮捕，无论该逮捕的事实是否显而易见，本条第（1）款均须适用。

（3）在遵守本条第（5）款的前提下，除非被捕者在被捕时或在被捕后尽可能快的时间内被告知逮捕的理由，否则该项逮捕是非法的。

（4）当某人被警察逮捕，无论被逮捕的理由是否显而易见，本条第（3）款均须适用。

（5）如果因为在可以作出告知之前该人已经逃离而使告知变得不太合理可行，本条规定不要求使某人被告知——

（a）他已经被捕；或者

（b）他被捕的理由。

第29条　自愿出现在警察局等地

当某人为了帮助调查的目的，自愿到警察局或警察所在的其他任何地方，或者在没有被捕的情况下随同警察到警察局或警察所在的其他任何地方——

（a）他应当有权随其意愿而离开，除非他被逮捕；

（b）如果警察决定禁止其随意离开，他应当被立刻告知他已经被捕。

第30条　被捕于警察局以外的地方

（1）第（1A）款适用于某人在警察局之外的任何地方——

（a）因犯罪而被警察逮捕；或者

（b）在因犯罪被警察之外的其他人缉拿后继而被警察拘押的。

（1A）他应当在被捕后尽快地由警察带至警察局。

（1B）第（1A）款受限于第30A条（基于担保的释放）和第（7）款（无担保释放）。

（2）除本条第（3）款与第（5）款的规定外，按照本条第（1A）款某被捕者被带往的警察局，应当是一个指定的警察局。

（3）本款规定的警察可以将被捕者带至任何警察局，除非在警察看来将该被捕者羁押在警察局超过6小时是必要的。

（4）本条第（3）款适用于——

（a）在一非指定的警察局所辖的地方工作的警察；

（b）隶属于警察当局之外的官方当局所辖的警察机构的警察。

（5）任何警察可以将被捕者带至任何警察局，如果——

（a）符合下列任一条件——

（i）该警察在没有其他警察协助的情况下逮捕了该人并且没有其他警察可以协助他；

（ii）该警察在没有其他警察协助情况下已从一个非警察的人那里接手并将该人拘押，并且没有其他警察可以协助他；以及

（b）在警察看来他无法在保证该被捕者不自残，或伤害警察本人或其他人的情况下将该被捕者带至一个指定的警察局。

（6）如果该被捕者在被捕后被带至的第一个警察局不是一指定的警察局，应当在他到达该第一个警察局时起6小时之内将其带至一指定的警察局，除非之前他已被释放。

（7）在警察局之外的地方被警察逮捕的人，在满足第（7A）款的条件下应当被无担保释放。

（7A）这一条件是指，在被逮捕人到达警察局前的任何时刻，警察认为没有理由继续逮捕他或根据第30A条需要保释。

（8）根据本条第（7）款将被捕者释放的警察应当如实将其所做予以记录。

（9）该警察应当在实施释放后尽快地予以记录。

（10）如果符合第（10A）款的规定条件，则第（1A）款或第30A条的规定并不阻止警察延迟将被逮捕者带至警察局或基于担保的释放。

（10A）这一条件是指，被其羁押于该场所（警察局以外的地方）是出于尽快实施侦查手段的目的。

（11）如果迟延将被捕者带至警察局，延迟理由需在其第一次到达警察局或（根据具体情况）被保释的时候予以记录。

（12）本条第（1A）款或第30A条不影响下列条文的效力——

（a）《1971年移民入境法》附件2第16条第（3）款或第18条第（1）款的规定；

（b）《1972年刑事司法法》第34条第（1）款的规定；或者

（c）《2000年恐怖主义法》的任何规定。

（13）本条第（10）款不影响《1971年移民入境法》附件2第18条第（3）款的规定。

第30A条　在警察局外的保释

（1）对于在第30条第（1）款提到的情况下逮捕或进行拘留的人，警察

应对其进行保释。

（2）根据第（1）款，个人可以在其到达警察局前的任何时间内被保释。

（3）根据第（1）款而被保释的个人需出现在警察局。

（3A）警察根据第（1）款对个人进行保释——

（a）被羁押者应该提供而未提供保证到庭保证书的；

（b）被羁押者或任何其他代表被羁押者的个人应提供担保而未提供的；

（c）被羁押者无须对其羁押提供保证人；

（d）不要求被保释人在指定招待所居住的附条件保释。

（3B）根据第（3A）款，如果警察根据第（1）款规定进行保释，则其应对保释附加条件，这些条件在警察看来是必要的——

（a）保证被保释人处于羁押状态；

（b）保证被保释人在保释期间不会实施犯罪；

（c）保证被保释人不干扰证人或扰乱其他司法公正，无论是否与其个人有关；

（d）出于保护个人安全或，如果未满17周岁出于个人福利或其个人利益。

（4）基于第（1）款而保释的，保释条件只能根据本款的规定加以要求。

（5）被保释人被要求前往的警察局可以是任一警察局。

第30B条　第30A条规定的保释：通知

（1）当警察根据第30A条予以保释时，他需在释放前以书面告知被保释人。

（2）告知其——

（a）对其进行逮捕基于的犯罪，以及

（b）对其进行逮捕的理由。

（3）需告知他被要求出现在警察局。

（4）同样需通知他将出现的警察局及被要求出现的时间。

（4A）基于第30A条第（30B）款而做出的保释，告知同样——

（a）必须明确附加条件，

（b）必须解释第30CA条第（1）款和第30CB条第（1）款所规定的选择以及相应情况的变化，以及

（c）如果不明确被保释人应出现的警察局，则必须明确可以根据第30CA条第（1）款（b）项做出要求的警察局。

（5）如果通知没有包含上述第（4）款提及的信息，则必须在随后给予被保释人包含该信息的书面通知。

（6）根据第（1）款或第（5）款，可以要求被保释人前往不同于通知上

列明的警察局或在不同的时间。

（7）必须以书面形式通知被保释人任何第（6）款提及的变化，但给予他的通知可以不止一个。

第30C条　第30A条规定的保释：补充

（1）被要求前往警察局的被保释人在收到书面通知告知其不再被做此要求时，他便不再被要求前往。

（2）如果被保释人被要求前往的警察局未被指定，在他到达后的6个小时内，他必须被——

（a）释放，或者

（b）被带往指定的警察局。

（3）《1976年保释法》不适用于第30A条规定的保释。

（4）第30A条或第30B条或者本条并不阻止对于在没有逮捕令情况下的重新逮捕适用第30A条进行释放，只要在他被释放后有新的证据证明可以再次逮捕。

第30CA条　第30A条规定的保释：警察对条件做的调整

（1）根据第30A条规定被释放的，保释需在满足下列条件时——

（a）被要求前往的警察局的相关官员，或者

（b）在第30B条没有指明警察局的情况下，根据第30B条第（4A）款

（c）项规定确定的警察局的相关官员，

可以，在符合第（2）款的情况下根据被保释人的要求，更改条件。

（2）先前要求或每一个先前要求不再适用于做出要求时考虑的相关官员。基于这一信息而对同一保释做出任何随后要求的，第（1）款赋予了改变先前要求的权力。

（3）根据第（1）款对基于第30A条做出的保释要求进行更改时——

（a）适用第30A条第（3A）款的（a）—（d）项，

（b）根据变化的条件而施加的要求必须是在相关官员看来对于实现第30A条第（3B）款的（a）—（d）项所提及的目的是必要的，以及

（c）改变条件的相关人员必须以书面形式告知被保释人。

（4）第（1）款所规定的符合第（3）款（a）项和（b）项的变更条件的权力，是指——

（a）更改和废除任何条件的权利，及

（b）增加条件的权利。

（5）本条与指定警察局有关的"相关官员"是指拘留所官员，但与其他警察机关有关的——

（a）是指不参与在根据第30A条第（1）款进行调查被保释人据以逮捕并根据第（1）款提出要求的警察，如果这种警察确实存在的话，以及

（b）如果不存在这样的警察——

（i）是指除批准保释以外的警察，如果这样的警察存在的话，以及

（ii）如果不存在这样的警察，则是指批准保释的警察。

第30CB条　第30A条规定的保释：法院对条件的更改

（1）根据第30A条第（1）款规定被保释的个人处于条件中时，行政法院可以根据被保释人或其代理人的申请，变更条件，如果——

（a）自根据第30A条第（3B）款施加条件后已经根据第30CA条第（1）款加以变更，

（b）根据第30CA条第（1）款规定的变更条件的申请已经提出并被拒绝，或者

（c）自根据第30CA条第（1）款提出的变更条件的申请的当日开始的48小时期间没有收回请求也没有变更条件的回应。

（2）根据第（1）款申请变更规定程序中，除非符合下列条件，否则不能成为理由——

（a）在符合第（1）款（a）项的情况下，理由是依赖于对于根据第30CA条第（1）款规定的变更条件的回应的要求，或者

（b）在符合第（1）款（b）项或（c）项的情况下，理由是依赖于上述项的要求，

但这并不能阻止法庭在决定是否通过申请时考虑基于环境变化而产生的理由，这些变化是在申请作出后出现的。

（3）当根据第（1）款对基于第30A条第（1）款对被保释人附加条件进行更改时——

（a）适用第30A条第（3A）款（a）—（d）项，

（b）根据变化的条件而施加的要求必须是在法庭看来对于实现第30A条第（3B）款（a）—（d）项所提及的目的是必要的，以及

（c）保释不得终止但可以继续符合条件以及变更的条件。

（4）第（1）款所规定的满足第（3）款（a）项和（b）项的变更条件的权力是指——

（a）更改和废除任何条件的权利，及

（b）增加条件的权利。

第30D条　不符合第30A条规定的保释

（1）警察应在没有许可证的情况下逮捕——

（a）根据第30A条规定可以在要求其前往确定的警察局的条件下保释的人，但

（b）没有在确定的时间前往警察局的。

（2）根据第（1）款逮捕的，必须在被捕后被尽快带往警察局（可能是明确的也可能是任意的警察局）。

（2A）根据第30A条被保释的人也可能在没有许可证的情况下被逮捕，如果警察有合理理由怀疑其违反了保释条件。

（2B）根据第（2A）款逮捕的，必须在被捕后被尽快带往警察局［可能是如第（1）款中提及的明确的警察局也可能是任意的警察局］。

（3）在第（1）款中，"明确的"是指在通知中明确。通知是根据第30B条第（1）款或第（5）款或根据第（7）款规定做出的变更通知。

（4）为了——

（a）第30条［符合第（2）款和第（2B）款的义务］，以及

（b）第31条，

根据本条进行的逮捕可以视为对犯罪的逮捕。

第31条　对再次犯罪进行的逮捕

如果——

（a）某人——

（i）已因涉嫌某罪被逮捕；并

（ii）因此被羁押于警察局；并且

（b）在警察看来如果该人从该逮捕中释放，他将因涉嫌其他犯罪而被逮捕，则他应当因涉嫌该其他犯罪而被逮捕。

第32条　对逮捕的搜查

（1）不论何种情形，当某人在警察局之外的任何地方被逮捕，如果警察有合理的理由相信被捕者可能对自己或他人采取危险性行为，警察可以搜查该被捕者。

（2）在遵守本条第（3）款至第（5）款的前提下，警察亦有权——

（a）为寻找下列物品而搜查被捕者——

（i）他可能用于帮助其逃离合法羁押的物品；或者

（ii）可能属于与某犯罪有关的证据的物品；以及

（b）如果对他进行逮捕的犯罪是可诉犯罪，为寻找与他据以被捕的犯罪有关的证据而进入并搜查任何他被捕时或被捕即刻之前所在的场所。

（3）本条第（2）款授予的搜查权仅限于为发现上述任何物品或证据而合理要求的范围。

（4）本条授予的搜查人的权力不得被理解为授权警察要求某人当众脱去其外套、夹克或手套之外的任何衣服，但有权对被搜查人的嘴进行搜查。

（5）警察不得根据本条第（2）款（a）项授予的权力对人进行搜查，除非他有合理的理由相信该人可能在身上藏有本条第（2）款（a）项所指的物品。

（6）警察不得根据本条第（2）款（b）项授予的权力对场所进行搜查，除非他有合理的理由相信在该场所可能存有本条第（2）款（b）项所指的证据。

（7）在本条第（2）款（b）项授予的搜查权涉及由两个或更多的独立处所构成的场所情况下，该搜查权应限于——

（a）实施该逮捕行为的或该被捕者在被捕即刻之前所在的任何处所；以及

（b）该场所中的任何独立处所占用者与其他独立处所的占用者共同使用的任何部分。

（8）警察根据本条第（1）款授予的权力对人进行搜查时可以扣押并保留其发现的任何物品，只要他有合理的理由相信该被搜查者可能将该物品用于致使其本人或他人人身伤害。

（9）警察根据本条第（2）款（a）项授予的权力对人进行搜查时可以扣押并保留其发现的非属于法定特权性事项的任何物品，只要他有合理的理由相信——

（a）该人可能将它用于帮助他逃离合法羁押；或者

（b）它是犯罪证据或者是通过实施犯罪而取得的物品。

（10）本条规定不应当影响《2000年恐怖法》第43条授权的权力。

第33条　由警察以外的人实施的许可

《1980年治安法院法》第125条中的——

（a）第（3）款的"逮捕一个已被指控犯罪的人"改为"本款适用的"；

（b）接下来的款项后面加入以下各款——

"（4）本条第（3）款适用的令状为——

（a）授权逮捕与某犯罪有关的人的令状；

（b）在无损于上述（a）项规定的前提下，根据《1955年陆军法》第186条第（3）款、《1955年空军法》第186条第（3）款、《1957年海军纪律法》第105条第（3）款或者《1980年预备部队法》附件5（擅离职守等）发布的令状；

（c）根据下列条文发布的令状——

（i）《1967年一般税率法》第102条或第104条（扣押财产不足）；

（ii）《1978年家事诉讼与治安法院法》第18条第（4）款（家庭中儿童与婚姻当事人的保护）；以及

（iii）本法第55条、第76条、第93条或第97条。"

第四部分 羁 押

羁押——条件及期限

第34条 警察羁押的限制

（1）除非符合本法本部分的规定，否则因涉嫌犯罪而被捕的人不得被警察羁押。

（2）在遵守本条第（3）款的前提下，如果拘留所官员在任何时候——

（a）关于任何处于警察羁押之下的人，获悉将该人羁押的理由已经消失；并且

（b）未获悉根据本法本部分的规定将该人予以继续羁押的任何其他正当理由，

拘留所官员有义务，在遵守本条第（4）款的前提下，命令将他立即从羁押中释放。

（3）任何人不能被释放，除非得到任职于授权将该人羁押的警察局的拘留所官员的准许或者，如果对该人的羁押是得到多个警察局授权的，得到任职于最后授权羁押的警察局的拘留所官员的准许。

（4）当某人在其被捕时被拘留所官员认为属逃犯，则不得根据第（2）款将其释放。

（5）根据本条第（2）款命令予以释放的人，应当被无保而释放，除非拘留所官员认为——

（a）在其被羁押期间随时需要对其被羁押事项进行进一步调查；或者

（b）因上述事项可能采取针对他的程序或者根据《1998年犯罪和扰乱社会秩序法》第65条对他进行的谴责或警告，

并且，如果发生了，他应被保释。

（6）为本法本部分的目的，根据《1988年道路交通法》第6D条或者《1992年运输及公务法》第32条第（2）款规定的犯罪逮捕的。

（7）为了本部分的目的，个人——

（a）根据第30A条规定前往警察局对保释进行答辩的，

（b）根据本部分回到警察局对保释进行答辩的，

（c）根据第 30D 条或第 46A 条被逮捕的，

应被视为因犯罪而被逮捕，而该犯罪与他被保释具有关联性。

（8）第（7）款不适用于符合第 47 条第（3）款（b）项而获得保释的人以及个人——

（a）前往警察局对该保释进行答辩的，或者

（b）根据第 46 条规定因为实现而被逮捕的，

（对于此类人的待遇的规定的目的由第 46ZA 条制定）。

第 35 条　指定警察局

（1）根据第 30 条第（3）款和第（5）款以及第 30A 条第（5）款和第 30D 条第（2）款的规定，每个警区的警察局长应当指定位于本区内用于羁押被捕者的警察局。

（2）本条第（1）款所指的警察局长的职务为指定在他看来可为羁押目的提供足够设备的警察局。

（2A）英国运输警察局局长可以指定用于羁押被逮捕者的目的警察局［除了根据上述第（1）款进行指定外］。

（3）在无损于《1978 年注释法》第 12 条规定（职责的连续性）的前提下，警察局长——

（a）可以指定之前未被指定过的警察局；以及

（b）可以指令之前对警察局指定停止其效力。

（4）本法所说的"指定的警察局"是指根据本法暂时被指定的警察局。

第 36 条　警察局的拘留所官员

（1）每一指定警察局应任命一名或多名拘留所官员。

（2）在根据上述第 35 条第（1）款规定指定的拘留所官员应当由以下警官任命——

（a）指定的警察局所在地区内的警察局长；或者

（b）由该地区的警察局长指定的其他警官。

（2A）在根据上述第 35 条第（2A）款规定指定的拘留所官员应当由以下警官任命——

（a）英国运输警察局局长，或者

（b）警察局其他警察局长可以直接指示的成员。

（3）被任命为拘留所官员的官员应至少具有警佐（sergeant）的级别，否则不被任命。

（4）如果在某一指定的警察局没有拘留所官员履行职能，则任何一级警

官都可以履行拘留所官员的职能。

（5）在遵守本条以下部分及第 39 条第（2）款规定的前提下，拘留所官员针对某人的任何职能均不得由当时正在侦查该人据以被羁押的犯罪的警官履行。

（6）本条第（5）款的规定不阻止拘留所官员——

（a）履行——

（i）本法；或

（ii）根据本法制定的行为守则分配给拘留所官员的任何职能；

（b）承担本法第 39 条课予拘留所官员的义务；

（c）实施有关辨认嫌疑人的任何行为；

（d）履行《1988 年道路交通法》第 7 条和第 8 条规定的职能。

（7）如果被逮捕的人被羁押在非指定的警察局，与他有关的本应由指定警察局拘留所官员履行的职能应当由以下人员承担——

（a）不参加对他据以拘留的罪行进行侦查的官员，如果有此警官的话；

（b）如果没有这种官员，则由将他带到警察局的警官或其他警官承担。

（7A）根据第（7B）款，第（7）款适用于前往非指定地点对根据第 30A 条授权保释进行答辩，正如其适用于被带往该地的情况。

（7B）如果第（7）款适用时由于第（7A）款，第（7）款（b）项所指的带他前往警察局的官员可以被视为批准保释的官员。

（8）本法以下有关拘留所官员的规定也适用于根据本条第（4）款和第（7）款承担应由拘留所官员承担的职能的官员。

（9）根据本条第（7）款的规定，如果某一负责逮捕的警官计划履行拘留所官员的职能，他应当告知下列警官——

（a）隶属于一指定警察局的；并且

（b）至少具有督察级别的，他计划这样做。

（10）本条第（9）款规定的义务应当得到尽快履行。

（11）……①

第 37 条 拘留所官员在指控前的任务

（1）如果——

（a）某人因涉嫌实施某一犯罪而被——

（i）无令状逮捕；或

---

① 本款被《2009 年警察与犯罪法》第 112 条第（1）款、第 116 条第（6）款、附件 7 第 123 条第（3）款（e）项、附件 8 第十三部分废除。

（ⅱ）根据不批准保释的令状逮捕；

（b）某已被保释的被捕者遵照有关保释的规定回到警察局，对他实施羁押的警察局的拘留所官员应当确定是否有足够的证据指控他犯有该罪，并可以将他在警察局的羁押期持续到使该官员作出这样的确定所必需的期间。

（2）如果拘留所官员认为没有掌握这种证据，被逮捕者应当被取保释放或者无条件释放，除非拘留所官员有合理的理由相信在不提出指控的情况下对他实施羁押对于保全与他涉嫌实施的犯罪有关的证据或者对于通过讯问他而获取这样的证据是必要的。

（3）如果拘留所官员有合理的理由相信上述这一点，他可以授权将被逮捕者羁押在警察局。

（4）如果拘留所官员授权在不提出指控的情况下将被逮捕者羁押在警察局，他应当尽快就羁押的理由作出书面记录。

（5）除本条第（6）款的规定以外，书面记录应在被逮捕者在场的情况下作出，拘留所官员应告知他羁押的理由。

（6）当制作这种书面记录时，如果被逮捕者——

（a）不能理解告知他的内容；

（b）有或者可能有暴力倾向；或者

（c）需要紧急医疗护理，

则本条第（5）款的规定就不应适用。

（7）除符合第41条第（7）款规定外，如果拘留所官员认为他有足够的证据指控被逮捕者犯有他据以被捕的犯罪，被逮捕者——

（a）应当——

（ⅰ）不被指控且被保释，或者

（ⅱ）被警察继续拘留，

以便检察长能够按照下述第37B条做出决定；

（b）应当不被指控，而是被取保释放或者无条件释放；

（c）应当不被指控且无须担保；或者

（d）应当被指控。

（7A）如何根据第（7）款的规定对某人做出决定应该是拘留所官员的决定。

（7B）如果按照上述第（7）款（a）项对个人进行处置，则拘留所官员有义务告知其被释放，或（视情况而定）被拘留，以保障检察长能够按照下述第37B条做决定。

（8）如果——

（a）某人根据本条第（7）款（b）项或（c）项的规定被释放；并且

（b）在释放时他是否应被指控犯有他据以被捕的犯罪尚未确定，则拘留所官员负有将此情况向他告知的义务。

（8A）如果被逮捕者所犯罪行是与依下述第63B条所列例子有关的犯罪，则适用第（8B）款，拘留所官员——

（a）被要求按照上述第（2）款的规定释放被逮捕者并决定保释，或者

（b）决定根据上述第（7）款（a）项或（b）项在不对其指控的情况下对其保释。

（8B）为了确保犯罪按照第63B条处理，可以继续对某人的拘留，但是此款不允许在相关时间后拘留期间超过24小时。

（9）如果被逮捕者所处的状态并不适于按照本条第（7）款的规定被处理，他可以被羁押在警察局，直到他的状态好转为止。

（10）本条第（1）款授予拘留所官员的义务，应当在已被保释的被逮捕者到达警察局后尽快得到履行；或者，就被羁押于警察局中的被羁押者而言，应在其被逮捕后尽快得到履行。

（11）……

（12）……

（13）……

（14）……①

（15）在本法的本部分——

"被捕的少年"是指被有证或无令状逮捕的未满17周岁。

"批准保释"是指根据《1980年治安法院法》第117条第（2）款的规定被批准的保释。

第37A条　指引

（1）检察长应发布指引——

（a）为了确保拘留所官员能够根据上述第37条第（7）款或下述第37C条第（2）款或第37CA条第（2）款对个人做出决定，并且

（b）同样为了使信息能按照下述第38条第（1）款的规定送至检察长。

（2）检察长应依照本条规定不时修改发布的指引。

（3）拘留所官员在根据上述第37条第（7）款或下述第37C条第（2）款或第37CA条第（2）款对个人做出决定时应参考本条所述的指引。

---

① 第（11）—（14）款被《1991年刑事审判法》第72条、第101条第2款、附件13废除。

（4）根据《1985年犯罪起诉法》第9条做的报告（由检察长向总检察长做出的）必须列出发布的指引的条文以及在与报告相关的年份里对指引的修订。

（5）检察长应当以他认为合适的行为公开——

（a）根据本条发布的指引，并且

（b）对该指引做出的任何修订。

（6）本条下的指引应该对不同案件、情况、区域做出不同的规定。

第37B条　咨询检察长

（1）如果对某人适用上述第37条第（7）款（a）项，参加犯罪侦查的官员应该在合理的时间内向检察长提交可能会在上述第37A条下的指引中明确的信息。

（2）警察长应决定是否有足够的证据对某人进行犯罪指控。

（3）如果他决定存在足够的证据对某人进行犯罪指控，他应决定——

（a）是否应该指控此人，如果应该，应以何种罪名指控，以及

（b）是否应该给予此人警告，如果应该，应对何种犯罪警告。

（4）检察长应将其决定通知参与犯罪侦查的官员。

（4A）上述第（4）款下的通知应以书面形式，但对于根据第37条第（7）款（a）项对某人做出警察拘留的情况，可以首先以口头形式做出，然后以书面形式确认。

（5）如果他的决定是——

（a）没有足够证据对个人进行犯罪指控，或者

（b）有足够证据对个人进行犯罪指控但不应对此人就该犯罪进行指控或给予警告，

拘留所官员应将说明不对其进行起诉的通知送至个人。

（6）如果检察长的决定是对个人进行犯罪指控或对犯罪给予警告，则应依此对此人进行指控或警告。

（7）如果他的决定是对其犯罪给予警告但却证实无法对其进行警告，他应以指控代替。

（8）为了本条的目的，个人将被指控犯罪——

（a）当他被拘留于警察局时（无论他是因返回参加保释答辩还是因根据第37条第（7）款（a）项被拘禁还是其他原因），或者

（b）依据《2003年刑事审判法》第29条。

（9）本条中的"警告"包括——

（a）《2003年刑事审判法》第三部分所指的附条件警告，以及

（aa）《1998年犯罪和扰乱社会秩序法》第四部分第一章所指的对青少年的附条件警告，

（b）根据该法第65条做出的警告或谴责。

第37C条　对依第37条第（7）款（a）项做出的释放的违反

（1）本条适用于——

（a）根据上述第37条第（7）款（a）项或下述第（2）款（b）项被保释而又根据下述第46A条因保释而被捕的人，并且

（b）在将其拘留在第46A条第（2）款提及的警察局期间，没有通知其上述第37B条第（4）款的内容。

（2）被逮捕者——

（a）应被指控，或者

（b）应在不被指控的情况下释放，或担保或无担保。

（3）如何根据上述第（2）款处理某人应该是拘留所官员的决定。

（4）依上述第（2）款（b）项被保释者，对于符合相同条件的（如果有的话）并在被捕前立即申请的应予以保释。

第37CA条　对依第37条第（7）款（b）项做出的释放的违反

（1）本条适用于，依据上述第37条第（7）款（b）项或下述第（2）款（b）项被保释者——

（a）根据下述第46A条因该保释而被逮捕，以及

（b）在被捕后被拘留在下述第46A条第（2）款提及的警察局。

（2）被逮捕者——

（a）应被指控，或

（b）应被释放且免于指控，无论是否基于保释。

（3）根据上述第（2）款做出如何处理的决定应由拘留所官员做出。

（4）根据上述第（2）款（b）项被保释者，对于符合相同条件的（如果有的话）并在被捕前立即申请的应予以保释。

第37D条　第37条下的保释：进一步规定

（1）对根据上述第37条、第37C条第（2）款（b）项或第37CA条第（2）款（b）项保释者，拘留所官员应在随后安排其他时间或另增加一个时间要求其前往警察局对保释进行答辩。

（2）拘留所官员应以书面形式告知被保释者其具有实施第（1）款的权力。

（3）实施第（1）款的权力不应影响保释的条件（如果有的话）。

（4）对于根据上述第37条第（7）款（a）项或第37C条第（2）款（b）

项被保释者返回警察局对保释进行答辩或被警察拘留于警察局的，为了能按照上述第37B条或第37C条对待他或者确保上述第（1）款的权力可以实施，可以将对其进行警察拘留。

（4A）对于根据上述第37条第（7）款（b）项或第37CA条第（2）款（b）项被保释者返回警察局对保释进行答辩或被警察拘留于警察局的，为了能按照上述第37CA条对待他或者确保上述第（1）款的权力可以实施，可以将对其进行警察拘留。

（5）如果上述第（4）款和第（4A）款提及的人所处状态不能确保按照该条提及的款项处理的或不能确保第（1）款的权力可以实施的，可以将其拘留至其状态能够为止。

（6）如果依上述第（4）款、第（4A）款或第（5）款对个人进行警察拘留的，上述第37条第（1）款至第（3）款和第（7）款〔以及下述第40条第（8）款以及与第37条第（1）款至第（3）款有关的条款〕不应适用于他根据上述第37条第（7）款、第37C条第（2）款（b）项或第37CA条第（2）款（b）项获得保释的犯罪。

第38条　指控后拘留所官员的义务

（1）如果某人因涉嫌实施某罪——非根据可获准保释的令状——而被捕，那么，当该人被提起指控后，拘留所官员应当根据《1994年刑事审判与公共秩序法》第25条责成该人以保释或没有保释的方式从羁押中获释，除非——

（a）如果该被捕者不是少年——

（i）该人的姓名或住址不能被核实或者拘留所官员有合理的理由怀疑他提供的姓名或住址是否真实；

（ii）拘留所官员有合理的理由相信被逮捕者将不会出席法庭对保释进行答辩；

（iii）对于实施可判刑犯罪的被逮捕者，拘留所官员有合理的理由相信为了防止其实施犯罪，有必要对其进行拘留；

（iiia）对于要依下述第63B条对其提取样品的情况，拘留所官员有理由相信为了确保能够对其提取样品，有必要对他进行拘留；

（iv）对于实施不可判刑犯罪的被逮捕者，拘留所官员有合理的理由相信为了防止其对其他人造成身体伤害或造成财产损失或损害，有必要对其进行拘留；

（v）拘留所官员有合理理由相信为了防止他干扰司法或干扰对犯罪或某一特殊犯罪的侦查，有必要的对其进行拘留；

（vi）拘留所官员有合理理由相信为了保护他本人，有必要对其进行拘留；

（b）如果该被捕者是一少年——

（i）符合上述（a）项规定的任何一个要求［但是，对于（a）项（iiia）目的情况，只有被捕少年达到了最小年龄］；或者

（ii）拘留所官员有合理的理由相信为了该少年的利益应该对他进行羁押；

（c）被指控的犯罪是谋杀的。

（2）如果根据本条第（1）款的规定，不应释放被羁押者，拘留所官员可以批准将他羁押于警察局，但在他被指控后的6个小时内依据第（1）款（a）项（iiia）目不得批准对其继续进行警察拘留。

（2A）拘留所官员在根据上述第（1）款（a）项和（b）项［（a）项（i）目和（vi）目、（b）项（ii）目除外］的要求做出决定时，应该与法院在根据《1976年保释法》附件第一部分第2条第（1）款［不考虑那一部分的第2条第（1）款］做出相应的决定时考虑的内容一样。

（3）如果拘留所官员批准将已被提起指控的人羁押于警察局，他应该尽快就羁押的理由制作一份书面记录。

（4）除非符合本条第（5）款的规定，制作这种书面记录应有被指控者在场，并且拘留所官员应该告知他羁押的理由。

（5）如果在制作这种书面记录的时候被指控者具有下列情况，本条第（4）款的规定不予以适用——

（a）他不能理解告知他的内容；

（b）有或者可能有暴力倾向；或者

（c）需要紧急医疗护理。

（6）如果拘留所官员根据本条第（1）款的规定批准将被捕少年羁押于警察局，他应该，除非他证明——

（a）根据证明所明确的特定环境，这样做不可行；或者

（b）对于年龄达到12周岁的被捕少年，没有可供使用的安全住所并且将他安置于当地有关机关住所不足以防止其危害社会，

将此被捕少年转移至当地有关机关招待处。

（6A）本条——

"当地有关机关住处"是指有当地机关或其代表提供的住处（《1989年儿童法》中的含义）；

"最小年龄"是指下述第63B条第（3）款（b）项明确的年龄；

"安全住所"是指为了限制自由而提供的住处；

"性犯罪"是指《2003年刑事审判法》附件15第二部分明确的犯罪；

"暴力犯罪"是指谋杀罪或该附件中第一部分所指的犯罪；

与被指控暴力或性犯罪的被捕少年有关的旨在保障社会免于其迫害的任何审断应被解释为为保障社会成员免于死亡或严重的人身伤害的审断，由他实施的不时的犯罪，无论这种伤害是身体的还是精神的。

（6B）对于根据上述第（6）款将被捕少年转移至当地有关机关住处的，任何代表该机关对其进行拘留的应合法。

（7）本条第（6）款提及的有关被捕少年的证明应当向法院作出，并且该法院应当是此后审理该少年的初审法院。

（7A）本条中的"不可判刑犯罪"与《1976 年保释法》附件 1 的含义一致。

（8）本法本部分所指的"当地有关机关"的含义与《1989 年儿童法》的含义相同。

第 39 条　与被拘留者有关的责任

（1）除非符合本条第（2）款及第（4）款的规定，被任命于警察局里的拘留所官员有义务保证——

（a）所有羁押于本警察局的人的待遇符合本法以及任何按照本法制定的有关这些人待遇的实施细则的规定；并且

（b）本法或者本法的实施细则要求予以记录的有关这些人的所有事项均应当被记录在羁押记录里。

（2）如果拘留所官员根据任何按照本法制定的实施细则将羁押于警察局的某人移转到或者允许将其移转到——

（a）侦查该人据以被捕的犯罪的警官的监管之下；或者

（b）对该人提起指控的非隶属于本警察局的官员的监管之下，

该拘留所官员不再履行本条第（1）款（a）项规定的义务；同时，承受移转的警官或官员有义务保证该人的待遇符合本法及任何根据本法制定的有关这些人待遇的实施细则的规定。

（3）如果该被羁押者随后又回到该拘留所官员的监管之下，则该侦查犯罪的警官有义务报告该拘留所官员该人由他监管期间的羁押监管工作均符合本法本条及相关实施细则的规定。

（4）如果根据第 38 条第（6）款的规定，某被捕少年被转移到当地有关机关住所，该拘留所官员不再履行本条第（1）款规定的义务。

（5）……①

（6）如果——

---

① 本款被《1989 年儿童法》第 108 条第（7）款、附件 15 废除。

（a）某级别高于拘留所官员的警官作出涉及被羁押者的指示；并且

（b）该指示与下列事项存有分歧——

（i）该拘留所官员基于履行本法本部分课予他的义务而作出的任何决定或采取的任何行动；或者

（ii）如果没有这些指示，他基于履行本法本部分规定的义务而将作出的任何决定或采取的任何行动，

则该拘留所官员应该立即将该分歧提交其任职的警察局中警长或警长以上级别的警官决定。

（7）……①

第40条　对警察拘留的审查

（1）针对因侦查犯罪的需要而被羁押于警察局的人的羁押情况的审查，应当按照本条下列规定定期予以实施——

（a）如果该被羁押者已被正式逮捕且已被提起指控，则由拘留所官员实施；及

（b）如果他只是被逮捕，没有被提起指控，则由级别在督察以上而且没有直接参与涉及该罪行的侦查的警官实施。

（2）实施上述羁押审查的警官，根据本条被称为"审查官"。

（3）除非符合本条第（4）款的规定——

（a）第一次审查不得晚于首次批准羁押后6小时；

（b）第二次审查不得晚于第一次检查后9小时；

（c）后续审查间隔不得超过9小时。

（4）审查可因下列情况而推延——

（a）如果考虑到当时的种种情况，在本条第（3）款规定的审查期限内实施审查是不可行的；

（b）在不损害上述（a）项规定的一般性前提下——

（i）如果当时警官正在讯问该被羁押者并且审查官相信为了实施审查而打断讯问将不利于有关侦查活动；

（ii）如果当时没有可履行职责的审查官。

（5）如果根据本条第（4）款审查被推延，则应当在本条第（3）款规定的期限届满后尽快实施审查。

（6）如果某次审查根据本条第（4）款被推延实施，这种推延的事实不应

---

① 本款被《2009年警察与犯罪法》第112条第（1）款及第（2）款、第116条第（6）款、附件（7）第123条第（4）款、附件8第十三部分废除。

影响任何本条有关后续审查应被实施的期限要求。

（7）审查官应当将任何推延审查的原因记录在羁押记录里。

（8）根据下述第（9）款的规定，如果某被羁押者的羁押情况处于审查官的审查之下，并且在实施审查前他尚未被提起指控，则本法第 37 条第（1）款至第（6）款的规定应该适用于他，除非第（8A）款对此做了特别修改。

（8A）修改为——

（a）对于处于审查某人的被捕审断中的个人的审断的替代；

（b）对于审查官关于拘留所官员的审断的替代；以及

（c）在第（6）款中，（a）项后插入以下项——

"（aa）睡着的；"。

（9）如果某人因第 37 条第（9）款或第 37D 条第（5）款的规定而被羁押于警察局，第 37 条第（1）款至第（6）款的规定不应适用于他，但是审查官负有确定他是否已经恢复到合适状态的义务。

（10）如果其羁押处于审查之下的被羁押者在实施审查之前已经被提起指控，第 38 条第（1）款至第（6B）款的规定应该适用于他，第（10A）款对此做了特别修改。

（10A）修改为——

（a）对于处于审查某人的被捕或被指控的审断中的个人的审断的替代；

（b）在第（5）款中，（a）项后插入以下内容——

"（aa）睡着的；"。

（11）如果——

（a）级别高于审查官的警官作出涉及被羁押者的指示；并且

（b）该指示与下列事项存有分歧——

（i）由该审查官基于履行本法本部分课予他的义务而作出的任何决定或采取的任何行动；或者

（ii）如果没有这些指示，他基于履行本法本部分课予他的义务而将作出的任何决定或采取的任何行动，

则该审查官应该立即将分歧提交其任职的警察局中警长或警长以上级别的警官决定。

（12）审查官在作出是否批准继续羁押某人之前应当给——

（a）该人（除非他正处于睡眠之中）；或者

（b）审查时在场的代表该人的律师，

一个机会就羁押问题向他进行陈述。

（13）除非符合本条第（14）款的规定，其羁押处于审查之下的被羁押者

或其律师可以根据本条第（12）款的规定以口头或书面形式进行陈述。

（14）审查官可以拒绝听取其羁押处于审查之下的被羁押者的口头异议，只要他认为因该被羁押者的状况或行为他不适宜于提出这样的口头异议。

第 40A 条　为第 40 条下的审查使用电话

（1）第 40 条第（1）款（b）项下的审查应通过电话与被拘留者所在的警察局的其他人员进行讨论。

（2）但是第（1）款并不适用于——

（a）审查是根据第 45A 条规定有法规授权通过视频会议设备进行的，并且

（b）遵守该规定进行具有合理可行性。

（3）对于被捕者所处的警察局中不出席的官员依本条进行的审查——

（a）该官员对审查进行的记录的义务应作为一种义务影响其他官员的记录制作；

（b）对被捕人出席制作记录的要求需适用于其他官员制作的记录；并且

（c）上述第 40 条第（12）款和第（13）款要求给予——

（i）被逮捕者，或

（ii）代表他的律师，

任何向官员做出承诺（无论是书面还是口头的）的机会，这种要求应与根据下述第（4）款授权的方式要求给予其本人或其律师做出承诺的机会具有相同影响。

（4）承诺应以此款授权的方式作出——

（a）在此情况下，如果具有能够通过设备及时将书面保证传送至进行审查的官员处，如果承诺是通过——

（i）口头电话送达至该官员，或

（ii）通过那些设备以书面形式送至该官员；

以及

（b）在任何情况下，如果是通过电话以口头方式送达至该官员。

（5）本条中的"视频会议设备"与下述第 45A 条具有相同含义。

第 41 条　对于无指控拘留期间的限制

（1）除非符合本条规定及第 42 条、第 43 条规定，一个人在没有被提起指控的情况下不应该被羁押于警察局超过 24 小时。

（2）计算羁押期间的起始时间（本法称之为"相关时间"）——

（a）如果被羁押者是本项规定所适用的对象，则它应该是——

（i）该被羁押者到达相关警察局的时间；或者

（ii）他被捕后 24 小时，

两者中相比较早的一个时间；

（b）如果被羁押者是在英格兰和威尔士之外被捕的，则应该是——

（i）他被带到位于英格兰或威尔士的一个警察区——在该警察区对他据以被捕的犯罪实施侦查——的第一个警察局的时间；或者

（ii）自他进入英格兰或威尔士地区后 24 小时，

两者中相比较早的一个时间；

（c）如果被羁押者是——

（i）自愿到警察局的；或者——

（ii）在没有被捕的情况下随同警察到警察局，并且在警察局被逮捕，

则应当是他被捕的时间；

（ca）对于个人前往警察局对第 30A 条授权的保释进行答辩的情况，是他到达警察局的时间；

（d）除本条第（5）款规定外，在其他任何情况下应该是被羁押者于被捕后被带到第一个警察局的时间。

（3）本条第（2）款（a）项适用于符合下列条件的人——

（a）要求对他进行逮捕的申请是在英格兰或威尔士的某个警察区提出的；

（b）他在另一个警察区被逮捕；并且

（c）为了获取与他据以被捕的犯罪有关的证据而没有在实施逮捕的警察区对他进行讯问；

本条第（2）款（a）项（i）目所指的"相关警察局"是指被捕者被带到那里的位于提出本次逮捕的申请所在的警察区的第一个警察局。

（4）本条第（2）款应该适用于根据第 31 条被逮捕的人，但他被捕或正被捕的规定视为提及他因起初据以被捕的犯罪而被捕或正被捕。

（5）如果——

（a）某人被羁押于位于英格兰或威尔士的一个警察区（"第一区"）；

（b）对他实施逮捕的申请是在位于英格兰或威尔士的另一个警察区（"第二区"）提出的；并且

（c）在没有为了获取相关证据而在第一区对他进行讯问的情况下，出于侦查其涉嫌的犯罪的目的他被带到了第二区，则相关时间应当是——

（i）他离开位于第一区的羁押地点后 24 小时；或者

（ii）他被带到位于第二区的第一个警察局的时间，

两者中较早的一个时间。

（6）如果某被羁押者需要医学治疗而被移送到医院，则他在医院里或送

往该医院的路上或从该医院回监的路上被警官出于获取相关证据的目的而讯问的时间段应被计算在本法本部分所指的"羁押期间"内，但是他在医院里或在往回医院路上的其他任何时间不应被计算在内。

（7）除符合本条第（8）款规定外，一个人被警察羁押已届满相关时间开始后 24 小时并且没有被提起指控，他应该在期满时以保释或没有保释的方式被释放。

（8）本条第（7）款规定不适用于这类人——已有授权或根据本法第 42 条或第 43 条的规定，对他的羁押可以超过相关时间开始后 24 小时。

（9）一个按照本条第（7）款被释放的人不应该因同样的犯罪（他先前据以被捕的犯罪）在无逮捕令状的情况下被再次逮捕，除非自其释放后有新的证据表明将他再次逮捕是合适的；但此款并不妨碍根据下述第 46A 条做出的逮捕。

第 42 条　继续拘留的授权

（1）负责羁押该人的警察局中具有警长或更高级别的警官有合理的理由相信——

（a）在无指控的情况下对该人进行羁押对于保全与他据以被捕的犯罪有关的证据或为了通过讯问他而获取这样的证据是必要的；

（b）他据以被捕的犯罪是可诉犯罪；并且

（c）侦查的进行是勤奋和有效的，

该警官可以授权将他羁押至相关时间开始后的 36 小时。

（2）如果本条第（1）款提及的警官已授权将某人羁押于警察局达相关时间开始后不满 36 小时，该警官可以再次授权将他羁押于警察局的期间延长至相关时间开始后的 36 小时。

（3）如果计划将某被羁押者移转到另一个警察区，本条第（1）款规定的有权决定是否授权将他羁押的警官应该考虑这种移转的空间距离与将花费的在途时间。

（4）无论针对何人，本条第（1）款规定的羁押授权在下列情况下不得被作出——

（a）已过相关时间开始后的 24 小时；或者

（b）本法第 40 条规定的第二次羁押检查被实施前。

（5）如果警官根据本条第（1）款规定授权将某人羁押于警察局，该警官有义务——

（a）告知该人将他继续羁押的理由；以及

（b）将这些理由记录在该人的羁押记录里。

（6）在根据本条第（1）款或第（2）款规定作出是否授权将某人羁押的

决定之前，警官应该给——

（a）该人；或者

（b）当时在场的代表该人的任何律师，

一个机会就羁押问题向他陈述。

（7）除符合本条第（8）款规定外，被羁押者或他的律师可根据本条第（6）款规定提出口头或书面的异议。

（8）如果有权决定是否授权羁押的警官认为因被羁押者的状况或行为他不适合于提出这样的异议，该警官可以拒绝听取被羁押者的口头异议。

（9）如果——

（a）警官根据本条第（1）款规定授权将某人羁押；并且

（b）在作出授权的当时，该人尚未行使第56条或第58条赋予他的权利，

该警官——

（i）应当告知他上述权利；

（ii）应当决定他是否应被允许行使这些权利；

（iii）应当将该决定记录在他的羁押记录里；并且

（iv）如果该决定是拒绝许可他行使这些权利，还应当将拒绝的理由记录在他的羁押记录里。

（10）如果警官根据本条第（1）款或第（2）款的规定授权将某尚未被提起指控的人予以羁押，该被羁押者应当在相关时间开始后36小时内以保释或没有保释的方式被释放，除非——

（a）他现已因某罪被提起指控；或者

（b）对他的继续羁押是经授权的或根据第43条另外许可的。

（11）根据本条第（10）款被释放的人不应在无逮捕令的情况下因同一犯罪（他先前据以被捕的犯罪）被再次逮捕，除非自他释放后有新的证据表明将他再次逮捕是合适的；但此款并不妨碍根据下述第46A条做出的逮捕。

第43条 进一步拘留的许可

（1）如果警察经宣誓向法院提出将某人继续羁押的申请且该申请为一份犯罪报告书所支持，并且治安法院认为有合理的理由相信将他继续羁押是合适的，治安法院可以签发令状授权将他继续羁押在警察局。

（2）法院可以拒绝受理警察提出的要求继续羁押的申请，除非该申请所涉及的人——

（a）已经得到了一份该犯罪报告书副本；并且

（b）已被带到法庭前准备接受听审。

（3）继续羁押申请涉及的人有权在听审时获得律师的帮助，如果他没有

律师帮助但希望有——

（a）法庭应该押后听审以使他能够获得法律代表；并且

（b）在押后期间他可以被继续羁押。

（4）只有符合下列条件，对某人的继续羁押才符合本条或第44条所称的属合适的——

（a）在无指控的情况下对该人进行羁押对于保全与他据以被捕的犯罪有关的证据，或为了通过讯问他而获取这样的证据是必要的；

（b）他据以被捕的犯罪是可诉犯罪；并且

（c）侦查正在被勤勉而有效地进行。

（5）在遵守本条第（7）款的前提下，要求发布继续羁押令状的申请可以在下列时间提出——

（a）在相关时间开始后满36小时期满前的任何时候；或者

（b）如果——

（i）接受申请的治安法院不可能在相关时间开始后36小时期满时开庭听审；但

（ii）该法院将在随后的6小时内开庭听审，则在该6小时期满前的任何时候。

（6）在适用本条第（5）款或第（6）款规定的情况下——

（a）申请所涉及的人可以被羁押于警察局直至申请得到听审；并且

（b）拘留所官员应在该人的羁押记录里注明——

（i）该人被羁押期限超过相关时间开始后36小时的事实；以及

（ii）这种超期羁押的理由。

（7）如果——

（a）要求发布继续羁押令的申请是在相关时间开始后36小时之后提出的；并且

（b）治安法院认为要求警察在上述期限内提出申请是合理的该法院应当驳回申请。

（8）如果本条第（1）款提及的这类申请已被提出，但治安法院并不认为有合理的理由相信将申请所指向的人继续羁押是合适的，治安法院有义务——

（a）拒绝申请；或者

（b）将听审押后直至不晚于相关时间开始后36小时的时间。

（9）在押后听审期间，申请所涉及的人可以被羁押于警察局。

（10）继续羁押令应该载明——

（a）本令状发布的时间；

（b）授权将申请所指向的人继续羁押的期限。

（11）在遵守本条（12）的前提下，继续羁押令所载明的羁押期限应当是治安法院综合考虑已有的证据后认为是合适的期限。

（12）继续羁押期限不得超过 36 小时。

（13）如果计划将某被羁押者移转至另一个警察区——该警察区不是提出要求发布继续羁押令的申请时该人正被羁押在那里的警察区，听审该申请的法院应该考虑这种移转的空间距离和将花费的在途时间。

（14）向法院提交的用以支持根据本条提出的申请的任何犯罪报告书均应载明——

（a）申请所涉及的人据以被捕的犯罪的性质；

（b）据以将该人逮捕的证据的一般性质；

（c）警察就该犯罪进行了哪些调查以及计划进行哪些进一步的调查；

（d）相信出于进一步调查的目的必须将该人继续羁押的理由。

（15）如果根据本条提出的申请被驳回，该申请所指向的人应当立即被提起指控或者，除符合本条第（6）款规定外，立即以保释或没有保释的方式被释放。

（16）在下列情况下，无须依照本条第（15）款规定将被羁押者释放——

（a）在相关时间开始后 24 小时届满前；或者

（b）在延长的期限届满前（该期限是根据第 42 条规定被或已经被授权继续羁押的期限）。

（17）如果根据本条提出的申请被驳回，不得根据本条规定再次提出针对原被驳回的申请所指向的人的申请，除非这种申请得到自原申请被驳回以来出现的新证据的支持。

（18）继续羁押令发布后，该令状所指向的人应该在令状有效期届满时或届满前以保释或没有保释的方式被释放，除非他已被提起指控。

（19）被羁押者根据本条第（18）款规定被释放后，他不应当在没有令状的情况下因先前据以被捕的犯罪而被再次逮捕，除非自其释放后有新证据表明这种再次逮捕是合适的；但此款并不妨碍根据下述第 46A 条做出的逮捕。

第 44 条 进一步拘留许可的延长

（1）针对警察经宣誓提出的由一份犯罪报告书支持的申请，治安法院可以展期根据本法第 43 条发布的继续羁押令状，只要治安法院认为有合理的理由相信继续羁押该申请所指向的人是正当的。

（2）在遵守本条（3）的前提下，继续羁押令状可以延展的期限应当为法院在考虑现有证据后认为合适的期限。

（3）上述展期应当不得——

（a）超过 36 小时；或者

（b）晚于相关时间后 96 小时。

（4）当继续羁押令状已因上述提到的申请而根据本条第（1）款或者根据本款予以延展一个不晚于相关时间后 96 小时的期限，如果法院认为有合理的理由相信继续羁押该申请所指向的人是正当的，治安法院可以继续展期该令状；并且本条第（2）款与第（3）款，如它们适用于本条第（1）款下的展期一样，适用于这样的继续展期。

（5）如果继续羁押令状已根据本条得以展期或继续展期，则应当将该展期的期限批注在该令状的背面。

（6）第 43 条第（2）款、第（3）款与第（14）款应当，如它们适用于根据第 43 条提出的申请一样，适用于根据本条提出的申请。

（7）当根据本条提出的申请被拒绝，该申请所指向的人应当立即被提起指控或在遵守本条第（8）款的前提下，以保释或无保释的方式被释放。

（8）在因之前根据本条提出的申请而将与其相关的继续羁押令状予以延展或继续延展的任何期限届满之前，无须根据本条第（7）款将该人予以释放。

第 45 条　指控前的拘留——补充

（1）本法第 43 条与第 44 条所指的"治安法院"是指由两位或两位以上的非坐席公开法庭的治安法官组成的法院。

（2）本法本部分所提及的时间期限仅作近似值对待。

羁押——其他

第 45A 条　通过视频会议设备做出拘留决定

（1）根据本条以下规定，国务大臣在法规中规定对于被逮捕并拘留于警察局的个人，下述第（2）款所涉及的部分或全部工作应由以下官员实施（尽管属于本部分的先前规定）——

（a）未出现在该警察局的官员，但是

（b）通过视频会议设备能够确保其与在该警察局的人进行交流。

（2）那些工作包括——

（a）将被逮捕者带往或被逮捕者为保释答辩前往非指定警察局以及被逮捕者被带往指定警察局的相关工作，根据上述第 37 条、第 38 条或第 40 条，这些工作是拘留所官员的工作；以及

（b）根据上述第 40 条第（1）款（b）项进行审查的工作（最少是由巡

查员级别的官员对不被指控而被拘留者的审查）。

（3）本条所指法规应明确其用于完成上述第（1）款所提及的设备的上述第（2）款所提及的工作。

（4）本条所指法规不应授权上述第（1）款所列官员进行上述第（2）款（a）项工作，除非该官员为制定警察局的拘留所官员。

（5）如果第（2）款所指工作以本条授权的方式进行，则——

（a）警察执行该工作并对与执行工作有关的行为进行记录的义务应适用于进行记录的其他警察；并且

（b）对被逮捕人的出席记录的要求应适用于其他警察对此进行的记录。

（6）如果第（2）款（b）项所指工作通过本条所指法规授权的方式实施，上述第40条第（12）款和第（13）款要求给——

（a）被逮捕者，或

（b）其代表律师，

提供任何向执行那些工作的官员做出承诺（无论口头还是书面）的机会，这种要求应与那些下述第（7）款授权的方式给被逮捕者或律师提供任何做出承诺的机会的要求具有一样的影响。

（7）本款所授权通过以下方式做出承诺——

（a）对于能够提供即时向执行工作的官员传递书面承诺设备的，如果承诺是通过以下方式做出——

（i）通过视频会议设备以口头方式对该官员进行该工作，或

（ii）通过可以即时传递的设备向该官员做出书面承诺；

以及

（b）在任何情况下，承诺是通过视频会议设备以口头方式对该官员进行该工作。

（8）本条所指法规应对不同案件做出不同规定，也应对与在法规中明确或表述的警察局有关的内容做不同规定。

（9）本条所指规定应由法律文书做出并应由任意议会院通过决议废除。

（10）本条中的所指所有视频会议设备以及有关工作的，是指实施他们的官员采取的设备，能够使官员在使用它们进行工作时使实施对象及其法律代表能够看到和听到对方。

第46条　指控后的拘留

（1）当某人——

（a）已因某罪被提起指控；并且

（b）在被指控后——

（i）处于警察羁押之下；或者

（ii）因执行根据本法第 38 条第（6）款作出的安排而被地方当局羁押，他应当依照本条规定被带至治安法院席前。

（2）如果他将被带至该提起指控的警察局所在的当地司法区域的治安法院席前，他应当尽快地且无论如何不得晚于其因该罪而被指控后的第一次听审时间被带至前述法院席前。

（3）如果该区域治安法院无空期在他被提起指控的当日或次日进行听审，该提起指控的警察局的拘留所官员应当告知该区域的指定官员本区有本条第（2）款适用的人。

（4）如果要将被指控的人带至非该提起指控的警察局所在的当地司法区域的治安法院的席前，他应当尽快地被带至该区并且在其到达该区后尽快地被带至该区的治安法院席前，并且无论如何不得晚于其到达该区后该区域的治安法院的第一次听审时间。

（5）如果该区域的治安法院无空期在他被到达该区的当日或次日进行听审——

（a）他应当被带至该区的警察局；并且

（b）该警察局的拘留所官员应当告知指定官员本区有本条第（4）款适用的人。

（6）在遵守本条第（8）款的前提下，如果当地司法区域的指定官员已经——

（a）根据本条第（3）款被告知本区有本条第（2）款适用的人；或者

（b）根据本条第（5）款被告知本区有本条第（4）款适用的人，

指定官员应当安排治安法院在不晚于相关日的次日时间进行听审。

（7）本条所指"相关日"——

（a）若属于某人将被带至对其提起指控的警察局所在的当地司法区域的治安法院席前的情况，则是指他被提起指控的日子；以及

（b）若属于某人将被带至任何其他当地司法区域的治安法院席前的情况，则是指他到达该区的日子。

（8）当相关日的次日是圣诞节、耶稣受难节或星期日，本条第（6）款所指的指定官员有义务安排治安法院在不晚于相关日后非属于前述节假日的第一日时间进行听审。

（9）本条并不要求住院的人在身体不够好的情况下被带至法庭。

第 46ZA 条　许可的保释生活

（1）本条的适用与本部分许可的满足第 47 条第（3）款（b）项（保释

生活）保释有关。

（2）根据本法目的，前往警察局就保释生活进行答辩的被逮捕人员应得到与警察拘留不同的待遇。

（3）如果被逮捕者属于以下情况，则不适用第（2）款——

（a）在与《1998年犯罪和扰乱秩序法》第57C条规定的与其有关的生活方式指令开始程序前的任何时间，他向警察表示其不同意指令的意向；

（b）在与《1998年犯罪和扰乱秩序法》第57C条规定的与其有关的生活方式指令开始程序前的任何时间，警察向他表示出于本条目的不对其适用生活方式；

（c）该条下的与生活方式指令有关的程序已经开始但他并没有同意此指令；或

（d）法庭出于任何理由没有给出这样的指令。

（4）如果第（3）款（b）项或（d）项适用于某人，出于本部分目的，他将被以如下方式对待——

（a）正如他被逮捕并被指控犯罪，该犯罪是他被保释的犯罪，以及

（b）正如该项第一次适用于他时他被指控。

（5）根据第46A条被逮捕的被告人在没有前往警察局对保释生活方式进行答辩的，以及根据该条被带至警察局的，出于本部分目的，应该被以如下方式对待——

（a）正如他被逮捕并被指控犯罪，该犯罪是他被保释的犯罪，以及

（b）正如该项第一次适用于他时他被指控。

（6）第（4）款或第（5）款不影响第47条第（6）款的实施。

第46A条　对于未对警察保释答辩的逮捕权力

（1）对于根据本法本部分负有前往警察局义务的被保释人未能在指定时间前往警察局的，警察可以在没有许可的情况下对其逮捕。

（1ZA）第（1）款中所提及的未能在指定时间前往警察局的个人是指——

（a）具有第47条第（3）款（b）项提及的前往警察局对许可的保释进行答辩的义务的个人，但

（b）在与《1998年犯罪和扰乱秩序法》第57C条规定的与其有关的生活方式指令开始程序前离开警察局，且没有告知警察他不同意指令的意向。

（1ZB）第（1）款中所提及的未能在指定时间前往警察局的个人还包括——

（a）具有第47条第（3）款（b）项提及的前往警察局对许可的保释进行

答辩的义务的个人，但

（b）拒绝根据第 54B 条被搜查的。

（1A）对于根据上述第 37 条、第 37C 条第（2）款（c）项或第 37CA 条第（2）款（b）项被保释的人，如果警察有合理理由怀疑其违反了保释条件，可以在没有许可证的情况下将其逮捕。

（2）根据本条被逮捕的人应在可行的情况下被带至指定的用于监管他的警察局。

（3）为了——

（a）上述第 30 条［符合上述第（2）款的义务］，以及

（b）上述第 31 条，

的目的，对待本条下的逮捕应与对待犯罪逮捕一致。

第 47 条　被捕后的保释

（1）根据本条以下规定，基于本法本部分做出的保释应是遵守《1976 年保释法》第 3 条、第 3A 条、第 5 条和第 5A 条做出的保释，是由警察批准的。

（1A）除其他情况外，拘留所官员在按照上述第 37 条或第 38 条第（1）款［包括适用上述第 40 条第（10）款的条款］规定的批准保释时应该有施加保释条件的一般权利。本款中，"施加保释条件的一般权利"与《1976 年保释法》第 3 条第（6）款的含义一致。

（1B）对于根据上述第 37 条、第 37C 条第（2）款（c）项或第 37CA 条第（2）款（b）项被保释的人，不适用《1976 年保释法》第 5B 条。

（1C）根据下述第（1D）款至第（1F）款，按照上述第 37 条、第 37C 条第（2）款（c）项或第 37CA 条第（2）款（b）项被保释者应遵守保释条件。

（1D）《1980 年治安法院法》第 43B 条规定的个人无权申请。

（1E）治安法院应根据个人或其代理人提供的申请书区分保释条件，而且在本款中，"区分"与《1976 年保释法》具有相同含义。

（1F）当治安法院按照第（1E）款区分保释条件时，保释不得终止而应继续按照不同的条件继续生效。

（2）《1976 年保释法》不应当阻止无令状将已被保释但有义务到警察局的人再次逮捕，如果在他被保释后有新证据表明再次逮捕是正当的。

（3）在遵守本条第（3A）款和第（4）款的前提下，本法本部分提及的"保释"是指附加下列条件的保释——

（a）有义务在拘留所官员指定的时间与地点出庭治安法院；或者

（b）为了以下目的，有义务在拘留所官员指定的时间到拘留所官员指定的警察局——

（i）与《1998 年犯罪和扰乱秩序法》第 57C 条下的生活方式指令有关的程序（在警察局进行的初次审理中使用），以及

（ii）与给出的指令有关的任何初步审理；或者

（c）前往由拘留所官员为实现目的而要求其在指定的时间前往指定的警察局而非那些在（b）项中提及的地方。

（3A）对于拘留所官员批准保释并要求其出席治安法院的，该官员应指明出席的日期——

（a）不迟于在对个人进行指控后法庭第一次会议的日子，或者

（b）对于有关当地司法区域的官员告知出席时间在一个较晚日期前不得适用的，为该较晚日期。

（4）当拘留所官员已经准许以其有义务到警察局为条件保释某人，该拘留所官员可以书面通知该人已不要求他到警察局。

（5）……①

（6）当某人根据本部分被保释，无论是根据保释许可前往警察局还是根据上述第 46A 条因逮捕而被拘留在警察局，被准予保释之前处于警察羁押期间的任何时间应当被计为须根据本法本部分计算的任何期间的一部分。

（7）当根据本部分被保释而又以有义务到警察局为条件再次被捕的，本法本部分的规定应当，如它们适用于首次被捕的人一样，适用于他，但本款并不适用于根据第 46A 条被捕者或根据保释许可前往警察局的人〔以及根据第 34 条第（7）款被认为以因犯罪被捕的人〕或者适用第 46ZA 条第（4）款或第（5）款的人。

（8）在《1980 年治安法院法》中——

（a）第 43 条改为——

"43. 逮捕保释

（1）当某人已根据 1984 年警察与刑事证据法以有义务出庭治安法院为条件而被准许保释，他要出庭的该治安法院可以指定以后他须出庭的时间，并且可以增加当时为他提供担保的任何保证人的保证金。

（2）为任何以有义务到警察局为条件而被准许保释的人提供担保的任何保证人的保证可以被强制执行，正如它是出庭保证具结中指名的警察局所在的即决法庭区的治安法院的条件。"；以及

（b）该法第 117 条第（3）款应改为——

---

① 本款被《1994 年刑事审判与公共秩序法》第 29 条第（4）款、第（5）款、第 168 条第（3）款、附件 11 废除。

"（3）当令状已根据本条（1）被批准保释——

（a）当被捕者将因具结无保证人的保证而被保释，则将他带至警察局不是必需的，但是如果他被带至警察局，他应当因具结该保证而从羁押中被释放；以及

（b）当他将因提供有保证人的保证而被释放，他应当在被捕后即被带至警察局，并且警察局的拘留所官员应当（在他审核按照上述令状上的批准提供的任何保证人的前提下）遵照上述令状批准将他从羁押中予以释放。"

第47A条　书记员实施的早期行政审理

对于在警察局被指控犯罪的个人，本部分所做的要求其出现或被带至治安法庭的要求应被满足。如果个人出现或被带至书记员前，书记员可以根据《1998年犯罪和扰乱秩序法》第50条进行审理。

第48条　遣返警察局拘留

在《1980年治安法院法》中——

（a）第128条第（7）款中的"警察的拘押"应改为"在警察局的羁押"；

（b）在第128条第（7）款后应当加入下列条款——

"（8）当某人根据本条（7）被判处交付警察局羁押——

（a）他不应当被这样羁押，除非基于调查其他犯罪的目的而需要对其进行这样的羁押；

（b）如果被这样羁押，一旦这种羁押需要停止，他应当立即被带到作出羁押决定的治安法院面前；

（c）他应当被作为与《1984年警察与刑事证据法》第39条（与被羁押者相关的职责）规定的职责相关的被羁押者对待；

（d）对他的羁押应当按照《1984年警察与刑事证据法》第40条（对警察羁押的检查）所载明的时间进行定期检查。"

第49条　警察拘留时间计入判处监禁

（1）《1967年刑事司法法》第67条第（1）款中（监禁判决的计算）从第一个"期限"一词至"该罪犯"一词间的用语应当改为"相关期限，但是当他"。

（2）在该法第67条第（1）款后面加入——

"（1A）本条第（1）款中的'相关期限'是指——

（a）该罪犯因判决据以作出的犯罪而处于警察羁押之下的任何期间；

（b）任何他处于监禁之下的期间——

（i）仅由于他因法院作出的与涉及该判决或该判决据以作出的犯罪

的任何程序或由前述程序引起的任何程序有关的命令而已被判令监禁；或者

（ii）由于他已被这样判令且同时非因法院命令而被羁押。"

（3）在该法第 67 条第（6）款后面加入——

"（7）某人被警察羁押是符合本条目的的——

（a）为《1984 年警察与刑事证据法》的目的而被警察羁押的任何时候；以及

（b）当他根据《1984 年预防恐怖主义（暂行）法》第 12 条而被羁押的任何时候。

（8）不应根据本条将任何羁押期限予以计算，除非它是《1984 年警察与刑事证据法》第 49 条生效以后发生的。"

第 50 条　拘留记录

（1）每支警察部队应当以年度为基准制作书面记录，以载明——

（a）被警察羁押超过 24 小时以及随后被无指控释放的人数；

（b）继续羁押令的申请书数目及其申请结果；以及

（c）与每份继续羁押令相关的——

（i）被它授权的继续羁押的期限；

（ii）它指明的人被授权羁押的实际期限；以及

（iii）他被提起指控还是被无指控释放。

（2）下列每份年度报告——

（a）根据《1996 年警察法》第 22 条作出的；或者

（b）由大都市警察局长（Commissioner of Police of the Metropolis）制作的，应当载明本条第（1）款提及的发生于该报告涉及的期限内的事项。

第 51 条　其他

本法本部分规定不应当影响——

（a）《1971 年移民入境法》第 4 条及其附件 2（有关控制入境的管理规定等）授予移民官员的权力；

（b）根据《2000 年恐怖主义法》第 41 条或附件 7 赋予的权力（逮捕与拘留的权力）；

（c）……①

（d）处于警察羁押之下的人申请人身保护令或其他特权救济的权利。

---

① 本项被《2006 年武装部队法》第 378 条、第 383 条、附件 17 废除。

第 52 条① 儿童

第五部分 警察对个人的讯问与处置

第 54 条 对被拘留者的搜查

（1）警察局里的拘留所官员应该查清某人随身携带的任何物品，当该人——

（a）在别处被捕或因法院的判决或命令而被移交监禁，从而被带到该警察局时；或者

（b）被逮捕和或拘留于警察局，如同根据上述第 37 条未满足第 34 条第（7）款的个人，或如同适用第 46ZA 条第（4）款或第（5）款的个人。

（2）拘留所官员应记录或让人记录他根据第（1）款确认的所有或任何事情。

（2A）对于被捕者，这些记录应该作为他的羁押记录的一部分。

（3）除符合本条第（4）款规定外，拘留所官员可以扣押任何上述物品或使它们被扣押。

（4）衣服与私人物品只有在下列情况下才能被扣押——

（a）拘留所官员相信其衣物被没收的人可能利用它们来——

（i）造成本人或他人身体伤害；

（ii）损坏财产；

（iii）妨碍证据；或者

（iv）帮助他逃跑；或者

（b）拘留所官员有合理的理由相信这些衣物可能是与犯罪相关的证据。

（5）无论没收何物，均应将没收的理由告知被没收物品的人，除非他——

（a）有或者可能有暴力倾向；或者

（b）不能理解告知他的内容的。

（6）根据下述第（7）款的规定，拘留所官员认为确保其上述第（1）款的义务能够实现以及为实现此目的的程度而有必要对个人进行搜查，则其可以搜查。

（6A）被羁押于警察局或处于警察拘留所的以及其他处于警察局的人，可以在任何时间被出于查清他是否带有任何可以用于实现上述第（4）款（a）

———————

① 本条被《1989 年儿童法》第 108 条第（7）款、附件 15 废除。

项所列目的的物品的目的而进行搜查。

（6B）根据下述第（7）款的规定，警察可以扣押并保留或命人扣押并保留任何搜查所得物品。

（6C）对于上述第（4）款所列情形，警察只能扣押衣服和个人财务。

（7）不得根据本条规定进行私密性搜查（intimate search）。

（8）本条规定的搜查应由警察实施。

（9）实施搜查的警察应该与被搜查者同性别。

第 56 条　被捕时告知某人的权利

（1）如果某人已经被逮捕且正被羁押于警察局或其他场所，该人如果提出要求，他有权使他的一个朋友或亲属或其他认识的人或可能关注他权益的人尽快被告知他已经被捕且正被羁押在那里，本条允许迟延的除外。

（2）允许迟延告知的条件是——

（a）该人是因涉嫌实施可诉犯罪而被羁押于警察局的；并且

（b）级别至少是巡查官的警官授权迟延告知。

（3）无论何种情况，被羁押者必须在本法第 41 条第（2）款规定的相关时间开始后 36 小时内被允许行使本条第（1）款赋予他的权利。

（4）警官可以根据本条第（2）款作出口头或书面的授权，但如果以口头形式作出，他应尽快以书面形式加以确认。

（5）除符合本条第（5A）款规定外，警官只有在有合理的理由相信告知上述指定的人将产生以下后果时，才可以授权延迟告知——

（a）将导致妨碍或损害与可诉犯罪相关的证据或者将导致扰乱他人或致使他人身体伤害；或者

（b）将导致惊动其他涉嫌实施严重可捕罪但尚未被捕的人的后果；或者

（c）将隐藏通过犯罪获得的财产的价值的恢复。

（5A）警官有合理理由相信存在以下情况的，可以授权迟延告知——

（a）因可诉犯罪被拘留者能够从他的犯罪行为中获利，以及

（b）通过说出被逮捕人的名字可以隐藏财产的价值恢复构成的利益。

（5B）为了第（5A）款所述目的，个人是否从其犯罪行为中获利的问题应根据《2002 年刑事诉讼法》第二部分作出判断。

（6）如果迟延告知得到授权——

（a）该被羁押者应被告知这样做的理由；并且

（b）该理由应在他的羁押记录中予以注明。

（7）本条第（6）款规定的义务应尽快得到履行。

（8）每当被羁押于警察局或其他场所的人从一个地方被移转到另一个地

方，本条赋予他的权利就是可以行使的；并且本条规定适用于随后每次这些权利可行使的场合就像它适用于第一次此类场合一样。

（9）一旦授权迟延告知所根据的原因不再存在，本条第（1）款赋予的权利就不得被迟延。

（10）本条不适用于基于恐怖主义规定的逮捕或拘留。

第 63B 条　对存在 A 类毒品的测试

（1）存在以下情形，可以出于确认个人身体内是否藏有 A 类毒品而对其进行尿液或非私密性样本采集——

（a）符合逮捕条件或指控条件的；

（b）符合年龄条件和要求条件的；以及

（c）（根据具体境况来看）符合与逮捕条件、指控条件或年龄条件有关的通知条件。

（1A）逮捕条件是指个人因犯罪被捕但还未就该犯罪被指控并且——

（a）该犯罪是触发犯罪，或者

（b）至少是巡查官级别的警察有合理理由怀疑此人对规定的 A 类毒品的滥用导致了或者构成了犯罪，并批准了样本采集。

（2）指控条件是指——

（a）个人被指控触发犯罪；或者

（b）个人被指控犯罪，并且至少是巡查官级别的警察有合理理由怀疑此人对规定的 A 类毒品的滥用导致了或者构成了犯罪，并批准了样本采集。

（3）年龄条件是指——

（a）如果逮捕条件满足，个人需满 18 周岁；

（b）如果指控条件满足，个人需满 14 周岁。

（4）要求条件是指警察要求个人提供样本。

（4A）通知条件是指——

（a）相关主管官员被国务大臣告知已经对整个警察区域或个人被拘留的特定警察局做了适当的安排，而且

（b）通知并未被收回。

（4B）为了上述第（4A）款的目的，适当的安排是指对在通知中明确的下列人员进行该款中提及的样本采集的安排——

（a）对个人的逮捕条件已经满足；

（b）对个人的指控条件已经满足；

（c）个人已满 18 周岁。

（5）在要求个人提供样本前，官员应——

（a）对其做出警告，即在没有充足理由的情况下拒绝要求的，他将面临起诉，并且

（b）对于上述第（1A）款（b）项或第（2）款（b）项的情况，告知其采集样本授权以及相应的理由。

（5B）如果根据本条对符合逮捕条件的个人采集了样本，则不应在相同的持续的拘留期间对其进行其他样本采集，但是——

（a）如果在此期间的任何时间内指控条件得到满足，则应以达到指控条件为依据进行样本采集；

（b）样本的待遇应该被记录在个人的拘留记录中。

（5C）除了上述第（1）款（a）项外，可以在以下情况下对个人进行本条下的样本采集——

（a）他因犯罪被逮捕（第一个犯罪），

（b）满足逮捕条件但不满足指控条件，

（c）在对其进行上述第（1）款的样本采集前，他可能［不包括被他因下述（d）项提及的逮捕］被要求释放，

（d）他因实施不属于上述第（1A）款的犯罪而被逮捕被继续拘留于警察局，以及

（e）他在因第一次犯罪开始被逮捕而拘留的 24 小时内被采集的样本。

（5D）除非被带至拘留所官员面前，被拘留在警察局的个人不得被采集本条下的样本。

（6）除非依据由国务大臣制定的法律文书列明的法规规定，不得对个人采集本条下的样本。除非经任意议会院审议通过并决定，不得制定本款下的法规。

（6A）根据法律文书规定的命令，国务大臣可以修改——

（a）上述第（3）款（a）项，通过代替在命令中规定的不同年龄的特定时间和年龄，或者为不同年龄规定的不同警察区域；

（b）上述第（3）款（b）项，通过替代在命令中规定的不同年龄的期间的年龄。

（6B）包含上述第（6A）款下的命令的法律文书只有在将草案提交并以决议的形式被任一议会院通过时方可制定。

（7）在以下情况下，根据本条制定的样本获取的信息可以公开——

（a）为了向在刑事诉讼程序中对该个人做出保释（与《1976 年保释法》具有相同含义）决定的人提供信息；

（aa）为了向做出《2003 年刑事审判法》第三部分下的附条件警告或做出《1998 年犯罪和扰乱社会秩序法》第四部分第一章下的青少年附条件警告的决

定的人提供信息；

（b）对于个人被警察拘留或根据法庭命令被遣返或押送拘留的或被赋予这样的保释的，为了向做出此决定的上级提供信息；

（c）对于做出有罪判决的，为了向量刑的法院或做出决定的上级或释放的人提供信息；

（ca）为了对根据《2005 年毒品法》第 9 条第（2）款或第 10 条第（2）款的要求出席的个人进行评估；

（cb）为了对该法第 12 条第（3）款或第 14 条第（3）款所述的犯罪起诉的程序；

（d）为了确保为个人提供适当建议和待遇。

（8）在无充分理由而不提供本条规定的样本的，应被认为有罪。

（9）……①

（10）本条中——

"相关主管官员"是指——

（a）在警察区域中，是指该区域的警察机关的主管警察；或者

（b）在警察局中，是指该警察局所处警察区的警察机关的主管警察。

1993 年保释法（修正案）[*]

第 26 章

为了赋予公诉方一项就保释决定提起上诉的权利，制定本法。

（1993 年 7 月 20 日）

承至女王陛下御批，由本届议会上议院之神职议员和世俗议员及下议院之议员提出法案并同意，并由上述权力机关授权颁布，本法内容如下：

第 1 条　公诉方的上诉权

（1）如果治安法院对被控告（宣判）有下列两类罪行的人准予保释——

---

①　本款被《2005 年毒品法》第 7 条第（9）款、第 23 条、第 24 条废除。

[*]　本译本根据英国政府官网（http：//www.legislation.gov.uk）提供的英语文本翻译。

（a）被判 5 年或以上刑期的犯罪，或

（b）《1968 年盗窃法》第十二章规定的罪行（盗车或者严重的盗车行为），公诉方可以就法院的准予向皇家法院的法官提起上诉。

（2）上述第（1）款规定的内容仅在下列情形下适用——

（a）上诉是总检察长提起的或者是以总检察长的名义提起的，或者

（b）上诉是由国务大臣指派的专门履行本法本章所规定的职责的国家工作人员提起的。

（3）此类上诉还应该满足下列条件——

（a）最初的公诉须严正申明不应准予保释；并且

（b）在保释被准予之前该项申明已经做出。

（4）如果公诉方有意行使第（1）款规定的上诉权，应当在法院准予保释的程序终结之时，保释对象被释放之前，给予治安法院口头通知。

（5）在保释程序终结之后 2 小时内，公诉方应该向治安法院和保释对象提供书面的上诉通知。

（6）在接到公诉方有关上诉的口头通知后，在该上诉被受理完毕之前，治安法院应当继续看押其准予保释的对象。

（7）如果公诉方未按照第（5）款规定的时间内向规定的对象作出书面通知，那么该项上诉可以被视作处理完毕。

（8）对于第（1）款规定的正对法院准予保释的上诉，应该在公诉方提出口头通知后的 48 小时内进行受理听证，双休日和公共节假日不计入在内（包括圣诞节、耶稣受难日以及银行休假日）。

（9）受理第（1）款规定的上诉时，应该采取再听证的方式，审理上诉请求的法官在考虑相关条件后（如有），可以决定对保释对象是继续在押还是予以释放。

（10）如果保释对象是儿童或少年（《1969 年儿童与青少年法》所规定的）——

（a）第（1）款所指的、应当被判监禁刑的罪行视为只针对成年人；

（b）第（5）款所指的羁押候审可以理解为 1969 年法第 23 条所指的被关押在当地主管部门所在地候审。

（11）第（2）款规定的制定法令的权力应当根据法定文件执行，并且议会两院的决议可以废止任何法定文件。

第 2 条　引称、施行时间及适用范围延伸

（1）本法可以被引称为《1993 年保释法（修正案）》。

（2）本法（除了本条）的实施日期由国务大臣依据法定文件以命令形式

指定。

（3）本法同时适用于英格兰和威尔士地区。

2003 年刑事审判法 *

第一部分　对《1984 年警察与刑事证据法》的修改

第 4 条　在警察局外保释

（1）1984 年法第 30 条（在警察局以外的逮捕）作如下修改。

（2）第（1）款替换为：

"（1）在警察局之外的任何地方，当一个人符合下列情形之一时，适用第（1A）款：

（a）因为一种犯罪被警察逮捕，或者

（b）因为一种犯罪被警察之外的其他人逮捕之后送交警察控制。

（1A）在逮捕以后，被捕人必须尽快由警察带到警察局。

（1B）第（1A）款的效力受第 30A 条（具保释放）和本条第（7）款（无保释放）的限制。"

（3）第（2）款中的"第（1）款"替换为"第（1A）款"。

（4）第（7）款替换为：

"（7）在警察局以外的任何地方被警察逮捕的人如果符合第（7A）款规定的条件，必须不经保释予以释放。

（7A）释放的条件是，在被捕者被带至警察局之前的任何时候，警察认为没有理由继续使他处于逮捕状态，或者没有理由根据第 30A 条将他具保释放。"

（5）第（10）款和第（11）款替换为：

"（10）如果符合第（10A）款规定的条件，则第（1A）款或者第 30A 条的规定并不妨碍警察迟延将一个人带到警察局或者对他具保释放。

（10A）迟延的条件是，为了实施应当立即进行的合理侦查，必须有被捕人在场（警察局以外的地方）。

（11）当出现这种迟延时，在被捕人首次到达该警察局或者（根据案

＊　本译本根据英国政府官网（http：//www.legislation.gov.uk）提供的英语文本翻译。

件情况）被具保释放时，应当对迟延的原因予以记录。"

（6）第（12）款中的"第（1）款"替换为"第（1A）款或者第 30A 条"。

（7）在第 30 条之后，插入：

"30A. 在警察局外保释

（1）警察可以对在第 30 条第（1）款规定的情况下被逮捕或者被送交控制的人具保释放。

（2）被捕人可以在到达警察局以前的任何时候，根据第（1）款规定被具保释放。

（3）根据第（1）款具保释放的人必须被要求到警察局报到。

（4）不得对保释此人附带任何其他条件。

（5）要求被释放人报到的警察局可以是任何警察局。

30B. 根据第 30A 条予以保释：事先通知

（1）警察在根据第 30A 条准予一个人保释时，必须在释放他以前给予其书面通知。

（2）通知书应当载明：

（a）据以逮捕他的犯罪，以及

（b）逮捕他的理由。

（3）通知书必须告知他有义务到警察局报到。

（4）通知书还可以指定他应当报到的警察局以及应当报到的时间。

（5）如果通知书中没有包含第（4）款规定的信息，随后应当另行以书面方式通知他这些信息。

（6）可以要求他到不同于第（1）款或者第（5）款的通知书所指定的警察局或者在不同于指定的时间报到。

（7）对于第（6）款提到的任何变更，必须以书面形式通知他，而且可以多次送达变更的通知。

30C. 根据第 30A 条予以保释：补充规定

（1）以前被要求到警察局报到的人，如果后来又被告知不需要报到的，则不得再要求他到警察局报到。

（2）如果一个人被要求到非指定的警察局报到，则在他报到以后六小时内必须将他

（a）释放，或者

（b）带到指定的警察局。

（3）《1976 年保释法》不适用于第 30A 条规定的保释。

（4）对根据第 30A 条保释的人，如果在释放之后发现有新的证据证

明应当再次予以逮捕，则第 30A 条、第 30B 条或者本条的任何规定不妨碍再次无证逮捕他。

30D. 根据第 30A 条保释以后没有到案

（1）警察可以无证逮捕

（a）以负有到指定的警察局报到的义务为条件已经根据第 30A 条被保释，并且

（b）在指定时间没有到警察局报到的人。

（2）根据第（1）款规定予以逮捕的人，必须在逮捕以后尽快带到警察局（可以是指定的警察局，也可以是其他警察局）。

（3）第（1）款中'指定的'是指第 30B 条第（1）款或者第（5）款规定的通知书中的指定；如果根据同条第（7）款送达了变更通知书，则指变更通知书中的指定。

（4）出于以下的目的，本条规定的逮捕应当被视为因某一犯罪而逮捕：

（a）第 30 条〔除第（2）款规定的义务以外〕，以及

（b）第 31 条。"

第 6 条　使用电话审查警察羁押

1984 年法第 40A 条第（1）款和第（2）款（根据第 40 条使用电话进行审查）替换为：

"（1）根据第 40 条第（1）款（b）项进行的审查可以通过电话，采用与被羁押人所在警察局的一人或者多人商谈的方式进行。

（2）第（1）款不适用，如果：

（a）审查是根据第 45A 条制定的规章授权的、应当通过视频会议进行的审查；并且

（b）根据这些规章进行这种审查是合理可行的。"

第 7 条　指控前的羁押期限

将 1984 年法第 42 条第（1）款（指控前的羁押期限从 24 小时延长到 36 小时应当符合的条件）（b）项替换为：

"（b）据以逮捕他的犯罪是一项可捕罪；并且"。

第 8 条　被羁押人的财物

（1）删除 1984 年法第 54 条第（1）款（要求羁押官应该查清并记录被羁押人随身携带的所有物品）中"以及记录或者让他人记录"。

（2）第 54 条第（2）款（被捕人的记录应当作为其羁押记录的一部分制作），替换为：

"（2）羁押官可以记录或者让他人记录他根据第（1）款查清的所有或者任何物品。

（2A）如果是被逮捕的人，任何此种记录都可作为其羁押记录的一部分制作。"

第9条　不经同意提取指纹

（1）1984年法第61条（采集指纹）作如下修改。

（2）第（3）款和第（4）款（不经适当同意采集指纹）替换为：

"（3）对于被羁押在警察局的人，可以不经适当同意采集他的指纹，如果

（a）他是因为一项可记录罪被逮捕之后予以羁押的；并且

（b）警察在侦查该犯罪的过程中尚未采集过他的指纹。

（4）对于被羁押在警察局的人，可以不经适当同意采集他的指纹，如果

（a）他已经因为一项可记录罪被指控，或者已经被告知将会以此种犯罪被报道；并且

（b）警察在侦查该犯罪的过程中尚未采集过他的指纹。"

（3）将第（3A）款（不考虑不完整的或者令人不满意的指纹）从款首到"上述第（3）款"为止，替换为"警察在侦查该犯罪的过程中已经对第（3）款（a）项或者第（4）款（a）项中提到的人采集过指纹。"

（4）将第（5）款（以书面形式给予或者确认授权）中"第（3）款（a）项或者第（4A）款"替换为"第（4A）款"。

（5）将第（7）款（不经同意采集指纹的理由）中"第（3）款或者第（6）款"替换为"第（3）款、第（4）款或者第（6）款。"

第10条　不经同意提取非隐私样本

（1）1984年法第63条（其他样本）作如下修改。

（2）在第（2）款（以书面形式表示同意）之后，插入：

"（2A）如果符合下面两个条件，可以不经适当同意从一个人身上提取非隐私样本。

（2B）第一个条件是，一个人因一项可记录罪被逮捕后处于警察羁押之中。

（2C）第二个条件是：

（a）警察在侦查该犯罪的过程中尚未从其同一身体部位提取过同一类型的非隐私样本，或者

（b）虽已提取过此种样品，但证明其不够充分。"

（3）删除第（3）款（a）项（不经适当同意采集样本）中"处于警察羁押之中或者"的字样。

（4）将第（3A）款（指控后不经适当同意采集样本）中"［他是否属于上述第（3）款（a）项规定的情形］"替换为"（他是否处于警察羁押之中或者根据法院授权处于警察羁押之中）"。

（5）将第（8A）款（不经同意采集样本的理由）中"第（3A）款"替换为"第（2A）款、第（3A）款"。

第二部分　保　释

第 13 条　保释的批准和条件

（1）在《1976 年保释法》第 3 条第（6）款（它规定了可以附带保释条件的情形）中，

（a）删去"为了保证"的字样；

（b）在（a）项至（e）项的每一项的开头插入"为了保证"；

（c）在（c）项之后插入：

"（ca）出于自我保护；如果他是儿童或者青少年，出于他自身的福利或者自己的利益，"；

（d）将"或者（c）项"替换为"（c）项或者（a）项"。

（2）在《1976 年法》的第 3A 条第（5）款［不得根据第 3 条第（4）款、第（5）款、第（6）款或者第（7）款附带任何条件，除非为了特定的目的而有必要］中，

（a）删去"为了防止他"；

（b）在（a）项至（c）项每一项的开头插入"为了防止此人"；

（c）在（c）后插入："或者

（d）出于自我保护；如果他是儿童或者青少年，出于他自身的福利或者自己的利益。"

（3）在《1976 年法》附件 1 第一部分第 8 条第（1）款［不得根据第 3 条第（4）款至第（7）款附带任何条件，除非为了特定的目的而有必要］中，自"有必要这样做"起替换为"有必要这样做，

（a）以防止发生本附件第一部分第 2 条第（1）款规定的事件，或者

（b）为了该被告人的自我保护；如果他是儿童或者青少年，为了他自身的福利或者自己的利益。"

（4）将附件 1 第二部分第 5 条（如果具保释放的人根据第 7 条被逮捕，

不必对他批准保释）替换为：

"5. 不必对该被告人准予保释，如果：

（a）被告人已经在该犯罪的诉讼或者相关诉讼中被保释，又根据本法第 7 条被逮捕；并且

（b）法院确认有相当的理由相信，如果该被告人被保释（无论是否附带条件），他将不会自动到案，或者会在保释期内犯罪，或者会干扰证人，或者会以其他方式妨碍司法（无论是涉及他本人还是任何其他人）。"

第 14 条　保释期间实施的犯罪

（1）《1976 年法》附件 1 第一部分第 2A 条（对犯罪之日尚处于保释期内的被告人不必准予保释）替换为：

"2A.（1）如果该被告人属于本条规定情形，则不得对被告人准予保释，除非该法院认为在保释期间（无论是否附有条件）该被告人没有犯罪的重大危险。

（2）如果符合下列情形，则该被告人属于本条规定的情形：

（a）他是已满 18 周岁以上的人，并且

（b）在法院看来，被告人在犯罪之日尚处于刑事诉讼的保释期内。"

（2）在本部分的第 9 条后插入：

"9AA.（1）如果符合下列情形，则适用本条：

（a）被告人未满 18 周岁，并且

（b）在法院看来，被告人在犯罪之日尚处于刑事诉讼的保释期内。

（2）出于本附件本部分的第 2 条第（1）款的目的，在决定是否有相当的理由相信被告人如果被保释（无论是否附有条件），可能会在保释期间犯罪时，法院应当特别考虑到被告人在犯罪之日尚处于刑事诉讼保释期内的事实。"

第 15 条　被保释人潜逃

（1）将《1976 年法》附件 1 第一部分第 6 条（如果被保释人根据第 7 条被逮捕，不必再予保释）替换为：

"6.（1）如果该被告人属于本条规定的情形，则不得对他准予保释，除非法院认为如果被告人被保释（无论是否附有条件），他没有不到案的重大危险。

（2）除下面第（3）款外，如果符合下列情形，则该被告人属于本条规定的情形：

（a）他已满 18 周岁以上，并且

（b）在法院看来，被告人在因犯罪而被提起的诉讼或者与之相关的程序中被保释之后，未能自动到案。

（3）如果在法院看来，被告人未能自动到案有正当理由，则被告人不属于本条规定的情形；除非法院同时又认为，被告人在指定时间内未能在合理可行的条件下尽快到指定的地点报到。

（4）出于上述第（3）款的目的，没有向被告人提供准予保释决定的记录副本，不构成他未到案的正当理由。"

（2）在该部分第9AA条［通过第14条第（2）款插入的］后插入：

"9AB.（1）除下面第（2）款外，如果符合下列情形，则适用本条：

（a）被告人未满18周岁，并且

（b）在法院看来，被告人在因犯罪而被提起的诉讼或者与之相关的程序中被保释之后，未能自动到案。

（2）如果在法院看来，被告人未能自动到案有正当理由，则被告人不属于本条规定的情形；除非法院同时又认为，被告人在指定时间内未能在合理可行的条件下尽快到指定的地点报到。

（3）出于本附件本部分第2条第（1）款的目的，在决定是否有相当的理由相信被告人如果被保释（无论是否附有条件），可能会在保释期间犯罪时，法院应当特别考虑：

（a）当被告人未能到案缺乏正当理由时，他没有到案的事实，或者

（b）当被告人未能到案确有正当理由时，他在指定时间内未能在合理可行的条件下尽快到指定的地点报到的事实。

（4）出于本条的目的，没有向被告人提供准予保释决定记录的副本，不构成他未到案的正当理由。"

（3）在《1976年法》第6条（被保释人犯潜逃罪）第（9）款后插入：

"（10）《1980年治安法院法》第127条不适用于上述第（1）款或者第（2）款规定的犯罪。

（11）如果被告人在刑事诉讼中已经被警察保释，治安法院不得就上述第（1）款或者第（2）款规定的与保释有关的犯罪（'相关犯罪'）对该被告人进行审理，除非第（12）款或第（13）款之一可以适用或者两者同时可以适用。

（12）如果在相关犯罪实施后6个月内对其提出了控告，则适用本款。

（13）如果在相关犯罪实施以后，自第（14）款提到的第一种事件发生时起3个月内对该相关犯罪提起了控告，则适用本款。

（14）这些事件指：

（a）此人在指定的地点到案；

（b）此人因相关犯罪或者据以保释的犯罪被逮捕或者自动到警察局归案；

（c）此人因相关犯罪或者据以保释的犯罪到法院出庭或者被带至法院。"

第 16 条　向刑事法院上诉

（1）当治安法院根据下列条款在延期审理期间对一个人（"利害关系人"）批准保释时，适用本条：

（a）《1980 年治安法院法》第 10 条（延期审理）；

（b）《1980 年治安法院法》第 17C 条（关于答辩的意向：延期）；

（c）《1980 年治安法院法》第 18 条（根据就成年人犯两可罪的控告书进行的初步程序）；

（d）《1980 年治安法院法》第 24C 条（儿童或青少年关于答辩的意向：延期）；

（e）《1998 年犯罪与违反秩序法》第 52 条第（5）款（根据第 51 条等延期审理）；或者

（f）《2000 年刑事法院（量刑）权力法》第 11 条（为体检而候审）。

（2）在遵守本条下列规定的前提下，利害关系人可以对符合第（3）款规定的保释的任何条件向刑事法院提起上诉。

（3）保释的条件如果是下列要求，则其符合该款规定：

（a）利害关系人必须居住在特定场所或者区域以外；

（b）利害关系人必须居住在保释旅馆以外的特定场所；

（c）提供一名或数名保证人，或者缴纳保证金；

（d）利害关系人在一定的时段以内不得出门；

（e）根据《1976 年法》第 3 条第（6ZAA）款规定提出的要求（关于电子监控的要求）；或者

（f）利害关系人不得与其他人联络。

（4）除非第（5）款或者第（6）款适用，否则不能根据本条提起上诉。

（5）如果在提起上诉以前，已经根据《1976 年法》第 3 条第（8）款（a）项（被保释者本人或者以被保释者的名义提出的申请）向治安法院提出申请并获得批准，则适用本款。

（6）如果根据下列规定在提起上诉以前向治安法院提出申请并获得批准，则适用本款：

（a）《1976 年法》第 3 条第（8）款（b）项（警察或者起诉人的申请）；或者

（b）《1976 年法》第 5B 条第（1）款（起诉人的申请）。

（7）根据依本条规定提起的上诉，刑事法院可以变更保释的条件。

（8）在刑事法院对依据本条提起的上诉作出决定之后，利害关系人不得再次依据本条针对保释条件提起上诉，除非上诉后依据《1976 年法》第 3 条第（8）款（a）项向治安法院提出了申请或者重新申请并获得批准。

第 17 条　向高等法院上诉

（1）在《1967 年刑事审判法》第 22 条第（1）款（扩大高等法院准予保释或者变更保释条件的权力）中，

（a）在"当"之后插入"（a）"，并且

（b）在第二次出现的"诉讼"后插入："并且

（b）它是在为获得高等法院的意见向该法院提出案件陈述的申请时这样做的，"。

（2）当治安法院

（a）已经准予或者拒绝保释时；或者

（b）已经变更了保释的条件时，

高等法院受理有关保释的申请的固有权力被废除。

（3）当刑事法院已经对下列申请作出了决定时，高等法院受理有关保释的申请的固有权力被废除：

（a）根据《1976 年法》第 3 条第（8）款提出的申请，或者

（b）根据《1981 年最高法院法》第 81 条第（1）款（a）项、（b）项、（c）项或者（g）项提出的申请。

（4）当刑事法院已经对根据本法第 16 条提起的上诉作出决定时，高等法院无权受理有关保释的申请。

（5）当刑事法院已经根据本法第 88 条或者第 89 条准予保释或者拒绝保释时，高等法院无权受理有关保释的申请。

（6）本条的任何规定不影响

（a）高等法院准予保释、拒绝保释或者变更保释条件的任何其他权力，或者

（b）一个人申请人身保护令或者任何其他特权救济的权利。

（7）本条任何地方提到的有关保释的申请都应理解为包括：

（a）要求准予保释的申请，

（b）要求拒绝保释的申请，

（c）要求变更保释条件的申请。

（8）本条任何地方提到的拒绝保释都应当被理解为包括撤销保释。

第 18 条　控方上诉

（1）《1993 年保释（修正）法》第 1 条（控方的上诉权）作如下修改。

（2）第（1）款（在可判处 5 年或者 5 年以上监禁等刑罚的犯罪案件中，控方可以向刑事法院的法官提起反对保释的上诉）替换为：

> "（1）当治安法院对因可处以监禁刑的犯罪被指控或者定罪的人批准保释时，起诉人可以向刑事法院的法官提起反对批准保释的上诉。"

（3）第（10）款（a）项中的"可处以一定期限的监禁刑"替换为"可处以监禁刑"。

第 19 条　吸毒者：对保释的限制

（1）《1976 年法》作如下修改。

（2）在第 3 条（通则）第（6B）款之后，插入：

> "（6C）在符合下列条件时，适用下述第（6D）款：
>
> （a）法院已收到国务大臣的事先通知：在第（6D）款所提到的人获准保释后可能居住的小审区，已经做好进行相关评估的安排，或者根据案件情况，已经做好相关后续活动的安排；并且
>
> （b）该通知尚未被撤销。
>
> （6D）对于下列人员（'此人'），法院如果批准保释，应当作为保释的一项条件责令其经过相关评估，并且参与任何被建议的后续活动；如果已经进行了相关评估，责令其参与相关的后续活动：
>
> （a）本法附件 1 第一部分第 6B 条第（1）款（a）项至（c）项适用的人；
>
> （b）在分析了本条（b）项提到的样本以后，被提供了相关评估，或者在已经进行了评估的情况下，被建议参与相关后续活动的人；
>
> （c）对参加相关评估或者（根据案件情况）对参加相关的后续活动表示同意的人。
>
> （6E）在上述第（6C）款和第（6D）款中，
>
> （a）'相关评估'是指，由有适当资格的人进行的评估，以判断此人是否对特定 A 类毒品成瘾或者有滥用的倾向；
>
> （b）'相关的后续活动'是指，当进行相关评估的人相信此人有成瘾或者滥用的倾向时，他（或者进行后续评估的人）认为关于成瘾或者有滥用倾向对此人适当的进一步评估以及帮助或治疗（或者帮助与治疗）。

在上述（a）项中，'A类毒品'和'滥用'的意思与《1971年滥用毒品法》中的含义相同，（关于A类毒品）'特定的'与《2000年刑事审判与法院服务法》第三部分的含义相同。

（6F）在上述第（6E）款（a）项中'有适当资格的人'是指国务大臣出于本款的目的随时指定的有此种资格或者经验的人。"

（3）第3A条第（3）款（警察保释时的保释条件）中的"第（6A）款和第（6B）款"替换为"以及第（6A）款到第（6F）款"。

（4）在附件1（包含关于保释的补充规定）第一部分（可处以监禁的犯罪）中，

（a）在第6条之后插入：

"6A. 在某些地区适用于吸毒者的例外

在遵守下述第6条的前提下，属于下述第6B条规定的被告人不得被批准保释，除非法院认为，他在保释（无论是否附有条件）期间没有实施犯罪的重大危险。

6B. （1）被告人符合本条规定，如果

（a）他是18周岁以上的人；

（b）根据下列条款采集的样本表明他体内有特定的A类毒品：

（i）《1984年警察与刑事证据法》第63B条（就是否存在A类毒品进行测试）；或者

（ii）《2003年刑事审判法》第161条（在定罪以后判刑以前进行毒品测试）。

（c）该犯罪是《1971年滥用毒品法》第5条第（2）款或第（3）款规定，并且与特定的A类毒品有关的犯罪，或者该法院认为有相当的理由相信：

（i）他滥用任何特定的A类毒品导致或者促进了该犯罪的发生；或者

（ii）（即使不是这样）该犯罪也完全或者部分是由于他故意滥用毒品的动机引起的；并且

（d）符合下述第（2）款规定的条件，或者（如果法院是在第二次或者第二次以上考虑是否批准保释时）继续符合这些条件。

（2）所谓条件，是在采集样本并经过分析以后，

（a）已经向被告人发出了进行相关评估的约请，但他不同意进行评估；或者

（b）被告人已经经过一次相关评估，并被建议参加相关的后续活动，

但他不同意参加这些活动。

（3）在本条和下述第 6C 条中，

（a）'A 类毒品'和'滥用'与《1971 年滥用毒品法》中的含义相同；

（b）'相关评估'和'相关后续活动'具有本法第 3 条第（6E）款规定的含义；

（c）'特定的'（关于 A 类毒品）与《2000 年刑事审判与法院服务法》第三部分中的含义相同。

6C. 不适用上述第 6A 条，除非：

（a）法院已收到国务大臣的事先通知：在第（6D）款所提到的人获准保释后可能居住的小审区，已经做好进行相关评估的安排，或者根据案件情况，已经做好相关后续活动的安排；并且

（b）该通知尚未被撤销。"

（b）第 8 条第（1）款中的"第（4）款至第（7）款"替换为"第（4）款至第（6B）款或者第（7）款"。

第 20 条　对《1976 年保释法》的补充修改

（1）在《1976 年法》附件 1 第一部分（关于保释因可处以监禁的犯罪被指控或者定罪的被告人的补充规定）中，现行的第 2 条替换为第 2 条第（1）款，并且在该款（被重新编号）后插入：

"（2）当被告人符合本附件本部分第 2A 条、第 6 条和第 6B 条中的一条或者数条规定的情形时，不适用本条，除非

（a）如果被告人符合第 2A 条规定的情形，法院作出该条第（1）款规定的认定时；

（b）如果被告人符合第 6 条规定的情形，法院作出该条第（1）款规定的认定时；

（c）如果被告人符合第 6B 条规定的情形，法院作出本附件本部分第 6A 条规定的认定时，或者根据本附件本部分第 6C 条不适用第 6A 条时。"

（2）本部分第 9 条（根据本部分第 2 条或者第 2A 条作出决定时应当考虑的因素）中的"第 2 条或者第 2A 条"替换为"第 2 条第（1）款，或者在决定是否作出第 2A 条第（1）款、第 6 条第（1）款或者第 6A 条规定的认定时，"。

第 21 条　第二部分的解释

在本部分中，

"保释"，指刑事诉讼中的保释（与《1976 年法》含义相同）；

"保释旅馆"，与《1976 年法》第 2 条第（2）款规定的含义相同；

"《1976 年法》"，指《1976 年保释法》；

"变更"，与《1976 年法》中的含义相同。

第三部分　附条件警告

第 24A 条①　未能遵守条件时之逮捕

（1）如果警察有理由相信行为人未能遵守附条件警告中某项条件且无正当理由，可在无令状情形下对其进行逮捕。

（2）依据此条逮捕某人时，须满足下列情形之一：

（a）已针对相关犯罪行为提起控诉，

（b）未提起控诉并经保释释放，以决定是否对其相关犯罪行为提起控诉，或

（c）未提起控诉并未经保释释放（无论是否对附条件警告中之条件作出变更）。

（3）以下情形中，上述第（2）款同样适用：

（a）依据上款（b）项经保释释放某人后，其返回警局对保释作出答复或在警局被羁押；

（b）依据下述第 24B 条之规定，按照 1984 年法第 30A 条（在警局外其他地点进行保释）经保释释放某人后，其前往警局对保释作出答复或在警局被羁押；

（c）依据下述第 24B 条之规定，按照 1984 年法第 30D 条或第 46A 条（未能向警方对保释作出答复时逮捕之权力）逮捕某人。

（4）依据上款（b）项释放某人时，羁押官须向其告知，将其释放是为了决定是否对其相关犯罪行为提起控诉。

（5）依据本条所逮捕之人，可为以下目的将其羁押：

（a）依据本条中各款对其进行处理，或

（b）依据下述第 24B 条之规定，行使 1984 年法第 37D 条第（1）款（羁押官为对保释作出答复之义务指定不同或额外时间）中之权力。

如此人暂时不符合该条中任何一种情形，无法依据本条对其进行处理或行

---

① 第 24A 条、第 24B 条由《2006 年警察与审判法》第 18 条第（1）款、第（2）款及第 53 条增加。

使权力，可将此人羁押至其满足此类情形。

（6）如为侦查之目的，无论此人是否遵守附条件警告中之条件，无论其是否有正当理由，第（5）款（a）项中之权力均包括羁押之权力。

（7）将被逮捕之人带回警局或在警局对此人进行逮捕后，一旦条件适宜，应尽快满足第（2）款中之规定。

（8）如果某人因其他原因被羁押，则不必依据第（2）款对其释放。此种情形包括：

（a）第（3）款（a）项或（b）项中之情形，以及

（b）因附条件警告外其他原因被羁押。

（9）此部分中：

"1984年法"指的是《1984年警察与刑事证据法》；

"羁押"之含义与1984年法中内容相同［详见该法第118条第（2）款］。

第十部分　严重犯罪的再审

逮捕、羁押及保释

第87条　逮捕和指控

（1）当第85条适用于对任何人实施的犯罪进行侦查，并且尚未根据第85条第（2）款作出证明时，

（a）治安法官只有在通过书面资料确认已经获得了与就此人的该种犯罪根据第76条第（1）款或者第（2）款提出申请有关的新证据时，才能对此人就该犯罪签发逮捕令；并且

（b）除非根据这样签发的逮捕令，否则不得就该犯罪逮捕此人。

（2）第（1）款不影响第89条第（3）款（b）项或者第91条第（3）款，也不影响出于犯罪以外的原因逮捕一个人或者为了逮捕一个人而签发令状的任何其他权力。

（3）当一个人符合下列情形之一时，1984年法第四部分（羁押）按下述方式加以适用：

（a）因一种犯罪而根据依第（1）款（a）项规定签发的逮捕令被逮捕；或者

（b）被如此逮捕以后，后来根据1984年法第34条第（7）款被视为因该犯罪被逮捕。

（4）出于1984年法第四部分的目的，如果，并且只有当（尚未直接参与

该案侦查的）警衔为警督或者警督以上的官员认为，现有证据或者他所知道的证据足以将该案提交给起诉人，以考虑是否应当为就此人提出第76条规定的申请而寻求授权时，才有充分的证据指控此人犯有据以逮捕他的罪行。

（5）出于1984年法第四部分的目的，羁押此人的每一警察局的羁押官对于任何他认为可能与就据以逮捕此人的犯罪根据第76条第（1）款或者第（2）款提出申请有关的证据，有义务提交给本局警衔为警督或者警督以上的官员，或者告知他们，这种提交或者告知应当在下列时间尽快进行：

（a）在他获得或者知道该证据之后；或者

（b）如果是后来才获得或者知道该证据的，则在他形成这种看法以后。

（6）1984年法的第37条（包括同法第40条第（8）款援引适用的该条任何规定）经过下列修改以后有效：

（a）在第（1）款中，

（i）将"决定他面前是否有"替换为"请求（尚未直接参与该案侦查的）警衔为警督或者警督以上的官员根据《2003年刑事审判法》第87条第（4）款决定：是否有"；

（ii）将"他这样做"替换为"作出该决定"；

（b）在第（2）款中，

（i）将自"羁押官决定"到"他面前"的部分替换为"官员决定没有充分证据"；

（ii）删除第二次出现的"羁押"一词；

（c）在第（3）款中，

（i）删除"羁押"一词；

（ii）在"可以"之后插入"指示该羁押官"；

（d）第（7）款自"该羁押官"到该款结束，替换为"（尚未直接参与该案侦查的）警衔为警督或者警督以上的官员根据《2003年刑事审判法》第87条第（4）款决定：有充分证据就据以逮捕此人的犯罪对他提出指控，则该被捕人应当被指控"；

（e）第（7A）款、第（7B）款和第（8）款不适用；

（f）在第（10）款之后插入：

"（10A）根据上述第（1）款被羁押官请求作出决定的官员，应当在收到请求以后尽快作出决定。"

（7）在1984年法第40条第（8）款和第（9）款中的"第（6）款"之后插入"和第（10A）款"，该条有效。

（8）将1984年法第42条第（1）款中自"他"到"被羁押的"的部分，

替换为"（尚未直接参与该案侦查的）"，则该条有效。

第 88 条　申请前的保释和羁押

（1）关于根据第 87 条第（4）款受到指控的人，

（a）在 1984 年法第 38 条［包括同法第 40 条第（10）款援引适用的该条任何规定］第（1）款中，将"不论是否以保释的方式"替换为"以保释的方式"，该条有效；

（b）该法第 47 条第（3）款不适用，并且第 38 条提到的保释是指附带这样一种义务的保释：在获释以后 24 小时以内在羁押官指定的时间到位于羁押官指定地方的刑事法院出庭；并且

（c）《1980 年治安法院法》第 43B 条不适用。

（2）当受到指控以后，如果被告人

（a）被置于警察羁押之中；或者

（b）根据 1984 年法第 38 条第（6）款的安排被地方当局拘留；

他必须尽快，无论如何，不得超过指控以后 24 小时，被带到刑事法院，并且 1984 年法第 46 条不适用。

（3）在计算第（1）款或者第（2）款提到的期限时，应当扣除下列时间：

（a）星期天；

（b）圣诞节；

（c）耶稣受难日；以及

（d）在联合王国内被告人即将报到的刑事法院出庭所在地，或者在适用第（2）款时，被告人当时的羁押地，《1971 年银行与金融交易法》规定的银行假日。

（4）当被告人根据第（1）款或者第（2）款自动到或者被带到刑事法院出庭时，刑事法院可以：

（a）批准对他的保释，以便他在刑事上诉法院就其保释申请进行听证时出庭，如果已经根据第 80 条第（2）款向他送达了申请通知的话；或者

（b）羁押候审，以便根据第 89 条第（2）款将他带到刑事法院。

（5）如果刑事法院根据第（4）款批准保释，它可以撤销保释，并根据第（4）款（b）项将此人羁押候审。

（6）关于根据第（4）款被批准保释或者羁押候审的人，第（7）款的"相关日期"指：

（a）自该批准保释或者羁押候审之日起 42 日的期限；

（b）根据第（8）款延长或者再次延长的期限。

（7）如果在该期限届满时，根据第 76 条提出有关此人的申请的通知尚未

提交，则此人：

（a）如果处于第（4）款（a）项规定的有出庭义务的保释中，则不再受此项义务和任何保释条件的约束；

（b）如果根据第（4）款（b）项或者第（5）款处于羁押候审之中，则必须被立即释放，无需保释。

（8）只有当刑事法院认为符合下列条件时，它才能根据起诉人的申请延长或者再次延长第（6）款（a）项规定的期限至指定的日期：

（a）有正当和充分的理由需要延长的；并且

（b）公诉人已经竭尽全力迅速行事的。

第 89 条　听证前的保释和羁押

（1）当根据第 80 条第（1）款提交了申请的通知时，适用本条。

（2）如果与该申请有关的人根据第 88 条第（4）款（b）项或者第（5）款处于羁押状态，他应当被尽快，而且无论如何，应当在提交通知后的 48 小时以内，带到刑事法院。

（3）如果此人没有根据第 88 条第（4）款（b）项或者第（5）款被羁押，刑事法院可以根据起诉人的申请：

（a）签发传票，要求此人到上诉法院出席对该申请的听证；或者

（b）签发令状，逮捕此人。

并且，即使以前已经签发了传票，仍然可以随时签发（b）项规定的逮捕令。

（4）在根据第（3）款（a）项签发传票时，要求此人到庭的时间和地点可以被指定在：

（a）该传票中；或者

（b）刑事法院后来的一项指令中。

（5）所指定的到庭时间和地点，可以随时通过刑事法院的指令加以变更。

（6）根据第（3）款（b）项的令状被逮捕的人，应当被尽快，而且无论如何，应当在逮捕以后的 48 小时以内，带到刑事法院，不适用《1981 年最高法院法》第 81 条第（5）款的规定。

（7）当一个人根据第（2）款或者第（6）款被带到刑事法院时，该法院必须：

（a）将他羁押候审，以便带到上诉法院出席对申请的听证；或者

（b）准予对他保释，以便其在上诉法院听证时自动到庭。

（8）在根据第（7）款（b）项准予保释之后，刑事法院可以根据第（7）款（a）项撤销保释，并将被告人羁押候审。

（9）在计算第（1）款或者第（2）款规定的期限时，应当扣除下列时间：

（a）星期天；

（b）圣诞节；

（c）耶稣受难日；以及

（d）在联合王国内被告人当时的被羁押地，《1971 年银行与金融交易法》规定的银行假日。

第 90 条　听证期间及听证后的保释和羁押

（1）在根据第 76 条第（1）款或者第（2）款对申请进行听证的任何延期期间，上诉法院可以：

（a）将与该申请有关的人保释；或者

（b）将他羁押候审。

（2）上诉法院在下列听证程序中，可以作出适当的裁定，以便在根据裁定或者声明进行再审期间或者在上诉审期间，对原来被判决无罪的人进行保释或者羁押：

（a）根据第 77 条作出裁定的听证；

（b）根据第 77 条第（4）款作出声明的听证；或者

（c）驳回申请或者作出第 77 条第（3）款的声明的听证，如果它同时又给予起诉人对此项决定的上诉许可，或者起诉人告知法院它准备申请上诉许可。

（3）出于第（2）款的目的，上诉审期间：

（a）直到任何上诉许可的申请得到处理，或者申请上诉许可的期限届满为止；

（b）直到上诉得到处理为止，如果给予了上诉许可的话。

（4）《1976 年保释法》第 4 条适用于批准本条规定的保释，就像其第（2）款提到刑事法院时也包括上诉法院一样。

（5）法院认为适当时，可以随时

（a）撤销根据本条批准的保释，并将被告人羁押候审；或者

（b）根据第（2）款变更一项裁定。

第 91 条　撤销保释

（1）当

（a）法院根据本条规定撤销对一个人的保释；并且

（b）此人在保释被撤销时不在法院时，

法院必须命令此人立即到法院投案。

（2）当一个人应根据第（1）款规定发布的命令自动到法院投案时，法院

必须将他羁押候审。

（3）如果根据第（1）款被命令自动投案的人无正当理由没有按照该命令自动投案，则官员可以对他进行无证逮捕。

（4）根据第（3）款规定被逮捕的人，必须尽快，而且无论如何，不得超过逮捕以后 24 小时，被带到法院；然后，法院必须将其羁押候审。

（5）在计算第（4）款规定的期限时，应当扣除下列日期：

（a）星期天；

（b）圣诞节；

（c）耶稣受难日；以及

（d）在联合王国内被告人当时的羁押地，《1971 年银行与金融交易法》规定的银行假日。

第十二部分　判　刑

第六章　依许可释放

羁押候审或受特定限制而取保候审①的效果

第 240 条　羁押候审期限的折抵：监禁和关押的期限

（1）符合下列情形时，适用本条：

（a）法院就本条生效以后实施的一种犯罪判处一名罪犯有期监禁；并且

（b）该罪犯因为这一犯罪或者一种相关的犯罪（即基于相同事实或者证据被指控的另一犯罪）已经被羁押候审（第 242 条意义上的）。

（2）出于这一目的，下列情形无关紧要：

（a）该罪犯是否还因为其他犯罪被羁押候审；或者

（b）该罪犯是否还因为其他事由被拘押。

（3）除第（4）款另有规定的以外，法院必须指示将该罪犯因为该犯罪或者相关犯罪曾经被羁押候审的天数计算为他已经服完的部分刑期。

（4）第（3）款不适用，如果：

（a）国务大臣制定的规则规定在下列情形中不适用：

（i）羁押候审的全部或者部分与监禁刑是同时执行的；或者

（ii）判处几个连续执行的监禁刑，或者判处的几个监禁刑是全部或者部

---

① 此处由《2008 年刑事审判与移民法》第 21 条第（3）款及第 153 条所增加。

分同时执行的；或者

（b）法院根据全部情况认为，不依据该款作出指示是公正的。

（5）当法院根据第（3）款作出指示时，它应当在公开的法庭上说明：

（a）罪犯曾经被羁押候审的天数；以及

（b）作出的指示所涉及的天数。

（6）当法院没有依据第（3）款作出指示，或者作出的指示所涉及的天数少于罪犯曾经被羁押候审的天数时，它应当在公开的法庭上说明：

（a）它的决定是符合根据第（4）款（a）项制定的规则的；或者

·（b）它持有第（4）款（b）项提到的意见以及具体的情况。

（7）出于本条的目的，暂缓生效的刑罚：

（a）在依据附件12第8条第（2）款（a）项或者（b）项生效以后，应当被视为监禁刑；并且

（b）应当被视为是由它据以生效的命令所判处的。

（8）出于第（3）款中提到的一个人已经被判处的监禁期限（即所谓他的"刑期"）的目的，连续执行的数个刑期和全部或者部分同时执行的数个刑期应当被视为一个刑期，如果：

（a）这些刑罚是同时判处的，或者

（b）这些判决虽然不是同时判处的，但被判刑人在第一次判决以后、最后一次判决以前的这段时间内，尚未根据本章的规定被释放的。

（9）如果发现一种犯罪的实施跨越了两天或者超过两天的时间，或者一种犯罪是在两天或者超过两天的期限里的某一时刻实施的，则出于第（1）款的目的，应当认定该犯罪是在其中最后一天实施的。

（10）本条适用于根据《量刑法》第91条或者本法第228条判处的确定关押刑，就像它适用于对等的监禁刑一样。

第 240A 条[①]　　**取保候审之期限：监禁与关押之刑期**

（1）本条适用于以下情况：

（a）针对某犯于2005年4月4日之后的罪行，法院对罪犯判处监禁刑；

（b）《2008年刑事审判与移民法》第21条生效后，在这一犯罪和相关的犯罪的程序进程中，法院允许罪犯取保候审；以及

（c）罪犯的取保候审受到严格管制条件及电子监控条件的限制（"相关条件"）。

（2）受到第（4）款的限制，法院须指示将取保候审期限计入总刑期中作

---

① 本条由《2008年刑事审判与移民法》第21条第（4）款及第153条所增加。

为抵扣。

（3）"取保候审期限"是以下天数总和四舍五入至整数的一半：

（a）罪犯的取保候审受到条件限制的第一天，此处的条件指的是如果该种条件从第一天开始适用便会是相关条件的那些条件；加上

（b）罪犯的取保候审受到这些条件限制的其他天（最后一天除外）。

（4）以下情形中，第（2）款不适用：

（a）国务大臣修改了规则；或者

（b）法院认为不宜根据该款发布指示。

（5）当符合第（4）款（a）项或（b）项中的情形，因此法院没有根据第（2）款发布指示时，其可依据（a）项或（b）项发布指示，只要其此时计算的抵扣低于原标准。

（6）根据第（4）款（a）项所修改的规则可以具体规定以下方面：

（a）监禁刑的连续执行刑期；

（b）监禁刑的全部或部分同时执行刑期；

（c）法院或国务大臣发布指示，要求取保候审的罪犯在受到相关条件的限制的同时也要受到其所要求的电子监控的限制时，受到限制的期限。

（7）在考虑是否满足第（4）款（b）项情形时，法院尤其必须考虑到罪犯在取保候审期间是否违反了其所受到的相关条件限制。

（8）法院依据第（2）款或第（5）款发布指示时，须在公开庭审中说明：

（a）罪犯受到相关条件限制的天数；以及

（b）指示的有效期间。

（9）以下情形中第（10）款适用：

（a）未依据第（2）款但依据第（5）款发布了指示；或者

（b）并未依据本条发布指示。

（10）法院须在公开庭审中说明：

（a）其决定与第（4）款（a）项相符；或者

（b）其认为符合该款（b）项之情形，并解释其理由。

（11）第240条第（7）款至第（10）款同样适用于本条之目的，但作出如下变更：

（a）在第适用第（7）款时：

（i）缓刑被理解为包括与《量刑法》第118条第（1）款中的指示相关的刑罚；

（ii）（a）项中，在"附件12"后插入或《量刑法》第119条第（1）款（a）项或（b）项；并且

（b）在第（8）款中，第 240 条第（3）款被替换为该条第（2）款，并且在（b）项中的"章"后插入或《1991 年刑事审判法》第二部分。

（12）本条中：

"电子监控条件"是指为确保某人遵守严格管制条件而根据《1976 年保释法》第 3 条第（6ZAA）款所附加的电子监控要求；

"严格管制条件"是指要求取保候审之人在某天内于某特定地点停留最少 9 小时的时间的条件；并且

"相关犯罪"是指除被判刑的犯罪外（"犯罪 A"），基于与犯罪 A 相同的事实或者证据被指控的另一犯罪。

第 241 条　依据第 240 条或第 240A 条[①]就许可释放做出的指示的效果

（1）出于本章或者第三章（少于 12 个月的监禁刑）的目的，在确定依据第 240 条或第 240A 条做出的指示涉及的人

（a）是否已经服满或者（如果他没有被释放）是否本该已经服满所判刑罚的特定部分时；或者

（b）是否已经服满特定的刑期时，

该指示中指定的天数应当被视为他已经服完的部分刑罚或者刑期。

（1A）[②] 在第（1）款中，依据第 240 条或第 240A 条做出的指示包括依据《2006 年武装部队法》第 246 条做出的指示。

（2）出于第 183 条（间断性拘禁）的目的，在确定间断性拘禁令涉及的刑罚的任何部分是否是许可期时，该条第（3）款所界定的拘禁天数应当减去第 240 条或第 240A 条规定的指示中指定的天数。

第 242 条　对第 240 条、第 240A 条[③]和第 241 条的解释

（1）出于第 240 条、第 240A 条和第 241 条的目的，适用第 305 条关于"监禁刑"的定义，就像将自该定义的开始起至（a）项结尾替换为下列规定一样：

"'监禁刑'不包括：

（a）因未支付任何数额的金钱而被拘留的，但因未支付定罪以后被判定支付的金钱而被拘留时除外"；

并且，这些条款中所谓判处罪犯监禁刑和对罪犯判处的刑罚，也应当作相应的理解。

---

① 此处由《2008 年刑事审判与移民法》第 21 条第（5）款及第 153 条所增加。
② 本款由《2006 年武装部队法》第 378 条第（1）款、第 383 条及附件 16 第 220 条所增加。
③ 此处由《2008 年刑事审判与移民法》第 21 条第（6）款与第 153 条所增加。

（2）第 240 条和第 241 条提到的罪犯被羁押，是指他

（a）根据法院的命令被羁押候审或者被交付羁押；

（b）根据《1969 年儿童和青少年保护法》第 23 条被羁押或者移交地方当局的设施场所收押，并且被置于安全住处，或者根据该条第（7A）款的安排被拘留在安全的培训中心；或者

（c）根据《1983 年心理健康法》第 35 条、第 36 条、第 38 条或者第 48 条被羁押于、移交至医院或者入院。

（3）在第（2）款中，"安全住处"与《1969 年儿童和青少年保护法》第 23 条规定的含义相同。

第 243 条　被引渡到联合王国的人

（1）出于本条的目的，定期刑的囚犯是被引渡的囚犯，如果：

（a）他因为被判处刑罚的犯罪接受审判，或接收到判决[①]：

（i）是在他被引渡到联合王国以后；并且

（ii）之前未曾被遣送回国，或者未曾有机会离开联合王国；并且

（b）他在等待（a）项提到的引渡时曾经被羁押过一段时间。

（2）在被引渡的囚犯的案件中，第 240 条有效，但他在等待引渡期间曾经被羁押的天数应当被视为他因为该犯罪或者基于同一事实或证据受到指控的另一犯罪曾经被羁押候审的天数。

（3）……[②]

2005 年有组织的严重犯罪与警察法[*]

第 15 章

第三部分　警察的职权等

逮捕权

第 110 条　逮捕权

（1）PACE（《1984 年警察与刑事证据法》）第 24 条（就可逮捕之罪的无

---

①　此处由《2006 年警察与审判法》第 42 条、第 53 条及附件 13 第 31 条所增加。

②　本款由《2003 年引渡法 2004 废除令》第 3 条所废除。

*　本译本根据英国政府官网（http：//www.legislation.gov.uk）提供的英语文本翻译。

证逮捕）替换为下列内容：

"24. 无证逮捕：地方警察

（1）地方警察可对下列人员进行无证逮捕：

（a）正要实施犯罪的人；

（b）正在实施犯罪的人；

（c）该地方警察有合理理由怀疑其正要实施犯罪的人；

（d）该地方警察有合理理由怀疑其正在实施犯罪的人。

（2）如果地方警察有合理理由怀疑犯罪已发生，无逮捕令也可逮捕有合理理由怀疑实施此犯罪行为的人。

（3）如果犯罪行为已经实施，地方警察可对下列人员进行无证逮捕：

（a）实施该行为的人；

（b）地方警察有合理理由怀疑其是实施该行为的人。

（4）但是第（1）款、第（2）款或第（3）款授予的立即逮捕权，只有在地方警察有合理理由相信第（5）款涉及的原因逮捕嫌疑人为必要时，才能行使。

（5）原因包括：

（a）查明嫌疑人的姓名（在地方警察不知道并且不易查明行为人姓名，或有合理理由怀疑行为人提供之姓名的真实性的情况下）；

（b）相应地，为查明行为人之地址；

（c）阻止该嫌疑人：

（i）对自己或其他人造成人身伤害；

（ii）遭受人身伤害；

（iii）造成财产损害；

（iv）实施有伤社会风化犯罪［受第（6）款约束］；或者

（v）非法阻塞公路；

（d）保护儿童或其他弱势群体远离嫌疑人；

（e）对犯罪人或嫌疑人的行为进行迅速而有效的调查；

（f）防止犯罪的起诉因嫌疑人失踪而受到阻碍。

（6）只有在不能理性期待公众能够躲避嫌疑人的情况下，第（5）款（c）项（iv）目才适用。

24A. 无证逮捕：其他人

（1）除地方警察以外，可对下列人员进行无证逮捕：

（a）正在实施可诉犯罪的人；

（b）其有合理理由怀疑行为人实施可诉犯罪。

（2）在实施犯罪行为的情况下，地方警察之外的人可对下列人员进行无证逮捕：

（a）实施犯罪行为的人；

（b）有合理理由怀疑实施犯罪行为的人。

（3）但是第（1）款或第（2）款授予的立即逮捕权只有在下列情况下才能行使：

（a）有合理理由相信第（4）款规定原因逮捕嫌疑人是为必要；并且

（b）就实施逮捕的人，由地方警察来实施逮捕不具备合理可行性。

（4）旨在阻止嫌疑人：

（a）对自己或其他人造成人身伤害；

（b）遭受人身伤害；

（c）造成财产损失或损害；或

（d）在地方警察能够履行职责之前逃跑。"

（2）PACE 第 25 条（一般逮捕条件）应停止生效。

（3）PACE 第 66 条（执行守则）中，在第（1）款（a）项中：

（a）删除（i）目结尾处的"或者"，

（b）在（ii）目结尾处增加"或者

（iii）逮捕此人；"。

（4）依照第（1）款替换后的 PACE 第 24 条和第 24A 条对在时间实施的犯罪均有效力。

第 111 条　逮捕权：补充规定

附件 7，对第 110 条规定的废除作出规定（包括生效的）并作出生效后续补充规定。

第四部分　公共秩序、在公共场所的行为等

非法侵入指定地点

第 130 条　指定地点：逮捕权

（1）地方制服警察在英格兰或威尔士可对其合理怀疑其正在实施或已经实施了第 128 条规定犯罪的人进行无证逮捕。

第 110 条开始实施后，本条终止效力。

（2）根据《1989 年（北爱尔兰）警察和刑事证据法》，第 128 条中规定的犯罪应视为可捕罪。

（3）地方制服警察在苏格兰可对其合理地怀疑其正在实施或已经实施了第 129 条规定犯罪的人进行无证逮捕。

2008 年反恐怖主义法 *

第 28 章

第七部分　其他规定

对恐怖主义嫌疑人指控前的拘留

第 82 条　指控前的拘留：小修正

（1）2000 年反恐怖主义法附件 8 第 9 条（被拘留之人只有在合格官员能够看见且听见的情形下可以咨询事务律师的相关指示），第（3）款（作出指示的理由）替换为——

"（3）只有当作出指示的官员有合理理由相信存在以下情形的，本条规定的指示才可以被作出——

（a）如果不作出指示，被拘留之人权利的行使将会产生第 8 条第（4）款规定的任一后果，或

（b）被拘留之人已从其犯罪行为中获益，如果不作出指示，其权利的行使将会阻碍构成其获益的财产价值的恢复。"

（2）附件 8 第 29 条第（4）款（司法权威的含义），在（a）项与（c）项中，删去"在咨询大法官之后"。

---

* 本译本根据英国政府官网（http：//www. legislation. gov. uk）提供的英语文本翻译。

非　洲

阿尔及利亚

刑事诉讼法典[*]

第三编　侦查机构

第一卷　提起公诉和进行侦查

第一章　侦查法官

第七节　临时羁押和释放

第 123 条　（2001 年 6 月 26 日第 08－01 号法律）临时羁押是一项特殊措施。

如果司法管制在下列情况下不充分时，可以予以临时羁押或者延长其期限：

1. 犯罪嫌疑人没有固定居所，或者没有提供充分的保证金保证出庭，或者他的行为十分危险。

2. 如果对犯罪嫌疑人的羁押是为保全证据或物证，或者防止其对证人或受害人施加压力，或者防止犯罪嫌疑人与共犯之间进行串供从而可能阻止发现真相的惟一办法。

3. 如果此项羁押是保护犯罪嫌疑人、终止犯罪行为或防止其再犯所必需的措施。

4. 犯罪嫌疑人故意违反规定的司法管制的义务。

---

[*]　本法典于 1966 年 6 月 8 日由阿尔及利亚议会通过，最近一次修正时间为 2006 年 12 月 20 日。本译本根据阿尔及利亚大学（http://www.algeria-un.org）提供的阿拉伯语文本翻译。

第 123 条之二 （2001 年 6 月 26 日第 08 – 01 号法律）临时羁押的命令应当根据本法典第 123 条所列原因作出。

侦查法官应当口头通知犯罪嫌疑人此项命令，并提醒其自接到此项通知起 3 日内可提起上诉。

此项通知应当在诉讼档案中注明。

第 124 条 如果居住在阿尔及利亚的犯罪嫌疑人，因之前的轻罪被处罚超过 3 个月以上的连续羁押，当再次犯轻罪时，如果法律规定该轻罪的羁押期限不得超过 2 年或其他同等的刑罚，则对犯罪嫌疑人的临时羁押不得超过 20 日。

第 125 条 （2001 年 6 月 26 日第 08 – 01 号法律）除本法典第 124 条规定的情况，在轻罪案件中，临时羁押的期限不得超过 4 个月。

当本法典规定的刑罚期限超过 3 年时，则犯罪嫌疑人应当被继续羁押，侦查法官在参考共和国检察官意见后作出附理由的决定来延长 4 个月临时羁押的期限。而且只能延长 1 次。

第 125 – 1 条① （2001 年 6 月 26 日第 08 – 01 号法律）重罪案件的临时羁押期限为 4 个月，如果情况必要，侦查法官应当根据程序要求，在征询共和国检察官附理由的意见后，作出附理由的决定，可以延长 4 个月临时羁押的期限 2 次，但每次延长期限均为 4 个月。

如果被判有期徒刑 20 年、终身监禁或死刑的重罪，侦查法官可以根据上述程序，作出 3 次延长临时羁押的决定。

每次延长羁押期限不得超过 4 个月。

重罪案件中，侦查法官可以要求刑事审查庭在重新确定的羁押期限届满前 1 个月内延长羁押期限。

上述要求与案件资料一并寄送给检察院。

总检察长负责在 5 日内接收资料，与其本人的要求一起递交给刑事审查庭，并应当在羁押结束前作出判决。

总检察长通过挂号信函，转告所有当事人及其律师庭审日期，寄出挂号信函和庭审日期应当有 48 小时的间隔期限。

在上述期限内，案卷应当存放在法院书记员室，且应当包括总检察长记录的刑事审查庭的逮捕要求，被告人的律师、民事诉讼方及其代理人可随时查阅该案卷。

刑事审查庭应当遵守本法典第 183 条、第 184 条和第 185 条的规定。

刑事审查庭决定延长拘留的，不得超过 4 个月，且不能再次延长。

---

① 原文本序号即如此。——译者注

如果刑事审查庭决定继续司法审查并为此目的任命一名侦查法官，在本法典第 125 条之二规定的期限内，延长临时羁押。

第 125 条之二 （2001 年 6 月 26 日第 08 - 01 号法律） 如果是涉及恐怖活动和破坏行为的重罪案件，侦查法官根据本法典第 125 - 1 条的规定，可以延长拘留 5 次。

如果案件涉及跨国犯罪，侦查法官根据本法典第 125 - 1 条的规定，可以延长拘留 11 次。

每次延长均不得超过 4 个月。

侦查法官根据本法典第 125 - 1 条的规定，可以要求刑事审查庭在拘留期限届满之前一个月内延长拘留，此项要求可以提出 2 次。

刑事审查庭决定延长拘押的，每次延长不得超过 4 个月。延长拘留的期限总共不得超过 12 个月。

第 125 条之二 1 （1990 年 8 月 18 日第 24 - 90 号法律） 犯罪嫌疑人的行为可能被处以拘役或者更重刑罚的，侦查法官可以命令对其进行司法管制。此项管制强制被告人遵守下列规定中侦查法官所指定的一项或多项：

（1）不得离开侦查法官规定的地域，除非得到允许；

（2）不得前往侦查法官规定的一些处所；

（3）定期到侦查法官指定的部门或机关报到；

（4）上交所有允许离开国境或从事某一职业或活动的证件和材料；

（5）如果其罪行是在从事某项职业活动时或者是利用这种活动而犯的，并且其可能再犯新罪时，停止从事这些职业活动；

（6）停止会见侦查法官指定的某些人，或者停止与他们进行交往；

（7）服从某些检验和治疗措施，甚至入院治疗尤其是在戒毒期内；

（8）向书记员处上交证件，除非有侦查法官的许可，否则不得使用。

侦查法官可以通过附理由的决定，增加或调整以上条款规定的义务。

第 125 条之二 2 （2001 年 6 月 26 日第 08 - 01 号法律） 侦查法官可以依职权，或者根据共和国检察官的要求，或者根据犯罪嫌疑人的要求，在通知共和国检察官后，解除司法管制。

侦查法官自收到犯罪嫌疑人请求之日起，应当在 15 日内附理由裁定是否接受其请求。

如果在此期限内侦查法官没有作出裁定，该犯罪嫌疑人或者共和国检察官可以直接向刑事审判庭提出请求，刑事审判庭应当在案件递交后 20 日内作出决定。

任何情况下，犯罪嫌疑人及其律师要求解除司法管制的申请不能在上次申请被拒绝后的1个月内再次提出。

第 125 条之二 3 （1990 年 8 月 18 日第 24 - 90 号法律）司法管制自侦查法庭作出决定之日起实施，至不存在提起诉讼的证据或者将犯罪嫌疑人移交审判庭时结束，司法管制在相关法庭解除以前有效。

第 125 条之二 4 （1986 年 3 月 4 日第 05 - 86 号法律）每个犯罪嫌疑人在无罪判决释放后，可以要求作出该判决的法院以他认为合适的方式发布该结果。

第 126 条 （1985 年 1 月 26 日第 02 - 85 号法律）在任何案件中，侦查法官均可依职权，在征求共和国检察官的意见后，命令释放犯罪嫌疑人，但是犯罪嫌疑人应当保证在被传唤时到庭参加各项诉讼活动。

共和国检察官也可以在任何时候要求采取此项措施。侦查法官在收到此项要求的 48 小时内应当作出决定。

第 127 条 （1990 年 8 月 18 日第 24 - 90 号法律）在任何案件中，犯罪嫌疑人或其律师可以在任何时候请求侦查法官予以释放，但必须承诺履行第 126 条所规定的义务。侦查法官应当立即将案卷寄送给共和国检察官，以便其在 5 日内作出回复，同时将此情况通知民事诉讼人。

侦查法官应当在通知共和国检察官后最迟 8 日内，作出附理由的决定。如果侦查法官没有在第 3 款所规定的期限内作出决定，犯罪嫌疑人持自己的请求可以直接向刑事审查庭提出，刑事审查庭可以在收到申诉后的 30 日内发布检察长的附理由的书面决定，依职权释放犯罪嫌疑人，除非检察长命令对犯罪嫌疑人的请求进行侦查。共和国检察官也有权按上述条件向刑事审查庭提出同等要求。

犯罪嫌疑人及其律师在上个申请被拒绝后的 1 个月内不得再次提出释放的请求。

第 128 条 （2001 年 6 月 26 日第 08 - 01 号法律）将诉讼提交法院裁决的，该法院也有权对释放的申请作出裁决。

该法院对释放的申请作出裁决的，则复议申请应当在裁决作出后的 24 小时内提出。

犯罪嫌疑人应当被继续羁押直至检察院作出裁决。在任何情况下，复议期限结束时应当立即释放犯罪嫌疑人。

释放的权力在法庭开审期间，在将诉讼送交轻罪法庭前属于刑事审查庭。

撤销裁决的申请在最高法院作出裁定前提出，由最后一个司法机关决定是否释放被告人，如果申请撤销的裁决为重罪法庭裁决，则由最高法院在 45 日内决定是否释放，否则，应当释放被告人，对其申请不再进行审查。

有关管辖权异议的相关裁决在未取得最终确定时所发出的释放申请，刑事审查庭应当仔细研究，一般来说，在任何情况下，案件不会交给任何法院受理。

第 129 条 （1975 年 6 月 17 日第 46－75 号法令）在没有决定或作出最终判决前，放弃对外国人进行临时羁押的侦查机构或者法院有权决定该犯罪嫌疑人的居住地，犯罪嫌疑人未经允许不得离开其居住地。如果犯罪嫌疑人违背此规定则被处以 3 个月至 3 年的监禁或 500 至 50000 第纳尔的罚金，两者不同时执行。此外，还会被处以暂时吊销护照。

侦查法庭或者法院应当阻止外国国籍的犯罪嫌疑人出境。

管辖权的内政部长应当被告知确定居住地的决定，采取措施对已确定的居住地进行监督，并在需要时授予在阿尔及利亚境内活动的临时许可。

内政部长应当将此情况告知侦查法庭。

逃避监管措施的犯罪嫌疑人将被处以本条第 1 款规定的处罚。

第 130 条 如果审判法庭出现本法典第 128 条和第 129 条规定的情况，通过挂号信传唤当事人及其律师，在检察院、当事人和律师结束陈述后作出判决。

第 131 条 释放的申请人无论有无担保均应当在释放前选择住址。该住址应当在看守所书记员的笔录中载明。如果犯罪嫌疑人受到侦查，则侦查工作将在其所选择的住址进行。如果法院之前在该地方进行了对案情的合议，看守所所长将上述决定通知主管部门。

如果犯罪嫌疑人在被释放后收到传唤而未到庭，或者出现新的或者紧急的情况必须对其进行羁押，侦查法官或者接受诉讼的审判庭可以发出新的羁押命令。

刑事审查庭如果查明自身并不具有管辖权，可将诉讼交由有管辖权的法院处理。

如果刑事审查庭决定释放犯罪嫌疑人，更改侦查法官的决定，则侦查法官不能命令进行新的羁押，但收到检察院的书面申请要求取消犯罪嫌疑人从上述决定中获得的权利的情况除外。

第 132 条 （1975 年 6 月 17 日第 46－75 号法令）在释放不具有法律效力的情况下，释放外籍人士必须要求其缴纳保释金。

此项保释金应当保证：

1. 被告人在所有诉讼程序时到庭，服从判决的执行。

2. 履行以下规定的义务——

（a）民事原告支付的费用；

（b）公诉所花费的费用；

（c）罚金；

（d）退款；

（e）民事赔偿。

释放的决定规定了每项保释金的具体数额。

第 133 条 保释金通过现金、钞票、保付的支票或由国家发行或担保的债券支付，交给法庭、法院、书记员或者注册收票员，注册收票员是惟一可接受债券支付的人。

接到收据，检察院应当立即作出释放的决定。

第 134 条 如果犯罪嫌疑人在进行诉讼的各项行为时均到庭，并且服从判决的执行，第 132 条第 1 款规定对应当的保释金可以返还。

反之，保释金应当没收上交国库，有合法理由者除外。

但是，如果侦查法官作出不予起诉、免除刑罚或者无罪释放的决定，保释金应当予以退还。

第 135 条 如果作出不予起诉、免除处罚或无罪释放的决定时，第 132 条第 2 款规定对应当的保释金应当予以退还。

在定罪判刑时，保释金应当按本法典第 132 条规定处理。

多余的部分应当予以退还。

第 136 条 检察院可以依职权或者附带民事诉讼当事人的要求，依据本法典第 134 条第 2 款规定向登记局提供书记员对被告人的责任认定的证明书，或者根据本法典第 135 条第 2 款的规定作出判决。

如果欠款尚未支付，登记局应当通过强制方式获得规定费用。

国库应当毫不迟延地向受益人分配收到的款项。

所有关于上述条款的纠纷均由咨询庭（合议庭）根据执行过程中所遇到的困难程度作出决定。

第 137 条 （2001 年 6 月 26 日第 08 - 01 号法律）被控犯罪的犯罪嫌疑人，已被释放或者在侦查过程中没有受到羁押的应当在庭审之前自首。

如果犯罪嫌疑人通过行政渠道在刑事法庭书记员的知晓下同意出庭，但在规定日期无合理理由拒绝出庭接受讯问，则将收到逮捕令。

第七节之二 临时羁押的赔偿
（2001 年 6 月 26 日第 08 - 01 号法律）

第 137 条之二 （2001 年 6 月 26 日第 08 - 01 号法律）在诉讼过程中被不正当临时羁押的人，如果在程序结束时不予起诉或无罪释放的决定已确定，而且羁押给其造成永久和明显的损害的，有权获得赔偿。

根据前款规定给予的赔偿由国库承担，并保留追诉导致临时羁押的恶意举报人和作伪证的证人的权力。

第 137 条之二 1 （2001 年 6 月 26 日第 08 – 01 号法律）前条规定的赔偿在最高法院审级设立的委员会即被称为"赔偿委员会"的决定下给予，在本法典中名为"委员会"。

第 137 条之二 2 （2001 年 6 月 26 日第 08 – 01 号法律）前条提到的委员会，由以下机构组成：

——最高法院院长或其代表担任委员会主席；

——两名具有审判庭庭长、法官或审计官职称的最高法院法官，作为委员会成员；

委员会成员每年由最高法院办公厅指定，除上述两名成员外，委员会还应当依上述同等条件指定 3 名候补委员，在发生阻碍时接替原成员。

最高法院办公厅可以根据上述同等条件决定委员会的组成情况。

第 137 条之二 3 （2001 年 6 月 26 日第 08 – 01 号法律）委员会具有民事法院的性质。

检察院职权由设在最高法院的总检察长行使。

委员会秘书长职权由最高法院的书记员行使，由最高法院院长任命。

委员会在咨询室进行会议，在公开会议上发布决议。

委员会的决议具有执行力，不得上诉。

第 137 条之二 4 （2001 年 6 月 26 日第 08 – 01 号法律）受理请求的委员会，自免予起诉或无罪释放的决定确定时起 6 个月内，对赔偿作出决定。

诉讼当事人或其授权律师签署的请愿书应当存放在最高法院或者由给予收据的委员会秘书长保管。

申请书应当包括案情陈述和所有必要的材料，尤其是：

1. 命令进行临时羁押的日期和性质，执行的监狱；

2. 发出免予起诉或无罪释放的决定的法院，此项决定发出的日期；

3. 损害的性质和赔偿数额；

4. 诉讼人接收通知的地址。

第 137 条之二 5 （2001 年 6 月 26 日第 08 – 01 号法律）委员会秘书长向国库的司法干事寄出申请书的复印件，并要求他们自收到申请书之日起 20 日内寄回带回执的挂号信。

刑事委员会秘书长可以要求作出决定的法院书记员处发出免予起诉或无罪释放的决定。

第 137 条之二 6 （2001 年 6 月 26 日第 08－01 号法律）申请人、国库的司法干事或者申请人的律师可以查看委员会秘书处的案卷。

司法干事应当在本法典第 137 条之二 5 规定的挂号信接收之日起 20 日内，将报告书寄存于委员会秘书处。

第 137 条之二 7 （2001 年 6 月 26 日第 08－01 号法律）委员会秘书长应当自寄存之日起 20 日内，以挂号信通知申请人关于国库司法干事的报告书。

申请人应当自收到通知之日起 30 日内向委员会秘书处作出回复。

在上述期限届满时，委员会秘书长向最高法院的总检察长移送案卷，总检察长在下个月提交报告书。

第 137 条之二 8 （2001 年 6 月 26 日第 08－01 号法律）在总检察长提交报告书后，委员会主席指定一名委员担任报告员。

第 137 条之二 9 （2001 年 6 月 26 日第 08－01 号法律）委员会有权命令采取所有必要的侦查措施；如果有必要，也可以听取申请人的陈述。

第 137 条之二 10 （2001 年 6 月 26 日第 08－01 号法律）委员会主席在参考总检察长意见后确定庭审日期，委员会秘书长应当至少在庭审开始前 1 个月内，以挂号信形式通知申请人和国库的司法干事庭审日期。

第 137 条之二 11 （2001 年 6 月 26 日第 08－01 号法律）宣读报告后，委员会可以听取申请人及其律师、国库司法干事的陈述。

总检察长提交其意见。

第 137 条之二 12 （2001 年 6 月 26 日第 08－01 号法律）委员会作出给予赔偿决定的，根据法律应当由阿尔及利亚国库承担。委员会驳回请求的，由申请人承担费用，但委员会决定免除部分或全部费用的除外。

第 137 条之二 13 （2001 年 6 月 26 日第 08－01 号法律）委员会主席、委员、报告员和委员会秘书长均应当在决议原件上签字。

第 137 条之二 14 （2001 年 6 月 26 日第 08－01 号法律）委员会的决议应当以挂号信形式在最短时间内通知申请人和国库的司法干事。

将刑事记录和委员会决议的副本一并送回有关法院。

埃 及

刑事诉讼法 *

第一编　刑事诉讼取证与侦查

第二章　取证和提起诉讼

第三节　逮捕犯罪嫌疑人

第 34 条　司法警察有权在证据充足的情况下，在可能判处 3 个月以上监禁的重罪或轻罪案现场逮捕犯罪嫌疑人。

第 35 条　上述情况中现场并未逮捕到犯罪嫌疑人，司法警察可以对其发出逮捕令或传票，并将此写进侦查笔录。

在非上述情况中，如果证据充分，某人被控告犯重罪或偷盗、诈骗、严重违法、强硬或暴力违抗司法人员等轻罪，司法警察可以采取适当谨慎措施，并要求检察院对其发出逮捕令。

在上述情况下，传唤官或司法人员可发出逮捕令、传票，或采取谨慎措施。

第 36 条　司法警察应立即获取被捕犯罪嫌疑人的口供，如果不能证明其无罪，应在 24 小时内将其移交相应司法总署，司法总署应在 24 小时内对其进行审问，然后决定逮捕或释放。

第 37 条　法律允许每个重罪或轻罪目击者将犯罪分子交至最近的司法人员，而无需逮捕令。

第 38 条　在允许判监禁的现行案和其他无法确定犯罪嫌疑人身份的现行案中，司法人员有权传唤犯罪嫌疑人，并将其移交最近的司法警察。

＊ 本法由参议院与众议院一致决议通过，于 1950 年 9 月 3 日以第 150 号法律发布，1950 年 10 月 3 日施行，2003 年最新修订。本译本根据阿拉伯埃及共和国司法部官网提供的阿拉伯语文本翻译。

第 39 条 除本法第9条（第2款）规定的情况外，如果现行案有起诉权的人未提起诉讼，则不能逮捕犯罪嫌疑人，但如果司法人员在场，则也可提起诉讼。

第 40 条 未得到相应权力机关的命令，不得对任何人进行逮捕或羁押，要保护其尊严，不得对其进行精神或人身伤害。

第 41 条 只能将其羁押至相应监狱，如没有相应权力机关出具的命令，任何其他监狱工作人员不得接收，该命令过期应将其释放。

第 42 条 每个检察院成员、预审法官和二审法院负责人、代表都有权造访在其管辖范围内的一般监狱和中心监狱，并确保不存在非法羁押的犯人，他们有权查阅监狱工作记录和逮捕羁押犯人令，并对其进行拍照，他们有权与犯人沟通，听取他们的申诉，典狱长和监狱工作人员应全力配合他们使其获得所需信息。

第 43 条 每个被羁押的犯人随时都有权向监狱工作人员提起书面或口头申请，并让其向检察院转达申请，工作人员应予以接受，并在记录后将其反映给检察院。

每个知晓被羁押者是被非法羁押或属于不适于羁押的人均有权将情况反映给检察院任何人员，该人员接到反映后应立即移送该被羁押者至合适地点，如果释放该名被非法羁押者，需将其记录在侦查笔录中。

第 44 条 即使起诉者并未要求民事权利，第62条规定对其仍然适用。

第四节　入户搜查
——搜查相关人员

第 45 条 非法律允许，或主人请求帮助，或发生火灾、溺水等类似情况，任何公职人员不得擅入民宅。

第 46 条 犯罪嫌疑人符合法律规定的逮捕条件的，司法警察有权对其进行搜查，如果犯罪嫌疑人是女性，则应由司法警察委任的女性对其进行搜查。

第 47 条 在重罪和轻罪现行案现场，如果司法警察认为存在确凿证据，则有权搜查犯罪嫌疑人住所，查找有利于查明案件事实的物证。

第 48 条 （根据1972年第37号法律被废除）

第 49 条 如果在犯罪嫌疑人住所发现有力的证据，或隐藏了有利于查明案件事实的物证，则司法警察有权对其进行搜查。

第 50 条 只允许搜查与案件相关的证物、证据，但如果搜查时意外发现涉及其他案件的证物，则司法警察有权扣押该证物。

第 51 条 若条件允许，应在犯罪嫌疑人或其律师（代理人）在场的情况下进行搜查，否则，应有两名证人在场，这两名证人尽量是犯罪嫌疑人的成年亲属，或与犯罪嫌疑人住在一起的人，或犯罪嫌疑人邻居，并将其记录在侦查笔录中。

第52条 如果在犯罪嫌疑人住所发现密封文件，司法警察不得将其打开。

第53条 司法警察有权查封有痕迹和证物的场所，并立即告知检察院，如果检察院认为无须启动法律程序，则应要求即决法官对其进行裁定。

第54条 被查封场所的不动产持有者有权向检察院申诉，或直接向法官申诉。

第55条 司法警察有权扣押文件、武器、工具等所有与案件相关且有助于破案的物品。

司法警察应要求犯罪嫌疑人在看过这些物品后对其予以说明，记载于侦查笔录中，并要求犯罪嫌疑人签字，如果拒签，则要注明。

第56条 （司法警察）封存并保管取得的证物和文件，并在封条上注明取得该物的时间和地点。

第57条 根据第53条、第54条的规定，只有当犯罪嫌疑人，或其律师（代理人），或这些物品的持有人在场，或这些物品得以归还时，才可以开拆封条。

第58条 搜查中知晓被扣押物品和文件信息的人，若将其告知不具备资格的他者，或以任何方式利用这些信息获利，将按刑法第310条对其进行处罚。

第59条 如果扣押的文件对文件持有者异常重要，司法警察需给持有者留下复印件。

第60条 司法警察有权在履行职务时直接使用武力。

第十章 保　释

第144条 在任何时候，无论是自行决定还是基于犯罪嫌疑人的请求，预审法官都有权在检察院同意后对先行羁押的犯罪嫌疑人保释，条件是犯罪嫌疑人承诺随传随到，不逃避履行对其发布的判决。

第145条 如果保释是非必然的，则无论有无保释金都不得将其释放，除非安排他住在当地有法院中心的地方。

第146条 如果不交保释金，则可以暂不保释。

对于犯罪嫌疑人不按时出庭受审、应诉和其他任何一个要求他参与的程序，则将从保释金中扣除相应的罚款。

其他需缴纳的费用：

（1）政府支出的费用（第一部分）；

（2）对犯罪嫌疑人处以的经济处罚（第二部分）。

如果不需要缴纳保释金就获得保释，犯罪嫌疑人也必须随叫随到，并履行其他法定的义务，其不得拒绝执行。

第147条 犯罪嫌疑人或他人缴纳的保释金可由政府支配。

第148条 如果犯罪嫌疑人受审时不能给出合理的理由以说明未执行必要责任的原因，则无须审判，保释金第一部分归政府所有。

如果审判结果为无罪，则将保释金第二部分归还犯罪嫌疑人。

第149条 如果预审法官认为不能对犯罪嫌疑人保释，则应在将其无罪释放前向警察局提出。

第150条 颁布释放令后，如果有有力证据，或违反保释应遵守的规定等，预审法官有权发布命令对犯罪嫌疑人重新逮捕或羁押。

第151条 如果需对犯罪嫌疑人进行释放、羁押或准备释放，则需由法庭作出决定。

由轻罪二审法庭作出决定是否移交重罪法庭。

若无管辖权，由轻罪二审法庭根据释放或羁押的申请向相关法院提起诉讼。

第152条 法庭不受理直接由被害人或原告人提出的羁押犯罪嫌疑人的申请，在是否释放犯罪嫌疑人的讨论中也不受被害人或犯罪嫌疑人的意见左右。

埃塞俄比亚

埃塞俄比亚刑事诉讼法典 *

第二卷　侦查和起诉

第二编　启动调查

第一章　逮　捕

第一节　无证逮捕

第 49 条　原则

除非法律另有明文规定，逮捕任何人均应依逮捕令进行，羁押任何人应依法院命令进行。无证逮捕应在本节所列明的情况下适用。

第 50 条　轻罪案件的无证逮捕

对实施了本法典第 19 条和第 20 条所列轻罪的人，如果可判处不超过 3 个月监禁刑的，任何警察或个人均可实施无证逮捕。

第 51 条　警察的无证逮捕

（1）任何警察可无证逮捕具有下列情况之一的任何人：

（a）被怀疑已经实施或将要实施可判处 1 年以上监禁的犯罪；

（b）正在实施扰乱社会秩序的行为；

（c）阻碍警察执行公务、脱逃或准备脱逃的；

（d）逃避或有合理理由怀疑其逃避警察监管的；

（e）有合理理由怀疑其从军队或警察部队脱逃的；

　＊ 本法典于 1961 年 11 月 2 日由总理签署发布，1962 年 2 月 2 日生效实施，由埃塞俄比亚专门负责印刷发行法律文件的法律出版署（Negarit Gozeta）1962 年发布。本译本根据埃塞俄比亚联邦民主共和国议会官网（http：//www.icrc.org）提供的英语文本翻译。

（f）持有入室行窃工具或武器但没有合法理由的；

（g）持有赃物或其他犯罪所得但没有合法理由的；

（h）有合理理由怀疑为刑法典第 471 条意义上的危险游民的。

（2）本章的规定并不影响政府部门官员依照其他法律的特别规定实施无证逮捕的权力。

第二节　有证逮捕

第 52 条　原则

（1）如果法律规定逮捕某人应由法院发布令状，则应适用本节如下规定。

（2）逮捕令应根据本法典附录三规定的样式制作。

（3）除非得到执行或为作出法院所撤销，逮捕令一直有效，无论作出逮捕令的法官是否死亡、退休或为其他法官所替代。

第 53 条　作出逮捕令

（1）任何进行侦查的警官可向任何法院申请逮捕令，逮捕令应发给所在州的警察署长。

（2）可在每天的任何时间发出逮捕令。

（3）帝国任何地方的任何警察均可执行逮捕令。

第 54 条　逮捕条件

只有在此人出席法庭为绝对必须且无法通过其他方法实现时，才可发布逮捕令。

第 55 条　紧急情况申请逮捕令

（1）紧急情况下，侦查人员可通过电话或电报申请逮捕令。

（2）在此情况下，侦查人员应在 24 小时内以书面形式向法院确认该逮捕申请。

第三节　一般规定

第 56 条　执行逮捕

（1）警察执行逮捕之前应首先确认被逮捕人的身份。

（2）有逮捕证的，警察应向被逮捕人宣读逮捕证，经要求，应向被逮捕人出示逮捕证。

（3）除非已在言语或行动上提请羁押，警察才能实际碰触或限制被逮捕人的身体。

（4）如果此人抗拒逮捕或者逃避逮捕的，警察可使用与案件情况相称的方式尽可能地实施逮捕。

（5）本章规定同样适用于司法逮捕。

第 57 条　协助执行逮捕

当警察在执行无证逮捕或有证逮捕要求协助时，在没有危险的情况下，任何人均有义务提供协助（刑法典第 761 条）。

第 58 条　移送被逮捕人

（1）实施逮捕后，执行逮捕的人应立即将被逮捕之人移送最近的警察局。

（2）如果执行逮捕的人目睹了犯罪的发生过程，其应当根据本法典第 20 条的规定作出陈述。

第 59 条　羁押

（1）被逮捕人被带至的法庭（第 29 条）应决定是羁押此人还是交保释放。

（2）侦查尚未终结的，侦查人员可申请候审还押，以便有充足的时间顺利完成侦查。

（3）应以书面形式作出候审还押决定。每次候审还押期限不得超过 14 日。

第二章　候审还押

第 60 条　候审还押的条件

应当羁押所有被逮捕人，羁押根据相关监狱法规的规定进行。

第 61 条　被羁押人咨询律师的权利

任何因逮捕或候审还押被羁押的人均有权聘请律师并与律师会见交流，如果其要求，羁押机构应允许其以书面的方式与律师交流。

第 62 条　寻找保证人

所有可能因保释释放的候审还押人均有权获得寻找保证人的机会。

第三章　保　释

第一节　保释保证书

第 63 条　原则

（1）如果被指控的犯罪不会被判处死刑或 15 年以上监禁，任何被逮捕之人均可能因保释而释放，但在垂死之时实施犯罪之人则无此可能。

（2）除非其签署了保释保证书，提供了保证人，也可以不提供保证人，法院认为足以保证被羁押人在法院要求时出席法庭，否则任何人不得因保释而被释放。

（3）本条不影响本法典第 67 条的规定。

第 64 条　申请保释

（1）被逮捕之人可随时申请保释。

（2）保释申请应以书面形式作出并由申请人署名。申请书应包含提出申请的简要理由和申请人准备签署的保释保证书的性质。

（3）保释申请可向所有法院提出。

第 65 条　法院在逮捕令中可就保证作出指示

（1）法院在对某人作出逮捕令时，可依裁量，在逮捕令中指示符合何种条件时可让此人签署保释保证书。受此指示的警察采纳此保证后应将此人从羁押场所释放。

（2）指令应列明：

（a）保证金的数额，如果有保证人，列明保证人数量；以及

（b）被释放人出席法庭的时间。

（3）如果根据本条规定签署了保释保证书，受此逮捕令指示的警察应释放被逮捕人并将保证书提交法院。

第 66 条　就保释申请作出决定

接受申请的法院应及时审查该申请，并召集起诉人或侦查人员作出评判和提供意见。法院应在 48 小时内作出决定。

第 67 条　不予保释

在下列情况下，保释申请将不被准许：

（a）申请人看上去不会遵守保释保证书所列的条件；

（b）申请人若被释放，有可能实施新的犯罪；

（c）申请人有可能妨害证人作证或毁灭其他证据。

第 68 条　准予保释

准予保释申请时，法院应确定准予保释的条件。

第 69 条　保证金数额

（1）选择保证人以及确定保证金数额由法院裁量。

（2）法院在决定相关事项时应考虑：

（a）指控的严重程度；以及

（b）被告人出庭的可能性；以及

（c）将其释放对公共秩序可能造成的危险；以及

（d）被告人及其保证人的资产和能力。

（3）拒绝或准予保释申请的相关决定应当以书面形式作出并说明理由。

第 70 条　保证人的义务

（1）除非在保释保证书中另有明文规定，保证人应负责确保被保释人在诉讼过程中无论何时、何地都能出席法庭，避免因此休庭。

（2）此处相关规定并不影响本法典第 77 条和第 78 条的规定。

（3）保证人死亡的，其保证义务消失。提交的保证金应返还给保证人的私人代表。应要求被保释人提供新的保证。

第 71 条　保释保证书的存续期间

（1）保释保证书应按照本法典附录三规定的样式制作。

（2）保释保证书在法院确定的期间内持续有效，但法院可延长该期间。

（3）针对被释放人的指控被撤回的，法院应解除保证。

第 72 条　释放

对已经签署保释保证书且符合所有保释条件的被告人，应将其从羁押场所释放。

第 73 条　错误或欺诈

（1）如果因为错误、欺诈或其他原因，导致保证不足的，法院可对取保释放人签发令状，当其出庭时，法院可命令其提供充分的保证。

（2）如果其拒绝或无法提供的，法院应命令将其候审还押。

第 74 条　新的事实

如果准予保释时所不了解的特定事实被披露，法院可随时依职权或依申请重新审查准予保释的条件并命令被释放人提交新的保证或将其候审还押。

第 75 条　拒绝保释后向上诉法院申请保释

（1）如果保释申请为法院所拒绝的，被告人可在 20 日内以书面形式向根据本法典第 182 条第 2 款向有上诉管辖权的法院申请保释。申请书应简要阐明应当批准保释的理由。

（2）上诉法院审查申请后可驳回申请，也可确定条件准予保释。对上诉法院根据本条所作决定不得上诉。

第二节　保释保证书的效力

第 76 条　未能出庭

（1）如果因保释被释放的人未能在逮捕令中确定的日期出席法庭，应对其发布逮捕令。

（2）应传唤保证人并要求其说明未能尽到保证责任的原因。

（3）根据案件需要，法院就保释保证可作出相关命令。

第 77 条　被释放人可能逃匿的

（1）如果保证人认为被告人可能逃匿的，其应告知法院并申请解除保证责任。

（2）法院应发布逮捕令。但被告人被逮捕后，应解除保证人保证责任。

第 78 条　解除保证责任

（1）保证人可随时将被释放人带至释放此人的法院，其保证责任可因此解除。

（2）所有或任何保证人可随时向保证作出的法院申请完全解除对申请人保释保证或到此为止。对此申请，法院应向正在执行的保释保证所保证的人发出逮捕令，其出庭的情况下完全解除对其的保释保证或到此为止。

（3）在前两项情形下，法院应要求被告人提供其他充分的保证，如其不能或拒绝的，法院应命令将其候审还押。

第 79 条　没收保证金

如果被告人未能遵循保释保证书的要求，保释金将被没收，除非被告人或其保证人能证明不应没收保证金的原因。

加　　纳

1960 年刑事诉讼法典[*]

第一章　总　则

第二节　拘捕概述

第 3 条　如何执行拘捕

在拘捕的过程中，除非有言语或行为表明将要提交羁押，否则警察或执行此工作的其他人，均应当实际接触或限制被拘捕者的身体。

---

[*] 本法典于 1961 年 1 月 12 日由加纳总统和国民大会批准并颁布，1961 年 2 月 1 日生效。本译本根据世界知识产权组织官网（http：//www.wipo.int）提供的英语文本翻译。

第4条 搜查即将被拘捕者所进入的场所

（1）如果依据拘捕令而采取行动的人，或者有拘捕权的任何一名警察，有理由相信，即将被拘捕者已进入或者正位于某一场所，则居住在此处或看管此处者，应当应执行拘捕者或执行拘捕的警察的要求，允许他自由进入该场所并提供所有合理的便利以搜寻即将被拘捕者。

（2）如果根据本条第1款规定并不能有效进入某处：

（a）依据拘捕令执行拘捕的人；

（b）或者执行拘捕的警察，在拘捕令可以发出，但因被拘捕者的逃跑以至于未来得及去申领时，可以进入某一场所并搜寻即将被拘捕者；如果即将被拘捕者或其他人已有效进入某处，而执行拘捕的警察已告知其职权和目的，并及时提出进去的要求，但却没有获准进入，则该警察可以为了有效进入该场所，而撞开该场所的院门、房门或窗户。

第5条 为解救自己或他人而从屋子里破门而出的权力

获权执行拘捕的警察或其他人，可以为解救因执行拘捕而合法进入某场所并被困在该场所的自己或其他人，而从该场所破门而出。

第6条 不得有任何不必要的限制

被拘捕者，不得承受超出防止其逃跑而必须采取的限制。

第7条 告知拘捕令的内容

除非被拘捕者正在实施犯罪，或者是从合法羁押场所逃出后立即被追捕，警察或其他执行拘捕的人应告知被拘捕者其被拘捕的原因；且如果警察或其他执行拘捕的人是依照一份拘捕令而执行拘捕的，则应当告知其令状的具体内容，并应出示该令状。

第8条 搜查被拘捕者

（1）当警察或其他私人已拘捕某人时，执行拘捕的警察或从私人处接管被拘捕者，可以搜查被拘捕者并将除其必需穿着的衣物外的所有物品置于安全的保管之处。

（2）当被拘捕者能够合法获得担保且已提供担保时，则其不得被搜身，除非有合理理由相信其身上可能有：

（a）被盗物品；

（b）暴力工具；

（c）与其被指控的犯罪行为有关的工具；或者

（d）其他能证明其与被指控的犯罪行为有关的证据。

（3）所有的搜查应有足够的尊重，且必须搜查女性时，必须由其他女性来进行。

（4）搜查被拘捕者的权力并不包括检查其人身的权力。

（5）尽管受本条其他款的限制，但执行拘捕的警察或其他人，在任何情况下，均可从被拘捕者身上卸除可能危及其自身的任何凶器。

第 9 条　将被拘捕者立即带至警察局

拘捕任何人，无论是否持有令状，均应合理迅速地将其带至警察局或其他能接受被拘捕者的地方，且应无延迟地告知被拘捕者，针对他的指控是什么。还应为这些被羁押者提供合理便利，以便其能获得法律帮助、能采取措施以提供保释，并能为自己的辩护或获释作出一些适当安排。

第三节　没有令状的拘捕

第 10 条　没有令状时警察实施的拘捕

（1）警察可在没有令状时拘捕任何人，如果此人：

（a）当着警察的面正在实施犯罪；

（b）妨碍警察执行公务；

（c）从法定羁押场所逃出或试图从法定羁押场所逃跑；

（d）拥有任何适宜或试图用于非法进入某一建筑物的器械，且无法就其拥有该器械作出合理解释；

（e）拥有任何可被合理怀疑为是被盗财产的物件。

（2）警察可在没有令状时拘捕基于合理理由而怀疑的如下任何人：

（a）实施了某犯罪的人；

（b）正欲实施某犯罪的人，而警察当时没有其他可行的方法能阻止其实施该犯罪；

（c）正欲实施某犯罪的人，而警察是在夜间的公路、院子、建筑物或其他地方发现了该人；

（d）法院签发的拘捕令所针对的人；

（e）从武装部队逃出来的人；或者

（f）所涉及的在加纳境外的行为如果是在加纳境内实施，则将作为犯罪而受到处罚，且根据某一法律，其在加纳境内很可能会被拘捕并被拘禁的人。

第 11 条　拒绝说出姓名和住址

（1）当某人并非依据本法典第 10 条之规定，很可能是在没有命令或令状时被拘捕的那些人，已被指控犯了某罪，却拒绝应警察的要求给出自己的姓名和住址，或者警察有理由相信他给出的姓名或住址是假的时，他可以被这名警察拘捕以便其姓名或住址能得以查实。

（2）当他的真实姓名和住址得以查实时，应该根据其承诺的担保（如果法院要求的话，将出庭接受审理；有无担保人均可），而被释放。

（3）如果他不是加纳的居民，则需要由居住在加纳的担保人来担保。

（4）自被拘捕时起 24 小时以内，如果该人的姓名和住址还没有查实，或者是他不能就此提供担保，或者如果他被要求提供足够的担保人，则他应当被立即带至最近的有管辖权的法院。

第 12 条　没有令状时私人实施的拘捕

（1）私人没有令状时可以拘捕当其面正在进行下列犯罪的人：

（a）涉及使用武力或暴力的犯罪；

（b）对他人造成身体伤害的犯罪；

（c）盗窃或欺诈性质的犯罪；

（d）危害公共财产的犯罪；或者

（e）损害私人所有，或者是由私人合法照料、看管的财产。

（2）没有令状时，私人可以拘捕任何人，如果他合理怀疑该人犯有本条第 1 款所规定的那些性质的犯罪。

第 13 条　财产主人实施的拘捕

［已被 N. R. C. D. 235 第 3 条废止］

第 14 条　对由私人拘捕的人员的处置

（1）没有令状却拘捕了某人的私人，应当毫无延迟地将所拘捕者移交警察，或者，若没有警察在场，则应该将其带至最近的警察局。

（2）如果有理由相信，某人是依据第 10 条而出现在其面前，则警察应当再次拘捕他。

（3）如果有理由相信，被拘捕者犯下一项重罪或轻罪，而其又拒绝应警察的要求给出自己的姓名和住址，或者警察有理由相信其给出的姓名或住址是假的时，则他得依据第 11 条而被处置。但如果没有足够理由相信他犯下了某一罪行，则其应被立即释放。

第 15 条　对没有令状而被拘捕者的羁押

（1）没有令状而又因与某种犯罪有关而被带至羁押场所的人，应自其被拘捕后在不迟于 48 小时内从羁押场所被释放，除非其在早些时候曾被带至一个有管辖权的法院。

［根据 2002 年第 633 部法律，即《刑事诉讼法典（修正案）》的第 2 条之一修正］

（2）如此被带至羁押场所的人，无论是在前述时间期满之前还是之后，均可能随时被要求提供有合理人数的保证人或无保证人的担保，保证其将会在担保所言的某一时间，出现在某法庭、某警察局或警察所。

（3）任何此类担保均可被强制执行，与它是依据法院令状而被要求履行的担保一样；此类担保所附条件是该人将出现在法庭。

（4）［已被 2002 年第 633 部法律，即《刑事诉讼法典（修正案）》第 2 条之二废止］

第 16 条　警察就拘捕情况进行报告

警察局的负责人，应按月向其最近的治安法官报告其各自警察局所有的没有令状而被拘捕以及随后没有被控有罪的案件，无论这些人是否已获得保释。

第 17 条　当着治安法官的面实施的犯罪

当任何犯罪是当着治安法官的面实施的，则在其地方管辖权限内，治安法官本人便可以拘捕或命令任何人拘捕该犯罪者，且可以因此在遵从了本法典中与保释有关的规定的基础上，将其送交羁押。

第 18 条　治安法官实施的拘捕

任何治安法官均可以在其地方管辖权限内拘捕某人，或指挥任何在场他人根据本该依法颁发的令状而进行拘捕——如果他在拘捕或指挥他人拘捕时所知道的事实，是由其他人在其面前宣誓后陈述的。

第四节　逃逸和再次拘捕

第 19 条　再次抓获逃逸者

如果某被合法羁押者逃逸或被营救了，则从其逃逸或被营救之时起，他将被立即追捕且可以在加纳的任何地方被拘捕。

第 20 条　第 4 条和第 5 条可用于依据第 19 条而实施的拘捕

尽管执行拘捕的人并非依令状而为，且不是一名有拘捕权的警察，但第 4 条和第 5 条应该可用于依据第 19 条而实施的拘捕。

第 21 条　帮助治安法官或警察

当治安法官或警察提出如下合理请求时，每人均有义务帮助他们：

（a）擒住治安法官或警察有权拘捕的人，或防止该人逃跑；

（b）预防或制止妨害治安的行为的发生，或者预防任何针对人身或财产的非法暴力犯罪。

第二章　与刑事程序有关的规定

第十节　有关保释和担保的一般性条款

第 96 条　准予保释

（1）根据本条规定，法院可以对任何出庭、在任一程序中被带至法庭，或在没有拘捕令的情况下被拘捕后带至法院的人准予保释，且该人：

（a）准备随时在诉讼程序任一阶段或在定罪后等待上诉时取保；且

（b）以后文提供的方式达成一份条件是其将在所提及的时间和地点在该法院或其他法院出庭的担保（有或无保证人均可）。

（2）尽管本条第 1 款或第 15 条有相应的规定，但根据本条下列规定，高等法院或巡回法院可以在某些情况下指示给予某人保释，或者减少由区法院或警察所要求交付的保释金。

（3）保释金的数量和保释的条件应依据案件的具体情况加以确定，且不得过度或严厉。

（4）法院不得拒绝或撤销仅仅只是作为一种惩罚的保释。

（5）法院应当拒绝给予保释，如果确信被告人：

（a）可能不会出庭接受审判；或者

（b）可能会干扰证人或证据，或以某一方式妨碍警察调查；或者

（c）可能会在保释期间犯其他罪；或者

（d）被指控曾在保释期间触犯了可能被判处 6 个月以上监禁刑的犯罪。

（6）在考虑被告人是否可能不会出庭接受法院审判时，法院应当将下列因素考虑在内：

（a）该指控的性质；

（b）支持该指控的证据的性质；

（c）所认定的将受到的处罚罪行的严重程度；

（d）被告人在以前获得保释时，他是否故意不遵守他在达成保释时所承诺的条件；

（e）被告人在加纳境内是否有固定住所，并且有工作收入；

（f）保证人是否独立，是否有良好的品性及充足的财力支撑。

（7）法院应当拒绝准予保释：

（a）如果案件涉及叛国罪、颠覆罪、谋杀罪、抢劫罪、劫持飞机罪、海盗罪、强奸罪、侮辱罪或脱逃罪；或

[根据 2002 年第 633 部法律，即《刑事诉讼法典（修正案）》第 7 条修正]

（b）当某人因要被引渡到国外而正在被羁押时。

第 97 条　有关保证书的一般性条款

（1）就保证书而言，当保释金的数量已在其中加以确定且将要约束保证人（如果有的话）时，则该保证不必在法院当庭达成，但却可以受本法典所确立规则的束缚，由各方当事人在其他法院，或在法院的某书记员、警方的副督察，或警衔相同或更高的其他警察或警察局负责人的面前达成；而如若当事人一方在监狱，则可以在监狱的主管或其他看管者的面前达成。随即，应确保所有的法律后果，均如同该保证是在法院面前所达成的一样；且本法典有关在法院面前达成保证的规定，均应适用于前述保证的达成。

（2）当释放某人的条件是他必须与保证人达成保证时，则与保证人间的该保证可单独达成，且在主保证达成之前或之后均可；而一旦主保证及与保证人间的保证是这样先后达成的，则它们被视为同时达成的一个整体而具有一体的约束力。

（3）对某人应出现于某法庭的保证，可以附如下条件，即其被要求在诉讼的每一时间、每一地点随时出现，而其听审有可能会被一次次地延期——在没有偏见的情形下，法院可依其职权在后续听审时变更其有关的命令。

第 98 条　免除羁押

（1）当执行保证所附的条件是释放某人，则一旦执行该保证便应立即释放此人；且如果他是在监狱里或在警方的看管下，则法院应向监狱或其他羁押场所的负责人签发一份释放令，该负责人应在收到释放令时即将他释放。

（2）本条或第 96 条规定并未要求释放任何一位因为某些事件而必须被羁押者，除非是相关保证已被执行。

第 99 条　替代担保的保证金

当某人被法院或警察要求执行（有或无保证人的）担保时，除非是允诺有良好行为的担保，否则法院或警察可以允许他缴纳法院或警察能够确定的、可代替该担保执行的一定数量的金钱，以保证要求执行该保证的法院或警察强加于其上的条件得以正常执行。一旦违反了这些相关条件，则第 104 条规定的没收保证金的程序便可被启动——这就如同以同样方式对相当于保证金的担保予以了同样程度实际执行一样。

第 100 条　担保的变动

在担保达成之后的任何一个时段，若法院基于某一原因认为保证人并不适合，或者是考虑案件的所有情形，保证金的数量不足，则法院可以签发传票或令状，要求被告人出庭；而一旦其出现在法院，法院可以根据具体的情况，命令他以另一数目或以其他保证人的形式，执行一个新的担保；若被告人不这样做，则法院可以将其送入监狱，而其在监狱里所待的期限，不得超过其在之前情形下，即他没有提供任何相应担保时可能被关进监狱的最长期限。

第 101 条　保证人解除保证

（1）为某人出庭或其行为担保的保证人，在之后的任一时间，均可以向治安法官申请解除全部或仅与申请者有关的担保责任。

（2）在此申请过程中，治安法官应当签发一份拘捕令，指示将已被释放的人带至其面前。

（3）当被担保人依照该令状出庭或者是自动出现时，治安法官应指示解除全部或仅与申请者有关的部分担保，并应要求被担保人另外找寻足够的保证人，而若他不这样做的话，便可判其入狱。

第 102 条　未成年人的担保

在任何案件中，当法院命令所要求执行的担保涉及未成年人时，法院不得要求该未成年人执行担保，而是应当要求其亲属、监护人或其他合适的人（有无保证人均可）来执行，所执行的担保条件是，未成年人将按照法院命令所要求的方式而活动。

［根据 2002 年第 633 部法律，即《刑事诉讼法典（修正案）》第 1 条修正］

第 103 条　受担保约束者潜逃时可被收监

根据有关人宣誓后给出的信息，法院若认为受担保约束本该在法院或警察面前出现的人即将离开加纳，则法院可命令拘捕该人并可将其送入监狱直到审理，除非法院认为，接受其进一步的担保保释甚为得当妥贴。

第 104 条　没收保证金

（1）经证明，根据本法典设定的担保曾得到了法院认可，或者保证将出现在法院面前的担保曾得到了法院认可，但相应的担保却已经被废除，则法院应当记录有关证据，并可以传唤受该担保约束的人缴纳保证金或者陈明其不应缴纳保证金的理由。

（2）如果其陈明的理由不充足且未缴纳保证金，则法院可以没收依据第 99 条规定收取的保证金的方式来恢复执行，或者签发一份令状，扣押并售卖属于此人的动产或其死后财产。

（3）令状可以在签发法院的管辖区域内执行；且该令状应当授权，如若发现此类财产的辖区治安法官签字背书，则扣押及出售属于此人的任何动产便不受前述限制。

（4）如果未缴纳保证金且不能通过扣押及出售来恢复执行，则受担保约束的人应承担的责任是，根据签发令状的法院的命令，入狱（没有强迫性劳役）不超过 6 个月。

（5）［已被 2002 年第 633 部法律，即《刑事诉讼法典（修正案）》第 8 条废止］

（6）若在担保被废止之前担保的保证人死亡，则应免除保证人与此担保相关联的所有财产责任。

（7）当提供担保的人被认定犯了罪，而该罪构成了对其担保条件的违反，则经确认的、认定其犯罪的法院判决副本，可以用作本条规定所言的其违反相关担保的证据；而如若经确认的该副本被如此使用，除非有相反证据，否则法院应推定他犯下了该罪行。

第 105 条　对命令的上诉及复核

由任一治安法官根据第 104 条规定而通过的所有命令，可被上诉到高等法院，并可以由高等法院来复核。

第 106 条　新近发出的担保令对原有担保令的影响

当某担保的保证人破产或死亡，或者担保根据第 104 条的规定被废止，则法院可以命令被要求作出该担保的人根据原有命令的指示，提供一个新的保证人；且如果未提供一个这样的保证人，则法院可如同其没有遵守原有命令一样处置他。

第 107 条　指示就某些担保征收一定数量款项的权力

高等法院或巡回法院可以指示任何治安法官，就某人的出庭征收一定数量的保证金。

第 108 条　照相及指印

（1）当某人在法院被起诉并被控以重罪、涉嫌欺诈或不诚实时，则在诸如此类案件中，无论该罪行将接受简易程序审理还是公诉程序审理，或者无论此人已获准或没获准保释，当地的主管警察部门均可以依其裁量权，以其认为适宜的范围，采集该人的照片、外貌描述、数据、拇指印、指印，以供警察部门使用并留作档案。

（2）如果此人未因该起诉或与该起诉有关联而被定罪，则其拇指印、指印的照片和档案应被销毁。

（3）每一警察部门因此被授权、进而有权采取一切必要的行动，且可以做所有得当并在有效执行本条规定时要求去做的合理事情。

喀 麦 隆

刑事诉讼法典*

第一卷　总　则

第三编　逮　捕

第 30 条　（1）逮捕是指抓捕某人，以便将其立即送交法律规定的机关，或者送交据以执行逮捕的令状所规定的机关。

（2）执行逮捕的司法警察警官、警员或者社会秩序维护力量的人员责令被逮捕人听从逮捕；在被逮捕人拒绝听从的情况下，可以使用与当事人的抗拒程度相适应的任何强制性手段。

（3）在发生第 103 条规定的重罪或现行轻罪的情况下，任何个人均可抓捕犯罪行为人。

（4）不得对被逮捕人的身体或精神施以任何伤害。

第 31 条　除重罪或现行轻罪案件之外，执行逮捕的人应当表明自己的身份，告知当事人对其实施逮捕的理由，相应情况下，允许某个第三人随同被逮捕人，以便其确知被逮捕人被带至何处。

第 32 条　在任何公共场所或者对公众开放的场所，对于涉嫌实施了某项违警罪的行为人，如果其拒不表明自己的身份，或者经认定其告诉的是假身份，司法警察警官或者警员可以逮捕该人，并且在不妨碍执行第 83 条第 3 款之规定的情况下，将其拘留最长 24 小时。

第 33 条　任何司法官，亲见发生现行重罪或现行轻罪案件时，均可在表明自己的身份、资质与职务之后，口头或者书面命令逮捕犯罪行为人或涉案共犯，并命令将他们送交有管辖权限的机关。

＊ 本法典于 2005 年 7 月 27 日由国民议会审议通过，共和国总统颁布，2006 年 8 月 1 日生效实施。本译本根据喀麦隆国家印社印制的文本翻译。

第 34 条 司法警察警官每日向共和国检察官报送一份拘留在其部门内的人员的名单。

第 35 条 （1）负责执行逮捕令的司法警察警官，以及在公共力量的工作人员或某个个人向司法警察警官扭送犯罪嫌疑人的情况下，该司法警察警官可以对被逮捕人或犯罪嫌疑人搜身或者派人对其进行搜身，并将找到的该人持有的所有物品扣押和送交至可靠的场所，但犯罪嫌疑人所必要的衣物除外。

（2）对于被扣押的物件，立即制作一份清单并由司法警察警官、被逮捕人以及 1 名证人签字。

（3）被逮捕人被释放时，应将扣押的、不构成物证的个人财物立即归还被逮捕人，并制作笔录；相应情况下，在见证人在场的情况下进行财物返还。

第 36 条 （1）负责执行逮捕令的司法警察警官有合理理由认为正在受到追查的人藏匿于某个私人场所时，该场所的占用人有义务为司法警察警官进入该场所提供便利。

（2）如果该人拒绝提供方便，司法警察警官就此制作笔录一份，要求任何当场可安排的任何人作为证人，并强行进入该场所。

第 37 条 被捕的任何人均享有为其提供的各种合理的便利条件，以便其与家人进行联系，聘请辅佐人，寻求保障其辩护权的方法，听取医生的建议以及接受医疗检查与治疗，为取得保证人或获得释放而作出必要的安排。

第 38 条 为了抓捕某人或者为阻止被逮捕人逃脱，任何个人在受到要求时，均有义务为司法官、司法警察警官和警员提供协助。拒绝提供协助之情形，适用《刑法典》第 174 条之规定。

第二卷　犯罪认定与追诉

第二编　司法警察与负责司法警察案件调查的机关

第二章　警察调查

第四节　拘　留

第 118 条 （1）拘留是指，在对案件进行初步调查的情况下，为了查明事实真相，在有限的时间内，将某人留置在某个司法警察场所，随时听从一名负责司法警察警官的安排、处置的一种治安措施。

（2）凡是有已知住所的人，不得对其实行拘留，但现行重罪或现行轻罪案件以及有重大的相互吻合之犯罪迹象的嫌疑人除外。

（3）除上述第 1 款和第 2 款的规定之外，任何拘留措施均须得到共和国检察官的书面批准。

（4）该批准事项应记入笔录。

第 119 条　（1）（a）司法警察警官考虑对犯罪嫌疑人实行拘留时，应当明确向该人告知其涉嫌的犯罪，并要求其作出警官认为有用的任何解释。

（b）履行这些手续，均应在笔录中作出记载。

（2）（a）拘留期限不得超过 48 小时，但可延长一次。

（b）经共和国检察官书面批准，作为特殊情况，拘留期限可以延长 2 次。

（c）每一次延长拘留时间，均应当说明理由。

在案件进展的任何阶段，均不得惟一以需要听取某个证人的证言为理由而延长拘留时间。

不得在周六、周日或节假日命令开始采取拘留措施，现行重罪或现行轻罪案件除外；但是，已于周五或节假日前夕开始的拘留措施，可以在遵守上述第 2 款明确规定的条件下予以延长。

第 120 条　（1）尽管有第 119 条第 2 款的规定，在相应情况下，根据拘捕地点与实行拘留的警务场所或宪兵场所之间的距离里程，拘留期限可予延长。

（2）每 50 公里延长 24 小时。

（3）期限的每一次延长均应在拘捕笔录中记载。

第 121 条　拘留期限自犯罪嫌疑人到案或者被带至警察分局（派出所）或宪兵队的场所时开始计算。拘留时间应在办案日志和听取陈述的笔录中记载。

第 122 条　（1）（a）犯罪嫌疑人应立即被告知其受到指控的犯罪事实，并且在物质上和精神上应当受到人道地对待。

（b）在听取被拘留人陈述的过程中，应当给予其合理的休息时间。

（c）此种间歇休息，应记载于笔录。

（2）犯罪嫌疑人的身体或精神不受任何强制；不得对嫌疑人施以酷刑拷打、暴力、威胁，其他任何逼供、诱供、套供、暗示、轮番持续审讯、催眠、施以毒品或其他足以损害、削弱其行动或决定之自由的任何方法；不得采用任何可以损害与打乱嫌疑人的记忆能力或判断能力的方法。

（3）在警方工作时间里，被拘留人可以随时接受其律师、家庭成员或其他在拘留期间可以及时了解其所受待遇、处理情况的人的探视。

（4）国家保障被拘留人的饮食，但被拘留人经准许，可以每天接受其家人或朋友给予的饮食和日常生活所必需的物质。

（5）违反或阻挠执行本条款之规定的任何行为，均引起对责任人的司法追究，且不影响在相应情况下实行违纪惩戒。

第 123 条　（1）受到拘留的人可以随时接受共和国检察官依职权指定的医生进行体检；由此指定的医生可以由被拘留人自选的医生协助，但费用由被拘留人承担。

（2）共和国检察官也可以依当事人本人、其律师或家庭成员提出的请求，安排进行上述体检。在提出请求之后 24 小时内，即应安排体检。

（3）拘留结束时，如果当事人、其诉讼辅佐人或某个家庭成员提出请求，必须由犯罪嫌疑人自己选定的医生对其进行一次体检，并由其负担费用；在任何情况下，被拘留人均受告知有此项权利。

（4）应要求进行体检的医生提交的报告归入诉讼卷宗，同时将其副本交给受拘留人。体检报告上应有选定的医生签名，相应情况下，医生对其报告作出相应说明。

第 124 条　（1）司法警察警官在笔录中详细写明实行拘留的理由以及各次讯问之间的间隔休息情况，当事人获释或者被解送至共和国检察官处的日期与时间。

（2）本条第 1 款规定的应当记载的事项，需经犯罪嫌疑人依第 90 条第 3、4、5、7 款规定的形式签字；若其拒绝签字，司法警察警官应在笔录中作出记载。

（3）在司法警察的所有办案场所，均备置一个专门登记簿，该登记簿需接受共和国检察官的审查监督；在可能接收与拘留犯罪嫌疑人的场所备置的专门登记簿上应当记载上述同样的事项。

（4）如不遵守本条款所定的各项规则，笔录以及由此实施的相关行为均无效，且不妨碍对司法警察警官给予违纪惩戒。

第 125 条　（1）司法警察警官距法庭所在地较远时，延长拘留时间的申请通过电话、电台信息联络、派员送信、传真、电子邮件和其他任何快捷的通信联络方式提出。

（2）共和国检察官的决定以同样途径发出，相应情况下，再用书面文件予以确认。司法警察警官立即将共和国检察官的决定告知犯罪嫌疑人。

（3）如果司法警察警官无法立即与共和国检察官取得联系，应当释放犯罪嫌疑人，由其交保或者免除交保。

但是，现行重罪或现行轻罪案件，或如果犯罪嫌疑人没有已知的居所或者不能提供第 246 条 g 项规定的担保之一项，尽管有第 119 条和第 120 条的规定，司法警察警官仍可将拘留时间最多延长 8 日。

（4）延长拘留时间，应在笔录中作出记载。

第 126 条 在拒绝延长拘留时间的情况下，适用第 117 条第 2 款的规定。

第四编 司法侦查

第四章 先行羁押

第 218 条 （1）羁押是一种只能在轻罪或重罪案件中命令采取的特别措施。羁押的目的是，维护公共秩序、保护人员与财产的安全，或者确保证据得到保全，以及确保被追诉人随传随到。

但是，对于证明自己有已知住所的被追诉人，只有重罪案件，才能对其实行先行羁押。

（2）只要案件所涉及的犯罪当处自由刑，在对犯罪行为人提出有罪控告之后，但应在作出移送起诉裁定之前，预审法官可以随时发出先行羁押令；随后，预审法官应当作出一项裁定，说明其作出先行羁押决定的理由。该项裁定应通知共和国检察官与被追诉人。

第 219 条 除第 26 条第 5 款①所规定的各应载事项之外，先行羁押令应当按照第 221 条的规定具体写明其效力持续的时间。

第 220 条 （1）先行羁押令应制作正本和副本各一份。

（2）先行羁押令的正本与副本转送监狱管理人付诸执行。监狱管理人立即将记载有收押事由的羁押令的正本返回预审法官，并将羁押令的副本保存于最后关押被追诉人的羁押场所。

第 221 条 （1）先行羁押的期限在预审法官发出的羁押令中确定，该期限不得超过 6 个月；但是，先行羁押期限可以经说明理由的裁定予以延长：重罪案件，最多延长 12 个月；轻罪案件，最多延长 6 个月。

（2）先行羁押令的有效期限届满时，预审法官应当立即命令释放被追诉人，违反者，将受到纪律惩戒，但如被追诉人还因其他案件之原因受到羁押，不在此限。

---

① 原文本序号即如此。——译者注

第五章　释　放

第一节　无保释放

第 222 条　（1）至司法侦查终结，预审法官均可依职权随时取消先行羁押令。

（2）不属于当然应予释放的情形，或者在预审法官没有依职权释放被追诉人的情况下，如被追诉人作出承诺，保证随时听从预审法官的传唤，并且保证在外出情况下即向预审法官进行报告，应被追诉人提出的请求，并且在听取共和国检察官的意见之后，预审法官也可以命令释放被追诉人。

第 223 条　（1）取消先行羁押令的文书称为"释放裁定"。

（2）驳回释放申请的文书称为"驳回释放申请裁定"。

（3）在释放被追诉人之后，如果根据新的情况有必要对其实行羁押，预审法官可以发出新的先行羁押令。

第二节　保　释

第 224 条　（1）以先行羁押的名义受到合法羁押的任何人，均可通过提交第 246 条 g 项规定的任一保证而获得释放。提供此种保证的目的主要是，确保获释人能够随传随到，前往司法警察警官处或有管辖权限的司法机关。

（2）但是，本条之规定不适用于因当处终身监禁刑或者死刑之重罪而受到追诉的人。

第 225 条　保释申请，视具体情况，送交司法警察警官、共和国检察官或者审判法庭。

第 226 条　申请人为获释提供多个担保人的，各担保人可以分开承担担保义务。

第 227 条　受诉法院可以依职权或者应共和国检察官或民事当事人的申请，撤销保释决定。

第 228 条　（1）担保人对交保获释的人随传随到和出庭承担责任。

（2）交保获释的人不到案或不到庭的，有管辖权限的机关命令对其实行逮捕，以及催告担保人交送获释人。

（3）担保人在不能交送获释人的情况下，强制其支付承保文书中确定数额的保证金，否则，按照第 563 条及其后条文的规定对其实行民事拘禁，强制其进行支付；但是，如果担保人能够证明交保获释人未到案或者未出庭是由于不可抗力情形所造成，可免负责任。

第 229 条　担保人可以随时取消其提供的保证。

在此情况下，担保人有义务将交保获释的人送交有管辖权限的机关。有管辖权限的机关对保证人取消担保进行认可，并告知涉案的当事人如果他提供另一担保人或者支付保证金，仍可继续获释。

第 230 条　在某个保证人告知批准交保释放的机关涉案当事人试图逃避随传随到之义务或试图逃避出庭义务时，批准保释的机关命令逮捕涉案当事人并继续对其实行羁押，但涉案当事人提供另一种保证的，不在此限。

第 231 条　任何人，经交保获释的，仍然被视为《刑法典》第 193 条意义上的被合法剥夺自由之人。

第 232 条　（1）交保获释的人受强制缴纳保证金的，此种保证金用于担保：

（a）其随传随到或按时出庭；

（b）相应情况下，用于偿还民事当事人已经支出的费用，赔偿因犯罪造成的损害，以及支付罚金与诉讼费用。

（2）在涉案当事人能够随传随到或出庭，或者对其作出不予起诉决定，或者取消或停止司法监控措施的情况下，其缴纳的保证金予以退还。

（3）保证金的退还，由有管辖权的司法机关作出命令。

第 233 条　交保获释的人为担保其随传随到而提供一个或多个保证人时，第 228 条至第 232 条规定的各项义务均适用于这些保证人。

第 234 条　在涉案当事人逃跑的情况下，保证金收缴国库，但不得损害民事当事人的权利。

第 235 条　拘留期间缴纳的保证金的退还，由有管辖权的检察院作出命令。

肯 尼 亚

刑事诉讼法典[*]

第三部分 一般条款

逮捕、在逃和缉拿归案

一般逮捕

第 21 条 逮捕

（1）警官或进行逮捕的人在逮捕时应实际接触到被逮捕人的身体或制服被逮捕人，但以言语或行动表示服从逮捕的除外。

（2）如果某人抗拒逮捕或试图逃脱逮捕，警官或他人可以使用一切必要措施实施逮捕。

（3）依据本条款规定，逮捕时不得使用超出合理限度的或不必要的武力。

第 22 条 搜查被逮捕人应当到过的地点

（1）任何有权执行逮捕的警官或人员有理由认为被逮捕人进入或位于某处时，居住于该处或负责该处的人应在执行逮捕的警官或人员的要求下，允许其自由进入该处并且提供一切合理手段协助搜查。

（2）如果依照本条第 1 款规定无法获得进入某地的许可，在任何情况下持有逮捕证的人员，或可以发放逮捕证但获得逮捕证可能错失抓捕被逮捕人的时机的警官，有合法进入该处和搜查的权力，并且为了达到进入该处的目的，可以强行开启房屋或场所的任何外部或内部的门窗，不论该房屋或场所属于被逮捕人还是他人，或在告知其身份和目的以及提出进入要求后仍无法获得进入许可时，可以其他方式进入该房屋或场所。

---

* 本法典于 1930 年 8 月 1 日由肯尼亚议会批准通过，2008 年进行了修订。本译本根据肯尼亚法律网（http://www.kenyalaw.org）提供的英语文本翻译。

如果上述场所为有妇女（非被逮捕人）实际居住的寓所，而根据习俗妇女不能在公共场合露面，则执行逮捕警官或人员应在进入该寓所前告知该妇女有回避的权利，并且应对其回避提供一切合理便利，然后可以强行开启和进入寓所。

第 23 条　为了自由而逃离住所等处的权力

为了解救自身或以执行逮捕为目的合法进入某处而被扣留的人，警官或有权执行逮捕的人可以强行逃出任何房屋或场所。

第 24 条　禁止不必要的限制

被逮捕人遭受的限制不应超出为防止其逃脱所采取的必要限度。

第 25 条　搜查被逮捕人

当某人被逮捕时：

（a）如果执行逮捕的警官持有逮捕证但逮捕证没有规定准许保释，或逮捕证规定可以保释但被逮捕人无法交纳保证金；或者

（b）为无证逮捕，或有逮捕证的个人执行的逮捕，而被逮捕人依照法律不能保释或无法交纳保证金；

则执行逮捕的警官或其他人员进行逮捕后移交给警官的，可以搜查被逮捕人的身体并妥善保管从被逮捕人身上搜查的除必需的穿着衣物外的所有物品。

第 26 条　扣押和搜查飞行器、船舶、机动车和人员的权力

（1）总警监书面授权的警官或其他人员可以搜查和扣押：

（a）任何飞行器、船舶或车辆，前提是有理由怀疑在其上面可能会发现被窃物品或非法获得的物品；或者

（b）任何飞行器、船舶或车辆，前提是有理由怀疑其被用于实施了刑法典第二十六章、第二十八章和第二十九章规定的罪行；

（c）被合理怀疑藏有或以任何形式运输被窃物品或非法所得的任何人。

（2）根据本条款规定扣押飞行器、船舶或车辆造成损失或损坏的人员，不对损失或损坏进行赔偿。

（3）根据本条款，“飞行器”、“船舶”和“车辆”分别包含飞行器、船舶或车辆内部、表面或附加的一切物品，或由法院视具体情况确定属于飞机、船舶或车辆设备的部分。

第 27 条　搜查女性身体

搜查女性身体时，应由一名女性按照严格的礼仪要求进行搜查。

第 28 条　收缴攻击性武器的权力

执行逮捕的警官或他人可以从被逮捕人身上收缴其持有的任何攻击性武器，并在依照法律要求将被逮捕人移交法院或警官时，同时交出收缴的所有武器。

无证逮捕

第 29 条　警官无证逮捕

警官可以在没有治安法官命令和逮捕证的情况下对下列人员实施逮捕：

（a）任何有合理证据怀疑犯下应被审判的罪行的人；

（b）任何其在场时扰乱治安的人；

（c）任何妨碍警官执行任务的人，或任何从合法拘留中逃脱或试图逃脱的人；

（d）任何被发现持有可以被合理怀疑为失窃物品的人，或任何可以被合理怀疑为偷窃该物品的人；

（e）任何有合理证据怀疑为军队逃兵的人；

（f）任何在夜间于公路、庭院或其他地点发现的有合理证据怀疑已经实施了或即将实施犯罪的人；

（g）任何在夜间于街道或公共场所发现的有合理证据怀疑以非法或扰乱秩序为目的出现在该地点的人，或任何无法自圆其说的人；

（h）任何有合理证据怀疑参与了在境外实施的犯罪行为而罪行可在肯尼亚审理，且根据（邻国及外国）引渡法或（联邦国家）引渡法应被引渡的人；

（i）任何无合法理由而必须证明自身实施的侵入住宅行为的理由的人；

（j）任何触犯第 344 条规定或据此制定的规则的被释放的罪犯；

（k）任何有合理理由相信已对此人发出逮捕令的人。

第 30 条　逮捕流氓、惯盗等

警署的负责警官可以以同样的方式逮捕或实现逮捕：

（a）任何被发现在警署附近有戒备地隐藏自己，且根据当时情况有理由怀疑准备实施应被审理的罪行的人。

（b）（废止）

（c）（废止）

第 31 条　警官授权下级警官执行无证逮捕的程序

在警署负责警官要求下级警官执行第 30 条规定的无证逮捕（其本人在场的情况除外）的情况下，该负责警官应向被要求执行逮捕的警官发放书面命令，写明被逮捕人以及罪行或其他执行逮捕的原因。

第 32 条　拒绝提供姓名及住址

（1）如果某人在警官在场时实施了或已被指控实施了非应被审理的行为，但拒绝向警官提供姓名和住址，或警官有理由认为其提供的姓名和住址是虚假的，则警官可以确定其姓名和住址的目的逮捕此人。

（2）确定此人的真实姓名和住址后应将其释放，不论有无保证人，在需要时应出现在治安法官面前：

按照规定，如此人不是肯尼亚居民，保释需要居住在肯尼亚的一个或多个保证人进行保证。

（3）如果未能在被逮捕起的 24 小时内确认此人的真实姓名和住址，或其未能按照要求交纳足够的保证金，则此人应立即被带往最近的有管辖权的治安法院。

第 33 条　警官对被逮捕人的处置

依据本法典对保释的规定，进行无证逮捕的警官应毫不延迟地将被逮捕人带至或移交给对该案件有管辖权的治安法官或警署的负责警官。

第 34 条　私人逮捕

（1）私人可以逮捕其认为实施了应被审理的罪行，或基于其合理怀疑已经犯下重罪的任何人。

（2）受到损害的财产所有人，或其仆人或其授权的人，可以无证逮捕实施破坏其财产犯罪的人。

第 35 条　私人逮捕人员的处置

（1）进行无证逮捕的私人应毫不延迟地将被逮捕人移交警官，或在找不到警官时将此人带至最近的警署。

（2）如果有理由认为此人触犯了本法典第 29 条的规定，则警官应重新将其逮捕。

（3）如果有理由认为此人实施了非应审理的犯罪，且此人拒绝按照警官要求提供姓名及住址，或警官有理由认为其提供的姓名和住址为虚假的，则应依照本法典第 32 条规定对其处置。

（4）如果没有充分理由证明此人实施了犯罪，应立即将其释放。

第 36 条　对被无证逮捕者的拘留

如果被无证拘留者触犯的罪行非谋杀、叛国、暴力抢劫或暴力抢劫未遂，拘留此人的警署负责警官在任何情况下可以且应当，在无法将此人于拘留开始的 24 小时内带至合适的下级法院审理时，且除非该警官认为其所犯罪行严重，否则可以合理地通过保释金释放此人，且此人应在保释约定的时间和地点到下级法院，但如继续拘留此人，应尽快将其带至下级法院：

按照规定，警署的负责警官经过询问后认为进行指控的证据不充分时，警署的负责警官可以释放被指控怀疑犯下某项罪行的人。

第 37 条　警方上报逮捕

各警署的负责警官应向最近的治安法官报告在其警署范围内被无证逮捕的

所有人的案件，不论这些人是否已经被批准保释。

第 38 条　治安法官在场时实施的犯罪

如果某项犯罪是在治安法官的辖区实施的，则治安法官可以亲自逮捕或命令任何其他人逮捕罪犯，此后可以根据本法典规定将罪犯拘留。

第 39 条　治安法官逮捕

治安法官可以在其辖区内，在任何时候自行逮捕或命令任何其他人逮捕罪犯。

在逃和缉拿归案

第 40 条　在逃人员缉拿

如果被依法拘留的人逃脱，则负责拘留的人可以在肯尼亚的任何地方对其立即进行追捕。

第 41 条　第 40 条的逮捕适用第 22 条、第 23 条的规定

本法典第 22 条、第 23 条规定应适用于依据第 40 条进行的逮捕，尽管执行逮捕的人是无证逮捕。

第 42 条　协助治安法官或警官

每个人均有义务在治安法官或警官提出合理的帮助请求时给予协助：

（a）抓捕治安法官或警官授权逮捕的人，或防止此人逃跑；

（b）防止或控制扰乱治安的行为，或防止试图对铁路、运河、电报或公共财产实施损害的行为。

第四部分　刑事调查条款

强制被告人出庭程序

传　票

第 91 条　传票的格式与内容

（1）法庭根据本法典签发的每张传票应为书面形式，一式两份，由法庭审裁官盖章，或由高等法院根据规定指定的其他具有此权力的官员盖章。

（2）每张传票应被下达给被传唤人，要求其在传票中指定的时间和地点出现在有权审理该项指控的法院，并且简短地写明被传唤人被指控的罪行。

第 92 条　传票送达

（1）每张传票应由警官、签发传票的法院官员或其他法院命令送达传票的人送达，且如果可行，将传票的一份副本送达或交给被传唤人本人。

（2）被送达传票的人应按照送达官员要求在另一份传票副本上签字接收。

第 93 条　无法找到被传唤人时的送达

如果在尽职的情况下无法找到被传唤人，可将一份传票副本交给其成年的家庭成员，或共同居住的仆人或其雇主；如果送达官员有要求，接收传票的人应在另一份传票副本上签字确认。

第 94 条　上述无法送达传票时的程序

如果按照第 92 条、第 93 条依规定的方式在尽职的情况下无法送达传票，则送达官员应将一份传票副本附在被传唤人通常居住的房屋或宅地的明显处，这样即视为已送达传票。

第 95 条　对政府公务人员的送达

如果被传唤人是政府在职人员，签发传票的法院通常可以将副本送达至聘用此人的办公室领导，该领导随即应按照第 92 条规定的方式将传票送达此人，并按照上述条款要求签字后返回法院，其签字应为送达证据。

第 96 条　对法人的送达

向股份有限公司或其他法人团体送达传票的有效方式有送达至秘书、当地的公司经理或其他主要领导，或以挂号信的方式邮寄到公司或法人团体在肯尼亚注册办公地的公司总裁；后一种情况下，信件按照正常邮寄程序寄到之时视为送达。

第 97 条　在本辖区外的送达

法院认为已签发的传票需在其辖区外的某地送交时，应向被传唤人所居住的辖区的治守法官或送交传票地的治安法官发送传票副本。

第 98 条　送达传票的警官未出庭时的送交证据

（1）如果送达传票的警官未出席案件审理，且送达传票的地点在签发的法院辖区外，则当治安法官面所作的传票已送达的宣誓书，和以相同方式背书的、由被送达人或接收人提供的传票副本可被接纳为证据，且除非有相反证据，其中的陈述应被认定是正确的。

（2）本条中的宣誓书可附于传票副本后一并返回法院。

第 99 条　免除被告人出庭的权力

（1）根据本条下列规定，治安法官在对除重罪外的犯罪签发传票时，如被告人被指控犯有的罪行仅应当处以罚金，或不超过 3 个月的监禁，或应处以罚金和不超过 3 个月的监禁，且被告人以书面形式认罪或由其律师代为到场，如治安法官认为有理由，可以且应当免除被告人亲自出庭的义务。

（2）审理案件的治安法官可以在诉讼的任何阶段命令被告人亲自出庭，

且可以在必要时以下列方式强制其出庭，但上述强制其到场的拘票只能在起诉或指控经过宣誓之后被签发。

（3）如果治安法官判处被告人罚金，而被告人根据本条款被免予亲自出庭，且未在规定时间内交纳罚金，则治安法官可以签发传票，要求被告人说明不应被判处监禁的理由，治安法官届时可明确监禁的期限；如果被告人在传票返回时未到场，则治安法官可签发逮捕证，将此人收监，监禁的期限由治安法官届时确定。

（4）如果根据本条款被告人被免予亲自出庭，但被告人被指控犯有前科且未以书面形式或通过其律师认罪，则治安法官可以暂停审判并命令被告人亲自出庭，在必要时可以以本部分下文中规定的方式强制其出庭。

（5）如果被告人根据本条款被免予亲自出庭后又被要求出庭，其应承担由此导致的延期审理的全部费用。

逮捕证

第 100 条　签发传票后的逮捕

尽管签发了传票，不论是在传票中指定要求被告人到场的时间之前或之后，均可以签发逮捕证。

第 101 条　不服从传唤的逮捕

如果被告人未按照传票中规定的时间出现在规定的地点，且根据第 99 条规定其本人未被免予出庭，则法院可以签发逮捕证，将其带至法庭；但只应在起诉、经过宣誓后签发逮捕证。

第 102 条　逮捕证的形式、内容和时效

（1）每张逮捕证均应由签发的法官或治安法官签字和加盖法庭印章。

（2）逮捕证均应简要说明签发对象被指控的罪行，写明此人姓名或描述其特征，指定某人或某些人逮捕签发对象，并将其带至签发逮捕证的法庭或其他对案件有管辖权的法庭，以回答被指控的罪行和依法进一步审理。

（3）除非已经执行或被签发的法院撤销，否则逮捕证持续有效。

第 103 条　法院可以批准担保

（1）如果被告人被指控犯有除谋杀、叛国或强奸以外的罪行，签发逮捕证逮捕此人的法院可在逮捕证上以背书的形式命令，在被告人提供足够的保证人和交纳一定数额的保证金，并且保证在指定的时间及之后法院要求时出庭，则按照命令执行逮捕证的警官可收取保证金并释放被告人。

（2）背书应写明：

（a）保证人数量；

（b）保证人以及逮捕证逮捕对象分别应交纳的保证金数额；

（c）被逮捕对象应到庭的时间。

（3）根据本条款执行的保证，由按照命令执行逮捕证的警官将保证金上交法院。

第 104 条　逮捕证的对象

（1）法院可以命令由一名或多名警官执行逮捕证，或者指定一名警官和其他法院辖区内的所有其他警官，或者该辖区的所有的警官执行。

如果签发逮捕证的法院认为应立即执行，但没有可以立即执行的警官，则可以命令由其他任何一人或多人执行，且其应执行命令。

（2）如果命令由多名警官或他人执行逮捕证，则可由全部人员、其中任何一人或多人执行。

第 105 条　逮捕证可以向土地所有者等下达

（1）有权在第一级下级法院开庭审理案件的治安法官可以向其辖区内的土地所有者、农场主或土地管理者下达逮捕证，要求逮捕越狱犯或者被指控犯有应被审理罪行但逃脱了审判的人。

（2）土地所有者、农场主或土地管理者应以书面形式确认收到逮捕证，并在逮捕证的对象位于或进入其拥有的土地、农场或其管理的土地时执行逮捕。

（3）如果逮捕证签发的对象被逮捕，应将其连同逮捕证移交最近的警官，该警官应将其带至有管辖权的治安法官面前，根据第 103 条执行担保的情况除外。

第 106 条　下达给警官的逮捕证的执行

命令由某名警官执行的逮捕证也可以由其他警官执行，前提是逮捕证上指定的警官应将实际执行的警官的姓名背书在逮捕证上。

第 107 条　告知逮捕理由

执行逮捕的警官或他人应向被逮捕人说明逮捕理由，如果被逮捕人要求出示逮捕证，应向其出示。

第 108 条　毫不迟延地将被逮捕人带至法院

执行逮捕的警官或他人应（如涉及担保遵循第 103 条规定）避免不必要的延迟将被逮捕人带至依据法律应带至的法院。

第 109 条　可以执行逮捕证的地点

在肯尼亚境内任何地点均可执行逮捕。

第 110 条　辖区外执行的逮捕证的签发

（1）如果逮捕证执行的地点在签发逮捕证的法院的管辖区以外，签发的法院可以不将逮捕证下发给警官，而是以邮寄或其他方式将逮捕证转递给逮捕证执行地点所属的辖区的一名治安法官。

（2）收到转递的逮捕证的治安法官应将其姓名背书在逮捕证上，并且根据实际情况使逮捕证在其辖区内按照上述规定的方式执行。

第 111 条　下达给警官的逮捕证在辖区外的执行

（1）如果下达给某一警官的逮捕证需在签发法院辖区以外的地点执行，该警察应持逮捕证到执行地点所在辖区的治安法官处获取背书。

（2）该治安法官应将其姓名背书在逮捕证上，授权按照命令执行逮捕证的警官可以在其辖区内执行逮捕证，并且如果收到执行逮捕证的警察的请求，当地警方应协助该警官执行逮捕证。

（3）如果有理由认为向执行逮捕证地点所属辖区的治安官获取背书产生的延迟将妨碍逮捕证的执行，受命执行逮捕证的警官可以在签发法院辖区外的任何地点不获取背书直接执行逮捕证。

第 112 条　辖区外逮捕执行程序

（1）如果逮捕证在签发法院的辖区外执行，被逮捕人应被带至执行逮捕地点所在辖区的治安法官面前，除非签发法院距离逮捕地点 20 英里以内或比逮捕地所属辖区的治安法官距离更近，或者根据第 103 条规定已执行了担保。

（2）如果被逮捕人显示为签发逮捕证的法院认定的对象，治安法官应命令将其押送至该法院。

如果已经被逮捕的人被指控犯有除谋杀、叛国或强奸以外的罪行，能够且愿意作出满足治安法官要求的保释，或如果按照第 103 条规定在逮捕证上背书相关命令后，此人能够且愿意按照命令提供保证，治安法官应根据实际情况准许保释或保证，并将保证金交给签发逮捕证的法院。

（3）本条规定不得妨碍警官依照第 103 条准许担保。

第 113 条　逮捕证的不当行为

逮捕证内容和形式上的任何不当或不足之处，以及逮捕证和书面起诉或控告之间的任何出入，或逮捕证和起诉、控告以及检方在审判时出示的证据之间的任何出入，不应影响案件审理过程中及审理后的任何程序的有效性，但是，如果法院认为上述出入存在欺骗或误导被告人的情况，则法院可以在被告人的请求下延期审理，同时将被告人还押候审或准许其保释。

保释条款

第 123 条　特定案件中的保释

（1）除被指控犯有谋杀、叛国、暴力抢劫、暴力抢劫未遂及相关罪行的除外，如果某人被警察署的负责警官无证逮捕或拘留，或者出现在法庭或被带至法庭，且在该警官拘留期间或法院审理过程中的任何时间被准许可以保释：

该警官或法院可以不收取保释金，无须保证人而准许其保释，依照本部分下文规定出庭之后将其释放。

（2）保释金数额应根据案件情况确定，不应过多。

（3）在任何案件中，高等法院均可命令准许被告人保释，或者命令降低下级法院或警官收取的保释金。

第124条　保释金

在某人被保释或写下保证书被释放前，此人应交纳法院或警官认为数额适当的保证金，并且当此人被一名或多名有效保证人保释后，此人应依照保释时的约定在规定的时间出现在规定的地点，直至法院或警官下达其他命令时终止。

第125条　解除羁押

（1）交纳保释金后，被保释人应被立即释放，如此人被关押在监狱，准许保释的法院应向监狱的负责人签发释放出狱令，此人收到命令后应立即将其释放。

（2）本条或第123条的规定不应要求释放由于保释事由以外的原因应被拘留的人。

第126条　押金代替担保

如果某人被法院或警官要求担保，不论是否需要担保人，法院和警官可以要求其按照法院或警官确定的数额交纳押金或抵押财产，以代替担保，但保证行为良好的担保除外。

第127条　保释不充分时要求充分保释的权力

如果由于错误、欺骗或其他原因造成接受了不合格的担保人，或者过后成为不合格的担保人，法院可以签发逮捕证命令逮捕被保释释放的人并将其带至法庭，可以命令要求其提供合格的担保人，并在未能提供合格担保人时将其羁押。

第128条　解除担保

（1）保释某人出庭和到场的全体或任一保证人可以在任意时间向治安法官申请完全解除或解除与其相关担保。

（2）治安法官收到按照本条第1款作出的申请时应签发逮捕证命令将被释放者带至其面前。

（3）当根据本条第2款签发的逮捕证将此人带至或其主动出现在治安法官面前时，治安法官应命令完全解除或解除与申请人相关的担保，并应要求此人提供其他合格的保证人，如此人无法提供合格保证人可以将其羁押。

第129条　保证人死亡

如果保证人在担保收回前死亡，应解除其全部担保责任，但可以要求被保证人提供新的保证人。

第130条　逃匿的被保证人可以被归罪

如果经宣誓，向法院提交了保证书的某人将要离开肯尼亚，法院可将此人逮捕并可将其羁押至审理，除非法院认为可以准许其通过进一步的保证被保释。

第131条　保证失效

（1）如果法院依据本法典认定准许的保证书，或者关于出庭的保证书已失效，法院应记录下证据理由，并可以要求保证书约束的任何人接受相应的罚款或者说明不应被罚款的原因。

（2）如果理由不充分且不接受罚款，法院可命令查封此人财产、出售其动产或此人死亡情况下的地产以收取罚款。

（3）该命令可在签发法院辖区内执行；对于签发法院辖区外发现的财产，财产所在辖区的治安法官背书后应同样查封此人财产和出售其拥有的动产。

（4）如果未交纳罚款且不能通过查封或出售财产来收齐罚款，此人将在签发法院的命令后被判处不超过6个月的徒刑。

（5）法院可以免除部分罚款，或执行部分罚款。

（6）如果已经被保证的某人犯下了构成违反保证条件的罪行，法院对其定罪的裁决书是经证明的复印件，可以根据本条款用作反对保证的证据，并且如果提供了以上证明复印件，法院应认定其有罪，除非有相反的证据。

第132条　对命令的上诉和修改

对于治安法官根据第131条规定下达的命令，可以上诉至高等法院，由高等法院修改。

第133条　直接收取某些保证金的权力

高等法院可命令治安法官收取保证到高等法院出庭和到场的保证金。

摩洛哥

刑事诉讼法*

第一卷　犯罪案件的侦查和勘验

第二编之一　侦查措施

第一章　重罪和轻罪行为

第 66 条①　如果司法警官在案件调查过程中有必要传讯一名或多名第 65 条中涉及的人员作为证人，应告知检察院，且传讯时间不得超过 48 个小时。

司法警官应立即告知被捕者或被羁押者被拘留的原因以及享有的权利，其中包括沉默权。②

在调查必要的情况下，经检察院书面批准，羁押期限可延长一次，时长 24 小时。

如果犯罪行为威胁到国内外安全，经检察院书面批准，羁押期限可延长一次，时长 96 小时。

如果涉及恐怖主义罪行，经检察院书面批准，羁押期限可延长两次，每次时长为 96 小时。③

---

　　*　本法于 2002 年 10 月 3 日由专家委员会与众议院批准通过，最近一次修正时间是 2011 年 10 月 27 日。本译本根据摩洛哥政府官网（http：//www.mce.gov.ma）提供的阿拉伯语文本翻译。

　　①　该法第 66 条根据上述 35.11 号法文第 3 条规定进行修订、完善。

　　②　新《宪法》第二十三章第 3 条："应立即告知被拘留者被拘原因以及本人享有的权利，其中包括沉默权……"

　　③　该款出自上述 03.03 号反恐法文的第 5 条。

被捕者或被羁押者有权获得法律援助，也有权与一名家属会面，① 委任律师以及在司法援助下提出委任律师的要求。②

司法警官应立即通知律师和律师的上级。如果当事人要求在司法援助下委任律师，司法警官应立即通知管理该律师的上级。

当事人只能在羁押期限的前一半时间内与律师会面。在刑事案件调查需要的条件下，经司法警官要求，检察院代表有权延长委托人与律师的会面期限，延长时间自原羁押时间一半之日算起，不得超过 12 小时。

但如果涉及恐怖主义行为或本法典第 108 条规定的犯罪行为，委托人和律师的会面期限可持续至原羁押期届满时。

在确保会面保密性的情况下，经检察院许可，委托人和律师的会面时间可在司法警官的监督下延长 3 分钟。

但如果由于距离远等原因未获得检察院许可，司法警官可立即向检察院提交报告，以延长被羁押者和律师会面的时间。

在羁押期满之前，律师不得向他人透露与委托人的会面内容。

在调查需要的情况下，经司法警官要求，检察院代表有权延长委托人与律师的会面期限。如果涉及恐怖主义行为或本法典第 108 条提到的犯罪行为，自原羁押期满算起，延长时间不得超过 48 小时。

被授权的律师可与委托人会面，并可在延长期限内向司法警官或检察院提供书面文件或意见，以加入笔录证词中。

所有执行羁押程序的地方均应持有一本编有页码、附有王国检察官签字的记录簿。

该记录簿包括被羁押者的身份、被拘原因、羁押起止时间、审讯期限以及被羁押者的休息时间、身体健康状况、营养状况等信息。

该记录簿每月应至少一次交由王国检察官审阅、监督、签字。

检察院负责监督羁押情况并有权在任何时候限制羁押措施或传唤被羁押者。

第 74 条　如果涉及被处以拘禁的轻罪案件或犯罪嫌疑人有权不出席审问

---

① 新《宪法》第二十三章第 3 条："应立即告知被拘留者被拘原因以及本人享有的权利，其中包括沉默权。他有权在最快的时间内获得法律援助，其中包括依法与家属会面。"

② 该款根据有关司法援助法的 514.65 号皇家法令进行修订、完善。据伊历 1386 年 8 月 3 日（1966 年 11 月 16 日）第 2820 期官方公报第 2379 页记载，该皇家法令颁布于伊历 1386 年 7 月 17 日（1966 年 11 月 1 日）。

的情况，王国检察官或代表可先行告知本人有权委任律师对其发布羁押令，并审问其个人身份和犯罪行为。王国检察官或代表也可在被审问人缴纳保释金或个人担保书后将其释放。

受委任的律师有权出席审问，有权为委托人申请体检，有权代替本人提交书面文件或证明。如果委托人的案件属于轻罪案件，律师有权缴纳保释金或个人担保书、要求释放。

保释金金额由检察院根据本法第184条相关规定仔细、准确地制定，以确保犯罪嫌疑人的出席。

检察院在特定的记录簿上记录保释金金额，保释金将和检察院记录、保释金收据一起置于档案袋中。

保证金的缴纳、退回、充公遵守第185条至第188条的规定。

根据规定，王国总检察官在审问程序中可申请翻译或申请任何能和被审问者交流的人的帮助。

根据第385条明文规定，如果羁押令下达，该案件将移交初审法庭进行第一轮审判。

如果犯罪嫌疑人被要求体检或有体检的需要，王国总检察官应强制犯罪嫌疑人接受体检。

如果未成年犯罪嫌疑人有被施暴的痕迹或本人控诉曾被施暴，侦查法官在对其审问之前应先为其提供就医条件。

未成年犯罪嫌疑人律师也可提出上款中的治疗要求。

第三编　预备侦查

第八章　侦查法官的指令

第一节　总　则

第142条　侦查法官可视情况发布刑事案件或轻罪案件的传唤令、押解令、羁押令或逮捕令。

以上指令的执行受侦查法官的指导和监督。

为避免犯罪嫌疑人逃逸，侦查法官可在调查期间下令禁止犯罪嫌疑人出入境、没收其护照。为保障犯罪嫌疑人出庭，侦查法官可要求金钱担保或个人担保。

如果有充分证据证明控告是正确的，则侦查法官有权下令重审案件。

在不存在严重争议的情况下，侦查法官有权下令将调查期间没收的物品归还原所有人，除非有必要提起诉讼或涉及没收财产。

侦查法官可对易腐烂、易损坏或难保存的扣押物品进行拍卖。

第 143 条 所有指令均需指明罪行种类、相关的法律规定和犯罪嫌疑人身份，必要时还需指明其身份证号。侦查法官需记录指令下达日期并签字、盖章，该指令在全国范围内具有法律效力。

第二节 传唤令

第 144 条 传唤令的目的在于告知犯罪嫌疑人按照规定准时出庭。

司法职员、警察、司法警察工作人员或公权力工作人员负责向犯罪嫌疑人传达传唤令，并提供一份传唤令副本。

第 145 条 侦查法官应立即对被传唤的犯罪嫌疑人进行讯问。

如果犯罪嫌疑人使用侦查法官不能理解的外语、方言，或犯罪嫌疑人是聋哑人，侦查法官可申请翻译人员。

第三节 押解令

第 146 条 押解令是指侦查法官利用公权力押解犯罪嫌疑人。

一名警察或警察助理或公权力助理负责向犯罪嫌疑人传达押解令，并提供一份押解令副本。

如果犯罪嫌疑人处于拘留状态，由刑罚执行所所长向犯罪嫌疑人传达押解令并提供一份押解令副本。

在紧急情况下，可通过任何途径送达押解令，所有基本信息均需严格审核，如犯罪嫌疑人身份、罪行种类、签发押解令的侦查法官的姓名。押解令将在各方协助下尽快执行。

第 147 条 侦查法官应立即对被提押的犯罪嫌疑人进行讯问。

犯罪嫌疑人的律师有权出席讯问。

如果无法立即对犯罪嫌疑人讯问，应将犯罪嫌疑人移交刑罚执行所拘留，拘留期限为 24 小时。

如果拘留期限终止后对犯罪嫌疑人的讯问程序仍未开始，刑罚执行所所长应主动将犯罪嫌疑人交给检察官。检察官不在时，由审判官立即对犯罪嫌疑人进行讯问或释放。

如果犯罪嫌疑人使用侦查法官不能理解的外语、方言，或犯罪嫌疑人是聋哑人，侦查法官可申请翻译人员。

第 148 条 依据押解令被拘留，拘留 24 小时后仍未被讯问的犯罪嫌疑人被视作超期拘留。

将根据有关超期拘留的规定对所有下令拘留犯罪嫌疑人或允许故意拘留犯罪嫌疑人的侦查法官等人员进行处罚。

第 149 条　如果据侦查法官指令应被提押的犯罪嫌疑人不在该法官的管辖范围内，侦查法官可将逮捕地点提交检察院。

检察院在了解犯罪嫌疑人身份、告知本人有权不发表言论后，将犯罪嫌疑人移交负责该案件的侦查法官。

但如果犯罪嫌疑人以各种理由拒绝移交调查，其将被直接移交刑罚执行机关。相关人员应立即告知侦查法官，并向侦查法官提供提押记录，其中包括所有说明以及一切有助于识别犯罪嫌疑人身份或分析犯罪嫌疑人拒绝理由的材料。

记录中需注明，已告知犯罪嫌疑人有权不发表言论。

侦查法官决定是否有正当理由下达移交犯罪嫌疑人的指令。

第 150 条　如果难以找到应被依法提押的犯罪嫌疑人，执行机关将撤回侦查法官指令。上述情况将记入提押记录中。

第 151 条　如果犯罪嫌疑人不服从押解令或在同意被提押后试图逃逸，将动用公权力强制犯罪嫌疑人服从指令。

在上述情况下，侦查法官可动用最近的公权力。公权力机关应配合侦查法官完成提押程序。

第四节　羁押令

第 152 条　羁押令是侦查法官向刑罚执行所下达、要求刑罚执行所对犯罪嫌疑人进行先行拘留的指令。

侦查法官负责告知犯罪嫌疑人羁押令，告知内容将记入讯问记录中。

如果犯罪嫌疑人之前已被告知，侦查法官还可下令搜寻、移交犯罪嫌疑人。

第 153 条　侦查法官只能在讯问犯罪嫌疑人后对其发布羁押令，前提是对犯罪嫌疑人的重罪或轻罪行为可以判处剥夺其人身自由的刑罚。

执行羁押令的协助人员将犯罪嫌疑人移交给刑罚执行所所长。刑罚执行所所长向犯罪嫌疑人出示预拘证。

第五节　逮捕令

第 154 条　逮捕令通过公权力机关搜寻犯罪嫌疑人，并根据拘留令将犯罪嫌疑人移交刑罚执行所。

如果犯罪嫌疑人的重罪或轻罪行为适用剥夺其人身自由的处罚，且犯罪嫌疑人在逃或定居海外，逮捕令需在听取检察院意见后签发。

逮捕令的签发和执行应依据第 146 条第 1 款和第 2 款的相关规定。

在紧急情况下，逮捕令的签发可依据第 146 条最后一款规定。

第 155 条　根据逮捕令被捕的犯罪嫌疑人将被立即移交刑罚执行所。即使出现第 156 条第 2 款中提到的情况，上述程序也将立即执行。

刑罚执行所所长向协助逮捕的人员出示拘留证。

第 156 条　如果犯罪嫌疑人在签发逮捕令的侦查法官的管辖范围内，侦查法官应在拘留 48 小时内对犯罪嫌疑人进行讯问。如果拘留 48 小时内未对犯罪嫌疑人进行讯问，将依据第 147 条和第 148 条的规定执行。

如果犯罪嫌疑人不在签发逮捕令的侦查法官的管辖范围内，犯罪嫌疑人将被立即交由所在地的王国检察官或王国总检察官，以确认犯罪嫌疑人身份。王国检察官或王国总检察官应提前告知犯罪嫌疑人有权发言或沉默。制作的记录将立即交给特定的法官。

王国检察官或王国总检察官应立即告知负责该案件的侦查法官，要求移交犯罪嫌疑人。如果无法立即移交犯罪嫌疑人，王国检察官或王国总检察官应与侦查法官进行协商。

如果犯罪嫌疑人被捕前侦查法官已放弃将该案件交由特定法庭审理，犯罪嫌疑人所在地的王国检察官或王国总检察官应讯问犯罪嫌疑人身份，并告知本人有权发言或沉默。上述告知程序将记入笔录中。

王国检察官或王国总检察官应在 24 小时内将上述记录簿上交特定法庭的检察院。

第 157 条　协助执行逮捕令的人员不得在早上 6 时前及晚上 9 时后进入犯罪嫌疑人住所逮捕犯罪嫌疑人。

为避免犯罪嫌疑人违反法律规定，协助人员可向最近的、执行逮捕令的机关寻求充分援助。

如果无法逮捕犯罪嫌疑人，有关犯罪嫌疑人的逮捕令将张贴于本人居住过的最后一处住所处。上述程序应当记入笔录中。

逮捕记录需在两名犯罪嫌疑人近邻在场的情况下完成，并由二人签字。如果二人无书写能力，可用画押代替签字；如果二人拒绝签字、画押或无法签字、画押，该情况以及对二人的盘诘程序应当写入笔录中。

逮捕记录将上交当地的特定警官审阅。该警官不在时，逮捕记录交由受委托的警官审阅。受委托的警官应当持有笔录副本。

在所有情况下，逮捕记录应当上交侦查法官或检察院。

第 158 条　如果检察院代表、侦查法官或稽查员因未遵守指令造成个人自由受限制和扰乱，将依法对上述人员作出纪律处分，过度拘留下的刑事跟踪情况也包括在内。

第九章　司法监视和拘留

第 159 条　司法监视和拘留是两项适用于判处剥夺人身自由的重罪或轻罪案件的补充措施。

第一节　司法监视

第 160 条　在侦查过程中的任何阶段，如果侦查法官认为有必要确保被告人出席相应调查过程或庭审，或有必要确认他人人身安全，或需维持公共秩序，皆可对被告人执行为期 2 个月的司法监视。该期限可延长 5 次。

侦查法官发布有关司法监视的指令应当立即以口头形式告知被告人，并将告知情况记录在册。侦查法官还应在 24 小时内告知检察院。在司法监视令下达后的 1 日内，被告人和检察院均有权依照相应上诉手续提起有关临时释放的上诉。相关法院的轻罪法庭应在收到上诉后的 5 日内作出裁定。

侦查法官可以依照检察院、被告人或其辩护律师的意见对所执行的措施进行更改，实行一项或多项额外举措。

如果检察院、被告人或其辩护律师提出相应申请，侦查法官可考虑取消对被告人的司法监视。

侦查法官可在侦查过程中的任意时间取消对被告人的司法监视，但如果被告人不服从侦查法官发出的法令，侦查法官在参考检察院意见后可重新发布将被告人逮捕、收押的指令。

被告人及其辩护律师有权保留一份司法监视指令的副本。

第 161 条　司法监视指令要求被告人遵守由侦查法官提出的以下指令中的一项或多项义务：

（1）被告人不得离开侦查法官所划定的地区。

（2）除非预先向侦查法官陈述理由和原因，否则被告人不得离开其住所或是侦查法官指定的暂住点。

（3）被告人不得在侦查法官限制其出入的地点游荡。

（4）如要前往侦查法官限制的地域范围之外，被告人应通知侦查法官。

（5）侦查法官可要求被告人定期前往指定机构或组织。

（6）当被告人接到侦查法官许可的机构或个人的传唤时，被告人应回应并出席该次传唤。

（7）被告人应遵循侦查法官的指令参加职业体验活动或特殊教育活动。

（8）被告人不得出入境。

（9）被告人应向稽查员、警署或皇家宪兵提供可以证明自己身份的文件（如护照等）。

（10）出于安全考虑，侦查法官可禁止被告人驾驶或禁止其驾驶部分交通工具，也可没收被告人驾照，侦查法官可在被告人接受相关专业训练活动之后归还其驾照。

（11）侦查法官可禁止被告人与特定人员会面。

（12）侦查法官可强制被告人进行检查及治疗，尤其是有关戒毒的治疗。

（13）侦查法官可根据被告人表现及经济能力要求其缴付保释金。

（14）如果被告人在参与某类活动时出现犯罪行为，为防止被告人重复出现类似的犯罪行为，可令被告人不得参与由侦查法官指定的某类专业、社会以及商业性质的活动，侦查法官也可禁止其参与相关选举活动或工会活动；但如果该指令涉及撤销被告人律师资格，王国总检察官应根据侦查法官要求将该指令提交律师委员会，并由委员会根据律师法第 65 条至第 69 条规定作出裁定；[1] 如果律师委员会在此指令下达后的两个月内尚未作出裁定，则由侦查法官对此进行裁定；根据第 90 条至第 93 条规定，被告人或侦查法官可对律师委员会的裁定提起上诉。[2]

（15）被告人不得签发支票。

（16）被告人不得持有武器，如持有，应上交特定安全部门。

（17）为保证被害人的权益，侦查法官可要求被告人提供个人或不动产担保。

（18）侦查法官可要求被告人出示赡养家庭的证明，或定期支付赡养费用的证明。

第 162 条　侦查法官可以委派符合特定条件的人员在被告人住所附近进行监视，以达到司法监视的目的；侦查法官也可以委派警署人员、皇家宪兵、特

---

[1]　有关机构于伊历 1414 年 3 月 22 日（1993 年 9 月 10 日）发布了第 1.93.162 号皇家法令，设立了 28.08 号法令中第 103 条有关组织律师工作事务的法律条款；相关机构后又于伊历 1429 年 10 月 20 日（2008 年 10 月 20 日）发布了第 1.08.101 号皇家法令，对该有关组织律师工作事务的法律条款进行了修改，之前 28.08 号法令中的第 65 条到第 69 条法律条文被修改为现在的第 61 条到第 72 条法律条文 [该项修改具体内容可参照于伊历 1429 年 11 月 7 日（2008 年 11 月 6 日）发布的第 5680 号官方文件中第 4044 页有关内容]。

[2]　第 28.08 号律师工作组织法令中的第 90 条至第 93 条法令已改为现在的第 94 条至第 97 条法令。

定司法部门或行政机构的人员参与此项工作。

第 163 条　受侦查法官委派参与司法监视的人员或机构应确认被告人是否遵守相应的法律义务。为此，被委派人员可以对被告人进行传唤或走访。监视人员须执行相应的手续和调查，对被告人行为进行确认，并定期向侦查法官报告情况。如果被告人未完成侦查法官所下达的法律义务，相关监视人员应立即将该情况向侦查法官汇报。

第 164 条　考虑到司法监视的费用是运用于控制犯罪领域的司法开支，且司法监视是为了确认被告人个人特性，被告人应承担监视过程中产生的费用。

第 165 条　司法监视过程中，监视人员不得限制被告人的自由，不得采取相应手段改变被告人的想法和政治观点。被告人有权捍卫自己的该项权利。

第 166 条　如果侦查法官根据第 161 条第 5 款规定，要求被告人定期前往相应组织或机构，则该组织或机构须将被告人的出席情况记录并报告于侦查法官。

第 167 条　如果侦查法官根据第 161 条第 7 款规定，指定相应的组织或人员对被告人进行司法监视或对被告人进行教育、看护，则该组织或人员可要求被告人提供有关其工作或学历的资料。

第 168 条　根据第 161 条第 9 款明文规定，有关被告人的文档中应指出被没收的文件的种类、被告人姓名、出生日期、出生地、身份证号信息。根据该款规定，该文档应附有被告人的近照并指明被告人已提交与身份有关的文件。

第 169 条　如果侦查法官根据第 161 条第 12 款的规定发布指令，则被告人可以选择指定医生或机构对其进行治疗或检查；如侦查法官要求，有关被告人、相关机构或医生的资料均应当递交侦查法官。

第 170 条　如果侦查法官根据第 161 条第 14 款的规定决定措施的执行，应告知被告人所属的相关教育机关、职业机构或特殊部门，以实行职业培训活动。

第 171 条　警察局局长或皇家宪兵队应于被告人住所处发布司法通知，对被告人实行的任何措施均受到司法监视；实行的措施发生变化时，警察局局长或皇家宪兵队应发布相关通知。

有关机构应告知被告人与侦查法官第 161 条第 16 款规定的被告人权益，以确保被告人的合法权益。

第 172 条　如果侦查法官需执行第 161 条第 15 款中的相关措施，应告知与被告人有关的银行支行、银行代理处、运行银行资金的个人、企业、机构以及摩洛哥银行。

第 173 条　根据第 161 条第 13 款规定，保释金应存放于法院基金保管处，由侦查法官保管。侦查法官应持有保释金支票的副本。

第 174 条　如果侦查法官下令被告人提供有关赡养家庭或赡养费用的信息，应告知被告人赡养对象。

第二节　拘　留

第 175 条　在侦查的任何阶段均可下达拘留的指令，即使犯罪嫌疑人处于司法监视中。

根据第 160 条第 2 款规定，拘留令须立即以口头形式告知被告人和公诉机关。

如果被告人在逃，侦查法官可发布收监令或逮捕令。

被告人及其辩护人有权要求执法人员提供拘留令的副本。

第 176 条　轻罪案件的拘留期限不得超过 1 个月。

如果后续侦查过程中发现有必要延长拘留时间，侦查法官可执行特殊司法程序，适当延长拘留时间。该司法程序须经检察院批准。

拘留期限至多可延长 2 次。

如果在拘留期间，侦查法官未按照第 271 条相关规定发布指令，应依法释放被告人，后续侦查程序继续进行。

第 177 条　重罪案件的拘留期限不得超过 2 个月。

如果后续侦查过程中发现有必要延长收押时间，侦查法官可执行特殊司法程序，适当延长收押时间。该司法程序须经检察院批准。

拘留期限至多可延长 5 次。

第 178 条　在与检察院协商后，侦查法官可将被告人暂行释放。如果释放程序未经相关法律条款规定确认，被告人须保证在被传唤的情况下出席所有的诉讼程序，保证将其行动、住所的信息告知侦查法官。在被告人暂行释放期间，侦查法官可命令被告人出示公共机构或私人机构的健康证明以及学历证明。

被告人在缴纳保释金或有保证人担保后也可被暂行释放。

根据第 160 条到第 174 条相关规定，暂行释放受到司法监视。

检察院可随时向侦查法官提出释放请求，侦查法官应当在请求提出的 5 日内答复检察院。

第 179 条　根据相关法律条款规定，被告人及被告人律师可在侦查的任何时间提出释放要求。

侦查法官应在申请提出的 24 小时内处理该申请，将该申请整理成册提交检察院，并寄送原告供其查阅。

在任何情况下，侦查法官均应在临时释放令申请提出的 5 日内对其作出司法回应。

如果被告人在提出申请后的 5 日内未得到侦查法官回应，可直接将该申请提交相应法庭的轻罪法庭；如果检察院已向该部门提供相关书面文件，且被告人不参加进一步的侦查程序，则该机关应在 15 日内直接释放被告人。

检察院应在 48 小时内将相应文件整理成册交于轻罪法庭。

同样，检察院也有权在该时间段内将释放申请提交上述部门。

但如果原告对被告人提出民事诉讼，则侦查法官不得在 48 小时内对被告人执行暂时释放程序。

第 180 条　根据上述各条的规定，被告人、被告人律师或检察院代表可在在诉讼和侦查的任何阶段提出释放要求。

决议机关将根据审理情况对是否释放被告人作出决定。如果作出决议的是重罪部门或轻罪上诉部门，则该项决议不接受任何质疑。

在释放申请被驳回的情况下，可交由另一法院进行司法审理，对其审理结果不得提出异议。

如果决定移交某案件的法庭尚未处理该案件，作出的裁决不具司法管辖权，则按照上述程序执行。

收到释放申请的法院须在 8 日内作出裁定。

如果有关法院须在该条的几种情况下作出裁定，应通过书面形式传唤诉讼各方、各方辩护律师出庭，并在庭审过程中听取诉讼各方及各方辩护律师意见后作出裁定。

此外，法院还可依照第 161 条中的一款或多款规定暂时释放被告人。

第 181 条　初审法庭作出关于是否临时释放的裁决后，如果无法在次日之前对该项裁决提起上诉，次日后由上诉法院轻罪法庭提起上诉。

在检察院受理上诉的过程中，对被告人的拘留令仍具法律效力。该规定适用于损害国家利益或涉及非法贩卖毒品的轻罪案件。但如果获得国王保释，可暂且释放被告人。

如果检察院在上述情况下提出上诉，则保持对被告人的拘留，直至上诉结果公布。

被告人或王国检察官应准备案卷，并在 24 小时内提交王国总检察官以申请上诉。

轻罪上诉部门须在 10 日内对上诉申请作出裁定。

该项上诉不会对诉讼程序造成影响。法庭将就诉讼核心问题进行讨论。

在该条提及的情况中，相关法庭可在被告人缺席时宣布结果。

第 182 条 如果调查局或法院在司法监视过程中发现非法获释行为，则可直接下达禁止被告人出入境或撤销其护照的指令；如有必要，调查局或法院可根据被告人情况，为其提供住宿，但被告人在无证件的情况下不得远离该住宿地。在后续审理裁决下达之前，该法令可强制执行。

如果该程序涉及外籍人员，则须妥善保管其护照等证件并为其提供临时住所。

执行以上措施的部门可主动或应检察院、当事人要求，在任何时间调整或取消相关措施。

有关部门根据上述各款规定执行的措施不接受任何上诉。

相关裁决须上报于安全部门，在相关安全部门授予其权限后方可执行。

违反上述规定的个人将视情况而定，被处以为期 3 个月至 2 年的拘留处罚以及 1200 迪拉姆至 12000 迪拉姆的罚金。

第 183 条 如果被告人获准被暂时释放，无论该释放属于保释释放或非保释释放，被告人均须向刑罚执行机构提交有关住所的声明。该住所应在调查案件的机关的管辖范围内，或确保在受理案件的法院的管辖范围内。

刑罚执行所所长须向有关方面提供该声明及声明内容。

如果被暂时释放的被告人在后续调查过程中再次被传讯却未出席相应审讯或调查，或新情况使得对被告人的关押确有必要，相关的侦查法官或审判机构可发布再次收押被告人的指令。

如果上诉法院轻罪法庭已批准暂时释放被告人，除轻罪法庭根据检察院书面申请发布决议外，侦查法官不得再次发布逮捕令。

第 184 条 如果暂时释放被告人时须本人提供书面承诺书，则该承诺书内容应当包括：

1. 被告人应承诺，在必要的情况下将配合参与后续调查并出席相应庭审；
2. 被告人在被暂时释放之前应支付如下费用：
（1）被告人应承诺支付所需承担的民事费用；
（2）在必要的情况下被告人应支付相应的赔偿金以及损失费；
（3）应支付由民事诉讼方代付的费用；
（4）相应罚款。

临时释放决议要求被告人履行上述承诺书中的每一条规定，以保障被害人权益。

第 185 条 交付保释金可用现金、银行开具的支票、被告人律师出具的支票、国家先行的债券或其保证金，保释金须交予法院书记员室或交予警察。如果保释金为债券，须交予警察。

王国检察官在收到保释金支付完毕的消息后，须立即下令临时释放被保释人。

第 186 条　如果被告人出席了所有的法定程序并且裁决已执行完毕，应返还缴纳的保释金的第一部分。

自相关方未按时执行法定程序或执行裁决结果（且无正当理由）之日起，该部分保释金充入国库。

但是在发布了不进行追究的命令的情况下，侦查法官有权下令返还该部分保释金，在豁免被告人或宣判其无罪的情况下，审判委员会也有权下令返还该部分保释金。

第 187 条　按照惯例，如果已下令不予追究、宣判无罪或豁免，则返还第二部分保释金以确保可缴纳罚金、欠款及损害赔偿金。

根据第 184 条规定，如果裁决有罪，则该部分保释金用于支付诉讼费、罚款、欠款、抚养费与赡养费、损害赔偿金。

第 188 条　检察官应在民事诉讼方的请求下或主动将第 186 条第 2 款所规定的被告人承担责任的证明或第 187 条第 2 款所规定的裁决书概要交给警察。

法院基金保管处应将所保存的资金依法分配给受益人。

法院根据请求对上述资金分配中的纠纷，在商讨室作出裁决。

南　　非

1977 年刑事诉讼法[*]

第五章　逮　捕

第 39 条　逮捕的方式及执行

（1）无论有无令状，除非被捕之人是送交监所监管，否则逮捕的方法都必须是身体的直接接触或强行控制。

（2）实施逮捕的人应当在逮捕当时或逮捕之后立即告知被逮捕人逮捕的

---

[*]　本法于 1997 年 7 月 22 日由南非共和国总统、参议院、众议院制定生效，由 2010 年第 6 号法即刑法（司法程序）修正案最新修正。本译本根据南非政府官网（http：//www. justice. gov. za）提供的英语文本翻译。

原因，如果逮捕是依据逮捕令执行，假如被逮捕人要求，执行逮捕的人应递给他一份逮捕令的复印件。

（3）执行逮捕的意思是指将被捕之人合法羁押并一直拘留至他被释放或解除监禁为止。

第 40 条　治安官的无证逮捕

（1）治安官无需逮捕令可以逮捕任何人，若此人——

（a）当着治安官的面实施犯罪行为或企图实施犯罪行为；

（b）治安官有理由怀疑此人实施了附件 1 规定的犯罪行为，但从合法羁押中脱逃的犯罪行为不属此条款的规定；

（c）已经从合法羁押中脱逃或企图脱逃；

（d）此人拥有 1993 年普通法第三修正案第 82 条规定的破门或扎车工具，又不能向治安官作出满意解释；

［（d）由 1993 年第 129 号法第 41 条替代］

（e）持有任何物品，此物品被治安官合理怀疑为偷盗的赃物，或非法得来的财物，而且治安官有理由怀疑此人已实施了与此物有关的犯罪行为；

（f）夜间待在某地，而周边环境让人有足够理由怀疑该人已经或将要实施犯罪行为；

（g）有理由被怀疑正在或已经非法占有与任何法律规定之偷盗行为有关的牲畜或农产品；

（h）有合理被怀疑正在实施或者已经实施了法律限制的行为，如生产、供应、占有或运输烈性酒或依赖性药物，或者占有或处置武器或弹药；

（i）在法律禁止或限制赌博或博弈游戏的赌博场所或赌博桌前被发现；

（j）故意妨碍治安法官执行公务；

（k）已经与某项合理投诉的人发生正相关关系或负相关关系，或者有可靠信息或合理理由怀疑其已经参与到国外的某项行为，而这个行为如果发生在国内将被视为为犯罪受到处罚，而且根据引渡或逃犯有关的法律规定都应在国内被逮捕或拘留；

（l）有理由怀疑此人违反国家入境或居住相关法律，非法移民；

（m）有理由被怀疑是南非国防军的逃兵；

［（m）由 1996 年第 18 号法第 4 条修改］

（n）有合理理由被怀疑没有遵守依据本法做出的延期判决或暂定执行判决而附加的条件；

（o）有合理理由被怀疑没有在法院依据本法做出的命令期限内全部或部分支付罚款；

（p）依据法院命令或者法律规定，他应当去自首并因此必须接受一定期间的监禁而他没有这样做；

（q）有合理理由被怀疑实施了1998年家庭暴力法第1条所规定的家庭暴力，该法规定家庭暴力属于犯罪行为的一种。

［（q）由1998年第116号法第20条增加］

（2）如果某人依据法律规定可被无证逮捕，且他的情况符合该法律规定的情形和条件，任何治安官均可据此对其执行无证逮捕。

第41条　某些人的姓名与地址以及治安官的无证逮捕权

（1）一个治安官可以要求任何——

（a）他有权逮捕的人；

（b）有合理理由怀疑已经实施了或企图实施犯罪行为的人；

（c）治安官自己认为可以提供任何已实施犯罪行为或怀疑可能实施犯罪行为证据的人，

向治安官提供其完整的姓名及地址，如果此人不能提供，则治安官可直接无证逮捕他，或者，对他提供的姓名和地址治安官有理由怀疑是假的，治安官可以无证逮捕他并将他羁押不超过12小时，直到他提供完整的姓名或地址。

（2）任何人，当被要求依据第1款的规定提供自己的姓名和地址时，未能照做或提供了虚假的或错误的姓名和地址，应被视为是犯罪行为，并且应当被处以不超过300兰特的罚款，或不超过3个月的监禁。

［第2款被1986年第33号法第3条所替代］

第42条　私人无证逮捕

（1）任何私人也可无需逮捕令逮捕任何人，若——

（a）此人在他面前实施或试图实施犯罪行为，或该私人有理由怀疑此人已实施了附件1规定的犯罪行为；

（b）该私人有理由相信此人实施了犯罪，正在逃跑，并且该私人认为有权对他执行逮捕的人正在对他追捕；

（c）此人所犯罪行是法律认定可以被无证逮捕；

（d）该私人亲眼目睹此人参与了聚众斗殴。

（2）私人在依据第1款（a）执行无证逮捕时，可以对那个人实施追捕，其他私人在追捕目的已经明确后可参与并帮助追捕。

（3）财物所有者、合法占有者或对财物负有看管之责的人，如果发现任何人对该财物实施犯罪行为，可以无证逮捕此人，接受上述人士授权的人也可对此人实施逮捕。

第 43 条　治安法官或法官可签发逮捕令

（1）总检察长、公诉人或警察总长书面申请，任何治安法官或法官都可以签发逮捕令逮捕任何人，只要该书面申请——

（a）陈述了已经实施的犯罪行为；

（b）宣称此罪是在该治安法官的管辖区发生，假如由法官签发的话，则是因为该治安法官辖区的申请规定应向法官提出的，或此罪虽没有在这个管辖区发生，但书面申请宣称知道或有理由怀疑申请中提到的那个人藏身该区；

（c）申明依据宣誓的证词，有理由怀疑逮捕令针对的人已实施了被指称的犯罪行为。

（2）依据本条规定签发的逮捕令必须明确说明被逮捕之人是因为逮捕令上描述的犯罪行为而被治安官逮捕，并依据第 50 条规定被带到下级法院。

（3）逮捕令可于任何日期签发，并一直保持法律效力直到签发人撤销，或其他有同等权力的人撤销（如果签发人不在的话），或者已经被执行。

第 44 条　逮捕令的执行

依据本法任何条文签署的逮捕令可由治安官执行，此治安官执行该逮捕令时应遵循逮捕令里规定的条款。

第 45 条　依据电信授权的逮捕

（1）来自任何治安法官、法官或治安官的，说明针对某人的一份逮捕令已被签发的电报或类似手写或打印的任何文件，必须有足够信息授权逮捕和拘留某人。

（2）依据第 1 款规定执行的有关逮捕行动同样适用于第 50 条的规定。

第 46 条　错误逮捕的免责

（1）任何人依据逮捕令或第 45 条的通讯授权逮捕某人，并有理由相信他正在逮捕此人，但却逮捕了另外一个人，他不对这类错误逮捕行为承担责任。

（2）任何人如被请求帮助实施第 1 款规定的逮捕行为，或者被要求拘留因此被逮捕的人，并且他有理由相信那个被逮捕的人就是逮捕令或通讯信息授权要逮捕的人，他不对这类帮助或拘留行为承担责任。

第 47 条　私人受到请求协助逮捕

（1）国家每个 16 周岁以上不满 60 周岁的男性居民，受到警官请求时都应当帮助此警官——

（a）逮捕任何人；

（b）拘留任何已被逮捕之人。

（2）如果没有充足理由，任何人没能如第 1 款规定协助警官，应被认为犯罪，并被处以不超过 300 兰特的罚款，或被处以不超过 3 个月的监禁。

［第 2 款由 1986 年第 33 号法第 4 条替代］

第 48 条　为逮捕的目的破门而入

任何可依法逮捕罪犯的人，如果他知道或有合理理由怀疑此人就在该处所内，在用足够大的声音发出入室请求并说明入室目的后仍旧无法进入时，为了执行逮捕，他可以破门进入并搜查该处所。

第 49 条　使用武力执行逮捕

（1）在本条款中——

（a）"逮捕者"指任何依据本法授权逮捕或帮助逮捕嫌疑人的人；而

（b）"嫌疑人"是指逮捕者有理由怀疑正在实施或已经实施犯罪的人。

（2）如果逮捕者试图去逮捕一个嫌疑人，当逮捕者向嫌疑人清楚地表达逮捕意图，而嫌疑人企图抵抗或者逃跑，或者企图抵抗并逃跑，为了实施逮捕，逮捕者可以使用必要的且与当时情景下为制止嫌疑人的反抗或者逃跑相适应的武力行为。假定逮捕者依据本法规定可以合法使用致命的，或可能造成嫌疑人死亡或严重身体伤害的武力时，他或她必须有理由相信——

（a）此武力是紧急需要的，否则逮捕者以及其他依法协助逮捕的人或任何其他人将会立刻死亡或将要死亡或遭受严重的身体伤害；

（b）如果逮捕延迟，嫌疑人非常有可能发动致人立刻死亡或将要死亡或严重身体伤害的攻击；或

（c）逮捕所针对的犯罪行为正在进行，且非常暴力，性质严重，包括威胁生命或很可能造成巨大身体伤害的暴力活动。

［第 49 条由 1998 年第 122 号法第 7 条替代］

第 50 条　逮捕后的程序

（1）（a）无论是否有逮捕证，任何因涉嫌犯罪被逮捕的人，或因任何其他理由被逮捕的人，都应当尽可能快地被带到警察局，或当凭逮捕证逮捕时，则带到逮捕证上明确指明的任何地点。

（b）依据（a）拘留的人应当尽可能快地被告知他或她有启动保释程序的权利。

（c）依据（d），如果此被逮捕人由于下列原因未被释放——

（i）没有针对他或她的指控；或

（ii）依据第 59 条或者第 59A 条提出的保释申请没有被批准，

他或她应当尽可能快地被带到下级法院，至迟不超过逮捕后 48 小时。

（d）如果 48 小时到限的时间——

（i）不是普通法院的开庭时间或者当日不是普通法院开庭日。那么，被告人被带到下级法院的时间应当不迟于开庭首日结束的时间；

（ii）或将要到限的时间，或依据（i）或者（iii）应该到限的时间，或到期时被捕之人由于疾病或其他身体状况不能被带至下级法院的，法院可应检察官申请（该申请如果未在 48 小时期满前提出，可在之前任何时间或下一开庭日提出，申请中陈述疾病或身体状况并附执业医生医疗证明）授权法院把被捕之人拘押在指定地方，时间长度以法院认为合适他身体恢复，能够被带到法院为准。如果有上述之申请，法院还可把被捕之人放在指定地方，时间以法院认为合适为准；

［（ii）由 1998 年第 34 号法第 3 条（a）替代］

（iii）到期的时间正好是被捕之人不在他将被延期羁押的法院辖区之内，或者正在被从警察局送到下级法院的过程中，或被从警察局或其他拘留地点转送至此法院过程中，那么，到期时间将被定为他被带入辖区法院第二个开庭日结束之前。

［第 1 款由 1979 年第 56 号法第 1 条修改，并由 1997 年第 85 号法第 1 条（a）替代］

（2）本文中——

（a）"法院日"是指相关法院开庭的日子，"普通法院日"具有相同意思；而

（b）"普通开庭时间"是指法院开庭日从 9：00 至 16：00 的这段时间。

［第 2 款由 1997 年第 85 号法第 1 条（a）替代］

（3）依据第 6 款的规定，本部分所有内容均不得被解释为更改本法或其他法律，本法和那些法律规定，被拘留的人可通过保释、或警告出庭或书面通知出庭等方式予以释放。

［第 3 款由 1995 年第 75 号法第 1 条（a）及 2000 年第 62 号法第 8 条第 1 款（a）替代］

（4）……

（5）……

［第 4 款和第 5 款由 1991 年第 122 号法第 37 条增加以及由 2008 年第 75 号法第 99 条第 1 款删除］

（6）（a）第 1 款（a）所述及的人第一次出现在法院时，如果他或她——

（i）因涉嫌犯罪而被捕，则此人应适用本条以及第 60 条之规定——

（aa）由法院通知他或她继续被羁押的原因；

［（aa）由 1998 年第 34 号法第 3 条（b）替代］

（bb）受到指控并有权获得保释，但如果他或她没有受到指控，或者没有被告知继续拘留的原因，他或她应被释放；或

（ii）不是因犯罪被逮捕，法院应对逮捕他或她的原因作出裁定并宣告。

（b）依据（a）（i）被逮捕的人不应当在普通开庭时间之外的时间被送上法院。

（c）因实施附件6规定的犯罪行为而被指控的人提出的保释申请必须由治安法院受理：如果检察长或由其书面授权的检察官认为在特定案件中为了执法的方便或需要，可以用书面方式命令地区法院受理申请。

［（c）由2000年第62号法第8条第1款（b）替代］

（d）当事人依本款规定被带到接受审理的下级法院可以推迟任何保释程序或保释申请到任何时间，每次延迟期限为7日，前提是法院认为合适且不与本法任何规定相矛盾，如果——

（i）法院认为对保释申请处理且形成决定的信息或证据还不够充分；

（ii）检察官告知法院，案件已经或将要送交总检察长，由总检察长依据第60条第11A款签发书面确认文件；

（iii）……

［（iii）由2000年第62号法第8条第1款（c）删除］

（iv）在法院看来，有必要给国家提供机会——

（aa）获得重要证据，如果批准保释，此重要证据会丢失；或

（bb）行使第37条规定的各项职责；或

（v）在法院看来，这样做是为了司法公正的需要。

［第6款由1995年第75号法第1条（b）增加，并由1997年第85号法第1条（b）替代］

（7）……

［（7）由1995年第75号法第1条（b）增加，并由1997年第85号法第1条（c）删除］

第51条　关押前的脱逃、协助脱逃以及对此的惩罚

（1）任何被依法逮捕后送往矫正机构、警察局拘留室或看守所前脱逃或试图脱逃的人应被视为犯罪且应依据1998年矫正服务法（1998年第111号法）第117条规定的处罚措施定罪受罚。

［第1款由2008年第66号法第4条所替代］

（2）任何解救或者试图解救已被依法逮捕并将被送往矫正机构、警察局拘留室或者看守所的人，或者为逃脱或试图逃脱监禁的人提供帮助，或者庇护、隐藏或帮助庇护或隐藏的人应被视为犯罪且应依据1998年矫正服务法第117条规定的处罚措施定罪受罚。

［第2款由2008年第66号法第4条替代］

（3）无论其他法律是否有相反规定，下级法院对本条下的犯罪行为有管辖权且可判处相应刑罚。

第 52 条　其他机构逮捕权的保留

本章有关逮捕的任何规定不应被解释为剥夺或削减任何机关依据其他法律明确规定的逮捕、拘留或对任何人限制人身自由的权力。

第 53 条　民法权利和责任的保留

依据第 46 条和第 331 条的规定，本章关于逮捕的规定不应被解释为剥夺或削减被错误或恶意逮捕之人的民事权利或责任。

第九章　保　释

第 58 条　保释的效力

依据后面条款批准的保释，其效力是被羁押的被告人，只要按照保释规定的金额缴纳了保释金或保证人缴纳了保释金，应当从羁押中被释放，而且到为他受审指定的地点、日期和时间出庭，或者与被告人保释有关的诉讼活动中止。除非保释被提前终止，否则释放的效力将一直将维持到法院对相关罪行做出事实认定书为止，假如法院在事实认定书之后不立刻做出判决且延长了保释期，则保释的效力将一直延续到法院作出判决为止。假如法院对被告人所犯的属于附件 5 或附件 6 所述罪行进行定罪，则法院在考虑是否应对被告人的保释做出延长期限的决定时就应采用第 60 条第 11 款（a）或（b）之规定，法院还应考虑——

（a）被告人被定罪的事实；以及

（b）法院可能的判决。

［第 58 条由 1997 年第 85 号法第 2 条修改］

第 59 条　被告人首次出现在下级法院的保释

（1）（a）除附件 2 第一部分和第二部分下的犯罪以外，因犯罪而被羁押的被告人，可以在他或她第一次出现在下级法院前，且已按照警官决定的数额在警察局存入金钱情况下，与负责调查的警官协商，由任何军士军衔或以上军衔的警官对此被告人进行交保释放。

［（a）由 1987 年第 26 号法第 3 条、1992 年第 126 号法第 1 条以及 1995 年第 75 号法第 2 条替代］

（b）条款（a）述及的警官应当在对被告人交保释放时，给被告人签发一份确认书及一份收据，确认书应载明保释交付的金钱数目以及保释述及的犯罪罪行，以及被告人应参与审判的地点、日期以及时间。

（c）上述警官应当立即复制此确认书交给拥有管辖权的法院的书记官。

（2）如果该保释在被告人首次到下级法院出庭时有效，则依据本法第62条的规定，在该法院依据本法第60条以同样的方式对其决定保释时，该保释依然有效。

第59A条　总检察长可授权交保释放

（1）总检察长，或依据总检察长书面授权的相关检察官，在与负责调查的警官协商后可对实施附件7下犯罪行为的被告人予以保释。

（2）为了行使第1款和第3款的职能，总检察长可以在与司法部长协商后发布指令。

（3）本部分规定的保释的效力是指被羁押的人从羁押中被释放——

（a）他或其提供的保证人在第50条第1款（a）描述的拘留地缴纳为保释而确定的保释金数额；

（b）根据总检察长或相关检察官规定的合理条件；或

（c）已经缴纳足额保释金或担保人缴纳保证金并带附加条件。

（4）依据第3款释放的被告人应当在第一个法院日按照总检察长或相关检察官规定的时间到指定的法院出庭，释放的效力会一直持续到他或她在第一个法院日出庭为止。

（5）第4款述及的人出庭的法院——

（a）可能会延长保释期限或修正相关条件，也可能依据第62条的规定增加条件；或

（b）如果法院认为行使（a）规定的权力并不恰当，则法院应当考虑保释申请，在考虑该申请时，依据第60条规定，法院拥有与保释程序相关的对于权力、功能和义务的管辖权。

（6）第64条关于保释程序记录的规定，经必要的改变后同样适用于依据本部分授予的保释。

（7）就本法而言，依据本条作出的保释将被视同法院依据第60条批准的保释，但必须接受本条规定的约束。

［第59A条由1997年第85号法第3条增加］

第60条　被告人在法庭上提出的保释申请

（1）（a）如果能让法院相信符合司法公正的要求，则依据第50条第6款规定，因涉嫌犯罪而被拘留的被告人在对其定罪的任何阶段都有权被保释。

［（a）由2000年第62号法第9条（a）替代］

（b）依据第50条第6款（c）的规定，把被告人移送其他法院审理或判决的法院仍然保有本法规定的与保释有关的权力、功能和义务的管辖权，直到

被告人首次到被移送的法院出庭为止。

［（b）由 1997 年第 85 号法第 4 条（a）和 1998 年第 34 号法第 5 条（a）替代］

（c）如果被告人自己或检察官都未提出对被告人可能的保释问题，法院应向被告人本人确认他或她是否希望法院考虑这一问题。

（2）在保释程序中，法院——

（a）可以依据第 50 条第 6 款的规定延迟此程序；

（b）可以就被告人与检察官之间没有争议的事项，用非正式的方式获得作出保释决定或命令的必要信息；

（c）对于被告人与检察官之间争议的事项，可以要求检察官或被告人提供证据；

（d）当检察官不反对根据第 11 款（a）和（b）规定保释时，应当要求检察官将不反对保释申请的理由记录在案。

［第 2 款由 1997 年第 85 号法第 4 条（b）替代］

（2A）在对保释申请作出决定之前，如果有关于被告人保释合宜性的预审咨询报告，法院必须对其进行考量。

［第 2A 款由 2003 年第 55 号法第 4 条增加］

（2B）（a）如果能让法院相信法律允许按照第 1 款规定对被告人交保释放，而且缴纳一笔保释金是保释的条件，法院必须对被告人能否缴纳此数额保释金的能力进行独立调查，否则必须调整保释金的数额。

（b）如果在（a）述及的调查后，发现被告人——

（i）没有能力缴纳任何数额保释金，则法院必须考虑设置其他与金钱无关的适当条件，或依据第 13 款（b）规定考虑由保证人作保释放；或

（ii）有能力缴纳一笔数额，则法院必须考虑对被告人的保释设置条件和与他的状况相适应的金钱数目。

［第 2B 款由 2008 年第 66 号法第 9 条（a）增加］

（3）如果法院认为他们没有可靠的或充分的信息或证据可供使用，或缺乏确实重要的信息来针对保释申请作出决定，主审法官应当命令将此信息或证据呈上法院。

（4）如果有下面一种或多种可能的情形出现，法律将不允许被告人从拘留中被释放——

（a）如果被告人被保释，其有可能对公共安全或特定个人造成危害，或者实施附件 1 下的犯罪行为；或

［（a）由 1997 年第 85 号法第 4 条（c）替代］

（b）如果被告人被保释，其有可能试图逃避审判；或

（c）如果被告人被保释，其有可能试图感化或恐吓证人，或者隐藏或毁灭证据；或

（d）如果被告人被保释，其有可能破坏或危及刑事司法制度的目标或正常运行，包括保释制度；

（e）在特殊情况下，释放被告人将有可能扰乱公共秩序或破坏公共和平或安全；或［sic］［原文如此］

［（e）由 1997 年第 85 号法第 4 条（d）增加］

［第 4 款由 2000 年第 62 号法第 9 条（b）修改］

（5）在判断第 4 款（a）的理由是否成立时，法院在可能情况下可以考虑下列因素——

（a）对被告人指控中隐约显示出来的对他人的暴力程度；

（b）被告人可能已经对他人做出的暴力威胁；

（c）被告人被认为对他人怀有怨恨；

（d）被告人过去的行为表明其有暴力倾向；

（e）被告人的过去行为表明其有实施附件 1 中犯罪的倾向；

（f）特定种类犯罪的高发性；

（g）有证据表明被告人在之前的保释中曾实施了附件 1 述及的犯罪行为；或

（h）法院认为应当考虑的其他因素。

（6）当考虑第 4 款（b）理由是否成立时，法院在可能的情况下可以考虑下列因素——

（a）被告人与他或她将被审讯的地点之间的情感、家庭、社区或职业关联；

（b）被告人拥有的财产及财产的位置；

（c）被告人拥有的可以让其离开国家的手段和旅行文件；

（d）若有的话，被告人对保释金可能被没收的承受程度；

（e）若被告人为了逃避审判而逃越国境，是否可有效将其引渡回国的问题；

（f）被告人将要接受审判的指控的性质和严重性；

（g）被告人涉案的严重程度以及其可能试图逃避审判的动机；

（h）一旦被定罪，对被告人实施处罚的性质和与严重性；

（i）保释条件的约束力和强制性与违反该条件的容易程度；或

（j）法院认为应当考虑的任何其他因素。

（7）当考虑第 4 款（c）的理由是否成立时，法院在可能的情况下可以考

虑下列因素——

（a）被告人熟悉证人以及可能针对他或她的证据；

（b）证人是否已经做出陈述并同意作证；

（c）针对被告人的调查是否已经结束；

（d）被告人与不同证人之间的关系以及这些证人可能被感化的程度；

（e）禁止被告人与证人之间交流的保释条件有多大效果和强制性；

（f）被告人是否可以接触到将出现在其审判中的证据材料；

（g）证据材料可能会被隐藏或销毁的容易度；或

（h）法院认为应当考虑的任何其他因素。

（8）当考虑第4款（d）的理由是否成立时，法院在可能的情况下可以考虑下列因素——

（a）被告人明知信息是虚假的，仍在被逮捕或在保释程序期间提供此信息；

（b）被告人是否因另一起指控被羁押或已经被假释；

（c）被告人以前未能遵守保释条件，或者有迹象表明他或她将不会遵守保释条件；或

（d）法院认为应当考虑的任何其他因素。

（8A）当考虑第4款（e）中的理由是否成立时，法院在可能的情况下可以考虑下列因素——

（a）犯罪的性质或犯罪实施的环境是否会引发犯罪发生地民众的震惊或愤怒；

（b）如果被告人被释放，民众的震惊或愤怒是否会导致社会秩序混乱；

（c）他或她被释放是否可能危及自身安全；

（d）被告人的释放是否会破坏或危及社会公众的和平与安全感；

（e）被告人的释放是否会破坏或危及公众对刑事司法程序的信心；或

（f）法院认为应当考虑的任何其他因素。

［第8A款由1997年第85号法第4条（e）增加］

（9）在考虑（4）的问题时，法院在作决定时应权衡司法公正与被告人的人身自由权，尤其是羁押可能使其遭受的偏见，在可能的情况下，应考虑下列因素——

（a）被告人自被逮捕后已经被羁押的时间；

（b）如果被告人没有被交保释放，在判决或处置作出前可能的拘留期；

（c）迟延作出判决或处置的理由以及被告人方面与此迟延有关的任何错误行为；

（d）被告人因他或她的拘留而可能遭受的任何经济损失；

（e）对被告人的羁押阻碍了被告人自我辩护的准备或延请法定代理人的工作；

（f）被告人的健康状况；或

（g）法院认为应当考虑的任何其他因素。

（10）尽管控方不反对保释，法院也有义务依据第 9 款规定权衡被告人个人利益与司法公正之间的关系。

（11）无论依据本法哪一条规定，当被告人受到与以下犯罪行为相关的指控时——

（a）附件 6 中述及的犯罪行为，法院应当命令被告人一直被羁押直到其被依法处理，除非被告人被给予合理机会提出证据使法院相信确有特殊情况存在，这种情况法律允许他或她获得释放；

（b）附件 5 述及的犯罪行为，而非附件 6，法院应当命令被告人一直被羁押直到其被依法处理，除非被告人被给予合理机会提出证据使法院相信确有特殊情况存在，这种情况法律允许他或她获得释放。

［第 11 款由 1997 年第 85 号法第 4 条（f）替代］

（11A）（a）不论案情记录上是何种指控，只要总检察长意图指控任何人犯有附件 5 或附件 6 规定的罪行，总检察长可以在此人认罪前的任何时候，签署书面确认书表示他或她意图以附件 5 或附件 6 下的罪名指控被告人。

（b）书面确认书应在签署之后由检察官尽快交于法院并形成法院记录的一部分。

（c）任何人在保释申请阶段或保释程序进行当中被指控或将被指控犯有附件 5 或附件 6 中的罪行，总检察长依据（a）签署的书面确认书应当，当它在此申请或程序中出示时，作为对此人提出指控的初步证据。

［第 11A 款由 1997 年第 85 号法第 4 条（g）增加］

（11B）（a）在保释程序中，被告人或其法律顾问，必须告知法院——

（i）被告人以前是否曾被定罪；并且

（ii）是否有针对他或她的未决指控而且他或她是否在那些指控中被保释。

（b）当被告人的法律顾问替被告人提交了（a）述及的信息，不论是书面的还是口头的，法院都会要求被告人确认这些信息。

（c）保释程序的记录除（a）中的信息外应成为被告人保释程序之后审判记录的一部分：如果被告人选择在保释程序中作证，法院必须告知其这一事实，即其所说的任何事情都可能在审判中被用来作为对其不利的证词，并且任何后续程序都将采纳这个证据。

（d）被告人故意——

（i）不遵守或拒绝遵从（a）的规定；或

（ii）向法院提供虚假的（a）需要的信息，

应当被认为有罪并将被处以罚金或不超过 2 年的监禁。

［第 11B 款由 1997 年第 85 号法第 4 条（g）增加］

（12）法院可以依据法院认为有利于司法公正的条件释放被告人。

（13）依据本条规定对被告人交保释放的法院可以命令被告人——

（a）按照法院决定的数额，向任何治安法院的书记官或任何上级法院的登记官，视情况而定，或向被告人被羁押的矫正机构的矫正官员或向被告人被羁押的警察局的警官缴存一笔金钱；或

（b）提供一个担保人，不管其是否有担保物，由他或她向国家缴纳和上缴为保释设定的保释金数额，或依据第 63 条第 1 款增加或减少的数额，已经缴存的，将会被上缴国家。

［第 13 款由 2008 年第 66 号法第 9 条（b）替代］

（14）即使国家法律中可能有任何相反的规定，被告人都不得为了保释程序的目的，获取任何与相关犯罪有关的，警方立案资料中的相关信息、记录或文件，包括由负责相关调查的警官持有的信息、记录或文件，除非检察官作出另外指示：此部分不应被解释为不允许被告人获取任何其可能有权获得的与其审判相关的信息、记录或文件。

［第 14 款由 1997 年第 85 号法第 4 条（h）增加，并由 1998 年第 34 号法第 5 条（b）修改］

［第 60 条由 1979 年第 56 号法第 2 条及 1982 年第 64 号法第 2 条修改，并由 1995 年第 75 号法第 3 条替代］

第 61 条　……

［第 61 条由 1995 年第 75 号法第 4 条废除］

第 62 条　法院可以增加保释条件

法院对已获保释的未决指控，可以在任何阶段（不论保释是由此法院或任何其他法院确定）依据检察官的申请，进一步增加保释条件——

（a）被告人本人在指定的时间和地点向指定的个人或机构报告；

（b）被告人不允许去的地点；

（c）被告人与控方证人交流的禁止或控制；

（d）依据本法给被告人送达文件的地点；

（e）在法院看来，正常的执法活动不会因为被告人的保释处于危险之中；

（f）确保被告人处于缓刑官或矫正官员的监督之中。

［（f）由 1991 年第 122 号法第 38 条增加］

第 63 条　保释条件的修改

（1）保释已获批准的未决指控所在的法院，基于起诉人或被告人的申请，可以增加或减少依据第 59 条或第 60 条所决定的保释金数额，或修改或补充第 60 条或第 62 条授予的条件，不管这些条件是由该法院或任何其他法院附加。如果申请由检察官提出但被告人没有出庭的，法院可以签发对被告人的逮捕令，如果被告人出庭，则对检察官提出的申请做出决定。

［第 1 款由 1995 年第 75 号法第 5 条替代］

（2）如果第 1 款述及的法院是高等法院，只要法院在申请时没有开庭，依据该款所作的申请可以向该法院的任何法官提出。

第 63A 条　基于监狱条件而释放被告人或修改保释条件

（1）如果监狱长依据 1998 年矫正服务法（1998 年第 111 号法），认为某监狱关押的监犯数量达到了对被告人的尊严、身体健康、安全构成实质和紧迫威胁的程度——

（a）假如此被告人被指控的犯罪行为属于下列类型——

（i）警告可能会依据第 59 条给予保释的；

（ii）附件 7 述及的犯罪；

（b）此被告人被下级法院给予保释，但不能支付相关保释的金额；并且

（c）此被告人没有因（a）述及的犯罪类型以外的犯罪而被拘留，

监狱长可以据此向所述法院申请——

（aa）对被告人予以警告后释放，而不是交保释放；或

（bb）修改法院对被告人处以的保释条件。

（2）（a）依据第 1 款做出的申请应当以书面形式向法院书记官提交，并且必须——

（i）包含监狱长的誓词或宣誓书表明他或她认为相关监狱关押的监犯数量达到了对被告人的尊严、身体健康和安全构成实质和紧迫威胁的程度；并且

（ii）包含相关检察长的书面证书，检察长书面授权的检察官的书面证书，说明公诉方不反对该申请。

（b）被告人及其法定代理人，如果有的话，必须被告知第 1 款下的申请事项。

（c）法院书记官必须，无延迟地，将申请呈于任何治安法官或地区治安法官，他们可以不公开处理该申请事项。

（d）如果治安法官或地区治安法官认为有必要的，申请可在被告人在场的情况下处理。

（3）（a）如果治安法官或地区治安法官认为申请符合第 2 款（a）的要求，他或她可以——

（i）命令将被告人从羁押中释放，如果被告人在场，警告其在特定日期特定时间到与此犯罪相关的特定法院出庭，视情况而定，全程参加与相关犯罪有关的程序。该法院可以在此命令发布之时或之后的任何时候依据第 62 条对释放附加任何条件；或

（ii）减少依据第 60 条决定的保释金数额并且，如果合适的话，修改或补充依据第 60 条或第 62 条附加的条件。

（b）如果依据（a）（i）发出命令或依据（a）（ii）修改保释条件时被告人在场，被告人所在监狱的监狱长授权的矫正官员必须——

（i）交给被告人一份上述命令或改变条件保释文件的正式副本并向被告人解释含义；并

（ii）向法院书记官交还由此官员签署并由被告人签名的证书，证明其已经签发给了被告人此命令或文件的正式副本并且其已经向被告人解释了含义，

向法院出示所述证书将被作为初步证据证明所述证明副本已经交与被告人并已向其作出解释。

（c）第 72 条第 2 款（a）的规定可变通适用于依据（a）（i）释放的被告人。

（4）（a）国家检察长与矫正服务司法长官协商后，可以发布关于以下问题的指令——

（i）建立监控及协商机制以便第 1 款规定提交申请；

（ii）监狱长与检察长是必要时依据第 1 款提出申请应遵循的程序。

（b）依据（a）签署的指令必须提交给议会后才能生效。

［第 63A 条由 2001 年第 42 号法第 6 条增加］

第 64 条　保释的程序及条件应完整记录

依据第 50 条第 6 款受理保释程序，或依据第 60 条考虑保释，或依据第 62 条附加进一步条件，或依据第 63 条或者第 63A 条修改保释金额，或修改或增加任何条件，或拒绝修改或增加保释条件的法院，应当完整记录相关程序，包括附加的条件和修正或补充的条件，也可以强制做出完整记录；如果该法院是治安法院或地区法院时，任何作为法院程序记录的摘要以及被法院书记官核对无误的文件，以及设定了保释条件和对保释条件进行的任何修改或补充等文件，只要在相关指控仍然未决的法院出示，即成为此条件或任何修改或补充的初步证据。

［第 64 条由 1995 年第 75 号法第 6 条、1997 年第 85 号法第 5 条以及 2001 年第 42 号法第 7 条所替代］

第65条　为保释向高等法院上诉

（1）（a）任何被告人如果认为自己被下级法院拒绝同意保释或对保释附加了条件，如保释金额和修改或补充等伤害，可以针对拒绝或附加条件向有管辖权的高等法院上诉。如果此法院未开庭，可向该法院的任何法官上诉。

（b）该上诉可由独任法官听审。

（c）如果该下级法院管辖权或部分管辖权正好在最高法院的地方分院管辖范围内，则此地方分院应当有权接受依据（a）提出的上诉。

（2）上诉时不能在上诉所针对的那个决定之后出现或新发现的事实部分撒谎，除非这些事实是第一次呈现给了上诉针对的治安法官或地区治安法官并且此治安法官或地区治安法官根据这些事实做出了不利于被告人的决定。

（3）被告人应当送达一份上诉通知复印件给总检察长以及治安法官或地区治安法官，并且此治安法官或地区治安法官应立刻向上诉法院或法官提供他当时做出决定的理由。

（4）审理上诉的法院或法官不能直接撤销上诉所针对的决定，除非此法院或法官认为该决定是错误的，即便如此，受理上诉的法院或法官也只能依据自己的意见给出与下级法院应当已经做出的同样的决定。

第65A条　总检察长针对法院做出的对被告人交保释放决定的上诉

（1）（a）总检察长可以针对下级法院交保释放被告人的决定或针对依据第65条第1款（a）作出的保释条件的决定，向拥有管辖权的高等法院上诉。

（b）第310A条规定的申请，或该条述及的总检察长的上诉申请，以及与被告人上诉有关的第65条第1款（b）和（c）以及第4款之规定，基本上可以适用于总检察长依据本条款提出的上诉案件。

（2）（a）高等法院做出交保释放被告人的决定后，总检察长还可以向上诉法院上诉。

（b）第316条关于被告人依据该条提出的申请或上诉的规定可基本适用于总检察长依据本款（a）提出的上诉。

（c）针对总检察长依据（a）提出的上诉或依据（b）提出的申请，法院可以下令国家支付相关被告人为了反对上诉或申请而支付的全部或部分费用，并依据法院民事案件标准缴纳相应税收。

（3）如果总检察长依据第1款（a）或者第2款（a）的上诉成功，受理上诉的法院应当签发逮捕令逮捕被告人。

［第65A条由1995年第75号法第7条增加］

第66条　被告人未遵守保释条件

（1）如果被告人依据第60条或第62条被附条件保释，包括依据第63条对条件进行修正或补充，如果检察官向法院提出该待决案件中的获释被告人没有遵守设定的保释条件的证据，如果被告人在场且否认违反保释条件或认为违反保释条件并非他的过错，则法院应当对检察官和被告人呈与法院的证据进行听审。

［第 1 款由 1995 年第 75 号法第 8 条替代］

（2）如果当检察官依据第 1 款向法院提出申请时候被告人不在场，法院可以签发对被告人的逮捕令，并应当，在被告人出庭并否认他没能遵守相关条件，或他未能遵守此条件并非是他个人原因时，按照程序听取被告人和检察官可能提出的证据。

（3）如果被告人承认他没能遵守相关条件或如果法院查明他未能遵守相关条件，或如果法院发现被告人未能遵守相关条件是由于他自己的原因，则法院可以取消保释并宣布保释金收归国有。

（4）此条文下的程序与证据应被记录在案。

第 67 条　被保释的被告人未按时出庭

（1）如果交保释放的被告人——

（a）未能出现在规定的地点、日期和时间——

（i）为了审判他而设定的；或

（ii）交保释放的被告人的犯罪相关程序被延后的；或

（b）未能连贯参与庭审和相应程序，审理该案的法院应当宣布保释暂时取消，并且保释金暂时由国家予以没收，并签发逮捕令逮捕被告人。

（2）（a）如果被告人在依据第 1 款规定的逮捕令签发后 14 日之内出现在法庭上，法院应当对暂时取消保释及暂时没收保释金的决定进行确认，除非被告人使法院相信他未能依据第 1 款出现或未能保持出庭并非因为他个人原因。

（b）如果被告人使法院相信他未能出庭并非是由于他自身原因，暂时取消保释及暂时没收保释金的决定将失效。

（c）如果被告人并未在依据第 1 款规定的逮捕令签发的 14 日之内或在法院有合理原因决定的延期时间内出现在法庭上，保释的暂时取消以及保释金的暂时没收将成为最终决定。

（3）法院可以接受他认为必要的证据来证实第 1 款下的被告人未能出庭或未能持续出庭，并且此证据应当记录在案。

第 67A 条　由于被保释者未能出庭或遵守保释条件而应承担的刑事责任

任何被交保释放并且无正当理由未能按照被决定的日期、地点出庭，或未能连续出庭直到他或她必须出庭的程序终结，或无正当理由未能遵守法院依据第 60 条或第 62 条附加的保释条件以及依据第 63 条作出的修改或补充的人，应被认定为犯罪并且一经定罪，可被判处罚金或不超过 1 年的监禁。

［第 67A 条由 1995 年第 75 号法第 9 条增加］

第 68 条　保释的撤销

（1）不论被告人是否已被释放，受理与保释决定有关的未决指控的法院可以，依据法庭上的下述证言——

（a）被告人将要逃避审判或将躲藏以逃避审判；

（b）被告人干预或恐吓或试图干预证人；

（c）被告人已经阻挠或者试图阻挠司法公正；

（d）被告人对公共安全或特定人的安全造成了威胁；

（e）被告人在保释程序中没有披露或没有正确披露其所有的犯罪前科，或者他的犯罪前科真实记录在其交保释放后才被发现；

（f）获得或出现了进一步的证据或事实，包括被告人在保释程序中提供了可能影响保释决定的虚假信息的事实；或

（g）为了司法公正，

对被告人签发逮捕令并作出适当的命令，包括命令取消保释和决定把被告人关进监狱直到相关刑事诉讼终结。

（2）任何治安法官可以，在无法依据第 1 款获得逮捕令时，依据任何治安官的申请或依据此官员发誓后提交的下述书面证言——

（a）他或她有理由相信——

（i）交保释放的被告人将要逃避审判或将要躲藏以逃避审判；

（ii）被告人干预或恐吓或试图干预证人；

（iii）被告人阻挠或试图阻挠司法公正；或

（iv）被告人对公共安全或特定人的安全造成了威胁；

（b）被告人在保释程序中没有披露或没有正确披露其所有的犯罪前科，或者他的犯罪前科真实记录在其交保释放后才被发现；

（c）获得或出现了进一步的证据或事实，包括被告人在保释程序中提供了可能影响保释决定的虚假信息的事实；或

（d）为了司法公正，

对被告人签发逮捕令，并且如果认为不把被告人收监会破坏司法公正，可以取消保释并把被告人送进监狱关押，并一直关押到相关刑事诉讼终结，除非受理未决指控的法院很快恢复了保释。

［第 68 条由 1995 年第 75 号法第 10 条以及 1997 年第 85 号法第 6 条替代］

第 68A 条　依据被告人请求取消保释

如果被告人由于另一起指控被羁押或在服刑，作出交保释放决定的法院可以在指控未决前依据被告人申请取消保释并退回保释金。

［第 68A 条由 1983 年第 59 号法第 15 条增加］

第 69 条　第三方缴纳保释金

（1）第 59 条或第 60 条的规定都没有禁止被告人之外任何人替被告人缴纳保释金。

（2）保释金，无论是被告人缴存还是任何其他人替他代缴，即使已全部或部分让与他人，都应当视情退还给被告人或上述代缴人。

（3）如果有任何官员认为有理由相信某人在替被告人存入保释金之前或之后的任何时间，因保释金可能的损失已经或将要获得第三方的补偿或获得经济利益，则依据本款规定，此人不能为被告人代缴保释金。

第 70 条　保释金减免

司法部长或任何官员或者相关法院可依职权减免依据第 66 条或第 67 条没收的全部或部分保释金。

［第 70 条由 1995 年第 75 号法第 11 条替代］

第 71 条　……

［第 71 条由 1987 年第 26 号法第 4 条及 1991 年第 122 号法第 39 条替代，并被 2008 年第 75 号法第 99 条第 1 款废除］

尼日利亚

刑事诉讼法[*]

第一章　导言、逮捕、保释以及预防性措施

第二节　逮　捕

概　述

第 3 条　在实施逮捕时，警察或其他实施逮捕的人应切实地碰触或限制被

---

* 本法于 1945 年 6 月 1 日由国民议会颁布实施，本译本根据尼日利亚法律网（http：//www.nigeria-law.org）提供的英语文本翻译。

逮捕人的身体，除非被逮捕人通过语言或者行动表明服从羁押。

第 4 条 除非有法院、治安法官或太平绅士的指令，或者对被逮捕人实施暴力或者企图逃跑存在合理担忧，或者出于被逮捕人安全的考虑认为对其施加限制确为必要，否则被逮捕人不得被戴上手铐、被捆绑或受到不必要的限制。

第 5 条 除非被逮捕人正在实施犯罪，或者实施犯罪后立即被追捕或者逃脱合法羁押的，否则实施逮捕的警察或其他人应当将逮捕的原因告知被逮捕人。

第 6 条 （1）当一个人被警察或者个人逮捕时，实施逮捕或接受个人移交的被逮捕人的警察可以对此人进行搜查，搜查时所使用的武力应符合逮捕的目的，以合理必要为限，除让被逮捕人保留必要的衣服外，其身上的所有物品均应当被放置在安全的地方加以保管：

如果被逮捕人被允许保释，并且有人提供保释金，依照本条第 6 款的规定，该被逮捕人不应当被搜查，除非有合理的理由相信其身上藏有下列物品：

（a）偷来的物品；

（b）暴力械具或有毒物质；

（c）与其被指控实施的犯罪类型相关的工具；

（d）可作为证据证明其实施被指控的犯罪的其他物品。

（2）当有必要对女性进行搜查时，应当由另一名女性进行。

（3）尽管有本条其他规定，实施逮捕的警察或其他人在任何情况下均可以扣押被逮捕人身上的进攻性武器。

（4）对依本条规定向有管辖权的法院指控犯有某种罪行的任何人的任何财产进行扣押，警察均需要向该管辖法院出具一份报告，报告中应当列明对该被指控人的财产予以扣押的事实以及扣押财产的详情，如果法院认为对该财产或财产的任何部分予以返还符合维护司法公正以及对被指控人安全羁押的目的，应当指令将其返还给被指控人或者返还给其可能指令的其他人。

（5）对于依本条规定从一个人身上扣押的任何财产，如果此人没有在任何法院受到指控，而是被以无充分理由相信其实施犯罪为由予以释放，则该扣押财产应予以返还。

（6）当一个人由于被指控犯有某种罪行被合法羁押，且该犯罪的性质及其实施该犯罪时的情况，使得有理由相信对此人进行人身检查会获得其实施犯罪的相关证据时，下列行为是合法的，即由合格的医生依据警察的要求，或者找不到这样的医生时，即由该警察，以及任何善意实施援助的人依据该医生或该警察的指示，对被羁押人进行人身检查，以查明能够提供该证据的事实，该人身检查以及为此目的所使用的武力均应以合理必要为限。

第 7 条 （1）依逮捕令实施逮捕或有权逮捕的任何个人或警察，如果有理由相信被逮捕人已经进入或者正处于某一场所，居住在该场所的人或者该场所的负责人应当应上述有权实施逮捕的个人或警察的要求，允许其自由地进入该场所，并且提供对隐藏其中的被逮捕人进行搜查的一切合理的便利。

（2）如果不能依据本条第 1 款获准进入上述场所，任何个人或警察都可以（强行）进入该场所并在那里寻找被逮捕人，为了实现进入该场所，其可以砸开任何房屋或场所外部或内部的门窗，无论该房屋或场所是被逮捕人的，还是其他人的，或者是实现进入该房屋或场所的人的，前提是实施逮捕的警察或其他人已经告知了逮捕授权和目的，并且及时提出了进入该场所的要求，否则不能进入该场所。

第 8 条 警察或被授权实施逮捕的其他人，为了自救或解救为了实施逮捕依法进入某一房屋或场所却被扣留其中的人，可以从该房屋或场所破门而出。

第 9 条 对任何人进行逮捕，无论是有证逮捕还是无证逮捕，均应当合理迅速地将其送至警察局，或者其他接收被逮捕人的场所，并且立即告知其被指控的罪名。任何人被拘押时均应当拥有合理的途径获得法律咨询，采取措施提交保释金，以及为其辩护或者释放作出安排。

无证逮捕及其程序

第 10 条 （1）没有治安法官的指令和逮捕令，警察可以在下列情形下实施逮捕：

（a）警察有合理理由怀疑某人实施了违反联邦法律、本州法律或者其他州法律的可公诉罪行的，创设该罪名的成文法规定不能对实施该罪行的罪犯实施无证逮捕的除外；

（b）某人当场实施犯罪被警察发现的；

（c）某人妨碍警察执行公务，已经逃脱或试图逃脱合法羁押的；

（d）警察在某人身上发现可疑赃物或者有合理理由怀疑其实施与该赃物相关的犯罪的；

（e）警察有合理理由怀疑某人系尼日利亚武装部队的逃兵的；

（f）警察有合理理由怀疑某人与在尼日利亚境外实施的某种行为有关，依据尼日利亚有效制定法，如果该行为在尼日利亚实施，将被视作犯罪而受到惩罚，并可能因此在尼日利亚被逮捕和拘留的；

（g）警察发现某人无合法理由持有任何破门入户的工具，该合法理由的证明责任由此人承担的；

（h）警察有合理理由相信本州管辖法院已经对某人签发逮捕令的；

（i）某人表面上没有谋生手段，且无法给出令人满意的解释的；

（j）警察在本州内发现某人在某些情况下采取预防措施隐瞒自己的存在，并且使人相信他采取该预防措施是为了实施某种重罪或者轻罪的。

（2）如果警察发现犯罪行为当场发生，可以认为已经获得了对犯罪人实施逮捕的授权，尽管设定该罪名的成文法规定不得对犯罪人实施无证逮捕。

（3）本条授予警察的各项权力应当在本州内警察部门的警察中予以实施。

第 11 条　（1）对于在警察面前实施或者被指控实施非可公诉罪行的犯罪人，警察可以要求其提供姓名和住址，如果犯罪人拒绝提供，或者警察有理由相信其提供的姓名和住址是虚假的，可对其实施逮捕以进一步确认他的姓名和住址。

（2）当该犯罪人的真实姓名和住址被确认后，如果其能够具结，保证其在治安法官需要其到庭时到庭受审，应当将其释放，具结可以有保证人，也可以没有保证人：

如果犯罪人不是尼日利亚居民，应当由一个或多个尼日利亚居民作为保证人为具结提供担保。

（3）如果在犯罪人被逮捕后的 24 小时内不能确认其真实姓名和住址，或者犯罪人不能具结，或者犯罪人不能按照要求提供足够的保证人，应当立即将其送至最近的具有管辖权的治安法官处。

第 12 条　对于实施可公诉罪行或者被以合理理由怀疑已经实施了某一重罪或者已在夜间实施了某一轻罪的本州的犯罪人，任何个人均可以将其逮捕。

第 13 条　如果某人被发现实施了侵犯财产犯罪，可以由财产所有人、财产所有人的雇员或者其授权的人进行无证逮捕。

第 14 条　（1）任何个人对其他人实施无证逮捕，均应当毫不延迟地将此逮捕之人移交警察，或者在警察不在场时将此人带至最近的警察局。

（2）如果有理由相信此人符合本法第 10 条第 1 款的规定，警察应当将其再次逮捕。

（3）如果有理由相信此人实施了可公诉罪行，并且拒绝按照警察的要求提供姓名和住址，或者警察有理由认为其提供的姓名或住址是虚假的，应当依照本法第 11 条的规定进行处理；如果没有充足的理由相信其实施了犯罪行为，应当将其立即释放。

第 15 条　当任何犯罪在法官开庭审理的审判区内或者在治安法官被委任的地区内，在法官或治安法官面前实施时，法官或治安法官可以亲自对犯罪人实施逮捕，或者指令任何人逮捕犯罪人，并且应当随即依照本法所包含的关于保释的规定，将该犯罪人交付羁押。

第16条 （1）如果治安法官实施逮捕或指挥逮捕时所知道的事实是由其他人经过宣誓向其陈述的事实，在治安法官被委任的地区内，治安法官可以亲自逮捕或者在场指挥任何人逮捕其可以依法签发逮捕令的人。

（2）如果依照本法第15条或第16条对某人实施逮捕，实施或者指挥实施该逮捕的法官或治安法官处理以此种方式逮捕的犯罪人应当如同此人已经被其他人带至其面前或者在其他人的指挥下被带至其面前时一样。

无证逮捕之保释

第17条 当犯有非死刑罪行的犯罪人被无证拘押时，如果在拘禁后的24小时内不能将其带至有管辖权的治安法官或太平绅士面前，则警局负责人可以并且应当对案件展开调查，并且除非该警察认为其犯罪性质严重，否则应当在其具结提交合理数额的保释金确保其会按具结中指定的时间和地点出庭后将其释放，该具结可以有保证人，也可以没有保证人。但是，如果犯罪人被拘押，无论警察调查是否结束，一旦条件可行就应当立即将其带至对该犯罪有管辖权或者依照本法第484条的规定被授权处理此人的法官或治安法官面前。

第18条 当犯罪人如上所述被拘押，如果前述警察认为案件调查不能立即结束，则他可以在犯罪人具结提交合理数额的保释金确保其会按具结中指定的时间出现在该警察局后将此人释放，该具结可以有保证人，也可以没有保证人。除非此人先前收到来自警察局负责人不要求其到场的书面通知，否则，任何一份这样的具结都可以被强制执行，如同一份附条件的具结一样，条件是此人保证到具结中指定的警察局所在地的治安法院出庭受审。

第19条 当一个人因非死刑罪行被无证拘押时，负责警察局或者负责接收被送交的被逮捕人的其他地方的警察在调查结束后，如果认为没有充分的理由确信此人实施了犯罪，应当立即将其释放。

第20条 对于无证逮捕的案件，不论被逮捕人是否已经被准予保释，警察局的负责人均应当将案件向辖区内最近的治安法官报告。

逮捕令

签发一般授权

第21条 依照本法生效前或生效后通过的任何成文法，如果有权对一个人实施有证逮捕，则可以对其签发逮捕令。

逮捕令概述

第22条 （1）依据本法签发的逮捕令，或者依据其他无相反明文规定的成文法签发的逮捕令，应当载明签发日期，并包含一切必要的细节，且应当由签发逮捕令的法官或治安法官签名。

（2）所有逮捕令均应当简要载明签发该令状所依据的罪行或事实，以及被逮捕人的姓名或对其的描述，同时，还应当指令警察或其他官员对此人进行逮捕，将其带至法院以使其对指控或陈述进行答辩、作证或者根据具体情况做案件处理所需的其他事情，并对此人依法作出进一步处理。

第23条 除非控告或陈述的内容经过控告人本人或关键证人的宣誓，否则不得依据该控告或陈述先行签发逮捕令。

第24条 逮捕令可以在任何一天签发，包括星期日或公休假日。

第25条 （1）逮捕令可以指明由一名警察执行，或者指明由所有警察执行，或者指明一名警察与所有警察共同执行。

（2）在任何时候逮捕令都无须回呈，根据具体情况，一个逮捕令可以被法官或治安法官执行或撤销，在被执行或撤销之前，逮捕令始终有效。

第26条 此条因涉及执行逮捕令的为已经被取消的地方警察队伍而不再适用，故被省略。

第27条 （1）如果一个逮捕令需要立即执行，但是没有可立即执行的警察，则签发逮捕令的法院可以指令由其他人执行逮捕令，被指令人应当执行该逮捕令。

（2）任何被指令执行逮捕令的人，应当拥有法律赋予执行逮捕令的警察的所有权力、权利、特权和保护，并应当遵守法律对该警察规定的各种要求。

执行逮捕令概述

第28条 （1）逮捕令可以在任何一天执行，包括星期日或公休假日。

（2）警察可以在本州内随时随地执行逮捕令，被逮捕人处于正在开庭的法庭内的除外。

（3）执行逮捕令的人在逮捕前应当告知被逮捕人将对其进行有证逮捕，除非存在合理的理由，如告知可能引起被逮捕人逃跑、抵抗或被人劫走的，可不予告知。

（4）依照本法第30条、第31条的规定，依逮捕令被逮捕的人应当在其被逮捕后尽快被送至签发逮捕令的法院。

第 29 条　执行逮捕令时，尽管执行逮捕令的人未携带逮捕令，但也可以执行逮捕，但如果被逮捕人要求出示逮捕令的，在对其进行逮捕之后应当尽快向其出示。

执行逮捕令时依法院命令之保释

第 30 条　（1）对于因可判处死刑罪行之外的其他事由而涉罪的犯罪人，任何法院在对其签发逮捕令时，如果认为适宜，可以在该逮捕令上进行批注，指示在逮捕令中指定的人被逮捕时，可以在其具结保证其会按照批注中的要求出庭后，将其释放。

（2）批注应当明确——

（a）保证人的人数（如果有保证人）；

（b）保证人和逮捕令中指定的被逮捕人各自应负担的数额；

（c）被逮捕人将出席的法院；

（d）被逮捕人出席法院的时间，包括其后依其可能出席的法院指令的时间出庭的保证。

（3）当该批注作出后，逮捕令中指定的被逮捕人被带至的警察局的负责人，应当在其具结后将其释放，不论该具结有没有该警察认可的保证人，该具结应与批注相一致，保证其按照具结中指定的时间和地点出庭。

（4）对于依照本条规定收取的保证金，收取保证金的警察应当将保证金送至具结中指定的人将要出席的法院。

（5）本条第 3 款、第 4 款的规定对于州外执行的逮捕令没有效力。

逮捕令在签发管区或签发地区之外执行①

第 31 条　（1）当一份逮捕令在签发法院管区或地区以外的州的其他地方执行时，被逮捕人应当被带至逮捕时所在的管区或地区的法院，但依据本法第 30 条收取保证金的除外。

（2）经过必要的调查，如果法院认为被逮捕人就是签发逮捕令的法院所要逮捕的人，该法院应当指令将其移送至签发逮捕令的法院：

如果此人因为可处死罪行以外的其他事由被逮捕——

（a）能够并愿意按照逮捕地法院的要求缴纳保释金；

（b）如果已经依据本法第 30 条在逮捕令上批注指示，且此人能够并愿意提供指示中要求的担保，法院应当视情况收取保释金或担保物，如果已经签订

---

① 即逮捕令的异地执行。——译者注

具结，执行地法院应当将具结送至签发逮捕令的法院。

（3）本条规定对警察依照本法第 30 条的规定收取保证金不构成任何妨碍。

第三节　脱逃与追捕

第 32 条　如果被合法羁押之人逃跑或被人劫走，则羁押负责人在尼日利亚的任何地方均可以对其实施追捕。

第 33 条　本法第 7 条、第 8 条的规定适用于依前条规定而实施的逮捕，尽管实施此逮捕的人未依逮捕令实施逮捕，而且此人并非是有权实施逮捕的警察。

第 34 条　所有人都应当对法官、治安法官或警察提出的下列合理请求提供协助——

（a）协助控制或预防任何治安法官或警察被授权逮捕的人脱逃；

（b）协助预防或阻止扰乱治安的行为，或者防止任何企图损害电信或公共财产的行为。

第二章　刑事审判和调查的一般规定

第十一节　一般诉讼程序

强制被告人出庭

签发传票

第 83 条　当依照本法第 81 条的规定向治安法官提出控告，治安法官决定先行签发传票时，则治安法官应当对被控告人签发传票，传票应当简要说明控告的内容，并且要求被控告人在特定的时间和地点出庭，被控告人应当在传票送达后不少于 48 小时的时间内出庭，以对上述指控进行答辩并依法受到进一步处理。

第 84 条　即使被告人被要求出庭的期限还未到期，如果法院认为适宜并经当事人同意，也可以对控告进行审理和裁决。

第 85 条　当依照本法第 81 条的规定向治安法官提出控告，治安法官决定先行签发传票时，该被告人在控告人写下宣誓证词的案件中可以被指令，在提出控告时立即出庭，或者在该被告人 48 小时内可能离开辖区的情况下，在提出控告之后立即出庭。

第 86 条 对可依单方申请指令的案件，本法第 83 条、第 84 条或第 85 条包含的内容不应当成为强制治安法官签发传票的依据。

传票的形式与送达

第 87 条 法院依据本法签发的传票应当采用书面形式、副本形式，传票应当由该法院主持庭审的法官签名，或由首席法官部分情况下指定的其他法官签名。

第 88 条 传票应当由一名警察送达，或者由签发传票的法院的人员送达，或者由其他公务员送达。

第 89 条 送达传票执行人应当以下列方式实施送达：

（a）对于个人应当送达其本人；或者

（b）对于公司或企业——

（i）向合伙人之一送达；

（ii）向其董事送达；

（iii）向其秘书送达；

（iv）向其辖区的主要代理人送达；

（v）向公司或者企业在尼日利亚境内的主要营业地留置送达；

（vi）向送达时对商行、公司或企业有管理权的人送达。

（c）如果涉及当地政府委员会，则应当遵循该州地方政府的法律送达。

第 90 条 如果经恪尽职守仍然无法依照本法第 89 条 a 项规定的方式送达传票，传票送达人可以把作为法庭附件的一个传票副本留置在被送达人经常居住的房屋或寓所的显著位置，随即，传票应视为已妥为送达。

第 91 条 如果被送达传票之人受雇于政府机关，为了完成对此人的送达，签发传票的法院可以将传票副本送至被送达人受雇用部门的领导，如果法院认为这样送达最为方便，该领导应当随即以本法第 89 条 a 项规定的方式送达传票，并且应当将其本人签名以及按照本法第 93 条的要求批注后的传票副本返还法院，此签名应当视作送达的证据。

第 92 条 如果法院要求将其签发的传票送达至签发法院审判地区或审判管辖区之外的地方，应当将此传票副本送至被送达人居住地区或将被送达的地区的法院。

第 93 条 （1）如果在签发传票的法院的审判地区或审判管区内执行送达，送达传票的官员在审理案件时不在场，可以通过其在传票副本上的批注来对此送达加以证明，如果在签发法院之外的地区执行送达，应当通过在治安法官或法律规定的其他人面前制作宣誓书的方式对送达加以证明，此批注和宣誓书应当构成卷宗的一部分。

（2）此批注和宣誓书应当表明传票送达的方式，在通过制作宣誓书的方式送达的情况下，宣誓书须附在传票副本之后，并应当返还给签发传票的法院。

第 94 条　当传票送达给被送达人，或者交付给任何其他人时，视情况该被送达人或被交付人应当在该传票副本背后签收。当送达不是以向个人交付传票的方式执行，而是通过本法认可的其他方式执行时，送达执行人应当在副本上批注其具体的送达方式。

第 95 条　每一个被要求在传票副本背后签收的人均应当签署大意是已经收到传票的回执，如果不签署此回执可能将被送达人逮捕并带至签发传票的法院，法院可以在其认为必要的情况下将此人拘留或者押交监狱，最长不得超过14 日。

违抗传票之令状签发

第 96 条　如果法院确信已经对被告人送达了传票，但是被告人没有按照传票指定的时间和地点出庭，并且没有依照本法第 100 条的规定被豁免亲自出庭，法院可以签发逮捕令将其逮捕并命令将其带至该法院。

依宣誓控告之逮捕令签发

第 97 条　当在治安法官依照本法第 23 条的规定签发逮捕令之前已经提出控告，依据此控告治安法官决定先行签发逮捕令时，治安法官应当签发逮捕令逮捕被指控人并将其带至法院，以使其对上述控告进行答辩，并依法得到进一步处理。

第 98 条　当因为上述经宣誓的控告而签发逮捕令时，应当适用本法第 22 条至第 31 条的规定。

第 99 条　虽然第 81 条规定了庭审传票的签发，但也可以在指定被告人出庭日期之前或之后的任何时间签发逮捕令。

被告人出庭豁免

第 100 条　（1）当治安法官基于任何被判处不超过 100 奈拉的罚金或者不超过 6 个月的监禁刑，或者并处上述罚金和监禁刑的罪行签发传票时，依被告人的申请，如果治安法官认为有理由豁免其出庭，并且上述申请是基于被告人被指控犯有仅可被处以不超过 100 奈拉的罚金的罪行而提出时，治安法官应当豁免被告人亲自出庭，前提是被告人以书面形式作有罪答辩或者由律师代为出庭并作此答辩。

（2）审理被告人已经被豁免出庭的案件的治安法官，可以酌情在随后的任何诉讼阶段，指令被告人亲自出庭，如果有必要，可以通过签发令状逮捕被告人的方式强制其出庭，并将其带至法庭。

（3）如果治安法官对依照本条规定豁免出庭的被告人处以罚金，治安法官可以同时作出下列任一规定：如果被告人未在规定的时间内支付罚金，应当通过扣押财物获得该未支付罚金数额的补偿，或者依照本法第 390 条包含的有关不支付罚金的规定而计算的监禁期限将被告人监禁。

（4）在依照本条规定豁免被告人出庭的案件中，如果此人被指控有犯罪前科，并且未以书面形式承认或者通过其律师承认有犯罪前科，治安法官可以推迟诉讼，并且指令被告人亲自出庭，同时，如果有必要，可以本条第 2 款规定的方式强制被告人出庭。

（5）当被告人被豁免出庭后又被要求出庭时，在任何情况下，被告人均应当负担为此目的延期而产生的费用。

第十四节　保释和具结的一般规定

第 118 条　（1）被指控犯有可判处死刑之罪的人不应当被准予保释，除非经高等法院的法官批准。

（2）除了可判处死刑的重罪，对于被指控犯有其他任何重罪的人，如果法院认为适宜可以准予保释。

（3）除了前两款中涉及的人，对于被指控犯有任何其他罪行的人，法院均应当准予保释，除非认为有相反的合理理由。

第 119 条　对于任何程序中因涉及本法第 118 条所包含事项之外的任何事项而出庭受审的人，法院可酌情决定在其按照下文规定的方式具结的前提下将其释放，条件是其保证按照具结中指定的时间和地点在此法院或任何其他法院出庭。

第 120 条　在任何情况下，保释所需的保释金的数额应当由作出保释决定的法庭酌情确定，该数额的确定应适当考虑案件情节，不应过高。

第 121 条　在任何情况下，如果法院作出要求具结的决定涉及未成年人，该未成年人不应当具结，但是法院应当要求其父母、法定监护人或者其他适合的人具结，具结可以有保证人，也可以没有保证人，保证该未成年人将按照法院决定的要求行事。

第 122 条 被准予保释的被告人可以被要求提供一个或多个保证人，在准予保释的法院看来，该保证人足以确保被保释人会在需要时出庭，并且被保释人应当随即与该一个或多个保证人共同具结。

第 123 条 如果高等法院的法官认为适宜，对于在其管辖权范围内的州法院受到指控的被告人可以准予保释，尽管该州法院并不认为准予保释是适宜的。

第 124 条 当治安法官在进行预审之后将某人交付审判并且未准予保释时，治安法官应当告知此人有权向高等法院的法官申请保释。

第 125 条 尽管有本法第 119 条、第 120 条的规定，在任何情况下，高等法院的法官均可指令对州内任何被羁押人准予保释，或者指令减少治安法院或者警察要求的保释金。

第 126 条 就具结而言，如果是有保证人的具结，当法院已经确定保证人的数量时，具结不必在前述法院签订，而是可以由当事人在任一其他法院签订，或者在登记官处签订，或者在高级警察或警察局的负责人处签订，或者当任一当事人处于政府监狱中时，在该监狱的管理人或其他负责此监狱的人处签订，并随即发生法律效力，适用本法关于在法院签订具结的规定，如同已经在前述法院签订具结一样。

第 127 条 当作为释放某人的条件，需要签订有保证人的具结时，保证人可以在被保释人具结之前或之后独自具结，并且，如果被保释人与保证人各自具结，应当具有与其共同具结同样的约束力。

第 128 条 如果某人被保释还押，其具结可以在不损害法院在之后审理过程中变更决定的权力的情况下，自动延续至法院在审理过程中可能不时出现的延期审理期间，保证此人在该延期审理期间内指定的时间和地点出席审判。

第 129 条 （1）当具结作为释放某人的条件时，具结一经签订就应当立即将此人释放，如果此人被监狱监禁或被警方拘留，法院应当向监狱或其他拘禁场所的负责人签发释放令，此官员一经收到释放令即应当将此人释放。

（2）当某人因为其具结或保释所涉事项以外的其他事项而被拘禁时，则本条或其他关于保释的规定均不应当被视为要求释放此人的条件。

第 130 条 如果基于控告人、保证人或其他人经宣誓的告发，法院认为具结出庭或具结出现在警察面前的任何人准备离开尼日利亚，或者为了逃避法律制裁，准备离开或已经离开其应当出庭的法院审判地区或审判管边辖区，或其经常居住地的，该法院可以在审判或预审之前指令将其逮捕并交付监狱，除非该法院认为适宜基于进一步具结对其准予保释。

第131条 当被告人已经被准予保释后出现新的情况，该情况在检察官或警察看来，若该被告人未被保释，基于该新情况将会被法官拒绝保释或被要求提供更高数额的保释金后才能获得保释时，法官或治安法官可以基于检察官或警察提请其注意的新情况对该被告人签发逮捕令。在给予被告人被听证的机会后，可以将其交付监狱候审，或者在其提供与原保释金数额相同，或法官或治安法官认为合理的更高数额的保释金后，准予其保释。

第132条 （1）当被治安法官准予保释的被告人，被检察官起诉犯有不能由治安法官保释的罪行时，该治安法官应当基于高级警察告知的犯罪事实，对被告人签发逮捕令并且将其交付监狱，所采用的方式应当与其原本就因为该被起诉罪行而被交付审判所采取的方式一样。

（2）为本条之目的，当指控某人的刑事起诉书已经被提交高等法院时，应视为对其起诉。

第133条 如果法院在具结后的任何时间因任何理由认为保证人不适格，可以签发传票或令状以责令被保释人出庭，一旦此人出庭，法院可以视情况责令其签订一份带有其他一个或多个保证人的新的具结。

第134条 （1）任何具结担保某人出庭的保证人可以随时向法院申请免除具结，可以是全部的具结，也可以是目前适用于申请人的具结。

（2）此申请一旦提出，法院应当签发逮捕令指令将具结保释中的被保释人带至法院。

（3）一旦此被保释人依逮捕令出庭或者自愿出庭，法院应当指令免除保证人的具结，可以是全部的具结，也可以是目前适用于一个或多个申请人的具结，并且应当要求以前有义务寻找其他有充分保证能力的一个或多个保证人的人签订一份新的具结，如果此人未如此做，法院可以采取如同此人没有遵守签订具结的决定一样的方式对其作出处理，具结可以有保证人，也可以没有保证人，视情况而定。

第135条 当受具结约束的保证人破产或者死亡时，或者依照本法第137条的规定没收保证金时，法院可以责令被要求交纳保证金的人根据原来的决定提供一个新的担保，如果不能提供此担保，该法院可以如同保证人在遵守原来的决定的过程中未履行保证义务一样对其进行处理。

第136条 当具结中的保证人在保证金被没收之前死亡时，应当免除用其遗产支付保证金的责任。

第137条 当按照法院的要求证实依照本法第一章至第十一章包含的规定而提交的保证金已经被没收时，法院应当记录该事实并且通过决定宣布没收保证金。

第 138 条　依据具结中义务人的申请并提供法院要求的担保，保证今后履行具结条件，并且支付没收保证金所产生的费用或为此提供担保，或者依据法院可能认为正当的其他条件，法院可以随时撤销没收保证金的决定或者减少没收的保证金数额。

第 139 条　（1）当被保释人或保证人已经向法院签订用于保证遵纪守法和品行端正，实施或者不实施某种行为，做或不做某类事情的具结时，一旦证明被保释人因实施违反具结条件的某种罪行而被定罪时，法院可以通过决定裁决没收该保证金，并因此判处应负责任的人支付其各自应支付的数额，无论是被保释人还是保证人，抑或被保释人与保证人中的任何人。

（2）一份宣判某人有罪的法院判决的核证副本可以被用作证据证明依本条进行的诉讼程序，如果该判决的核证副本被如此使用，法院在作出相反证明之前应当推定此人实施了犯罪。

第 140 条　当声明或裁决没收保证金时，对指控事项拥有管辖权的法院可以立即或在此声明后的任何时间对任何应付责任的人签发押交令，不管该应负责任的人是被保释人，还是具结中的保证人，将其监禁的时间不应当超过本法第 390 条关于同样数额所规定的监禁刑幅度下的关押期限，此监禁可以附以苦役，也可以不附以苦役，除非应缴纳的保证金被尽快支付。

第 141 条　应当将法院依据本法第 140 条声明或裁决没收的所有已付或已补偿的保证金支付给法院的适当官员。

第 142 条　对依照本法第 137 条或第 139 条而作出的没收决定可以提出上诉，对治安法官作出决定的案件可以向高等法院上诉，对法官作出决定的案件可以向上诉法院上诉。

第 143 条　当依照本法规定具结出庭的人没有出庭时，主持庭审的法官可以签发逮捕此人并将其带至自己面前的令状。

突 尼 斯

刑事诉讼法 *

第一编　提起公诉和直接立案（正式）侦查

第二章　预　审

第五节　羁　押

第 84 条　羁押是一种特殊途径，应遵守以下规定。

第 85 条　（于 1993 年 11 月 22 日第 114 号法中修订）

有证据证明羁押是必要时，为防范新罪行的发生，保障惩罚措施的实行，保证案件调查过程的安全，可以对犯罪嫌疑人予以羁押。

上述条款中的羁押不得超过 6 个月，羁押的裁定应附理由，包含实施羁押的事实依据及法律依据。（第 2 款于 2008 年 3 月 4 日第 21 号法中修订）

调查机构需要对犯罪嫌疑人继续羁押的，在征求共和国检察官意见后，预审法官应通过附理由的裁定，延长羁押的期限。轻罪案件的羁押可延长一次，时间不得超过 3 个月，重罪案件的羁押可延长两次，每一次不得超过 4 个月。

对上述裁定可以进行上诉。

审查庭裁定案件移交预审法官继续侦查的，不得超过被告人羁押的最长期限。超过最长期限的，预审法官或审查庭应允许被告人被保释，保释会导致无法保证被告人出庭的除外。（第 5 款于 2008 年 12 月 11 日第 75 号法中增补）

在突尼斯境内有住所，可能判处的有期徒刑不超过 2 年，且未被判处过 6 个月以上监禁刑的被告人，在对其讯问 5 日后应予以有担保或无担保释放，刑

---

* 本法于 1968 年 7 月 17 日由突尼斯共和国全国委员会通过，1968 年 7 月 24 日颁布实施。本译本根据突尼斯共和国官方公报 1968 年 7 月 26 日和 1968 年 7 月 31 日第 31 期提供的阿拉伯语文本翻译。

法第 68 条、第 70 条和第 217 条所规定的罪行除外。（第 6 款于 2008 年 12 月 11 日第 75 号法中修订）

第六节　保　释

第 86 条　（于 1987 年 11 月 26 日第 70 号法中修订）

除第 85 条规定的保释外，预审法官有权在征求共和国检察官意见后，允许犯罪嫌疑人有担保或者无担保的释放。

依前款规定，在任何情况下，预审法官对于共和国检察官、犯罪嫌疑人或律师提出的保释要求，都可予以批准。

犯罪嫌疑人只有在向预审法官承诺遵守他应履行的全部或部分义务后，才得被保释。犯罪嫌疑人应当履行如下义务：

（1）向法庭告知其住址；

（2）不得离开法官为其限定的区域，有特别规定的除外；

（3）禁止进入特定场所；

（4）变动住址应告知预审法官；

（5）保证在受传唤时到庭，接受审理法院的传唤。

保释申请提交后 4 日内执行释放。（第 4 款于 1993 年 11 月 22 日第 114 号法中删除）

第 87 条　（于 1993 年 11 月 22 日第 114 号法中修订）

预审法官作出的给予或拒绝以及改变或解除保释的裁定，都可以由共和国检察官、犯罪嫌疑人或其律师在共和国检察官审核及公布后的 4 日内，向审查庭提起上诉。总检察长可以在决定作出 10 日内对裁定提起上诉。

共和国检察官上诉的，决定暂停执行。

总检察长的上诉不影响决定的执行。

一经上诉，预审法官应立即将案件材料移交刑事审查庭。

刑事审查庭应在接到材料 8 日内处理上诉请求。

预审法官没有在第 86 条规定的期限内受理释放申请时，犯罪嫌疑人、律师或共和国检察官可以直接向刑事审查庭提出申请。

总检察长应在 8 日内将案件材料及附理由的申请移交刑事审查庭，刑事审查庭应在收到案件材料 8 日内受理申请。

犯罪嫌疑人或律师提出保释申请被拒绝的，在 1 个月后有新的理由才可以再次提出保释申请。

第 88 条　必要时，犯罪嫌疑人被传唤后没有到庭或出现了新的危险情况的，预审法官或案件的受理法院可以对其签发新的逮捕证，不受保释裁定的影响。

保释是刑事审查庭驳回预审法官的裁定后作出的，刑事审查庭可以在听取检察总署代表的陈述后签发新的逮捕证，预审法官无权签发。

第 89 条　担保可以是一定数额的保证金或有效支票或国债券，或者符合条件的担保人，还可以是缴纳预审法官规定的在未到庭时应向国库缴纳的罚金。保证人应当保证犯罪嫌疑人在案件侦查过程中及时到庭。

保释裁定应当规定担保种类，必要时，应规定确定的担保金额。

第 90 条　担保是为了保证：

（1）使犯罪嫌疑人出席一切调查工作并执行判决；

（2）依次缴纳以下费用：

①国库支出；

②附带民事诉讼当事人预先支付的费用；

③罚金。

保释裁定应当规定担保的两部分中每一部分的金额。

第 91 条　犯罪嫌疑人没有合理的法定原因而未列席所有的调查过程，并未参加对其的审判的，没收其交纳的第一部分保证金。

在对案件作保留处理或宣告无罪的情况下，可以在裁定书和判决书中规定，将保证金退还给犯罪嫌疑人或其他人。

在审判过程中，被扣押的保证金应按照上一条款规定的顺序，用于支付费用和罚金，超出的部分应予以退还。

第 92 条　案件的受理法院可以在诉讼任何阶段提出保释申请。

此外，刑事审查庭也可提出申请。

在征求检察总署代表的意见后，根据申请，合议庭对保释进行受理。

美 洲

阿 根 廷

刑事诉讼法典[*]

第二编 预 审

第二章^①

第一分章 预审的一般规则

第 205 条 隔离性羁押

有理由怀疑被羁押人可能与他人达成协议或者以其他方式妨碍调查的，法官可以签发决定书，命令对被羁押人进行隔离性羁押，羁押期间不得超过 48 小时，并可延长 24 小时。

警察机关行使本法典第 184 条第 8 项授予的职权时，法官只能将隔离性羁押期间延长至最多 72 小时。

在任何情况下，隔离性羁押不得阻碍被羁押人与其辩护人在供述即将开始前或者在任何需要被羁押人本人亲自参与的诉讼活动开始以前进行沟通。

允许被羁押人使用书籍或者其他由被羁押人申请的物品，只要该物品不用于逃避隔离性羁押或者伤害其自身或者他人生命。

允许被羁押人进行紧急的民事行为，但该民事行为不得削弱被羁押人的支付能力，且不违背预审目的。

---

* 本法典于 1991 年 8 月 21 日由国会批准，后历经 20 余次修改，最近一次修正时间是 2012 年 12 月。本译本根据阿根廷《官方简报》提供的西班牙语文本翻译。

① 原文本即无章名。——译者注

第四章　犯罪嫌疑人的处置

第一节　投案和自首

第 280 条　限制人身自由

只有根据本法典的规定，完全出于调查事实真相和执法的需要，才可以限制人身自由。

逮捕或者羁押应当以对被逮捕人的人身和名誉伤害最小的方式进行，向被逮捕人出示逮捕令。被逮捕人有行为能力的，应当在逮捕令上署名，逮捕令应当说明逮捕原因、被逮捕人被送往的地点和负责案件审理的法官。

第 281 条　羁押

在调查案件事实的最初阶段发现案件牵涉数人，但无法确认责任人和证人，停止调查可能对预审造成不利后果的，法官可以命令在作出陈述以前现场的涉案人员不准离开，也不准相互交流。甚至可以在必要的情况下命令羁押涉案人员。

限制涉案人员离开和羁押涉案人员的时间不能够超过作出陈述的必要时间。办案人员应当尽快接受陈述，陈述时间最长不超过 8 小时。但是因为特殊情况，办案人员可以出具决定书，将陈述时间再延长 8 小时。

上述陈述期间届满后，可以根据情况命令逮捕犯罪嫌疑人。

第 282 条　传唤

正在调查的案件不会处以剥夺人身自由的刑罚或者可能被判处缓刑的，法官可以仅通过传唤的方式命令犯罪嫌疑人出庭，但当场抓获的现行犯除外。

被传唤人在规定的期间内无正当理由不到庭的，法官应当命令对其实施逮捕。

第 283 条　逮捕

除前条的规定之外，有理由对犯罪嫌疑人进行讯问的，法官可以签发逮捕令，命令将犯罪嫌疑人逮捕到案。

逮捕令应当为书面形式，包含犯罪嫌疑人的个人信息或者其他有助于确认犯罪嫌疑人身份及其实施的行为的信息。在实施逮捕时或者在实施逮捕以后，根据本法典第 142 条的规定立即出示逮捕令。

但是情况特别紧急的，法官可以口头或者通过电报下达逮捕令，该情况应当记入案卷。

第 284 条　无逮捕令的逮捕

即使未签发逮捕令，但是犯罪嫌疑人满足下列情形之一的，警察机关的公务人员和辅助人员有义务实施逮捕：

1. 企图实施应当进行公诉且应当被判处剥夺人身自由刑罚的行为，在其准备实施该行为时对其实施逮捕。

2. 被合法逮捕后逃逸时，对其实施逮捕。

3. 对有重大作案嫌疑可能立即逃逸的，或者可能严重妨碍调查的犯罪嫌疑人实施逮捕，逮捕的惟一目的是将该人移送至法官，由法官决定是否对其予以羁押。

4. 对正在实施应当进行公诉且应当被判处剥夺人身自由刑罚的现行犯实施逮捕。

对于应当进行自诉的案件，应当立即告知自诉人，自诉人不报案的，应当释放被逮捕人。

第 285 条　现行犯

满足下列情形之一的，可以当场实施逮捕：发现正在实施犯罪行为的，或者发现刚刚完成犯罪行为的；正被警察机关、被害人或者公众追捕的；通过所持物品或者神态举止明显推测出刚刚参与了犯罪行为的。

第 286 条　移送被逮捕人

警察机关的公务人员或者辅助人员在无逮捕令的情况下对犯罪嫌疑人进行逮捕的，应当在不超过 6 个小时的期间内将犯罪嫌疑人立即移送有关司法机关。

第 287 条　由普通人实施的逮捕

对于本法典第 284 条第 1 款第 1 项、第 2 项和第 4 项所述的情形，普通人有权对犯罪嫌疑人实施逮捕，并应当立即将其移送司法机关或者警察机关。

第六节　预防性羁押

第 313 条　对被预防性羁押人员的处置

除下条规定的情况以外，被执行预防性羁押的犯罪嫌疑人应当与服刑人员分别关押。根据性别、年龄、教育程度、犯罪记录和所涉及案件的性质对被预防性羁押人分别关押。

可以尽量为被预防性羁押人提供不影响羁押管理制度的便利条件及其所需要的医疗服务，相关费用由被羁押人承担，同时官方指派给被羁押人的医生可以到羁押机构为其提供免费的医疗服务。在符合相关规定的条件下，被羁押人可以定期接受无性别限制的至亲好友的探视，并可以使用通信工具，但是法律有限制性规定的情况除外。

被执行预防性羁押的犯罪嫌疑人的近亲属死亡时或者患有重病期间，法官可以通过决定书批准被羁押人在大致规定的时间内，在必要的看管下，离开羁押机构参加葬礼或者进行探望。

第 314 条　监视居住

法官命令对依据《国家刑法典》被处以监视居住的有关人员执行监视居住。

第七节　羁押豁免、释放

第 316 条　豁免的依据

在特定类型的刑事诉讼中，案件的所有犯罪嫌疑人、被告人在诉讼的任何阶段，甚至是在宣布预防性羁押命令时，可以亲自或者通过他人向审理案件的法官申请羁押豁免。

法官对所实施行为进行定性，对于可能判处 8 年以下剥夺人身自由刑罚的，可以豁免针对犯罪嫌疑人、被告人实施的预防性羁押。此外，法官认为犯罪嫌疑人、被告人有可能被判处缓刑的，也可以豁免其预防性羁押。犯罪嫌疑人、被告人被指控犯有《国家刑法典》第 139 条第 1 项、第 139 - 1 条第 3 项和第 146 条所述犯罪行为之一的，不适用本规定。

尚未确定审理案件的法官的，可以向轮值法官提出豁免申请。由轮值法官确定参与案件审理的法官的，由轮值法官向有关法官移送豁免申请。

（依据 1994 年 11 月 30 日颁布的 24410 号法令第 12 条修改，参见 1995 年 1 月 2 日《官方简报》）

第 317 条　释放程序

满足下列情形之一的，可以释放犯罪嫌疑人、被告人：

1. 符合羁押豁免条件的。

2. 犯罪嫌疑人、被告人被指控实施一项或者多项犯罪行为，在逮捕期间或者在预防性羁押期间已经履行完毕《国家刑法典》所规定的此项犯罪行为应当处以的最高刑罚的。

3. 检察官经初步办理案件以后确定犯罪嫌疑人、被告人可能被处以的刑罚，犯罪嫌疑人、被告人在逮捕期间或者在预防性羁押期间已经履行完毕该刑罚的。

4. 犯罪嫌疑人、被告人已经履行完毕非确定判决判处的刑罚的。

5. 犯罪嫌疑人、被告人在逮捕期间或者在预防性羁押期间已经接受一段时间的羁押，只要符合羁押管理规定，允许犯罪嫌疑人、被告人获得附条件释放。

第 318 条　宣布释放的期间

法官可以在诉讼的任何阶段依其职权或者应犯罪嫌疑人、被告人或者其辩护人的请求宣布释放犯罪嫌疑人、被告人。犯罪嫌疑人、被告人主动到庭的或者根据本法典第 279 条和第 282 条的规定被传唤出庭的，可以被宣布释放。

在出具起诉书以前申请豁免预防性羁押的，法官应当参考犯罪嫌疑人实施的或者推断其可能实施的行为的法律定性。对于法官作出的释放决定可以予以撤销或者变更。在作出起诉书以后申请豁免预防性羁押的，法官应当根据起诉书中的法律定性进行受理。

第 319 条　限制

在遵守无罪推定原则和本法典第 2 条规定的基础上，根据案件性质的客观性，并临时评估犯罪嫌疑人、被告人再实施犯罪行为的可能性以及其个人情况后，有理由怀疑犯罪嫌疑人、被告人试图逃避法律制裁或者妨碍调查的，或者犯罪嫌疑人、被告人在案件审理过程中已经被释放过的，法官可以拒绝豁免犯罪嫌疑人、被告人的预防性羁押或者将其释放。

第 320 条　担保

根据情况，通过宣誓保证、人保或者物保，可以豁免犯罪嫌疑人、被告人的预防性羁押或者对其予以释放。

担保的惟一目的是确保犯罪嫌疑人、被告人能够履行豁免或者释放义务，服从法院的命令，以及执行有罪判决。

法官确定担保的内容以确保犯罪嫌疑人、被告人履行义务。

根据犯罪嫌疑人、被告人的个人情况、案件事实的性质和犯罪嫌疑人、被告人的道德品质确定担保内容。严禁要求犯罪嫌疑人、被告人对其不可能履行的义务作出担保。

第 321 条　规则：宣誓保证

所谓宣誓保证，是指犯罪嫌疑人、被告人宣誓承诺忠实地履行法官的命令。法官可以要求犯罪嫌疑人、被告人履行本法典第 310 条所述的义务。

第 322 条　人保

犯罪嫌疑人、被告人未按时到庭的，犯罪嫌疑人、被告人和担保人或者多名共同担保人共同支付法官在批准释放时规定的保证金。此种担保形式为人保。

第 323 条　担保人的资格和支付能力

担保人应当具有缔约能力、具有足够支付能力，并且不得同时作为 5 个以上犯罪嫌疑人、被告人的担保人。

第 324 条　物保

所谓物保，是指根据法官确定的金额存放金钱、公债券、股票，或者提供质押物或抵押物的担保形式。

存放的资金或者股票用于确保犯罪嫌疑人、被告人履行被担保的义务。

根据案件的情节不能采用前述两种担保形式的，以及根据案件的经济性质物保最为适当时，才能采用物保。

第 325 条　担保的程序

在命令释放犯罪嫌疑人、被告人以前进行担保的，应当在书记员的见证下在担保书上署名。进行抵押担保的，抵押人还应当提供财产所有权证明和先前的法律信息。法官制作决定书，命令将相关财产所有权证明在抵押登记处登记备案。

第 326 条　形式、住所和通知

进行担保时，犯罪嫌疑人、被告人及其担保人应当确定各自的住址，指明犯罪嫌疑人、被告人缺席超过 24 小时的，司法机关可以强制处置的担保财物和将会采取的处置方法。未经负责审理案件的法官批准，不得变更上述担保财物和处置方法。

应当将被释放人的义务告知担保人。担保人有理由怀疑犯罪嫌疑人、被告人逃逸的，应当立即告知法官。

第 327 条　撤销担保

满足下列情形之一的，应当撤销担保，并且归还担保财物：

1. 作出撤销释放的决定，犯罪嫌疑人、被告人应当履行被判处的预防性羁押。

2. 撤销预防性羁押的决定，对案件停止审理宣布被起诉人无罪，或者判处被起诉人缓刑的。

3. 被预防性羁押人员主动接受羁押的，或者在规定的期间内被逮捕的。

第 328 条　担保人的更换

担保人有充分的理由不能够继续担任担保人的，可以向法官请求更换担保人。物保形式也可以更换。

第 329 条　传讯

犯罪嫌疑人、被告人被传唤以后未到庭的，或者拒不履行被判处的剥夺人身自由刑罚的，法官应当命令犯罪嫌疑人、被告人在 10 日内到庭，而且可以命令对犯罪嫌疑人、被告人实施抓捕。应当将该决定通知担保人和犯罪嫌疑人、被告人，提醒担保人和犯罪嫌疑人、被告人上述期间届满以后犯罪嫌疑人、被告人仍未到庭，并且不能证明有不可抗力阻止其到庭的，应当兑现担保。

第 330 条　实效性

前条所述的期间届满时，法官根据情况和本法典第 326 条第 2 款的规定命令担保人依照 23853 号法令第 3 条第 4 款的规定向国家司法机关转让作为担保物的财产，或者公开拍卖抵押财产。根据本法典第 516 条的规定对担保物进行清算。

第 331 条　程序

豁免预防性羁押和释放的相关问题与本案其他事项分别进行受理。

针对向检察院提交的有关申请书，检察官应当立即作出处理意见。法官认为案情复杂，应当设定处理期间的，该期间在任何情况下不得超过 24 小时。接到检察院的处理意见以后，法官应当立即作出决定。

第 332 条　不服

检察官、辩护人或者犯罪嫌疑人、被告人对羁押豁免决定书、释放决定书或者驳回羁押豁免决定书、驳回释放决定书不服的，可以在 24 小时内提出上诉。该期间不得延长。

第 333 条　撤销

法官可以依其职权或者应检察官的请求撤销羁押豁免决定书和释放决定书。犯罪嫌疑人、被告人未履行相关义务的，接到法官传讯无正当理由不到庭的，或者准备逃逸的，或者出现要求逮捕犯罪嫌疑人、被告人的新情况的，应当撤销羁押豁免决定或者释放决定。

巴　　西

刑事诉讼法典 *

第一卷　诉讼的一般规定

第九编　拘禁、强制措施及保释

第一章　一般规定

第 282 条　本编规定的强制措施应当按照以下规定采用：（经 2011 年第

　＊　本法典于 1941 年 10 月 3 日由总统颁布，并于次年 1 月 1 日起生效。本法典后经多次修订，本译本依据的是 2012 年 7 月 4 日的修正案。本译本根据巴西总统府官网（http：//www2. planalto. gov. br）提供的葡萄牙语文本翻译。

12.403 号法律修订）

1. 有需要适用刑法、进行侦查或刑事预审，或者在明文规定的情况下，防止刑事违法行为的实施；（经 2011 年第 12.403 号法律引入）

2. 对于犯罪的严重性、事实情节、嫌疑人或被控诉人的个人情况而言，措施应当适度。（经 2011 年第 12.403 号法律引入）

第 1 段　强制措施可以单独或一并采用。（经 2011 年第 12.403 号法律引入）

第 2 段　强制措施应当由法官依职权、应当事人的申请，或在侦查过程中，应警察当局或检察院的申请命令采用。（经 2011 年第 12.403 号法律引入）

第 3 段　当法官收到采用强制措施的申请时，应当命令通知对方当事人，并附随申请书复印件及其他必要材料，而卷宗应当留在法庭保存，但在紧急情况下或存在措施不能发挥效用的危险时除外。（经 2011 年第 12.403 号法律引入）

第 4 段　如果违反了任何规定的义务，法官可以依职权或应检察院、辅助人或原告人的申请，采用替代措施，增加采用另一项措施，或者作为最后手段，命令采取羁押措施（第 312 条独一段）。（经 2011 年第 12.403 号法律引入）

第 5 段　如果法官认为所采用的强制措施没有存在的理由，则可以将之撤销或替代；如果其后出现采用强制措施的原因，则可以重新命令采用。（经 2011 年第 12.403 号法律引入）

第 6 段　仅在不能以其他强制措施替代时（第 319 条），才可以命令羁押。（经 2011 年第 12.403 号法律引入）

第 283 条　除非属于现行犯，或者根据有管辖权的司法机关基于已转为确定的有罪判决或在侦查或诉讼过程中发出的具理由说明的书面命令而进行的临时拘禁或羁押，否则任何人均不得被拘禁。（经 2011 年第 12.403 号法律修订）

第 1 段　本编规定的强制措施并不适用于不可以单独、合并或替代地处以剥夺自由的刑罚的违法行为。（经 2011 年第 12.403 号法律引入）

第 2 段　拘禁可以在任何日期、任何时间进行，但应当遵守关于住所不可侵犯的限制。（经 2011 年第 12.403 号法律引入）

第 284 条　禁止使用武力，但遭遇反抗或被拘禁人试图逃跑而使用必要的武力者除外。

第 285 条　命令进行拘禁的当局应当发出相关的命令状。

独一段　拘禁命令状：

a）应当由书记员缮写并由当局签字；

b）应当指明应被拘禁人的姓名、绰号或身体特征；

c）应当指出因为什么刑事违法行为而需要进行拘禁；

d) 如果是可以担保的违法行为，则应当说明裁定的担保金额；

e) 应当发送给具备资格执行命令状的人员。

第 286 条 命令状一式两份，执行人员应当在执行拘禁后立即将其中一份交给被拘禁人，当中写明执行措施的日期、时间和地点。被拘禁人在收到命令状后，应当在另一份上签收；如果拒绝、不懂写字或不能写字，则通过声明书方式记录这一事实，并由 2 名证人在声明书上签字。

第 287 条 如果违法行为不可以担保，即使没有出示命令状，也不妨碍拘禁的进行。在这种情况下，应当立即将被拘禁人移送给发出命令状的法官。

第 288 条 如果没有向监狱长或监狱管理人出示命令状，并向其交付由执行人员签字的复印件或由有管辖权的当局发出的凭单，则任何人均不可以被收入监狱。在交付被拘禁人后，应当发出接收证明，并注明日期和时间。

独一段 如果出示的文件是命令状，则接收证明可以直接在命令状上作出。

第 289 条 如果被控诉人身处本国境内，但在案件承办法官的管辖区之外，则应当委托进行拘禁，而委托书应当载有命令状的全部内容。（经 2011 年第 12.403 号法律修订）

第 1 段 在紧急情况下，法官可以通过任何通信手段提出拘禁要求；在通信中应当说明拘禁原因和倘有的已裁定的担保金额。（经 2011 年第 12.403 号法律引入）

第 2 段 被要求进行拘禁的当局应当采取必要的措施，以核实通信的真伪。（经 2011 年第 12.403 号法律引入）

第 3 段 案件承办法官应当自措施实行时起计最长 30 日内迁移被拘禁人。（经 2011 年第 12.403 号法律引入）

第 289 – A 条 具有管辖权的法官应当立即将拘禁命令状登记在由国家司法委员会为有关目的而掌管的资料库。（经 2011 年第 12.403 号法律引入）

第 1 段 任何警务人员均可以执行已在国家司法委员会资料库登记的拘禁命令状，即使在发出命令状的法官的管辖区以外亦然。（经 2011 年第 12.403 号法律引入）

第 2 段 任何警务人员均可以执行已颁布的拘禁令，即使命令状没有登记在国家司法委员会资料库内亦然，但应当采取必要的措施以核实命令状的真伪，并告知发出命令状的法官，然后法官应当按照本条正文所述的方式登记命令状。（经 2011 年第 12.403 号法律引入）

第 3 段 在实施拘禁后，应当立即通知需要执行该措施之地的法官，而有关法官应当按照国家司法委员会的登记资料开具证明，并通知颁布拘禁令的法

官。(经 2011 年第 12.403 号法律引入)

第 4 段　按照《联邦宪法》第 5 条第 LXIII 款的规定，被拘禁人应当被告知其拥有的权利；如果被拘禁人没有提供其律师的姓名，则应当联系公设辩护局。(经 2011 年第 12.403 号法律引入)

第 5 段　如果当地有关当局对执行人员的正当性或被拘禁人的身份存有疑问，则适用本法典第 290 条第 2 段的规定。(经 2011 年第 12.403 号法律引入)

第 6 段　国家司法委员会应当对本条正文所述的拘禁命令状登记作出规范。(经 2011 年第 12.403 号法律引入)

第 290 条　如果被追捕的被告人逃到另一个城市或司法区，则执行人员可以在追捕到被告人的地点实施拘禁，并立即将之送交当地有关当局；如属现行犯情况下的拘禁，则当地有关当局须缮录现行犯情况下拘禁的笔录；然后，应当采取措施迁移被拘禁人。

第 1 段　以下情况，视为执行人员正在追捕被告人：

a）看到被告人，并不间断地进行追捕，即使曾离开视线范围亦然；

b）通过迹象或可靠的情报知道被告人刚刚经过执行人员搜寻他的地点，而对其进行追捕。

第 2 段　如果当地有关当局有合理理由怀疑执行人员的正当性或所出示的命令状的合法性，则可以对被告人进行监管，直到疑问得到澄清为止。

第 291 条　根据命令状实施的拘禁，自执行人员向被告人表露身份，向其出示命令状，并命令其跟随他时起，视为已作出拘禁。

第 292 条　如果对于现行犯情况下实施的拘禁作出反抗或对于有权限当局命令的执行作出反抗，即使是由第三人作出，则执行人员和协助其执行工作的人员可以使用必要的手段进行自我防卫或遏制反抗；全部过程应当缮录为笔录，并由 2 名证人签字。

第 293 条　如果命令状的执行人员肯定被告人进入了某住宅或身处某住宅，便应当向住户出示拘禁令和命令交出被告人。如果该命令没有被立即执行，则执行人员应当传唤 2 名证人；如果是夜间，则可以强行进入住宅，如果有需要，则可以破门而入；如果是晚间，则对住户作出命令，如果命令不获理会，则应当把守所有的出口，断绝该住宅与外界的联系，天一亮，便立即破门而入，实施拘禁。

独一段　如果住户拒绝交出藏匿在其住宅的被告人，则应当被带到有关当局，以便依法作出处理。

第 294 条　如果属于现行犯情况下的拘禁，则应当遵守前条规定中倘适用的内容。

第 295 条 以下人员在定罪确定之前，应当收容在军营或特殊监狱，由具有管辖权的当局处置：

1. 部长；

2. 州长、地区长官、联邦区长官和其秘书长、市长、市政委员和警察局长；（经 1957 年 6 月 11 日第 3.181 号法律修订）

3. 巴西国民议会议员、国家经济委员会委员或州立法会议员；

4. 登录在荣誉公民册的公民；

5. 州、联邦区和地区的武装部队官员和军人；（经 2001 年 7 月 11 日第 10.258 号法律修订）

6. 司法官；

7. 取得共和国任一高等学院文凭的人；

8. 宗教司祭；

9. 审计法院法官；

10. 曾实际担任陪审员职能的公民，但因无能力担任陪审员职能而从名单中被除名的人员除外；

11. 现职或非现职的州及地区的警务督察和民警。（经 1966 年 9 月 20 日第 5.126 号法律修订）

第 1 段 本法典或其他法律规定的特殊监狱仅指区别于普通监狱的其他收容场所。（经 2001 年 7 月 11 日第 10.258 号法律引入）

第 2 段 如果没有为特殊被拘禁人准备的专门场所，则应当将其收容在同一场所内的不同囚室。（经 2001 年 7 月 11 日第 10.258 号法律引入）

第 3 段 特殊囚室可以是集体住宿，应当满足环境卫生的要求和适合人类生活的通风、阳光和温度条件。（经 2001 年 7 月 11 日第 10.258 号法律引入）

第 4 段 特殊被拘禁人不与普通被拘禁人一同押送。（经 2001 年 7 月 11 日第 10.258 号法律引入）

第 5 段 特殊被拘禁人的其他权利和义务与普通被拘禁人相同。（经 2001 年 7 月 11 日第 10.258 号法律引入）

第 296 条 对于下级军人和士兵，如果当地具备条件，则应当按照有关规章收容在军事场所内拘禁。

第 297 条 为履行司法当局发出的命令状，警察当局可以发出实施措施所需数量的其他命令状，但该等命令状应当忠实地转录原命令状的内容。

第 298 条 （经 2011 年第 12.403 号法律废止）

第 299 条 可以通过任何通信方式出示司法命令状要求进行逮捕，但被要求的当局应当采取必要的措施，以核实通信的真伪。（经 2011 年第 12.403 号

法律修订）

第 300 条 按照刑事执行法的规定，被临时拘禁的人应当和已被定罪的人分开管理。（经 2011 年第 12.403 号法律修订）

独一段 现行犯情况下被拘禁的军人，在相关的法定程序完成后，应当被收容在其所属机构的军营，并在该处等待有管辖权的机关处置。（经 2011 年第 12.403 号法律引入）

第二章 现行犯情况下的拘禁

第 301 条 任何人均可以拘禁处于现行犯情况下的人，而警察当局和警员则应当拘禁处于现行犯情况下的人。

第 302 条 以下情况视为现行犯：

1. 正在实施刑事违法行为；

2. 刚实施完毕刑事违法行为；

3. 在实施刑事违法行为后，基于有关情况可以推定其为刑事违法行为的行为人即时被当局、被害人或任何人追捕；

4. 在实施刑事违法行为后，即时被发现带有可以推定其为刑事违法行为的行为人的工具、武器、物品或纸本。

第 303 条 如果属于继续犯的情况，则在违法行为尚未终止时仍视为现行犯。

第 304 条 在被拘禁人被带到有管辖权的当局后，应当听取带领人的陈述，立即采集其签名，以及将有关书状的复印件及被拘禁人的交收证明交给带领人。接着，应当听取随行证人的证言，以及对被拘禁人就其被归责的事实进行讯问，而在每次听取陈述后，均须采集相关人员的签名，最后由当局缮录笔录。（经 2005 年第 11.113 号法律修订）

第 1 段 如果根据所作的答复对被带到场的人的怀疑属于有依据的，则当局应当命令将其关押，但属于应被释放或提供担保的情况除外；然后，如果当局有管辖权，则应当继续进行侦查或诉讼行为；如果没有，则应当将卷宗移送有管辖权的当局。

第 2 段 如果违法行为没有证人，并不妨碍作成现行犯情况下拘禁的笔录，但在该情况下，应当有至少 2 名见证将被拘禁人送交当局的证人与带领人一起在笔录上签字。

第 3 段 如果被拘禁人拒绝签字，不懂签字或不能签字，则现行犯情况下拘禁的笔录应当由 2 名在被拘禁人面前听取笔录宣读的证人签字。（经 2005 年

第 11.113 号法律修订）

第 305 条 如果书记员缺席或因故不能视事，则任何人在作出法定承诺后均可以由当局指派缮录笔录。

第 306 条 应当将任何人被拘禁的事实及其身处的地点立即通知有管辖权的法官、检察院、被拘禁人家属或其指定的人。（经 2011 年第 12.403 号法律修订）

第 1 段 在实施拘禁后的 24 小时内，应当将现行犯情况下拘禁的笔录送达有管辖权的法官；如果笔录针对的人没有提供其律师的姓名，则应当将完整的复印件送达公设辩护局。（经 2011 年第 12.403 号法律修订）

第 2 段 在相同的期间内，应当将由当局签发的罪过通知书送交被拘禁人，并由被拘禁人签收，而通知书应当指出拘禁原因、带领人姓名及证人姓名。（经 2011 年第 12.403 号法律修订）

第 307 条 如果事实是在执行职务的当局在场时作出或针对其作出，则应当在笔录中叙述该事实、被拘禁人的声明和证人的证言；所有材料应当由当局、被拘禁人及证人签字，并立即送交有管辖权的法官，如果主持缮录笔录的当局并不是有管辖权的法官。

第 308 条 如果在实施拘禁的地方并没有当局，则被拘禁人应当立即被移送最近地方的当局。

第 309 条 如果被拘禁人应被释放，则应当在缮录现行犯情况下拘禁的笔录后将其释放。

第 310 条 在收到现行犯情况下拘禁的笔录后，法官应当在说明理由的情况下：（经 2011 年第 12.403 号法律修订）

1. 解除非法拘禁；或（经 2011 年第 12.403 号法律引入）

2. 将现行犯情况下的拘禁转换为羁押，如果符合本法典第 312 条规定的要件，且拘禁以外的其他强制措施均不适当或不足够时；或（经 2011 年第 12.403 号法律引入）

3. 给予保释，不论是否提供担保。（经 2011 年第 12.403 号法律引入）

独一段 如果法官通过现行犯情况下拘禁的笔录认定，行为人是在符合 1940 年 12 月 7 日第 2.848 号法令——《刑法典》——第 23 条正文第 I 款至第 III 款所述的条件下实施有关事实，则法官可以在说明理由的情况下给予被控诉人保释，但应当对其采取须在所有诉讼行为到场的书录的强制措施，违者将被废止保释。（经 2011 年第 12.403 号法律修订）

第三章　羁　押

（经 1967 年 11 月 3 日第 5.349 号法律修订）

第 311 条　在警务侦查或刑事诉讼的任何阶段，由法官应检察院、原告人或辅助人的申请，或应警察当局的申请，又或在刑事诉讼过程中，依职权命令进行羁押。（经 2011 年第 12.403 号法律修订）

第 312 条　如果有证据显示存在犯罪或有充分的迹象显示谁是行为人，则为了维护公共秩序、维护经济秩序、基于刑事预审的需要或确保刑法的实施，可以命令进行羁押。（经 2011 年第 12.403 号法律修订）

独一段　如果基于其他强制措施（第 282 条第 4 段）的效力而施加的义务没有被履行，亦可以命令进行羁押。（经 2011 年第 12.403 号法律引入）

第 313 条　按照本法典第 312 条的规定，以下情况允许命令进行羁押：（经 2011 年第 12.403 号法律修订）

1. 可处最高逾 4 年剥夺自由的刑罚的故意犯罪；（经 2011 年第 12.403 号法律修订）

2. 被判处其他故意犯罪，且判决已确定，但 1940 年 12 月 7 日第 2.848 号法令——《刑法典》——第 64 条正文第 I 款规定的情况除外；（经 2011 年第 12.403 号法律修订）

3. 如果犯罪涉及针对妇女、儿童、青少年、老年人、病患或残疾人的家庭暴力行为，而为了确保紧急保护措施的执行。（经 2011 年第 12.403 号法律修订）

4. （经 2011 年第 12.403 号法律废止）

独一段　如果对某人的民事身份存在疑问或其没有提供足够的资料予以澄清，亦允许进行羁押；在被拘禁人的身份明确后，应当立即将其释放，但存在其他须维持该措施的情况除外。（经 2011 年第 12.403 号法律引入）

第 314 条　如果法官通过卷宗内的证据认定行为人在实施有关事实时，符合 1940 年 12 月 7 日第 2.848 号法令——《刑法典》——第 23 条正文第 I 款、第 II 款和第 III 款所述的条件，则在任何情况下均不应命令对其进行羁押。（经 2011 年第 12.403 号法律修订）

第 315 条　命令、替换或否决羁押的决定应当说明原因。（经 2011 年第 12.403 号法律修订）

第 316 条　如果在刑事诉讼的过程中，法官认定欠缺维持羁押的理由，则可以废止羁押；如果嗣后出现应当进行羁押的原因，亦可以重新命令进行羁

押。（经 1967 年 11 月 3 日第 5.349 号法律修订）

第四章　住所拘禁
（经 2011 年第 12.403 号法律修订）

第 317 条　住所拘禁是指将嫌疑人或被控诉人收容在其住所，而嫌疑人或被控诉人仅在获得法院许可后方可以离开住所。（经 2011 年第 12.403 号法律修订）

第 318 条　如果行为人处于以下情况，法官可以采用住所拘禁替代羁押：（经 2011 年第 12.403 号法律修订）

1. 年龄超过 80 周岁；（经 2011 年第 12.403 号法律引入）

2. 由于严重疾病而极度虚弱；（经 2011 年第 12.403 号法律引入）

3. 对于未满 6 周岁的儿童或有残障的人给予特殊照料属于不可或缺的；（经 2011 年第 12.403 号法律引入）

4. 怀孕至第 7 个月或以上的孕妇或怀孕期属于高风险的孕妇。（经 2011 年第 12.403 号法律引入）

独一段　为了替代羁押，法官应当要求提供符合本条规定的要件的适当证明。（包含在 2011 年第 12.403 号法令中）

第五章　其他强制措施
（经 2011 年第 12.403 号法律修订）

第 319 条　拘禁以外的强制措施如下：（经 2011 年第 12.403 号法律修订）

1. 按照法官规定的期间和条件，定期到法庭报到，以便报告及解释其活动；（经 2011 年第 12.403 号法律修订）

2. 禁止进入或前往某些地方，如果按照与事实相关的情节，嫌疑人或被控诉人应与该等地方保持距离，以避免再次实施违法行为的风险；（经 2011 年第 12.403 号法律修订）

3. 禁止与某人接触，如果按照与事实相关的情节，嫌疑人或被控诉人应与该人保持距离；（经 2011 年第 12.403 号法律修订）

4. 禁止离开所在司法区，如果留在该司法区对于侦查或预审是有利或必须的；（经 2011 年第 12.403 号法律引入）

5. 晚间和休息日的住所收容，如果被调查人或被控诉人有固定住所和固定工作；（经 2011 年第 12.403 号法律引入）

6. 中止从事公共职能或从事经济或金融性质的活动，如果有合理理由担忧被利用于实施刑事违法行为；（经 2011 年第 12.403 号法律引入）

7. 对于以暴力或严重恐吓手段实施犯罪的被控诉人进行临时收容，如果鉴定人认定被控诉人是不可归责或部分归责的（《刑法典》第 26 条），且有再次实施犯罪的风险；（经 2011 年第 12.403 号法律引入）

8. 提供担保，如果属于可以担保的违法行为，以确保出席诉讼行为，避免阻碍诉讼进度或无理抗拒履行法院命令；（经 2011 年第 12.403 号法律引入）

9. 电子监控。（经 2011 年第 12.403 号法律引入）

第 1 段　（经 2011 年第 12.403 号法律废止）

第 2 段　（经 2011 年第 12.403 号法律废止）

第 3 段　（经 2011 年第 12.403 号法律废止）

第 4 段　担保应当按照本编第六章的规定采用，并可以与其他强制措施一并采用。（经 2011 年第 12.403 号法律引入）

第 320 条　法官应当将禁止离开国境的限制告知出入境边防检查当局，并通知嫌疑人或被控诉人在 24 小时内交出护照。（经 2011 年第 12.403 号法律修订）

第六章　有担保或无担保的保释

第 321 条　如果不符合允许命令进行羁押的要件，则法官应当给予保释，并按照本法典第 282 条规定的原则，采用本法典第 319 条规定且适用于有关情况的强制措施。（经 2011 年第 12.403 号法律修订）

1.（经 2011 年第 12.403 号法律废止）

2.（经 2011 年第 12.403 号法律废止）

第 322 条　警察当局只可以准许可处最高不逾 4 年的剥夺自由刑罚的违法行为提供担保。（经 2011 年第 12.403 号法律修订）

独一段　在其他的情况下，应当向法官申请提供担保，而法官应当在 48 小时内作出决定。（经 2011 年第 12.403 号法律修订）

第 323 条　以下情况，不准许提供担保：（经 2011 年第 12.403 号法律修订）

1. 种族主义犯罪；（经 2011 年第 12.403 号法律修订）

2. 酷刑犯罪、非法贩卖麻醉药品或类似药品犯罪、恐怖主义犯罪及其他被定义为重罪的犯罪；（经 2011 年第 12.403 号法律修订）

3. 由民间或军事武装团伙针对宪法秩序和民主国家实施的犯罪。（经 2011 年第 12.403 号法律修订）

4. （经 2011 年第 12.403 号法律废止）

5. （经 2011 年第 12.403 号法律废止）

第 324 条 以下情况，同样不准许提供担保：（经 2011 年第 12.403 号法律修订）

1. 如果在同一诉讼程序中，违反先前获给予的担保或者在无合理理由的情况下，违反本法典第 327 条和第 328 条规定的任一义务；（经 2011 年第 12.403 号法律修订）

2. 民事拘禁或军事拘禁；（经 2011 年第 12.403 号法律修订）

3. （经 2011 年第 12.403 号法律废止）

4. 如果符合允许命令进行羁押的要件（第 312 条）。（经 2011 年第 12.403 号法律修订）

第 325 条 担保金额应当由准许担保的当局按照以下限度订定：（经 2011 年第 12.403 号法律修订）

a）（已废止）（经 2011 年第 12.403 号法律修订）

b）（已废止）（经 2011 年第 12.403 号法律修订）

c）（已废止）（经 2011 年第 12.403 号法律修订）

1. 最低工资的 1 倍至 100 倍，如果属于可处最高不逾 4 年的剥夺自由刑罚的违法行为；（经 2011 年第 12.403 号法律引入）

2. 最低工资的 10 倍至 200 倍，如果可处剥夺自由的刑罚上限超过 4 年。（经 2011 年第 12.403 号法律引入）

第 1 段 视乎被拘禁人的经济状况，担保可以：（经 2011 年第 12.403 号法律修订）

1. 按照本法典第 350 条规定的方式被免除；（经 2011 年第 12.403 号法律修订）

2. 削减至上限的三分之二；或（经 2011 年第 12.403 号法律修订）

3. 增加至最高 1000 倍。（经 2011 年第 12.403 号法律引入）

第 2 段 （经 2011 年第 12.403 号法律废止）

1. （经 2011 年第 12.403 号法律废止）

2. （经 2011 年第 12.403 号法律废止）

3. （经 2011 年第 12.403 号法律废止）

第 326 条 为订定担保金额，当局应当考虑违法行为的性质、被控诉人的个人财产及过去的生活条件、显示其危险性的情节，以及至最终判决时可能产生的诉讼费用。

第 327 条 通过书录作出了担保后，被担保人凡被通知出席侦查、刑事预审或审判行为时，均应当到场面见有关当局。如果被告人缺席，则被视为违反担保。

第328条 被担保的被告人不可以未经主持诉讼程序的当局的事先批准而搬迁住所，亦不可以在不告知该当局其可以被找到的地点而离开住所超过8日，否则视为违反担保。

第329条 在刑事法庭和警察局，应当有一本特别簿册专供缮录担保书录之用，其内应当作成启用书和终结书，并由当局在所有的书页上进行编号和简签。书录由书记员缮录，并由当局及提供担保的人签字，然后为书录开具证明书，以便载入相关卷宗。

独一段 书记员应当通知被告人和提供担保的人第327条和第328条规定的义务和处罚，有关情况应当记录在卷宗内。

第330条 担保金额应当是确定的，可以以存放金钱、宝石、贵重物品、贵金属、联邦公债券、州公债券或市公债券的方式，又或通过登录为首位的抵押的方式提供。

第1段 不动产、宝石、贵重物品或贵金属的估价应当立即由当局委任的鉴定人进行评估。

第2段 如果以公债券提供担保，则其价值以官方牌价为准；如果是记名的，则应当要求证明不带有负担。

第331条 所提供的担保应当由联邦收纳部门或州收纳部门接收，或交给公共受寄人，而有关凭单应当载入卷宗内。

独一段 如果在当地不能立即为所提供的担保进行存放，则须按照当局的标准将之交给书记员或经保证的人，并在3日内按照本条的规定处置，有关情况应当记录在卷宗内。

第332条 如果属于现行犯情况下的拘禁，则主持缮录有关笔录的当局有权准许提供担保；如果属于根据命令状进行的拘禁，则发出命令状的法官或被申请进行拘禁的司法机关或警察当局有权准许提供担保。

第333条 在提供担保后，不论曾否听取检察院的意见，检察院均应当检阅卷宗，以便申请其认为适当的措施。

第334条 担保可以在有罪判决转为确定之前提供。（经2011年第12.403号法律修订）

第335条 如果警察当局拒绝或拖延准许提供担保，则被拘禁人本人或由他人代表，可以通过简单的请求向有管辖权的法官申请提供担保，而法官应当在48小时内作出决定。（经2011年第12.403号法律修订）

第336条 如果犯罪嫌疑人被判有罪，则用作担保的金钱或物品应当被用

于支付诉讼费用、损害赔偿、金钱给付或罚款。（经 2011 年第 12.403 号法律修订）

独一段 即使在有罪判决后出现时效届满的情况，本条的规定仍然适用。（《刑法典》第 110 条）（经 2011 年第 12.403 号法律修订）

第 337 条 如果担保被宣告不产生效力，开释被控诉人的判决已转为确定或刑事诉讼被宣告消灭，则所提供的担保按照当时的状况返还，无须进行扣除，但本法典第 336 条独一段规定的情况除外。（经 2011 年第 12.403 号法律修订）

第 338 条 如果认定以不允许的类别提供了担保，则在诉讼的任何阶段中均应当予以撤销。

第 339 条 如果对犯罪重新分类，并发现存在不可以担保的犯罪，亦应当撤销担保。

第 340 条 以下情况可以要求增加担保：

1. 如果当局错误地接受提供不足够的担保；

2. 如果用作抵押或担保的财产折旧或灭失，贵金属或宝石贬值；

3. 如果犯罪被重新分类。

独一段 如果没有按照本条的规定增加担保，有关担保便不产生效力，而被告人应当被关押。

第 341 条 如果被控诉人作出以下行为，则视为违反担保：（经 2011 年第 12.403 号法律修订）

1. 被依法通知参加诉讼，但在无合理理由的情况下缺席；（经 2011 年第 12.403 号法律引入）

2. 故意作出妨碍诉讼进度的行为；（经 2011 年第 12.403 号法律引入）

3. 不遵守与担保一并采用的强制措施；（经 2011 年第 12.403 号法律引入）

4. 无理由地抗拒法院命令；（经 2011 年第 12.403 号法律引入）

5. 再次故意实施刑事违法行为。（经 2011 年第 12.403 号法律引入）

第 342 条 如果宣告违反担保的审判被纠正，则担保在各方面的效力均继续维持。

第 343 条 无理由地违反担保将导致丧失一半的担保金额，并由法官决定采取其他的强制措施，如果符合规定，则命令进行羁押。（经 2011 年第 12.403 号法律修订）

第 344 条 如果被控诉人被判有罪，但没有报到以便开始履行确定科处的刑罚，则丧失全部担保金额。（经 2011 年第 12.403 号法律修订）

第 345 条 丧失的担保金额在扣除诉讼费用和被控诉人应支付的其他负担

后，应当按照法定方式拨归惩教基金。（经 2011 年第 12.403 号法律修订）

第 346 条 如果属于违反担保的情况，则在作出本法典第 345 条规定的扣除后，按照法定方式将余额拨归惩教基金。（经 2011 年第 12.403 号法律修订）

第 347 条 如果没有发生第 345 条规定的情况，则在扣除被告人应支付的负担后，将余额交还提供担保的人。

第 348 条 如果担保是通过抵押的方式提供的，则由检察院机关在民事法庭促进执行。

第 349 条 如果担保是以宝石、贵重物品或贵金属提供的，则法官应当命令经拍卖人或经纪人将之出售。

第 350 条 在适用担保的个案中，法官在审查被拘禁人的经济状况后，可以给予其保释，规定其应当遵守本法典第 327 条和第 328 条规定的义务和对其采取其他适用的强制措施。（经 2011 年第 12.403 号法律修订）

独一段 如果受益人在无合理理由的情况下不履行任何一项对其规定的义务或对其采用的强制措施，则适用本法典第 282 条第 4 段的规定。（经 2011 年第 12.403 号法律修订）

秘　　鲁

刑事诉讼法典 *

第二卷　诉讼活动

第三编　强制性措施

第一章　总　则

第 253 条 原则和目的

1. 在刑事诉讼过程中，仅当法律允许且已规定必要保障的情况下，可以

---

* 本法典于 2004 年 7 月 22 日由秘鲁国会批准，并于 2006 年逐步生效。本译本根据 2004 年 7 月 29 日官方公报《秘鲁人》提供的西班牙语文本翻译。

对《宪法》及秘鲁批准的人权条约中承认的基本权利进行限制。

2. 对基本权利的限制必须有明确的法律授权，应当遵守比例原则，且必须以存在足够的证据材料为前提。

3. 仅在必要的情况下限制基本权利，并应当严格遵守必要的形式和时间限制。限制基本权利的目的在于预防逃匿、隐匿财产、破产、阻碍真相调查和防止可能实施的指控行为。

第 254 条　司法裁定的要求和程序

1. 预审法官要求采取的措施需经当事人申请，经专门的有根据的司法裁决批准执行。程序上适用本法典第 203 条第 2 项和第 4 项的规定。

2. 司法裁定包含下列内容，否则无效：

（1）案件概述，指明涉嫌违反的法律。

（2）列明要达到的具体目标和采取措施的证据材料，并援引可以适用的诉讼规则。

（3）符合法律规定的措施执行期限，确保其正确执行的控制和保障。

第 255 条　合法性和可变性

1. 本章规定的措施，除规定可以由警察和检方执行的外，一律仅能经检察官申请由法官执行，对所有物的扣留和临时扣押除外。附带民事诉讼的原告人也可以申请扣留和临时扣押。申请应当包含理由、调查文件以及可能存在的相应证据材料。

2. 若执行或者拒绝执行上述措施的理由发生变化，可以对原司法裁定进行修改。该修改可以由裁定机关依职权直接作出。

3. 除对所有物的扣留和临时扣押外，检察院、犯罪嫌疑人可以向法官申请针对个人的变更、撤销或者替换措施。法官在 3 日内传唤各方审理并作出决定。

第 256 条　替换或者合并使用

违反法官制定的措施的，由法官依职权或者应可以依法提出申请一方的申请，决定是否替换或合并使用其他更为严厉的措施。作出该决定时，应当考虑违反原有措施规定的当事人、违反的原因和背景，以及实施案件的当事人等因素。

第 257 条　异议

1. 检察院或者犯罪嫌疑人可以对执行、取消、更改、替换或者合并使用本编所规定的措施的裁定提起上诉。

2. 附带民事诉讼原告人及附带民事诉讼被告人仅能在经济措施影响其民事赔偿相关权利的情况下提起上诉。

第 258 条　当事人的参与

开始执行本编规定的强制措施后，以及在对上述措施提起不服申请的期间内，其他当事人可以向预审法官提交书面报告或者提交任何申请。提出上述申请的，不得影响采取措施希望达到的目的。

第二章 逮 捕

第 259 条　警察执行的逮捕

1. 警察无须逮捕令可以对现行犯执行逮捕。

2. 所谓现行犯，是指可以指控的行为正在进行，实施者被当场发现，或者在实施可以指控的行为后被立即追赶并抓获，或者被发现持有刚刚发生的实施可以指控的行为的工具或者遗留有实施上述行为的痕迹的行为人。

3. 对过失罪或者犯罪行为应当处 2 年以下有期徒刑的行为人，经过审讯查明身份和其他紧急调查行动后，可以责令采取限制程度较轻的措施或者予以释放。

第 260 条　公民执行的控制

1. 在前条规定的情况下，任何人都可以控制正在实施犯罪的人员。

2. 此情况下，应当立即将被控制的人员连同组成犯罪构成的物品，扭送至最近的警察机关。所谓立即，需考虑就近前往警察机关的距离和需要的时间。任何情况下，在被控制后至扭送至警察机关的时间里，不允许在公共或者私人场所关押或者剥夺其自由。警察应当对向警察机关交付的地点和其他背景情况作出笔录。

第 261 条　司法临时逮捕

1. 预审法官应检察官的申请，并参考检察官提交的一系列文件之后，无须经过特别程序，在下列情况中可以命令执行司法临时逮捕：

（1）不存在正在实施犯罪的情况，但有切实理由相信某人可能被判处 4 年以上徒刑，且根据情况认为其存在逃匿的可能的。

（2）被发现正在实施犯罪的人员逃脱逮捕的。

（3）被逮捕人员逃离临时羁押中心的。

2. 满足上述条件的，签发逮捕令。逮捕令中应当包括可以独立识别出犯罪嫌疑人的信息，包括其完整的姓名、年龄、性别、出生地点和时间。

3. 逮捕令应当以书面形式签发，由书记员标明签发日期，在尽可能短的时间内通知警察，由其立即执行。特殊情况下，可以经电子邮件、电传、电话或者其他任何可以真实有效传达司法命令的通信方式发出。在任何情况下，通知中均应当包含本法典第 2 条中规定的被逮捕人的个人身份资料。

4. 逮捕令传至警察后有效期为 6 个月。上述期间届满后未延长的，自动失效。针对恐怖行为、间谍行为及非法走私毒品行为的逮捕令无有效期，直至逮捕实现为止。

第 262 条　签发逮捕令的原因

逮捕令应当包含被逮捕人的身份资料，简要叙述被指控的罪行、事实和权利基础，并简明说明适用的法律条款。

第 263 条　警察的义务

1. 警察逮捕现行犯或者接收公民控制的现行犯的，向其告知其涉嫌的罪名，并立即上报检察院。涉及恐怖主义、间谍罪、毒品走私罪的，还应当报告预审法官。

2. 依据本法典第 261 条规定执行的逮捕，在告知其被指控的罪行及逮捕令签发机关之后，应当将行动告知检察院，并立即将被羁押人交至预审法官处。法官立即依据本法典第 261 条第 1 项第 1 目和第 2 目的规定验明正身，确保其基本权利和保障，由其委托的辩护律师或者指定的官方辩护人在场进行。随后，将其交至检察官处，由检察官根据情况将其送至警察羁押中心或者临时羁押中心。本法典第 261 条各项各目的其他规定在验明正身后执行。

3. 在任何情况下，警察均应当告知被拘留或者逮捕人员其享有本法典第 71 条规定的权利。告知过程应当制作成笔录。

第 264 条　羁押期间

1. 警察依职权羁押或者临时羁押不得超过 24 小时。24 小时期间届满的，由检察官决定是否释放羁押人员。需要继续进行调查的，由检察官向预审法官申请进行审前羁押或者其他替代措施。

2. 涉及恐怖主义、间谍罪或者非法走私毒品的，警察依职权羁押或者临时羁押不得超过 15 个自然日。

在上述情况下，刑事法官有特别职权采取下列措施：

（1）应被羁押人的要求，前往其所在地，调查其被剥夺人身自由的原因、调查的进展情况及其健康状况。若发现存在不当之处影响其辩护权利或者严重影响调查结果的违规行为的，应当将上述违规行为告知主管检察官，并向其上级主管检察官报告。检察官作出相应的纠正措施，并汇报给发现问题的法官。

（2）在羁押期间，检察官未作相关要求的情况下，可以立即要求对被羁押人进行符合法律规定的医学鉴别。有权在任何时刻要求特定医生对被羁押人作医学鉴别。被羁押人有权自己、通过其律师或者家人提出由法医或者特定医生对其进行鉴别，警察或者检察院不得限制此权利的行使。

（3）为保证调查取得需要的结果，或者为保证被羁押人人身安全的，可以应检察官确实有据的申请，授权在进行医学鉴别后将被羁押人转移至秘鲁境内其他地点。转移羁押的期间不得超过本条第 1 项的规定，且应当通知转移目的地的检察官和法官。

3. 检察官根据前项规定申请审前羁押的，临时羁押不超过 48 小时后进行审理。

第 265 条　临时隔离羁押

1. 涉及恐怖主义、间谍罪或者非法走私毒品，或者因可能被判处 6 年以上刑罚罪行被羁押的，检察官可以向预审法官申请，对犯罪嫌疑人进行隔离羁押。隔离羁押必须出于对澄清调查事件之必要，且持续时间不得超过 10 日，且不得超过对其设立的羁押期。法官无须经过任何特殊程序，应当立即作出是否进行临时隔离羁押的决定，并作出有凭据的裁决。

2. 隔离羁押并不妨碍被羁押人同其辩护律师进行单独会见。会见无须事先批准，且不得被禁止。

第 266 条　羁押的确认

1. 临时羁押期间届满的，检察官若认为仍存在羁押理由的，向预审法官申请羁押确认书，但对于涉及恐怖主义、间谍罪或者非法走私毒品案件的当事人无须适用本规定。法官未批准的，应当立即释放羁押人员。

2. 法官在接到申请当日举行检察官、被羁押人及其律师参加的审理。在听取各方意见，并审阅检察院提供的材料之后，当场以相关裁决的形式作出决定。

3. 羁押申请的确认期间为 7 个自然日，期间届满后由预审法官决定是否签发审前羁押令或者取保候审，并可以对取保候审附加限制条件。

4. 因恐怖主义、间谍罪或者非法走私毒品案件实施的羁押，在宪法规定的 15 日羁押期间届满后，由检察官根据情况申请审前羁押或者本法典另行规定的措施。

第 267 条　上诉

1. 针对本法典第 261 条第 1 项的命令，以及对隔离羁押、羁押确认不服的，可以提起上诉。上诉的有效期间为 1 日。上诉并不暂停执行已作出的命令。

2. 法官应当将已有卷宗立即提交刑事法庭。刑事法庭审视给其提交的文件和所基于的理由后，在收到文件后 48 小时内作出裁定。裁定应当当日或者隔日作出，否则对受理上诉的法官处以纪律惩罚。

第三章　审前羁押

第一节　审前羁押的要件

第 268 条　重大要件

1. 法官应检察院的申请，在审阅检察院提交的文件后认为可能确定以下要件的，可以签发审前羁押令：

（1）存在根据或者有力的证据材料，可以合理推断拟被羁押人为案件的实施者或者参与者的。

（2）可能被判处 4 年以上有期徒刑的。

（3）根据其前科或者此案件的其他背景情况，可以合理推断出拟被羁押人可能作出逃避法律制裁行为或者妨碍真相调查行为的。

2. 若存在证据材料，可以合理相信拟被羁押人属于团伙作案或者有可能重新加入团伙作案的，或者其可能利用便利条件方便自己或者其他作案人员逃匿，或者阻碍真相调查的，应当一并被视为重要要件，作为作出审前羁押令的依据。提交上述要件的，不影响满足前项第 1 目、第 2 目的规定的要件。

第 269 条　逃匿风险

在评估逃匿风险时，法官应当考虑下述因素：

1. 犯罪嫌疑人在秘鲁的社会关系，从其住所、常住地、家人所在地，其工作或者商业行为开展地，考虑其永久离开秘鲁或者隐匿其身份的便利性。

2. 经诉讼处以刑罚的严重程度。

3. 应当补偿的伤害的严重程度，以及犯罪嫌嫌疑人对其造成的伤害主动表示的态度。

4. 在此诉讼或者之前诉讼中犯罪嫌疑人的表现，考虑其接受刑罚的意愿程度。

第 270 条　妨碍调查的风险

为评估妨碍调查的风险时，应当合理考虑犯罪嫌疑人是否：

1. 会销毁、篡改、隐匿、消除或者伪造证据。

2. 施加影响，以使案件的可能合谋者、证人或者专家作伪证、不实陈述或者保持沉默的行为。

3. 教唆他人采取此行为。

第 271 条　审理及裁决

1. 预审法官在收到检察院的请示后 48 小时内举行决定审前羁押程序的审理。检察官、拟被羁押人及其律师必须参加。拟被羁押人的律师无法参加的，由指定的官方辩护人代替其参加。

2. 审理程序适用本法典第 8 条的相关规定，但裁决应当当场作出，不得进行任何延期。未在法定期间内审理的，预审法官承担失职责任。因检察官或者辩护律师过失导致审理无法顺利进行的，对其处以纪律惩罚。拟被羁押人拒绝出席审理的，根据情况由其律师或者官方辩护人代其出席。后一情况下，应当在审理后 48 小时内通知拟被羁押人相关裁决。

3. 审前羁押应当有充足理由，审前羁押令应当简要叙述所针对的案件、事实和权利基础，并简明说明适用的法律规定。

4. 预审法官认为审前羁押申请所依据的理由不充分的，可以改为采取取保候审的措施。取保候审可以为普通取保候审，并可以对取保候审附加限制条件。

第二节　审前羁押的期间

第272条　期间

1. 审前羁押不得超过9个月。

2. 案情复杂的，审前羁押不得超过18个月。

第273条　予以释放

期间届满而未作出一审判决的，法官依职权或者应某当事方申请，应当立即要求给予被羁押人自由，也可以同时要求采取必要措施以保证被羁押人出席之后的司法活动，包括采取本法典第288条第2项至第4项中提及的限制措施。

第274条　审前羁押的延长

1. 存在特别困难或者调查延长，且犯罪嫌疑人可能逃避司法制裁的，审前羁押可以延长但不得超过本法典第272条第2项规定的时间。检察官应当在期间届满前向法官提出申请。

2. 预审法官对是否延长进行审理后，在检察官提交申请后3日内作出决定。检察院、犯罪嫌疑人及其律师应当参加审理。在听取各方意见并审阅文书之后，预审法官可以当场或者在72小时内作出决定。

3. 对延长审前羁押申请的裁决不服的，可以提起上诉。上诉程序适用本法典第278条第2项中的相关规定。

4. 被告人被判处有罪且提起上诉的，对其羁押的期间可以延长至被判刑期的一半。

第275条　审前羁押期间的计算

1. 犯罪嫌疑人或者其辩护人恶意拖延导致案件审理延期的，被拖延的时间不计入羁押期间。

2. 之前的审理行为均被宣布无效且作出新的审前羁押决定的，则新裁决宣布前进行的羁押不计算入审前羁押期间。

3. 案件的原审理适用的军事管辖被认定为无效，而应当适用普通管辖规则的，自新的审前羁押决定书宣布之日起开始计算期间。

第276条　撤销释放

犯罪嫌疑人经第一次传唤，非因合法理由未到案的，立即撤销释放审前羁押的决定。法官根据本法典第 279 条第 2 项规定的程序执行。

第 277 条　法庭知情权

法官应当告知刑事法庭关于给予自由、撤销给予自由及延长审前羁押的命令。

第三节　不服审前羁押

第 278 条　上诉

1. 对审前羁押决定不服的，可以提起上诉。上诉期间为 3 日。预审法官应当在 24 小时内上交相关文件。上诉结果可以产生上述行为或者决定无效的效力。

2. 刑事法庭在收到案卷后 72 小时之内审阅案件并作出决定。上级检察官及犯罪嫌疑人的辩护人须到场。决定应当理由充分，在审阅案件后当日或者 48 小时内作出。

3. 若刑事法庭宣布审前羁押决定无效，应当命令作出决定的原法官或者其他法官根据本法典第 271 条的相关规定作出裁决。

第四节　以审前羁押替代取保候审

第 279 条　以审前羁押替代取保候审

1. 调查期间有确凿犯罪证据显示取保候审的犯罪嫌疑人满足第 268 条规定的事项的，法官应检察官的请求可以作出审前羁押令。

2. 预审法官对检察官的请求进行审理。审理由所有能到场的人员参加。法官当场或者在审理举行后 48 小时内作出裁决。

3. 对裁决不服的可以提起上诉，上诉结果可以产生上述行为或者决定无效的效力。

第五节　隔离羁押

第 280 条　隔离羁押

重大案件中，拟执行审前羁押人员应当隔离羁押。隔离羁押期不得超过 10 日。隔离羁押并不妨碍被羁押人与其辩护律师单独会见。会见无须事先批准，且不得被禁止。进行隔离羁押的裁决应当理由充分，无须经过任何特别程序立即签发，并告知刑事法庭。对该裁决不服的，可以提起上诉，上诉期间为 1 日。刑事法庭根据本法典第 267 条的相关规定履行程序。

第 281 条　权利

被隔离羁押人可以阅读公开发行和流通的书籍、报纸、杂志，收听新闻。

应当正常收到为其分发的食物。

第 282 条　终止

裁决规定的隔离羁押期间届满的，隔离羁押自动终止。

第六节　审前羁押的终止

第 283 条　审前羁押的终止

犯罪嫌疑人可以申请终止审前羁押，并以取保候审措施进行替代。

预审法官根据本法典第 274 条规定的程序决定是否采取取保候审的措施。

出现新证据材料显示之前执行审前羁押的理由已不存在，且有必要将其替换为取保候审措施的，审前羁押应当予以终止。法官在决定替代措施时应当考虑犯罪嫌疑人的个人特点、其被剥夺自由的时长及案件的状态。

法官制定必要的行为规则以保证犯罪嫌疑人出席之后的诉讼活动，或者避免采取强制措施的目的无法达到。

第 284 条　不服

1. 犯罪嫌疑人和检察院对是否决定终止审前羁押的决定不服的，可以在收到通知后 3 日内提起上诉。上诉并不影响执行终止审前羁押裁决和释放犯罪嫌疑人。

2. 本法典第 278 条第 1 项、第 2 项的相关规定同样适用于本行为。

第 285 条　撤销

犯罪嫌疑人违反行为规定，或者无充足理由不出席审判程序，或者准备逃匿，或者新情况要求对其重新进行审前羁押的，审前羁押终止的决定予以撤销。已交纳的保证金不予退还，转交至司法系统技术基金。

第四章　取保候审

第 286 条　要件

1. 本法典第 266 条规定的期间届满而检察官未提出审前羁押申请的，预审法官可以签发普通取保候审的命令。

2. 预审法官在评估检察官申请后认为其未达到本法典第 268 条规定的重大要件标准的，签发普通取保候审的命令。

第 287 条　附条件的取保候审

1. 可以合理避免逃匿风险或者妨碍真相调查风险的，可以采用本法典第 167 条规定的限制措施。作为替代，也可以使用电子或者计算机技术系统，以便控制当事人，但不得对其人身自由加以限制。

2. 根据案件具体情况，法官可以要求执行某项或者多项限制，并下令采取措施以确保对被取保候审人的限制得以履行。

3. 被取保候审人未遵守限制措施的，经检察官或者法官申请，撤销取保候审，重新执行审前羁押。法官应当遵守本法典第288条规定的程序。

第288条　限制措施

法官可以采取的限制措施如下：

1. 受特定人员或者机构照顾和监督，由该特定人员在规定期间内定期上报。

2. 不得离开居住地，不得前往特定场所，或者在指定日期向相关部门报到。

3. 在不影响其辩护权利的前提下，不得与特定人员通信。

4. 若被取保候审人经济状况允许，交纳保证金。可以以合适且足够的人保替代交纳保证金。

第289条　保证金

1. 保证金金额以能保证被取保候审人履行其义务、遵守相关机构命令为标准。

根据案件的性质、情节，被取保候审人的案件性质、经济状况、前科、涉嫌违法行为的实施方式、造成危害的严重程度，以及其他可能影响被取保候审人是否有逃离检察机关和司法机关管辖的情况，确定保证金的数额。

考虑到被取保候审人的个人情况、经济状况以及其被指控案件的特点，不得订立超出其能力范围而无法履行的保证金金额。

2. 保证金应当由被取保候审人依据裁决规定的金额交至国家银行。被取保候审人没有足够经济能力的，可以提供一个或者多个自然人或者法人进行担保。保证人与被取保候审人连带承担交付保证金的义务。保证人应当有能力履行保证义务。

3. 被取保候审人交付流通现金或者有价证券，依据法官规定的金额交付实物进行担保的，视作保证金已交付。仅当之前交付的保证金形式失效，且案件相关的经济性质有要求的，应当交纳新的、更合适形式的保证金。

4. 被取保候审人无罪释放或者不予起诉的，或者直至收到判决未违反行为准则的，保证金应当连本带息予以退还。相应地，保证形式为财保或者人保的，担保不再有效。

第290条　监视居住

1. 当事人符合作为被审前羁押对象但有下列情况之一的，应对其执行监视居住：

（1）年龄超过 65 岁的；

（2）患有严重疾病或者绝症的；

（3）身体有永久严重残疾，行动不便的；

（4）怀孕的。

2. 执行监视居住的前提是可以合理避免逃匿和妨碍调查的风险。

3. 监视居住应当在犯罪嫌疑人的住所进行；无固定住所的，可以在指定的合适居所进行，由警察或者国家或者私人机构或者专门指定的第三方负责监管。若有必要，应当限制或者禁止犯罪嫌疑人与其共同居住人和对其提供协助人之外的人交流的权利。由检察院或者警察负责确保被监视居住人遵守其义务。也可以要求被监视居住人交纳保证金。

4. 监视居住的期间规定与审前羁押相同。本法典第 273 条至第 277 条的相关规定同样适用于监视居住。

5. 本条第 1 项第 2 目至第 4 目规定的监视居住的原因消灭的，法官在审阅专家报告后应当决定是否立即予以审前羁押。

第 291 条　普通取保候审

1. 被指控行为显著轻微或者调查不支持采取限制措施的，法官无须命令采取本法典第 288 条中规定的限制措施。

2. 犯罪嫌疑人被传讯进行供述，但违反取保候审的相关规定的，由警察强制执行。

第 292 条　特别通知

取保候审令及其他限制措施以传讯形式由书记员通过警察送达，或者送达其住所负责收取的人员，也可以通过邮递的形式通知。该通知应当附合理的说明。

被通知人不在场的，警察应当记录其已查验的被通知人的身份，或者已查验的住所。

第五章　预防性拘押

第 293 条　要件

1. 经专家意见查验，预审法官认为犯罪嫌疑人心智严重受损或者心智不全，会对其自身或者第三方造成危险的，可以要求精神病院对犯罪嫌疑人执行预防性拘押。应当考虑如下要件：

（1）有足够证据材料合理推断其为某项应当承担刑事责任的行为的实施者或者参与者，且可能被采取拘押的保安处分措施。

（2）有足够的理由认为其不会主动认罪或者妨碍调查的某项具体行动。本法典第 269 条和第 270 条的相关规定同样适用于预防性拘押。

2. 犯罪嫌疑人属于《刑法典》第 20 条第 2 项规定的人员，预审法官宣布其不具备刑事责任能力但应当被拘押的，由预审法官通知相应的刑事法官，由刑事法官负责处理。

适用本法典第 274 条第 2 项、第 3 项的相关规定。犯罪嫌疑人健康状况不允许的，无须出席，但其辩护人必须出席。犯罪嫌疑人可以由其家人代表其出席。

第 294 条　出于观察和检查目的的保外就医

1. 预审法官在收到专家合理有据的报告之后，依职权或者应申请举行各方参加的审理，确认犯罪嫌疑人精神状态。犯罪嫌疑人应当被送往公共精神病医院接受观察。

2. 该决定需要考虑是否存在合理证据材料认为犯罪嫌疑人实施了被调查的案件、被调查案件的重要性，是否会受到严厉的刑罚或者拘押的保安处分。

3. 保外就医期间不得超过 1 个月。

第六章　不得出境或者离开居住地

第 295 条　检察官申请

1. 有足够证据材料认为被调查行为的实施人可能被处以 3 年以上有期徒刑，且为调查真相必不可少的，检察官可以向法官申请要求犯罪嫌疑人不得出境或者离开所居住的市、县或者离开为其指定的地点。检察官同样可以对其认为是重要证人的提出相同的申请。

2. 申请要有凭有据，明确被执行人完整姓名及其他必要资料，并指出申请执行该措施的期间。

第 296 条　裁决和审理

1. 决定处以本措施的司法裁决应当包含前条规定的内容。本法典第 279 条第 2 项、第 3 项的规定同样适用于本措施。

2. 措施的执行期间不得超过 4 个月。仅针对犯罪嫌疑人和被告人的措施可以延长，延长期间不得超过 4 个月。本法典第 274 条的相关规定及程序同样适用于本措施。

3. 涉及重要证人的，在其陈述或者履行应当履行的司法活动后，本措施应当予以撤销。在任何情况下，措施的执行期间不得超过 30 日。

4. 法官根据本法典第 279 条第 2 项、第 3 项的规定作出是否采取本措施的裁决。不服上述裁决的上诉适用本法典第 278 条第 2 项的规定。

第七章　权利的预防性中止

第 297 条　要求

1. 针对可能判决剥夺某项权利的行为，法官应检察官的申请，可以采取本章规定的权利的预防性中止措施。剥夺某项权利的刑罚可以是主刑，或者是附加刑，或者是出于预防再次犯罪而确有必要的。

2. 具有下列情形之一的，应当采取上述措施：

（1）有足够证据表明犯罪嫌疑人是被调查案件的实施者或者参加者的。

（2）考虑到被调查行为的具体模式及情况，或者考虑到犯罪嫌疑人的个人状况，存在犯罪嫌疑人妨碍真相调查或者再次实施被调查案件相同类型行为的危险的。

第 298 条　类别

1. 权利的预防性中止措施包括：

（1）暂停行使亲权、监护权、照顾权。

（2）暂停行使公共性质职位、职业或者委托。经人民选举产生的职位不在此列。

（3）暂时禁止其从事职业、商业或者企业活动。

（4）暂停驾驶任何交通工具或者持有武器的授权。

（5）禁止接近被害人或者其家属，必须搬离与被害人的共同住所，或者暂停对被害人的探视。

2. 采取本措施的裁决应当说明具体中止或者禁止的权利、活动或者职能。

第 299 条　期限

1. 措施持续时间不得超过剥夺权利刑罚期间的一半。自措施开始执行起计算期间。犯罪嫌疑人或者其辩护人恶意拖延，导致案件延期的，该时间不计入期间。

2. 期间届满而未作出一审判决的，本措施予以撤销。法官酌情进行审理，作出相关裁决并要求立即终止执行本措施，采取必要的司法程序，确保其裁决得以切实执行。

第 300 条　替换或者合并使用

犯罪嫌疑人未遵守限制措施的，法官在考虑到违规主体、原因及背景情况后，可以批准替换或者合并使用本章中规定的其他限制措施，包括审前羁押或者监视居住。

第 301 条　限制性取保候审和程序的竞合

上述措施也可以合并处以限制性取保候审，应当在确定对其实施取保候审时一并宣布。措施的替换、合并执行及上诉适用本法典第 274 条第 2 项、第 3 项的相关规定。

哥伦比亚

刑事诉讼法典[*]

第二编　证据的侦查和调查
手段及证据体系

第四章　自由及其限制的规定

第二节　逮　捕

第 297 条　一般要件

因法律规定的原因，通过监督法官发布书面命令合法地执行逮捕。

主持调查的检察官应当向相应法官提交逮捕申请，司法警察递交拟逮捕所依据的相关证据材料、物证或者信息。监督法官可以直接询问证人、专家和司法警察，并在检察官陈述之后，自由裁量是否进行抓获。

逮捕一旦执行完毕，应当在不超过 36 小时的期限内移交至监督法官，使其得以进行合法性监管的复查，由其撤销命令并且筹备与被逮捕人相关的程序。

附注　除对现行犯和在国家总检察院计划之内的逮捕外，根据本法典的规定，监督法官发布逮捕命令前，犯罪嫌疑人或者被告人不得被剥夺或者限制

---

* 本法典于 2004 年 8 月 31 日由共和国国会颁布，即日起实施，后经历次修订（参见译文中标注），最近一次修正为 2013 年颁布的第 1652 号法令。本译本根据 2004 年 9 月 1 日出版的哥伦比亚第 45658 号《官方公报》提供的西班牙语文本翻译，并根据该国国会网站翻译历次修正案。

自由。

（"和在国家总检察院计划之内的逮捕外"的表述由宪法法院经 2006 年第 C－190 号判决宣布合宪。因为根据《宪法》第 250 条第 1 款第 3 项规定，国家总检察院执行逮捕的例外权力，应当受到立法者为该例外逮捕权力所规定的限制和情形的约束。）

（本条经 2007 年第 1142 号法令第 19 条修订。）

第 298 条　内容及生效

相应法官发布的书面命令应当简明地指出逮捕原因，能帮助确认拟逮捕的犯罪嫌疑人或者被告人的名字和资料，由司法警察进行调查的登记编号以及主持调查的检察官身份信息。

逮捕令最长有效期为 1 年。确有必要的，经检察官申请可以延长若干次。该检察官有义务将延长命令通知负责执行的司法警察机构。

司法警察可以通过通知的方式对逮捕令进行公布。

同样地，法官应当决定逮捕令是否可以在有效期限内，由警察当局通过通知的方式进行公布。

附注 1　在完成司法命令的过程中，应当将被逮捕人在不超过 36 小时的期限内移交至监督法官，使其得以进行合法性监管的复查，由其撤销逮捕令并且筹备与被逮捕人相关的程序。对由于为完成判决而进行的逮捕，不适用此规定，应当将被逮捕人移交至审理案件的法官以作出判决。

附注 2　存在合理原因以怀疑某一船舶用于非法运输麻醉药品和精神药物的，国家海军应当执行海上拦截程序并立即将该船舶以及船上人员带至港口以确认其运输物质是否具有非法性质。在此情形下，只要满足海上拦截程序并尊重所涉及人员的基本权利，则自在港口证实运输物质的非法性起开始计算前款所规定的期限。

（本条经 2011 年第 1453 号法令第 56 条修订。）

第 299 条　逮捕令的程序

下达逮捕命令后，司法人员立即将该逮捕令送达至国家总检察院，以便其安排司法警察机构实施逮捕，并且在其信息系统进行登记。由于任何原因造成逮捕令失效的，也应当作出同样通知并指出撤销原因，以便各机构将逮捕令撤销存档。

（本条经 2007 年第 1142 号法令第 20 条修订。）

第 300 条　检察院发布逮捕令的例外情形

由于严重原因以及不可抗力，无法向可以发布逮捕令的法官申请授权逮捕的，只要存在有助于合理推断犯罪嫌疑人是正在被调查案件的实施者或者参与者的证据材料、物证或者信息的，至少满足下列原因中的一项时，国家总检察长或者其代表可以例外地发布逮捕令并对其进行预防性羁押：

1. 存在从被调查的地点隐藏、逃跑或者失踪的紧急风险的。

2. 存在篡改证据材料的充分可能性的。

3. 不实施逮捕会造成拟逮捕人实施犯罪，对社会和被害人安全构成危险的。

本逮捕令的有效性取决于监督法官获得该逮捕信息的可能时间。一旦逮捕执行完毕，应当将被逮捕人立即或者在不超过 36 小时内移交至监督法官，使其得以对上述逮捕令和抓捕行动进行复查。

（注：本条由宪法法院经 2005 年第 C－1001 号判决宣布合宪。此后，由宪法法院经 2008 年第 C－185－08 号判决，宣布除"由于严重原因以及不可抗力"和"无法"的表述违宪，"可以发布逮捕令的法官"和"信息"的表述附条件合宪，其余部分合宪。后由宪法法院经 2008 年第 C－226－08 号判决宣布合宪。因为相关行为符合宪法第 152 条的涉嫌侵犯相关的法律保留原则的规定。）

（本条经 2007 年第 1142 号法令第 21 条修订。）

第 301 条　现行犯

以下情形中的，被认为是现行犯：

1. 在实施犯罪时，被偶然碰到并抓获的。

2. 在实施犯罪时被偶遇或者可以确认其身份的，经追踪或者在场人士呼救立即抓获的。

3. 偶遇犯罪人员，在被逮捕时携带物品、工具或者留有痕迹，且由此有理由判断出之前实施或者参与实施过犯罪行为的。

（本条经 2011 年第 1453 号法令第 57 条修订。）

第 302 条　现行犯适用的程序

任何人有权现场抓获所遇到的现行犯。

由当局实施逮捕的，应当将被逮捕人立即或者尽快移交至国家总检察院。

普通公民实施抓获的，应当尽快将其扭送至警察机关。警察机关应当辨认被扭送人的身份，接收描述抓获情形的详细报告，并将被扭送的人员在前款规定的期限内移交至国家总检察院。

提供或者收集的犯罪信息表明无须进行预防性羁押的，检察院与被抓获人或者被逮捕人达成后者确保必要时到场的协议后，将其释放。对于不满足法律规定要件的逮捕，适用同样程序。

基于警察机关或者实施抓获的普通公民所递交的报告，或者收到的证据材料及物证，国家总检察院应当将被抓获者立即或者 36 小时内移送至监督法官，使其对抓获的合法性以及检察院、辩护方和检察院提交的申请，在审前程序中进行复查和审理。

（本条由宪法法院经 2005 年第 C–591 号判决宣布合宪。因为检察官只具有复查实施预防性羁押这一保障措施的客观条件的职权。）

附注　根据本法典第 128 条规定，在所有的逮捕情形中，司法警察应当立即对被逮捕人进行辨认和登记，以证实对其实施逮捕的目的、逮捕的过程和背景。

（本附注经 2007 年第 1142 号法令第 22 条增加。）

第 303 条　被逮捕人的权利

应当立即通知被逮捕人以下事项：

1. 引起逮捕的案情以及发布逮捕令的司法人员。

2. 有权指定需获知其逮捕消息的人员。对被逮捕人承担责任的司法人员应当立即将其被羁押的消息通知上述被逮捕人指定的人员。

3. 有保持沉默的权利，因为其作出的陈述可以用于对其不利的情形且没有义务作出对其配偶、稳定伴侣、四等及以内自然或拟制血亲以及二等及以内姻亲不利的陈述。

（“稳定伴侣”的表述由宪法法院经 2009 年第 C–029 判决宣布合宪，同样地，同性伴侣也享有同等权利。）

4. 有权在最短时间内委托和会见其信任的律师。无法委托律师的，由国家公共辩护律师系统为其指定律师。

第 304 条　羁押程序

被逮捕人应当被羁押的，获得命令的司法人员应当立即将其遣送至相关的羁押机构，以使其保持被剥夺自由的状态。遣送书应当指明逮捕的原因和日期。

没有相应羁押命令但被逮捕人已经被送往监狱的，监狱负责人应当向作出逮捕命令的司法人员申请羁押令。被逮捕人进入监狱 36 小时后仍未下达羁押令的，应当将其立即释放。

（本条经 2007 年第 1142 号法令第 23 条修订，并经 2011 年第 1453 号法令第 58 条修订。）

第 305 条　对被逮捕人的登记

具有司法警察权限的机构应当对逮捕进行以下材料的记录：被逮捕人的身份，执行逮捕的地点、日期和时间，逮捕原因，执行逮捕或者使逮捕予以合法化确认的司法人员，以及交予处置的当局。

为达到登记效果，各单位应当将前款所规定的登记信息告知国家总检察院，以使其分支机构对不同机构的信息进行汇总，并完成逮捕信息的登记。

第 305 – 1 条　逮捕令的国家登记

设立统一的登记处以便对全国境内所有的逮捕令进行登记，司法警察和国家总检察院可以对其进行授权。政府就该事项制定管理条例。

（本条经 2011 年第 1453 号法令第 4 条增加。）

第三节　保障措施

第 306 条　实施保障措施的申请

检察官有权向监督法官申请实施保障措施，并指明被实施人员、犯罪行为、实施该措施的必要因素和紧急性。上述内容供审理时评估，并接受辩护方的辩驳。

听取检察官、检察院和辩护方的陈词后，法官作出裁定。

辩护人应当出席，以确保相关审理的有效性。

（本条由宪法法院经 2007 年第 C – 209 号判决宣布附条件合宪。因为被害人也可以直接向审理案件的法官申请相关措施。）

（本条经 2011 年第 1453 号法令第 59 条修订。）

第 307 条　保障措施

保障措施包括：

1. 剥夺自由。

（1）在羁押机构进行的预防性羁押。

（2）对被告人指定场所进行预防性羁押，只要该地点不妨碍案件审理的正常进行即可。

2. 不剥夺自由。

（1）接受电子设施的监控。

（2）接受特定人员或者特定机构的监视。

（3）周期性地或者应需要会见法官或者法官指定的当局。

（4）在个人、家庭和社会活动中表现良好，遵守相关活动规范。

（5）禁止离开本国、定居地或者法官指定的领土范围。

（6）禁止参加特定集会或者前往特定地点。

（7）在辩护方权利不受影响的前提下，禁止与特定人员或者被害人联系。

（8）提交适当的担保。该担保可以经被告人或者 1 名或多名其他人士，通过现金存款、有价证券、质押或抵押、提交物品或保证物的方式实现。

（9）禁止于晚 6 时至次日早 6 时离开住地。

法官有权根据情形同时或者分别采取其中一条或者多条保障措施，采取必要的预防措施以保障其执行。明显无力支付的，法官不能对其处以提供抵押物担保的保障措施。

第 308 条　要件

从已经收集并确认的证据材料及物证，或者合法取得的信息中，可以合理推定犯罪嫌疑人是正在调查的犯罪行为的参与者或者实施者的，只需满足下列情形之一，即可应国家总检察长或者其代表要求，由监督法官作出对其实施保障措施的命令：

1. 有必要实行保障措施，以避免犯罪嫌疑人干扰司法程序进行的。

2. 犯罪嫌疑人对社会安全或者被害人安全构成危险的。

3. 被告人可能不参与诉讼过程或者不执行判决的。

（注："不执行判决"的表述由宪法法院经 2013 年第 C – 695 号判决宣布合宪。）

第 309 条　妨碍司法

存在严重且合理的原因可以推定犯罪嫌疑人可能销毁、修改、操纵、阻止隐匿或者伪造证据；或者认为犯罪嫌疑人可能会诱导共同犯罪嫌疑人、证人、专家或第三方，促使其提供虚假信息或做出欺骗行为；或者犯罪嫌疑人阻止或妨碍案件调查的进行或司法人员及其他诉讼参与人的工作时，可以认为必须实施保障措施以避免司法妨碍。

第 310 条　对社会构成危险

在评估犯罪嫌疑人的自由是否对社会安全构成危险时，考虑犯罪事实的严重程度和犯罪方式以及预防性羁押的宪法目的即可，但根据案情，法官可以附加地考虑以下因素：

1. 犯罪行为的持续性或者该犯罪与有组织犯罪的可能关联。

2. 被指控的犯罪数量和犯罪性质。

（本项由宪法法院经 2008 年第 C – 187 – 08 号判决宣布违宪。）

3. 由于故意犯罪或犯罪未遂而受到起诉，或者被处以保障措施，或者正接受某项剥夺自由刑的替代机制的。

（"受到起诉，或者被处以保障措施"由宪法法院经 2012 年第 C – 121 – 12 号判决宣布违宪。）

4. 由于故意犯罪或者犯罪未遂而产生已经生效的刑事判决的。

5. 使用火力或者非火力武器的。

6. 使用含有发动机的设施实施或者成就犯罪活动的，但交通肇事除外。

7. 向不满 14 周岁的未成年人进行性侵犯的。

8. 参与或者隶属于有组织犯罪的。

（本条经 2007 年第 1142 号法令第 24 条修订，并经 2011 年第 1453 号法令第 65 条修订。）

第 311 条 对被害人构成危险

存在合理原因推定犯罪嫌疑人的自由可能会侵犯被害人、被害人家人或其财产的，认为犯罪嫌疑人的自由对被害人的安全构成危险。

第 312 条 不参加诉讼

判断是否存在犯罪嫌疑人不参加诉讼的偶然性时，除犯罪行为的方式和严重性以及所施加的刑罚外，还应当考虑以下因素：

1. 因其住所、家庭所在地、商业活动或者工作所在地而导致的无固定地点，以及具有彻底离开本国或者进行隐匿的便利条件的。

2. 造成损害的严重性，以及犯罪嫌疑人对该损害所持有的态度。

3. 根据已经参与的诉讼或者之前其他的程序判断，有理由推定犯罪嫌疑人缺乏参与调查、接受刑事指控和执行刑罚的意愿的。

（本条经 2007 年第 1142 号法令第 25 条修订。）

第 313 条 预防性羁押的依据

满足本法典第 308 条所述的要件后，以下情形可以在监狱实施预防性羁押：

1. 专门巡回刑事法官管辖的案件。

2. 所调查的案件为根据法律规定可能判处的最轻一项刑罚为判处 4 年或者 4 年以上剥夺自由刑的。

3. 欺诈数额超过现行法定最低月工资标准 150 倍的《刑法典》第二卷第八章规定所涉及的案件。

4. 自再次被逮捕或者被确定为犯罪嫌疑人起计算，在之前的 1 年期限内，由于犯罪和违法行为已被实施逮捕且未获得不起诉结论或者无罪判决的。

（本项经 2007 年第 1142 号法令第 26 条增加。）

（本条经 2011 年第 1453 号法令第 60 条修订。）

第 314 条 对预防性羁押的替换

在以下情形中，应在监狱执行的预防性羁押也可以在其居所执行：

1. 在居所执行足够达到实施保障措施的目的，该情形由法官在决定执行保障措施时进行评估。

2. 犯罪嫌疑人或者被告人年满 65 周岁，且其性格、实施的犯罪行为的性质和方式决定其适合在居所进行预防性羁押的。

3. 犯罪嫌疑人或者被告人在两个月内即将分娩的。分娩后 6 个月内，也享有同等权利。

4. 经官方认可的医生诊断，犯罪嫌疑人或者被告人患有严重疾病的。

法官有权决定犯罪嫌疑人或者被告人是否应当在其居所、诊所或者医院采取预防性羁押。

5. 女性犯罪嫌疑人或者被告人需要照顾其小于 12 周岁的未成年子女，或者子女患有永久性精神疾病需要其照料的。该子女没有母亲，处于同样境况的父亲具有同等权利。

（"12 周岁"和"精神"的表述由宪法法院经 2007 年第 C - 154 号判决宣布违宪。）

在居所执行预防性羁押时应给予必要的许可，以便被执行人获得有效的医疗监控、分娩救助，以及为第 5 项的情形提供的帮助。

在所有情形中，在居所执行预防性羁押的被执行人应当签署文件，承诺始终处于指定地点，在未经批准的情形下不改变住所，并且根据需要前去相应机构报到。此外，根据法官的判决，还可以受到电子器械的监视，或者特定人员、机构的监管和监视。

附注　指控涉及以下罪行的，在监狱执行的预防性羁押不得由在居所的预防性羁押进行代替：巡回区专门刑事法官或者行使其职能的法官管辖的案件；贩卖移民罪（《刑法典》第 188 条）；在对方无能力抵抗情形下进行的性交或者性行为（《刑法典》第 210 条）；家庭暴力（《刑法典》第 229 条）；加重盗窃（《刑法典》第 240 条）；巨额盗窃（《刑法典》第 241 条第 7 项、第 8 项、第 11 项、第 12 项和第 15 项）；欺诈罪的加重情节（《刑法典》第 247 条）；使用与被盗机动交通工具相关的伪造文件（《刑法典》第 291 条）；在实施其他犯罪行为的同时制造、贩运和持有供个人使用的枪支或者弹药（《刑法典》第 340 条和第 365 条），或者犯罪嫌疑人已经被登记被宣判有罪判决，仍制造、贩运和持有供个人使用的枪支或者弹药；制造、贩运和持有武装力量专有的武器和弹药（《刑法典》第 366 条）；制造、进口、贩运、拥有和使用化学武器、生物武器和核武器（《刑法典》第 367 条）；贪污金额超过现行法定最低月工资 50 倍（《刑法典》第 397 条）；敲诈（《刑法典》第 404 条）；索贿（《刑法典》第 405 条）；受贿（《刑法典》第 406 条）；行贿（《刑法典》第 407 条）；非法敛财（《刑法典》第 412 条）；跨国贿赂（《刑法典》第 433 条）；订立合同的不当得利（《刑法典》第 409 条）；虚假订立合同（《刑法典》第 410 条）；权钱交易（《刑法典》第 411 条）；窝藏的惯犯（《刑法典》第 447 条第 1 项和第 3 项）；为隐藏或者隐瞒加重盗窃罪而进行的窝藏，在实施加重盗窃过程中对其隐藏或者隐瞒的窝藏，窝藏机动交通工具或其重要部件，或者其中的载货、燃料。(《刑法典》第 447 条第 2 项。)

（本附注经 2011 年第 1474 号法令第 39 条增加。）

（本条经 2007 年第 1142 号法令第 27 条修订。）

第 315 条　不剥夺自由的保障措施

调查的案件的主要犯罪行为根据法律规定不构成剥夺自由刑的，具有争议的，以及刑罚不超过 4 年的，在满足本法典第 308 条规定的情形下，只要能够合理适当地完成预定的审理，可以采取本法典第 307 条第 2 项规定的一项或者多项保障措施。

（本条经 2007 年第 1142 号法令第 28 条修订。）

第 316 条　未履行义务

犯罪嫌疑人或者被告人未履行批准其在居所进行预防性羁押时规定的义务的，或者未执行不剥夺自由的保障措施的相关规定的，经检察院或者检察院申请，法官有权视未执行的严重程度或者再犯的可能性，命令在监狱接受预防性羁押、在住处羁押或者处以其他不剥夺自由的措施。

（本条由宪法法院经 2007 年第 C－209 号判决宣布附条件合宪。因为被害人也可以直接向负责法官申请相应的保障措施。）

（本条经 2007 年第 1142 号法令第 29 条修订。）

第 317 条　获得自由的情形

前述诸条规定的保障措施适用于整个诉讼程序。仅在以下情形中，犯罪嫌疑人或者被告人应当立即获得自由：

1. 根据之前的判决结果，刑罚已经执行完毕的，或者已作出不起诉结论的，或者已被赦免的。

2. 适用起诉便宜原则后的。

3. 根据审理案件的法官接纳的协议中规定的条款，应当将其释放的。

4. 根据本法典第 294 条规定的确定犯罪嫌疑人之日起，超过 60 日未进行起诉和申请不起诉的。

5. 自起诉之日起 60 日内未进行庭审的。

（本条经 2007 年第 1142 号法令第 30 条修订，经 2011 年第 1453 号法令第 61 条修订，并经 2011 年第 1474 号法令第 38 条修订。）

第 318 条　撤销申请

控辩双方均有权向负责案件的监督法官申请撤销或者替换保障措施，只能申请一次，且须提交合法获得的、可以合理推定已不构成本法典第 308 条规定的要件的证据材料或者信息。对于此次申请的裁定不得提起不服申请。

（"只能申请一次"和"对于此次申请的裁定不得提起不服申请"的表述

由宪法法院经 2006 年第 C - 456 号判决宣布违宪。)

第 319 条　担保

因缺乏足够资金而无法缴纳法官指定的担保的，应当充分证明其无能力，以及在指定期限内可以缴纳的数额。

在犯罪嫌疑人证明无能力提供抵押物进行担保的情形下，根据合情、合理和必需的原则，该担保可以由本法典第 307 条第 2 项规定的保障措施进行替代。

对此事项的裁定不得提起不服申请。

第 320 条　关于保障措施的报告

决定、变更或者撤销保障措施的法官应当在作出决定、变更或者撤销 5 日内通知国家总检察院和公共安全局。该信息应当记录保存于国家总检察院的信息系统中。

古　　巴

刑事诉讼法*

第二编　预　审

第四章　羁押和对犯罪嫌疑人的保障

第一节　羁　押

第 241 条　任何人只有在法定情形下经正式手续才可以被羁押。

第 242 条　对下列人员的抓捕，任何人均可执行：

1. 犯罪未遂的人。

2. 犯罪后即时被抓获的人。

＊　本法于 1977 年 8 月 13 日由古巴共和国全国人民政权代表大会批准颁布，经 1991 年 6 月、1994 年 6 月和 2013 年 6 月三次修改。本译本根据 2013 年 6 月 25 日古巴《官方公报》第 18 号特别号提供的西班牙语文本翻译。

3. 逃避正在执行的剥夺自由刑或预防性羁押措施的人。

4. 正在逃匿的犯罪嫌疑人。

根据上述规定逮捕犯罪嫌疑人后，应当立即送交警察机关。

（本条依据 1994 年 6 月 10 日颁布的关于修订刑事诉讼法的第 151 号命令第 3 条修订）

第 243 条　司法机关或警察机关的代理人依职权逮捕下列人员：

1. 前一条规定情形中的人员；羁押时或临时监禁后逃跑的人；违抗逮捕令的人。

2. 危害国家安全的犯罪嫌疑人。

3. 可能被判处 6 年以上剥夺人身自由刑的犯罪嫌疑人。

4. 具有下列情节之一的犯罪嫌疑人——

（1）罪行在市政管辖区引起恐慌或在市政管辖区内屡犯的；

（2）有充分证据可以认定犯罪嫌疑人试图逃避法律制裁的。

第 244 条　执行逮捕后，应当立即在起诉书中记录逮捕时间、日期和逮捕原因以及与之有利害关系的人员。该文书应当由抓捕者和犯罪嫌疑人签名。

经犯罪嫌疑人或其家人要求，警察机关或管理该犯罪嫌疑人的机关应当将逮捕情况和羁押场所通知其家人，并按照法律规定，定期为双方以规定方式提供通信联系。

（本条依据 1994 年 6 月 10 日颁布的关于修订刑事诉讼法的第 151 号命令第 3 条修订）

第二节　对犯罪嫌疑人的保障

第 245 条　警察机关对犯罪嫌疑人的羁押不得超过 24 小时。期间届满后，警察机关应当执行下列决定之一：

1. 恢复犯罪嫌疑人的人身自由。

2. 按照法律规定，对犯罪嫌疑人采取除临时监禁之外的预防措施，该决定只能由相应的检察官作出。

3. 将犯罪嫌疑人和有关的案情告知预审法官。

对犯罪嫌疑人采取的预防措施由警察机关立即通过作出该措施的裁决文书通知犯罪嫌疑人，通知中应当注明作出该裁决的日期，指控人和犯罪嫌疑人应当在通知上签名，由此视为通知完毕。

（本条依据 1994 年 6 月 10 日颁布的关于修订刑事诉讼法的第 151 号命令第 3 条修订）

第 246 条　预审法官一旦受理警察机关提交的案情，或直接获知该案，则应当在 72 小时内作出下列决定之一：

1. 逮捕无效。

2. 采取非羁押形式的预防措施，或撤销、变更警察机关已经作出的裁决。

3. 向检察官申请采取临时监禁的预防措施。

（本条依据 1994 年 6 月 10 日颁布的关于修订刑事诉讼法的第 151 号命令第 3 条修订）

第 247 条　检察官收到预审法官对犯罪嫌疑人采取临时监禁的预防措施的申请后，应当在 72 小时内作出相应决定，同时有权裁定对犯罪嫌疑人采取法律规定的预防措施或宣布恢复其人身自由。

为了作出决定，检察官可以当面讯问犯罪嫌疑人并进行任何必要的程序。

检察官应当在作出决定后立即通知预审法官，以完成对犯罪嫌疑人的通知。实行临时监禁的场所不同于剥夺人身自由刑的场所。

宣布对犯罪嫌疑人临时监禁的裁定中，为保障国家安全，应当特别指出其不受本法第 281 条规定事项的约束。在此类案件中，犯罪嫌疑人及其辩护律师不得参与预审阶段的对质。

（本条依据 1994 年 6 月 10 日颁布的关于修订刑事诉讼法的第 151 号命令第 3 条修订）

第 248 条　在预审阶段出现可以采取本章规定的预防措施情形的，预审法官或检察官应当根据具体案情作出与本法第 246 条和第 247 条的规定相符的措施。

（本条依据 1994 年 6 月 10 日颁布的关于修订刑事诉讼法的第 151 号命令第 3 条修订）

第 249 条　自裁决中宣布采取本法规定的任何预防措施时起，犯罪嫌疑人可以参与该诉讼进程并提出对自己有利的证据。

辩护人自前款中提及的诉讼程序开始时起，可以：

1. 与委托人沟通，委托人被羁押的，可以在应有的隐私权得到保护的前提下，与委托人单独见面。

2. 审查预审阶段的有关诉讼文书，但本法第 247 条最后 1 款规定的情形除外。

3. 出示对委托人有利的证据和资料。

4. 申请撤销或变更对委托人采取的预防措施。

预审法官否认辩护人出示的证据或驳回其撤销或变更预防措施的申请的，应当自辩护人申请提出后 5 个工作日内告知辩护人，辩护人有权向检察官提出申诉。

（本条依据 1994 年 6 月 10 日颁布的关于修订刑事诉讼法的第 151 号命令第 3 条修订）

第 250 条   辩护人有核查物证的合法权利，有义务出示有利于其当事人的所有证据。

辩护律师有义务向其当事人尽可能简明扼要地传达收到的通知的内容。

对于生效判决，犯罪嫌疑人因某一诉讼程序处于临时监禁中，而其辩护律师无法在规定的上诉期间内告知其当事人的，该律师可以联系当事人预先指定的已满 16 周岁的家人或可信赖的人。

辩护人应当在参与审理的文书上签字，作为参与审理的证明。

犯罪嫌疑人的辩护律师可以书面授权技术助理提交文件、接收通知、收取资料和办理其他手续，上述由获得授权的技术助理执行的程序，其效力等同于律师本人的执行。

（本条依据 1994 年 6 月 10 日颁布的关于修订刑事诉讼法的第 151 号命令第 3 条修订）

第 251 条   在引起临时监禁或其他预防措施裁决的原因存续期间，该裁决持续有效。

在预审阶段的诉讼审理中，根据案情，预防措施的变更应当由检察官或预审法官裁决，而诉讼程序的开始则应当由法院宣布。

犯罪嫌疑人或其辩护人可以随时申请变更对其采取的预防措施。在整个预审阶段，该申请可以向作出该裁决或受理该诉讼的相应司法机关提出。

警察机关、预审法官、检察院或法院可以根据案情，在申请提出的 5 个工作日内决定是否变更已经采取的预防措施。

变更由检察官作出的临时监禁措施的申请被驳回的，应当立即通知犯罪嫌疑人或其辩护人，申请人可以提出相应的上诉请求。

（本条依据 1994 年 6 月 10 日颁布的关于修订刑事诉讼法的第 151 号命令第 3 条修订）

第 252 条   只有符合下列条件时，才可以采取临时监禁措施：

1. 诉讼文书中记录的事实符合犯罪的特征。

2. 除法院为作出裁决所获取的证据之外，有充分理由认为犯罪嫌疑人应当承担刑事责任。

第 253 条   但是，在前条规定的情形下，对犯罪嫌疑人的良好记录和行为举止进行评估后，可以对其采取本法规定的其他预防措施，只要：

1. 犯罪嫌疑人的罪行未引起恐慌。

2. 所犯罪行并不是相应省或相应市内的惯常犯罪。

3. 没有充分理由认为犯罪嫌疑人企图逃避法律制裁。

第 254 条 检察官对未采取预防措施的人员作出临时裁决，认为有充分理由表明其试图逃避法律制裁的，法院可以对犯罪嫌疑人采取本法规定的任一预防措施。

被采取预防措施的犯罪嫌疑人享有人身自由，同时有充分动机试图逃避法律制裁的，法院可以采取另一个更为适当的措施替代该项预防措施。

第 255 条 除临时监禁之外，法律规定的预防措施还包括：

1. 现金担保。

2. 犯罪嫌疑人所在的公司、实体、工会、其他社会组织或其所属团体的人格担保。

3. 监视居住。

4. 文书中包含的定期向指定机构报告的义务。

执行本条规定的预防措施的案件中，犯罪嫌疑人均有义务将住址变更信息通知预审法官或法院。

第 256 条 被监视居住的犯罪嫌疑人的义务，包括根据其所处的诉讼阶段，不得未经预审法官或法院批准而私自外出，但根据日程安排去劳动中心、学习中心或做健康检查的除外。

第 257 条 犯罪嫌疑人尚未提供为其确立的可获得临时自由的担保的，应当被临时监禁。

第 258 条 不得对下列犯罪嫌疑人提供担保：

1. 涉嫌危害国家安全罪的。

2. 可能被判处死刑或最高刑期的有期徒刑的。

第 259 条 提供人格担保的担保方，应当根据所处的诉讼阶段，保证犯罪嫌疑人出庭，也有义务根据预审法官或法官的要求，交出犯罪嫌疑人或提供羁押犯罪嫌疑人时所需的所有材料。

第 260 条 对被处以本法第 255 条规定的预防措施后未遵守法定义务的犯罪嫌疑人，应当采取另一种更为严厉的措施予以惩罚。

有现金担保的，应当没收其保证金。

裁决执行的中断发生在预审阶段的，检察官可以提出变更惩罚措施，但应当经法院批准；发生在庭审开始后的，措施的变更应当由法院负责。

加 拿 大

刑事法典 *

第十六章　强制被告人到庭和临时释放

解　释

定义

第 493 条　在本章中，

"被告人"

"被告人"包括：

(1) 被治安官依第 496 条签发出庭通知书的人；以及

(2) 因刑事犯罪被逮捕的人。

"出庭通知书"

"出庭通知书"是指治安官依照本法第二十八章规定的格式 9 签发的通知书。

"法官"

"法官"包括：

(a) 在安大略省，是指该省有刑事管辖权的高等法院的法官；

(b) 在魁北克省，是指该省有刑事管辖权的高等法院的法官或者魁北克法院的 3 位法官；

(c) (已废止)

(d) 在新斯科舍省、新布伦瑞克省、曼尼托巴省、不列颠哥伦比亚省、爱德华王子岛省、萨斯克切温省和纽芬兰省，是指这些省有刑事管辖权的

---

　　* 本法典于 1892 年颁布实施，后经不断修正，最新的一次修正案于 2014 年 9 月 19 日生效，并于 2014 年 10 月 27 日发布。本译本根据加拿大司法部官网（http：//laws - lois. justice. gc. ca/eng/acts/C - 46/20140919/P1TT3xt3. html#right - panel）提供的英语文本翻译。

高等法院的法官；

（e）在育空省和西北地区，是指最高法院的法官；以及

（f）在努纳武特，是指努纳武特法院的法官。

"主管官员"

"主管官员"是指警察中主管被告人被逮捕后关押的拘留所或其他处所的官员，或者由其为本章目的指派的负责被告人关押地点的治安官。

"出庭承诺书"

"出庭承诺书"是指向主管官员依照格式 10 作出的承诺。

"具结书"

"具结书"是指用于向主管官员或治安官根据格式 11 作出的具结书；用于向法官或治安法官作出具结的，是指根据本法第二十八章规定的格式 32 作出的具结书。

"传票"

"传票"是指法官或治安法官依照格式 6 签发的传票。

"保证书"

"保证书"是指依照格式 12 呈交给法官的保证书。

"令状"

"令状"用于逮捕时，是指依照格式 7 签发的令状；用于羁押时，是指依照格式 8 签发的令状。

无证逮捕与释放

任何人可以进行的无证逮捕

第 494 条　（1）对下列人员，任何人均可实施无证逮捕：

（a）可诉罪的现行犯；或者

（b）有合理根据认为具备以下情形的人：

　　（i）犯有刑事犯罪的；并且

　　（ii）在逃并且正在经受合法授权逮捕他的人追捕的。

被物品所有人等逮捕

（2）物品的所有人或合法占有人，或者由所有人或合法占有人授权的人，如果发现某人正在针对该物品实施犯罪，或者该犯罪涉及该物品，可以在以下情形中无证逮捕该人：

（a）在犯罪当时逮捕；或者

（b）在犯罪实施之后的合理时间内逮捕，并且有合理根据认为根据当时

情形由治安官进行逮捕是不可行的。

扭送治安官

（3）治安官以外的人实施无证逮捕的，应当立即将被逮捕人扭送治安官。

进一步明确

（4）为进一步明确含义，被授权实施本条项下的逮捕的人是为实现第 25 条之目的依法被授权实施逮捕的人。

治安官实施的无证逮捕

第 495 条　（1）对下列人员，治安官可以无证逮捕：

（a）实施了可诉罪的人，或者有合理根据认为实施了或将要实施可诉罪的人；

（b）刑事犯罪的现行犯；或者

（c）有合理根据认为是以本法典第二十八章规定的格式签发的在该司法辖区有效的逮捕令或羁押令要逮捕或羁押的人。

限制

（2）对符合下列（a）项、（b）项、（c）项的人员，如果在任何情况下，都满足（d）项和（e）项规定的条件的，则治安官不得无证逮捕：

（a）实施了第 553 条规定的可诉罪的人；

（b）实施了既可以公诉也可以按照简易程序定罪处罚的犯罪的人；或者

（c）实施了简易罪的人；

（d）如果在全面考虑以下因素后，有合理根据认为出于公共利益不需要逮捕此人的：

　　（i）查明该犯罪人的身份；

　　（ii）获取或保存与犯罪有关的证据；或者

　　（iii）防止继续犯罪、再次犯罪或又犯新罪；并且

（e）有合理根据认为即使不实施逮捕，该人也会出庭接受审理。

（3）尽管前款有上述规定，根据第（1）款之规定行动的治安官，应被视为依法行事和为以下目的履行职责：

（a）本法或任何其他议会法规定的诉讼活动；以及

（b）其他诉讼活动，但是有人在诉讼中声称并证明该治安官未能遵守第（2）款规定的除外。

治安官签发出庭通知书

第 496 条　治安官根据第 495 条第（2）款之规定对某人不实施逮捕的，可以就下列犯罪向其签发出庭通知书：

（a）第 553 条规定的可诉罪；

（*b*）既可以公诉也可以按照简易程序定罪处罚的犯罪；或者

（*c*）简易罪。

治安官释放被捕之人

第 497 条　（1）在适用第（1.1）款的前提下，治安官因第 496 条（*a*）项、（*b*）项或（*c*）项规定犯罪无证逮捕某人，治安官应当尽快

（*a*）意图以传票方式强制其到庭而将释放被逮捕人；或者

（*b*）对其签发出庭通知书后释放。

例外

（1.1）治安官有合理根据认为存在以下事项的，应当不依据第（1）款释放该人：

（*a*）在全面考虑以下因素后，认为羁押该人对于维护公共利益是必要的，或者将其释放需要根据本章其他规定处理的：

（ⅰ）查明该犯罪人的身份；

（ⅱ）获取或保存与犯罪有关的证据；

（ⅲ）防止继续犯罪、再次犯罪或又犯新罪；或者

（ⅳ）确保与该犯罪相关的证人或被害人的安全。或者

（*b*）如果该人被释放，其不会出庭依法接受处理。

不适用第（1）款规定的情形

（2）治安官因第 503 条第（3）款规定之犯罪进行无证逮捕的人，不适用第（1）款之规定。

不释放的后果

（3）因第（1）款规定之犯罪实施无证逮捕的治安官，未依该款之规定尽快释放被逮捕人的，应视为依法行事和为下列目的的履行职责：

（*a*）本法或任何其他议会法规定的诉讼活动；以及

（*b*）其他诉讼活动，但是有人在诉讼中声称并证明该治安官未能遵守第（1）款规定的除外。

主管官员释放被羁押人

第 498 条　（1）根据第（1.1）款的规定，已经被治安官无证羁押，或者在被无证逮捕之后，根据第 494 条第（3）款的规定被移送给治安官或根据《海关法》第 163.5 条第（3）款的规定被治安法官羁押的某人，如果他根据第 503 条第（1）款的规定，因第 496 条（*a*）项、（*b*）项或（*c*）项列举的犯罪或者任何可以判处 5 年或 5 年以下刑罚的犯罪而被羁押，并且如果他尚未根据本节的规定被带至法官面前或者被释放的，主管官员或另一治安官在可行的情况下应当：

（*a*）释放该人，并以传票的方式确保他们出庭；

（*b*）在该人承诺到庭后将其释放；

（*c*）在该人依主管官员的指示当面具结无保证人承诺 500 加元以下保证金，但不预缴钱款或者其他有价证券时将其释放；或者

（*d*）被逮捕人不是羁押地省的常住居民，或者不是羁押地周围 200 公里以内的常住居民的，在该人依主管官员的指示当面具结无保证人承诺 500 加元以下保证金时的释放，以及在主管官员指示下缴纳保证金时，待他按指示预缴不超过 500 加元的钱款或其他等值有价证券后，将他释放。

例外

（1.1）主管官员或该治安官基于合理根据确信以下事项的，不应当根据第（1）款的规定释放该人：

（*a*）在综合考量包括以下情形在内的所有情形之后，认为羁押该人为维护公共利益所必须，或者是否释放适用本节的其他条款：

（ⅰ）需要确定该人的身份；

（ⅱ）需要保存或保全与犯罪有关的证据；

（ⅲ）需要防止持续或反复犯罪，或者实施其他犯罪；或者

（ⅳ）为保障任何与该犯罪受害人或证人的安全；或者

（*b*）释放该人将导致其无法参加审判并被依法处理。

不适用第（1）款的情形

（2）第（1）款不适用于因第 503 条第（3）款规定的犯罪而已经被治安官无证逮捕的人。

不释放的后果

（3）因第（1）款规定的犯罪接受已被羁押的某人或将某人羁押的主管官员或另一治安官，在可行的情况下没有立即以本条规定的方式释放该被羁押的人的，不予释放的决定基于下列事项时视为合法的和为该官员履行职务所需的：

（*a*）本法或其他议会制定法所规定的程序；或者

（*b*）其他程序，但某人声明并证明主管官员或其他治安官没有遵守第（1）款的要求的除外。

主管官员释放被有证逮捕的人

第 499 条 （1）某人被治安官有证逮捕，并因除第 522 条规定以外的犯罪被羁押的，如果该逮捕证由治安法官根据第 507 条第（6）款之规定批准的，该主管官员可以：

（*a*）在该人承诺到庭后将其释放；

（*b*）在该人依主管官员的指示当面具结无保证人承诺 500 加元以下保证

金，但不预缴钱款或者其他有价证券时将其释放；或者

（c）被逮捕人不是羁押地省的常住居民，或者不是羁押地周围 200 公里以内的常住居民的，在其依主管官员的指示当面具结无保证人承诺 500 加元以下保证金时的释放，以及在主管官员指示下缴纳保证金时，待其按指示预缴不超过 500 加元的钱款或其他等值有价证券后，将他释放。

附加条件

（2）除根据第（1）款（a）项、（b）项、（c）项所述的条件外，主管官员可以要求该人以被释放为目的，依照格式 11.1 对以下一项或多项事项作出保证：

（a）不离开保证中所述的管辖区域。

（b）变更地址、职务或工作的，将变更信息告知治安官或其他承诺中所述的人员。

（c）不直接或间接接触被害人、证人或其他保证中所述人员，或者去保证中所述的特定地区，按照保证中列明的条件的除外。

（d）将护照交给治安官或其他保证中所述人员保管。

（e）不得持有枪械，并交出自己占有的枪械或者任何可能使其拥有或占有枪械的授权书、资格证、注册证明或其他文件。

（f）按照保证中所述事件向治安官或保证中所述的其他人员报告。

（g）不得实施以下行为：

（i）使用酒类或其他兴奋类物质；或者

（ii）使用药物，根据医嘱使用的除外。以及

（h）遵守保证中列明的、主管官员认为有利于保证该案件任何被害人或证人安全的任何其他条件。

向治安法官申请

（3）根据第（2）款作出保证的人，可以在依承诺出庭或具结时或者之前，申请治安法官根据第 515 条第（1）款作出裁定以替换之前的保证，在根据具体情况进行修改之后，第 515 条适用该申请人。

检察官提出申请

（4）某人根据第（2）款作出保证的，检察官可以按照下列条件申请治安法官根据第 515 条第（1）款作出裁定以替换之前的保证，在根据具体情况进行修改之后，第 515 条适用该申请人：

（a）在该人依承诺出庭或具结之前，并且在提前 3 日通知该人之后；或者

（b）在该人出庭时。

向法官移交钱款或有价证券

第 500 条 某人根据第 498 条第（1）款（d）项或者第 499 条第（1）款（c）项，向主管官员缴纳任何数目的钱款或其他有价证券的，主管官员应当立即将该钱款或有价证券移交治安法官保管。

出庭通知、出庭承诺和具结书的内容

第 501 条 （1）治安官签发的出庭通知、被告人向主管官员作出的出庭承诺或具结书，应当：

（a）写明被告人的姓名；

（b）写明被告人被指控的罪名的实质内容；并且

（c）要求被告人在指定的时间和地点到庭，并在以后按法庭要求出庭，依法接受处理。

出庭通知书、出庭承诺和具结书的内容

（2）治安官签发的出庭通知、被告人向主管官员作出的出庭承诺或具结书，应当写明第 145 条第（5）款和第（6）款及第 502 条所规定的内容。

（3）治安官签发的出庭通知、被告人向主管官员作出的出庭承诺或具结书，在被告人被控犯可诉罪的情况下，治安官可以要求被告人为《加拿大罪犯识别法》的目的在指定的时间和地点出庭。依此出庭的人员，仅为本法的目的视为因被控犯可诉罪而被合法羁押。

为《加拿大罪犯识别法》的目的出庭

（4）应当要求被告人在出庭通知、出庭承诺或具结书的正副文本上签字，并且不管他是否按要求签名，其中一份副本应当交给被告人，但被告人未签名或拒绝签名不影响出庭通知、出庭承诺或具结书的效力。

被告人签字

（5）（已废止）

未出庭

第 502 条 当出庭通知、被告人向主管官员作出的出庭承诺或具结书要求被告人依据《加拿大罪犯识别法》的规定在指定的时间和地点出庭而被告人未出庭的，当该出庭通知、出庭承诺或具结书已经向法官依第 508 条之规定确认的，法官可以签发令状以被控罪名逮捕该被告人。

被告人在法官面前出庭

带见法官

第 503 条 （1）治安官实施有证逮捕、无证逮捕，或者接受根据第 494

条第（3）款之规定扭送来的犯罪嫌疑人的治安官，应当羁押该嫌疑人，并根据下列（a）项、（b）项规定将其送交治安法官依法处理。但在（a）项、（b）项规定的将被逮捕或扭送人带见法官的期间届满前有下列（c）项、（d）项情况的除外：

（a）治安法官能够在被逮捕人被逮捕或扭送至治安官后 24 小时内进行处理的，应当在无不合理延误的情况下，在 24 小时内将被逮捕或扭送的人带到法官处；并且

（b）如果法官不能在被逮捕人被逮捕或扭送治安官后 24 小时内进行处理的，应当尽快将被逮捕或扭送的人带见法官；

（c）治安官或主管官员已经根据本章其他条款的规定，将被逮捕或扭送的人释放；或者

（d）治安官或主管官员认为应当将逮捕或扭送的人释放，不管是根据第（4）款规定无条件释放还是根据其他规定有条件或无条件地释放，并且已经将其释放的。

有条件释放

（2）治安官或主管官员认为第（1）款所述人员应当被假释的，可以根据第 498 条第（1）款（b）项至（d）项和第（2.1）款之规定将其释放，但被羁押人因第 522 条所列罪名被羁押的除外。

保证

（2.1）除第（2）款所列条件以外，主管官员可以要求该人以被释放为目的，依照格式 11.1 对以下一项或多项事项作出保证：

（a）不离开保证中所述的管辖区域。

（b）变更地址、单位或工作职务的，将变更信息告知治安官或其他承诺中所述的人员。

（c）不直接或间接接触被害人、证人或其他保证中所述人员，或者去保证中所述的特定地区，按照保证中列明的条件的除外。

（d）将护照交给治安官或其他保证中所述人员保管。

（e）不得持有枪械，并交出自己占有的枪械或者任何可能使其拥有或占有枪械的授权书、资格证、注册证明或其他文件。

（f）按照保证中所述事件向治安官或保证中所述的其他人员报告。

（g）不得实施以下行为：

（i）使用酒类或其他兴奋类物质；或者

（ii）使用药物，根据医嘱使用的除外。以及

（h）遵守保证中列明的、主管官员认为有利于保证该案件任何被害人或

证人安全的任何其他条件。

向治安法官申请

（2.2）根据第（2）款作出保证的人，可以在依承诺出庭或具结时或者之前，申请治安法官根据第515条第（1）款作出裁定以替换之前的保证，在根据具体情况进行修改之后，第515条适用该申请人。

检察官提出申请

（2.3）某人根据第（2.1）款作出保证的，检察官可以按照下列条件申请治安法官根据第515条第（1）款作出裁定以替换之前的保证，在根据具体情况进行修改之后，第515条适用该申请人。

（a）在该人依承诺出庭或具结之前，并且在提前3日通知该人之后；或者

（b）在该人出庭时。

还押以便将其移送涉嫌犯罪地省

（3）某人因被指控在被逮捕地省以外的其他加拿大境内地区实施可诉罪而被无证逮捕的人，应当在第（1）款（a）项或（b）项规定的时间内被带到对逮捕地有管辖权的治安法官，除非在被指控的犯罪是在其被逮捕地所在省实施时，该人被带至犯罪实施地所在辖区的治安法官的，逮捕地所在辖区的治安法官。

（a）如果没有合理根据认为被逮捕人就是被指控犯罪的人，应当将其释放；或者

（b）如果有合理根据认为被逮捕的人就是被指控犯罪的人，可以

（i）将该人交由治安官看管，以便等待根据第528条之规定对其执行逮捕，但如果将其交给治安官看管后的6日内并未执行逮捕的，则看管人员应当将其释放；或者

（ii）犯罪行为是在该人被逮捕地所在省实施的，指令将该人带至对该犯罪有管辖权的治安法官面前。

临时释放

（3.1）不论第（3）款（b）项如何规定，治安法官在征得检察官同意后，可以在等待执行逮捕期间，裁定将第（3）款所述人员

（a）无条件释放；或者

（b）在检察官同意下列条件时释放，并附加法官认为适当的和检察官同意的第515条第（4）款所列的各种条件：

（i）作出保证，包括保证在特定时间在对该人被指控的可诉罪有管辖权的法院出庭；或者

（ii）作出第 515 条第（2）款（a）项至（e）项规定的具结。

释放可诉罪预备犯

（4）看管作为可诉罪预备犯而被无证逮捕的人的治安官或主管官员，认为没有必要以继续羁押的方式来防止其犯可诉罪的，应当尽快无条件地将其释放。

不释放的后果

（5）无论第（4）款如何规定，羁押该款所述人员的治安官或主管官员没有在第（1）款（a）项、（b）项规定的带见法官的期间届满前将其释放的，应视为依法行使和为下列目的履行职责：

（a）本法或任何其他议会法规定的诉讼活动；或者

（b）其他诉讼活动，但有人在诉讼中声称并证明该治安官未遵守第（2）款规定的除外。

临时司法释放

释放令

第 515 条　（1）在适用本条规定的前提下，被告人因被指控第 469 条所列犯罪以外的其他犯罪而被带见法官的，除非该被告人的认罪请求被接受，法官应当在被告人作出保证后作出将其无条件释放的裁定，但检察官能在法官给予其合理机会时证明羁押该被告人是正当的，或者应当根据本条其他规定作出裁定的除外；法官根据本条其他规定作出裁定的，该裁定只针对导致被告人被带见法官的那项罪名。

有条件的依保证释放等

（2）法官未根据第（1）款之规定作出裁定的，除非检察官证明羁押被告人是正当的，该法官应当在以下情形中裁定释放被告人：

（a）被告人按照法官指示的条件作出保证；

（b）在无保证人的情况下，被告人向法官当面对特定金额和条件作出具结，但不预缴钱款或其他有价证券；

（c）在有保证人的情况下，被告人向法官当面对特定金额和法官指示的条件作出具结，但不预缴钱款或其他有价证券；

（d）检察官同意的，在无保证人的情况下，被告人向法官当面对特定金额和法官指示的条件作出具结，并且按照法官的指示缴纳保证金或其他有价证券；或者

（e）被告人不是其被羁押地常住居民，或者不是被羁押地周围 100 公里以

内地区的常住居民的，其向法官当面对特定金额和法官指示的条件作出具结，并且按照法官的指示缴纳保证金或其他有价证券。

在裁定中指定保证人的权力

（2.1）根据第（2）款或本法其他条文之规定，法官、治安法官或者法院根据被告人有保证人的具结裁定将其释放的，该法官、治安法官或者法院可以在该裁定中指定保证人。

本人出庭以外的其他方式

（2.2）根据本法，为司法临时释放之目的要求被告人出庭的，被告人应当本人亲自出庭，但治安法官可以根据第（2.3）条之规定，允许该被告人通过其他该法官认为合适的包括电话在内的电子通讯设备出庭。

需要同意的情形

（2.3）证人证言在该庭审中会被采纳的，或者被告人无法通过闭路电视或其他使该法院和该个人可以同时进行视觉上和口头上交流的方式出现的，为出庭之目的要求获得检察官和被告人的同意。

同上

（3）治安法官不应当根据第（2）款（b）项至（e）项作出裁定，但检察官表明不能根据（a）项之规定作出裁定的除外。

附加条件

（4）治安法官可以根据第（2）款规定的条件，指示被告人遵守以下裁定中列明的一项或多项条件：

（a）按照裁定指定的时间向治安官或裁定指定的其他人报告；

（b）不得离开裁定指定区域；

（c）变更地址、单位或工作的，将变更信息告知治安官或（a）项规定指定的其他人；

（d）不直接或间接触被害人、证人或其他裁定中所述人员，或者去裁定中所述的特定地区，按照裁定中列明的该法官认为必需的条件的除外；

（e）将护照交给治安官或其他裁定中所述人员保管；

（e.1）遵守裁定中列明的、治安法官认为有利于保证该案件任何被害人或证人安全的任何其他条件；以及

（f）裁定中列明的、法官认为适当的其他合理条件。

禁止占有枪械的条件等

（4.1）根据第（2）款作出裁定的，在被告人被指控以下犯罪时，治安法官应当在裁定中附加条件，在根据法律处理被告人之前，禁止其持有枪械、弩、禁止性武器、限制性武器、弹药、禁止性弹药或爆炸物质，除非该法官认

为这种条件不利于被告人的安全利益或者被害人或其他人的安全：

（a）威胁、预谋或实施针对某人的暴力犯罪；

（a.1）恐怖主义犯罪；

（b）第 264 条规定的犯罪（刑事骚扰）；

（b.1）第 423.1 条规定的犯罪（威胁刑事诉讼参与人）；

（c）违反《加拿大食品与药物法》第 5 条至第 7 条规定的犯罪；

（d）某人实施的犯罪涉及或其犯罪对象为枪械、弩、禁止性武器、限制性武器、弹药、禁止性弹药或爆炸物质；或者

（e）《加拿大信息安全法》第 20 条第（1）款规定的犯罪，或者该法第 23 条规定的、并且与该法第 20 条第（1）款规定的犯罪有关的犯罪。

交出等

（4.11）治安法官对根据第（2）款作出的裁定附加第（4.1）款规定的条件的，应当在裁定中明确以下事项的执行方式和途径：

（a）被告人占有第（4.1）款项下物品的，应当交出该物品，或将其处置、扣押、储存或处理；以及

（b）被告人应当交出授权书、证件、注册证书。

理由

（4.12）治安法官对根据第（2）款作出的裁定未附加第（4.1）款规定的条件的，应当在记录中说明不附加条件的理由。

附加条件

（4.2）治安法官在根据第（2）款之规定作出裁定之前，被告人因第（4.3）款规定的犯罪被起诉的，该法官应该考虑是否有必要为了他人的安全，特别是被害人、证人或其他诉讼参与人的安全，在裁定中附加下列条件：

（a）不直接或间接接触被害人、证人或其他保证中所述人员，或者去保证中所述的特定地区，按照保证中列明的条件的除外；

（b）治安法官认为有利于保证上述人安全的任何其他条件。

犯罪

（4.3）第（4.2）款涉及的犯罪包括：

（a）恐怖主义犯罪；

（b）第 264 条或第 423.1 条规定的犯罪；

（c）威胁、预谋或实施针对某人的暴力犯罪；

（d）《加拿大信息安全法》第 20 条第（1）款规定的犯罪，或者该法第 23 条规定的，并且与该法第 20 条第（1）款规定的犯罪有关的犯罪。

羁押

（5）如果检察官证明羁押被告人是正当的，治安法官应当裁定将该被告人羁押直至依法对其作出处理为止，并在记录中说明作出这项裁定的理由。

羁押令

（6）被告人被指控以下犯罪的，无论本法其他规定，治安法官应当裁定将该被告人羁押直至依法对其作出处理为止，除非被告人在被给予合理机会的前提下证明对其羁押是不合理的：

（a）除第 469 条规定的犯罪以外的可诉罪，具有下列情形之一的：

（i）是在被告人因本章第 679 条或第 680 条规定的另一可诉罪被释放后实施的；

（ii）是第 467.11 条、第 467.111 条、第 467.12 条或第 467.13 条规定的犯罪，或者为犯罪组织之利益、受其指使或与之相关的严重犯罪；

（iii）是第 83.02 条至第 83.04 条以及第 83.18 条至 83.23 条规定的犯罪，或者被指控是恐怖主义犯罪；

（iv）是《加拿大信息安全法》第 16 条第（1）款、第（2）款、第 17 条第（1）款、第 19 条第（1）款、第 20 条第（1）款或第 22 条第（1）款所规定之犯罪；

（v）是《加拿大信息安全法》第 21 条第（1）款、第 22 条第（1）款或第 23 条规定的、与（iv）目所述之犯罪相关的犯罪；

（vi）是第 99 条、第 100 条或第 103 条规定的犯罪；

（vii）是第 244 条、第 244.2 条规定的犯罪，或者第 239 条、第 272 条、第 273 条、第 279 条第（1）款、第 279.1 条、第 344 条或第 346 条规定的、持有枪械实施的犯罪；或者

（viii）是涉及或其犯罪对象为枪械、弩、禁止性武器、限制性武器、弹药、禁止性弹药或爆炸物质的犯罪，并且实施该犯罪时该被告人适用于第 84 条第（1）款规定的禁止令。

（b）除第 469 条规定的犯罪以外的可诉罪，并且被告人不是加拿大常住居民。

（c）在依本章规定、第 679 条、第 680 条、第 816 条规定犯另一可诉罪后被释放，其间又犯第 145 条第（2）款至第（5）款规定犯罪的。或者

（d）已经实施了《加拿大受管制药品及物质法》第 5 条至第 7 条规定的、可以被判处无期徒刑的犯罪，或者预谋实施该犯罪。

理由

（6.1）治安法官对根据第（6）款之规定裁定释放被告人的，应当在记录中说明签发释放令的理由。

释放令

（7）如果适用第（6）款（a）项、（c）项或（d）项规定的被告人说明对他的羁押是不正当的，治安法官应当裁定，在被告人作出该法官认为必要的第（2）款（a）项至（e）项所述的保证书或具结后，在附第（4）款至第（4.2）款所述的条件的基础上予以释放；被告人处于作出保证或具结后的假释期间的，则在附第（4）款至第（4.2）款的附加条件后予以释放，除非被告人在被给予合理机会时说明不应附加条件或增加条件的理由。

同上

（8）适用第（6）款（b）项规定的被告人，如果能证明对其羁押是不正当的，治安法官应当裁定在被告人作出他认为必要的第（2）款（a）项至（e）项规定的、附第（4）款至第（4.2）款所述各项条件的保证书或具结后，予以释放。

充分记录

（9）根据第十八章关于在预审期间取证的规定而制作的理由的有关记录足以满足第（5）款和第（6）款之目的。

书面理由

（9.1）无论第（9）款如何规定，治安法官因为之前对被告人的定罪而裁定对其先期羁押的，该法官应当以书面形式在记录中说明原因。

羁押的合法理由

（10）为本条之目的，对被告人的合理羁押是指基于以下一项或多项根据：

（a）羁押对于确保被告人出庭并对其依法处理是必要的；

（b）考虑到如果释放该被告人，在考虑所有相关情况后其有实质可能性实施犯罪或干扰司法程序的运行，而羁押有利于保护包括与该犯罪有关的任何受害人、证人或者不满 18 岁的人在内的公众的安全；并且

（c）在考虑到包括以下事项在内的所有相关情况后，如果羁押对于维持对司法运行的信心是必要的：

（i）检察官证据的显著优势；

（ii）犯罪的严重性；

（iii）实施犯罪时的情况，包括是否使用枪械；以及

（iv）如果被告人被定罪，将可能被处以长期徒刑，或者被告人实施

的犯罪或其犯罪时持枪械，且该犯罪的最低刑为 3 年有期徒刑的。

因第 469 条规定之犯罪被羁押

（11）被告人因被指控犯第 469 条所列犯罪而被带见治安法官的，该法官应当裁定将其羁押至依法对其作出处理后，并应当依照格式 8 签发羁押令。

禁止沟通的裁定

（12）治安法官根据本条规定裁定羁押被告人的，可以在该裁定中加入一条命令，禁止被告人直接或间接接触被害人、证人或其他保证中所述人员，除非沟通是按照该法官认为必要的，并在裁定中列明的条件进行的。

保证或具结的变更

第 515.1 条　被告人为释放根据第 499 条、第 503 条或第 515 条作出的保证或具结，可以在附有检察官书面同意的情况下进行变更，此种变更被视为适用第 515 条的变更。

还押

第 516 条　（1）根据第 515 条之规定进行任何诉讼活动之前或期间，基于检察官或被告人的申请，治安法官可以延期审理，并依照格式 19 发布令状，将被告人还押监狱，但非经被告人同意，延期审理的时间不得超过 3 日。

等候保释聆讯的羁押

（2）治安法官根据第（1）款或第 515 条第（11）款裁定羁押被告人的，可以裁定禁止被告人直接或间接接触被害人、证人或其他裁定中所述人员，除非沟通是按照该法官认为必要的、并在裁定中列明的条件进行的。

裁定在特定时间不得公开某些事项

第 517 条　（1）检察官或被告人试图根据第 515 条规定说明理由的，应当向治安法官作出说明；治安法官基于被告人的申请，可以在进行该条规定的诉讼活动之前或期间作出裁定，要求不得将被保全的证据、提交的控告书或请求、法官说明或将要说明的理由，在下列事件前在任何文件、广播或以其他散布方式公开：

（a）举行预审的，针对该被告人的诉讼程序撤销的；或者

（b）被告人受审或还押候审的，审理终结前。

未予遵守

（2）任何人没有合法理由而未遵守根据第（1）款规定作出的裁定的，其行为构成简易罪；该行为人对合法理由负举证责任。

（3）（已废止）

治安法官进行的询问和证据

第 518 条　（1）在根据第 515 条进行的诉讼中，

（a）在适用（b）项规定的前提下，治安法官认为需要时，可以在被告人宣誓或采取其他方式后对其进行讯问。

（b）被告人不应当因其被指控的罪名受到治安法官或其他任何人的讯问和质证，并且不得以交叉讯问方式针对该犯罪讯问该被告人，除非该被告人已经就该犯罪作证。

（c）在其他相关证据外，检察官可以提出下列证据：

（i）证明被告人有犯罪前科；

（ii）证明被告人曾被指控犯罪，并且目前正因另一刑事犯罪候审；

（iii）证明被告人曾实施第145条规定的犯罪；或者

（iv）说明涉嫌罪名的情节，特别是可能使被告人定罪的情节。

（d）治安法官可以考虑检察官和被告人或其律师同意的任何相关事项。

（d.1）治安法官可以接受根据第六章规定并在其范围内，通过监听私人电话得到的书面、口头或录音证据，在本条中这些证据不适用第189条第（5）款的规定；

（d.2）治安法官应当考虑任何涉及确保任何犯罪被害人或证人安全的证据。

（e）治安法官可以接受其认为根据具体案情可信或可靠的证据，并根据该证据作出决定。

等候量刑期间的释放

（2）在根据第515条规定进行的任何诉讼活动之前或期间，如果被告人认罪并且他的认罪请求被接受，治安法官可以作出本章规定的裁定，在对被告人量刑前将其释放。

释放被告人

第519条　（1）治安法官根据第515条第（1）款、第（2）款、第（7）款、第（8）款之规定作出裁定的，

（a）被告人遵守该裁定的，在以下情形中，治安法官应当指令：

（i）如果没有其他事由需要羁押被告人的，应当立即予以释放；或者

（ii）一旦没有其他事由需要羁押被告人的，应当尽快予以释放。并且

（b）被告人未遵守该裁定的，作出裁定的治安法官或其他有管辖权的治安法官应当针对该被告人签发羁押令并在羁押令上背书，授权看守被告人的人在被告人遵守裁定时按照以下规定处理。并且如果法官在羁押令上背书，应当附上1份裁定的副本。

（i）如果没有其他事由需要羁押被告人的，应当立即予以释放；或者

（ii）一旦没有其他事由需要羁押被告人的，应当尽快予以释放。

从羁押中释放

（2）被告人遵守第（1）款（b）项涉及的裁定，并且没有需要将其羁押的其他事由的，作出裁定的治安法官或其他有管辖权的治安法官应当依照格式39签发释放令，除非被告人根据该规定所述授权已经被释放或将被释放。

移交令

（3）治安法官根据第515条第（5）款或第（6）款之规定作出羁押被告人的裁定的，应当签发令状以移交该被告人。

复议裁定

第520条　（1）治安法官或努纳武特法院的法官根据第515条第（2）款、第（5）款、第（6）款、第（7）款、第（8）款或第（12）款之规定作出裁定，或者根据第523条第（2）款（b）项之规定作出或撤回裁定的，被告人可以在开庭前的任何时候向一名法官申请复议该裁定。

通知检察官

（2）非经检察官同意，法官不得听取根据本条提出的申请，但被告人已经于2日前将申请书面通知检察官的除外。

被告人在场

（3）法官裁定听取复议申请，或者检察官或被告人或其律师要求法官听取复议申请的，在法官听取申请时被告人应当在场；被告人在押的，法官应当书面命令看守人将被告人带至法庭。

诉讼延期

（4）基于检察官、被告人的申请，法官可以在听取申请时或之前，决定延期审理；但如果被告人在押，非经被告人同意，延期审理的时间不得超过3日。

被告人未出庭

（5）法官裁定未在押的被告人在法官听取根据本条规定提出的申请时出庭，而其未出庭的，法官可以对其签发逮捕令。

执行

（6）根据第（5）款规定签发的逮捕令，可以在加拿大境内任何地方执行。

证据和法官的复议权

（7）在听取根据本条规定提出的申请时，法官可以考虑以下事项：

（*a*）治安法官和曾经复议治安法官裁定的法官的诉讼卷宗；

（*b*）诉讼中在治安法官面前出示的物证；以及

（*c*）被告人或检察官可能提供的新的证据和物证，并且应当裁定；

（*d*）驳回申请；或者

（*e*）被告人确有理由的，批准申请，撤销治安法官之前作出的裁定，并根据第 515 条之规定作出其认为合理的其他裁定。

对再次申请的限制

（8）根据本条或第 521 条规定提出的申请被聆讯后，不得再次聆讯关于同意被告人根据本条或第 521 条之规定提出的再次申请或其他申请，但在听取原申请的法官作出决定后 30 日内得到另一位法官准许的除外。

第 517 条、第 518 条和第 519 条的适用

（9）根据本条规定提出的申请，在根据具体情况进行修改后适用第 517 条、第 518 条、第 519 条的规定。

复议裁定

第 521 条 （1）治安法官或努纳武特法院的法官根据第 515 条第（1）款、第（2）款、第（7）款、第（8）款或第（12）款之规定作出裁定，或者根据第 523 条第（2）款（*b*）项之规定作出或撤回裁定的，检察官可以在开庭前的任何时候向 1 名法官申请复议该裁定。

通知被告人

（2）除非检察官已将申请于 2 日前书面通知被告人，否则法官不得聆讯根据该条提出的申请。

被告人在场

（3）法官裁定听取复议申请，或者检察官或被告人或其律师要求法官听取复议申请的，在法官听取申请时被告人应当在场；被告人在押的，法官应当书面命令看守人将被告人带至法庭。

诉讼延期

（4）基于检察官、被告人的申请，法官可以在听取申请时或之前，决定延期审理；但如果被告人在押，非经被告人同意，延期审理的时间不得超过 3 日。

被告人未出庭

（5）法官裁定未在押的被告人在法官听取根据本条规定提出的申请时出庭，而其未出庭的，法官可以对其签发逮捕令。

羁押令

（6）法官根据本条第（8）款（*e*）项作出裁定，要求羁押被告人直到依

法对其作出处理为止的，如果被告人未被羁押，该法官应当签发针对该被告人的羁押令。

执行

（7）根据第（5）款、第（6）款规定签发的逮捕令，可以在加拿大境内任何地方执行。

证据和法官的复议权

（8）在听取根据本条规定提出的申请时，法官可以考虑以下（a）项、（b）项和（c）项的事项并应当按照（d）项或（e）项的规定作出处理：

（a）治安法官和曾经复议治安法官裁定的法官的诉讼卷宗；

（b）诉讼中在治安法官面前出示的物证；以及

（c）被告人或检察官可能提供的新的证据和物证；或者

（d）驳回申请；或者

（e）被告人确有理由的，批准申请，撤销治安法官之前作出的裁定，并根据第515条之规定作出其认为合理的其他裁定。

对再次申请的限制

（9）法官聆讯根据本条或第520条规定提出的申请后，不得再次聆讯关于同意被告人根据本条或第520条之规定提出的再次申请或其他申请，但在听取原申请的法官作出决定后30日内得到另一位法官准许的除外。

第517条、第518条和第519条的适用

（10）根据本条规定提出的申请，在根据具体情况进行修改后适用第517条、第518条、第519条的规定。

仅由法官决定的临时释放

第522条 （1）被告人被控犯有第469条规定的犯罪的，除指控地所在省有刑事管辖权的高等法院法官或庭长外，任何法院、法官或治安法官不得在被告人被裁定出庭受审之前或之后将其释放。

同上

（2）被告人被指控犯有第469条规定的犯罪的，指控地所在省有刑事管辖权的高等法院的法官或庭长，应当裁定将被告人羁押，但被告人在被给予合理机会时说明根据第515条第（10）款之规定，将其羁押时不合理的除外。

禁止沟通的裁定

（2.1）第（2）款规定的法院法官根据本条规定裁定羁押被告人的，可以在该裁定中加入一条命令，禁止被告人直接或间接接触被害人、证人或其他保证中所述人员，除非沟通是按照该法官认为必要的，并在裁定中列明的条件进行的。

释放被告人

（3）法官未根据第（2）款之规定裁定羁押被告人的，应当裁定要求被告人作出第512条第（2）款（a）项至（e）项所述的任何一项保证书或具结书，并附上法官认为适当的第515条第（4）款和第（4.1）款所述的条件，然后将被告人释放。

除第680条规定外裁定不可复议

（4）根据本条作出的裁定不可复议，但有第680条规定的情形的除外。

第517条、第518条和第519条的适用

（5）根据第（2）款之规定提出的申请，在根据具体情况进行修改后适用第517条除第（2）款以外的第518条、第519条的规定。

其他罪名

（6）被告人被指控犯有第569条规定的犯罪之一并且同时犯有其他犯罪的，根据本条规定行使职权的法官，就其被指控的其他犯罪，可以适用本章关于临时释放的规定。

出庭通知书持续有效的期间等

第523条 （1）被告人未因被指控犯罪而被羁押，或者已经根据或因本章任何规定获释的，出庭通知书、被告人出庭承诺书、传票、被告人保证书或具结书继续有效，并适用于在签发或作出出庭通知书、出庭承诺书、传票、保证书或具结书后收到的指控同一罪名或包含罪名的任何新的控告书。

（a）被告人被法官根据第522条第（3）款规定作出的裁定释放的，其有效期至法院对该案的审理终结时终止；或者

（b）在其他情况下，

（i）其有效期至法院对该案审理终结时终止；并且

（ii）被告人在法庭上被定罪的，其有效期至对其作出第63条意义上的量刑时终止；但被告人被定罪时，法院、法官或治安法官裁定在等候量刑期间将其羁押的除外。

新的控告书指控同一犯罪的

（1.1）被告人未因被指控的犯罪而被羁押、被关押或者已经依照或因为本章任何规定被释放的，在签发、作出或送达临时释放令、羁押令、出庭通知书、出庭承诺书、传票、保证书或具结书后收到指控同一罪名或包含罪名的新的控告书的，第507条、第508条规定根据案情可以不适用于新的控告书和与其有关的临时释放令、羁押令、出庭通知书、出庭承诺书、传票、保证书或具结书。

对相同犯罪直接起诉

（1.2）被告人未因被指控的犯罪而被羁押、被关押或者已经依照或因为本章任何规定被释放的，在签发、作出或送达临时释放令、羁押令、出庭通知书、出庭承诺书、传票、保证书或具结书后，根据第 577 条之规定对同一犯罪或其包含的犯罪依起诉书进行指控的，出庭通知书、出庭承诺书、传票、保证书或具结书适用于该起诉书。

撤销先前的释放令或羁押令的裁定

（2）无论第（1）款至第（1.2）款如何规定，

（*a*）审理该被告人的法庭、法官或治安法官在任何时候；

（*b*）被告人实施除第 469 条规定的犯罪以外的犯罪的，对其预审终结后的法官；或者

（*c*）经检察官和被告人同意，或者未经检察官和被告人同意而检察官或被告人申请撤销适用第（1.1）款的裁定的，下列人员认为确有理由的，可以随时撤销原先根据本章规定针对该被告人作出的临时释放令或羁押令，并依本章规定作出法院、法官或治安法官认为正当的其他裁定，将被告人羁押或释放直至法庭审理终结。

（ⅰ）被告人被指控犯除第 469 条所列犯罪之外的其他犯罪的，依本章规定作出裁定的治安法官或其他任何治安法官；

（ⅱ）被告人被指控犯第 469 条所列犯罪的，对该省有刑事管辖权的高等法院的法官或主审法官；或者

（ⅲ）审理该被告人的法庭、法官或治安法官。

适用于根据第（2）款规定进行的诉讼活动的规定

（3）根据第（2）款规定进行的诉讼活动，在根据情况进行修改后使用第 517 条、第 518 条和第 519 条的规定，但被告人被指控实施第 469 条所列犯罪的，不适用第 518 条第（2）款的规定。

逮捕临时释放的被告人

签发针对被告人的逮捕令

第 524 条　（1）治安法官有合理根据，认为被告人具有下列情形的，可以对其签发逮捕令：

（*a*）已经或曾经将要违反传票、出庭通知书、出庭承诺书、保证书或具结书的规定的；或者

（*b*）在收到传票、出庭通知书、作出出庭承诺书、保证书或具结书后又

实施新的可诉罪的。

无证逮捕被告人

（2）无论本条如何规定，治安官有合理根据认为被告人具有下列情形的，可以对其实施无证逮捕：

（*a*）已经或曾经将要违反传票、出庭通知书、出庭承诺书、保证书或具结书的规定的；或者

（*b*）在收到传票、出庭通知书、作出出庭承诺书、保证书或具结书后又实施新的可诉罪的。

聆讯

（3）被告人因第（1）款规定被有证逮捕或第（2）款规定被无证逮捕，被带见治安法官的，该法官应当：

（*a*）被告人是由具有刑事管辖权的省高等法院的法官根据第 522 条第（3）款之规定作出的裁定被释放的，裁定将被告人带见该法院的法官；或者

（*b*）在其他情况下，听取检察官及控方证人和被告人及辩方证人的陈述。

羁押被告人

（4）第（3）款（*a*）项所述被告人被带见法官的，并且该法官发现其具有下列情形的，应当撤销传票、出庭通知书、出庭承诺书、保证书或具结书，并裁定羁押被告人，但被告人在被给予合理机会时证明根据第 515 条第（10）款对其进行羁押时不合理的除外：

（*a*）已经或曾经将要违反传票、出庭通知书、出庭承诺书、保证书或具结书的规定的；或者

（*b*）有合理根据认为该被告人在收到传票、出庭通知书、作出出庭承诺书、保证书或具结书后又实施新的可诉罪的。

释放被告人

（5）法官未根据第（4）款之规定羁押被告人的，应当作出裁定，要求该被告人作出第 512 条第（2）款（*a*）项至（*e*）项规定的任何附第 515 条第（4）款所列条件的保证书或具结书后，将被告人释放；如果被告人在作出保证书或具结书而被释放期间，则在被告人作出附法官认为必要的第 515 条第（4）款规定的条件的保证书或具结后，予以释放。

不可复议的裁定

（6）根据第（4）款、第（5）款作出的裁定不可复议，但有第 680 条规定的情形的除外。

释放被告人

（7）法官未发现第（4）款（a）项、（b）项所列事项的，应当裁定释放被告人。

法官在聆讯后的权限

（8）第（3）款所规定的适用该款（a）项规定以外的被告人被带见法官，法官发现其具有下列情形的，应当撤销传票、出庭通知书、出庭承诺书、保证书或具结书，并裁定羁押被告人；但被告人在被给予合理机会时证明根据第515条第（10）款对其进行羁押时不合理的除外：

（a）已经或曾经将要违反传票、出庭通知书、出庭承诺书、保证书或具结书的规定的；或者

（b）有合理根据认为该被告人在收到传票、出庭通知书、作出出庭承诺书、保证书或具结书后又实施新的可诉罪的。

释放被告人

（9）被告人证明根据第515条第10款之规定将其羁押是不合理的，法官可以在被告人作出第515条第（2）款（a）项至（e）项中规定的某项法官认为合适的、附有第515条第（4）款所列条件的保证书或具结书后，裁定将其释放。

理由

（10）治安法官根据第（9）款之规定作出裁定的，应当在诉讼记录中说明作出裁定的理由；在根据情形进行修改后，本款适用第515条第（9）款的规定。

治安官裁定释放被告人的情形

（11）治安法官未发现根据第（8）款（a）项或（b）项所列事项的，应当裁定释放被告人。

适用于根据本条规定进行的诉讼活动的规定

（12）根据本条规定进行的诉讼活动，适用第517条、第518条或第519条的规定，必要时可作适当修改；但被指控犯第522条所列犯罪的被告人，不适用第518条第（2）款的规定。

适用于根据本条规定作出的裁定的某些规定

（13）根据第（8）款、第（9）款规定作出的裁定，比照治安法官或者努纳武特司法法院法官根据第515条第（2）款、第（5）款规定作出的裁定，适用第520条的规定；根据第（9）款规定作出的裁定，比照治安法官或者努纳武特司法法院法官根据第515条第（2）款规定作出的裁定，适用第521条的规定。

审理延期时对拘留的复议

向法官提出申请的时间

第525条 （1）被指控犯除第469条所列犯罪以外其他犯罪的被告人，无其他理由需要对其羁押，而其因被指控犯罪羁押候审而审理尚未开始的，看押被告人的人，应当分别在90日或30日期限届满时，立即向对被告人所在羁押处所有管辖权的法官申请确定聆讯日期，以决定是否应当释放被告人：

（*a*）被指控犯可诉罪的，自下列日期起90日内：

（i）被告人根据第503条之规定被带见法官之日起；或者

（ii）根据第521条、第524条之规定作出羁押被告人的裁定的，或者根据第520条之规定作出复议决定的，自两者中较晚的被告人被依裁定羁押之日起；或者

（*b*）被指控实施了简易罪的，自下列日期起30日内：

（i）被告人根据第503条第（1）款规定被带见法官之日起；或者

（ii）根据第521条、第524条之规定作出羁押被告人的裁定的，或者根据第520条之规定作出复议决定的，自两者中较晚的被告人被依裁定羁押之日起。

聆讯通知

（2）法官收到根据第（1）款提出的申请的，应当

（*a*）确定在以下司法辖区举行第（1）款所述聆讯的日期：

（i）被告人的羁押地；或者

（ii）将举行审理的地方；并且

（*b*）指示将聆讯通知以法官指定的形式送达包括检察官和被告人在内的受送达人。

聆讯时须考虑的事项

（3）举行第（1）款所述的聆讯时，法官在决定是否应当释放被告人时，可以将是否由于检察官、被告人的原因造成审理的不合理延期这个因素考虑在内。

裁定

（4）第（1）款所述的聆讯结束后，如果法官认为根据第515条第（10）款之规定对被告人继续羁押是不合理的，可以在被告人作出第515条第（2）款（*a*）项至（*e*）项中规定的某项法官认为适当的附有第515条第（4）款所述条件的保证书或具结书后，裁定将其释放。

法官签发的逮捕令

（5）在根据第（4）款规定作出释放被告人的裁定的省具有管辖权的法官，认为有合理根据认为被告人具有下列情形的，可以对其签发逮捕令：

（a）违反或将要违反获释时的保证书或具结书的；或者

（b）在其保证书或具结书获释期间又实施可诉罪的。

治安官实施的无证逮捕

（6）无论本法有任何规定，治安官有合理根据认为根据第（4）款规定获释的被告人具有下列情形的，可以将其予以无证逮捕并带见在裁定释放被告人的省具有管辖权的法官：

（a）违反或将要违反获释时的保证书或具结书的；或者

（b）在其保证书或具结书获释期间又实施可诉罪的。

聆讯和裁定

（7）被告人因根据第（5）款、第（6）款规定签发的令状法官的，如果能证明根据第515条第（10）款之规定对其羁押是不合理的，法官可以在被告人作出第515条第（2）款（a）项至（e）项中规定的某项法官认为适当的附有第515条第（4）款所述条件的保证书或具结书后，裁定将其释放。

诉讼活动适用的条文规定

（8）根据本条规定进行的诉讼，适用第517条、第518条、第519条的规定，必要时可作适当修改。

加快审理的指示

（9）被告人因根据本条任何一款规定被带见法官的，法官应当指示迅速审理。

加快诉讼程序的指示

第526条　在适用第525条第（9）款规定的前提下，被告人根据本章规定被带至法院、带见法官或治安法官的，法院、法官或治安法官可以指示加快进行关于被告人的诉讼程序。

进入居所实施逮捕的权力

根据逮捕令进入的权限

第529条　（1）法官或治安法官根据本法或其他议会法针对某人签发逮捕令的，如果基于经过口头宣誓的书面控告书认为有合理根据相信该人位于或将要位于某居所时，可以根据第（2）款之规定授权治安官以逮捕为目的，进入令状所述的居所。

执行

（2）根据第（1）款作出的进入居所的授权，除非负责执行的治安官在即将进入居所前有合理根据认为被逮捕人正处该居所内，否则不得进入该居所。

进入居所的令状

第 529.1 条　法官或治安法官基于经口头宣誓的书面控告书认为有合理根据相信某人位于或将要位于某居所，并且具有下列情形时，可以依照格式 7.1 签发令状，授权治安官以逮捕令状中述明的或可以辨明的人为目的进入令状所述居所：

（a）本法或任何其他议会法中的关于逮捕某人的令状在加拿大任何地区均有效力；

（b）存在第 495 条第（1）款（a）项或（b）项或者第 672.91 条所述无证逮捕的理由；或者

（c）存在本法以外的其他任何议会法规定的无证逮捕的理由。

合理的条款

第 529.2 条　在适用第 529.4 条的前提下，法官或治安法官应当在根据第 529 条或第 529.1 条之规定签发的令状中加入任何其认为有利于确保进入居所的合理性的条款。

无证进入居所的权力

第 529.3 条　（1）在未根据本法或任何其他议会法之规定限制或制约治安官进入居所的任何权力的情况下，如果治安官有合理根据认为某人正在居所内，并且尽管存在根据第 529.1 条之规定获取令状的条件，但情况紧急使获取该令状不现实的，可以以逮捕某人为目的，在没有根据第 529 条或第 529.1 条规定签发的令状时进入居所。

紧急情况

（2）为第（1）款之目的，紧急情况包括下列情形：

（a）治安官有合理根据认为为阻止即将发生的身体伤害或死亡必须进入该居所；或者

（b）治安官有合理根据相信与实施可诉罪有关的证据正处于该居所中，并且为阻止即将发生的证据丢失或销毁必须进入该居所。

未经宣告的进入

第 529.4 条　（1）根据第 529 条或第 529.1 条之规定授权治安官进入居所的法官或治安法官或者任何其他法官，基于经口头宣誓的控告书认为有合理根据相信进入前宣告会导致下列情况的，可以授权治安官不经宣告进入居所：

（a）暴露该治安官或其他人员并将导致身体伤害或死亡；或者

（b）将导致与实施可诉罪有关的证据的丢失或销毁。

执行授权

（2）根据本条规定的授权，除非负责执行的治安官在即将进入居所前有合理根据认为以下情形的，否则不得未经宣告进入该居所：

（a）宣告将会暴露该治安官或其他人员并将导致身体伤害或死亡；或者

（b）宣告将导致与实施可诉罪有关的证据的丢失或销毁。

例外

（3）治安官根据第529.3条之规定在没有令状的情况下进入居所的，除非在即将进入居所前有合理根据认为以下情形的，否则不得未经宣告进入该居所：

（a）宣告将会暴露该治安官或其他人员并将导致身体伤害或死亡；或者

（b）宣告将导致与实施可诉罪有关的证据的丢失或销毁。

电子令状

第529.5条　治安官相信在具体情况下亲自向法官或治安法官申请第529.1条规定的令状或第529条或第529.4条规定的授权的，该令状或授权可以根据通过电话或其他电子通讯方式提交的控告书作出，并且为此目的，该令状或授权适用第487.1条之规定，必要时可以作出相应修改。

美　　国

联邦刑事诉讼规则[*]

第九章　一般规定

第46条　解除拘留；监视拘押

（a）审判前。由《美国法典》第十八编第3142条与第3144条规定审前释放。

＊　本规则由联邦最高法院制定，于1945年1月3日经司法部长提交国会，于1946年3月21日生效。本译本根据康奈尔大学法学院官网（https：//www.law.cornell.edu/rules/frcrmp）提供的英语文本翻译。

（b）审判中。在审判前被释放的人，在审判中根据相同的条件继续予以释放。但若有为确保该人在审判中出庭或该人的行为不会阻碍审判有序与迅速完成的，法庭可以规定不同的条件或终止释放。

（c）科刑或上诉未决期间。科刑或上诉未决期间的释放由《美国法典》第十八编第3143条规定。由被告人承担证明其不会逃跑或对他人或社会造成危险的责任。

（d）等候违反假释或监视释放的听证期间。等候违反假释或监视释放的听证期间的释放由本规则第32.1条（a）款（6）项规定。

（e）保证人。除非有适格的保证人，否则法庭不得批准保证书。各保证人，除法律允许的担保公司外，应当通过宣誓书表明其财产的充分性。法庭可以要求宣誓书中载明下列内容：

（1）保证人提出用于担保的财产；

（2）该财产上的任何负担；

（3）该保证人负担的尚未解除的担保的数目与总额；与

（4）该保证人的其他责任。

（f）保释没收。

（1）宣布。如违反保证条件的，法庭应当宣布保释没收。

（2）撤销。法庭根据下列情形可以全部或部分撤销保释没收：

（A）担保人随后将由其担保而释放的人送交拘留的；

（B）司法不要求进行保释没收的。

（3）执行。

（A）缺席判决与执行。如未撤销保释没收，法庭应当根据政府的动议，进行缺席判决。

（B）管辖与送达。通过提交保证书，各保证人接受地区法院的管辖，并不可撤回地接受法院书记官作为其代理人接受任何影响其责任的文件的送达。

（C）执行动议。法庭可以根据政府的动议，无须独立行动而执行保证人的责任。政府应当根据法庭规定向书记官送达动议与通知。送达后，书记官应当立即将副本邮寄到其所知的保证人的最后地址。

（4）发回。在根据第46条（f）款（3）项的规定作出判决后，法庭可以根据第46条（f）款（2）项的规定的相同的条件发还全部或部分判决。

（g）免除责任。如保证条件已经满足或法庭撤销或发回没收的，应当免除保证人的责任并返还保释金。法庭应当免除以现金上交保证金或及时将被告人送交拘留的保证人的责任。

（h）监督拘押候审。

（1）一般规定。为消除不必要的拘押，法院应当监督对本地区内所有等候审判的被告人与作为重要证人的人的拘押。

（2）报告。政府检察官应当每两周向法院进行报告，列出为等候起诉、传讯或审判而被拘留 10 日以上的重要证人。因各重要证人被列在报告中，政府检察官应当根据第 15 条（a）款的规定在提供或不提供书面证词的情况下说明不得释放的理由。

（i）没收财产。如作为罚金的财产总额适合作为被指控犯罪的刑罚的，法庭可以根据《美国法典》第十八编第 3146 条（d）款的规定没收《美国法典》第十八编第 3142 条（c）款（1）项（B）(xi）规定的财产作为对指控犯罪的处理。

（j）提交陈述。

（1）一般规定。第 26.2 条（a）款至（d）款与（f）款适用于根据《美国法典》第十八编第 3142 条规定的拘押听证，除非法庭根据充分的理由作出另外的规定。

（2）对未提交陈述的制裁。如当事人未遵守根据第 26.2 条作出的命令提出证人陈述的，法官不得在拘押听证中考虑证人证言。

［于 1956 年 4 月 9 日修订，1956 年 7 月 8 日生效；于 1966 年 2 月 28 日修订，1966 年 7 月 1 日生效；于 1972 年 4 月 24 日修订，1972 年 10 月 1 日生效；由 1984 年 10 月 12 日第 98 届国会第 473 项公法案第 2 卷第 209 条（d）款，暨《法律汇编》第 98 卷第 1987 页修订；于 1987 年 3 月 9 日修订，1987 年 8 月 1 日生效；于 1991 年 4 月 30 日修订，1991 年 12 月 1 日生效；于 1993 年 4 月 22 日修订，1993 年 12 月 1 日生效；由 1994 年 9 月 13 日第 103 届国会第 322 项公法案第 33 卷第 33003 条（h）款，暨《法律汇编》第 108 卷第 2141 页修订；于 2002 年 4 月 29 日修订，2002 年 12 月 1 日生效。］

墨 西 哥

联邦刑事诉讼法典[*]

第一编　刑事诉讼法典总则

第五章　纪律处分与强制措施

第 44 条　检察院在案件侦查中，法院在审判的进展过程中，可以被采取以下强制措施：

1. 警告。

2. 相当于 30 日至 100 日最低工资的罚金，在违法地点立即执行。如果违法人员为临时工、工人和其他体力劳动者，则罚金数额不应当超过其 1 日的工资收入；如果违法者为无固定工资的劳动者，则罚金数额不超过其 1 日的收入。

3. 请求公共强制力的帮助。

4. 不超过 36 小时的拘留。

法院为保护检察官、辩护人以及专家可以采取本条规定的措施。

检察院和法院有权对相关当局的违法违纪行为追究刑事和行政责任。

第四编　预　审

第三章　羁押令、候审令和释放令

第 161 条　在被告人被法官拘传 72 小时内，如以下条件得到证实，法官

---

[*]　本法典于 1934 年 8 月 30 日颁布，于 1934 年 10 月 1 日生效，后经历次修改。最近一次修正时间为 2014 年 6 月 13 日。本译本根据 2014 年 3 月 14 日出版的《合众国众议院公报》提供的西班牙语文本翻译。

应当下发正式羁押令：

1. 已将被告人的庭前供述记录在案，格式和要求符合前章的规定，或者已在案卷中记录被告人拒绝供述的事实。

2. 已证实的犯罪构成应当被处以剥夺人身自由刑。

3. 已证实被告人应当承担刑事责任。

4. 未完全证实犯罪嫌疑人有可以免除刑事责任的情节或者免去刑事诉讼的可能。

被告人供述时或在其完成庭前供述的 3 小时内，被告人本人或者其辩护人可以申请延长本条第 1 款规定的时限至 72 小时，但仅可以申请延长一次。申请延长时限的目的在于提出新的证据以使法官作出决议。

检察院不可申请延长该时限，法官也不能主动作出延期决定。检察院只能根据被告人及其辩护人提供的证据准备相应的诉讼。

延期的决定应当告知羁押被告人的机构，该羁押旨在达到《墨西哥合众国宪法》第 19 条第 2 款规定的效果。

另外，逮捕令上应当说明被指控的犯罪行为，以及实施该行为的时间、地点和情形。

第 162 条 当已证实某一罪行不涉及剥夺人身自由，或者可以判处替代刑的，应当作出候审令，指出被告人被指控的犯罪行为和可能承担的刑事责任，以证明被指控的犯罪行为正在接受刑事诉讼。

第 163 条 只有在研究起诉决定书载明的案情分析报告，对照法律条款对案件的典型性描述，并考虑犯罪嫌疑人可能承担的法律后果，及证实被指控的犯罪行为确实存在的前提下，才能发出羁押令和候审令。但不排除可以更改被指控的犯罪行为的类别，即提议和决定将犯罪行为归于其他罪行。通知文件应当立即送达当事各方。

第 164 条 羁押令一旦下发，应当立即通知羁押被告人的场所的负责人。如果该场所的相关工作人员在本法典第 161 条规定的期间内未能接收到已加盖公章的羁押令复印件，即从被告人被移交法官后羁押的期间结束时，应当立即将该情形书面告知对应的法官和检察院。如在报告作出 3 个小时后仍未收到羁押令的盖章复印件，则应当立即释放被告人。该情形应当记录在案卷中。

第 165 条 羁押令或者候审令作出后，应当通过身份管理系统标识被告人身份，将该司法决定通知相关行政管理部门，行政部门根据该决议在档案资料中作出相应的记录。

为侦查和诉讼调取被告人的身份文件和之前的犯罪记录应当理由充足，并且应当说明调取上述材料是为行使权力或者执行任务的需要，或者由具有相关权力或者法定履行该行为的相关机构获取。

第 165 - 1 条 满足下列情形时，可以终止办理本法典第 165 条所述的有关身份标识的程序：

1. 经诉讼程序最终宣判无罪的。

2. 决定终止审理的刑事案件。

3. 根据《联邦刑法典》第 96 条的规定，宣布被告人无罪的案件。

第 165 - 2 条 出现第 165 - 1 条所述的情形，法官不必办理手续，立即正式通知身份管理部门作出终止身份标识处理，并将该情形记录在案。

第 166 条 羁押令不能废除已批准的保释，但羁押令中对此另行作出规定的除外。

第 167 条 在法律规定的期间内未能收集足够下发羁押令或者候审令的证据，办案机关可以因缺少证据而下发释放令，但仍可以继续调查案件。待出现新的证据时，可以再次对被告人作出上述决定。对于上述情形，不办理撤诉，直至已经超过对应罪行的追诉期。

在此情形下，检察院可以根据本法典第 4 条第 2 款的规定积极收集证据。当证据充分时，再次根据本法典第 195 条的规定向法官申请下发逮捕令或者出庭令。

第五编 侦查与预审的共同规定

第四章 犯罪嫌疑人的羁押

第 193 条 任何人都可以对下列犯罪嫌疑人进行逮捕：

1. 现行犯。

2. 实施犯罪行为当即被发现，可以立即追捕。

3. 实施犯罪行为后，经被害人、在场证人、其他参与犯罪的人员辨认，或者有迹象或者证据表明其参与了犯罪。通过其他技术手段获取的相关证据也可以认可。

被抓获的犯罪嫌疑人，根据《墨西哥合众国宪法》第 16 条第 4 款的规定，应当立即扭送当局。

实施逮捕的机关可以通过任何方式立即通知相应机关，对其逮捕予以登记，并立即将犯罪嫌疑人扭送相应机关。实施逮捕的机关应当详细记录逮捕情形。

从犯罪嫌疑人被逮捕至移送相应的检察院前，犯罪嫌疑人的基本权利应当受到尊重。

检察院应当确认被逮捕人的基本权利未遭侵犯。

侵犯前两款所述的被逮捕人的权利的，应当追究其刑事责任和行政责任。

办理案件的机关应当对现行犯的逮捕立即进行登记。

第 193 - 1 条　在紧急情形下，检察院在列举确凿证据和陈述下列理由后，可以作出书面的逮捕令：

1. 犯罪嫌疑人所实施的行为满足下条所列严重性的。

2. 有充分理由证实犯罪嫌疑人有可能潜逃的。

3. 由于时间、地点或者其他方面原因，检察院不能前往司法机关申请下发逮捕令的。

不符合上述规定而擅自下令逮捕犯罪嫌疑人的，应当追究检察院或者执行任务的工作人员的责任，同时立即释放被逮捕人。

紧急逮捕令应当立即按照本法典第 193 条之 3 的规定进行登记。

第 193 - 2 条　自犯罪嫌疑人被正式移交检察院时起，根据《墨西哥合众国宪法》和其他法律的规定视为被告人处于检察院的掌控之中。

同样，依据《墨西哥合众国宪法》和其他法律规定，应当将被羁押人移送到某医疗机构时，负责实施逮捕的部门应当在移交报告中附带必要的证明文件。

其他机构因其他涉嫌犯罪原因对犯罪嫌疑人进行羁押的，应当将该情形和被告人所涉嫌的犯罪行为告知联邦检察院。

第 193 - 3 条　实行逮捕的机关逮捕犯罪嫌疑人后，应当立即根据可以适用的法律进行记录，记录至少应当包括以下内容：

1. 被逮捕人姓名，有别名的包括别名。

2. 相貌特征。

3. 实施逮捕的原因、时间、地点和基本情形。

4. 参与逮捕人员的姓名、职务、职位等。

5. 被逮捕人被移交的地方和大概移交时间。

第 193 - 4 条　逮捕信息为保密文件，不可泄露。只有以下机构或者人员有权阅读该信息：

1. 据可以适用的法律的规定，负责调查案件的机关。

2. 根据《政府公共信息透明和公开联邦法》的规定，犯罪嫌疑人为更新个人信息以及登记刑事诉讼结果，有权使用该笔录。

该信息可以提供给被逮捕人及其辩护人，两者仅能将其用于辩护。

当国家人权委员会对纠纷进行调解时，可以使用该信息。

在任何情形下，都不可将该信息提供给其他人。信息内容不可成为歧视、伤害他人尊严、隐私以及名声的借口。

违反保密原则或者将笔录信息提供给他人的公务人员，根据情节轻重，追究其刑事或者行政责任。

满足以下情形，无须任何手续，应当立即销毁上述信息：决定释放被逮捕人；经侦查缺乏足够的证据提起刑事诉讼；认定被逮捕人无罪；符合本法典第165 - 1条的规定。

第193 - 5条 一旦被逮捕人被移交给检察院，检察院应当收集被逮捕人的以下信息：

1. 家庭住址、出生日期、年龄、婚姻状况、学历及职业。

2. 公民身份证号码。

3. 民族。

4. 体貌特征。

5. 指纹。

6. DNA。

7. 其他特征。

第193 - 6条 对前条提到的信息，依据检察长的指令使用技术手段进行制作、发送、接收、咨询或者存档，包括音频文件、图像和录像等可以存为电子文档或者技术手段支持的其他形式。

第193 - 7条 检察院和警察机关可以告知申请该信息的机关，在犯罪嫌疑人被逮捕的情形下，告知负责看管犯罪嫌疑人的机构。如系有组织犯罪，上述信息仅提供给犯罪嫌疑人的所有直系亲属和四等以内的旁系亲属，以及其领养人、被领养人、配偶及律师。

第194条 以下列举出严重地践踏社会基本价值观的行为，被视为重大犯罪行为，产生因此相关的所有法律效力：

1. 在《联邦刑法典》中规定的下列行为：

（1）严重过失杀人罪，第60条第3款。

（2）叛国罪，第123条、第124条、第125条和第126条。

（3）间谍罪，第127条和第128条。

（4）恐怖犯罪，第139条和第139 - 2条；为恐怖组织提供资金罪，第139 - 3条和第139 - 4条；国际恐怖犯罪，第148 - 2条、第148 - 3条和第148 - 4条。

（5）蓄意破坏罪，第140条第1款。

（6）第142条第2款和第145条所述的罪行。

（7）抢劫罪，第146条和第147条。

（8）种族灭绝罪，第149-1条。

（9）越狱罪，第150条和第152条。

（10）破坏交通线路罪，第168条和第170条。

（11）航空设施的非法使用罪，第172-1条第2款。

（12）危害健康罪，第194条、第195条、第192-1条、第196-2条、第197条第1款和第198条第3款第1项。

（13）第201条规定的强奸罪中对年龄小于18岁的青少年，对此行为无理解能力的人或者对此种行为无能力抗拒的人实施的强奸；第202条所述的淫秽罪中指针对年龄小于18岁的青少年、对此无理解能力的人或者对此行为无抗拒能力的人实施的淫秽行为；第203条和第203-1条所述的组织游客嫖娼罪中指针对年龄小于18岁的青少年，对此行为无理解能力的人或者对此种行为无能力抗拒的人进行的嫖娼；第204条的组织卖淫罪中指针对年龄小于18岁的青少年、对此无理解能力的人或者对此行为无抗拒能力的人进行的组织卖淫；第209-1条所述的鸡奸罪。

（14）（已废除）

（15）（已废除）

（16）第225条第32项所述的妨碍调查罪。

（17）伪造货币罪，第234条、第236条和第237条。

（18）（已废除）

（19）针对国家财富的犯罪，第254条第7项第2款。

（20）强奸罪，第265条、第266条和第266-1条。

（21）拦路抢劫罪，第286条第2款。

（22）伤害罪，在第315条和第315-1条所述的情形下所实施的伤害，第291条、第292条和第293条。

（23）杀人罪，第302条、第307条、第313条、第315条、第315-1条、第320条和第323条。

（24）贩卖未成年人罪，第366-2条。

（25）重大盗窃罪，第372条和第381条第7项、第8项、第9项、第10项、第11项、第13项、第15项、第16项、第17项以及第368-3条第4项所述的情形下所犯的盗窃罪，以及第367条。

（26）重大盗窃罪，指在第381-1条所述的情形下所犯的盗窃罪，第367条和第370条第2款、第3款。

（27）经常性地买卖盗窃物品罪，第368-2条。

（28）盗窃放射性物质、核物质、核燃料、放射性矿物或者其他放射源罪，第368－14条。

（29）盗窃罪，第371条最后1款。

（30）盗窃车辆罪，第376－1条。

（31）第377条所述的罪行。

（32）敲诈勒索罪，第390条。

（33）第400－2条所述的罪行。

（33－1）破坏自然资源罪，其中带有欺骗性质地损坏、盗取或者砍伐的木材数量超过2立方米时，第414条第1款、第3款，第416条最后1款，第418条第2项。第419条和第420条最后1款所述的行为也属破坏自然资源罪。

（34）针对著作所有权的盗版罪，第424－1条。

（35）强行致人失踪罪，第215－1条。

（36）污染环境罪，第420条第2－1项。

2.《打击有组织犯罪联邦法》中第2条规定的行为。

3.《武器与爆炸物联邦法》中规定的行为：

（1）携带仅供军队、武装警察或者空军使用的武器罪，第83条第3项。

（2）第83－1条所述的行为，但第11条第9项所述的情形除外。

（3）持有仅供军队、武装警察或者空军使用的武器，第83－2条第3项。

（4）第84条所述的罪行。

（5）走私非军队、武警或者空军使用的军火罪，第84－1条第1款。

4.《预防和惩罚刑讯联邦法》中，第3条和第5条规定的行为。

5.《移民法》第159条规定的行为。

6.《联邦税法典》中规定的行为：

（1）适用于第104条第2款第3项、第4项的走私及类似行为，第102条和第105条第1项至第4项。

（2）偷逃税行为，当偷逃税金额达到第108条第2项和第3项规定的金额，第108条和第109条。

7.《工业产权法》第223条第2项和第3项规定的行为。

8.《信贷机构法》第111条、第112条第4款除第5项之外的、第112－1条、第112－3条、第113－1条符合以第112条第4款为前提的行为。

8－1.《证券与信贷运作基本法》第432条、第433条和第434条。

9.《信贷机构与信贷行为基本法》第98条且符合该条第4款规定，但第4项、第5项除外；以及第100条第1项、第2项和第101条规定的行为。

10.《担保机构联邦法》第112－1条、第112－1－2条第4款；第112－1－

3 条第 1 项、第 4 款第 4 项；第 112 - 1 - 4 条第 1 项，且满足第 112 - 1 - 3 条第 4 款规定；第 112 - 1 - 6 条第 2 项、第 4 项、第 4 款第 7 项规定的行为。

11. 《保险互助企业与机构基本法》第 141 条第 1 项；第 145 条第 4 款，但第 2 项、第 4 项、第 5 项除外；第 146 条第 2 项、第 4 项、第 7 项且满足 146 条第 4 款规定的；第 147 条第 2 项第 2 目且满足第 146 条第 4 款规定的行为。

12. 《证券市场法》中，拥有的该法第 2 条第 14 项所指的基金、股票及其他有价证券的总价值超过联邦区 35 万日①的现行最低工资时，第 373 条、第 374 条和第 375 条规定的行为；以及第 381 条第 2 项和第 382 条第 2 项规定的行为。

13. 《退休金储备机制法》中，操控的基金、股票及其他有价证券的总价值超过联邦区 35 万日的现行最低工资时，第 103 条和第 104 条规定的行为。

14. 《失业金法》第 96 条规定的行为。

15. 《卫生基本法》中的以下情形：

（1）该法第 464 条第 2 款第 2 项、第 3 项规定的关于变质酒精饮料的部分。

（2）第 464 - 2 条的第 1 项、第 2 项、第 3 项以及第 475 条、第 476 条。

16. 《预防、惩罚和根除人身伤害以及保护救治受害人基本法》中第二编规定，除第 32 条、第 33 条和第 34 条以及其所述的相应处罚。

17. 《严控化学物质用于生产化学武器法》第 49 条规定的行为。

18. 关于实施《墨西哥合众国政治宪法》第 73 条第 21 项的《预防和惩罚绑架犯罪基本法》中，第 9 条、第 10 条、第 11 条、第 17 条和第 18 条规定的行为。

19. 《规范商业合作社活动法》第 114 条规定的行为。

20. 《企业投资法》第 88 条规定的行为。

21. 《信贷联盟法》第 125 条规定的行为。

22. 《居民储蓄及信贷法》第 140 条规定的行为。

上述各项所述的行为视为严重犯罪，其应当受的刑罚为严重刑罚。

第 194 - 1 条 对于现行犯或者紧急情形中的犯罪嫌疑人，检察院不可将其羁押超过 48 小时，羁押期届满必须将其释放或者移送司法机关。但针对联邦法律所述的有组织犯罪，对犯罪嫌疑人的羁押时间可以上述时间的两倍。

第 195 条 满足《墨西哥合众国宪法》第 16 条的规定时，法院可以应检

---

① 万日为墨西哥的一种计量单位。——译者注

察院的要求视情形对犯罪嫌疑人或者被告人下发羁押令、再次羁押令或者出庭令。

上述法令应当包含对案情的简单陈述、决议的法律依据以及对暂时认定的犯罪事实，并立即转送检察院，检察院命令警察执行上述决议。

第 196 条 应当逮捕的人下落不明的，作出羁押令的法院可以告知检察院的代表机构，侦查机构可以向国家最高检察院书面汇报，以便联邦司法警察及其协查机构可以查明应当逮捕的人的下落并实施逮捕。在其被逮捕后，依照本法典第 52 条的规定进行后续司法程序。①

第 197 条 办案机关按照司法命令实施逮捕，并立即将被逮捕人移交相关法院，告知法院实施逮捕的日期、时间和地点，同时告知被逮捕人拥有聘请辩护人的权利。

司法警察执行逮捕任务后，应当将犯罪嫌疑人移交给法院，并将其羁押在预防性监禁处或者医疗中心，应当视为法院已控制犯罪嫌疑人并对其负责。预防性监禁处或者医疗中心的负责人应当在司法警察提供的与逮捕令有关的文件上注明接收被逮捕人的日期和时间。

对于被羁押在安全性极高的监禁处的犯罪嫌疑人，在告知联邦检察院及其辩护人后，可以将其移交至其他中心、医院、办公室或者其他地方。

第 198 条 对警察或军人实施逮捕的或者对其实施预防性监禁措施的，则应当被羁押在特别监狱。没有特别监狱的，则羁押在普通监狱。

警营和办公室不能视同特别监狱。

对于墨西哥武装力量的军人适用《军事司法法典》。但对于犯侵犯健康罪的情形，无论实施行为的方式为何，均不得被羁押或者预防性监禁于特别监狱。

第 199 条 对此前裁决不服而提起上诉的，上诉的受理不构成阻碍逮捕令实施的理由。

第 200 条 检察院已申请逮捕令但尚未执行，而之后的调查结果表明不适宜进行逮捕的，可以在获得检察长或者相关的工作人员同意后申请取消逮捕令，并对案件的性质进行重新定性。检察长或者工作人员的同意意见应当记入笔录。逮捕令的取消不妨碍继续调查案件，也不妨碍根据之后的调查结果再次申请逮捕令，除非取消逮捕令所依据的事实表明应当终止案件调查。法官有权对本条所述的各种情形进行自由裁量。

第 201 条 逮捕令的执行对象为掌握公共资金的人的，法官应当下令事先

---

① 现行《联邦刑事诉讼法典》已将第 52 条废除。——译者注

采取防范措施，避免公共服务中止，责令其交接所掌握的资金、证券或者相关文件，同时采取措施避免其逃避法律制裁。

第202条　被逮捕人为公务员、行使公职的人员或者墨西哥武装力量人员的，应当立即将逮捕告知其上级工作人员。当上述人员正式被羁押或者被最终宣判，无论判决结果是无罪释放或者有罪予以处罚，法官都应当将决议告知其上级，并将加盖公章的决议复印件送达其上级。

第203条　对公共服务部门的工作人员进行逮捕的，应当采取措施避免公共服务的中止、避免犯罪嫌疑人逃跑，同时应当完成其工作的交接。

第204条　对联邦或者地方的政府官员进行逮捕的，依据《公务人员责任联邦法》及关于各部门的法律法规执行司法程序，同时采取防范措施避免其逃避法律制裁。如有逃跑迹象，负责对其监视的机构，应当听取负责案件调查的机构的指令，并根据其下发的授权书采取预防措施。

第205条　根据案件性质和现行《联邦刑法典》，预防性监禁不应当适用于该犯罪嫌疑人或者被告人，但有迹象表明犯罪嫌疑人或者被告人可能逃避法律制裁的，检察院在有法可依和案件需要的基础上向法官提起申请，对其执行监视居住。法官在对犯罪嫌疑人或者被告人讯问后，可以决定是否采取上述措施。监视居住的条件与期间由法官决定，但不可超过本法典第133-1条规定的最长时间。监视居住可以适用于案件调查期间或者宪法条款规定的期间。

第十一编　诉讼中的附带事项

第一分编　释　放

第一章　保　释

第399条　任何犯罪嫌疑人和被告人在侦查和诉讼过程中，符合以下条件的，并提出保释申请的，都应当立即给予保释：

1. 担保金额足够赔偿损害。

如涉及人身伤害的案件，赔偿金额不能低于劳动联邦法规定的金额。

2. 确保能支付被处以的罚金。

3. 足以担保其履行法律根据案情对其规定的义务。

4. 被指控的行为并非本法典第194条所述的重大案件。

上述第3项提及保释金和第1项、第2项保证金可以通过现金、保证、抵押或者质押和信托实现。

第 399 - 1 条　对于非重大案件提出的保释，当检察院证明该被告人曾因重大案件被判刑，或者检察院向法官提出证据说明根据犯罪嫌疑人或者被告人之前的行为表现、案情以及所犯案件的特点，释放被告人对受害人、证人或者社会构成一定威胁，在上述情形下，法官可以应检察院的要求对被告人提出的保释申请进行拒绝。

前款所述的被告人之前的行为表现、案情以及所犯案件的特点可以依据如下规定确定：

1. 根据《联邦刑法典》的规定，犯罪嫌疑人或者被告人系惯犯或者故意犯罪的再犯。

2. 曾因之前的案件被羁押且此前的案件与现在正被侦查或者诉讼的案件属同类案件。

3. 曾逃避法律制裁，并因故意犯罪被引渡回国，案件正在审理中。

4. 曾逃避法律制裁并因此而导致无法进行追诉。

5. 检察院提供证据表明如给予被告人保释，其将逃避法律制裁。

6. 如被告人被保释，存在较为确定的危险因素，即被告人将针对受害人、控方证人、参与案件的工作人员或者其他人再次实施故意犯罪。

7. 涉嫌暴力犯罪，且涉及组织犯罪。

8. 被指控行为是在受精神类药物或者麻醉类药物的影响下实施的。

第 399 - 2 条　当上述情形出现且检察院提出申请时，法官应当撤销对犯罪嫌疑人或者被告人已作出的保释决议。

第 400 条　诉讼过程中，应被告人或者其辩护人的要求且法官认为要求合情合理，可以考虑下列因素适当减少保释金额：

1. 被告人已被剥夺人身自由的时间。

2. 其行为造成的后果或者损失已降低。

3. 尽管已支付部分金额，但被告人在经济上无力支付最初确定的保释金额。

4. 根据羁押场所提供的报告，被告人在羁押期间表现良好。

5. 其他迹象表明被告人无逃脱法律制裁的企图。

减少保释金的申请属于附带事项，应当按照本法典第 494 条的规定履行手续。

本条第 1 款所述的情形中，本法典第 399 条第 1 项、第 2 项所述的保证金只有满足本条第 3 项时方可以降低。对于无力支付的情形，如之后证实被告人通过欺骗行为降低保证金额，即无支付能力并非实情的，或者减少其保证金额后，被告人又具有支付最初规定的全部保释金额能力的，如被告人不按照法官规定的时限补足，法官应当撤销已作出的保释决定。

第 401 条 保释申请被拒绝的，可以再次提出申请。可以因新的事由批准保释申请。

第 402 条 本法典第 399 条第 3 项所述的保释金额，应当为犯罪嫌疑人和被告人有能力支付的数额，金额的确定应当考虑以下因素：

1. 犯罪嫌疑人和被告人是否有前科。

2. 犯罪嫌疑人和被告人被指控行为的严重程度及具体案情。

3. 犯罪嫌疑人和被告人是否有意逃避法律制裁。

4. 犯罪嫌疑人和被告人的经济状况。

5. 犯罪嫌疑人和被告人所提供的担保类型。

第 403 条 犯罪嫌疑人和被告人提出保释申请时，可以根据前条第 5 项的规定提出担保类型。如犯罪嫌疑人和被告人或者其代理人、辩护人未确定保释类型，则法院可以根据前条所述的情形，逐一确定各种担保类型的保释金额。

第 404 条 现金形式的保释金应当由犯罪嫌疑人和被告人或者其授权的其他人在金融机构存入指定账户。相应的证明交由法院保管，法院应当记入笔录。因时间或非工作日的原因造成不能在金融机构存款的，法院可以接收现金，并在之后的金融机关第一个工作日时，将其存入。

当犯罪嫌疑人和被告人无能力一次性支付保证金时，法官可以根据如下原则，允许其分批支付：

1. 犯罪嫌疑人和被告人至少在当地居住满 1 年，并能证明其从事合法职业，有经济收入。

2. 犯罪嫌疑人和被告人有担保人，且法官认为该担保人有经济能力适合为其担保，并且担保人声明将补足犯罪嫌疑人和被告人未支付的部分。法官可以免除犯罪嫌疑人和被告人的支付责任，但应当对此决议说明原因。

3. 如分期支付，则第一次支付的金额不低于命令的全部金额的 15%，且应该在犯罪嫌疑人和被告人获得保释前支付。

4. 犯罪嫌疑人和被告人有义务按照法官的规定在规定的期间内支付足够的保证金。

第 405 条 以抵押不动产作为保证金的，该不动产不应当被作为其他保证的保证物，且发生本法典第 414 条所述的情形时，其市场价值不应当低于已确定的保证金金额加上将其变现所应当支付的必要费用。

以质押物为保证金时，其市场价值应当至少为保证金金额的两倍。在此情形下，法院将出具质押物存入证明。

第 406 条 担保人担保的，其担保的金额不超过墨西哥城当时最低工资的

100 倍时，由法院对担保人的经济能力及是否适合担保进行评估。

第 407 条 当担保的金额超过联邦体系地方法院所在地当时最低工资的 100 倍时，应当适用《联邦民法典》第 2851 条和第 2855 条的规定。但担保人为依法批准成立的可以作担保的机构的除外，该机构无须有在财产登记处登记的不动产。

第 408 条 担保人提供的不动产的市场价值应当确保在其发生本法典第 414 条所述的情形时，不应当低于已确定的保证金金额加上将其变现所应当支付的必要费用。

第 409 条 本章所述的担保金应当记入保释决议书中。

第 410 条 担保人，除本法典第 407 条所述的机关或者公司外，应当在法庭宣誓其所述为真实情形，声明是否在此之前已为某个司法案件作出担保。已经作出担保的，则应当告知担保金额及具体情形，以便法官据此判断其担保能力。

第 411 条 通知犯罪嫌疑人和被告人获得保释时，应当同时告知其保释期间应该履行的义务：在法院规定的日期按时到法院报到，随时听候法院传讯；如家庭住址发生变更的，应当及时通知法院；在未得到法院准许的情形下，不能擅自离开住址所在城市；法院不应当允许其离开所在地超过 1 个月。

应当告知其保释被撤销的原因。

犯罪嫌疑人和被告人应当声明已知晓保释期间的义务及保释废止的原因。因工作疏忽而未让犯罪嫌疑人和被告人作此声明的，犯罪嫌疑人和被告人应当履行应尽义务并承担相应责任。

第 412 条 犯罪嫌疑人和被告人通过现金、保证、抵押或者质押和信托进行担保时，保释在以下情形下撤销：

1. 当犯罪嫌疑人和被告人无故不服从法院的命令时，或者在法院允许其分批缴纳保证金但未按照规定日期缴纳。

2. 保释期间涉嫌实施其他故意犯罪。

3. 犯罪嫌疑人和被告人本人或者其委托之人，威胁或者利诱受害人以及控方证人、可能的控方证人，试图收买或者贿赂证人、法院工作人员或者参与案件的检察机构等。

4. 犯罪嫌疑人和被告人本人向法庭提出申请撤销。

5. 保释后发现其不符合可以保释条件。

6. 保释后，一审或者二审判决的刑罚进入执行期。

7. 犯罪嫌疑人和被告人未履行本法典第 411 条规定的义务。

8. 发生本法典第 400 条最后一款最后一部分所述的情形。

第**413**条　其他担保人通过现金、保证、抵押或者质押和信托进行担保时，保释在以下情形下撤销：

1. 前条所述的所有情形。

2. 担保人提出免除担保责任，要求羁押犯罪嫌疑人和被告人时。

3. 作出担保后，出现担保人不具备担保能力的情形。

4. 本法典第 416 条所述的情形。

5. 发生本法典第 400 条最后部分所述的情形。

第**414**条　发生本法典第 412 条第 1 项和第 7 项所述的情形时，应当再次下令逮捕犯罪嫌疑人或者被告人，担保发生效力。法院下令将抵押物和质押物的证明交付财政部门以便收缴。

发生本法典第 412 条第 2 项、第 3 项、第 5 项、第 6 项规定的情形时，应当下令再次逮捕犯罪嫌疑人和被告人。发生本法典第 412 条第 4 项和本法典第 413 条第 2 项所述的情形时，应当将犯罪嫌疑人和被告人移交相应机构。

第**415**条　发生下列情形时，法院下令返还存款或者取消保证：

1. 按照前条所述的情形，已将犯罪嫌疑人和被告人转交相应机构的。

2. 发生本法典第 412 条第 2 项、第 3 项、第 5 项、第 6 项规定的情形，已将犯罪嫌疑人和被告人再次逮捕的。

3. 宣布案件终止，或者犯罪嫌疑人、被告人被释放的。

4. 被告人被宣布无罪释放的。

5. 被告人被判处刑罚并开始服刑的。

第**416**条　由其他担保人通过现金、保证、抵押或者质押和信托进行担保，犯罪嫌疑人和被告人获得假释的，如要求犯罪嫌疑人或者被告人出庭应当理解为犯罪嫌疑人或者被告人和担保人同时出庭。犯罪嫌疑人或者被告人不能出庭时，法院可以责令其在至多 30 日的期间内出庭，且不排除在此期间如法院认为必需的，可以逮捕犯罪嫌疑人和被告人。如在规定的期间内，犯罪嫌疑人和被告人仍未出庭的，则下令对其再次逮捕，保证物依照本法典第 414 条的规定变现。

第**417**条　发生本法典第 414 条第 1 款和第 416 条最后一部分规定的情形后，财政部门保存担保物变现后的资金，以确保本法典第 35 条的效力。

乌 拉 圭

刑事诉讼法典[*]

第二编　审　判

第一章　初期行为

第三节　逮捕和羁押

第 118 条　逮捕

任何人不得被逮捕，但在犯罪进行中被逮捕的，或者有足够证据证明存在犯罪事实且经具备管辖权的法官下达逮捕令的除外。

在上述两种情形下，法官应当严格履行职责，在逮捕后 24 小时内进行讯问，并依据《共和国宪法》第 15 条和第 16 条的规定获取供述。

第 119 条　逮捕令的签发手续

逮捕令应当以书面形式签发，内容包含确定被逮捕对象身份的证明资料、所涉案件、逮捕令下达日期，及受案法官和法院书记员的签名。

情况紧急的，法官可以口头下令实施逮捕并记入文书，法官不对此行为承担刑事责任。

执行逮捕时，应当尽量减少对被逮捕人的人身和名誉造成损害。

第 120 条　无证逮捕

具有下列情形之一的，即使无司法机构签发的逮捕令，警察也应当执行逮捕：

1. 有犯罪企图，刚要实施犯罪的；

---

[*] 本法典于 1980 年 6 月 24 日由国务会议通过 15032 号法令颁布，并于 1981 年 1 月 1 日起生效，后经历次修正。本译本截至 2013 年 8 月 16 日的修正案。本译本根据乌拉圭参议院 2013 年 8 月 16 日在其公报上提供的西班牙语文本翻译。

2. 依法被逮捕人企图逃跑的；

3. 现行犯。

第 121 条　个人实施的抓捕

有前条规定情形的，普通公民也可以对犯罪分子进行抓捕，并立即移送当局。

第 122 条　采取紧急措施

犯罪发生后，法官认为有必要对现场涉案人员或者目击证人进行询问的，应当要求任何人不得离开犯罪现场。

第 123 条　简易逮捕

法官可以下令逮捕上述人员且不得拖延，但为取证或者采取其他紧急措施所需时间的除外。任何情况下，逮捕后的羁押不得超过 24 小时，但为取证或者采取其他紧急措施需要延长的除外。

第 124 条　单独羁押

满足本法典第 118 条规定情形的，应当由法官决定对被羁押人实施单独羁押。

本法典第 118 条第 2 款规定的讯问结束后，有必要进行继续审理的，法官可以再延长 24 小时的单独羁押期限。

第二章　审　查

第一节　审查的开始和进行

第 127 条　剥夺自由

对犯罪嫌疑人采取剥夺人身自由措施的，起诉书中应当包括对犯罪嫌疑人采取羁押的命令。

未采取羁押手段的，则应当根据法官判决，记录所采取的本法典第 73 条规定的替代措施。

住所羁押

考量特殊情节后认为不存在危害社会情形的，法官可以对犯罪嫌疑人或者对 70 岁以上的被告人采取住所羁押措施，但构成下列情形的除外：

1.《刑法典》第 311 条和第 312 条规定的具有加重情节的杀人罪；

2. 强奸罪；

3.《国际刑事法院罗马规约》规定的罪行。

（根据 2002 年 6 月 27 日颁布的第 17510 号法令和 2005 年 9 月 14 日颁布

的第 17897 号法令修改。）

第二节　临时性释放

第 138 条　临时性释放的种类

在诉讼的任何阶段，对于被羁押的被告人可予以释放。但法律为制裁该犯罪而规定了最短羁押期限，或者该犯罪明显将被处以徒刑的，在遵守《共和国宪法》第 27 条规定的前提下对其继续羁押。

对于犯罪嫌疑人在羁押期内开展的诉讼活动是针对其一件以上的可能作出有执行力判决的犯罪，则在将其释放的决定中应当记录其人身危险性和重返社会可能性的持续性评估。

本条的规定不妨碍 1977 年 11 月 28 日颁布的第 14734 号法令中相应规定的执行。

（本条根据 1995 年 7 月 12 日颁布的第 16707 号法令第 26 条修改。）

第 139 条　决定的撤销与修正

在整个诉讼过程中，被释放者违反其应当尽的义务或者基于其他严重原因的，法官经职权或者应检察院的申请，可以撤销或者修正释放决定，但应当在申请中注明申请事由。

根据本法典第 158 条中的规定对该撤销或者修正裁定提出上诉。

所谓严重原因，是指被告人在被释放期间对同一受法律保护的利益进行犯罪，从而引起后续诉讼程序。

被临时性释放的被告人由于违反《刑法典》和其他特殊法律，且违反事由与原诉讼程序针对的犯罪一致，而被提起新的诉讼的，临时性释放应当被撤销。在此情形下，提起新的诉讼的机构应当立即将这一新的起诉告知作出临时性释放的法院。新的起诉不影响对被告人已经实施的其他有利措施。

认为根据其治理的案件案情，应当释放被告人，而撤销原判的法院认为应当维持被告人羁押状态的，被告人应当继续羁押，并由原法院对其状态作出相关裁决，且不影响相应诉讼程序的连续性。可能被事后撤销的释放决定应当基于前条第 2 款的规定作出，并将这一释放决定上报最高法院。

为执行该条规定，最高法院应当采取必要措施使作出临时性释放决定的法官获悉针对临时获释者提起的后续诉讼。

任何情形下，最高法院都应当采取类似的措施旨在尽快地将相关内容补充到此前由法庭技术研究所发布的犯罪记录中。

在不妨碍上述内容执行的情况下，受案法官可以在特殊情形下通过其认为最合适的通讯方式申请相关信息。

（本条根据 1995 年 7 月 12 日颁布的第 16707 号法令第 27 条修改。）

第 140 条　禁止释放

释放决定不可由因紧急原因而审理案件的治安法官作出。

第 141 条　担保

临时性释放在有担保的情况下作出，担保形式包括立誓担保、人保、物保。

在作出释放决定时，法官应当强制被告人履行以下全部或者部分义务：

1. 确定住所，不得在未告知受理案件的法官或者法院的情形下擅自出行或者消失；

2. 不得进入特定场所；

3. 在指定的日期到警察当局报到；

4. 在指定的时间段内不得离开住所。

上述义务具有强制性，法官可以就相应义务确定期限，并可以随时补充、减少或者撤销需履行的义务。

第 142 条　担保的目的

担保的目的在于确保被告人履行司法或者警察当局规定的义务。

第 143 条　确定担保的方式

确定担保的种类和数额时，应当考虑被告人的犯罪性质、经济状况、犯罪记录、造成伤害的性质和相应民事补偿的大致总额。法官应当对此担保总数额进行评估，以有效防止被告人不履行其应当承担的义务。

第 144 条　立誓担保

立誓担保以被告人承诺忠实地履行法官赋予的义务为前提。下列情形适用立誓担保：

1. 应当处以的刑罚可以被附条件中止执行的；

2. 被告人明显缺乏经济能力，无依无靠的。

第 145 条　物保

物保指的是法官确定一定数量的担保金额，由被告人本人或者第三方缴纳等值的担保物，担保物可以是动产或者不动产。

担保物可以是金钱或者其他可定价的物品。物品应当予以质押、抵押，或者以其他法官认为有效充分的担保形式实现。

第 146 条　人保

人保是通过一名或者多名担保人与被告人共同承担责任，缴纳前条规定中法官确定的数额的担保形式。

担保人应当具备交流能力，还应当拥有公认的诚信度和经济实力，其经济实力能根据所有权凭证和证明材料体现。

法官应当对上述担保资格做出评估。

第 147 条　担保程序

担保物应当在临时获释前交付，并记录在相应法院书记员或者秘书对该案的记录文书中。

在本法典第 145 条提及的情形中，只要与案情相关，文书应当由法院书记员在法官的见证下记录，或者由秘书在法院院长的见证下记录，并将文书在相应的档案部门存档管理。上述规定旨在使得书记员和秘书可以为担保作证。

第 148 条　住所的固定和消息通知

被告人、担保人和其他所有在此诉讼案件中承担缴纳保证金义务的人，都应当在法官的司法管辖范围内确定住所，以便接收后续传唤或者通知。

被告人在前述管辖范围内无住所的，则将其辩护人在诉讼文书中登记的住址视为其固定住所。

针对被告人的传讯和通知涉及担保人的，同样应当告知担保人。

第 149 条　基于担保条件下的释放决定的撤回

在诉讼程序中，被告人未履行传讯、出庭接受调查义务的，适用设立担保时的相关规定。

在上述情形中，为不损害诉讼程序的秩序，法官应当为被告人出庭确定不超过 20 日的期限，并将此通知寄送至被告人和担保人的住所，告知其期限届满后仍不出庭的后果，非因不可抗力的正当理由导致不能出庭的，没收其保证金。

上述期限到期后，法官应当宣布撤销临时性释放的决定。

第 150 条　担保效力

前条规定撤销临时性释放情形的，法官应当下令担保强制生效。

担保形式为不动产抵押或者其他动产抵押的，启动公开拍卖程序，在达到预设价值的前提下将其拍卖给出价最高的买家。

公债债券与可议价证券应当以市面现行价转让给该交易所中间人。

人保效力是将担保人或者其他共同担保人的财产没收，直至没收金额达到指定的担保数额为止。

上述执行命令应当由审理该案件的法官作出，由法院的专职人员或者法官指派的其他公务人员在相应的民事法官到场的情形下执行。民事法官因紧急情形无法到场的，可以不到场。

任何情况下，只要法官按照规定出具了包括担保内容和范围在内的授权证明的，就足以作为执行担保的依据。

第 151 条　被告人的出庭效果

担保生效前，被告人出庭或者由担保人代为出庭的，本法典第 149 条和第 150 条所涉及的诉讼决议无效，相应诉讼费用由担保人承担。

第 152 条　担心被告人潜逃

担保人有理由相信被告人潜逃的，应当立即通知法官。被告人被羁押后，担保人的原担保责任消灭。

担保人的上述理由不成立的，应当继续承担担保责任。

第 153 条　撤销的担保

有下列情形之一的，应当撤销担保并归还担保物：

1. 释放决定撤销后，被告人在规定期限内返回羁押场所的；

2. 撤销羁押后，案件终止审理或者宣判被告人无罪的。

第 154 条　担保人的变更

担保人有充分理由不再继续承担担保责任的，可以向法官申请变更担保人，并由新的担保人提供同样担保。

法官允许变更担保人后，在新的担保成立之前，原担保人的担保责任不消灭。

第 155 条　出境授权

满足下列条件时，临时获释的被告人可以在说明原因后被授权出境：

1. 担保形式是物保或者人保；

2. 根据足够理由推定，被告人无须接受讯问；

3. 应当由作出临时性释放决定的法官作出该出境授权，并确定合理的出境期限。

授权出境期届满后，法官依据本法典第 149 条和第 150 条的规定进行处理。

智　利

刑事诉讼法典[*]

第一编　一般规定

第四章　诉讼程序的主体

第三节　警察机关

第 85 条　人身控制

本法典第 83 条所指的警察为评估是否存在预备或者既成的重罪、轻罪或者违法的迹象时，可以无须检察官预先指示，视情形要求被调查案件相关的所有人员提供其身份，调查案件内容，对重罪、轻罪或者违法展开调查所需的有用信息，或者在犯罪嫌疑人隐藏、伪装、掩饰其身份时展开调查。身份调查在被请求人所在地进行，被请求人应当出示公共机构签发的身份证明文件，如身份证、驾驶证或者护照等。警察应当为被请求人寻找和出示上述文件提供便利。

在此过程中，警察无须新的指示即可扣押被请求人的衣物、设备和车辆，并核实是否存在适用于该对象的逮捕令。对于符合本法典第 130 条规定的现行犯，警察可以无须逮捕令根据本法典第 129 条的规定扣押有待作出逮捕令的犯罪行为实施人。

---

* 本法典由智利参议院于 2000 年 9 月 29 日批准，本法典在科金博地区和阿劳卡尼亚地区，自 2000 年 12 月 16 日起生效；在安托法加斯塔地区、阿塔卡马地区、马乌莱地区，自 2001 年 10 月 16 日起生效；在塔拉帕卡地区、卡洛斯·伊瓦涅斯将军的艾森地区、麦哲伦地区、智利属南极地区，自 2002 年 12 月 16 日起生效；在瓦尔帕来索地区、解放者贝纳尔多·奥希金斯将军地区、比奥比奥地区、洛斯拉格斯地区，自 2003 年 12 月 16 日起生效；在圣地亚哥首都大区，自 2005 年 7 月 16 日起生效。本法典后经历次修改（参见译文中标注）。最近一次修正时间是 2014 年 6 月 14 日。本译本根据智利国会图书馆网站 2015 年 1 月 24 日提供的西班牙语文本翻译。

被请求人拒绝证明其身份的，或者在警察的帮助下仍无法证明其身份的，警察可以将其就近押送至警察部门进行身份调查。警察可以在该部门通过上述各种手段确保获得被请求人的身份证明。获得并核对身份信息后无须逮捕的，应当将其释放。不能证明其身份的，可以采集其指纹。指纹采集只能用于证明其身份，一旦身份得以确定，应当销毁指纹记录。

前列各款所述的所有程序不得超过 8 小时。一旦期间届满，应当释放被请求人。但存在迹象表明被请求人隐藏真实身份或者属于后面一款所述提供虚假身份的除外。

被请求人拒绝证明其身份的，或者违反《刑法典》第 496 条第 5 项的规定构成前款除外情形的，应当对其进行羁押。警察应当立即向检察官通报该羁押的决定。检察官可以决定羁押无效或者在最长 24 小时之内命令对其逮捕。此期间自开始羁押之时起计算。检察官无任何表示的，警察应当在指定的上述期限内向司法机关移交被羁押人。

警察以最通畅的方法开展前述各款规定的活动，以获得身份信息。滥用此职权的，构成《刑法典》第 255 条规定的罪行。

（本条第 1 款根据 2008 年 3 月 14 日《官方公报》颁布的第 20253 号法第 2 条第 2 款第 2 项修改；第 2 款根据 2008 年 3 月 14 日《官方公报》颁布的第 20253 号法第 2 条第 2 款第 3 项修改；第 3 款根据 2004 年 4 月 15 日《官方公报》颁布的第 19942 号法第 1 条第 2 款修改，后经 2008 年 3 月 14 日《官方公报》颁布的第 20253 号法第 2 条第 2 款第 4 项修改。）

第五章　人身临时措施

第一节　一般原则

第 122 条　目的和范围

只有在完全必要的情形下，才能以保证诉讼进行为目的，实施人身临时措施，并且实施的时间不得超过必要的时间。

只能通过基于合理理由作出的司法决议实施该措施。

第二节　传　讯

第 123 条　司法传讯的时间

被告人应当到庭的，法院根据本法典第 33 条的规定进行传讯。

第 124 条　其他措施的排除

当诉讼述及尚不构成犯罪的违法行为或者法律未规定需处以剥夺和限制自由刑的犯罪时，不得采取限制被追诉人自由的临时措施，但传讯除外。

前款规定不适用于本法典第 134 条第 4 款规定的情形，也不适用于因未到庭而被逮捕的情形，同时不适用于本法典第 33 条规定的逮捕和羁押的情形。

（本条根据 2002 年 1 月 30 日《官方公报》颁布的第 20789 号法独立条第 5 款修改。）

第三节　逮　捕

第 125 条　逮捕的依据

非经法律明确授权可以实施逮捕的公职人员可以通过合法的方式进行传讯，但不得对任何人进行逮捕，仅有现行犯被带至相应机关的除外。

第 126 条　被追诉人的主动申请

对于有权签发逮捕令的机关，被追诉人可以向负责审理案件的法官申请出示对其逮捕或者采取其他临时措施的依据。

第 127 条　司法逮捕

存在其他可能延误或者妨碍被追诉人到庭的情形的，法院无须预先传讯便可以依据检察官的申请下令逮捕并押送被追诉人到庭。但本法典第 124 条规定的情形除外。

被追诉人应当到庭但经合法传讯后无正当理由未出庭的，可以对其实施逮捕。

第 128 条　法院逮捕

无论对该案件是否有管辖权，任何法院可以根据本章的规定在其办公地点签发逮捕令，对涉嫌实施重罪或者轻罪的行为人进行逮捕。

第 129 条　抓获现行犯

任何人都可以抓获现行犯，并立即将其扭送至警察局、检察院或者就近的司法机构。

警察有义务逮捕正在实施犯罪的现行犯。

现行犯构成《刑法典》第 361 条至第 366 条规定和惩处的罪行，对该行为进行刑事指控须由自诉人预先提起控告的，不妨碍对现行犯实施逮捕。

警察应当逮捕被判处剥夺自由刑罚的被判刑人，逃匿的在押人员，有待逮捕的人，被实施人身临时措施的人员，违反第 18216 号法律第 17 条第 1 项、第 2 项、第 3 项、第 4 项规定的人，以及本法典第 238 条第 2 项的为保护他人而应当逮捕的人。

在本条所述的情形中，警察为执行逮捕，可以将被逮捕者羁押于移动或者固定的封闭场所。

（本条根据 2005 年 11 月 14 日《官方公报》颁布的第 20074 号法第 1 条第 10 款和 2012 年 6 月 27 日《官方公报》颁布的第 20603 号法第 3 条第 1 款修改。）

第 131 条　羁押的期间

为执行司法命令而羁押犯罪嫌疑人的，执行羁押的警察或者羁押场所负责人应当立即将其移送至作出该命令的法官处。因非办公时间而无法移送的，被羁押人应当羁押于警察局或者羁押场所直至第一次司法审理为止。部分案件中的羁押期间可以超过 24 小时。

根据本法典第 129 条和第 130 条的规定执行逮捕的，执行逮捕的警察或者羁押场所负责人应当在至迟 12 小时之内通知检察院。检察官可以撤销逮捕决定，或者命令将被逮捕者在至迟 24 小时内移送至法官处。检察官无任何指示的，警察应当在规定期限内将被羁押人移送至司法机关。

检察官命令将被羁押人移交法官处置的，应当同时通知被羁押人的律师或者其公共刑事辩护人。

被羁押人交由法官处置的，警察应当履行其法律义务，将被羁押人交与相关法院的宪兵看守。

（本条根据 2005 年 11 月 14 日《官方公报》颁布的第 20074 号法第 1 条第 12 款修改。）

第 132 条　出庭

检察官或者检察官助理律师应当参与对被羁押人的首次司法审理。

检察官或者其助理律师的缺席产生释放被羁押人的效果。检察官或者其明确授权的检察官助理律师在审理时，基于足够必要的依据，在被羁押人的辩护人在场情形下，可以直接展开调查并申请对被羁押人采取相应的临时措施。无法以上述方式申请开展调查的，检察官或者检察官助理律师可以按照规定的方式申请对羁押期间延长 3 日以进行准备。法官认为该措施有正当依据的，可以批准延长羁押期间。

羁押被宣告不合法的，不影响检察官或者检察官助理律师根据前款的规定开展调查，以及申请合理的临时措施，但不得申请延长羁押期间。此外，不排除根据本法典第 276 条的规定合法获得的证据的效力。

（本条根据 2005 年 11 月 14 日《官方公报》颁布的第 20074 号法第 1 条第 13 款和 2008 年 3 月 14 日《官方公报》颁布的第 20603 号法第 2 条第 4 款

修改。)

第 132 - 1 条　对不合法的羁押裁定提起上诉

对于构成《刑法典》第 141 条、第 142 条、第 361 条、第 362 条、第 365 - 1 条、第 390 条、第 391 条、第 433 条、第 436 条和第 440 条,以及第 20000 号法律中应受惩罚的罪行,检察官和检察官助理律师可以对宣布羁押不合法的裁定提起上诉。其他情形中,不得对宣布羁押不合法的裁定提起上诉。

(本条根据 2008 年 3 月 14 日《官方公报》颁布的第 20603 号法第 2 条第 5 款修改。)

第 133 条　接收被羁押人

羁押机构的负责人只能根据司法命令接收被羁押人。

第 134 条　现行犯的传讯、登记和逮捕

实施了本法典第 124 条规定的行为并且被警察当场发现的,检察官应当在确认其住址后对其传讯。

警察可以登记被传讯人的衣物、行李和车辆。

同样的,可以在警察局传讯现行犯。

尽管有前述规定,实施《刑法典》第 494 条第 4 项、第 5 项和第 19 项规定的尚未构成犯罪的违法行为的,可以对其予以羁押。但实施《刑法典》第 494 条第 19 项规定的行为,但满足《刑法典》第 189 条、第 233 条、第 494 - 1 条、第 495 条第 21 项、第 496 条第 5 项或者第 26 号规定的除外。

前款规定的所有情形中,警察应当根据本法典第 131 条第 2 款的规定,立即向检察官通告需要实施逮捕的情形。检察官批准逮捕时,向辩护人通知该决定。

警察认为有充足理由能够保证被羁押人出庭的,本条第 1 款所指的程序可以适用于轻罪案件且无法立即将被羁押人移送至法官处的情形。

(本条第 1 款根据 2002 年 1 月 30 日《官方公报》颁布的第 20789 号法独立条第 6 款第 1 项修改;第 2 款根据 2002 年 1 月 30 日《官方公报》颁布的第 20789 号法独立条第 6 款第 2 项修改;第 4 款根据 2004 年 6 月 5 日《官方公报》颁布的第 19950 号法第 3 条第 1 款修改;第 5 款根据 2008 年 3 月 14 日《官方公报》颁布的第 20253 号法第 2 条第 6 款修改;第 6 款根据 2002 年 1 月 30 日《官方公报》颁布的第 20789 号法独立条第 6 款第 3 项修改。)

第 135 条　告知被羁押人

负责羁押的公职人员应当在对被羁押人实施羁押时告知其被羁押的原因。

同时应当告知其本法典第 93 条第 1 项、第 2 项、第 7 项和本法典第 94 条第 6 项、第 7 项规定的权利。无法立即告知被羁押人本款规定的信息的,由进行羁押的警察局负责人告知。在警察局的档案中记录已经告知犯罪嫌疑人信息的事实、告知的方式，以及执行告知的人员和被告知的人员的姓名。

可以通过口头形式告知前款所规定权利，被羁押人表示可以阅读并且有条件书面告知的，也可以书面形式告知。以书面形式告知的，应当交予被羁押人准确描述其权利的文件。文件的内容和形式由检察院决定。

在本法典第138条所述的情形中，应当在实施逮捕地告知前述各款规定的权利，并在档案中做记录。

第138条　在住所羁押

在《刑法典》第10条第6项第2段规定的情形中，应当对被追诉人在其住所执行羁押。

被羁押人的住所位于相关法院管辖区以外的城市的，应当在法院所在城市内指定住所进行羁押。

第四节　预防性监禁

第139条　预防性监禁的依据

任何人都享有人身自由和个人安全的权利。

法官认为临时人身措施不足以保证诉讼目的实现，并且被害人或者社会安全可能受到危害时，可以决定采取预防性监禁措施。

第140条　作出预防性监禁决定的要求

调查开始后，应检察院或者控告人的请求，并且申请人符合以下情节之一的，法院可以决定对被追诉人采取预防性监禁措施：

1. 有证据证明被调查的行为存在的。

2. 有证据可以合理猜测被追诉人是案件的主要或者共同实施人，或者包庇案件实施人的。

3. 有确凿证据可使法院认为预防性监禁对于准确调查审理必不可少，或者释放被追诉人会对社会或者被害人的安全造成危害的，或者根据后一款的规定，被追诉人有潜逃的危险的。

特别是存在严重并且合理的怀疑理由，认为被追诉人可能通过毁灭、篡改、隐藏或者伪造证据等方式妨碍调查，或者有可能因虚构被调查内容而危害其他共同被告人、证人、专家和第三方的，应当对被追诉人实施预防性监禁措施。

为查明释放被追诉人是否造成社会安全危害，法院应当特别考虑以下情形：所调查的案件行为的严重性、犯罪行为的数量和性质，是否存在未决诉讼，是否构成有组织犯罪。

被调查的行为依法应当处以刑罚，或者被追诉人曾因既遂或者未遂犯罪被判处相同或者更严重的刑罚的，或者被追诉人正在执行缓刑或者其他依法作出作为剥夺、限制自由刑的替代措施的，特别的，应当视为将其释放构成对社会安全的危害。

有确凿证据推测被追诉人可能侵犯被害人及其家属人身或者财产安全的，应当视为将其释放构成对人身安全的危害。

第 141 条　不得采取预防性监禁措施

下列情形之一不得作出采取预防性监禁措施的决定：

1. 针对只需被处以罚金或者剥夺权利的犯罪行为。

2. 通过自诉提起的诉讼案件。

3. 被追诉人已经有效执行完毕剥夺自由刑的。应当对被追诉人停止正在执行的刑罚，但检察官或者控告方出于任何原因认为有必要采取预防性措施或者本章第六节规定的措施的，可以根据本节的规定提前进行申请。法院批准该申请的，在停止执行刑罚后应当不间断地对被追诉人采取所批准的措施。

被追诉人未执行本章第六节规定的临时措施的，或者法院认为被追诉人有可能在该期间内离开审判地并且不能根据本法典第 33 条或者第 123 条的命令或者传讯出庭并执行判决的，可以在前款规定的情形下签发羁押令。应检察官或者自诉人的申请，可以在庭审时当庭对不出席的被追诉人作出采取预防性措施的裁定。

（本条根据 2005 年 11 月 14 日《官方公报》颁布的第 20074 号法第 1 条第 16 款修改。）

第 142 条　申请采取预防性监禁的程序

可以在决定形成调查卷宗的预审、庭审时口头提出采取预防性监禁的申请。

可以在调查的任何阶段提出对被追诉人采取预防性措施的申请。法院应当召集被追诉人及其辩护人、其他当事人，对该申请进行审理并作出裁定。

在对预防性监禁申请的审理中，被追诉人及其辩护人未出席的，该审理无效。

提出申请后，法院必须听取辩护人、其他出席并且提出发言要求的当事人、被追诉人的意见。

第 143 条　决定预防性监禁的裁定

上述审理结束之后，法院以裁定书的形式宣布是否采取预防性监禁措施。裁定书中应当清楚注明作出裁定的确凿依据。

第 144 条　预防性监禁裁定的修改和撤销

法院可以依其职权或者应当事人的申请，在诉讼的任何阶段对批准预防性监禁或者驳回预防性监禁的裁定作出修改。

被追诉人申请撤销预防性监禁的，法院可以直接驳回，也可以召集所有当事人进行审理，对采取该措施所依据的条件是否继续存在进行辩论。

采取预防性监禁措施的申请被驳回后，法院认为出现其他可以证明实施预防性监禁的合理性依据的，可以通过审理批准实施。

（本条根据 2008 年 3 月 14 日《官方公报》颁布的 20253 号法第 2 条第 8 款修改。）

第 145 条　预防性监禁的替代和依职权审查

审理案件的法官在诉讼的任何阶段可以依其职权或者应当事人的申请，将预防性监禁替换成本章第六节规定的其他措施。

自决定采取预防性监禁措施起，或者从对是否采取预防性措施的最后一次口头辩论起 6 个月后，法院可以依其职权举行是否停止或者延长期间的审理。

第 146 条　替换预防性监禁的保证

预防性监禁是，或者应该是保证被追诉人出庭并最终执行刑罚的惟一方式，法院可以允许以提供足够财产进行担保的方式替代预防性监禁措施。担保的金额由法院确定。

被追诉人或者其他有财产之人的存款、证券可以作为抵押和质押标的物，以及法院认为的合适人员提供的担保可以作为担保。

（本条根据 2005 年 11 月 14 日《官方公报》颁布的第 20074 号法第 1 条第 17 款修改。）

第 147 条　财产担保的执行

被告人缺席庭审或者逃避执行刑罚的，根据一般规则执行保证金，并将其交至司法权力部门的行政机构。

由第三方提供担保并出现前款所述的情形的，法院应当将此事项通知并提醒第三方。被告人在 5 日之内不出现的，对保证金予以执行。

以上两种情形中，担保标的不具有财产性质的，以国防委员会为执行人。法院应当向国防委员会发出正式通知以告知该信息。

第 148 条　担保的撤销

发生以下情形之一并且担保未被提前执行的，撤销担保并归还至原所有人：

1. 被追诉人被处以预防性监禁。

2. 被告人被确定判决宣告无罪，停止对其审理，或者附条件中止诉讼。

3. 刑罚开始执行，或者已经支付罚金和判决规定的其他费用后，无须再执行其他刑罚的。

第149条 对预防性监禁提起不服申请

对审理作出的批准、维持、驳回或者撤销预防性监禁的裁定，均可以提起不服申请。

法院经当事人的申请采取本法典第155条所述的临时措施的，不影响提起不服申请的合理性。

构成《刑法典》第141条、第142条、第361条、第362条、第365–1条、第390条、第391条、第433条、第436条和第440条规定的犯罪行为，以及第20000号法律规定的行为，并且驳回或者撤销预防性监禁的裁定未被执行的，不得释放被追诉人，但已经被送至法院关押的除外。应当在同一审理中提出对该裁定不服的上诉，并且优先审理和裁决。该上诉应当在递交至受理法院的当日或者次日被增列入审理内容。上诉法院根据日期确定审理该上诉的法院。

在不适用于前款规定的情形中，对该裁定提起的上诉未处理完毕时，相关的上诉法院有权以防止被追诉人逃逸为由，立即下令停止对检察官或者自诉人提起的上诉进行审理。

（本条第1款根据2005年11月14日《官方公报》颁布的第20074号法第1条第18款修改；第2款根据2008年3月14日《官方公报》颁布的第20253号法第2条第9款修改。）

第150条 预防性监禁的执行

法院有权监督在其审理中裁定的预防性监禁的执行。法院有义务处理执行预防性监禁时诉讼参与人提出的申请或者请求。

预防性监禁应当在不同于关押罪犯的特殊机构中执行，或者至少在羁押地与罪犯完全隔离。

被执行预防性监禁的被追诉人在任何时候应当被视为无罪，执行预防性监禁措施的方式应当不同于刑罚。除非为避免被追诉人潜逃，以及为保证羁押机构内部人员、执行职务的人员或者该机构其他人员的安全，不得对被羁押人作出其他限制。

法院应当采取必要措施保护被追诉人的人身安全，特别应当把青年人和无犯罪记录的被羁押人与具有重大危险性的服刑人员分开。

另外，在不违反预防性措施目的的前提下，法院可以批准被追诉人在某日或者某段期间内离开羁押地。

构成《刑法典》第 141 条、第 142 条、第 361 条、第 362 条、第 365 - 1 条、第 390 条、第 391 条、第 433 条、第 436 条和第 440 条规定的犯罪行为，以及第 20000 号法律规定的行为，法院在批准前款所述的离开时，应当为达成上述批准离开的目的指定严格的时间范围，并作出明确的决议。

羁押主管当局对被追诉人作出任何限制的，应当立即向法院报告并指明作出限制的依据。法院认为该限制不合法或者过于严苛的，可以撤销。法院认为有必要的，可以召开庭审。

（本条第 5 款根据 2008 年 3 月 14 日《官方公报》颁布的第 20253 号法第 2 条第 10 款第 1 项修改；本条第 6 款根据 2008 年 3 月 14 日《官方公报》颁布的第 20253 号法第 2 条第 10 款第 2 项修改。）

第 151 条　禁止对外沟通

为确保调查顺利进行，法院可以应检察官的申请作出限制或者禁止被逮捕或者被羁押的人对外沟通和交流的决定，但限制或者禁止的期间不得超过 10 日。但根据本法典第 94 条第 6 款的规定，不得限制被追诉人与其律师和法院的接触，也不得禁止被追诉人接受适宜的医疗服务。

法院应当告知被追诉人的羁押负责机关执行该措施的方式。任何情形下，都不得将被追诉人关押于关押罪犯的牢房。

第 152 条　预防性监禁的临时限制

能证明实施预防性监禁的依据不再存在的，法院可以依其职权或者应当事人的申请命令终止预防性监禁的执行。

预防性监禁的期间超过可能被判处的徒刑一半时间的，或者超过未决上诉中规定时间的一半的，法院应当依其职权进行审理以考虑是否停止或者延长预防性监禁的期间。

第 153 条　无罪释放或者终止诉讼导致的终结预防性监禁

法院判处无罪释放并且下令最终或者暂时终止审理的，无论是否执行该决议，法院都应当终止对被告人的预防性监禁。

前款所指的情形中，为了保证被告人出庭的，可以执行本章第六节规定的措施。

第五节　预防性监禁和逮捕的共同要求

第 154 条　司法命令

采取预防性监禁或者逮捕，应当由法院作出书面命令并包含下列内容：

1. 被执行人的姓名。无法获得的，需包含个人信息。

2. 执行预防性监禁或者逮捕的理由。

3. 被立即移送至法院、羁押机构、实行预防性监禁或者逮捕的公共机关，或者留在其住所的指示。

情况紧急的，执行本条规定时不得违反本法典第 9 条的规定。

（本条根据 2005 年 11 月 14 日《官方公报》颁布的第 20074 号法第 1 条第 19 款修改。）

第六节　其他人身临时措施

第 155 条　其他人身临时措施的列举和应用

为保障调查顺利进行和社会安全、保护被害人的权利，保证被告人出席诉讼活动和执行判决，法院可以在完成调查后应检察官、自诉人或者被害人的请求，对被告人采取以下一项或者多项措施：

1. 被告人身处法院所在的城市以外的，可以在被告人的家中或者其指定地点完全或者部分地剥夺其自由。

2. 将被告人交予特定人员或者机构进行监视，并定期向法官汇报监视的情况。

3. 定期向法官或者指定的机构报到。

4. 禁止出国、离开居住地或者法院规定的区域。

5. 禁止参加特定的会议、进入特定区域、参与公共演出，或者到达特定地点。

6. 在不影响其辩护权利的前提下，禁止与特定的人员交流。

7. 禁止接近被害人以及其家属，或者有义务离开与被害人共同居住的地点。

法院应当根据情形合理采取上述措施，并进行必要的活动和通知保证该措施的实施。

上述临时措施的依据、持续时间、不服和执行依照预防性监禁的规定实施，只要不与本节规定相抵触。

（本条根据 2005 年 11 月 14 日《官方公报》颁布的第 20074 号法第 1 条第 20 款修改。）

第 156 条　其他人身临时措施的暂时中止

法院认为被告人不符合采取临时措施的目的的，可以应被告人的申请并听取检察官和预先传唤到庭其他诉讼参与人的意见，暂时撤销本节规定的措施。为此，法官可以要求其提供本法典第 146 条规定的担保。

第156-1条 特殊的临时措施

对通过欺诈获得医疗许可的案件进行调查时，法院可以根据本法典第155条规定的当事人的申请，在调查过程进行中及时下令停止颁发医疗许可证，或者以最快时间作出决定。

（本条根据 2012 年 5 月 11 日《官方公报》颁布的第 20585 号法第 12 条修改。）

大 洋 洲

巴布亚新几内亚

1963 年地区法院权力法[*]

第四章　程序的启动

第五部分　逮捕令

第 49 条　签署逮捕令

（1）包含以下内容的控告被提交法官处：

①该嫌疑人被认定在本国犯有可公诉的罪行；

②一个被认定有可公诉罪行并经巴布亚新几内亚法庭审理的人被怀疑在本国内。

地方法官应以第 2 款对该人签署逮捕令并使其出庭回应控告并依法由法官做进一步处理。

（2）在第 1 款提及的案件中，如果法官认为合适，在初审时他可以不对被告人签发逮捕令，而是发布一个传唤令。

（3）尽管签发了传票，法官还可以在传票中列明的时间之前或之后的任何时间签发逮捕令使被告人出庭。

第 50 条　初审的逮捕令

在一个向法官提出的控告中，被告人被认为对本国的罪行有过错或者应承担责任，那么该法官在发誓该控告的理由已被证实满足他的判断时，应签署一个初审逮捕令而不是传票逮捕被告人，并使其被带上法庭回应此控告并依法做进一步处理。

　＊ 本法由巴布亚新几内亚独立国国民议会批准，1966 年 1 月 4 日实施。本译本根据太平洋岛法律信息研究所官方网站（http：//www.paclii.org）提供的英语文本翻译。

第51条　逮捕令的执行

逮捕被告人以使其出庭受审的逮捕令应由被任命的警员执行或者总体交由本国所有警员。

第52条　应该执行逮捕令的任一警员

在逮捕令被送达到所有警员时，任何警员都可以像该逮捕令是依任命特别传达给他的一样执行该逮捕令。

第53条　逮捕令的格式

一个逮捕令应该：

①简要陈述已发现的罪行和控告原因；且

②描述被告人的姓名或其他基本信息；且

命令接收该逮捕令的警员抓捕被告人使其出庭回应本控告并依法做进一步处理。

第54条　逮捕令上关于保释的签注

（1）法官在签发逮捕令逮捕被告时通过在逮捕令上签注指导被逮捕人的保释事宜，无论具结保释的保证书是口头的还是书面的，是否需要保证人到场要依照此备注，且该批注应该固定有义务的委托人和保证人的数量。

（2）当依第1款签注之后，符合该签注的保证书将依第84条被接受，被告人也将被释放。

第55条　被捕的人被带上法庭

因犯罪被捕的人应该被带上法庭，或者一旦他被捕，法官就能提审他。

第56条　被捕人的保释

（1）当被告人因犯罪被捕但还没有被带上法庭时，法官可以：

①先把犯人交托给矫正机构、警察局拘留所或者其他安全地点，直到他可以被带上法庭并依法做进一步处理；

②在被关押的嫌疑人签署保证书后将其释放，以口头或者书面形式，有或者没有保证人，并在保证书列明的时间和地点出庭，被保释人的数量在法官自由裁量权范围内看上去是合理的。

（2）当一人因犯罪被捕，书记员和警察局负责的警察可以介入调查，除非书记员和警察局负责的警察认为该罪行极其严重，如果他们认为合适，可以在合理的数量范围内在被捕人签署保证书（口头或书面，有或没有保证人）之后将其释放，并使其在保证书列明的时间和地点出庭。

第五章　审　理

第三部分　还押候审

第 75 条　被告人的还押候审

当某人因可公诉的罪行被起诉，由于证人缺席或者其他合理的理由，推迟审理案件是必要的并明智的，法院在被告人出现或被带来之前可以不时推迟审理，周期在法院自由裁量权认为合理的范围内，但每次最多不超过 15 日，且可以：

①通过逮捕令将被告人还押候审在矫正机构、警察局拘留所或者其他安全地点，被看管直到约定的继续审理的时间到达；

②根据本法案，在他根据本法签署保证书之后命令释放在押犯人。

第 76 条　口头还押候审

如果第 75 条中提及的还押候审没有超过 7 日，法院可以口头命令监所里的管理人或任何其他由法院提名的人，在他的监所里看管被告人，并在规定的继续审理案件的时间和地点将他带上法庭。

第四部分　收监和保证书

第 83 条　对不出庭的逮捕令

如果被告人、证人或者其他人没有根据本法在保证书中列明的时间和地点出现，法院可以推迟审理，且可以根据第五部分的理解签署逮捕令。

第 86 条　逮捕被释放的人

（1）当保证书是以被释放人在某日主动出庭或者在国家法院被审讯为条件的，如果警察有合理的理由怀疑该人不会主动出现或自首，那么警察可以在约定的时间之前逮捕该人并将其带上法庭。

（2）根据第 1 款，审理被强制出庭人员的法庭可以：

①在根据保证书上列明的时间和地点将该人带上法庭或国家法院（根据案情）之前先将其置于矫正机构、警察局拘留所或者其他安全地点或者其他安全的监所；或

②在其签署保证书（有或没有保证人）的条件下释放在押的该人并且使其在保证书列明的时间和地点出现在法院或者国家法院（根据案情）；

并且，不论何种情况应解除第一份保证书。

第六章 可公诉的犯罪的程序

第二部分 保 释

第104条 死罪的保释

一个被指控犯了死罪的犯罪嫌疑人不应被允许保释，除非经过国家法院或者大法官的同意。

第105条 一般犯罪与刑罚的保释

（1）当一个人因为某个可诉的罪行（除了死罪）在法院被指控时，法院应该：

①同意他被保释，而不是将其交付法院根据第100条或第103条审讯或判决；或者

②将他交付审讯并且保证他被保释的权利。

（2）当一个因某个可诉罪行（除了死罪）被指控的人被交付矫正机构时，警察应该将其看管或者置于其他能够保证安全的场所或者采取其他安保措施，为了确保罪行审判的顺利进行，地方法官可以在庭前会议的第一日之前或者庭前会议休会之前允许被告人被保释。

第106条 交付审讯之后的保释

当一个被指控而且被允许保释或者可以授权保释的被告人被交付审讯、判决时，他所被交付的由地方法官组成的法院，可以在庭前会议的第一日之前或者庭前会议休会之前，允许被告人保释或者要求为保释提供担保。

第107条 保证金的数量和保证书的形式

（1）在这部分法律规定的情形下，当法院或地方法官被授权允许被告人保释时，他应该要求被告人以口头或是书面形式订立保证书，说明是否提供保证人，以确保被告人会在他应该被审判时出现。

（2）符合第1款的保证书应该对被告人产生约束力，约束他在被审判时准时出现在审判地接受对他的审判并且不会擅自离开法院。

第108条 批准保释

（1）一份同意被告人保释的批准应该载明被告人和担保人（如果有的话）在哪些方面应该被约束。

（2）根据第1款批准的保证书，可以和第84条的相关规定一致。

（3）当根据第1款向被告出示对保证书的批准时，地方法官可以立即保释被告人。

第 109 条　释放证明

因为某一犯罪被指控且已经获得保释的被告人被关押在矫正机构，警察已经采取了相应的安保措施，允许其被保释的法院或者地方法官应该送达释放证明。矫正机构的主管官员、看押的警察应该在接到释放证明且被告人没有其他指控时释放被告人，且释放不能拖延。

第 110 条　保证书的送达

当被告人被允许保释时，保证书的副本应该抄送检察院。

1977 年保释法 *

第一部分　序　言

第 1 条　解释

（1）在本法中，除非有相反的意思表示，"保释"是指无论是否受条件限制，批准释放在押人员；

"保释部门"是指根据本法案或者其他法律的授权或者要求，准予保释由某个人或者某个法院进行；

"保释证明"是指本法第 15 条中出具的证明；

"保释义务"，有关被准予保释人，是指本法第 17 条中规定的被准予保释人的义务；

"法院"是指除了乡村法院的任何法院，包括除了乡村法院的法官以外的任何法院的法官；

"保证人"是指保证被准予保释人履行保释义务的人；

"主管警官"，有关警察局的特殊时期，是指在特殊时期主管警察局的警官；

"监禁地"是指一种矫正制度，乡村拘留所或者警察局拘留所；

"警察"是指警察机关的成员。

（2）根据本法的目的：

（a）最高法院的司法管辖权高于任何其他法院的司法管辖权；

（b）国家法院的法官之间享有平等的司法管辖权；

＊ 本法由巴布亚新几内亚独立国国民议会批准，1977 年 11 月 3 日实施。本译本根据太平洋岛法律信息研究所官方网站（http：//www.paclii.org）提供的英语文本翻译。

（c）国家法院和国家法院的法官的司法管辖权高于第 4 项中地方法院和地方法院的法官的司法管辖权；

（d）地方法院之间和地方法院的法官之间享有平等的司法管辖权。

（3）根据本法的目的，行为人基于合理的理由形成确信，如果：

（a）行为人自己对某事形成确信；

（b）形成的确信是基于合理的理由。

第 2 条　适用

尽管有其他法律的规定，本法适用于被逮捕或者因犯罪被拘留的人。

第二部分　宣判无罪或有罪之前的保释

第一节　一般规定

第 3 条　第二部分的目标

本部分的目标是为了执行宪法第 42 条第 6 款关于人身自由的规定，该条规定除非司法利益有其他的要求，被逮捕或者因犯罪被拘留的人，除国会法案界定的叛国罪或者蓄意谋杀罪外，有权从逮捕或者拘留到宣判无罪或有罪期间的任何时候被保释。

第 4 条　仅限国家法院或者最高法院准予保释的特定情形①

（1）行为人非经国家法院或者最高法院准予不得保释：

（a）行为人被指控犯蓄意谋杀、杀人或者应处死刑的犯罪；

（b）行为人被指控犯强奸、应处死刑的拐带、版权侵权、入室盗窃、使用暴力盗窃或者抢劫、绑架、意图盗窃而袭击、携带枪械侵入办公楼或者住宅，不论在涉嫌的犯罪中是否使用枪械。

（2）根据本条第 1 款的规定，"枪械"包括仿制枪械，不论是否可以进行射击、发射子弹或者导弹。

第二节　考虑保释的情形

第 5 条　警方准予保释的特定情形

在遵守第 4 条情形下：

（a）行为人因犯罪被逮捕，拘留在警察局或者被警察拘留；

---

① 第 4 条已废止，1993 年《保释法》修正案（1993 年第 11 号法案）进行了修正。

（b）根据下列人员的意见，在合理期限内将行为人带至法庭是不可行的：

（i）警察局的主管警官；

（ii）警察机关的委任警官，

警官在得出意见后根据第9条之规定对行为人准予或者拒绝保释。

第6条 申请保释的时间

（1）行为人可以在被逮捕或者被拘留之后或者诉讼程序的任何阶段向法院提出保释申请。

（2）法院考虑保释申请，在法院确信在具体情况下没有采取合理步骤通知被调查者提出保释申请的情形下。

（3）在遵守第4条的情形下，法院将根据第9条之规定准予或者拒绝保释。

第7条 保释中止

在遵守第4条的情形下，被拘留的行为人涉及任何的诉讼程序，包括交付国家法院审讯或者宣判的诉讼程序，法院在每种情形下都会中止定罪之前的诉讼程序，并根据第9条之规定对行为人准予或者拒绝保释。

第8条 交付审讯或宣判后的保释

在遵守第4条的情形下，法庭将被拘留的行为人送交国家法院审讯或者宣判，根据第9条之规定对行为人准予或者拒绝保释。

第三节 在保释问题上考虑影响判决

第9条 拒绝保释的特定理由①

（1）在本节中保释部门需要考虑是否准予保释，满足下列一个或者一个以上情形，保释部门可以拒绝保释：

（a）如果准予保释，被拘留的行为人不会出现在审判中；

（b）指控的犯罪属实同时行为人被保释；

（c）被拘留的行为人参与下列指控的行为或者犯罪：

（i）严重的袭击；

（ii）对另一人的暴力威胁；

（iii）持有枪械，仿制枪械，其他攻击性武器或者爆炸物。

（d）如果行为人不被拘留可能会犯可被起诉的罪行；

（e）为了行为人自身的保护而有必要拘留；

（f）行为人可能会干扰证人或者启动诉讼程序的人；

---

① 1982年第11号法案第1条修订。

（g）指控的犯罪包括未被追缴有实体价值的财产，如果释放行为人，行为人会掩饰隐瞒或者在其他方面处置该财产；

（h）根据 1975 年《引渡法案》正在执行的引渡程序，需要引渡被拘留的行为人；

（i）除了根据处方个人医疗用药之外，指控的犯罪包括持有、进口或者出口麻醉药品；①

（j）指控的犯罪是违反假释的一种情形。

（2）在本条下法院考虑问题不是必须适用证据的技术性规则，而是将技术性规则作用于可利用的信息。

（3）根据本条第 1 款第 9 项之目的，1951 年《海关法》给出了"麻醉药品"的意思。

第三部分　定罪之后准予保释

第 10 条　定罪之后、宣判之前的保释

法庭判定行为人有罪，但在判决作出之前中止诉讼程序，法庭可以在自由裁量权范围内对行为人准予保释。

第 11 条　提出上诉后保释

行为人提出上诉反对他的定罪或者量刑或者两者都反对，上诉的法院是：

（a）判定行为人有罪的法院；

（b）有相同司法管辖权的法院；

（c）有更高司法管辖权的法院；

上诉法院可以在自由裁量权范围内，根据上诉人的申请或者代表上诉人，在上诉听证会召开之前对上诉人准予保释。

第 12 条　上诉听证会期间的保释

上诉听证会期间诉讼程序中止，法院可以在自由裁量权范围内，根据上诉人的申请或者代表上诉人，对上诉人准予保释。

第四部分　拒绝保释的程序

第 13 条　拒绝保释后的进一步申请

（1）地方法官对行为人拒绝保释，行为人有权立即向国家法院的法官提

---

① 1991 年《保释法》相应修正案增加（1991 年第 34 号法案）。

出申请，如果他非常希望保释的话。

（2）国家法院的法官对行为人拒绝保释，行为人有权立即向最高法院提出申请，如果他非常希望保释的话。

（3）对于本条第1款或者第2款中提出的申请，申请人需要出具第16条规定的拒绝保释理由的文书。

（4）不论保释是否被拒绝，本条第1款或者第2款中提出的申请是：

（a）根据本法案，包括本条或者任何其他的法律；

（b）根据申请。

第五部分　准予或者拒绝保释的程序

第14条　被准予保释人不需要在场
尽管被准予保释的行为人不在保释部门现场，仍然可以对其准予保释。

第15条　保释证明
（1）根据本条第3款的规定，保释部门在准予保释时应当向行为人出具一份保释证明：

（a）说明行为人享有保释的权利；

（b）如果保释有特定条件的要求，行为人符合该条件；

（c）包含法定的其他情形。

（2）除非法定代理人或者其他代理人要求，被准予保释的行为人将出卖其财产直至保释义务履行完毕。

（3）行为人在交付国家法院审讯或者宣判时被准予保释，法院的书记员需要尽快将保释证明移交：

（a）本案检察官；

（b）本案公共律师。

（4）将被准予保释行为人送至监禁地监禁，直至符合某种情形时予以释放，保释证明附属于承诺书。

（5）根据本条第1款法院出具关于在保释时行为人不在保释部门现场的保释证明，法院司法常务官或者书记员需根据具体情况将保释证明转送行为人，行为人被拘留的，其主管人员需确保将保释证明尽快送交行为人。

第16条　提供和记录拒绝保释的原因
（1）保释部门拒绝保释时，需要将拒绝保释的原因以书面形式提供给被拘留的行为人或者他的法定代理人。

（2）无论行为人是否申请，保释部门都应确保在拒绝保释时记录拒绝保释的原因：

（a）如果保释部门是警察局的主管警官或者警察机关的委任警官，记录行为人在警察局被拘留时的逮捕登记；

（b）如果保释部门是法院，在法院文书中记录针对行为人的指控。

第六部分　关于保释的义务和条件

第 17 条　被准予保释人的义务

被准予保释人：

（a）应当出现在保释部门指定的时间和地点，以及出现在诉讼过程中不时中止的听证会的每一次时间和地点；

（b）应当符合第 18 条规定的所有条件。

第 18 条　准予保释受条件限制

（1）根据本条，保释部门准予保释受条件限制，包括行为人在释放之前应遵守的条件，但是保释部门应该确保保释条件满足：

（a）不会过分干涉行为人的家庭生活；

（b）不会干涉行为人合法的谋生方式或者工作；

（c）除了当需要行为人出庭时有必要确保其出庭外，不会干涉行为人政治行动自由的权利；

（d）不会导致行为人的财政困难；

（e）在任何情况下不是不合理的。

（2）保释部门规定了行为人在释放前应遵守的条件，在保释证明上保释部门应保证行为人或者同类行为人经查证核实符合该条件。

（3）除非保释证明有相反的意思表示，任何人都可以以被准予保释行为人的名义履行行为人释放前应遵守的任何条件。

第 19 条　保证人

（1）保释部门规定保释的条件之一是不少于 2 个保证人同意保证被准予保释人会在审判的时间和地点出庭以及如果有规定保释条件，保证人保证被准予保释人遵守该条件。

（2）根据本条第 1 款，除非保证人被批准，保释部门不要求任何保证人做任何保证。除非存在被准予保释人有不会出庭或者如果有规定保释条件，被准予保释人不会遵守该保释条件的趋势。

（3）如果保释部门是法院，则可以授权警察机关的委任警官或者警察局的主管警官批准某人成为保证人。

（4）保释部门或者本条第 3 款授权下的警官不能拒绝批准某人成为保证人，除非保释部门或者被授权警官基于合理理由确信拟定保证人不会承担本条第 1 款要求的保证义务。

（5）保释部门可以要求保证人：

（a）为了担保保证人的保证而交付一定金额；

（b）如果被准予保释人没有在审判的时间和地点出庭或者没有遵守保释条件，保证人向州政府支付一定金额。

（6）对于本条第 5 款提到的一定金额，保释部门应当考虑保证人的财政状况。

（7）如果被准予保释人没有在审判的时间和地点出庭或者如果有规定保释条件，被准予保释人没有遵守该保释条件，法院可以作出下列裁定：

（a）将保证人交付金额的全部或者部分支付给州政府；

（b）根据本条第 5 款保证人向州政府支付应支付金额的全部或者部分。

（8）受本条第 7 款裁定影响的保证人，可以在裁定作出之日起 14 日内向作出该裁定的法院提出变更或者撤销裁定的申请。

（9）法院在收到本条第 8 款的申请后，可以在这种情况下作出任何它认可的裁定。

第七部分　保释的变更、撤销等

第 20 条　保释的变更

（1）根据本条第 2 款，涉及诉讼的被准予保释人或者参加诉讼的另一方，可以在合理地通知了另一方之后向法院提出变更保释条件的申请。

（2）本条第 1 款中的申请应当向不低于享有准予保释司法管辖权的法院提出。

第 21 条　保释的撤销

（1）如果认为撤销对行为人的保释有合理的理由，当行为人出庭或者被带至法庭时，法庭需要考虑是否撤销对行为人的保释。

（2）法庭在听取完所有证据之后，包括被准予保释人的陈述以及如果有证人，听取完其证人的证言，确信条件符合，法庭会：

（a）撤销保释，免除行为人的保释义务，将行为人送至监禁地；

（b）根据本条第 3 款，变更保释条件。

（3）如果被准予保释人有保证人，法庭不应让保证人承担比没有最初征得保证人同意的现存保释条件还重的保释条件。

第 22 条　没收保释金

（1）被准予保释人违反或者没有遵守保释义务，法庭可以作出没收其全部或者部分保释金的裁定来确保保释义务的履行。

（2）根据本条第 3 款的规定，本条第 1 款下作出的裁定：

（a）关于行为人违反保释义务时支付保释金的情形，行为人应向州政府支付的金钱不超过应支付的保释金的裁定视为法庭的裁判；

（b）关于保释金，裁定可以授权将支付的全部或者部分保释金归入统一收入基金。

（3）根据本条第 1 款受裁定影响的行为人，可以在裁定作出之日起 14 日内向作出该裁定的法院提出变更或者撤销裁定的申请。

（4）法院在收到本条第 3 款的申请后，可以在这种情况下作出任何它认可的裁定。

第八部分　其他方面

第 23 条　准予出国的特定情形

（1）由于紧急的个人原因或者工作原因，被准予保释涉及诉讼的行为人在诉讼开始或者结束之前需要临时出国，可以在合理地通知了另一方之后向国家法院或者最高法院提出申请。

（2）除非法院确信行为人会回国参加诉讼，否则不会同意行为人的出国申请。

（3）根据本条同意出国申请受条件限制。

（4）根据本条行为人可以在申请保释的同时申请出国。

（5）根据本条准予出国，需要批注在给被准予保释人的保释证明上。

第 24 条　其他法律中的准予保释

本法案中准予保释的规定是另外的，没有减损任何其他法案或者下位法律中关于准予保释规定的效力。

第 25 条　错误拒绝保释的民事救济

（1）警察应对行为人承担赔偿损失的责任：

（a）根据第 5 条错误地拒绝对行为人准予保释；

（b）违反第 18 条的规定给行为人强加保释条件；

（c）根据第 19 条错误地拒绝批准某人成为行为人的保证人。

（2）根据本条第 1 款的规定，在下列法院起诉：

（a）国家法院；或者

（b）地方法院。

在地方法院起诉，1963 年《地区法院权力法案》中规定了地方法院司法管辖权的范围。

（3）根据本条第 1 款的规定起诉，法院可以判处支付惩罚性赔偿金。

（4）本条的规定是另外的，不会减损宪法或者其他法律中关于宪法权利、权力、义务、限制或者禁止的执行的规定的效力。

第 26 条　特定普通法之权力与义务的废止

废止由普通法授权关于保释的所有权力、功能、义务和责任的规定。

第 27 条　规章

国家元首根据建议可以制定与本法案不相抵触的规章，规定依照本法要求或者允许作出相关规定或者为了本法的执行或者生效有必要作出的相关规定。

第 28 条　犯罪①

行为人符合下列情形构成犯罪：

（a）行为人构成犯罪，刑罚是或者包括 12 个月以上的监禁刑；

（b）行为人被准予保释；

（c）行为人没有遵守保释义务。

符合上诉情形，应处不超过 12 个月的监禁刑。

巴布亚新几内亚立法建议办公室

---

① 1982 年第 11 号法案第 2 条增加。

斐 济

2009 年刑事诉讼法[*]

第三章　逮捕权力和程序

第一节　一般性的逮捕规定

第 10 条　实施逮捕的程序

（1）任何根据本法或者其他法律的授权实施逮捕的警察或者其他人应当确实触碰到或者限制被逮捕人的身体，除非以语言或者行动的方式将该人置于拘禁状态。

（2）如果一个人以暴力形式反抗逮捕，或者试图逃避逮捕，那么本法授权实施逮捕的警察或者任何人可以使用所有的必要手段进行逮捕。

（3）在实施逮捕时，不允许使用超越特定逮捕情况下可以合理使用的过重的暴力手段，或者超越为了抓获罪犯而有必要实施的过重的暴力手段。

第 11 条　进入场所并对场所进行搜查的权力

（1）如果任何依据逮捕令状采取行动的警察或者其他人有理由相信被逮捕人已经进入或者处于某一场所，那么居住在这一场所或者该场所的负责人都应当：

（a）允许警察或者其他执行逮捕的人自由进入该场所；并且

（b）为搜查该场所提供所有合理的设备。

（2）如果无法根据第（1）款的规定进入某一场所，那么应当允许该人依据逮捕令状依法进入并搜查该场所。并且，逮捕令状可能已经签署，但警察为了不给被逮捕人提供逃匿的机会而未取得该令状，在这种情况下警察也可以进入并搜查这个地方。

＊　本法于 2009 年 10 月 5 日由斐济共和国前副总统埃佩利·奈拉蒂考签署颁行。本译本根据斐济政府官网提供的英语文本翻译。

（3）如果警察在告知了其权限和目的，并要求进入某一场所之后，依然无法进入该场所，那么为了根据第（2）款的规定有效进入该场所，警察可以：

（a）破开该场所的任何外设或者内设的门或窗；或者

（b）通过其他方式进入该场所。

第 12 条　破门而出的权力

任何警察或者任何有权执行逮捕的人可以从任何房屋或者场所破门而出，为了以下目的：

（a）使自己获得自由；

（b）使任何为了执行逮捕合法进入该房屋或者场所，却被扣押在里面的人获得自由。

第 13 条　不得使用不必要的限制措施

不得对任何人使用足以阻止逃匿以外的限制措施。

第 14 条　对被逮捕人的搜查

（1）若公民根据本法被逮捕，警察可以对其进行搜身和搜查任何属于该人或者受其控制的物品，并且应当将所有找到的物品放置在安全的保管场所。

（2）当根据第（1）款的规定执行权力时，警察应当保证被逮捕人穿必要的衣服的权利。

（3）根据其他任何关于搜查权的法律规定，搜查被逮捕人的权力并不包括检查他或她的个人私密部位。

（4）若根据本条的规定一个人的财产被取走，且此人最终未受到任何犯罪行为的指控，那么应当根据实际情况在不对此人进行指控的裁判作出之后，尽快将其财产予以返还。

第 15 条　警察拘留和搜查的权力

（1）如果警察有理由相信任何物品存在如下情况之一，该名警察可以行使第（2）款所规定的权力：

（a）该物品是盗窃的赃物或者是非法获取的；或者

（b）该物品与某一个已经发生、正在发生或者即将发生的犯罪行为有关；并且

（c）该物品正在通过某人、某交通工具、某包装或者其他方式进行传递；或者

（d）为了传递该物品，该物品被隐藏或者放置在某交通工具或者某包装中；或者

（e）该物品在公共场所被隐藏在某人身上或者由某人携带。

（2）基于第（1）款的理由，警察可能在没有令状或者其他书面授权的情

况下：

（a）拘留并搜查任何这样的人、交通工具或者包装；并且

（b）占有并扣留任何这样的物品（以及放置它的包装，如果有），如果警察有理由怀疑：

（i）该物品是盗窃的赃物或者非法获取；或者

（ii）该物品与某一警察有理由怀疑的已经发生、正在发生或者即将发生的犯罪行为有关；并且

（c）拘留传递、隐藏或者携带该物品的人。

（3）当任何物品正处在邮递过程中时，第（2）款规定的权力不应当被行使，除非在邮寄过程中，该物品已经或者被怀疑已经具有欺诈嫌疑。

（4）如果有理由怀疑任何船只或者航空器正在装载盗窃的赃物或者非法获取的物品，具有警司级别或者高于警司级别的警察可以：

（a）在不具备令状并且有或没有协助的情况下登上该船只；

（b）在认为必要的合理时间内停留在该船上；

（c）在有或没有协助的情况下搜查该船只的任何部位；

（d）在索要钥匙但被拒绝的情况下，破开任何的容器；

（e）当发现有理由怀疑是盗窃的赃物或者非法获取的财产时，占有并扣留这些财产；

（f）拘留拥有（e）项所规定的任何财产的人；并且

（g）当任何人正在从船只上转移任何这样的财产，或者在此人带着被转移或其所有的财产登陆之后，对其进行追赶并扣押。

（5）警察可以在公共场所扣押具有如下情形的物品：

（a）该物品附带有与犯罪行为的实施有关的证据；并且

（b）存在使该物品正在被转移或者正在接受某种阻止它们成为证据处理措施的可能性。

（6）应当根据无令状拘留的程序处理所有根据本条规定被拘留的所有人。

第 16 条　同性别的警察采取的搜查

（1）对被逮捕人执行的所有搜查行为都只能由与被逮捕人同性别的警察执行。

（2）在没有与被搜查人同性别的警察执行该搜查时，可以安排同性别的合适人员执行该项搜查行为。

（3）在所有情况下，搜查的执行应当严格尊重个人的尊严。

第 17 条　扣押犯罪武器的权力

尽管本法存在其他规定，根据本法执行逮捕的警察或者其他人可以从被逮

捕人身上带走行凶工具，并且应当将从该人身上带走的所有物品交给发出逮捕命令的警察。

第二节　无令状逮捕

第 18 条　警察实施的逮捕

在没有治安法官的命令也没有令状时，任何警察可以在以下情况下逮捕任何人：

（a）该人被警察基于合理理由怀疑实施了可诉性犯罪行为（不管该犯罪行为可否适用简易程序进行裁判）；

（b）该人在警察在场时实施了犯罪行为；

（c）该人阻止警察履行其职责，或者从任何合法的拘禁状态中逃跑或者试图从任何合法的拘禁状态中逃跑；

（d）该人所拥有的财产被合理怀疑可能属于盗窃赃物，或者可能被用于实施某犯罪行为；

（e）该人被警察基于合理理由怀疑是斐济警察部队、斐济军队或者斐济监狱警察部队的逃兵；

（f）警察于夜间在任何高速公路、任何场地或者其他任何地方发现该人，并且合理怀疑其实施了犯罪行为或者正打算实施犯罪行为；

（g）警察合理怀疑该人在斐济以外的地区实施了犯罪行为，且该犯罪行为如果发生在斐济，则属于可罚性犯罪行为，并且在斐济可以依法对其进行抓捕和拘留；

（h）该人在没有合法理由的情况下拥有任何侵入家宅的工具（该人承担证明存在合法理由的责任）；

（i）该人是释放在外的罪犯，并且该人的行为依照法律规定违反了释放该人的条件；并且

（j）警察有合理理由相信逮捕该人的令状已经签发。

第 19 条　确认姓名和居所

（1）警察可以逮捕任何在该警察在场的情况下实施了犯罪行为的人，或者任何被控诉实施了犯罪行为的人，并且该人：

（a）拒绝向警察提供其姓名和居所；或者

（b）警察有理由怀疑其向警察所提供的姓名和居所是错误的。

（2）一旦确认了被逮捕人根据第（1）款的规定所提供的姓名和居所是真实的，并且如果该人根据要求签署了保证书并注明是否有保证人，以保证将出

席治安法官的审理程序，那么该人就应当被释放。

（3）如果根据第（2）款的规定正在接受处理的人并不居住在斐济，那么该保证书必须包含一名或者多名居住在斐济的保证人。

（4）被逮捕人应当尽快被带到最近的拥有管辖权并最早开庭的治安法官面前，如果存在下列情况：

（a）在被逮捕后的 24 小时之内无法确认被逮捕人的真实姓名和居所的；或者

（b）被逮捕人无法执行保证书或者没有按照要求提供足够的保证人。

第 20 条　处理被逮捕人的程序

在没有令状的情况下执行了逮捕的警察应当毫不迟延并根据保释权的相关法律规定，将被逮捕人带到或者送至治安法官面前，或者带到或送至具有警司职位或者高于警司职位的警察面前。

第 21 条　其他法定公职人员被授予的警察权力

（1）该部分所规定的警察权力可以由任何适当指派的巡视员、看守人或者其他公职人员执行，这些人员依法处理以下情况：

（a）斐济约定书的控制；

（b）斐济环境保护；

（c）任何根据法律规定用于指控罪犯实施了刑事犯罪行为的管理制度。

（2）任何根据第（1）款的规定被逮捕的人应当根据本法第 23 条的规定被移送给警察。

第 22 条　私人实施的逮捕

（1）任何私人可以逮捕那些在其在场时实施可诉性犯罪行为的人（不管该犯罪行为可否适用简易程序进行审理），或者逮捕那些其合理地怀疑已经实施了可诉性犯罪行为的人（倘若一项犯罪行为已经发生）。

（2）正在实施犯罪行为（包括伤害犯罪或者财产犯罪）的人可以在没有令状的情况下被下列人员逮捕：

（a）财产的所有者；或者

（b）财产所有者的任何雇员；

（c）财产所有者授权的任何人。

第 23 条　被逮捕人被移送给警察

（1）任何私人在没有令状的情况下逮捕其他人的，应当毫不迟延地将被逮捕人移送给警察，或者在没有警察的情况下将被逮捕人带到最近的警察局。

（2）如果有理由相信被逮捕人属于本章所规定的其中一项可由警察实施的无令状逮捕，那么警察应当重新逮捕该人。

（3）应当根据第 19 条的规定对被逮捕人进行处理，如果有理由相信被逮捕人已经实施了某种犯罪行为，并且被逮捕人具有下列情形之一：

（a）拒绝根据警察的要求提供其姓名和居所；或者

（b）警察有理由相信其所提供的姓名或者居所是错误的。

（4）如果没有足够的理由相信被逮捕人已经实施了任何犯罪行为，应当在该决定作出之时尽快将其释放。

第 24 条　拘留无令状逮捕的人

（1）本章的规定服从于任何处理保释被逮捕人的法律。

（2）当任何人已经因为谋杀罪或者叛国罪之外的某种犯罪行为在无令状的情况下被拘禁，那么

（a）在任何案件中可以；并且

（b）如果情况表明无法在该人被拘禁的 24 小时之内将其带到合适的治安法院，那么应当由与该人身材相仿或者比其身材更为高大的警察对案件进行讯问，并且除非该犯罪行为在警察看来较为严重，在该人签署了保证书并且保证书对该人何时何地在治安法院接受审理进行了合理规定的情况下，警察应当释放该人。

（3）在进行了正当的警察讯问之后，警察认为所揭示的证据不足以继续进行指控程序，那么具有警司职位或者高于警司职位的警察可以释放涉嫌实施任何犯罪行为的被逮捕人。

（4）当被逮捕人处于拘禁状态下，应当根据该被逮捕人的实际情况尽快将其带至治安法院接受审理。

第 25 条　治安法官在场时实施的犯罪行为

当任何犯罪行为是在治安法官在场时实施的，该治安法官可以逮捕或者命令任何人逮捕该罪犯，并且可以根据本法的规定以及任何规定保释权的法律对被逮捕人进行处理。

第 26 条　治安法官可以指示逮捕

只要治安法官在当时并且在该情况下有权签署逮捕某人的令状，治安法官可以在任何时候指示对其进行逮捕。

第三节　逃匿和重新抓捕

第 27 条　逃匿和重新抓获逃匿人员

当任何人从合法的拘禁中逃匿，该拘禁管理人员可以立刻在斐济的任何地方对该人进行追赶和抓捕。

第28条　在重新抓捕中可以行使的权力

尽管实施逮捕的人员是在没有令状的情况下采取行为，并且不是拥有逮捕权的警察，但本法第27条所规定的逮捕行为应当适用本章关于搜查、进入某一场所以及释放被拘留人的权力的规定。

第八章　强制被告人出庭

第一节　传　讯

第76条　传讯的形式和内容

（1）根据本法每个由法院所签署的传讯书都应当是：

（a）书面形式；

（b）一式两份；并且

（c）由一名法官或者治安法官签名，或者由首席法官或者首席治安法官可能授权的法院其他公职人员签名。

（2）每个传讯书都应当被送往被传讯的人手中，并且应当要求该人在传讯书中所指定的时间和地点到有权处理该起诉或者指控的法院出庭。

（3）每个传讯书都应当对该传讯所签署的被告人的犯罪行为进行简要陈述。

（4）传讯书还可以要求任何其他人出席刑事诉讼程序的审理，如果此人：

（a）是因某犯罪行为被指控的未成年人的父母；或者

（b）是根据任何法律的要求需要出席刑事诉讼程序审理的人。

第77条　传讯的发出

（1）如果可行的话，每个传讯都应当以将传讯书送达被传讯的人或者向被传讯人提供传讯书的副本的方式向被传讯人作出。

（2）每个传讯都应当自其签署之日起12个月之内作出。

（3）法院可以延长传讯作出的时间，如果该传讯没有在第（2）款所规定的时间内发出。

第78条　无法找到被传讯人时传讯发出的程序

当在尽职的情况下无法找到被传讯人，该传讯可以以将副本留给以下人员的方式发出：

（a）被传讯人家庭的一名成年成员；或者

（b）与其居住在一起的其雇员；或者

（c）被传讯人的雇主。

第 79 条　无法有效发出传讯时的程序

如果根据前述条文的做法，在尽职情况下无法有效发出传讯的，作出该传讯的人应当将传讯书的副本粘贴在被传讯人通常居住房屋的明显位置，视为该传讯已经被适当发出了。

第 81 条　向斐济境内的任何地点发出传讯

传讯可以向斐济境内的任何地点发出。

第 82 条　当作出传讯的公职人员缺席时如何证明传讯的发出

（1）下列情况下，在治安法官或者监誓员面前制作的，并表明传讯已经作出的宣誓书应当被采纳为证据：

（a）作出传讯的人没有出席案件的审理；

（b）在任何案件中，由法院签署的传讯已经在本法院辖区之外作出。

（2）第（1）款规定的宣誓书中所作出的陈述应当被认为是正确的，除非存在反证。

（3）第（1）款规定的宣誓书可以作为传讯书副本的附件并返还给法院，本法院应当认识到该宣誓书是证明传讯已经发出的证据。

第二节　逮捕令状

第 84 条　签署传讯之后的令状

（1）尽管已经签署了传讯，但是在传讯书要求被告人出庭的时间之前或之后仍然可以签署令状。

（2）在传讯书要求追诉人出庭的时间之前，不得根据第（1）款的规定签署令状，除非已经承诺作出起诉。

第 85 条　被违反的传讯

如果被告人没有在传讯书中所指定的时间和地点出庭，并且没有第 83 条规定的被免除亲自出庭责任的情形，那么法庭可以签署令状抓捕被告人并且要求将其带至法院。

第 86 条　逮捕令状的形式、内容和期限

（1）逮捕令状应当由以下人员处理：

（a）签署该令状的法官或者治安法官；或者

（b）根据法官或治安法官的特殊指示而接受指派起草令状并在令状上签名的法院公职人员。

（2）每个令状都应当包括以下内容，以答辩指控并根据法律进行进一步的处理：

（a）简要陈述其所针对的人被指控的犯罪行为；并且

（b）写明其所针对的人的姓名，或者对其进行描述；并且

（c）命令其所指示的一人或多人抓捕其所针对的人，并且

（i）将该人带至签署该令状的法院；或者

（ii）带至对该案件具有管辖权的其他法院。

（3）每个这样的令状在其被执行或者被签署它的法院取消之前都应当是有效的。

（4）根据以下情况被指派的法院公职人员，可以恢复被法院决定取消的任何令状的效力：

（a）法官或者治安法官的特别指示；或者

（b）首席法官或者首席治安法官的任何一般性授权。

第 87 条　法院可以指示采取保证措施

（1）任何法院签署了逮捕令状，并且该令状所针对的人所实施的犯罪行为并非谋杀罪或者叛国罪，本法院可以根据它的自由裁量权以背书的形式作出指示，如果该人作出保证书并提供足够的保证人，保证在以下时间出席法庭：

（a）在特定的时间；并且

（b）法庭所指示的之后任何时间；

那么该令状所指示的公职人员应当接受该符合要求的保证，并应当将该人从监禁中释放。

（2）该背书应当写明：

（a）保证人的数量；

（b）他们与逮捕令状所针对的人所分别承担的责任份额；和

（c）该人出席法庭的时间。

（3）每当本条所规定的保证被接受，令状所指示的公职人员应当向法院提交该保证书。

第 88 条　可以执行令状的人

（1）逮捕令状对所有警察均具有普遍指示功能，但是法院可以指示该令状由以下人员执行：

（a）土地运输部门中的任何公职人员，当该犯罪行为触犯了由该部门所执行的法律；或者

（b）法律所授权的任何其他公职人员，可以执行规定了刑事犯罪行为的某一法律。

（2）如果有必要立刻执行令状，并且当时没有警察，那么任何签署该令状的法院可以指示任何其他一人或多人执行该令状，并且这个人或者这些人应

当执行该令状。

（3）当令状指示由多于一名公职人员或者其他人员执行，那么可以由他们所有人或者其中任何一人或多人执行。

第 89 条　令状实质性内容的告知

警察或者其他执行逮捕令状的人应当在逮捕的时候将令状的实质性内容告知被逮捕人。

第 90 条　被逮捕人被毫不迟疑地带至法院

根据逮捕令状被逮捕的人应当（根据第 87 条关于保证的规定）在其依法应被带至法院的时间之前毫不迟疑地被带至法院。

第 91 条　在斐济境内的任何地方执行

逮捕令状可以在斐济境内的任何地方执行。

第 92 条　在没有管辖权的情况下的逮捕程序

（1）当逮捕令状在签署它的法院的辖区之外执行，除非签署令状的法院比逮捕所在地的法院更近，或者除非根据本节规定作出了保证，否则被逮捕人应当被带至执行逮捕所在辖区的治安法官面前。

（2）根据第（1）款的规定，如果被逮捕人是签署令状的法院所意欲逮捕的人，那么治安法官应当指示他或她从监禁中被移送到签署令状的法院。

（3）如果该人：

（a）因为谋杀罪或者叛国罪以外的犯罪行为被逮捕的；并且

（b）其将根据治安法官的要求提供保释；或者

（c）如果根据本法第 87 条的规定，已经在令状上对一项指示进行了背书，并且该人准备将根据该指示的要求作出保证；

那么治安法官可以接受这样的保释或者保证，并向签署令状的法院提交该保证书。

（4）不应当根据本条规定禁止警察或者其他执行令状的人根据第 87 条的规定接受保证。

第 93 条　令状中的不规范之处

（1）以下不规范之处不应当在案件审理或者后续程序中对程序的有效性产生影响：

（a）令状在实质内容或者形式上的不规范或者错误；

（b）与书面起诉书或者检察官起诉书的不同之处；或者

（c）在任何诉讼程序或者审判中，书面起诉书或者检察官起诉书与控诉部分所提出的证据的不同之处。

（2）如果任何在法庭上出示的不同之处使被告人受到欺骗或者误导，那么法院可以根据被告人的要求，将案件的审理推迟，同时将被告人进行还押或者同意对其进行保释。

马绍尔群岛

刑事诉讼法 *

第二部分　命令和逮捕令

§103　警方义务性传达命令

（1）在任何刑事诉讼、所有藐视法庭的诉讼及青少年犯罪诉讼中，按照法律以及法律规定的程序规则，所有命令均应由熟悉相关程序的警务人员义务性传达，负责传达该等命令的警务人员应亲自或通过其他警务人员及时执行或传达该命令。

（2）本节包括的命令涉及在任何藐视法庭的民事诉讼或青少年犯罪诉讼以及所有刑事诉讼中发出的某人不应被判藐视法庭的命令及原因、对某人的扣押令、传票以及所有其他命令（包括代替任何前述命令的口头命令）。［TTC 1966 年，§489；12TTC 1970 年，§51；12 TTC 1980 年，§51.］

§104　无逮捕令的逮捕限制

如未取得逮捕令，不得逮捕任何相关人，除非宪法第三节第 2 条以及与之一致的决策法律另有规定，也就是说，没有足够的时间取得逮捕令。［TTC 1966 年，§456；12 TTC 1970 年，§52；12 TTC 1980 年，§52.］［经 P. L. 2005—33 修订］

§117　逮捕时使用武力

在任何情况下，如果正在被逮捕的人拒捕或者企图逃跑，可使用必要的武力强制逮捕该人。［TTC 1966 年，§459；12 TTC 1970 年，§65；12 TTC 1980 年，§65.］

---

　　* 本法由马绍尔群岛共和国议会批准。本译本根据马绍尔群岛共和国议会官网提供的英语文本翻译。

§118 个人对被捕人的处置

进行逮捕的任何个人应将被捕人移交给警务人员或法官，不得有任何非正当的拖延，并应说明逮捕的原因。除非涉及运输困难，或无法立即确定警务人员或法官的所在地，在白天或傍晚，该拖延不得超过 12 个小时，在夜间，该拖延不得超过次日上午 10 时。[TTC 1966 年，§462；12 TTC 1970 年，§66；12 TTC 1980 年，§66.][经 P. L. 2005—33 修订]

§119 警务人员对被捕人的处置

由警务人员逮捕的人，或由个人逮捕后移交给警务人员的人，应移交给负责审判被指控犯罪的该被捕人的法院，不得有任何非正当的拖延，并须符合下列情况：

（a）如果保释金已经确定，应接受该保释金，并应按照发出逮捕令的法院或接受移交案件的法院的命令，释放被捕人。允许被捕人通过警务人员或其他人采用电话、传真、信使或其他快捷方式给可能协助办理保释事宜的人发送消息，可获得提高保释金的合理机会；但是，该消息的发送费用不得由马绍尔群岛政府支付，但被捕人可向政府预付费用。

（b）如果将被捕人移交负责审判的法院明显不可行，即使缴纳保释金或有个人担保，该被捕人也不得被释放，他应被移交给法官，并不得有任何非正当的拖延。法官应判处被捕人监禁、无罪释放或在缴纳保释金或者有个人担保时获释。如果可移交给地方法院的法官，被捕人应被优先移交给该法官。[TTC 1966 年，§463；12 TTC 1970 年，§67；12 TTC 1980 年，§67，经修改。][经 P. L. 2005—33 修订]

第三部分 搜查和扣押

§123 与逮捕有关的搜查和扣押

（1）进行逮捕的任何人可以解除被捕人可能持有的所有进攻性武器，也可搜查被捕人及其控制的场所、收益和相关文书，一旦发现犯罪证据，即可扣留。

（2）被拿走或扣押的任何财产，应当及时移交给警务人员或授权签发逮捕令的官方，以便依法处理。

（3）本节授权的行动均无须申请搜查令。[TTC 1966 年，§460；12 TTC 1970 年，§101；12 TTC 1980 年，§101.]

§124 破门进行逮捕

如须进入建筑物或船舶进行逮捕，但无法从门口进入，逮捕重罪罪犯的任何人或警务人员可破门逮捕该罪犯。在破门或消除其他障碍前，他应事先大声要求开门，并声明他有逮捕令，或有代替书面逮捕令的口头命令，或者，如果即使没有逮捕令，而逮捕也合法的情况下，他必须大声声明。只要可行，该等要求和声明应以当地一般可理解的语言作出。〔TTC 1966 年，§ 461；12 TTC 1970 年，§ 102；12 TTC 1980 年，§ 102.〕

§ 125— § 135　保留

〔经 P. L. 2005—33 废除〕

§ 136　违规行为对签发搜查令的影响

任何技术或其他原因造成的错误或遗漏不得使法院或官方授权签发搜查令的程序失效，也不得使在该等程序中产生的任何发现、命令或判决作废，除非审理上诉案件或其他案件的审查机关或法院认为，该等错误或遗漏已损害了被告人。〔TTC 1966 年，§ 497；12 TTC 1970 年，§ 114；12 TTC 1980 年，§ 114.〕

密克罗尼西亚

刑事诉讼法典[*]

第二章　诉讼程序——逮捕证和逮捕

201. 诉讼命令对警方具有约束力

（1）刑事诉讼、藐视法庭诉讼和青少年犯罪诉讼过程中依法颁发的所有命令对任何知道该规定的警察都有法律约束力，并且执行该命令的警察应该竭尽全力立即执行，也可以通过个人或其他警察协助完成。

（2）本章包含法院决议某人不应该被裁定为藐视法庭的原因，还有作出扣押和传票决议以及所有其他决议（包括口头决议但不包含上述决议）的原因，这些决议通过民事藐视法庭诉讼程序或通过青少年犯罪诉讼程序公布；还有所有刑事诉讼程序通过的指令都在此程序中适用。

---

　　[*] 本法典于 1966 年由密克罗尼西亚国会批准、实施。本译本根据密克罗尼西亚国会官网（http：//cfsm. fm）提供的英语文本翻译。

202. 未经批准执行逮捕的限制

没有获得逮捕令之前不应逮捕任何人，除非属于认为合理的情况或者有其他法律规定。

203. 批准签发逮捕令

以下人员有权签发逮捕令：

（1）所有法院；

（2）所有法官；

（3）最高法院首席大法官管辖区的地方法院书记员；

（4）所有高级专员书面批准同意或持有在就职地区法院备案的核准同意副本的人员。

204. 逮捕令或刑事诉讼传票

（1）除了首席检察长或地区检察官之外，任何人想就一定犯罪行为签发逮捕令均应亲自出庭，并且在犯罪行为发生地提起诉讼，之后有权机关才可以批准签发逮捕令。

（2）如果提起诉讼声称某一犯罪事实由一人或多人实施，如果有权机关有可能认为或严重怀疑该人或多人可能犯下罪行，相应机关即可签发逮捕令逮捕该人或这些人，或签发本章所规定的刑事诉讼传票。

（3）若认为该案不提交给地方法院法官，并且不提起诉讼也并未侵犯公共利益，那么除地方法院的法官外，其他人都可以拒绝进行诉讼。

205. 可疑案件的诉讼调查

（1）如果地方法院的法官怀疑某起诉讼是否具备充分的理由去签发逮捕令和刑事诉讼传票，在征得原告同意的前提下，他可以将诉讼提交到密克罗尼西亚警方进行调查，并在合理期限内暂停诉讼，等待调查报告。

（2）如果原告不同意上述提交警方调查的决定或者如果调查报告不能在合理的时间内收到，法官应当宣誓然后继续审查原告诉求；原告提供的任何证人和法官认为最好的和可能的其他证人可以依据法官的自由裁量权决定被告人到庭接受讯问。

（3）如果法官对密克罗尼西亚警方的调查表示满意或者依据本条第（2）款法官相信或严重怀疑被指控的罪行很有可能是被告人实施的，法官应当签发逮捕令或本章所规定的刑事诉讼传票。

206. 使用刑事诉讼传票而不是逮捕令

（1）针对的犯罪行为的法律惩罚不超过 100 美元或 6 个月监禁的，或两者兼有的案件，法院应签发刑事诉讼传票而非逮捕令，规定被告人在指定时间和地点到庭，除非被告人应该到庭或者官方发布指令声明因公共利益需要对被告人进行逮捕。

（2）若原告有要求，则任何情况下法院都应该签发刑事传票而不是逮捕令。

（3）将刑事传票送达被告人以后，如果被告人未能出庭应诉，且没有告知缘由，在法院认为正当的情况下就应当向其签发逮捕令。

207. 执行逮捕令和刑事诉讼传票

逮捕令的执行或刑事诉讼传票的送达应当由逮捕令或传票上指定的警察或专门授权的人执行。可以在托管领地管辖范围内的任何地点执行逮捕令和送达传票。向被告人送达刑事传票应该亲自交付其传票原件，并且用被告人所在地一般都能表述解释或向他口头解释传票大意，如果可行，可以用被告人本人能理解的表述解释；或者将刑事诉讼传票放到其住所或暂居地或者经营场所并经达到法定年龄并且认真处置的人手中，然后向其口头解释刑事诉讼传票的大意。

208. 传票的交还

（1）执行逮捕的人应当在逮捕令上签名并在逮捕声明上签署日期和地点，依据本章第217条，在被告人未到庭被诉前将逮捕令送达法院或执法者，若在送达法院或指定的执法者之前被告人被保释或者自我担保，也可将传票送达逮捕令上指定的法院。

（2）在被告知按照刑事诉讼传票上规定的时间出庭之前，受送达人应当在传票上签名确认，并将传票交付法院。如果受送达人收到传票，他应当签署收到传票的日期、地点和送达方式。

209. 发布口头指令而非逮捕令或社区法院刑事传票

（1）如果社区法院或法官认为出于公共利益的需要，那么社区法院或任一法官都可以发布口头指令而不是逮捕令或刑事诉讼传票，且该口头指令在该社区法院辖区与逮捕令或刑事诉讼传票具有同等效力。

（2）可以向被告人口头传达指令的大意，执行指令或传达报告也可以是口头形式。

（3）任何执行逮捕或传达口令而不是刑事诉讼传票的人都应当在被告知出庭或被命令出庭前向法院或执法者报告基本事实。

（4）若被告人在社区法院接受庭审前没有索要指控书，则视为其在审判前放弃了索取该指控书的权利，但是如果他通过上诉而在地区法院接受审判，那么他并没有因此放弃索要指控书的权利。

210. 签发逮捕令和刑事诉讼传票

首席检察长或地区检察官可以在任何有资格审判被告人犯罪行为的法院提

起诉讼。如果起诉陈述的基本事实涉及指控书中所述一人或多人，并且该控诉还得到一个或多个经过宣誓得到法院认可的声明的支持，若怀疑或严重怀疑此人或这些人应对所诉罪行负责，那么在首席检察长和地区检察长的要求下，法院应当签发逮捕令或刑事诉讼传票。

211. 没有逮捕令而批准逮捕

未经签发逮捕令而批准逮捕有如下几种情况：

（1）如果违法者发生扰乱治安或其他犯罪行为并且试图逃跑，可以通过任何官方指令批准签发逮捕令或者在没有官员在场的情况下可以不经其口头指令执行逮捕。

（2）未经签发逮捕令，犯罪活动进行过程中的任何目击者均可对其进行逮捕。

（3）如果犯罪行为已经发生，并且警察有充分理由相信是被逮捕人实施的，则警察可以直接进行逮捕而不用逮捕令。

（4）警察在不确定是否发生犯罪行为时可以未经逮捕令而进行逮捕和拘留审查，怀疑他们已经犯罪或试图犯罪。

212. 使用传票

在任何可以未经逮捕令而依法逮捕犯罪嫌疑人的情况下，如果警察认为公共利益并不要求对其进行逮捕，那么警察可以向犯罪嫌疑人签发并送达传票而非执行逮捕。

213. 没有逮捕令进行逮捕的诉讼

当一个被无证逮捕的人被带到法院或者有权签发逮捕令的执法者面前时，如果尚未对他提起控诉，则应当立即对其提起控诉。

214. 告知被逮捕嫌疑人原因和批捕机构

（1）任何人在执行批捕之时或之前应当尽一切合理努力告知被逮捕嫌疑人原因和批捕机构。

（2）警察依据逮捕证执行逮捕时不须携带逮捕证，但是逮捕之后，被逮捕对象可以要求查看逮捕证，此时警方应尽快出示逮捕证。

215. 采取武力执行逮捕

在任何情况下，若被逮捕人拒绝被逮捕或试图逃跑，则有必要采取一定程度的武力强制将其逮捕。

216. 个人对被逮捕人的处置权

任何个人执行逮捕后应将被逮捕人及时扭送至警察或相应执法官员，并且解释其被逮捕原由。除非因交通困难，或不能立刻找到警察和相应执法官员签署逮捕证，否则白天执行的逮捕延迟时间不得超过若干小时，晚上执行的逮捕不应超过第二日上午 10 时。

217. 警方对被逮捕人的处置权

除因本章第 211 条第（4）款所述或个人逮捕将其交付警方之外，警方逮捕的人应立即并不得有任何延迟地送交具有管辖权的法院并对其被指控的犯罪行为提起诉讼。应当遵守以下规定：

（1）如果被捕人已经保释，其必须按照逮捕证和法院的规定按时出庭。

（2）如果管辖法院不能立即依据所指控罪行对被逮捕人进行起诉，且其没有进行保释或自我担保，则应该立即将其交付执行人员，对其出具逮捕证。该执行人员可以依据保释或自我保释将其关押或释放。

218. 被逮捕之人的权利

在任何情况下执行逮捕，或者为了进行被捕检查，亦或出现本章第 211 条的情况时，被逮捕之人应当被告知以下事项：

（a）有权保持沉默；

（b）如果被逮捕之人提出以下如此要求，警察将竭力联系律师到其拘留地点，并允许被逮捕之人与其聘请的律师进行协商以便可以保证获得更多的信息，并且允许在讯问过程中其与律师同时在场，如果被逮捕之人有相应的意愿，和

（c）当附近或者被逮捕之人的地方代表可以出席的情况下，并且在此目的下，公共辩护人应当提供免费的服务。

219. 签署逮捕令中的违规行为

诉讼法院或者之前的官方授权发出逮捕令逮捕将不得失效，同样，任何裁决、命令或暂时搁置的宣判（由于错误或疏漏、技术或其它原因造成的）均不得失效；除非认为审理该案件的审查机关或法院上诉时认为出现的错误或遗漏对被告有所偏见。

220. 违反本项罪名的后果

未违反本法规定的被告人应当被无罪释放，但其应保证没有证据证明自己违反了本条款。释放嫌疑人应当基于上述条款，且法院可能基于法律和正义的要求。除了本章所规定的解除逮捕外，被逮捕人可以享受法律规定的各种免除逮捕。

第三章　搜查和扣押

301. 与逮捕有关的搜查和扣押

（1）执行逮捕的人可以没收被逮捕人的工具，并且可以对被逮捕人人身及逮捕场所进行搜查，只要这一场所在被逮捕人的控制之下，如果发现与作出

该逮捕相关的犯罪工具、衍生物和证据，可以予以扣留。

（2）对被逮捕人随身携带的物品及其被扣留的财产应当迅速移送给警察或授权实施逮捕的人员，由其依法进行处理。

（3）本章授权的行为不需要搜查令。

302. 逮捕的强制入内

在进入建筑物或出示逮捕令是必要的且遭受拒绝的情况下，任何对在其管辖范围内犯有重罪的人采取逮捕的人或者作出逮捕的警察可以强制进入。在打破房门或其他障碍之前，他应当首先大声宣称其将进入且陈述他想要执行逮捕令或在逮捕地方的口头指令，或者如果这是一个没有令状也可实施逮捕的案件，他必须随后大声将这一信息予以告知。在可行的情况下，这一需求和告知应当以当地可以明白的语言作出。

第六章　保　释

601. 保释的权利

（1）除了一级谋杀，任何因刑事犯罪而被逮捕的人，理应在定罪前基于保释而被释放。但是，如果一个人是受到烈酒或者是毒品的影响，那么他将不能就此被释放，因为有正当的理由相信他对公众具有攻击性。

（2）因一级谋杀而被逮捕的人可以经由任何一个被首席大法官指派而有权列席高等法院上诉分院的法官决定而被保释释放。只要地方检察官在保释申请被准予前有合理的机会得到听审。

602. 定罪前的准予保释；定罪后的保释

（1）除了一级谋杀，任何因刑事犯罪而被逮捕的人，法院或者被授权拘传的官员可以在定罪前准予保释。保释可以在拘传时作出并签署在保释证明上或者在定罪前的任何时间作出。

（2）在定罪后，只有在判决被准予缓期执行时才允许保释，并且需要有权决定缓期执行的法院或者法官运用自由裁量权。

603. 警方关于安排保释的要求的注意事项

当没有被安排保释或者因一级谋杀而未被准予保释的被逮捕人告知警察或者监狱职员其想要取保时，有权安排保释的人应当迅速通知警方。如果有权安排保释的人提出要求，则这个被逮捕的人应当被带去面见该人。

604. 保释金的数额

法院或者执法人员决定的保释金的数额，可以确保被告人在未来的出席率。法院或者执法人员作出的决定应当考虑被指控罪行的性质、情况，对被告人不利的证据的重要性，被告人缴纳保释金的经济能力以及被告人的品质。

605. 保释金的形式和处置；保证人的充分性

（1）现金、债券或美国的票据都能作为保释金而被接受。

（2）如果作出保释保证书，就需要一个或者更多的保证人。如果官方准予保释或者确定保证人的充分性考虑的是保证人能够合理地保证被告人到庭，则那些在伦理或习俗上权威处于被告人之上的，在一个共同体中具有良好声誉的人，比如被告人的父亲、大家族的家长、宗族部落的酋长，不用公开财产就能作为保证人则是正当的。否则，就不能成为保证人，除非他们净资产的总和超过了应负债务并且该债务不少于保证书中的保释金数额。任何一个保证人都会被要求提供证据证明他的财力，要么通过自我宣誓，要么通过其他方式。

（3）如果执法人员应被告人的要求对他的保释申请进行审查后，拒绝接受他所提供的保证人，那么有关保证人的充分性的问题就应当被立即提交法官决定。法官作出的决定是终局的。

（4）任何被批准的保释都应当立即被送交本地区法院书记员。如果已经被释放的被告人需要依照社区法院的要求出庭的话，保释应当被送交社区法院的书记员。

606. 保释的变更

在一个刑事案件判决前，基于出现的事由，法院会增加或减少保释金，或者会要求额外的保证人或更换保证人。如果法院要求增加保释金或者增加保证人，被告人则会被移送羁押，除非他缴纳了额外的保释金或者按要求提供了额外的保证人。

607. 免除责任并发放保释金

当被保释人满足了所设定的条件，法庭将会免除责任人的责任并发放所有保释金。缴纳保释保证书规定的一定数额的现金或者及时将被告人移送羁押则免除保证人的责任。

608. 自我担保

因刑事犯罪而被逮捕的人，如果对其法定的处罚不超过 100 美元罚金或者6 个月的监禁或者两者并用，则任何法院或者被授权安排保释的执法人员，可以行使自由裁量权，在其安排保释时允许被逮捕者在没有保证人的情况下通过自我担保而被释放而转由相应的社区成员监护，只要该被逮捕者在托管领土有经常居住地、营业地或者工作地。

瑙 鲁

瑙鲁共和国 1972 年刑事诉讼法 *

第三章 逮捕犯罪人和防止犯罪

第 10 条 无令状逮捕

（1）本条所授予的即决逮捕权应适用于已由法律确定刑罚或根据成文法规定的可能被判处 5 年及以上监禁刑的罪行，也适用于被本法或其他成文法明确规定为可诉罪或犯罪人可被无令状逮捕的其他罪行，同时适用于上述罪行的未遂犯。本法中"可诉罪"是指任何该等罪行或犯罪未遂。

（2）任何人可无令状逮捕正在实施某可诉罪的人或其有合理根据怀疑正在实施某可诉罪的人。

（3）凡某可诉罪已被实施，任何人可无令状逮捕他合理怀疑犯了可诉罪的人。

（4）凡警察有合理根据怀疑某可诉罪已被实施，其可无令状逮捕其有合理根据怀疑犯有此罪行的人。

（5）警察可无令状逮捕准备实施某可诉罪的人，或逮捕其有合理根据怀疑准备实施可诉罪的人。

（6）就根据本条授予的权力逮捕某人而言，警察可进入，如有必要可强行进入，并搜查该人置身的地方或警察有合理根据怀疑该人置身的地方。

（7）本条不影响任何限制就一项罪行提起法律程序的法令的实施，也不损害本条以外其他法律赋予的逮捕权力。

第 11 条 执行逮捕的方式

（1）执行逮捕时，执行人应实际触碰或限制被逮捕人的身体，但已有经

＊ 本法于 1972 年 11 月 24 日由瑙鲁共和国国会批准，1972 年 11 月 27 日实施。最近一次修正时间是 2012 年 12 月 21 日。本译本根据瑙鲁政府网站中的在线法律数据库提供的英语文本翻译。

言词或行为提出羁押申请的，则属例外。

（2）任何人在防止犯罪时或在进行或协助合法逮捕罪犯、犯罪嫌疑人、非法的不在羁押中的人时，可使用就当时环境而言属于合理的武力。

（3）普通法中关于何时为第（2）款所述目的而使用武力，即因该目的而属正当地使用武力的规定，由第（2）款予以取代。

第 12 条　依令状进入逮捕

就依逮捕令逮捕任何人而言，持有逮捕令的任何人均可进入及在必要时可强行进入，并搜查该人置身的地方或其有合理根据怀疑其置身的地方。

第 13 条　为使脱身破坏房屋等的权力

获授权执行逮捕的人，为使自己或其他合法进入房屋、其他场所执行逮捕而被扣留在内的人脱身，可强行破坏该房屋或场所。

第 14 条　不得施加不必要的限制

被逮捕人不受为防止其逃跑的合理限制以外的更多限制。

第 15 条　搜查被逮捕人

（1）凡任何人被警务人员或私人逮捕，执行逮捕的警务人员或接受私人移交被逮捕人的警务人员可以搜查该人、由他持有或控制的物品、被发现由他持有或控制的物品妥为存放的地方以及在其身上所发现的物品，但必要的衣着除外；

如被逮捕人可依法获准保释且保释已获准许，该人不应受到搜查，但有合理理由相信其身上藏有以下所列物品的，则属例外——

（a）赃物；

（b）暴力工具；

（c）与其被指称已犯罪行类型有关的工具；

（d）作为其被指称已犯罪行的证据的其他物品。

（2）搜查被逮捕人的权力不包括检查其身体隐私的权力。

（3）凡任何人的财产依据本条被取走，而该人没有在法院前获指控且基于没有理由相信其犯了任何罪行而被释放，则取走的财产应返还给他。

（4）如有需要安排妇女或女孩接受搜查，该搜查只能由其他妇女严格依照风序良俗进行。

第 16 条　警务人员在某些情况下扣留和搜查人身、车辆、船只及飞机的权力

（1）警务人员如有理由怀疑物品被盗窃或非法获得，或作为所犯罪行、正在实施或准备实施的罪行的作案工具的物品正在被运送（不论在任何人身上运送或在任何车辆、包裹或其他物品内运送）或由任何人在公共场所藏匿或携带，或被藏匿于或放置在公共场所中的车辆或包裹内，就被运送而言，可无令状扣留及搜查该人、车辆或包裹，并可持有及扣留他合理怀疑被盗窃或非法获得或他合理怀疑为所犯罪行、正在实施或准备实施的罪行的作案工具的物品以及装有该物品的包裹（如有的话），也可拘留运送、藏匿或携带该等物品的人；

但除非藉邮政正在运输的邮件在运输过程中遭不当挪用或被怀疑遭不当挪用，否则本款不得延伸适用于该等邮件。

（2）警官及以上级别的警务人员，如他有理由怀疑在任何船只或飞机内有盗窃或非法获得的财物，不论是否有助手，均可无令状进入该船只或飞机，并可在其认为适当的合理时间内逗留，且不论是否有助手均可搜查该船只或飞机的每个部位，并在要求提供钥匙但遭拒绝后，可砸破任何容器，如查获其有理由怀疑盗窃或非法获得的财物，可持有并扣留该财物，并可拘留持有被查获财产的任何人。该警务人员可追踪并拘留将该财物运离该船只或飞机的任何人或携带被如此运离或在其持有被查获的该财产时已经着陆的任何人。

（3）警务人员如有理由怀疑一项罪行已被实施，可扣押存放于公共场所的物品及可就该罪行的实施提供证据的物品；

但除非物品存在被移走或以阻止它们成为证据的该等方式被处理的可能性，否则不得依据本款规定扣押任何物品。

（4）根据本条被拘留的任何人均应依照本法第21条规定接受处理。

第 17 条　扣押攻击性武器的权力

尽管有本法第 15 条规定，警务人员或其他执行逮捕的人仍可扣押被逮捕人身上藏有的任何暴力工具，并应将如此扣押的所有物品交付治安法官或该警务人员或其他执行逮捕的人依法被要求将被逮捕人带到或送交其面前的警务人员。

第 18 条　拒绝提供姓名和住址

（1）凡任何人在警务人员面前实施了非可诉罪，或被指控犯有非可诉罪，但拒绝应警务人员的要求提供他的姓名和住址，或提供了该警务人员有合理根据怀疑为错误的姓名和住址，他可被该警务人员或其他警务人员逮捕，以确定或查实他的姓名和住址。

（2）凡被逮捕人的真实姓名和住址根据第（1）款一款的规定被确定，在他提供合理款额的担保（另须有担保人或不须有担保人），保证在该担保书所列明的时间及地点到地区法院出席后，应获释放；

但如该人不是瑙鲁常住居民，担保应由常住瑙鲁的一名或多名担保人作出，或以存储足以支付没收担保所需的款额的方式作出担保。

（3）凡被逮捕人的真实姓名和住址根据本条规定从被捕时起 24 小时内未能确定，或如他不提供担保，或如被如此要求仍不提供足够的担保人或存储合理的款额，其应立即被带到治安法官前。

第 19 条　由警务人员处理被逮捕人

警务人员执行无令状逮捕后，应无延迟且在符合本法有关保释的规定下，将被逮捕人带到或移送到治安法官或警官及以上级别的警务人员前。

第 20 条　由私人处理被逮捕人

（1）任何私人无令状逮捕其他人后，应无延迟地将被逮捕人移交警务人员，并应在没有警务人员时将该人移交警察局。

（2）如有理由相信该人实施了可诉罪，警务人员应重新逮捕他。

（3）如有理由相信他实施了非可诉罪，且其拒绝应警务人员的要求提供其姓名和住址，或提供了该警务人员有合理根据怀疑为错误的姓名和住址，他应按本法第 18 条规定接受处理。如没有充分理由相信他实施罪行，他应立即获得释放。

第 21 条　羁押被无令状逮捕的人

凡任何人因涉嫌除谋杀罪或叛国罪外其他罪行被无令状羁押，该人被带到其面前的治安法官或警官及以上级别的警务人员在任何情况下可对案件进行调查，但如该人在被羁押后 24 小时内没有可能被带到地区法院前的，应对案件进行调查。除非治安法官或警务人员认为该罪行属严重性质的，否则在其提供合理款额的担保（须有担保人或不须有担保人），保证其在担保书中列明的时间与地点在地区法院出席后，应获释放。但凡他已被带到警务人员面前但没有由该警务人员释放，他应在被逮捕后 24 小时内被带到治安法官面前，而该治安法官应对案件进行调查并决定他是否应如此获释放，而凡任何人正在被羁押，他应在切实可行的范围内尽快被带到地区法院前。

但警官及以上级别的警务人员如在进行适当的调查后认为没有充分的证据披露被指控的罪行，则可在怀疑他已犯罪行的情况下完全将被逮捕人予以释放。

第 22 条　警务人员报告某些逮捕

凡任何人根据第 21 条"但书"获释放，决定该释放的警务人员应在合理的范围内尽快将上述释放向警察长报告。

第 24 条　由治安法官逮捕

治安法官可在任何时间逮捕，或授权他人在他面前执行在当时及有关情况下可签发令状的逮捕。

第 25 条　逃跑人的重新抓获

（1）凡被合法羁押的人逃跑或获救，该人可被立即追踪并逮捕。

（2）本法第 10、11、12 条及第 13 条的规定应适用于根据本条逮捕的情形。

第 26 条　向治安法官或警务人员提供的协助

治安法官或警务人员在下列情况下合理地提出援助要求时，每个人均有义务提供协助——

（a）于逮捕该治安法官或警务人员获授权逮捕的其他人时或于防止该治安法官或警务人员获授权逮捕的其他人逃跑时；及

（b）于防止或镇压妨害治安的行为时，或于防止企图实施的任何损毁共和国、国会或瑙鲁磷酸盐公司的财产时。

第 27 条　为保证遵守纪律的担保

（1）凡治安法官经宣誓知悉，任何人可能实施违反纪律的行为或实施可能导致违反纪律的违法行为，治安法官可藉下文规定的方式，要求该人向地区法院提出他不应当被命令提供合理款额的担保的理由（须有担保人或不须担保人）以保证在地区法院认为适当的且不超过 1 年期间内遵守纪律。

（2）在任何人向他人或其配偶或子女实施禁制的暴力的情况下或在对他或她的财产造成禁制的损害的情况下，地方治安法官可应担心遭受此等暴力或伤害的人或其雇主的控告，要求该人向地区法院陈述理由说明为何其不应被命令作出下列行为：

（a）提供合理款额的担保（另须有担保人或不须担保人）以保证在地区法院认为适当的且不超过 1 年期间内遵守纪律；

（b）不得与某人通信或远离某人或某地点或不得比特定距离更近地接近某人或某地点；或

（c）上述二者均被命令。

第 28 条　应作出的命令

凡治安法官根据本法第 27 条规定认为在下列情况有需要要求任何人陈述理由，其应就如下事项以书面形式作出命令——

（a）所收到信息的实质内容；

（b）担保的款额；及

（c）所要求担保人的数量、性格及层次（如有的话）；或

（d）有关该人或地点的详情及犯罪人可接近的距离。

第 29 条　相关人员在法庭内的诉讼程序

如与依据本法第 28 条发出的命令相关的人在法庭内，该命令应向其宣读与解释。

第 30 条　相关人员不在法庭内情况下的传票或令状

如与依据本法第 28 条发出的命令相关的人没有在法庭内，治安法官应签

发传票要求他出庭，或如该人正在被羁押，则签发令状指示羁押他的官员将他带到地区法院前；

但治安法官如审阅警察的报告或其他资料（该等报告或信息的实质内容应由治安法官以书面形式记录下来）后，认为有理由担心实施违反纪律的行为且该违反纪律的行为除采取立即逮捕该人外无法防止的，则治安法官可以在任何时间内签发令状将他予以逮捕。

第31条　依据第28条签发的命令副本附于传票或令状后

依据第30条签发的每份传票或令状均应附有依据本法第28条作出的命令的副本，且该副本应由送达或执行该传票或令状的人员送交依据该副本所应获送达或被逮捕的人。

第32条　免除亲自出庭义务的权力

地区法院如认为有充分的理由，可免除依据第27条第（1）款及第（2）款规定被要求陈述理由的任何人亲自出庭的义务，并准许他由出庭律师兼事务律师或讼辩人代为出庭。

第33条　对信息真实性的调查

（1）凡依据本法第28条作出的命令已遵循本法第29条向在法庭内的人宣读或解释，或者凡任何人遵循或执行依据本法第30条签发的传票或令状出庭或被带到地区法院前，该法庭应对据以行动的该信息的真实性进行调查，并在认为有需要时进一步地收集该等证据。

（2）调查应在尽可能切实可行的时间内，以本法为在地区法院前进行审判并在审判时记录证据所规定的方式进行。

（3）凡两人或多人在被调查的事项中相互关联，他们可在同一调查或分开的调查中（视法庭认为公正而定）接受处理。

第34条　命令提供保证

（1）如在依据本法第33条所进行的调查中经证明要求被调查人为遵守纪律或保持行为良好所需提供担保（不论有担保人或无担保人），地区法院应据此作出命令；

但——

（a）不得命令任何人提供与依据本法第28条所作命令内指定的担保性质不同的保证，或提供数额超过依据本法第28条所作命令内指定的担保数额；及

（b）每项担保的数额应视案件的情况而定，且数额不得过大。

（2）任何依据本法被命令为保持行为良好而提供担保的人可上诉至最高法院，且《1972年上诉法》第二章的规定在加以必要的变通后适用于每项如此提出的上诉。

第 34 条之一　暴力禁制令

（1）如依据本法第 33 条调查后证实要求被调查人提供担保（不论有担保人或无担保人），或命令他不得与某人通信或远离某人或某地点，或不得逾越特定距离接近某人或某地点，或同时施加上述两项要求是为保护某人或财产免受禁制的暴力的侵害所需要的，地区法院可据此作出命令。

（2）依据第（1）款作出的命令称为暴力禁制令。

第 35 条　被调查人的释放

如依据本法第 33 条调查后不能证明要求被调查人提供担保（不论有担保人或无担保人），或作出暴力禁制令是为遵守纪律或保持行为良好所需的（视属何情况而定），地区法院应在记录上将该事项予以记录，而如该人仅就该调查被羁押，则应将他予以释放，如该人没有被羁押，则应当场释放。

第 36 条　担保期限的生效

（1）如依据本法第 28 条或第 34 条作出要求提供担保的命令相关的任何人在该命令作出时被判处监禁刑，或正在执行监禁刑，该担保所担保的期间应从该刑罚执行完毕之日起开始生效。

（2）在其他案件中，该期限应从作出该命令之日起开始生效，但法庭因有充分理由确定较后的日期生效的，则属例外。

（3）所提供的担保应约束该人遵守纪律或保持行为良好（视属何情况而定），而在后一种情况中，实施或企图实施或协助、教唆、怂恿或促成实施可判处监禁刑的罪行视为对担保的违反。

第 37 条　拒绝担保人的权力

地区法院基于法庭记录的理由认为依据前述条文提供的担保人均为不适合之人，则其可拒绝接受该担保人。

第 38 条　没有提供担保时的诉讼程序

（1）如依据本法第 34 条规定被命令提供担保的人在该担保应予提供的期限开始生效之日或之前没有提供该担保，他应被押交监狱，或如他已被收监，则将他拘留在监狱直至该期限结束时止，或直至他在该期限内向地区法院提供保证时止，但有下列款项所述情况者，则属例外。

（2）凡任何人被地区法院命令提供超过 1 年期限的担保，如他没有提供该担保，地区法院应签发令状指示将他羁押在监狱里，直至最高法院作出命令时止，而该法律程序应在该法庭前及时进行。

（3）最高法院在审查地区法院进行的程序记录并要求从地区法院获得其认为需要的进一步信息或证据后，可在它认为适当的情况下作出如此命令。

（4）如因没有提供担保致使任何人被监禁的期限（如有的话）不得超过

2年。

（5）如该保证是向监狱负责人提出的，则他应立即将该事项向作出该命令的法庭提交，并等待该法庭的命令。

第 38 条之一　没有遵从暴力禁制令

任何人如没有遵从因没有提供担保而依据第 38 条接受处理而作出的暴力禁制令或没有遵从因要求不得与任何人通信或远离某人或某地点的命令而作出的暴力禁制令，实施了犯罪，则可被判处 2 年监禁刑。

第 39 条　释放因没有提供保证而被监禁的人的权力

如地方治安法官认为因没有提供担保而被监禁的任何人获释放不会对社会造成危险，他应制作案件的及时报告，以便获得法官签发的命令，该法官如认为合适，可命令将该人予以释放。

第 40 条　最高法院撤销担保的权力

因书面记录的充分理由，最高法院或法官可随时藉地区法院的命令撤销依据前述条文所执行的保证遵守纪律或保持行为良好的担保。

第 41 条　担保人的豁免

（1）依据本法前述条文所作担保的担保人可随时向地区法院申请取消该担保。

（2）应提出的此等申请，地区法院应签发传票或令状（视其认为适宜而定），要求担保人促成被担保人出庭或将被担保人带到地区法院前。

（3）凡被担保人出庭或被带到地区法院前，法院应取消该担保并命令其提供与原担保描述一致的新担保，以保证该担保条款没有到期的部分。就本法第 36、37、38 条及第 39 条而言，每项该等命令应视为依据本法第 34 条所作的命令。

第 42 条　逮捕并将企图自杀的人带到法庭前的权力

警务人员如有理由相信任何人曾企图、正企图或正准备企图自杀，则可逮捕该人并将其带到地区法院前，地区法院可就该人签发命令，要求他在法庭签发的命令中指定的该期限内接受缓刑监督官的监督；

但本条规定不排除任何企图自杀的人依据《1963 年精神病人条例》的规定接受处理。

第四章　关于刑事法律程序的规定

第 80 条　某些案件中的保释

（1）除本法第 21 条另有规定外，凡任何人（被指控谋杀罪或叛国罪的人除外）被警务人员无令状逮捕或羁押，或到地区法院前或被带到地区法院前，并拟在被该警务人员羁押的任何时间内或在法庭前进行的法律程序的任何阶段交保，他可由该警务人员或法庭行使自由裁量权获准在有担保人或无担保人的条件下保释。

（2）保释的款额应视案件具体情况而定，不得过高。

（3）即使在本条第（1）款的规定下，最高法院的法官仍可在任何情况下指示任何人可获准在有担保人或无担保人的条件下保释，或减少地区法院要求根据担保须付的款额或变更对担保人的任何要求。

第81条　保释的担保

在任何人保释外出前，地区法院或警务人员（视属何情况而定）应收取该人的担保及其担保人的担保（在要求此等收取时），作为他在担保书内指定的时间及地点出庭的担保条件及他将继续如此出庭直至法庭或警务人员另有指示为止的担保条件（视属何情况而定）。

第82条　从羁押中释放

（1）当提供担保时（有担保人或无担保人视属何情况而定），应释放获准保释的人，倘若他身在监狱，则法庭应向监狱长签发释放的命令，而该负责人收到该命令后应将他释放。

（2）本条不得视为要求释放因提供担保事项以外的其他事项而被羁押的任何人。

第83条　存放款项以替代担保

凡任何人被地区法院或警务人员要求提供担保，除属保证行为良好的担保外，该法庭或警务人员可准许他存放一笔法庭或警务人员为替代执行该担保而确定的款项，作为他在法庭或警务人员指定的时间和地点到法庭前的保证。

第84条　在最初收取的保释不足时命令足够保释的权力

如通过过失、欺诈或其他手段致使不足够的或不适当的担保人被接纳，或如他们其后成为不足够或不适当的担保人，则地区法院可签发传票或逮捕令（视他认为适当而定），指示获准保释的该人到它面前或将他带到它面前，也可命令他寻找足够及适当的担保人，而如他没有寻获则可将他押交监狱。

第85条　担保的撤销

（1）保证保释外出的人出庭的全部或任何担保人可随时申请地区法院完全撤销担保或撤销涉及各名申请人部分的担保。

（2）应提出的此等申请，地区法院应签发传票或逮捕令（视他认为适当而定），指示被如此释放的该人到法庭或将他带至法庭。

（3）在任何人遵从依据本条签发的传票或令状出庭或主动归押后，法庭应指示完全撤销担保或撤销涉及各名申请人部分的担保，并应要求该人寻找其他足够的担保人，而如他没有寻获则可将他押交监狱。

第86条　担保人的死亡

凡担保人在担保被没收前死亡，他的财产就该担保应获免除全部责任，但提出担保的一方可被要求提供新的担保人。

第87条　逮捕获准保释的人

（1）如属以下情况，任何警务人员可无令状逮捕任何获准保释的人——

（a）该警务人员有合理理由相信该人极有可能违反其在指定时间和地点出庭的条件或其获准保释的任何其他条件，或者有合理根据怀疑该人正在违反或已经违反任何此等其他条件；或

（b）接到为该人作出保释担保的任何担保人的书面通知，称该担保人相信该人极有可能违反首述的条件，为此理由该担保人拟获豁免作为担保人的义务。

（2）根据第（1）款逮捕任何人后——

（a）应在切实可行的范围内尽快将该人带到地区法院前（无论如何须在被逮捕后24小时内），但如该人因其保释而在某一时刻须到地区法院前，而该人在紧接该时刻前24小时内如此被逮捕，则属例外；及

（b）在所述例外情况下，该人应被带到前述地区法院前。

（3）凡根据第（2）款而将任何人带到地区法院前，如法院认为该人已违反或可能违反准予保释的任何条件，则法院可将其羁押或者根据其原担保将他释放或根据有担保人或无担保人的新担保将他释放，但如法院并不认为如此，则法院应根据原担保将他释放。

所罗门群岛

刑事诉讼程序法典[*]

刑事诉讼程序法典[*]

第三节　总　则

第 10 条　逮捕

（1）在执行逮捕时，警察或者实施同样行为的其他人要实际接触或者限制将被逮捕人的身体，除非［被逮捕人］① 有服从于羁押的话语或者行动。

（2）如果被逮捕人抗拒逮捕，或者试图逃避逮捕，该警察或者其他人可以使用一切必要手段执行逮捕：

在本条中所包含的任何内容不应当被认为能使用与在特定情形下所运用的合理手段，或者逮捕罪犯的必要手段相比更强的武力。

第 11 条　搜查被逮捕者所进入的场所

（1）如果任何依据逮捕令执行逮捕的人，或者任何有权执行逮捕的警察，有理由相信被逮捕人已经进入或者在某地点范围内，居住于或者管理此地点的人，应当配合从事上述行动的人或者警察，让其自由进入该地点，并为在那里的搜查提供合理的条件。

（2）如果依据第 1 款无法进入欲搜查的场所，法律应当允许②在任何情形下，依法执行逮捕令的人，以及在逮捕令已经签发但是尚未获得而为防止被逮捕人逃跑的情形下，警察可以进入此地并在其中进行搜查；并且，为了达到进入此地的目的，打开任何属于被逮捕人或者任何其他人的住宅或住所的任何外部或内部的门或窗；或者如果他已经适当地对他的权限、目的和准入的要求进

---

* 本法典由所罗门群岛议会批准，于 1962 年 6 月 1 日实施。本译本根据太平洋岛法律信息研究所官方网站（http：//www. paclii. org）提供的英语文本翻译。

① 译者对于指代不明或者因为并列或者修饰语、从句的联结而省略的语词，用方括号的方式补充入原文，下文同此，不一一赘述。

② it shall be lawful（for sb. to do），译者一般统一译为"法律应当允许"。

行了告知后，仍然不能获得准入的话，可以以其他方式进入此地。

第 12 条　为释放目的而打开房子或者其他场所的权力

警察或者其他依法执行逮捕的人可以打开任何房子或者其他场所释放因执行逮捕依法进入而被扣留在其中的任何人。

第 13 条　非不必要的限制

对被执行逮捕者施加的措施以防止其逃跑的必要措施为限。

第 14 条　搜查被逮捕人

（1）当被警察或者有权执行逮捕的人逮捕时，执行逮捕的警察或者接受私人移交被逮捕人的警察①可以搜查被逮捕人，并妥善保管被逮捕人身上除必要的衣服之外的所有的物品：

如果被逮捕人被合法地准许保释或者提供了保释，不能对其进行搜查，除非有合理的理由相信在他的身边有以下物品——

（a）被盗物品；或者

（b）暴力工具；或者

（c）与其被宣称的涉嫌犯罪相关的工具；或者

（d）可能提供用以指控他所承认的犯罪的证据的其他物品。

（2）搜查被逮捕人的权力不包括检查他的人身的权力。

（3）根据本条，经搜查取得被逮捕人的财产，在该人未被起诉到任何法院就要②基于没有足够理由相信他曾犯过任何罪行而被释放，已经从他那里搜取的财产③应当返还。

第 15 条　警察有权扣押和搜查人员、车辆和船舶的特定情形

（1）任何警官在有理由怀疑被盗或者被非法取得的任何物品，或者与某一已经、正在或者即将进行的刑事犯罪或者违反海关法律的犯罪行为有关的任何物品，正在被运输给任何个人或者在任何车辆、包裹或其他工具里，或者由任何人隐藏和携带进入公共场所，或者被藏匿于在公共场所的任何车辆或包裹里，以便于转运，可以在未经授权或者其他书面授权的情况下，拘留和搜查任何该人、车辆或者包裹，并可以控制和扣押他合理怀疑被盗或者被非法取得或者与某一已经、正在或者即将进行的刑事犯罪或者违反海关法律的犯罪行为有关的任何此类物品及其包裹（如有）；也可以拘留转移、隐匿或者运输上述物品的人。

---

① to whom the private person makes over the person arrested，这里的 whom 指代的是警察。

② "But" 在此处翻译为"就要……而……"，表示程序发生了转折或者终止。

③ 原文：any property so taken from him。

本款不得扩展到邮政部门在运输途中的邮寄物品，除非在此运输途中该邮寄物品正在被非法挪用或者怀疑已被挪用。

（2）任何中士或者中士以上的警官，如果他有理由怀疑在任何船舶上有窃取的或者非法获得的任何财物，可以在没有搜查令的情形下，在有或者没有助理的情形下，登上该船舶；可以在其认为合理的时间离开船舶；可以在有或者没有助理的情形下搜查该船舶的任一部分；在要求但被拒绝给予钥匙的情形下，可以强行打开任何容器；若发现他可能合理地怀疑是被偷或者被非法获取的任何财物时，他可以控制和扣押该物品，也可以拘留拥有被发现此类物品的人。该警官可以追踪和拘留任何正在从该船舶转移该财物的人，或者在此人携带或者被发现占有被转移的财物登陆之后。

（3）依据本条被拘押的人按第23条规定处理。

第16条　搜查妇女①的方式

无论何时有必要对妇女进行搜查，鉴于严格尊重的考虑，该搜查应该由另一位女性人员执行。

第17条　夺取暴力性武器

尽管有第14条的规定，但是执行逮捕的警察或者其他人可以从被逮捕人那里夺取他持有的暴力工具，并且应该将被夺取的暴力性工具提交给法院或者其他公职人员，在执行逮捕的警察或者其他人被依法要求向法院或者其他公职人员提交被逮捕人的同时。

第18条　由警察执行的无逮捕令的逮捕

1963年第12号，一览表；

1978年第46号法律公告

任何警察，在没有地方法官的命令或者没有逮捕令的情况下，可以逮捕以下人员：

（a）（他）② 有合理的根据怀疑正在犯可审理罪行的任何人；

（b）在他在场时实施犯罪的任何人；

（c）阻碍警察履行职责，逃避或者企图逃避合法拘押的任何人；

（d）被发现所拥有的物品可能被合理怀疑是赃物或者被合理怀疑可能涉嫌有关该物品的犯罪的任何人；

（e）有合理根据怀疑是国家陆军或者海军或者空军的逃兵的任何人；

（f）发现夜间在公路上、院落里或者其他地方，并且有合理根据怀疑其犯

---

① 在2012年《中华人民共和国刑事诉讼法》第130条中就用的"妇女"一词。

② He指代的是警察，可以省略。

下或者即将犯下重罪的任何人；

（g）有合理根据怀疑已经卷入发生在所罗门群岛以外地方的任何行为的任何人，假设该行为在所罗门群岛实施将会被视为犯罪行为惩罚，对此，根据引渡法案或者其他方式，此人应当在所罗门群岛被逮捕和拘留。

第 59 章

（h）没有合法的理由（证明责任由其承担）携带入室盗窃工具的任何人；

（i）有合理理由相信已对其签发逮捕令的任何人；

（j）违反刑法典第 40 条或者据此制定的任何规则所规定的任何条款的被释放的任何罪犯。

第 26 章

第 19 条　拒绝提供姓名和住所

1978 年第 46 号之一法律公告

（1）当任何人在警察面前已经犯了或者被指控犯了不可审理的罪行，拒绝应该警察的要求提供具体的姓名和住所，或者该警察有理由相信所提供的姓名或者住所是假的，那么该警察可以逮捕此人以确定他的姓名或者住所。

（2）当此人的真实姓名和住所已经确定，他应当被释放，基于他有保证人或者无保证人时缴纳保证金，以保证其在有需要的情况下出现在地方法官面前。

如果该人不是居住在所罗门群岛，保证应该由在所罗门群岛居住的一个保证人或者一些保证人担保。

（3）如果该人的真实姓名和住所不能从被逮捕时起 24 小时内被确定，或者他不能缴纳保证金，或者要求提供担保，但不能提供充分的担保人，他要立即被带至有管辖权的最近的地方法官面前。

第 20 条　处置由警察逮捕的人

警察在没有逮捕令的情况下执行逮捕，根据本法典关于保释的规定，应该无不必要延迟地将被逮捕人带至或者移送到对该案件有管辖权的地方法官或者中士及以上军衔的官员面前。

第 21 条　由私人进行的抓捕[①]

（1）任何私人可能逮捕在他看来犯有可审理罪行的任何人，或者如果一个重罪已经被实施[②]，他合理地怀疑为犯有重罪之人。

---

① Arrest 在条目中被翻译为"抓捕"，以区别于有权机关进行的"逮捕"，下文的条文内容还是按照通常的说法"逮捕"翻译，并不追求绝对一致。

② provided a felony has been committed.

（2）被发现犯下侵犯财产罪行的人可能被财产所有人①或者其仆人或者由其所授权的人在没有逮捕证的情况下逮捕。

第 22 条　处置被抓捕人

（1）任何私人在没有逮捕证的情形下逮捕人，除非必要，应毫不迟疑地将其移交给警察，或者在没有警察的情形下应当将此人扭送到最近的警察局。

（2）如果有理由相信，该人是依据第 18 条的规定被移交的，警察应将此人再次逮捕。

（3）如果有理由相信他已犯下不可审理的罪行，但他拒绝根据警方的要求提供姓名和住所，或者提供了一个该警察有理由相信是假的姓名或者住所，那么他将会按第 19 条的规定被处理。如果没有足够的理由相信他已犯下任何违法行为，他应当被立即释放。

第 23 条　留置被无证逮捕的人

如某人因为除谋杀或者叛国以外的罪名在没有逮捕证情形下而被拘押②，此人应该被移交给负责警察局的警官，如果明显不可能将此人在被拘押后 24 小时内送至一个适当的地方法院，该警官可以且应当调查案件，除非在该警官看来此犯罪行为性质严重，可以且应当释放该人，依据他提供③的有担保人或者无担保人的具结，或者在具结书中列明的保证在某时某地出现于地方法院前的一个合理的保证金④，但是，在任何人被留置拘押时，他应尽快被带至地方法院面前；

当在进行正当调查后，如果认为继续指控的证据不足时，中士或者以上军衔的警官可以释放一个被指控涉嫌犯罪并被逮捕的人。

第 24 条　警察报告逮捕

任何人依据第 23 条的限制条件被释放，被授权作出此释放的警察应当尽快合理地将此报告到最近的地方法院。

第 25 条　有法官在场的犯罪

当犯罪行为发生在地方法官所管辖范围内且该地方法官在场的时候，他可以亲自逮捕或者令他人逮捕罪犯，并可以随即依照关于保释的规定，提交罪犯予以羁押。

---

① the owner f the property，可能是 the owner of the property。

② taken into custody，此处是附随于 arrest 的"拘押"状态，下文 custody 一般译为拘押或者管押，侧重于羁押的状态。

③ Enter，翻译为"提出"。

④ Amount 到底是保证金的金额还是保证出现的次数，译者倾向认为是金额。

第 26 条　地方法院执行的逮捕

地方法官可以在任何时候逮捕或者在场指示逮捕，在当时情况下他有资格签发逮捕令的被逮捕人应属于其管辖范围内。

第 27 条　在逃嫌疑人的再抓捕

1978 年第 46 号法律公告

如果一个被合法羁押的人出逃或者是由他人帮助出逃了，负责看守他的人可立即在所罗门群岛的任何地方追捕并逮捕他。

第 28 条　第 11 条和第 12 条的规定适用于依据第 27 条执行的逮捕

第 11 条和第 12 条的规定应当适用于依据第 27 条执行的逮捕，尽管执行逮捕的人既不是根据逮捕令实施的，也不是有逮捕权的警察。

第四节　与所有刑事调查和诉讼相关的规定

第 87 条　签发传票后的拘传令

尽管已经签发了传票，拘传令①可以在传票所指定被告人出庭的时间之前或者之后随时签发，但此类拘传令不应当在传票中对被告人出庭所指定的时间之前签发，除非提起了一个附有誓言的起诉。

第 88 条　不服从传唤

如果被告人没有在传票指定的时间和地点出庭，并且他的亲自出庭没有根据第 86 条获得免除，法院可以签发令状逮捕他并且将他带到法庭。

第 89 条　逮捕令的形式、内容和期限

（1）每个逮捕令由签发传票的法官或者地方法官签发。

（2）每个逮捕令应当简要陈述对其签发之人被指控的罪行，以及应当指明或者描述该人，并且它应当命令其所指示的人或者人们去逮捕其对他所签发之人，带他至签发逮捕令的法院或者对该案件有管辖权的其他法院来回答在其中提到的指控以及进一步被依法处理。

（3）每个此逮捕令应持续有效，直到被执行或者由签发法院所取消。

第 90 条　法院可以指示所采取的保证书

（1）法院签发逮捕令逮捕涉嫌实施谋杀、叛国罪以外的罪行，可以以其自由裁量权通过在逮捕令上背书指示，如果此人提供了一个保证能充分地担保

---

①　此处仅用"warrant"一词，指向的是传唤，因此可以理解为 summon by warrant 意指通过强制的方式传唤。当然，下面的逮捕令，本身也仅仅有到案而无羁押之意，因此两者性质相同。

其在指定的时间出席法庭并且直到法院指示解除，逮捕令所指示的警察应当接受此保证，并应当释放在押的此人。

（2）背书时应当说明——

（a）保证人的数量；

（b）他们和对其签发逮捕令而逮捕的人所分别具结的数额；和

（c）他将出席法庭的时间。

（3）无论何时依据本条所采取的保证，逮捕令所指示的警察应当将此保证金提交给法院。

第91条 令状：向谁指示

（1）逮捕令通常应当向所有警察指示。但任何法院发出这样一个令状，如果有必要立即执行，而没有警察立即可用，可以指示其他人，而这个人或者这些人应当同样地执行该令状。

（2）当逮捕令向1名以上的警察或者其他人指示的时候，它可以由全体或者由任一或者更多的人执行。

第92条 令状内容的告知

警察或者其他人执行逮捕令逮捕时应当向被逮捕人告知其内容。

第93条 被逮捕人立即被带到法庭

依逮捕令逮捕的人（依从于①第90条关于保证的规定）应当没有不必要延迟地被带至按照法律必须被送交审判的法庭面前。

第94条 逮捕令可以被执行的地点

1978年第46号之一法律公告

逮捕令可以在所罗门群岛的任何地方被执行。

第95条 管辖权以外的人的逮捕程序

（1）当一个逮捕令在所签发的法院管辖的当地范围之外执行，被逮捕人应当被带至对逮捕执行地有管辖权的地方法官之前，除非签发逮捕令的法院比对执行逮捕地有管辖权的地方法官更近，或者除非依据第90条而提供了担保。

（2）如果被逮捕人显示为签发逮捕令的法院所指向审判之人，该地方法官应当指示将他移送到该法院羁押：

如果此人已因一个除了谋杀、叛国以外罪行而被逮捕，并且他已经准备并且愿意缴保释金以达到该地方法官的满意条件，或者如果依据第90条已经在逮捕令上背书指示，并且此人已经准备并且愿意依据该指示的要求而提供保证，地方法官可以采取此保释或者保证，根据案件情况可以并应当将保证金提

---

① 译者将 subject to 翻译为"依从于"从而区别于 under（依据）。

交给逮捕令所签发的法院。

（3）在本条款中任何规定都不应当被视为阻止警察依据第90条采取保证措施。

第96条　逮捕令的违规行为

在一个逮捕令的实质或者形式上的任何违规或者缺陷和在逮捕令与书面诉状或者起诉书之间，或者在这两者之一与调查和审判的控诉部分所产生的证据之间的任何分歧，不得影响任何诉讼的有效性或者后续案件的听审，但如果任何此类分歧出现于法院，即被告人一直因此被欺骗或者误导，该法院可以应被告人的要求延期对案件的听审，同时还押被告人候审或者同意他保释。

第97条　为出庭采取保证金的权力

在法院有权就其出庭或者逮捕法院有权签发传票或者逮捕令的任何人出席该法庭的地方，法庭可以要求该人为他在该法院的出庭提出有或者没有保证人的保证金以保证他在该法院的出庭。

第98条　违反出庭保证的逮捕

当任何人受依据本法典而采取的出现于某法庭的任何保证金的约束，或者他已经提交了一笔存款代替执行该保证金，并未出庭，法院可以签发指示逮捕此人并将他带至面前的逮捕令。

第99条　命令囚犯被带至法庭面前的权力

（1）对其出庭或者逮捕，法院有权签发传票或者令状的任何人被拘押于监狱，该法庭可以向掌管该监狱的警察签发命令，要求他按命令上注明的时间在适当的羁押情形下带该囚犯到法庭面前。

（2）对此负责的警察，一收到此命令，应当据此采取行动，并应当提供对其因为上述目的而离开监狱期间的安全管押。

第104条　被查封财产的扣押

（1）当任何该物品被查封或者提交到法院面前，它可以被扣押直至案件或者调查结束之时，为其保存应有合理的注意。

（2）如果有提起上诉，或者如果任何人被交付审判，法院可以命令为上诉或者审判的目的进一步扣押它。

（3）如果没有提起上诉，或者如果没有人被交付审判，法院应当指示将该物品归还给其占有人，除非法院认为合适或者依法律被授权或者被要求处理它。

第105条　可适用于搜查令的规定

第89条第1款和第3款、第91条和第94条的规定，只要有可能，应当适用于所有依据第101条签发的搜查令。

第106条　在特定情况下的保释

（1）依从于第23条的规定，任何人，除了被指控谋杀、叛国罪行以外，被警察无证逮捕或者拘留，或者出庭或者被带到法庭，随时可以在此官员的拘押期间或者在此法庭前诉讼的任何阶段缴纳保释金，此人可以依警察或者法院的自由裁量权被允许有或者没有保证人的保释。

（2）保释金的数额应当适当考虑案件情形而确定，并且不应当过度。

（3）尽管包含于第1款的任何情形，高等法院可能在任何情况下，指示任何人被允许保释，或者减少由地方法院或者警察所要求的保释金。

第107条　保释的具结

在任何人被交保释放之前，法院或者警察视情况应当接受此人或者他的保证人被要求提供的具结，条件是此人在具结书中提到的时间和地点出庭，并且此人应继续出庭直到由法院或者警官视情况而定作出相反的指示。

第108条　从羁押中释放

（1）一旦有或者没有保证人的具结，视情况而定，已经被提出，被允许保释之人就应当被释放，并且当他处于监禁时，允许他保释的法庭应当向监管监狱的官员签发释放令，该官员一收到命令就应当释放他。

（2）在本条款中任何内容不应当被视为要求释放有义务接受拘留的人由于涉及所提出的具结之外的其他原因。

第109条　取代具结的存款

当任何人被任何法院或者警察要求提供有或者没有担保的具结，该法院或者警察可以允许他存一笔由法院或者警察所能确定数额的钱，以代替执行具结，除非是一个对良好行为具结的案件。

第110条　当最初所接受的保证不充足的时候，命令充足保证的权力

如果由于错误、欺诈或者其他方式，不充足的保证①已经被接受，或者如果他们后来变得不充足，法院可以签发逮捕令指示被保释人被带到法庭前并可以责令他找到足够的保证人，一旦他做不到，可以对他予以监禁。

第111条　保证人担保的解除

（1）所有或者任何一保证人担保被保释人的出现和出席，可以随时申请地方法官撤销完全的或者至少与申请者有关部分的具结。

（2）一旦做出此申请，地方法官应当签发逮捕令指示因此被保释之人被带到他面前。

（3）一旦此人依逮捕令，或者依他的自首而出现，法官应当指示全部或者就有关申请人的部分撤销具结，并应当要求此人找到其他足够的保证人，如果他做不到可以对他予以监禁。

---

① 该条的条文旨用的 bail，而具体法条内容用的 sureties。

汤　加

治安法院法*

第四部分　搜查令、逮捕令和扣押令

第 51 条　搜查令

（1）如果治安法官有合理根据通过书面誓词相信，在任何房屋或建筑物内有针对任何财物的犯罪发生，他就可以签发附录表格 6 中的令状，该令状授权任何相关警察进入和搜查该房屋或建筑物；并且可搜查在该房屋或建筑物内被发现的与犯罪有关的财产或其任一部分或任何被窃财物无论是否在该令状中注明，可搜查拥有该房屋或建筑物的人或人们或该房间内的被合理怀疑在治安法官签发前就意识到该财物存在的任何人。

（2）搜查令可以在每周的任何一日签发和执行，且在每日的上午 5 点至下午 8 点。除非，法官在令状中有另外的指示。

（3）治安法官应当妥善保存在其搜查令下查获并带到他面前的任何物品直到案件结束。如果任何上诉被提出或任何人被交付审判出于上诉的目的或审判的证据则应责令扣留该物品。如果没人被交付审判，或没人被定罪且无人提出上诉，法官应责令将通过搜查令带走的物品归还当事人：

此外，如果该财物的占有根据现行生效的法律是一种违法行为，那么则不应当作出归还令。

第 52 条　逮捕令

（1）当有人在治安法官面前宣誓称被指控刑事犯罪的人有可能潜逃时，治安法官应当签发逮捕令。尽管对同样的指控已经作出传票并且未满传讯期，同样可以签发逮捕令。根据本条或者其他法规授权，治安法官在其他案件中也可以签发逮捕令。

---

* 本法于 1918 年由汤加王国议会通过，后经过多次修订，当前版本为 1988 年修订本。本译本根据汤加王国政府官网提供的英语文本翻译。

（2）逮捕令应按照附录表格 4 的格式，并且可以在任意时间签发，并且应当由签发的法官注明日期、签名、盖章。

（3）每个逮捕令都应该发送给王国每一位警官，应当向他们简短地陈述被控告的行为，并且应当指明或者对应逮捕的人进行描述。并且应当命令抓捕该人并将其带到签署逮捕令的法官面前。

第 53 条　扣押令

（1）扣押令应当按照附录表格 11 的格式，并且由签发扣押令的法官签名盖章。

（2）经治安法官签名盖章的扣押令应当由书记官移送给警官执行。

第 54 条　执行扣押令的方式

扣押令应当按照如下执行——

（a）治安法官应当至少提前 1 周书面通知每个村庄的执法人员，警官将要到达该村庄对村民执行扣押令的日期。在收到来自治安法官的该通知后，执法人员应当尽快让城镇官员或城镇书记官公告警官将要到达的日期。

在汤加塔布岛、阿派哈岛以及不包括埃瓦岛在内的瓦瓦群岛的外围小岛里，上述关于执行扣押令的公告不是必需的。

（b）负责执行扣押令的警官应当在上述公告中规定的日期到达村庄，对已签发的扣押令中规定的可合法扣押的物品进行扣押，并应当制作扣押财产清单。除非被征收的扣押物品的所有人同意将这些已扣押物品在它们所在的地方进行拍卖，否则警官应当把所有依据扣押令进行扣押的物品移送至村庄的广场上，并发布拍卖公告后，在广场上进行公开拍卖。警官应当把财物变现数额的证明交给被拍卖财物的所有人。

（c）经过拍卖后，超过征收总额的剩余部分应当由警官支付给已签发的扣押令上的被扣押人。同样地，该被扣押人应当将收据交给警官。如果已签发的扣押令上的被扣押人向执行扣押的警官支付以上提及的包括令状费用在内的总额，或者向执行扣押的警官出示法院已收到应缴款的收据，则该警官应当停止执行该令状。

（d）扣押令不能在日落后和周日执行。

（e）房屋、房屋的固定装置、正在生长的农作物、被扣押人及其家人的衣物，以及价值达到 200 潘加的被扣押人所从事行业的工具和器械，不能依据扣押令被带走。（由 1988 年第 46 号法案修正。）

解释

所有家具如床、桌椅和厨房用具等可以被没收和变卖。箱车、动物、家禽和一切已经收获或不再生长的农作物也可以被没收和变卖。因此已经收获的椰子或甘薯可以被没收而树上的椰子或在土里的甘薯则不能。

（f）同一令状下的强制征收不得超过一次。

第 55 条 令状的交还

所有因扣押令被拍卖的物品价款应当在交付前结清并且物品清单和每件物品的成交价格应当由执行警官登记在令状的背面，他应当立即将令状和拍卖所得价款一并交至治安法官处。

第 56 条 逃避扣押的惩罚

任何人违背发布的扣押令隐藏任何财务或动产，或者为逃避其后扣押令的征收而虚假出售或赠与其财产的任何部分，或者对警官虚报财物数量或隐瞒其任何财产，由治安法官处以 20 潘加以下的罚款，拖欠罚款者，处 3 个月以下监禁。

第 57 条 令状的背书

如果根据扣押令扣押和卖出被告人的财物时发现不足以满足征收的数量，或者没有可以征收的财物，负责执行令状的警官应当立即根据具体情况在令状上背书"发现财物不足"或者"未发现财物"并签名、注明日期，将背书返还签发令状的治安法官。

第 58 条 不履行扣押时的监禁

在任何刑事案件中，如果执行扣押令的警察背书"发现财物不足"或者"未发现财物"后返还给治安法官，治安法官应当按照附录表格 12 的格式签发羁押令状。这种令状应当根据不足以满足扣押的财物数量对被告人判处一定期限的监禁，该期限不得超过本法第 28 条规定的同等数量被判处的监禁的特定期限。

瓦努阿图

瓦努阿图共和国刑事诉讼法典[*]

第二部分 总 则

第一节 逮捕的一般规定

第 4 条 如何实施逮捕

（1）警察或其他实施逮捕的人应当实际控制被逮捕人，除非有一个提请羁押的命令或行为。

（2）如果一个人暴力拒捕，或试图逃避逮捕，警察或其他人可以使用一切必要手段实施逮捕。

（3）本条款之任何规定不能证明使用过度暴力的合法性，除非在特殊情况下使用是合理的，或对于逮捕是必要的。

第 5 条 搜查被逮捕人进入的地方

（1）如果一个人被强制执行逮捕，或有权执行逮捕的警察有理由相信被追捕人进入或正在某个地方停留，此地的居民或者管理者在上述警察的要求下，应当允许他自由进入并为搜查提供便利。

（2）如果依照第（1）款规定无法进入搜查，在任何情况下强制执行逮捕令的行为都应当是合法的，在可以颁发令状但来不及获得令状的情况下，为避免被逮捕人逃脱，为了警察能进入这个地方搜查，可以打破此地内外的门窗，如果警察权力和目的的告知书以及进入许可能够在稍后及时作出，可以允许警察打破此地的外部或内部门窗，无论此地是属于被逮捕人或其他人的，否则他不

---

 * 本法典于 1981 年由瓦努阿图共和国总统和议会批准，1981 年 10 月 1 日实施。先后于 1984 年、1986 年、1988 年、1989 年、2003 年和 2006 年颁布了 6 次修正案，最后一次修正时间为 2006 年 7 月 17 日。本译本根据太平洋岛法律信息研究所官方网站（http://www.paclii.org）提供的英语文本翻译。

能获得这样的允许。

第 6 条　以解救为目的暴力打开门窗的权力

为了解救自己或者其他合法进入执行逮捕的人，任何被授权实施逮捕的警察或者其他人有权暴力打开任何地方内部或外部的门窗。

第 7 条　不允许不必要的限制

被逮捕人不应承受超过防止他逃跑的必要限制。

第 8 条　对被逮捕人的搜查

无论何时，当一个人被逮捕并羁押，执行逮捕的警察或者将被个人逮捕的人从私人关押地点逮捕的警察可以搜查被逮捕人身上除了必要衣物之外的所有物品，并将其安置在一个安全的羁押场所。

第 9 条　警察在特定情形下扣押和搜查船只、车辆和人员的权力

当有理由怀疑有被盗物品或非法所得，并且对一个人可能占有或以某种方式运输被盗物品或非法所得存在合理怀疑时，警察可以让任何船只、汽车或飞机停下，并进行搜查和扣押。

第 10 条　人身搜查的方式

当存在必要理由对一个人进行搜查时，搜查应该由与其性别相同的人进行。

第 11 条　收缴攻击性武器的权力

警务人员和其他执行逮捕的人员可以从被逮捕人手中收缴任何个人持有的攻击性武器，并且在司法官员或其他人采取需要法律允许的逮捕行动之前，将所有武器都交付到警务人员手中，以确保犯罪的人可以被成功逮捕。

第 12 条　警察的无证逮捕行为

（1）在没有司法人员签发命令或搜查令的情况下，警察可以基于合理怀疑逮捕任何可能实施了可辨识的犯罪行为的人。

（2）在不违反第（1）款一般性规定的前提下，警察可以在没有搜查令时执行逮捕：

（a）在警察面前妨害治安的任何人；

（b）故意阻碍警察履行职责，逃避或试图逃避合法拘留的任何人；

（c）有合理依据怀疑可能是从警察或防御部队逃脱的任何人；

（d）在夜间发现停留在或者游荡在公路、庭院、花园或其他地方，并有合理依据怀疑已经或即将作案的任何人，或者无合法的理由持有攻击性武器或盗窃工具的任何人；

（e）有合理的理由相信其已被签发逮捕令的任何人。

第 13 条　警察授权无证逮捕的程序

当任何一个警察局负责人在没有逮捕令的情况下（除在他面前之外）要求下属逮捕可以在没有搜查证的情况下被依法逮捕的人，他应该以书面的形式指示逮捕，并说明所犯罪行或需要作出逮捕的其他原因。

第 14 条　拒绝提供姓名和住所

（1）一个人在警察面前犯罪或被指控犯有不可辨识的罪行，当他拒绝应警察的要求说明姓名和住所，或警察有理由相信其所提供的姓名和住所是虚假的，警察可以对其采取拘留措施，以便确定他的名字和住所。

（2）在其真实姓名和住所确定后应当将其释放：

（a）他签署一份如有必要将出席法庭的书面承诺；

（b）如果不是长期居住在本国的人，应向警察交出他的护照，警察可以保留护照不超过 72 小时。

（3）如果该人的真实姓名和地址在逮捕后的 24 小时内仍不能确定，或者他没有签署承诺书，如果在移交最近的有管辖权的法院之前他仍需要被控制，让他交出护照。

第 15 条　对被逮捕人的处置

执行无证逮捕的警察应避免不必要的延迟，并按照本法的相关条款释放被逮捕人，或将其带到司法人员及警察局负责人面前。

第 16 条　个人逮捕行为

（1）个人可以逮捕犯了可辨识的罪行或存在合理怀疑犯了可能判处 10 年以上有期徒刑罪行的人。

（2）被发现犯毁坏财物的罪行的人，可以被财产所有权人或其授权的人实施无证逮捕。

第 17 条　被个人逮捕的人的处理

（1）无证逮捕犯罪嫌疑人的个人，应毫无延迟地使被逮捕人置于警察的监护下，在没有警察时应当将其带到最近的警察局。

（2）如果有理由相信第（1）款中处于警方监控下的人属于第 12 条规定的情形，警察应该重新逮捕他。

（3）如果有理由相信这个人已犯了可辨识的罪行，他拒绝应警察的要求说明姓名和地址，或者该警察有理由相信其提供的姓名和地址是假的，他应当依照本法第 14 条的规定被处理。如果没有足够的理由相信他犯了任何罪行，他应当立即被释放。

第 18 条　无证逮捕人员的羁押

（1）按照第（2）款，当某人因除故意杀人或危害国家安全犯罪之外的犯罪而被无证拘留，如果在 24 小时内将被拘留人带到一个适当的法院是不可行的，警察局负责人应当将此人带到警察局调查情况。除非犯罪行为性质严重，否则在被逮捕人签署书面承诺保证在开庭时间和地点准时出席法庭之后，警察应当将其释放，但是，无论此人是否处在监禁状态，他都应该在开庭之前被带到法庭。

（2）当警方进行了适当的侦查之后，认为指控犯罪的证据不足时，警察局负责人可以释放被逮捕的犯罪嫌疑人。

第 19 条　警方的逮捕报告

警察局负责人应当向警察总监报告在各自警察局内所有被无证逮捕的人的情况，不论被逮捕人是否已经被释放。

第二节　脱逃与逮捕

第 20 条　缉拿逃脱人员

如果被合法拘留的人逃跑或者被劫狱，应当在全国范围内通缉逃跑者或者被救走的人。

第 21 条　第 5 条和第 6 条的规定应适用于第 20 条所列的逮捕情形

第 5 条和第 6 条的规定应适用于第 20 条所列的逮捕情形，尽管此类逮捕为无证逮捕或未经授权的警察实施的逮捕。

第 22 条　对司法人员或警察的协助

每个人均有义务协助司法官员或警察并提供合理的援助：

（a）司法人员或警官被授权执行逮捕以防止他人脱逃；

（b）阻止或镇压破坏和平的犯罪或阻止试图毁损政府财产的犯罪。

第三部分　起诉的相关条款

第五节　对被控告人的刑事强制措施

第一小节　传　唤

第 38 条　传唤的形式和内容

（1）按照本法典的规定，每一个由司法官签发的传票应当是书面的，一式两份，并由司法官员签署。

（2）传票须指示被传唤人并要求他在出庭接受起诉或指控之前在具体的

某一时间和地点接受传票。传票应简略地说明被告人——原告人的指控对象所被指控犯下的罪行。

第 39 条　传票的送达

（1）传票须由警察、法院人员或其他主管人员送达，如果可行，可将传票副本当面送达被传唤人。

（2）送达人员须在送达传票后，询问被传唤人是否能读并且理解传票内容；如果这样的要求对他似乎是可取的或必要的，送达人员应当以简单明了的方式向被传唤人解释传票内容。

（3）任何被传唤人，除非因身体状况欠佳，应当在送达人员监督下在副本背面签字，以表示已知晓传票内容（若是文盲则应留下其他记号）。签字后副本由送达人员保存。

第 40 条　当被传唤人无法找到时应采取的措施

（1）凡被传唤人无法通过尽职调查而被发现，可为其成年家属或其雇主留置一份传票副本，且代收传票者应在传送人员要求下以第 39 条第（3）款中所规定的方式表示已知晓传票内容。

（2）任何应遵守本章规定的传票代收人，如未能或拒绝采取任何可行措施以使传票送达被传唤人，则其将被宣布犯有藐视法庭罪。

第 41 条　传票送达无法如前款规定生效时的程序

如果以第 39 条或第 40 条所规定的方式，经过尽职努力，仍不能传送到达，该传送人员须将传票的副本留在被传唤人居住的房屋、宅基地等显著位置，这样传票即已正式留置送达。

第 42 条　对法人团体的传票送达

（1）传票送达可以通过将传票送达秘书、职员、当地经理或该法人团体的其他主要人员生效，也可通过将传票以挂号信形式送达共和国境内的注册办公室或秘书、职员以及该法人团体的当地经理办公室的方式生效。在后一种情况下，当信件以普通邮寄形式到达时，传票送达应被视为已经生效。

（2）根据第（1）款接受传票的人，须以其所代表的法人团体的名义，并以第 39 条第（3）款中规定的方式表示已知晓传票内容。

第 43 条　送达证明

当被签发传票的官员没有出席案件的听证会时，意味着一封宣誓书已经在记录员或审判员之前签署，传票已经送达并且传票的副本已经由官员当场背书。在此前由被送达宣誓书或寄存宣誓书的人提供的宣誓书应当可以被作为证据使用，并且此处宣誓书的内容应当被认为是正确的，除非有相反情形得以证明。

第 44 条　免除被指控者出庭义务的权力

（1）符合第（2）款，当一位审判员对任何可能被判处两年或以下监禁（有期徒刑）的犯罪发出传票时，如果他发现了这类被告人的辩护人在书面答辩状中认罪或表现出认罪的意向等符合法律规定的情形，他可能会免除被告人的个人出席。当仅仅可能对被告人作出罚金或不超过 3 个月的监禁或两者兼有时，审判员更应当无条件地这么做。

（2）法院审理任何案件时都应当在其自由裁量权范围之内，在诉讼的任何阶段，确认被告人是否应出席。而且如果有必要的话，在法律未做规定的情形下应当用强制执行的方式保证被告人出席。

（3）如果法院对在前项规定的被豁免出庭且未被判处有期徒刑的被告人因未支付款项进行罚款时，被告人并未在法律规定的合法支付期限内支付罚款，法院可能会发出传票传唤罪犯出庭并要求其说明他为什么不会依此条款被判处刑罚，据此法院会在法律规定的范围内处理此案件。如果罪犯在接收传票后并未出庭，法院可以依此条款马上发出逮捕令并且将此人监禁，然后继续处理案件。

（4）当被告人被豁免出庭义务，随后又被允许出庭，如有必要，诉讼可在此时被延期。

第二小节　逮捕令

第 45 条　无效送达情况下的逮捕令

（1）当控诉已经成立并且审判人员有理由相信被告人正在逃避传票送达或被告人不可能服从传票的传唤或被告人自愿接受监禁或被告人在再审中出庭，根据不同的案件情况，审判人员可以下达逮捕令逮捕被告人。

（2）依此条申请逮捕令，可以由公诉人书面申请、由任一警官口头申请或者由原告人申请。由原告人申请的案件，审判员必须已经审查过申请人和在法庭上宣过誓的关键证人或虽未经宣誓即作出证词但已经记录下证词的证人。

第 46 条　对不服传唤者的拘传

如果被告人没有按传票规定的时间和地点到庭，并且不存在第 44 条规定的事由，法院可以发布拘传令逮捕并且强制其于开庭前到庭；但是上诉未经宣誓不得发布拘传令。

第 47 条　逮捕令的形式、内容和期间

（1）每一份逮捕令均应由司法官员亲自签发。

（2）每一份逮捕令应当简要声明受逮捕人员所被指控犯有的罪行并指明被逮捕人的名字或是对其进行描述，而且逮捕令应命令执行逮捕人将受逮捕人员带至具有司法管辖权的法院以使其对被指控的罪行进行答辩及依据法律进行进一步的处置。

（3）任何一项如上所述的逮捕令均持续具有效力，直到其得到执行或是被发出这项逮捕令的司法官员所撤销（如果该司法官员无法撤销该逮捕令，则可由其他司法官员代为撤销）。

第 48 条　采用担保的权力

（1）审判人员有权对除了犯故意杀人和危害国家外部安全以外其他罪者的逮捕令背书——如果此人在开庭前的规定时间内提交书面保证书，且保证书中包含此人的出庭条件，那么在法庭有新的要求前，司法人员应当释放在押的此人。

（2）背书时应当说明：

（a）释放此人的条件；以及

（b）此人出庭的时间。

第 49 条　执行逮捕令的人员

（1）逮捕令可以交由一个或多个警察执行，或由所有警察执行，但如果审判人员发布的逮捕令需要立即执行而缺乏执行警察时，可交由其他个人或多人同等地执行。

（2）当逮捕令交由超过一个警员和其他人员执行时，它可以由他们中的一人或多人执行。

第 50 条　警察对逮捕令的执行

逮捕令可以由其指向的任何警察执行，也可以由该警察或被该警察背书的警察执行。

第 51 条　逮捕令出示

警察或其他执行逮捕令的人应当将逮捕令的内容通知被逮捕人，必要时须出示逮捕令。

第 52 条　被逮捕的人应当立即被带往法院

警察或其他执行逮捕令的人，应当遵守第 48 条的规定，除非迟延是必要的，否则应毫不迟延地将被逮捕者按照法律要求送至法庭前。

第 53 条　逮捕令可随时随地被执行

在其他法律无相反规定的前提下，一个逮捕令在白天或者夜晚的任何时间或是在一年中的任意一天，并且在公众场合的任意地点都可以被执行。

第 54 条　逮捕令违规

逮捕令的形式或实质中出现任何不规范或者缺陷，在逮捕令和书面控告书或者信息中出现的诉状与证据不符，或者两者之间任一情况以及起诉的证据产生于调查或者审判期间，上述情况不应当影响任何诉讼程序或者后续的案件听证会的有效性。

第四小节　关于保释的规定

第60条　在特定案件中释放被羁押人的权力

（1）除了被指控罪行可判处无期徒刑外的在无逮捕令的情况下被警察局主管官员逮捕或拘押，或出庭，或被带至庭前，并随时准备接受保释的，不论是被相关主管官员拘押还是处于诉讼的任何阶段，均可在开庭前被暂时保释。

（2）上述对被告人的释放处理根据情形，应在尽可能恰当的而非压迫的、不合理的注意之后作出。

（3）尽管第（1）款已经作出规定，但最高法院可以直接指示任何人被保释或满足地方法院所要求的条件或指令警官道歉、赔偿以减轻其要承担的义务。

第61条　出庭保释金

在任何人得到暂时保释之前，根据情形，法院或警官如认为必要，可由他人执行保释，该人应当按照保证书中规定的时间、地点出席，并且应当坚持出席，直到法院或警官作出其他指令。

第62条　保释的特殊条件

（1）法院可在其本人出具保证书等基础之上考虑将其从拘留所释放。

（2）保释条件的内涵包括，在当时当地足以让法院认为是维持公正的必要措施或能产生预防犯罪的效果。

（3）当法院根据第（2）款下的条件作出或指导作出保释决定时，不应要求其提供其他担保。

第63条　被羁押人的释放

（1）根据第61条，保释金一经缴付，该人即被释放；从监狱中释放的，法院应当向负责的监狱长出具命令书，该监狱长应当释放此人。

（2）除根据保释执行外，本条或第60条的规定都不能释放因某些原因应该被羁押的人。

第64条　要求在保释条件不充分时补足的权力

如果因为错误、欺诈或其他原因，已被保释人员事实上并未充分地满足保释条件的情形被暴露出来，或是其保释条件变为不充足时，法庭可发布逮捕令命令将被保释人带至法庭前并命令其遵循保释充分条件进行补足，若其无法补足，则法庭可判其监禁。

第 65 条　对被保释人员的拘押

任何法庭若收到经宣誓的信息，显示被保释人有离开共和国的迹象，则法庭可将其逮捕并判其监禁，直到审判开始，除非法庭根据进一步情况认为将其保释释放是合适的。

第 66 条　法官宣读拒绝保释的权利声明

基于地方法院对保释申请的拒绝，法官应当声明拒绝理由并于庭上向申请人公开大声宣读以下声明：

"你的保释申请已被本法院拒绝，你现在有权向最高法院提出新的保释申请。如果你迫切期望取得保释，本法院将立即向最高法院提出上述事项，最高法院也会尽快复审你的申请。在这段时间内你将继续被拘留但不会因向最高法院提出上述进一步的保释申请而遭受不利。你是否希望最高法院考虑你的保释申请？"

第 67 条　主审法官负责将卷宗材料移交最高法院

如果保释申请人告知主审法官想要由最高法院来决定其申请，那么该法官个人负有确保将相关卷宗材料及其他文件、材料按时移交最高法院登记员处的义务。

第 68 条　主审法官向最高法院提交的报告

按照第 67 条移交最高法院的材料应当包括一份由该法官写给最高法院的、载有其拒绝保释理由及详述其结论所依据的证据和资料的书面报告。这份报告必须注明日期且由该法官签名。

第 69 条　最高法院关于保释的决定

按照第 67 条和第 68 条提交最高法院的申请的决定应当以书面形式及时递送合适的地方法官，并将副本及时送达所有诉讼当事人。如果最高法院责令释放被羁押的申请人，地方法官应亲自负责确保该决定的副本送达监狱或者申请人被拘留地的负责人，且应毫不迟延地向被保释人出示其出庭前的保释时间等情况（具体由地方法官决定）。

第 70 条　驳回保释的命令不得上诉

依据第十一部分规定，被告人对于司法官员所作出的拒绝同意保释的命令无上诉权。

新 西 兰

新西兰 2011 年刑事诉讼法[*]

第五编　一般规定

第一章　诉讼的进行

第十八节　延期和保释

第 169 条　命令将被告人羁押于医院或保护机构中①

（1）虽有第 168 条第（4）款，如果法庭确信存在第（2）款规定的事项，法庭可以在被告人候审期间作出将被告人羁押于医院或保护机构中的命令，而非依照第 168 条第（4）款签发令状。

（2）在依据第（1）款作出命令前，法院在 2 名精神健康医师提供证明的基础上必须确认——

（a）被告人的精神状况受到损伤；并且

（b）出于对被告人自身利益的考虑，被告人的精神状况要求被告人应当被羁押于医院或保护机构而非监狱。

（3）在该款中——

（a）精神健康医师的含义与《2003 年刑事诉讼法（精神不健全者）》第 4 条第（1）款中的相同；

（b）医院的含义与《1992 年精神卫生法（强制评估与医疗）》第 2 条第

---

*　本法于 2011 年 10 月 11 日由新西兰议会批准。最近一次修正时间是 2013 年 6 月 6 日。本译本根据 2014 年 1 月 1 日新西兰议会官方网站（http：//www. legislation. govt. nz）提供的英语文本翻译。

①　本条的条旨于 2013 年 7 月 1 日被修订，依据《2013 年刑事诉讼法修正案》（2013 No25）第 10 条。

（1）款中的相同；

（c）保护机构的含义与《2003 年智力残障法（强制医疗与康复）》第 9 条第（2）款中的相同。

第 170 条　被羁押的被告人可以在延期期间届满前被带至法庭

因任何指控被羁押的被告人可以在任何时候被带至法庭以应对该指控，即使被告人被羁押的期间仍未届满。

附录:

《世界各国刑事诉讼法》分解资料丛书
翻译与审校人员

翻译人员 （按姓氏笔画为序）

卞建林	孔冠颖	王 丹	王 舸	王贞会
王迎龙	王玮玮	王绍佳	兰 哲	叶 萌
白 冰	白思敏	刘 昂	刘 莹	刘为军
刘亚男	刘在航	刘建波	刘林呐	刘缘艺
孙 扬	孙 璐	孙天曈	孙长永	安 宁
师晓敏	朱昕怡	许慧君	齐 济	齐赟赟
余 婧	吴小娟	吴宏耀	宋英辉	宋浂沙
宋维彬	张 艺	张 辰	张泽涛	张 珂
张 龚	张 晶	张 鹤	张 璐	张天仪
张佳华	张鸿绪	张瀚文	李 伟	李 响
李 晶	李 辞	李红丽	李依苇	李学军
李庚强	杨 依	杨宇冠	汪沸丝	肖沛权
辛金霞	迟 颖	邵 聪	陆而启	陈 岩
陈开元	陈永生	周 凡	周 楠	周蕴菁
季奕鸿	季美君	岳礼玲	林 静	林艺芳
罗 宇	罗结珍	罗海敏	苑 冬	苑宁宁
苗思雨	金玄卿	侯宇翔	段君尚	赵 路
赵九之	赵京剑	赵珊珊	赵海智	赵新兰
倪 润	徐 磊	徐美君	栗峥锴	桂梦美
殷晓超	袁晓岩	郭 晶	郭 源	郭志媛
都 郁	顾永忠	高 通	高 源	高 鑫

黄　风	黄宝伟	黄晓敏	曾　莉	曾元君
程　雷	程明珠	蒋　毅	谢　澍	谢刚炬
褚　宁	裴　炜	潘　灯	潘　侠	霍艳丽
魏　武	魏晓娜			

审校人员　（按姓氏笔画为序）

Elio de la Cal　　Lisy Alina Jorge Mendez

Luis Felipe Borja　　孔祥承　　巴尔克娜·伊奈斯

王绍佳	白思敏	邝金玲	刘计划	刘清波
孙致祥	孙钰岫	朱昕怡	许静文	严文君
何　丹	何锦荣	初殿清	吴宏耀	宋振策
张瀚文	李　伟	李本森	李依苇	李学军
李婧宜	陈子楠	周　凡	岳礼玲	林宝红
罗　颖	郑志展	郑鼎基	金哲楠	胡家伟
徐美君	袁木松	钱钊强	顾永忠	曹俊雅
曾　莉	董　杨	蒋　毅	谢　凯	潘　灯
黎彩玲	戴　昀			

图书在版编目（CIP）数据

刑事强制措施：外国刑事诉讼法有关规定／孙谦主编. —北京：
中国检察出版社，2017.9
《世界各国刑事诉讼法》分解资料丛书
ISBN 978 - 7 - 5102 - 1900 - 9

Ⅰ.①刑… Ⅱ.①孙… Ⅲ.①刑事诉讼 - 强制执行 - 研究
Ⅳ.①D915.33

中国版本图书馆 CIP 数据核字（2017）第 110656 号

刑事强制措施

外国刑事诉讼法有关规定

孙　谦　主编

出版发行：中国检察出版社
社　　址：北京市石景山区香山南路 109 号（100144）
网　　址：中国检察出版社（www.zgjccbs.com）
编辑电话：(010)86423704　86423703
发行电话：(010)86423726　86423727　86423728
　　　　　　(010)86423730　68650016
经　　销：新华书店
印　　刷：保定市中画美凯印刷有限公司
开　　本：710 mm×960 mm　16 开
印　　张：49.25　插页4
字　　数：910 千字
版　　次：2017 年 9 月第一版　　2017 年 9 月第一次印刷
书　　号：ISBN 978 - 7 - 5102 - 1900 - 9
定　　价：118.00 元